Meine Erinnerungen

Band II

1822 bis 1825

Alexandre Dumas

(Übersetzer: EM Waller)

Writat

Diese Ausgabe erschien im Jahr 2024

ISBN: 9789359944821

Herausgegeben von
Writat
E-Mail: info@writat.com

Inhalt

BUCH I

KAPITEL I

Ein unveröffentlichtes Kapitel aus dem *Diable boiteux* —
Geschichte von Samud und der schönen Doña Lorenza

———

Ungefähr vierzehn Tage nach jener wundervollen Nacht, in der ich so neue und unbekannte Gefühle erlebt hatte, war ich in Maître Mennessons Büro beschäftigt – da Niguet wegen einer Eheschließung in Pisseleu abwesend war und Ronsin nach Haramont gegangen war, um Schulden einzutreiben – und vertiefte mich traurig in die Kopie eines Kaufvertrags, als M. Lebègue, ein Kollege meines Gönners, das Büro betrat, mich mit amüsiertem Gesichtsausdruck ansah, in das Nebenzimmer ging, das das Privatbüro war, und neben Maître Mennesson Platz nahm. Der Grund meiner Traurigkeit wird sich bald herausstellen.

Die Tür von Maître Mennesson, die die beiden Büros trennte, blieb im Allgemeinen offen, damit er unsere Fragen beantworten konnte, es sei denn, ein Klient schloss sie, um private Angelegenheiten mit ihm zu besprechen. Und wenn diese Tür offen blieb, konnten wir in unserem Büro alles hören, was in M. Mennessons Zimmer gesagt wurde, so wie er in seinem Büro alles hören konnte, was in unserem vor sich ging.

Dieser M. Lebègue hatte einige Monate zuvor eine der Töchter von M. Deviolaine aus seiner ersten Ehe geheiratet: Sie hieß Éléonore. Die älteste Tochter, Léontine, war einige Zeit vor der Hochzeit ihrer Schwester mit einem Steuereintreiber namens Cornu verheiratet worden. Die Einzigartigkeit des Namens hatte die Heirat nicht verhindert. Das scharfzüngige junge Mädchen fürchtete, ihrerseits verspottet zu werden, und je witziger sie wurde, desto mehr fürchtete sie sich davor, auch nur lächerlich zu erscheinen. Aber Cornu war ein so gutmütiger, ehrlicher Kerl, jeder war so an den Namen gewöhnt, den mehrere Familien in Villers-Cotterets getragen hatten, er selbst war so daran gewöhnt, er reagierte so naiv und triumphierend auf die Bemerkungen seiner *Verlobten,* dass die Sache erledigt war.

Als sie ihn heiratete, beschloss sie, den unglücklichen Namen, den das Schicksal ihr gegeben hatte, über alle natürlicherweise damit verbundenen Scherze hinauszuheben: Sie war die keuscheste Ehefrau und zärtlichste Mutter, die ich je gekannt habe, und ihr Ehemann, selbst ein glücklicher Mann, machte auch sie glücklich.

Anders verhielt es sich jedoch bei ihrer Schwester, Madame Lebègue, die drei oder vier Jahre jünger, hübscher und viel kokettischer war als sie. Ihre Flirts waren unschuldig genug, daran habe ich keinen Zweifel, aber sie wurden in der Regel von den Klatschtanten der Kleinstadt mit Böswilligkeit betrachtet – eine Angelegenheit, der Madame Lebègue in ihrer Unschuld wenig Beachtung schenkte; in ihrer Gleichgültigkeit gegenüber solchen Verleumdungen neckte sie ihren Mann einfach. Er war ein kräftiger, rundlicher Kerl, pockennarbig, ziemlich hässlich, mit einem etwas gewöhnlich aussehenden Gesicht, aber im Herzen ein guter Kerl – obwohl man mir später erzählt hat, dass er sich nicht dadurch ruiniert hat, dass er zu einem zu niedrigen Zinssatz geliehen hatte, sondern aus einem ganz anderen Grund. Ich bin mir über die Wahrheit dieser Anschuldigung überhaupt nicht im Klaren: Ich halte sie für eine Verleumdung ähnlich der angenehmeren und sicherlich menschlicheren Anschuldigung, die gegen die Ehefrau erhoben wurde.

Es war dieser Mann, der gerade hereingekommen war, sich neben M. Mennesson gesetzt hatte und in diesem Augenblick ein geflüstertes Gespräch mit ihm führte, unterbrochen von lautem Gelächter. Dank des äußerst feinen Gehörs, das mir von Natur aus gegeben war und das ich mir während der Jagd angeeignet hatte, glaubte ich, meinen eigenen Namen unterscheiden zu können; aber ich nahm an, dass ich mich verhört hatte, denn ich konnte mir nicht gut vorstellen, dass zwei so ernste Persönlichkeiten mir die Ehre erweisen konnten, über mich zu sprechen. Unglücklicherweise für meinen Stolz – und ich habe angedeutet, bis zu welchem Grad dieses Gefühl in mir sich entwickelte, ein Ausmaß, das absurd gewesen wäre, wenn es nicht schmerzhaft gewesen wäre –, unglücklicherweise für meinen Stolz blieb ich also nicht lange im Zweifel, dass das Gespräch über mich ging.

Ich habe gesagt, dass M. Mennesson einen Witz liebte und sehr witzig war; wo immer er einen Witz fand, griff er ihn auf, ganz gleich, ob es sich um die Tugend einer Frau oder den Ruf eines Mannes handelte. Wenn ihn die Lust am Scherzen packte, gab er sich ihm mit Leib und Seele hin. Da er an diesem Tag wahrscheinlich nichts Besseres zum Kauen fand, fiel er über mich her; die Weide war karg, aber es war viel besser, meine armen Knochen zu knacken, als nichts zu kauen oder nur Luft zu schnappen. Nach mehreren dieser geflüsterten Bemerkungen und Ausbrüchen unterdrückten Gelächters, die meine Gelassenheit gestört hatten, erhob M. Mennesson seine Stimme.

wiederentdecktes und noch unveröffentlichtes Kapitel aus dem *Diable boiteux*, *das ich bei meinem nächsten Besuch in Paris drucken lassen möchte, um Lesages Werk zu vervollständigen.*"

„Ah, erzählen Sie es mir", antwortete Lebègue. „Ich werde es meiner Frau erzählen, die es an ihre Schwestern weitergibt, die es dann allen erzählen. Dann ist unsere Veröffentlichung im Voraus erledigt."

M. Mennesson begann:

"Es war einmal in Salamanca ein Gelehrter, der von einem arabischen Geschlecht abstammte und Samud hieß. [1] Er war noch so jung, dass, wenn jemand an seiner Nase gezogen hätte, ganz sicher Milch herausgekommen wäre: das hinderte ihn jedoch nicht daran, absurd genug zu sein, sich einzubilden, er sei ein Mann; vielleicht auch - denn der Gerechtigkeit halber müssen wir alles sagen, was es zu sagen gibt - wäre ihm diese lächerliche Vorstellung nicht in den Kopf gekommen, wenn nicht das passiert wäre, was wir gleich erzählen werden."

Man kann sich vorstellen, dass ich aufmerksam zuhörte. Schon bei den ersten Worten war mir klar, dass ich zweifellos die Person war, um die es ging, und ich fragte mich beunruhigt, wohin die Geschichte nach diesem Anfang führen würde – einem Anfang, den ich meiner Meinung nach eher unverschämt als anschaulich fand.

M. Mennesson fuhr fort und ich hörte mit offenen Ohren zu, die Feder in meiner Hand.

„Am Pfingsttag des Jahres ... Ich kann das genaue Datum des Jahres nicht nennen, aber es war jedenfalls der Pfingsttag, der zugleich die Festzeit der Stadt ist, als zwei schöne Señoras aus Madrid ankamen und im Haus eines würdigen Kanonikers abstiegen, der der Onkel einer dieser Damen war. Zufällig war dieser Kanoniker derselbe, bei dem Samud das bisschen Latein gelernt hatte, das er konnte, und da die beiden schönen Madrider Damen einen Kavalier wollten, der ihre Tugend nicht in Verruf bringen würde, warf der Kanoniker seinen Blick auf seinen Schüler und bat ihn, den Neuankömmlingen beide Arme zur Verfügung zu stellen, um ihnen den Park von Salamanca zu zeigen, der sehr weitläufig und sehr schön ist und dem Herzog von Rodelnas gehört. [2] Ich werde mich nicht bei den Abenteuern des ersten Tages aufhalten, sondern nur kurz zwei Ereignisse berühren: Das erste war das Treffen zwischen unserem Schüler und einem eleganten Señor aus Madrid, der sofort von der Sefiora Lorenza bemerkt wurde, mit der unser Ein Gelehrter ging Arm in Arm, gekleidet, wie es die Leute aus der Provinz oft sind, etwa ein Jahrzehnt hinter der Mode der Hauptstadt zurück. Dieser junge Galan hieß Audim. Der zweite war ein äußerst schwerer Unfall, der den Hosen des Gelehrten zustieß, gerade als er, um der schönen Lorenza einen Beweis seiner Beweglichkeit zu geben, über einen vierzehn Fuß breiten Graben gesprungen war."

Man kann sich vorstellen, was ich litt, als ich dieser Schilderung meiner Liebeskummer aus zweiter Hand lauschte, die, seiner Vorgehensweise entsprechend, nicht bei den beiden Missgeschicken des ersten Tages enden sollte. M. Mennesson fuhr fort:

„Die schöne Lorenza war besonders beeindruckt von der Aufmachung des jungen Galans. Im völligen Gegensatz zu dem Gelehrten, der in ein gotisches Kostüm aus der Garderobe seiner Vorfahren gehüllt war, war Señor Audim nach der neuesten Mode gekleidet, in eng sitzende Kniehosen, die in bezaubernde kleine herzförmige Schuhe endeten, und ein dunkelfarbiges Wams, das von einem der besten Schneider Madrids angefertigt worden war. Dem Gelehrten war nicht entgangen, dass sein Begleiter der Kleidung des schönen Audim besondere Aufmerksamkeit schenkte, und als ihm langsam klar wurde, welchen Einfluss ein Mantel mit einem bestimmten Schnitt oder eine Hose mit einem bestimmten Farbton auf eine Frau haben konnte, beschloss er in der Nacht nach dem Fest, Lorenza zu gefallen, egal zu welchem Preis, und sich einen Anzug genau wie den des jungen Mannes anfertigen zu lassen, der vom Schicksal dazu bestimmt schien, sein Rivale zu werden. Der wichtigste und zudem teuerste Teil des Kostüms waren die Stiefel. Also widmete er ihnen als Erstes seine Aufmerksamkeit. Auf der gegenüberliegenden Seite des Platzes, wo Samuds Mutter lebte, einem Platz namens Place de la Fontaine, war der beste Schuhmacher der Stadt: er hatte dem Gelehrten immer Schuhe gegeben, aber bisher hatte er nur Schuhe für ihn gemacht, denn in seinen zarten Jahren war niemand, nicht einmal er selbst, auf die Idee gekommen, dass er seine Füße anders bedecken könnte als Schuhe oder Sandalen, ohne zu riskieren, Perraults ehrwürdigem Gestiefelten Kater zu sehr zu ähneln. Groß war daher Monsieur Landereaus [3] Überraschung, als sein Kunde kam und kühn nach dem Preis für ein Paar Stiefel fragte. Er starrte Samud an.

„Ein Paar Stiefel?", fragte er. „Für wen?"

„Na, für mich selbst", antwortete der Gelehrte stolz.

„Hat deine Mutter dir erlaubt, Stiefel zu bestellen?" „Ja."

„Der Schuhmacher schüttelte zweifelnd den Kopf: Er wusste, dass Samuds Mutter nicht wohlhabend war und dass es dumm von ihr wäre, ihrem Sohn derartige Extravaganzen zu erlauben.

„Stiefel sind teuer", sagte er.

„Das ist egal. Wie viel kosten sie?"

„Sie würden Sie genau vier Dollar kosten."

„Gut... messen Sie mich."

„Ich habe dir gesagt, dass ich ohne die Erlaubnis deiner Mutter nichts tun kann."

„Ich werde dafür sorgen, dass Sie es bekommen."

„Als er nach Hause kam, wagte der Schüler, nach einem Paar Stiefel zu fragen. Die Bitte kam Samuds Mutter so außergewöhnlich vor, dass sie ihn seine Frage zweimal wiederholen ließ. Es war umso seltsamer, da es das erste Mal war, dass sich der Schüler um seine Kleidung Sorgen machte. Als er zehn war, hatten sie die größte Schwierigkeit der Welt, ihn dazu zu bringen, eine lange Schürze aus gemusterter Baumwolle aufzugeben, die er für weitaus bequemer hielt als alle Kniehosen und alle Wamse der Welt; dann, vom Alter von zehn bis zum Alter von fünfzehn Jahren, trug er gleichgültig alle Kleidungsstücke, die seine Mutter für gut hielt, ihm anzuziehen, und zog immer schmutzige und alte den sauberen und neuen vor, weil er in ihnen bei jedem Wetter hinausgehen und sich an allen möglichen Orten herumwälzen durfte. So erschien seiner armen Mutter die Forderung nach einem Paar Stiefeln völlig beispiellos, und sie war besorgt um die Vernunft ihres Sohnes.

„Ein Paar Stiefel!“, wiederholte sie. „Wozu wirst du sie tragen?“

„Eine eng anliegende Reithose, Mutter.“

„Eine enge Hose! Aber du musst wissen, dass deine Beine so spindelförmig sind wie die eines Hahns.“

„,Entschuldigen Sie, Mutter‘, antwortete der Schuljunge mit einem Anflug von Logik, ,wenn meine Waden gut genug sind, um kurze Hosen zu tragen, sind sie auch gut genug, um eng anliegende Hosen zu tragen.‘

„Die Mutter bewunderte den Witz ihres Sohnes und sagte, halb überwältigt von der Schlagfertigkeit: ,Die eng sitzenden Hosen finden wir vielleicht in der Kleiderpresse; aber die Stiefel ... wo wirst du die Stiefel finden?‘

„Na, bei Landereau!“

„Aber Stiefel wären teuer, mein Kind“, sagte die arme Dame seufzend, „und du weißt, wir sind nicht reich.“

„Pah, Mama, Landereau wird dir Kredit gewähren.“

„Kredit aufzunehmen ist ganz schön und gut, mein Junge. Du weißt, dass man eines Tages bezahlen muss, und dass es umso mehr kostet, je länger man die Zahlung hinauszögert.“

„Oh, Mutter, lass mich bitte!“

„Wie viel werden die Stiefel kosten?“

„Vier Dollar, Mutter.“

„Das entspricht sechs Monatsbeiträgen für die Schule, so wie sie der gute Kanoniker Gregorio von mir verlangt.“

„Du kannst es in vier Monaten bezahlen, Mutter", flehte der Schuljunge.

„Trotzdem … sagen Sie mir, welchen Vorteil Ihnen dieses Paar Stiefel und die eng anliegende Hose Ihrer Meinung nach bringen werden?"

„Ich werde Doña Lorenza, der Nichte des Kanonikers, eine Freude machen können." „Wie ist das?"

„Sie schwärmt von Stiefeln und engen Hosen … es scheint, als wären sie der letzte Schrei in Madrid."

„Aber was kümmert es Sie, worüber die Nichte von Don Gregorio schwärmt oder nicht, möchte ich wissen."

„Es bedeutet mir sehr viel, Mutter."

'Warum?'

„Der Schuljunge sah äußerst dumm aus.

„Weil ich ihr Aufmerksamkeit schenke", sagte er."

Dieser Dialog gab wortwörtlich wieder, was zwischen meiner Mutter und mir passiert war, nachdem ich aus Landereaus Laden zurückgekehrt war, und ich wurde rasend vor Wut.

„Bei den Worten *„Weil ich ihr Aufmerksamkeit schenke* "", fuhr der Erzähler fort, „wurde Samuds Mutter von tiefem Erstaunen überwältigt: Ihr Sohn, den sie sich immer noch vorstellte, wie er in seiner langen bedruckten Schürze durch die Straßen lief oder mit der Kerze in der Hand sein Taufgelübde erneuerte; ihr Sohn, wie er der schönen Doña Lorenza Aufmerksamkeit schenkte! — das war doch eines dieser absurden Dinge, die sie sich nie hätte vorstellen können. Und als ihr Sohn sah, dass sie nicht überzeugt war, zog er seine Hand aus der Brusttasche und zeigte ihr ein Armband aus Haar mit einem Mosaikverschluss. Aber er behielt sorgfältig für sich, dass er Doña Lorenza dieses Armband weggenommen hatte; sie hatte es ihm nicht gegeben, und sie war sehr betrübt, nicht zu wissen, was damit geschehen war."

Obwohl dieser Bericht nicht gerade für meine Ehrlichkeit sprach, war er doch erschreckend genau. Ich hatte das Armband drei Tage lang in meinem Besitz gehabt; während dieser drei Tage hatte ich es zwar nicht gerade gezeigt, aber doch mehreren Leuten gezeigt, unter anderem meiner Mutter und meinen Cousinen, den Deviolaines, vor denen ich als galanter junger Mann posierte; aber schließlich war ich gerührt von Laures Kummer, da sie das Armband für verloren gehalten hatte. Ich gab es ihr zurück und gestand ihr demütig meinen Fehler; sie vergab mir, zweifellos im Hinblick auf ihre Freude, ihr Schmuckstück wiederzuerlangen, aber sie hätte mich nicht so

leicht davonkommen lassen, wenn sie von meinen Indiskretionen gewusst
hätte.

Der Schweiß, der mir zu Beginn der Geschichte die Stirn geschwollen hatte,
rann mir in dicken Tropfen übers Gesicht. Da ich jedoch wissen wollte, wie
weit M. Mennesson in Bezug auf meine sentimentalen Eskapaden
gekommen war, hatte ich den Mut, dort zu bleiben, wo ich war – oder
vielmehr, ich hatte nicht die Kraft zu fliehen. M. Mennesson fuhr fort:

„In diesem Augenblick erhob Samuds Mutter ihre Hände und Augen zum
Himmel, und da die arme Frau ihrem Sohn nie etwas abschlagen konnte,
sagte sie seufzend zu ihm:

„Also gut, sei es so; wenn ein Paar Stiefel dich glücklich macht, dann geh
und bestelle die Stiefel."

„Der Schuljunge sprang mit einem Satz von seinem Haus zum
Schuhmacher; er vereinbarte den Preis auf dreieinhalb Dollar, die in vier
Monaten bezahlt werden sollten. Als nächstes besuchten sie die
Kleiderpresse: Sie holten ein Paar hellblaue Hosen mit Goldstreifen heraus;
sie verkauften die Goldspitze für anderthalb Dollar an einen Goldschmied,
die anderthalb Dollar bekam der Schüler als Taschengeld, da seine Mutter
vermutete, dass seine aufkeimenden Liebesaffären natürlich zusätzliche
Ausgaben mit sich bringen würden. Sie beschlossen, dass der Anzug, den er
bei seiner Erstkommunion getragen hatte, durch einen moderneren Schnitt
und modischer Linien ersetzt werden sollte.

„Während all diese Vorbereitungen für die Brautwerbung im Gange waren,
widmete der Schuljunge der schönen Doña Lorenza weiterhin
Aufmerksamkeit, wie er es seiner Mutter gegenüber formuliert hatte. Aber
obwohl er in Worten tapfer und in der Theorie hinter ihrem Rücken sehr
geschickt war, war er in der Praxis äußerst schüchtern und sehr ungeschickt,
wenn er tatsächlich vor ihr stand. Während er anscheinend von Ungeduld
erfüllt war, in ihrer Nähe zu sein, fürchtete er nichts mehr, als mit ihr allein
gelassen zu werden. In solchen Momenten verlor er völlig den Verstand,
wurde stumm statt gesprächig und schwieg, wenn er hätte aktiv sein sollen.
Die günstigsten Gelegenheiten boten sich ihm, und er ließ sie verstreichen.
Vergeblich gab ihm die ungeduldige Dame aus Madrid zu verstehen, dass er
Zeit verschwende und dass man die verlorene Zeit nie zurückgewinnt. Er
stimmte ihr aus tiefster Seele zu. Jeden Abend, wenn er nach Hause kam,
war er wütend auf sich selbst, und wenn er die Gelegenheiten des Tages
durchging, schwor er, diese Gelegenheiten am nächsten Tag nicht
verstreichen zu lassen, wenn sie sich noch einmal ergaben. Dann las er ein
Kapitel aus *Faublas,* um sein Blut zu erwärmen; er schlief darüber und
träumte Träume, in denen er erstaunlich kühn war. Wenn der Tag anbrach,
schwor er sich, seine Träume der vergangenen Nacht wahr zu machen.

Dann, während er auf die Stiefel und den eng anliegenden Anzug wartete, die mit wahrhaft provinzieller Langsamkeit gefertigt wurden, zog er wieder seine kurzen Kniehosen, seine Bombazinweste und seinen flaschenblauen Mantel an und nahm seinen fruchtlosen Spaziergang im Wald wieder auf. Er blickte mit melancholischem Blick auf den moosigen Teppich unter ihren Füßen und wagte nicht einmal, seiner Begleiterin vorzuschlagen, dass sie sich darauf setzen sollten; er blickte traurig auf die schönen grünen Höhen über ihnen, unter denen sie sich mit ihm so gern versteckte. Er kam so weit, zu zittern und zu seufzen, ja sogar ihre Hand zu drücken, aber das waren die äußersten Grenzen seiner Kühnheit. Nur einmal küsste er Doña Lorenzas Hand – in der Nacht, bevor er sich ihr in seinem Eroberungsgewand vorstellen sollte –, aber diese kühne Tat kostete ihn eine so enorme Überwindung, dass er sich danach ganz krank fühlte.

„An diesem Tag kam die schöne Doña Lorenza zu dem Schluss, dass sie jede Hoffnung aufgeben musste, den Jungen zu einem Mann heranwachsen zu sehen, und ohne ein Wort zu ihrem ungeschickten Verehrer zu sagen, unternahm sie einen entscheidenden Schritt. Sie trennten sich wie üblich, nachdem sie den Abend mit jenen unschuldigen Spielen verbracht hatten, die Madame de Longueville so sehr verabscheute. Der nächste Tag sollte, wie gesagt, der entscheidende sein. Der Schneider und der Schuhmacher hielten ihr Wort. Die jungen Leute trafen sich normalerweise zwischen Mittag und ein Uhr und gingen dann spazieren: Señora Vittoria mit einem jungen Junggesellen, von dem ich die meisten meiner Informationen habe; und der Schuljunge mit Señora Lorenza. Unglücklicherweise waren die eng sitzenden Hosen so eng, dass sie an der Wade ein Stück eingearbeitet werden mussten: Diese Ergänzung brauchte Zeit, und Samud war nicht vor ein Uhr ganz fertig. Er wusste, dass er zu spät war; er eilte eilig zum Haus des Kanonikus Gregorio, wo das tägliche Rendezvous stattfand. Seine neue Toilette brachte eine Ein wunderbarer Eindruck, als er durch die Straßen ging: die Leute rannten zu ihren Türen, sie lehnten sich aus den Fenstern, und er verneigte sich vor ihnen und sagte zu sich selbst:

„Ja, das ist in Ordnung, ich bin es! Was ist denn daran so wunderbar, bitte? Dachten Sie etwa, niemand sonst könne Stiefel, enge Hosen und einen modischen Mantel mit Kragen tragen wie M. Audim? Wenn Sie so etwas dachten, dann täuschen Sie sich gewaltig!"

„Und er machte sich auf den Weg, den Kopf immer höher haltend, überzeugt, dass er einem sensationellen Triumph nahe sei. Aber wie gesagt, die unglückliche Veränderung an den Waden hatte ihn fast eine Stunde zu spät kommen lassen, und als der Schüler das Haus des Kanonikers erreichte, waren beide Señoras ausgegangen! Das war nur ein kleines Unglück: Der Schüler war im Wald von Salamanca aufgewachsen, als Osmin im Serail von Bajazet, und er kannte jede Wendung und jeden Winkel. Er wollte also gerade hinauseilen, um der Dame seiner Gedanken nachzujagen, als ihm die Schwester des Kanonikers einen Brief überreichte, den Doña Lorenza ihm hinterlassen hatte, als sie ausging. Samud zweifelte nie daran, dass dieser Brief ihn auffordern würde, sich mit aller Sorgfalt zu beeilen. Und es war der erste, den er erhalten hatte: Er fühlte die Ehre sehr stark; er küsste den Brief zärtlich, brach das Siegel und las mit keuchendem Atem und springendem Herzen Folgendes:

> „MEIN LIEBER JUNGE, ich habe mir in den letzten zwei Wochen Vorwürfe gemacht, weil ich deine Gutmütigkeit ausgenutzt habe, indem ich dich die Verpflichtung erfüllen ließ, die du meinem Onkel gegenüber höchst unvorsichtigerweise eingegangen warst, als du dich verpflichtet hast, mein Kavalier zu werden. Trotz deiner Bemühungen, die Langeweile zu verbergen, die dir eine Beschäftigung bereitete, die über dein Alter hinausgeht, habe ich gesehen, dass ich deine üblichen Gewohnheiten sehr gestört habe, und ich mache mir Vorwürfe dafür. Geh zurück zu deinen jungen Spielkameraden, die auf dich warten, um Gefangenenlager und Quoits zu spielen. Sei meinetwegen ganz beruhigt; denn ich habe M. Audims Dienste für die kurze Zeit angenommen, die ich noch bei meinem Onkel verbringe. Bitte nimm meinen besten Dank an, mein liebes Kind, für deine Freundlichkeit, und glaube mir, deine sehr dankbare LORENZA.“

„Wenn ein Blitz vor die Füße unseres Schuljungen gefallen wäre, hätte er nicht erschütterter sein können als beim Erhalt dieses Briefes. Beim ersten Lesen bemerkte er nichts weiter als den Schock; er las ihn zwei oder drei Mal erneut und fühlte den Schmerz. Dann dämmerte ihm, dass er, da er sich keine Mühe gegeben hatte, der schönen Lorenza zu beweisen, dass er kein Kind war, es nun an ihm bliebe, zu beweisen, dass er ein Mann war, indem er Audim dazu provozierte, mit ihm gegen einen Dud zu kämpfen; und sogleich, auf mein Wort, schickte unser empörter Schuljunge diesen Brief an seinen Rivalen:

> „ SIR, ich brauche Ihnen nicht zu sagen, aus welchem Grund ich Sie in Begleitung von zwei Sekundanten auf einer der Waldstraßen treffen möchte: Sie wissen es so gut wie ich. Da Sie so tun können, als hätten Sie mich nicht beleidigt und als hätte ich Sie provoziert, überlasse ich Ihnen die Wahl der Waffen. Ich habe die Ehre zu bleiben, usw.

„„ *P.S* . – Da Sie wahrscheinlich erst heute Abend spät nach
Hause kommen, verlange ich meine Antwort nicht heute
Abend, sondern möchte sie so früh wie möglich morgen
früh erhalten.'

„Als er am nächsten Morgen aufwachte, erhielt er eine Birkenrute mit Don
Audims Karte. Das war die Waffe, die sein Rivale ausgewählt hatte."

Der Leser kann sich vorstellen, welche Wirkung der Schluss dieser
Geschichte auf mich hatte. Ach, es war eine genaue Schilderung all dessen,
was mir widerfahren war. So endete meine erste Liebesaffäre und mein erstes
Duell! Ich stieß einen Wutschrei aus, rannte aus dem Büro und rannte nach
Hause zu meiner Mutter, die laut aufschrie, als sie sah, in welchem Zustand
ich war.

Zehn Minuten später lag ich in einem gut gewärmten Bett und Doktor
Lécosse war gerufen worden: Er erklärte, ich hätte eine Hirnentzündung,
aber da die Behandlung rechtzeitig eingeleitet worden sei, hätte sie keine
ernsthaften Folgen. Ich habe meine Genesung absichtlich so lange
hinausgezögert, dass ich nicht ausging, bis die beiden Pariser Villers-
Cotterets verlassen hatten. Seitdem habe ich keinen von beiden mehr
gesehen.

[1] Es muss kaum darauf hingewiesen werden, dass „Samud" das Anagramm
von „Dumas" ist.

[2] „Rodelnas" ist das Anagramm von „d'Orléans", so wie „Samud" das
Anagramm von „Dumas" ist und wie „Audim", das in Kürze verwendet
wird, das Anagramm von „Miaud" ist.

[3] Der Erzähler machte sich diesmal nicht die Mühe, ein Anagramm für
den Namen anzugeben.

KAPITEL II

Wie gut mir die Missachtung der beiden Pariser getan hatte
– Die jungen Mädchen von Villers-Cotterets – Meine drei
Freunde – Die ersten Liebesaffären

Doch wie Franz I. nach der Schlacht bei Pavia hatte ich durch meine Niederlage nicht alles verloren. Zunächst blieben mir meine Stiefel und meine engen Hosen, diese beiden heiß begehrten Gegenstände, die den Neid und die Bewunderung jener jungen Gefährtinnen erregten, denen mich die schöne Laure so grausam zum Fraß vorgeworfen hatte. Außerdem hatte ich in den zwei Wochen, die ich in der Gesellschaft dieser beiden pfiffigen Mädchen verbracht hatte, die erste Lektion gelernt, die nur die Gesellschaft von Frauen erteilen kann. Diese Lektion hatte mich gelehrt, die Notwendigkeit der Pflege meines persönlichen Erscheinungsbildes zu erkennen, die mir bis dahin nie als eine Sache in den Sinn gekommen war, der ich mich täglich widmen musste. Unter der lächerlichen Eitelkeit, die ich mit der Veränderung meiner Kleidungsart hatte, unter dem unglücklichen Versuch, den ich, ein armer Landjunge, unternommen hatte, den eleganten Stil eines Parisers zu erlangen, erschienen die ersten Anzeichen wahrer Eleganz – das heißt, der Ordentlichkeit.

Ich hatte ziemlich schöne Hände, meine Nägel waren wohlgeformt, meine Zähne waren groß, aber weiß, und meine Füße waren für meine Größe außergewöhnlich klein. All diese Besitztümer hatte ich nicht gekannt, bis die beiden Pariser Mädchen mich darauf aufmerksam machten und mir Ratschläge gaben, wie ich meine natürlichen Gaben aufwerten könnte. Und ich befolgte ihren Rat zu meiner eigenen Zufriedenheit weiter, nachdem ich ihn zunächst befolgt hatte, um ihnen zu gefallen, und zwar mit solchem Eifer, dass ich, als sie gingen, tatsächlich die Grenze überschritten hatte, die Kindheit von Jugend trennte. Der Übergang war sicherlich hart gewesen, und ich hatte ihn mit Tränen in den Augen bewältigt, eine Hand hielt ich kokett, die andere voller Kummer. Dann – wie abgestumpfte Reisende, wenn sie ein neues Land betreten, bittere Früchte lutschen, die, wie sehr sie auch die Zähne stumpf machen mögen, ein unwiderstehliches Verlangen hinterlassen, andere Früchte zu lutschen – als meine Lippen den Apfel der Eva berührt hatten, den die Menschen Liebe nennen, sehnte ich mich danach, einen weiteren Versuch zu unternehmen, selbst wenn er schmerzhafter sein sollte als der erste, und was die jungen Mädchen anbelangte, konnten sich nur wenige Städte rühmen, so beliebt zu sein wie Villers-Cotterets. Nie gab es einen so großen Park wie unseren, nicht einmal in Versailles; keine Rasenflächen waren grüner, nicht einmal die in Brighton;

noch gab es irgendeinen mit exquisiteren Blumen übersäten Park von Villers-Cotterets mit seinen Rasenflächen und Blumenbeeten. Drei sehr unterschiedliche Klassen stritten untereinander um die Krone der Schönheit – die Aristokratie, die Mittelklasse und eine dritte Klasse, für die ich keinen Namen finden kann, ein angenehmer Vermittler zwischen der Mittelklasse und dem Volk, der keiner von beiden angehört und zu dem die Schneiderinnen, Näherinnen und Ladenbesitzerinnen einer Stadt gehören.

Die erste Klasse wurde durch die Familie Collard vertreten, die ich bereits im Zusammenhang mit meiner Kindheit erwähnt habe. Von den drei verrückten jungen Mädchen, die frei wie Schmetterlinge und Schwalben durch den Wald von Villers-Cotterets streiften, waren zwei Ehefrauen geworden: die eine, Caroline, hatte den Baron Capelle geheiratet; die andere, Hermine, hatte den Baron de Martens geheiratet; Louise, die dritte, die erst fünfzehn war, war das bezauberndste kleine Mädchen, das man sich vorstellen konnte. Ihre Mutter – deren Geburt und Geschichte als Tochter von Madame de Genlis und dem Duc d'Orléans ich erzählt habe – und ihre drei Kinder waren der aristokratische Mittelpunkt, um den sich die jungen Männer und Mädchen der benachbarten Schlösser drehten; und unter den ersteren befanden sich einige der besten Familien des Landes – die Montbretons, die Courvals und die Mornays. Keine dieser Familien lebte in Villers-Cotterets selbst: Sie lebten in den umliegenden Schlössern. Nur bei großen Gelegenheiten schwärmten die Bienenstöcke, und dann sahen wir diese Bienen mit den goldenen Flügeln durch die Straßen der Stadt und die Alleen des Parks fliegen.

Die zweite Klasse wurde durch die Familie Deviolaine repräsentiert. Zwei der fünf Töchter von M. Deviolaine waren, wie ich bereits sagte, verheiratet – nämlich Léontine und Éléonore; drei blieben übrig, Cécile, Augustine und Louise. Cécile war zwanzig Jahre alt, Augustine sechzehn; Louise war noch ein Kind. Cécile hatte ihren launischen und kapriziösen Charakter bewahrt, dieselben spöttischen und lebhaften Züge; ihr Verhalten war eher männlich als weiblich; ihr Teint war von der Sonne gebräunt, da sie sich nie die Mühe machte, sich vor ihren Strahlen zu schützen. Augustine dagegen hatte eine milchweiße Haut, große, ruhige, blaue Augen, dunkelbraunes Haar, das einen bewundernswerten Rahmen um ihr Gesicht bildete, abfallende, bezaubernd geformte Schultern und eine nicht zu schlanke Figur; im Gegensatz zu ihrer Schwester Cécile war sie in jeder Hinsicht anmutig weiblich. Raffael wäre vor einem Rätsel gestanden, als er als Modell für seine Madonna zwischen ihr und Louise Collard wählen musste, und wie der griechische Bildhauer hätte er von beiden wunderschöne Punkte ausgewählt, um jenen perfekten Standard zu erreichen, den die Kunst überall erreicht, wenn sie die Natur übertrifft.

Die anderen jungen Mädchen aus der Mittelklasse gruppierten sich um die Familie Deviolaine. Die beiden Mädchen aus Troisvallet, Henriette und Clementine: Clementine, dunkel mit schönem schwarzen Haar, seltsam anziehenden Augen, einer römischen Gesichtsfarbe, vom Typ Velletri oder Subiaco, und einem Kopf wie der von Augustine Carrachi. Henriette war groß, blond, rosig, schlank, anmutig und in ihrer sanften Jugendlichkeit so geschmeidig wie eine Rose, wie ein Kornhalm, wie eine Weide: Sie hatte dieses Gesicht, das halb traurig, halb fröhlich ist; der Übergang zwischen Engel und Frau, das alle gewöhnlichen Bedürfnisse der Erde zeigte, aber auch voller himmlischer Sehnsüchte. Dann die beiden reizenden Mädchen Sophie und Pélagie Perrot; Louise Moreau, ein süßes junges Mädchen, die seitdem eine bewundernswerte Familienmutter geworden ist; Éléonore Picot, von der ich gesprochen habe – eine ausgezeichnete Frau, die vom Tod ihres Bruders Stanislas und der schändlichen Last, die für kurze Zeit auf ihrem Bruder Auguste lastete, traurig war. Dann gab es noch andere, deren Namen ich vergessen habe, deren frische Gesichter aber noch immer vor meinem geistigen Auge erscheinen wie die Phantome eines Traums oder wie die Erscheinungen, die aus deutschen Flüssen gleiten oder sich in den Seen Schottlands spiegeln, wenn sie ihre nächtliche Runde drehen.

Schließlich kam, wie gesagt, nach den Mittelklassen die Gruppe junger Mädchen, die ich in die soziale Hierarchie nicht einordnen kann, die aber in unserer kleinen, vom grünen Gürtel ihres schönen Waldes umschlossenen Welt denselben Platz einnahmen, wie Maiglöckchen, Osterglocken, Kornblumen, Hyazinthen und Pomponrosen zwischen den Blumen. Oh! Es war aber ein hübscher Anblick, sie sonntags zu sehen, in ihren Sommerkleidern, mit rosa und blauen Schärpen, ihren winzigen, von ihnen selbst verzierten Hauben, die sie auf hundert verschiedene kokette Arten aufgesetzt hatten – denn damals wagte keine von ihnen, einen Hut zu tragen; es war eine Wonne, sie frei von allen Zwängen und ohne jede Kenntnis der Etikette spielend, rennend und ihre reizenden runden, nackten Arme in lange Ketten flechtend und verschlungen zu sehen. Was waren das für erlesene Geschöpfe! Was für entzückende junge Dinger! Ich bin mir wohl bewusst, dass es für meine Leser wenig interessant ist, ihre Namen zu kennen; aber ich kannte sie, ich liebte sie, ich verbrachte meine ersten Jahre unter ihnen, jene sanften ersten Tage am Morgen des Lebens; ich möchte ihre Namen nennen, ich möchte ihre Porträts malen, ich möchte ihre unterschiedlichen Reize beschreiben, und dann hoffe ich, dass sie mir meine Indiskretionen um meiner Indiskretionen willen verzeihen.

Ich muss vor allem zwei bezaubernd romantische und kokette Mädchen erwähnen – Josephine und Manette Thierry: Josephine, dunkel, rosig, mit üppiger Figur und regelmäßigen Gesichtszügen, ein vollkommenes Geschöpf, dessen schöne Zähne ein hinreißendes Ganzes abrundeten.

Manette, ein Dessertapfel, ein Mädchen, das immer sang, um sich Gehör zu verschaffen, immer lachte, um ihre Zähne zu zeigen, immer rannte, um ihre Füße, ihre Knöchel, sogar die Waden zu zeigen; Vergils Galatea, deren Namen sie nicht einmal kannte, die floh, um verfolgt zu werden, sich versteckte, um gesehen zu werden, bevor sie sich versteckte.

Was ist aus ihnen geworden? Ich habe sie seitdem gesehen, sie sahen sehr elend aus: die eine war in Versailles, die andere in Paris – die abgefallenen, verwelkten Früchte jenes Rosenkranzes, auf den ich die ersten Liebesworte schrieb. Sie waren die Töchter eines alten Schneiders und wohnten in der Nähe der Kirche, die nur durch das Rathaus von ihnen getrennt war. Louise Brézette wohnte ihnen fast gegenüber; ich habe sie bereits erwähnt. Sie war die Nichte meines Tanzlehrers; ein kräftiges Blümchen von fünfzehn Jahren, an das ich dachte, als ich meine fiktive Geschichte jener *Tulipe noire schrieb*, jenes Meisterwerks der Gartenbaukunst, das von holländischen Hobbygärtnern vergeblich gesucht, vergeblich verfolgt und vergeblich erwartet wurde. Das Haar der schönen Madame Ronconi, das Théophile Gautier zu einem seiner wunderbarsten Artikel inspirierte und das, wenn man es neben sich sah, Kohle grau und die Flügel einer Krähe blass erscheinen ließ, war nicht schwärzer, blauer, glänzender als das Haar von Louise Brézette, wenn es die Sonnenstrahlen aus seinen dunklen und düsteren Tiefen wie aus dem Herzen polierten Metalls reflektierte. Oh! Was für eine schöne, blühende Brünette sie war, mit ihrem Fleisch so fest und hell wie das einer Nektarine; ihre perlmuttartigen Zähne erhellten ihr Gesicht unter dem schwachen Ebenholz ihrer korallenfarbenen Lippen! Man konnte fühlen, wie Leben und Liebe darunter brodelten, und es brauchte nur die erste Leidenschaft, um alles in Flammen aufgehen zu lassen! Dieses üppige junge Mädchen war religiös, und da eine Organisation wie die ihre etwas lieben musste, liebte sie Gott.

Wenn man ein paar Schritte in Richtung des Platzes ging, ein wenig weiter die Rue de Soissons hinauf, nach links gehend, gab es eine Tür und ein Fenster, die die ganze Front eines winzigen Hauses bildeten. Im Fenster hingen Hüte, Kragen, Hauben, Spitzen, Handschuhe, Fäustlinge, Bänder – kurz gesagt, das ganze Arsenal weiblicher Eitelkeit; hinter der Tür schwebten gewisse Vorhänge, die neugierige Blicke davon abhalten sollten, in den Laden zu schauen, die aber, sei es durch ein seltsames Missgeschick, sei es durch die Hartnäckigkeit der Stange, auf der sie glitten, sei es durch die Launen des Windes, immer auf der einen oder anderen Seite eine unverschämte Öffnung ließen, durch die die Vorübergehenden in den Laden sehen konnten und gleichzeitig denen im Laden, die sich darin befanden, erlaubten, auf die Straße zu sehen. Über dieser Tür und diesem Fenster war in großen Buchstaben die folgende Inschrift gemalt:

Mesdemoiselles Rigolot, Hutmacherinnen

Diejenigen, die vor der von mir angegebenen Öffnung stehen blieben und einen Blick in den Laden werfen konnten, haben wahrlich weder Zeit verloren noch ihre Mühen bereut. Was wir damit meinen, hat nichts mit den beiden Besitzerinnen des Ladens zu tun, die beide alte Jungfern waren, die schon lange über vierzig Jahre alt waren und, wie ich annehme, jeden Anspruch verloren hatten, andere Gefühle als Respekt zu erwecken.

Nein, wir haben es mit zwei der bezauberndsten Gesichter zu tun, die man sich vorstellen kann, nebeneinander, als wollten sie sich gegenseitig hervorheben: das eine war blond, das andere brünett. Die Brünette war Albine Hardi, die Blonde war Adèle Dalvin. Die Braunhaarige – kennen Sie die reizende Marie Duplessis, diese bezaubernde Kurtisane voll königlicher Anmut, über die mein Sohn seinen Roman „ *Die Kameliendame*" schrieb ? – nun, das war Albine. Wenn Sie sie nicht kennen, werde ich Ihnen Albine beschreiben. Sie war ein junges Mädchen von siebzehn Jahren mit einer toten braunen Haut, großen braunen samtigen Augen und so schwarzen Augenbrauen, dass sie aussahen, als wären sie mit Bleistift gezeichnet, so fest und regelmäßig war der Schwung. Sie war eine Herzogin, sie war eine Königin; noch besser als beide, wenn man so will, war sie wie eine Nymphe aus Dianas Gefolge: schmächtig, schlank, gerade und wohlgebaut, eine Jägerin, die mit einem Federhelm auf dem Kopf ein großartiger Anblick gewesen wäre, eine im Wind fliegende Amazone, die einen Trupp lärmender Pikeniere anführt und einen bellenden Hund lenkt. Auf der Bühne wäre ihre Erscheinung großartig, fast übernatürlich gewesen. Im normalen Leben waren die Leute versucht, sie für zu schön zu halten, und eine Zeit lang wagte es niemand, mit ihr zu schlafen, so wahrscheinlich schien es, dass ihre Liebe vergeudet sein würde und sie nicht darauf reagieren würde. Die andere, Adèle, war hellhäutig und hatte eine rosige Haut. Nie habe ich schöneres goldenes Haar, süßere Augen, ein gewinnenderes Lächeln gesehen; sie war eher heiter als melancholisch, eher klein als groß, eher rundlich als dünn: Sie war ein bisschen wie einer von Murillos Engeln, die die Füße seiner Jungfrauen küssen – halb in Wolken gehüllt; Sie war weder eine Watteau-Schäferin noch eines von Greuzes Bauernmädchen, sondern etwas dazwischen. Man hatte das Gefühl, es wäre süß und leicht, sie zu lieben, obwohl es vielleicht nicht so leicht war, von ihr geliebt zu werden. Ihr Vater und ihre Mutter waren ehrenwerte alte Bauern, durch und durch ehrlich, aber vulgär, und es war umso überraschender, dass eine so frische und süß duftende Blume aus einem solchen Stamm hervorgegangen war. Aber das ist immer so, wenn die Leute jung sind: Es ist die Jugend, die Vornehmheit verleiht, wie es der Frühling ist, der der Rose Frische verleiht.

Um diese jungen Leute, die ich gerade beschrieben habe, schmollte und lächelte eine Schar junger Mädchen, von denen die kleinsten noch Säuglinge waren. Ich habe sie später die Nachfolge der jungen Generation, in der ich lebte, erleben sehen. Ich habe vergeblich versucht, in diesen späteren Kindern die Tugenden zu finden, die ich in denen fand, die ihnen vorausgingen.

Bis zur Ankunft der beiden Fremden in Villers-Cotterets hatte ich den Frühlingskranz aus Sternen und Blumen, zu dem alle Gesellschaftsschichten beitragen, nicht einmal bemerkt. Als die beiden Fremden gegangen waren, fiel der Verband, der meine Augen versiegelt hatte, ab, und ich konnte nicht nur sagen: „Ich sehe", sondern: „Ich lebe." Ich befand mich altersmäßig genau zwischen den Kindern, die noch im Gefangenenlager und beim Wurfringspiel spielten – wie die Nichte des Abtes es treffend ausgedrückt hatte – und den Jugendlichen, die anfingen, sich zu Männern zu entwickeln. Anstatt zu den ersteren zurückzukehren, wie mir meine schöne Pariserin geraten hatte, schloss ich mich den letzteren an und richtete mich zu meiner vollen Größe auf, um meine sechzehn Jahre zu beweisen. Und wenn mich jemand nach meinem Alter fragte, sagte ich ihm, ich sei siebzehn.

Die drei Jugendlichen, mit denen ich am vertrautesten war, waren zunächst Fourcade, der Direktor der von Paris nach Villers-Cotterets gesandten Schule für Weiterbildung; er war mein *Gegenüber* bei meinem Debüt als Tänzer. Er war ein durch und durch wohlerzogener, gut ausgebildeter junger Mann, der Sohn eines Mannes, der in der Außenpolitik einen sehr guten Ruf genoss; sein Vater hatte viele Jahre im Osten gelebt und war Konsul in Saloniki gewesen. Seine Zuneigung galt Joséphine Thierry, und er verbrachte mit ihr jede freie Minute, die er neben seiner Lehrtätigkeit erübrigen konnte. Mein zweiter Gefährte war Saunier; er war mein Mitschüler bei Abbé Grégoire gewesen; er war zweiter Schreiber von M. Perrot, dem Anwalt; sein Vater und sein Großvater waren Schmiede, und in der freien Zeit meiner frühen Jugend verbrachte ich einen großen Teil meiner Zeit in ihrer Schmiede, kerbte ihre Feilen ein und machte Feuerwerkskörper aus Eisenspänen. Saunier teilte seine Freizeit zwischen zwei Leidenschaften auf: die eine, die, wie ich fest glaube, vor der anderen kam, war die Klarinette, die andere Manette Thierry. Der dritte meiner engen Freunde hieß Chollet; er war in Sachen Alter das Bindeglied zwischen Fourcade und Saunier. Er lebte mit einem meiner Cousins namens Roussy zusammen, dem Vater des Kindes, dessen Pate ich im Alter von neun Monaten zusammen mit Augustine Deviolaine gewesen war. Er studierte die Bewirtschaftung von Waldland. Ich weiß nichts über seine Verwandten; sie waren wahrscheinlich wohlhabend, denn wann immer ich ihn besuchte, lagen Fünf-Franc-Stücke verstreut auf dem Kaminsims, und zwei oder drei Goldstücke glänzten immer protzig aus ihnen hervor, blendeten meine Augen und hinterließen einen tiefen Eindruck auf mich durch seinen Reichtum. Aber meine Bewunderung war völlig frei von Neid – ich habe nie jemanden um sein Geld oder seinen Besitz beneidet. Ich weiß nicht, ob dies aus Stolz oder aus

Einfalt des Geistes entstand. Ich hätte „ *Video nec invideo" als Motto wählen können.* Chollet hatte überhaupt keine Schulbildung, aber es fehlte ihm nicht an einer gewissen natürlichen Schlagfertigkeit, und er war ein gutaussehender junger Mann, dessen prächtige Augen und prächtigen Zähne sein sonst gewöhnliches, von Pocken gezeichnetes Gesicht wiedergutmachten. Er tat sein Bestes, um Louise Brézette dazu zu bringen, ihre Liebe zum Schöpfer in Liebe zum Geschöpf umzuwandeln.

Dies waren meine drei engsten Freunde. Das Ergebnis war, dass ich, als ich wiederum eine Wahl treffen musste, obwohl ich zur Hälfte in M. Deviolaines Familie und zur Hälfte in der von M. Collard aufgewachsen war, weder in der aristokratischen Gesellschaft noch in bürgerlichen Kreisen, die sich über mich lustig gemacht hätten, meine Einführung in das entzückende Mysterium des Lebens suchte, das wir Verlieben nennen, sondern in jener Gesellschaft, der sich meine drei Freunde fast ausschließlich zuwandten. Und ich hatte keine Schwierigkeiten, ihre Vorliebe zu verstehen. Ich zögere nicht, voll und ganz und frei zu sagen, dass sie mit ihrer Wahl sehr weise waren. Es brauchte nur einen Schritt zu tun, um in ihre Fußstapfen zu treten. Ich brauchte nur jemanden, an den ich meine Zuneigung binden konnte: der Wunsch zu lieben fehlte nicht. Jedes der jungen Mädchen, die ich erwähnt habe, hatte eine mehr oder weniger ernste Liebesaffäre in petto. Sie alle genossen die herrlichste Freiheit, zweifellos das Ergebnis des Vertrauens, das ihre Eltern in ihren gesunden Menschenverstand setzten; aber aus irgendeinem Grund hatten wir in Villers-Cotterets eine ganz englische Sitte – einen ungezwungenen Umgang zwischen jungen Leuten beiderlei Geschlechts, wie ich ihn in keiner anderen französischen Stadt erlebt habe; eine Freiheit, die umso überraschender war, als alle Eltern dieser Mädchen vollkommen anständige Leute waren und tief in ihrem Herzen davon überzeugt waren, dass alle Barken, die auf die Flut der Tender Passion hinausfuhren, mit weißen Segeln geschmückt und mit Orangenblüten gekrönt waren. Und was noch merkwürdiger war, dies traf auf die Mehrheit der zehn oder zwölf Liebespaare zu, die unseren Kreis bildeten.

Ich wartete geduldig, bis einer dieser Knoten gelöst oder durchtrennt wurde. Während ich wartete, ging ich zu jedem Fest und nahm an allen Spaziergängen und Tänzen teil; es war eine ausgezeichnete Lehrzeit, die mich im Voraus mit jenem Ungeheuer vertraut machte, das Psyche berührte, ohne es zu sehen, und das ich im Gegenteil gesehen, aber nicht berührt hatte. Der Zufall war mir hold, nachdem ich sechs Wochen oder zwei Monate lang die zweite Geige gespielt hatte. Eine dieser Verlobungen war kaum eingegangen, da wurde sie auch schon wieder aufgelöst: Ein Bauernsohn namens Richou wollte seine Nachbarin Adèle Dalvin heiraten. Die Eltern des jungen Mannes, die wohlhabender waren als die des jungen Mädchens, widersetzten sich dieser aufkeimenden Liebe, und die Schöne wurde freigelassen.

Ich hatte in diesen sechs Wochen viel gelernt, indem ich andere beobachtete; außerdem hatte ich es diesmal nicht mit einem sarkastischen und anspruchsvollen Pariser Mädchen zu tun, das die Welt viel besser kannte als ich. Nein, ich liebte ein junges Mädchen, das schüchterner war als ich, das meinen vorgetäuschten Mut für echt hielt und das, wie der Frosch in der Fabel, der in den Teich sprang, als ein erschrockener Hase vorbeikam, so gut war, mich zu fürchten und mir zu beweisen, dass es möglich war, jemandem zu begegnen, der noch schüchterner war als ich. Man kann sehen, wie mir diese Veränderung der Lage Sicherheit gab. Die Rollen waren jetzt völlig vertauscht. Diesmal war ich der Angreifer und jemand anderes war in der Defensive, und dieser Jemand leistete so hartnäckigen Widerstand, dass ich bald erkannte, dass mein Angriff nutzlos war und dass ich den ernsthaften Widerstand, den ich leistete, nur nach langem und geduldigem Werben brechen konnte: Die Zitadelle war nicht zu stürmen. Dann begannen für mich jene ersten Tage, deren Reflexion mein ganzes Leben lang angehalten hat: dieser köstliche Kampf der Liebe, die unaufhörlich bittet und sich auch durch eine Ewigkeit der Ablehnung nicht entmutigen lässt; das Erlangen einer Gunst nach der anderen, und jede einzelne davon erfüllt die Seele mit Ekstase; die frühe, flüchtige Morgendämmerung des Lebens, das über der Erde schwebt, Handvoll Blumen auf die Köpfe der Sterblichen schüttelt und dann unter dem Einfluss der aufgehenden Sonne seiner Freude Bewusstheit verleiht und bald von der glühenden Hitze der Leidenschaft umhüllt wird.

Es war wirklich eine glückliche Zeit für mich. Wenn ich morgens aufwachte, begrüßte mich das Lächeln meiner Mutter und ihre langen Küsse lagen auf meinen Lippen; von neun bis vier Uhr ging ich zur Arbeit – Arbeit, die zwar ermüdend gewesen wäre, wenn ich hätte verstehen müssen, was ich schrieb, aber sie war leicht und willkommen, denn während meine Hände und Augen abschrieben, war mein Geist frei, um mit meinen eigenen glücklichen Gedanken zu kommunizieren; dann war ich von vier bis acht Uhr bei meiner Mutter; und nach acht Uhr Freude, Liebe, Leben, Hoffnung, Glück!

Im Sommer abends um acht, im Winter um sechs, kamen unsere jungen Freunde, die auch frei waren, wenn ich frei war, zu einem geeigneten Treffpunkt, streckten uns ihr Gesicht oder ihre Wangen zum Kuss entgegen, drückten uns die Hände und gaben sich aus falscher Koketterie oder heuchlerischer Einbildung keine Mühe, ihre Freude über das Wiedersehen mit uns zu verbergen. Wenn es Sommer und schönes Wetter war, lud uns der Park mit seinem moosbedeckten Rasen, seinen dunklen Alleen und der Brise, die durch die Blätter zitterte, ein, und in Mondnächten gab es weite Flächen, in denen Licht und Dunkelheit wechselten. Zu diesen Zeiten konnte ein einsamer Passant fünf oder sechs Paare sehen, die in gebührendem Abstand, um Abgeschiedenheit ohne Einsamkeit zu gewährleisten, spazieren gingen, die Köpfe einander zugeneigt, die Hände in den Händen gefaltet, leise sprechend, ihre Worte zu süßen Intonationen modulierend oder ein gefährliches Schweigen bewahrend; denn während eines solchen Schweigens sprachen die Augen oft, was die Lippen nicht auszusprechen wagten. Wenn es Winter war oder das Wetter schlecht war, trafen wir uns alle bei Louise Brézette. Ihre Mutter und ihre Tante zogen sich fast immer ins Hinterzimmer zurück und überließen uns die beiden vorderen, die wir für uns allein beanspruchten. Dann plauderten wir im Licht einer einzigen Lampe im dritten Zimmer, neben der Louises Mutter nähte, während ihre Tante die *Nachfolge Christi* oder *Der vollkommene Christ* las, aneinandergedrängt, normalerweise zu zweit auf einem Stuhl, und wiederholten dieselbe Geschichte, die wir am Abend zuvor erzählt hatten, fanden das, was wir zu sagen hatten, aber immer wieder neu.

Um zehn Uhr endeten unsere *Soirées* . Jeder Junge nahm sein Mädchen mit nach Hause. Als sie die Haustür erreichten, gewährte sie ihrem Kavalier eine weitere halbe Stunde, manchmal eine Stunde, die ihr ebenso lieb war wie ihm, während sie zusammen auf der Bank vor der Tür saßen oder auf dem Gartenweg standen, der zum mütterlichen Wohnzimmer führte, aus dessen Inneren man von Zeit zu Zeit eine murrende Stimme rufen hörte – eine Stimme, die zehnmal antwortete, bevor man ihr gehorchte: „Ich komme, Mama." Sonntags trafen wir uns um drei Uhr nach der Vesper; und wir gingen spazieren, tanzten, tanzten Walzer und gingen erst um Mitternacht nach Hause.

Dann gab es Feste in den Nachbardörfern, die weniger großartig, weniger aristokratisch und sicherlich weniger elegant waren als die von Villers-Cotterets, zu denen wir in fröhlichen Gruppen gingen und von denen wir in schweigenden, getrennten Paaren zurückkehrten.

Auf einem dieser Feste lernte ich einen jungen Mann kennen, der ein Jahr jünger war als ich. Ich muss um Erlaubnis bitten, ausführlich über ihn sprechen zu dürfen, denn er hatte einen enormen Einfluss auf mein Leben.

KAPITEL III

Adolf von Leuven – Seine Familie – Unveröffentlichte
Einzelheiten über den Tod Gustavs III. – Der Graf von
Ribbing – Die Schuhmacher des Schlosses Villers-Hellon

Ich traf Leuven zum ersten Mal bei einem Fest in dem schönen Dorf Corey,
eine Meile von Villers-Cotterets entfernt – einem Dorf, das inmitten großer
Wälder liegt, wie ein Nest zwischen hohen Ästen. Ich hatte meine Gefährten
während des Tanzes für einen Augenblick verlassen und war ein Stück weit
gegangen, um einen alten Freund meines Vaters zu besuchen, einen Bauern,
dessen Hof fast eine Viertelmeile vom Dorf entfernt lag. Um dorthin zu
gelangen, nahm ich einen hübschen Pfad am Fuße eines Hügels, der auf
beiden Seiten von Weißdorn in voller Blüte gesäumt und mit
Gänseblümchen übersät war, deren goldene Mitte von rosa Blütenblättern
gesäumt war.

Plötzlich sah ich an einer Wegbiegung drei Personen auf mich zukommen,
die von einem Sonnenstrahl erhellt wurden. Zwei davon kannte ich gut, die
dritte war mir völlig fremd. Die beiden, die ich kannte, waren Caroline
Collard, die, wie bereits erwähnt, Baronin Capelle geworden war. Die andere
war ihre Tochter, Marie Capelle, damals erst drei Jahre alt, die zu ihrem
Unglück Madame Lafarge werden sollte. Die dritte Person, der Fremde, sah
auf den ersten Blick aus wie ein deutscher Student. Er war ein Jugendlicher
zwischen sechzehn und siebzehn Jahren und trug eine graue Jacke, eine
Ölzeugmütze, eine Weste aus Sämischleder und leuchtend blaue Hosen, die
fast so eng anlagen wie meine, mit dem Unterschied, dass meine
Stulpenstiefel meine Kniehose bedeckten, seine hingegen von seinen Hosen
verdeckt wurden. Dieser junge Mann war groß, dunkelhäutig und hager, sein
schwarzes Haar war borstenkurz geschnitten, er hatte schöne Augen und
eine auffallend ausgeprägte Nase; Er hatte weiße Zähne wie Perlen und ein
sorglos-aristokratisches Auftreten; es handelte sich um den Viscount
Adolphe Ribbing de Leuven, den späteren Autor von *Vert-Vert* und von
Postilion de Long-jumeau, Sohn des Grafen Adolphe-Louis Ribbing de Leuven,
einem der drei schwedischen Adligen, die des Mordes an Gustav III., dem
König von Schweden, beschuldigt wurden.

Diese Grafen Ribbing de Leuven stammten aus einer alten und vornehmen
Familie, die es gewohnt war, königliche Intrigen zu treiben und mit den
Mächtigen der Erde auf Augenhöhe zu verkehren. Es war ein gewisser
Ribbing, der sich 1520 gegen den Tyrannen Christiern erhob, der seine
beiden Kinder hatte ermorden lassen. In der Familie gab es eine traurige und
melancholische Legende, die mit der Enthauptung dieser beiden Kinder

zusammenhing, von denen das eine zwölf und das andere erst drei Jahre alt war. Der Henker hatte dem ältesten den Kopf abgeschlagen und den zweiten ergriffen, um ihn ebenfalls hinzurichten, als das arme Ding mit kindlicher Stimme sagte: „Oh, bitte beschmutze meinen Kragen nicht, wie du den meines Bruders Axel beschmutzt hast , denn Mama würde mich schelten." Der Henker hatte selbst zwei Kinder im gleichen Alter wie diese. Von den Worten bewegt, warf er sein Schwert nieder und rannte davon, von Reue überwältigt. Christiern schickte Soldaten hinter ihm her und er wurde getötet.

Adolphes Vater, mit dem ich seither eine enge Freundschaft geschlossen habe und der mich wie einen Vater liebt, war damals ein Mann von fünfzig Jahren, von äußerst vornehmer Erscheinung, mit einem charmanten, wenn auch vielleicht etwas zu sarkastischen Wesen und von unbezwingbarem Mut. Er war an der Militärschule in Berlin ausgebildet worden und in jungen Jahren als Hauptmann in einem der ausländischen Söldnerregimenter Ludwigs XVI. nach Frankreich gekommen – jene Regimenter, die ihm durch ihre treuen Dienste weit mehr Schaden zufügten als Nutzen brachten. Er war Marie-Antoinette vom Grafen von Fersen vorgestellt worden, und unter der Schirmherrschaft dieses berühmten Favoriten bereitete ihm die Königin einen äußerst wohlwollenden Empfang. Er erinnerte sich mit größter respektvoller Verehrung an die arme Marie-Antoinette, und dreißig Jahre nach ihrem Tod hörte ich ihn oft mit tränenerfüllter Stimme von ihr sprechen. Gegen Ende des Jahres 1791 wurde er nach Schweden zurückgerufen. Er war mit einer seiner Cousinen verlobt, die er verehrte, und da er vorhatte, sie nach seiner Rückkehr zu heiraten, erfuhr er bei seiner Ankunft in Stockholm, dass ihr auf Befehl von König Gustav III. ihre Hand entzogen worden war und sie die Frau des Grafen von Essen war. In seinem ersten Anflug von Verzweiflung provozierte Graf Ribbing einen Streit mit ihrem Mann. Es kam zu einem Duell, und der Graf von Essen fiel mit einer Schwertwunde in der Brust zu Boden, die ihn sechs Monate lang ans Bett fesselte.

Schweden war zu dieser Zeit sehr beunruhigt: Der König bestand darauf, seinen Landtag zur Annahme der Unions- und Sicherheitsurkunde zu zwingen, und in Geft kam es zum *Staatsstreich* , der dem König die alleinige Macht über Frieden und Krieg verlieh. Seit langem herrschte ein gewaltiger Streit zwischen der königlichen Macht und dem Adel. Obwohl der König 1766 Sophie-Madeleine von Dänemark heiratete, hatte er selbst 1776 keinen Erben für seine Krone. Und der schwedische Adel führte die Unfruchtbarkeit der Königin auf dieselbe Ursache zurück wie die von Louise de Vaudemont, der Frau Heinrichs III. Wie der letzte aus dem Hause Valois hatte Gustav seine Favoriten, und ihre Vertrautheit mit ihm führte dazu, dass sie ihrem Prinzen die außergewöhnlichsten Vorschläge machten. Nach einiger Zeit beschlossen die Höflinge, dem König die Unfruchtbarkeit der Königin vorzuwerfen und ihm zu sagen, er solle versuchen, diesen Mangel mit allen ihm zur Verfügung stehenden Mitteln zu beheben. Gustav versprach, zu sehen, was in der Sache getan werden könne. Dann, so erzählten die Leute, geschah etwas Merkwürdiges. Am Abend des Tages, an dem er den schwedischen Herren sein Wort gegeben hatte, führte er seinen Stallmeister Monck in das Gemach der Königin und erklärte dem Stallmeister in Gegenwart der verwirrten und errötenden Königin, welchen Dienst er von ihm verlangte; dann zog er sich zurück und schloss die Tür des königlichen Gemachs hinter dem Paar. Einige Zeit später wurde die Schwangerschaft der Königin verkündet, und sie gebar einen Prinzen, der nach dem Tod seines Vaters unter dem Titel Gustav IV. regierte, bis das schwedische Parlament 1809 seine Absetzung verkündete. Ich kannte seinen Sohn sehr gut in Italien, wohin er unter dem Namen Graf von Wasa reiste.

Im Jahr 1770 kam Gustav III., damals 24 Jahre alt, als Graf von Haga nach Frankreich. Er hatte eine Unterhaltung mit einer Art Zauberin, die in ihren hypnotischen Trancezuständen zukünftige Ereignisse vorhersagte. Sie hatte kaum seine Hand berührt, als sie ihm sagte, er solle sich vor dem Jahr 1792 in Acht nehmen, da er im Laufe dieses Jahres in Lebensgefahr durch Schusswaffen geraten würde. Gustav war ein tapferer Mann; er hatte sich oft Gefahren ausgesetzt. Er wiederholte die Vorhersage mehrere Male lachend, aber sie beunruhigte ihn nie.

Infolge des Landtags von 1792, durch den die Adligen ihre restlichen Privilegien verloren hatten, kam es zu einer Verschwörung. Die Hauptanführer waren Ankarström, Graf de Ribbing, Graf de Horn, Baron d'Erenswaerd und Oberst Lilienhorn. Ankarström und Ribbing hatten neben den allgemeinen Beschwerden, die die Aristokratie gegen den Herrscher verbitterten, auch private Gründe für ihren Hass gegen den König. Durch die Intervention des Königs hatte Ankarström einen Prozess verloren, der ihn um die Hälfte seines Vermögens gebracht hatte. Graf de Ribbing hegte, wie wir gesehen haben, einen Groll gegen den König wegen eines weitaus schmerzlicheren Verlustes als den eines Prozesses, nämlich den Verlust seiner Geliebten. Im Falle der anderen Adligen war der geplante Mord an Gustav einfach ein Vorfall im Leben eines Clans. Sie beschlossen, den Mord bei einem Maskenball zu begehen, der in der Nacht vom 15. auf den 16. März 1792 im Opernhaus stattfinden sollte. In der Nacht zuvor erhielt der König einen anonymen Brief, der ihn vor dem Komplott warnte und ihm mitteilte, dass er in der folgenden Nacht ermordet werden würde.

„Ach ja", sagte Gustav, „genau dasselbe wurde dem Grafen von Haga vor 22 Jahren vorhergesagt; aber er vertraute der Prophezeiung nicht mehr als der König von Schweden heute." Er zuckte mit den Schultern, zerknüllte den Zettel zwischen seinen Händen und warf ihn in den Kamin. Trotzdem behaupteten die Leute, Gustav sei in der Nacht vom 14. auf den 15. verkleidet zur berühmten Sibylle Arfredson gegangen, die die Vorhersage des französischen Schlafwandlers und die Warnung in dem anonymen Brief bestätigte und ihm mitteilte, dass er innerhalb von drei Tagen ermordet werden würde. Ob aus echtem Mut oder aus Ungläubigkeit, Gustav änderte weder seine zuvor geschmiedeten Pläne, noch traf er irgendwelche Vorsichtsmaßnahmen: Um elf Uhr an diesem Abend ging er zum Maskenball. Am Abend zuvor war das Los gezogen worden, um zu entscheiden, welcher der Verschwörer den König töten sollte, und Gustav wurde von seinen Adligen so sehr verabscheut, dass jeder von ihnen begierig darauf war, die gefährliche Ehre zu haben, den tödlichen Schuss abzugeben. Das Los wurde von Ankarström gezogen.

Es heißt, einer der Verschwörer habe ihm angeboten, ihm all seinen damaligen Reichtum sowie alles, was er in Zukunft erben würde, zu geben, wenn er mit ihm tauschen würde; aber Ankarström lehnte ab. Als die Zeit gekommen war, kam Ankarström plötzlich der Gedanke, dass er einen der Adligen mit dem König verwechseln könnte, da mehrere von ihnen ähnliche Kostüme trugen. Aber der Graf von Horn beruhigte ihn. „Schießen Sie kühn", sagte er, „auf denjenigen, zu dem ich sagen werde: ‚ *Guten Tag, schöner Maskierter* '. Er wird der König sein."

Um zwei Uhr morgens schlenderte Gustav auf dem Arm des Grafen von Essen, den er mit de Ribbings *Verlobter verheiratet hatte* , umher, als der Graf von Horn auf ihn zukam und sagte: „ *Guten Tag, schöner Maskierter* ."

Im nächsten Augenblick war ein dumpfer Knall zu hören, und Gustav schwankte und schrie:

"Ich bin tot!"

Außer denen, die den König umringt hatten, hatte niemand bemerkt, was geschehen war. Die Pistole war in einem Muff verborgen; der Knall war im Stimmengewirr und den Klängen des Orchesters untergegangen, und der Rauch blieb im Muff verborgen. Aber auf den Ausruf des Königs und als sie ihn ohnmächtig in die Arme von d'Essen zurücksinken sahen, rannten alle herbei; in dem darauf folgenden Tumult war es für Ankarström ganz einfach, sich vom König zu entfernen und sogar den Saal zu verlassen; aber auf seiner Flucht ließ er eine seiner Pistolen fallen. Die Pistole wurde aufgehoben, heiß und noch rauchend. Am nächsten Tag wurde jeder Waffenhändler in Stockholm verhört, und einer von ihnen erkannte die Pistole als eine, die er an Ankarström verkauft hatte. Eine Stunde später wurde Ankarström in seinem eigenen Haus verhaftet, und eine Sonderkommission wurde eingesetzt, um ihn vor Gericht zu stellen. Er gestand sein Verbrechen, aber brüstete sich damit. Was seine Komplizen betraf, so weigerte er sich unter allen Umständen, ihre Namen preiszugeben. Der Prozess zog sich langsam hin; man hoffte gegen jede Hoffnung, dass Ankarström die Verschwörer verraten würde; schließlich wurde er am 29. April 1792, 44 Tage nach dem Mord, verurteilt. Das Urteil lautete, er müsse drei Tage lang mit Ruten geschlagen und dann enthauptet werden. Trotz der Länge und Schmach der Strafe blieb Ankarström bis zum Schluss standhaft. Während er im Karren zu seiner Hinrichtung gebracht wurde, blickte er mit vollkommenem Gleichmut auf die Tausenden von Zuschauern, die sich um das Schafott drängten. Als er das Schafott bestieg, bat er um ein paar Minuten, um sich mit Gott zu versöhnen. Diese Zeit wurde ihm gewährt. Er kniete nieder, betete und übergab sich dann den Henkern. Er war noch nicht ganz 33 Jahre alt.

Ribbing, der zur gleichen Zeit wie Ankarström verhaftet worden war, war erst einundzwanzig Jahre alt. Man wollte ihn wie Ankarström zum Tode verurteilen, und der Herzog von Sudermania, der während der Minderjährigkeit Gustavs IV. Regent des Königreichs war, drängte auf den Prozess, als ein Mystiker, ein Schüler Swedenborgs, ihn aufsuchte und ihm erzählte, der *Meister* sei ihm erschienen und habe erklärt, Ribbing sei nicht nur unschuldig, sondern jedes Haar, das ihm vom Kopf falle, würde den Herzog von Sudermania einen Tag seines Lebens kosten. Der Herzog, selbst ein Swedenborgianer, erschrak über diese Warnung, und statt Ankarströms Schicksal zu teilen, wurde Ribbing zu lebenslänglicher Verbannung verurteilt. Und da man für den Grafen von Horn und für Lilienhorn nicht weniger tun konnte als im Fall Ribbing, wurde beiden dieselbe Gunst zuteil. Auf das Urteil zur Verbannung folgte die Beschlagnahme ihres Eigentums. Im Falle des Grafen von Ribbing konnte die Vermögensbeschlagnahme glücklicherweise erst nach dem Tod seiner Mutter vollstreckt werden: Sie hatte zu Lebzeiten aus eigenem Recht an dem Besitz genossen und war noch recht jung.

Der Graf reiste nach Frankreich, wo die Revolution damals auf ihrem Höhepunkt war, und kam rechtzeitig an, um die Ereignisse vom 2. und 3. September und vom 21. Januar mitzuerleben. Seine Verehrung für die Königin ließ ihn die Ereignisse jener schrecklichen Tage lautstark anprangern. Er wurde verhaftet und, obwohl bereits ein Königsmörder, war kurz davor, dem Revolutionstribunal ausgeliefert zu werden, weil er zu viel Mitgefühl mit dem königlichen Unglück hatte, als Chaumette ihn freiließ, ihm einen Pass gab und ihm half, aus Paris zu fliehen. Der Graf ging dann in die Schweiz; er war so jung und so gutaussehend, dass er den Namen „der schöne Königsmörder" trug. Er wurde Madame de Staël vorgestellt, die ihn sehr ins Vertrauen zog. Die Briefe (etwa zwei- oder dreihundert), die der

Graf von Ribbing zu Lebzeiten der berühmten Autorin von *Corinne von Madame de Staël erhielt* , bewiesen, dass diese Freundschaft nicht nur vorübergehender Natur war. Madame de Staël war von einem Freundeskreis umgeben, von denen einige den Grafen von Ribbing bereits kannten. Dieser kleine Hof war halb politisch, halb literarisch; sein Hauptzweck bestand damals darin, Emigranten zu retten, zu verstecken und vor den Verfolgungen der Richter in den Schweizer Kantonen zu schützen, die durch die Forderungen der revolutionären Regierung von Paris ständig zum Handeln gezwungen wurden.

Nach dem 9. Thermidor konnte der Graf von Ribbing nach Frankreich zurückkehren, wo er drei oder vier Schlösser und zwei oder drei Abteien zu einem sehr niedrigen Preis kaufte. Unter diesen Schlössern befanden sich Villers-Hellon, Brunoy und Quincy. Der Graf hatte alle diese Besitztümer lediglich auf Empfehlung von Freunden oder seines Anwalts erworben. Villers-Hellon war ihm unter anderem völlig unbekannt. Eines Tages beschloss er, das schöne Anwesen zu besuchen, das die Leute so sehr gelobt hatten. Leider war der Zeitpunkt ungünstig gewählt, um all seine Reize zu besichtigen: Die Gemeindebehörden von Villers- Hellon hatten das Schloss einer Vereinigung von Schuhmachern übergeben, die Schuhe für die Armee herstellten, woraufhin die würdigen Schüler von St. Crépin das Anwesen in Besitz nahmen, ihre Arbeitsräume in den Salons und in den Schlafzimmern einrichteten und, um besser miteinander kommunizieren zu können, Öffnungen in die Decken bohrten. Wenn sie mündlich miteinander zu kommunizieren hatten, konnten sie dies durch diese Gucklöcher tun, ohne ihre Plätze verlassen zu müssen; wenn sie die Treppe hinauf- oder hinuntergehen mussten, um einander zu sehen, steckten sie Leitern durch diese Löcher und sparten sich so die Drehungen und Wendungen der richtigen Treppe. Man kann sich vorstellen, wie sehr solche Pächter das Erscheinungsbild des Schlosses, das der Graf gerade gekauft hatte, beeinträchtigten. Der Anblick und vor allem der Geruch des Ortes widerten ihn so sehr an, dass er überstürzt nach Paris floh. Einige Tage später erzählte er Monsieur Collard, der damals beim Proviantamt der Armee tätig war, auf seine eigene witzige Art von seinem Missgeschick. Monsieur Collard war an den Wert materieller Güter mehr gewöhnt als der adlige Exilant und bot auf der Stelle an, seinen Kauf zu übernehmen. Monsieur de Ribbing willigte ein, und von diesem Augenblick an war Villers-Hellon Eigentum von Monsieur Collard. Glücklicherweise hatte der Graf von Ribbing noch zwei oder drei andere Schlösser, in denen er wohnen konnte, statt in dem, das er gerade verkauft hatte. Er entschied sich für Brunoy, das er später seinem Freund Talma überließ, so wie er Villers-Hellon seinem Freund Collard überließ, und ließ sich dann im Schloss Quincy nieder.

Während der gesamten Herrschaft Napoleons lebte der Graf von Ribbing sehr ruhig. Er verbrachte die Winter in Paris und die Sommer auf dem Land. Er widmete sich der Landwirtschaft und dem Fischen in seinen Teichen, in denen er einmal einen so großen Hecht fing, dass der Hecht, als er auf die Waage gelegt wurde, am anderen Ende mit Adolphe, tatsächlich der schwerere war. Napoleon bot Herrn von Ribbing mehr als einmal militärische Positionen an – Angebote, die er jedoch aufgrund der Invasionslust des Eroberers ablehnte, da er befürchtete, er könnte eines Tages gezwungen sein, gegen Schweden zu den Waffen zu greifen.

Als die Bourbonen zum zweiten Mal an die Macht zurückkehrten, verfolgte ihre Rache für vergangene politische Ereignisse Monsieur de Ribbing bis in sein Privatgemach. Er war gezwungen, erneut ins Exil zu gehen, überquerte die Grenze und ließ sich unter falschem Namen mit seiner Frau und seinem Sohn in Brüssel nieder. Doch das Inkognito des Grafen de Ribbing sollte ihn bald unter Umständen verraten, die eine gewisse Vorstellung von seinem Charakter vermitteln. In Brüssel fand sich der Graf am selben Tisch mit einigen ausländischen Offizieren wieder, die, aufgeblasen vor Stolz über den Sieg von Waterloo, Frankreich und die Franzosen maßlos beschimpften. Ein Oberst, der mit Orden überhäuft war, zeichnete sich besonders durch seine übertriebenen Angriffe aus. Die Unterhaltung wurde auf Deutsch geführt, aber da der Graf de Ribbing in Berlin aufgewachsen war, war Deutsch fast wie seine Muttersprache; er verlor daher kein einziges Wort des Gesprächs, obwohl er vorgab, nichts davon zu bemerken. Plötzlich stand er auf, ging mit seiner üblichen Kühle auf den Oberst zu, schlug ihm rechts und links ins Gesicht, wobei er die Schläge mit der Nennung seines Namens und seiner Titel begleitete, und kehrte dann ruhig zu seinem Platz zurück. Cauchois-Lemaire, damals noch ein junger Mann, saß am selben Tisch, ebenso der Dichter Arnault, der bereits ein alter Mann war; beide boten dem Grafen von Ribbing unter großer Gefahr ihre Dienste als Sekundanten an. Glücklicherweise waren diese Dienste nicht erforderlich: Der Oberst wollte nicht kämpfen.

Die *38* bereicherten Brüssel auf Kosten Frankreichs. Arnault, Excelmans, Regnault de Saint-Jean d'Angély, Cambacérès, Harel und Cauchois-Lemaire wurden alle verbannt. M. de Ribbing schloss sich ihnen an und gründete mit ihnen *Le Nain Jaune*, eine Zeitschrift, die sich bald einen europaweiten Ruf erwarb.

Nach einem Artikel, den der Graf in dieser Zeitschrift veröffentlichte, verlangte die preußische Regierung die Auslieferung des Autors. Dies bedeutete nichts weniger als lebenslange Haft in einer Burg – Preußen ist, wie man weiß, immer noch das Land der Burgen und war lange Zeit das Land der Gefängnisse. König Wilhelm ließ dem Grafen von Ribbing jedoch die Wahl, ob er an Preußen oder an Frankreich ausgeliefert werden wollte –

etwa so, wie der Koch einem Huhn die Wahl lässt, ob es gekocht oder gebraten werden soll. Herr von Ribbing entschied sich für Frankreich. Er wurde gefangen genommen, mit seinem Sohn in eine Postkutsche geworfen und an die Grenze von Condé gefahren. Dort sah er sich um, um herauszufinden, welchen seiner alten Freunde er um Gastfreundschaft bitten könnte. Der nächste war zufällig Herr Collard, also machte er sich auf den Weg nach Villers-Hellon.

Es muss wohl kaum erwähnt werden, dass er mit offenen Armen empfangen wurde. Er lebte erst seit drei Tagen an diesem schönen Ort – der sich seit der Zeit der Schuhmacher so sehr verändert hatte, dass man ihn kaum wiedererkannte –, als ich seinen Sohn Adolphe de Leuven traf, der Madame Capelle auf dem Arm hatte und die kleine Marie an der Hand hielt.

KAPITEL IV

Adolfs Vierzeiler – Das Wasserhuhn und König Wilhelm – Mittagessen im Wald – Das Reizpulver, die Frösche und der Hahn – Das Gespenst des Doktors – De Leuven, Hippolyte Leroy und ich werden aus dem Salon verbannt – Unglückliches Ergebnis eines geographischen Fehlers – M. Paroisse

Ich war lange Zeit keinem Mitglied der Familie Collard begegnet. Madame Capelle verehrte ich, da sie Mitleid mit meiner Jugendlichkeit hatte, wenn die Leute sich über meine Eigenheiten lustig machten – Eigenheiten, die ich bis zu einem gewissen Grad, wie ich es mir nicht verheimlichen werde, besaß. Sie stellte mich de Leuven als einen ihrer jungen Freunde vor und bat mich, am nächsten Tag mit ihnen im Wald zu Mittag zu essen, um unsere Bekanntschaft zu vertiefen; außerdem wurde vereinbart, dass ich im Anschluss an das Mittagessen zwei oder drei Tage im Schloss von Villers-Hellon verbringen sollte. Natürlich nahm ich die Einladung an. Das Fest von Corey mit seinen herrlichen Tanz- und Fröhlichkeitsunterhaltungen war auf dem Weg. Ich kann mir nichts Schöneres vorstellen, als um zehn oder elf Uhr abends unter dem dichten, bewegten Gewölbe der hohen Bäume nach Hause zurückzukehren: In der feierlichen Stille der Nacht schien es wie ein altes Elysium, mit stummen Schatten, die in der Dunkelheit darunter wandelten; denn die Schatten, die in unseren irdischen Elysien umhergehen, sprechen so leise, so leise, dass wir schwören könnten, sie seien stumm. Ich musste nach Villers-Cotterets zurückkehren, um Adèle zurückzuholen und ihr, ohne ihre Gefühle zu verletzen, klarzumachen, wie wichtig es war, dass ich freundschaftliche Beziehungen zur Familie Collard pflegte. Sie war ein so vortreffliches, gutherziges, aufrichtiges Mädchen, dass sie es bald verstand, und obwohl sie ein wenig eifersüchtig war, weil sie mich dieser Gruppe aristokratischer und schöner junger Mädchen auslieh, die so fein waren, dass sie das Herz einer Prinzessin eifersüchtig machen konnten, gab sie mich für drei Tage auf.

Am nächsten Morgen machte ich mich um neun Uhr auf den Weg, um um zehn Uhr den vereinbarten Treffpunkt zu erreichen. Alle hatten die Nacht in Corey, im Haus von M. Leroy, verbracht, und ich hätte das Gleiche getan, wenn ich nicht aus den oben genannten Gründen dringend nach Villers-Cotterets zurückgerufen worden wäre. Aber was war eine solche Entfernung? Ich hatte starke Beine und Stiefel, die denen von Tom Thumbs Riesen selbst trotzen konnten. In weniger als einer Dreiviertelstunde erblickte ich die ersten Häuser des Dorfes und den Teich, der ruhig und glänzend wie ein Spiegel am Fuße des Tals lag. Adolphe de Leuven ging an seinen Ufern entlang. Ich hatte nicht erwartet, dass so früh jemand auf dem Bauernhof sein würde, und ich schloss mich Adolphe an. Er hatte einen Bleistift und Schreibtafeln in der Hand, und er, der sonst so phlegmatisch war, gestikulierte auf eine solche Weise, dass ich vor seinem Verstand gezittert hätte, wenn ich nicht geglaubt hätte, er übte eine Fechtübung. Als er mich sah, blieb er stehen und errötete leicht.

„Was machst du da?", fragte ich.

„Ich schreibe ja Gedichte", sagte er etwas verwirrt. Ich sah ihm ins Gesicht, als könne ich meinen Ohren kaum trauen.

„Poesie! ... schreibst du wirklich Gedichte?"

„Ja, manchmal", antwortete er lachend.

"Für wen schreibst du Verse?"

„Für Louise."

„Was! Louise Collard?"

"Ja."

"Nun, ich nie!"

Die Idee, Gedichte für Louise Collard zu schreiben, so bezaubernd sie auch war, war mir nie in den Sinn gekommen. Louise schien mir immer noch dasselbe hübsche Kind in kurzen Kleidern mit spitzenbesetzten Unterhosen zu sein – nichts weiter.

„Ah! Du schreibst also Verse für Louise, nicht wahr? Wozu?", fuhr ich fort.

„Du weißt, dass sie heiraten wird."

„Louise? Nein, das wusste ich nicht. Wem?"

„Mit einem Russen. Deshalb muss die Heirat verhindert werden."
„Verhindert?"

„Ja, solch ein entzückendes Mädchen darf Frankreich nicht verlassen."

„Das stimmt, das stimmt. Es würde mir sehr leid tun, wenn sie Frankreich verließe. Ich mag sie sehr. Und Sie nicht?"

„Ich? Ich kenne sie erst seit drei Tagen."

„Es wäre gut, sie daran zu hindern, Frankreich zu verlassen. Aber wie sollen wir das anstellen?"

„Ich habe meine Verse geschrieben; du schreibst auch welche.“

"ICH!"

„Ja, du. Du bist mit ihr aufgewachsen, und es wird ihr gefallen.“

„Aber ich weiß nicht, wie man Gedichte schreibt. Ich habe nie etwas anderes gemacht als Crambo mit dem Abbé Grégoire, und er hat mir immer gesagt, dass ich das schlecht mache.“

„Ach, Unsinn! Wenn man verliebt ist, kommt das von alleine.“

„Aber ich bin verliebt und es ist nicht gekommen; also lass mich deine Verse sehen.“

„Oh, es ist nur ein Vierzeiler.“

„Gut, dann lass es mich sehen.“

Adolphe zog seine Tafeln hervor und las mir diese vier Zeilen vor:

„Weshalb entdeckst du in *der kalten Iberischen Halbinsel*,
Louise, deine bezaubernden Eigenschaften? Die Russen, die unser schönes
Vaterland verlassen, schenken uns ewigen Frieden!“

Ich stand erstaunt da. Das war echte Poesie – Poesie im Stil von Demoustier. So stand ein Dichter vor mir: Ich hatte das Gefühl, ich müsste mich vor ihm verneigen.

„Wie gefällt Ihnen mein Vierzeiler?“, fragte de Leuven.

„Himmel! Es ist wunderschön.“

"Gut!"

„Und du wirst es Louise geben?“

„Oh nein, das darf ich nicht. Ich werde es in ihr Album schreiben, ohne ihr etwas zu sagen, und wenn sie die Blätter umblättert, wird sie auf meine Zeilen stoßen.“

"Bravo!"

"Was sollst du jetzt tun?"

"Wie wäre es mit?"

„Über diese Ehe.“

„Na ja, da ich nicht in der Lage bin, einen Vierzeiler zu verfassen, der so gut ist wie Ihrer, werde ich zu ihr sagen: ‚Willst du wirklich einen Russen heiraten, meine arme Louise? Ich sage dir, du machst einen großen Fehler.‘“

„Ich glaube nicht, dass das so viel Wirkung haben wird wie mein Vierzeiler“, sagte Adolf.

„Ich auch nicht. Aber was soll ich sonst tun? Man kann nur seine eigenen Waffen benutzen. Wenn mir der Russe jetzt in einem Pistolen-Blindgänger gegenübertreten würde, bin ich ganz sicher, dass er Louise niemals heiraten würde!“

„Sie sind also ein Sportler?“

„Ja, das stimmt. Wie könnte man sich vorstellen, dass das nicht der Fall wäre, wenn man von einem solchen Wald umgeben wäre? Oh, halt! Da ist ein Wasserhuhn!“

Ich machte ihn mit meinem Finger darauf aufmerksam und spülte es mit meinem Stock weg, als es im Schilf des Teichs schwamm.

„Husch!“

"Ist das ein Teichhuhn?"

„Natürlich ist es das. Woher kommst du, dass du kein Teichhuhn kennst?“

"Ich komme aus Brüssel."

„Ich dachte, Sie wären Pariser.“

„Ich bin zwar in Paris geboren, aber 1815 verließen wir Paris und lebten in Brüssel, bis mein Vater und ich vor drei Jahren gezwungen waren, wegzugehen.“

„Wer hat dich gezwungen zu gehen?“

„Warum, William!“

"Wer ist William?"

„Wilhelm? Er ist König der Niederlande. Wussten Sie nicht, dass der König der Niederlande Wilhelm heißt?“

"Nicht ich."

„Na, dann dürfte es Ihnen jetzt nicht mehr so merkwürdig vorkommen, dass ich kein Teichhuhn kenne.“

Tatsächlich schien es, als wären wir beide in einigen Punkten unwissend, und meine Unwissenheit war schuldhafter als die von de Leuven.

Meiner Meinung nach wuchs er um eine weitere Elle. Er war nicht nur ein Dichter, sondern auch von so großer Bedeutung in der Welt, dass König

Wilhelm sich um ihn und seinen Vater Sorgen machte, dass er sie beide aus seinem Reich verbannte.

„Und jetzt wohnen Sie in Villers-Hellon?", fragte ich.

„Ja. M. Collard ist ein alter Freund meines Vaters."

"Wie lange wirst du hier leben?"

„Solange die Bourbonen es uns erlauben, in Frankreich zu bleiben."

„Ah, also haben Sie sich auch mit den Bourbonen überworfen?"

„Wir haben uns mit den meisten Königen gestritten", sagte Adolf lachend.

Dieser mit großartiger Gleichgültigkeit ausgesprochene Satz machte mich völlig fertig. Glücklicherweise erschienen in diesem Moment unsere schönen Gefährtinnen auf der Schwelle des Bauernhofs, ein Schwarm rosa und weißer Mädchen. Zwei oder drei *Chars-à-bancs* standen bereit, um sie zum vereinbarten Ort zu bringen. Die Herren sollten zu Fuß gehen. Der Treffpunkt war kaum eine Viertelmeile vom Dorf entfernt. Ein langer Tisch mit dreißig Gedecken war unter einem Blätterdach gedeckt, zehn Schritte von einer klaren, plätschernden Quelle namens Fontaine *-aux-Princes entfernt*. All diese jungen Leute, Mädchen, Mütter, Kinder, schienen wie so viele Waldblumen, die sich der süßen Brise öffneten: einige blass, die nach Schatten und Einsamkeit suchten; andere in leuchtenden Farben, die nach Licht und Bewegung und dem Sonnenschein der Bewunderung suchten.

Oh! Diese herrlichen Wälder, diese schattigen Tiefen, die Schlupfwinkel meiner geliebten Einsamkeit, ich habe euch seitdem wieder besucht; aber kein Schatten gleitet jetzt mehr unter euren grünen Gewölben und in euren dunklen Gassen ... Was habt ihr mit all dieser herrlichen Welt gemacht, die mit meiner Jugend verschwand? Warum sind nicht andere Generationen an die Reihe gekommen, blass oder rosig, lebhaft oder sorglos, laut oder still wie die unsere? Ist diese vergängliche Blüte für immer verschwunden? Fehlt sie wirklich, oder haben meine Augen die Sehkraft verloren?

Wir kehrten am Abend nach Villers-Hellon zurück. In diesem luxuriösen kleinen Schloss war alles so schön eingerichtet, dass jeder von uns ein eigenes Zimmer und Bett hatte, und manchmal waren wir bis zu dreißig oder vierzig Leute dort.

Ich habe erzählt, welchen nächtlichen Verfolgungen der arme Hiraux ausgesetzt war, als er uns in Les Fossés besuchte. Jetzt waren wir an der Reihe, das Gleiche zu erleiden. Unsere Zimmer wurden im Voraus für die folgende Pantomime vorbereitet. Der Hausarzt Manceau war der Bühnenmanager. Er hatte einen alten Arzt aus Soissons namens M. Paroisse ersetzt. Ich werde gleich erklären, warum dieser Wechsel stattfand. Die stellvertretenden Bühnenmanager waren Louise, Cécile und Augustine. Die ernannten Opfer waren Hippolyte Leroy, de Leuven und ich. Hippolyte Leroy war zu dieser Zeit ein junger Mann zwischen fünfundzwanzig und sechsundzwanzig Jahren. Er war ein Cousin von M. Leroy de Corey. Er war einer der Leibwächter gewesen und war jetzt Sekretär der Inspektion in Villers-Cotterets. Später wurde er durch seine Heirat mit Augustine Deviolaine mein Cousin. Unsere drei Zimmer waren miteinander verbunden. Wir zogen uns gegen halb eins in unsere Zimmer zurück. De Leuven ging als Erster ins Bett. Er hatte sich kaum hingelegt, als er anfing, sich über ein unerträgliches Kitzeln zu beschweren. Sein Bett war mit einem Zeug besprenkelt, das Scharlatane verkaufen und das sie Kratzpulver nennen. Wer dieses Pulver nicht kennt, sollte sich an die berühmte Szene in *Robert Macaire* erinnern, in der die beiden Helden des Buches eine Truhe finden und in dieser Truhe mehrere kleine Päckchen mit einer unbekannten Substanz, deren Eigenschaften sich enthüllten, als sie sie berührten. Nach etwa fünf Minuten begann Adolphe de Leuven sich zu kratzen, wie Robert Macaire und Bertrand zusammen. Wir drückten de Leuven unser aufrichtiges Mitgefühl aus. Wir rieten ihm, es so gut er könne abzureiben, sich in seinen Bettvorhang zu hüllen und auf einem Sofa zu schlafen. Dann gingen wir zu unseren eigenen Betten, ganz überzeugt, dass wir sie wie die von Adolphe vorfinden würden. Aber wir suchten vergeblich: Sie schienen vollkommen frei von jeglichen Präparaten dieser Art. Wir legten uns hin. Nach fünf Minuten stieß Hippolyte Leroy einen schrillen Schrei aus. Als er sich streckte , spürte er am Fußende des Bettes ein Stück Schnur. Er zog an diesem Faden und löste dabei einen Sack voller Frösche. Die Frösche, die sich befreit hatten, tummelten sich eilig im Bett, und es war die Berührung seines menschlichen Fleisches mit ihrer Tierhaut, die Hippolytes oben erwähnten Schrei auslöste. Er warf die Bettdecke ab und sprang aus dem Bett. Die Frösche sprangen hinter ihm her. Er hatte eine ordentliche Portion bekommen; es waren gut zwei Dutzend.

Ich dachte schon, ich sei der einzige, der verschont blieb, als ich glaubte, in einem Schrank, an den das Kopfende meines Bettes gelehnt war, ein lautes Geräusch zu hören. Ich schaute auf das Schloss. Es hatte keinen Schlüssel. Ich zweifelte jedoch nicht daran, dass in diesem Schrank irgendein Tier eingesperrt war. Nur, was für ein Tier war es? Ich war nicht lange im Ungewissen: Als es ein Uhr schlug, krähte ein Hahn am Kopfende meines Bettes und krähte jede Stunde erneut, bis der Tag anbrach. Ich verleugnete Christus nicht wie der heilige Petrus, aber ich gestehe, dass ich seinen Namen missbraucht habe. Wir schliefen gegen sieben Uhr ein – de Leuven trotz seines Juckpulvers, Hippolyte Leroy trotz seiner Frösche und ich trotz meines Hahns –, als Manceau unsere Zimmer betrat und uns weckte, indem er uns sagte, er sei gekommen, um uns seine professionellen Dienste anzubieten, da er auf Umwegen erfahren habe, dass wir eine schlechte Nacht verbracht hätten: Manceau prangerte sein eigenes Werk an!

Wir hatten in dieser schrecklichen Nacht so schlecht geschlafen, dass wir unseren Verfolger, wer immer er auch sein mochte, unter schrecklichen Verwünschungen in die Hölle verbannten. Manceau, wie ich schon sagte, denunzierte sich selbst: Auf das Verbrechen muss Sühne folgen; unser geschworener Eid muss erfüllt werden. Auf ein Zeichen hin schloss de Leuven die Tür: Ich fiel über Manceau her, Hippolyte knebelte ihn; wir zogen ihn nackt aus, wickelten ihn in ein Laken von Adolphes Bett, banden ihn wie eine Wurst fest, trugen ihn eine verlassene Treppe hinunter und setzten ihn im unbewohntesten Teil des Parks ab, mitten im kleinen Fluss, an einer Stelle, wo er stehen konnte, wo er aber, verwickelt wie er war, große Gefahr lief, beim ersten Schritt den Halt zu verlieren. Dann kehrten wir ruhig in unsere Betten zurück und nahmen unseren unterbrochenen Schlaf wieder auf.

Um zehn Uhr gingen wir zum Frühstück hinunter. Unsere Ankunft wurde mit Spannung erwartet. Alle brachen in Gelächter aus, als wir in Sichtweite kamen. Die jungen Damen spielten jeweils eine Rolle: einige taten so, als würden sie sich kratzen, andere imitierten mit leiser Stimme das Quaken von Fröschen und wieder andere das Krähen eines Hahns. Wir ließen uns nicht aus der Ruhe bringen: Wir fragten nur beiläufig, wo Manceau sei. Niemand hatte ihn gesehen. Wir setzten uns zu Tisch. Das Geflügel war zäh, bemerkte Cécile; man hätte meinen können, es sei ein alter Hahn, der die ganze Nacht gekräht hatte. Augustine fragte, wo die Frösche seien, die sie, sagte sie, am Abend zuvor in der Küche gesehen hatte. Waren sie weggebracht worden? ... Waren die Frösche verloren gegangen? ... Die Frösche müssten wiedergefunden werden. Louise fragte Adolphe, ob er nicht von einer ansteckenden Krankheit befallen sei; denn seit er ihr den Arm gereicht hatte, um sie ins Esszimmer zu führen, war ihre Haut furchtbar gereizt.

„Wenn Manceau hier wäre", sagte ich zu Louise, „könnten Sie ihn um ein Rezept zur Linderung bitten."

„Aber Spaß beiseite, wo ist Manceau?", fragte Madame Collard.

Wieder Schweigen wie bei der ersten Frage. Die Dinge wurden ernst, und die Leute begannen sich wegen des lieben Doktors zu sorgen; es war nicht seine Gewohnheit, bei den Mahlzeiten fernzubleiben. Sie ließen den Pförtner fragen, ob Manceau ausgegangen sei, um einen Kranken im Dorf zu besuchen. Der Pförtner hatte Manceau nicht gesehen.

„Ich glaube, er ist ertrunken!", sagte ich ... „Armer Kerl!"

„Warum sollte er das sein?", fragte Madame Collard.

„Weil er uns gestern Abend eine Badegesellschaft vorgeschlagen hat; wir haben jedoch so gut geschlafen, dass wir das vereinbarte Treffen in seinem Zimmer verpasst haben. Da wir nicht erschienen, muss er allein baden gegangen sein."

„Ach du meine Güte!", rief Madame Collard, „der arme Doktor! Er kann nicht schwimmen."

Bei diesen Worten erhob sich ein Chor von Klagen der Damen, neben dem das Wehklagen der Israeliten im Exil nur eine Kleinigkeit war. Es wurde beschlossen, dass Manceau sofort nach dem Essen gesucht werden sollte.

„Gut!", flüsterte mir de Leuven zu. „Ich werde die Gelegenheit nutzen, während alle draußen sind, um meine Verse in Louises Album zu schreiben."

„Und ich", antwortete ich, „werde Wache an der Tür stehen, damit Sie nicht gestört werden."

Alles geschah wie geplant. Der ganze Bienenstock des Schlosses strömte in den Garten. Die älteren Männer – Monsieur de Leuven, der Vater, Monsieur Collard und Monsieur Méchin – blieben im Salon, um Zeitung zu lesen. Hippolyte spielte mit Maurice Billard. Monsieur de Leuven und ich gingen nach oben in Louises Zimmer, das neben Monsieur Collards lag, und während ich auf dem Treppenabsatz zusah, schrieb er seine vier Zeilen in das Album.

Er hatte das letzte kaum beendet, als wir lautes Geschrei hörten. Als wir aus dem Fenster schauten, sahen wir Louise und Augustine zum Schloss rennen. Cécile, die mutiger war, blieb tapfer an Ort und Stelle und blickte eher neugierig als beunruhigt zum Fluss.

„Bravo!" sagte ich zu Adolphe, „Manceau ist erschienen."

Wir gingen schnell hinunter.

„Ein Gespenst! Ein Gespenst!" riefen Louise und Augustine. „Da ist ein Gespenst im Fluss!"

„Oh, mein Gott", sagte de Leuven, „kann es sein, dass der Geist des armen Manceau bereits nach unten getragen wird?"

Es war nicht sein Geist, sondern sein Körper. Indem er mit seinen Fesseln kämpfte, hatte Manceau einen Arm befreit, dann beide. Als er beide Arme befreit hatte, nahm er das Taschentuch von seinem Mund. Als er den Knebel gelöst hatte, rief er um Hilfe. Unglücklicherweise war der Gärtner am anderen Ende des Gartens. Er hatte sich alle Mühe gegeben, die Fesseln zu lösen, die seine Beine fesselten, wie er es mit denen getan hatte, die seine

Hände fesselten. Aber dazu hätte er seinen Kopf unter Wasser tauchen müssen. Und wie Madame Capelle gesagt hatte, konnte der unglückliche Arzt nicht schwimmen und wurde von einem solchen Versuch durch die Angst, erstickt zu werden, abgehalten. Schließlich erregten seine Schreie die Aufmerksamkeit der jungen Mädchen. Doch als sie die in ein Laken gehüllte und verzweifelt gestikulierende Gestalt sahen, packte sie die Angst. Da sie nicht die geringste Ahnung hatten, dass Manceau in einem solchen Gewand mitten im Fluss entdeckt werden würde, schrien sie vor der Erscheinung und flogen davon. Man schickte dem unglücklichen Manceau den Gärtner, nach dem er so laut gerufen hatte. Er verlangte lautstark nach seinen Kleidern. Er war von sieben Uhr morgens bis Mittag im Fluss gewesen, und obwohl es gegen Ende Juli war, hatte das Bad unendlich zu lange gedauert und ihn etwas frösteln lassen. Er wurde mit einer Wärmflasche zu Bett gebracht. Von diesem Augenblick an war Manceau Gegenstand allgemeinen Mitleids und wir allgemeiner Verwünschung. Denn, Gott sei ihm, einem Sünder, gnädig, Manceau war feige genug gewesen, uns anzuzeigen. Vergebens zeigte de Leuven seine Hände, die so rot waren wie Krabben, und bot an, den Rest seines Körpers zu zeigen, der so rot war wie seine Hände; vergebens sammelte Hippolyte die in seinem Zimmer verstreuten Frösche ein und brachte sie ins Wohnzimmer; vergebens holte ich den Hahn, mit dem ich die ganze Nacht geredet hatte, aus dem Hof: nichts bewegte unsere Richter; Wir wurden aus der Gesellschaft verbannt, weil wir im Fall Doktor Manceau vorsätzlich versucht hatten, ihn zu töten. Also versprachen wir uns, ihn bei der ersten Gelegenheit zu ertränken.

Aus der Gesellschaft der Damen verbannt, suchte ich Zuflucht im Billardzimmer, wo Maurice mir meine erste Billardstunde erteilte. Wir werden sehen, dass mir diese Lektion gute Dienste leistete und dass ich vier Jahre später bei einem feierlichen Anlass in meinem Leben die Kunst des Kanonenschießens übte, wobei ich einige Fortschritte machte. Unsere Strafe dauerte den ganzen Abend an, den die jungen Damen in Louises Zimmer verbrachten, da es regnete. De Leuven unternahm mehrere Versuche, in dieses Zimmer zu gelangen, wurde aber jedes Mal zurückgewiesen. Seit vier Uhr nachmittags hatte sich bei ihm eine große Veränderung vollzogen, nachdem er ein Gespräch mit seinem Vater geführt hatte , bei dem der ältere Mann ihn, wie mir schien, seltsam verhöhnt zu haben.

Adolf wurde sehr unruhig, fast düster, und obwohl er entschlossen von Louises Zimmer ferngehalten wurde – wo sie, wie ich erwähnte, eine Versammlung ihrer Freundinnen abhielt –, kehrte er immer wieder hartnäckig zurück. „Ah! Ich verstehe", sagte ich mir nach kurzem Nachdenken, „er möchte Neuigkeiten über seinen Vierzeiler erfahren und wissen, wie er gelungen ist." Und zufrieden mit meiner Argumentation suchte ich nicht weiter nach dem Grund für de Leuvens Beharrlichkeit. Aber ich bedauerte, dass ich nicht die Mittel hatte, mit denen die parteiische Natur Adolf ausgestattet hatte, um meine Unzulänglichkeiten verzeihen zu lassen. Dieses Bedauern verfolgte mich, als wir uns in Hippolytes Zimmer zurückzogen und uns gegenseitig fragten, was aus de Leuven geworden sei, der seit einer Stunde nicht mehr gesehen worden war, als wir plötzlich einen lauten Lärm hörten, in dessen Mitte wir die Worte „ *Haltet den Dieb!* “ durch das Schloss hallten. Da wir noch angezogen waren, stürzten wir aus unserem Zimmer und stiegen schnell die Treppe hinunter. Am Fuß der Treppe stand Monsieur Collard im Nachthemd und hielt Adolphe am Mantelkragen fest. Es war ein außergewöhnlicher Anblick. Monsieur Collard sah wütend aus und Adolphe äußerst reumütig. In der Zwischenzeit erschien Monsieur de Leuven, der noch nicht zu Bett gegangen war, auf der Bildfläche, so unerschütterlich wie immer, die Hände in den Hosentaschen, und kaute auf seine übliche Art auf einem Zahnstocher herum. Dieser Zahnstocher war ein unverzichtbarer Gegenstand im Leben von Monsieur de Leuven.

„So, so! Was ist denn nun los, Collard? Was hast du gegen meinen Jungen?“

„Was habe ich? Was habe ich?“, kreischte M. Collard und wurde immer wütender. „Ich habe etwas, das nicht übersehen werden kann.“

„Ah! Was hat er dann getan?“

„Was hat er getan? ... Ich werde Ihnen sagen, was er getan hat! –“

„Verzeihen Sie mir, Vater“, sagte Adolf und versuchte, ein paar Worte der Rechtfertigung einzubringen, „verzeihen Sie mir, Vater, aber Herr Collard irrt sich ... Er glaubt ...“

„Halt den Mund, du Schurke!“, schrie M. Collard und trat ihn.

Dann wandte er sich an den Grafen von Ribbing und sagte:

„Hören Sie, mein lieber de Leuven, und ich werde Ihnen sagen, wo ich Ihren Sohn gefunden habe.“

„Aber ich muss protestieren, lieber M. Collard, es geschah einzig und allein, um –“

„Seien Sie ruhig!“ unterbrach ihn M. Collard. „Kommen Sie mit uns. Sie werden sich reinwaschen, wenn Sie können.“

„Oh“, sagte Adolphe, „das wird nicht schwierig sein.“

"Wir werden sehen!"

Er schob den jungen Mann vor sich her, gab dem Grafen ein Zeichen, in sein Zimmer zu gehen, folgte ihm, schloss die Tür und verriegelte sie doppelt.

Wir zogen uns schweigend zurück, Hippolyte, ich und die anderen Zuschauer dieser merkwürdigen Szene. Adolf kam nach einer Viertelstunde zurück. Er sah so niedergeschlagen aus, dass wir nicht wagten, ihn nach Einzelheiten zu fragen. Wir gingen zu Bett, ohne zu wissen, was der Grund für die ganze Aufregung war.

Doch nachdem Hippolyte eingeschlafen war, kam de Leuven zu mir und erzählte mir die ganze Geschichte. Folgendes war passiert:

Wie ich oben schon sagte, hatte Adolf an jenem Morgen das wunderbare Vierzeiler-Lied in Louises Album geschrieben. Als es fertig war, verließ er so schnell wie möglich das Zimmer der jungen Dame. Gegen vier Uhr zog Adolf, der die Neuigkeit nicht für sich behalten konnte, seinen Vater beiseite und wiederholte ihm sein Vierzeiler-Lied.

Herr de Ribbing hörte ernst zu, bis die letzte Silbe der vierten Zeile kam, und sagte dann:

„Sag es bitte noch einmal.“

Adolf wiederholte gehorsam:

„Weshalb verwöhnst du dich in der kalten Iberischen Halbinsel,
Louise, mit deinen bezaubernden Eigenschaften? Die Russen, die unser
schönes Vaterland verlassen, schenken uns ewigen Frieden!“

„Es gibt nur einen Fehler“, sagte Herr de Ribbing.

„Was?“ fragte Adolf.

„Oh, nicht viel … Sie haben den Süden mit dem Norden verwechselt –
Spanien mit Russland.“

„Oh!“, rief Adolf entsetzt, „auf mein Wort, das habe ich! … Ich habe Ibérie für *Sibérie verwechselt* .“

„Ich verstehe“, sagte der Graf, „es reimt sich besser, ist aber weniger genau.“ Und er zuckte mit den Schultern, summte ein wenig Melodie und kaute auf seinem Zahnstocher herum.

Adolf war sprachlos. Er hatte sein unglückseliges Vierzeiler mit seinem vollen Namen unterschrieben. Wenn das Album geöffnet und das Vierzeiler gelesen würde, wäre er entehrt! Dieses Damoklesschwert, das über dem Haupt des unglückseligen Dichters hing, hatte ihn den ganzen Abend abgelenkt. Um an Louises Album zu gelangen, hatte er die hartnäckigen

Versuche unternommen, in ihr Zimmer zu gelangen, die ich beschrieben habe . Aber wie wir gesehen haben, waren seine Versuche vergeblich.

Als die Nacht hereinbrach, fasste Adolphe einen verzweifelten Entschluss: Er würde in Louises Zimmer gehen, wenn sie schlief, ihr Album nehmen und die verräterische Seite zerstören.

Diesen Entschluss setzte er gegen elf Uhr in die Tat um. Die Tür öffnete sich ohne allzu großes Knarren, und Adolf, der sich so leise wie möglich auf Zehenspitzen hindurchzwängte, mit nur einem Ziel, einer Hoffnung und einem Wunsch, das Album zu erreichen, war so in das Mädchenzimmer seiner jungen Freundin eingedrungen. Bis zum Album ging alles gut. Es lag auf dem Tisch, und Adolf nahm es, steckte es in seine Weste, entschlossen, sich die vier Zeilen, die ihren Autor so unglücklich gemacht hatten, auf Biegen und Brechen wieder anzueignen, als er plötzlich gegen einen kleinen Tisch rannte, der umfiel und Louise beim Fallen weckte. Louise schrie erschrocken: „Dieb, Dieb!" Auf den Schrei „Dieb, Dieb!" stürzte M. Collard, dessen Zimmer an das seiner Tochter angrenzte, im Nachthemd aus dem Bett, warf sich auf dem Treppenabsatz auf de Leuven, packte ihn am Kragen und zerrte ihn, da er den armen, unschuldigen Adolf eines ganz anderen Verbrechens verdächtigte, wie wir gesehen haben, in sein Zimmer. Sein Vater folgte ihnen und schloss die Tür hinter sich. Dort wurde alles erklärt, dank des Albums, das Adolphe sorgfältig nicht losgelassen hatte. M. Collard war sich *des* geographischen Fehlers, den Adolphe begangen hatte, auf den ersten Blick sicher; er verstand die Tragweite dieses Fehlers vollkommen, und da er nun in Bezug auf das Motiv beruhigt war, war er bald von der Tat überzeugt. Weder Louises noch Adolphes Ruf erlitten also durch diesen Vorfall irgendeinen Makel.

Da sie Hippolyte und mich am nächsten Tag weiterhin für Manceaus kleines Abenteuer bestraften, verließen wir Villers-Hellon, ohne ein Wort mit irgendjemandem zu sagen, und schlugen die Straße nach Villers-Cotterets ein. Seltsamerweise habe ich Villers-Hellon seitdem nie wieder betreten. Die Ächtung der jungen Mädchen dauerte dreißig Jahre. Seither habe ich Hermine nur einmal gesehen, und zwar bei der Probe von *Caligula* , als sie Madame la Baronne de Martens war. Seither habe ich Louise nur einmal gesehen, und zwar bei einem Abendessen in der Bank, als sie Madame Garat war. Seither habe ich Marie Capelle nur einmal gesehen, einen Monat bevor sie Madame Lafarge wurde. Ich habe weder Madame Collard noch Madame Capelle nie wieder gesehen. Beide sind inzwischen tot. Aber wenn ich meine Augen schließe, kann ich sie trotz dieser dreißig Jahre der Abwesenheit noch immer alle sehen, die Toten und die Lebenden.

Ich habe versprochen, die Geschichte des alten Arztes zu erzählen, der Manceaus Vorgänger war, und es wäre meinen Lesern gegenüber unfair, mein Wort zu brechen. Monsieur Paroisse lebte in Soissons. Eine spärliche Praxis ermöglichte es ihm, einmal pro Woche in Villers-Hellon zu speisen, wo er stets herzlich willkommen geheißen wurde. Dies dauerte zehn Jahre lang. Eines Tages erhielt Monsieur Collard ein großes Manuskript, das vom ehrenwerten Arzt unterschrieben war. Es war die Rechnung für seine Besuche. Er hatte für jeden Besuch zwanzig Francs berechnet, und die Gesamtsumme war erschreckend. Monsieur Collard bezahlte ihn, sagte Monsieur Paroisse jedoch, er solle von nun an nicht mehr nach Villers-Hellon kommen, es sei denn, er werde ausdrücklich gerufen. Infolge dieses Vorfalls wurde Manceau im Schloss als ständiger Arzt der Familie eingesetzt. Ich habe vergessen, was aus Manceau wurde ... Ich glaube, der arme Teufel ist tot. Glücklicherweise lag dies nicht an dem Zwangsbad, das wir ihm verpassten.

KAPITEL V

Amédée de la Ponce – Er lehrt mich, was Arbeit ist – M.
Arnault und seine beiden Söhne – Eine Reise mit Fleiß –
Ein Herr bekämpft mich mit Hustenpastillen und ich
bekämpfe ihn mit meinen Fäusten – Ich erfahre die Gefahr,
der ich entronnen bin

Nach dem ungerechten Urteil, das in Villers-Hellon über uns gefällt wurde,
kehrte ich nach Villers-Cotterets zurück. Ich war angewidert von meinem
Aufenthalt in den aristokratischen Regionen, aus denen ich gerade
vertrieben worden war, und kehrte mit Freude in die Welt zurück, die ich
der ihren vorzog und in der ich alle meine Herzenswünsche und alle meine
stolzen Gelüste vollständig befriedigen konnte. Adèle empfing mich
zunächst sehr kühl, und ich musste einige Stunden lang einen Anfall von
Schmoll ertragen. Am Ende dieser Zeit hellte sich ihr hübsches Gesicht nach
und nach auf, und schließlich lächelte sie mich mit der Frische und Süße
einer sich öffnenden Blume an. Man hätte von diesem schönen Kind sagen
können, dass ihr Lächeln selbst wie eine Rose war. Während diese
jugendlichen Liebesaffären im Gange waren – leider alle von der flüchtigen
Natur der Liebe mit sechzehn Jahren –, wurzelten in meinem Herzen
Freundschaften, die mein ganzes Leben lang halten sollten.
Ich habe bereits von Adolphe de Leuven gesprochen, der plötzlich einen
bedeutenden Platz in meinem Leben einnahm, abgesehen von meinen
kindlichen Freundschaften. Hier sei mir auch erlaubt, ein Wort über einen
anderen Freund zu sagen, der in gewisser Hinsicht das Werk vollenden
sollte, das der Sohn des Grafen von Ribbing begonnen hatte, mir zukünftige
Perspektiven zu eröffnen. Eines Tages sahen wir einen jungen Mann von 26
oder 27 Jahren durch die Straßen von Villers-Cotterets gehen, der die
Uniform eines Husarenoffiziers mit einer ungewöhnlich majestätischen
Anmut trug. Niemand hätte schöner oder vornehmer aussehen können als
dieser junge Mann. Sein Gesicht hätte vielleicht als ein wenig zu weiblich
kritisiert werden können, wenn da nicht ein schöner Schwertschnitt gewesen
wäre, der, ohne die Regelmäßigkeit seiner Züge in irgendeiner Weise zu
beeinträchtigen, an der linken Seite seiner Stirn begann und an der rechten
Ecke seiner Oberlippe endete und seinen sanften Zügen einen Hauch von
Männlichkeit und Mut verlieh. Sein Name war Amédée de la Ponce. Ich weiß
nicht, welcher Zufall, welche Laune oder welche Notwendigkeit ihn nach
Villers-Cotterets geführt hat. War er als müßiger Tourist gekommen, um sein
Einkommen von fünf- oder sechstausend Livres in unserer Stadt
auszugeben? Ich weiß es nicht... Wahrscheinlich. Ihm gefiel das Landleben,
er blieb bei uns und nach einem Jahr Aufenthalt wurde er der Ehemann

eines bezaubernd hübschen jungen Mädchens, Louise Moreau, einer Freundin meiner Schwester. Sie hatten ein wunderschönes blondes Kind, das ich heute sehr gerne sehen würde: Wir nannten es *Mouton*, wegen seiner Sanftheit, der weißen Haut und seines flachsblonden Haares.

Ich habe dich vor so langer Zeit aus den Augen verloren, mein lieber de la Ponce! Egal in welchem Teil der Welt du dich befindest, wenn du diese Seiten liest, wirst du darin ein Zeugnis meiner immerwährenden, aufrichtigen und dauerhaften Freundschaft für dich finden. Denn, mein Freund, du hast viel für mich getan. Du sagtest zu mir: „Glaub mir, mein lieber Junge, es gibt andere Dinge im Leben als Vergnügen und Liebe, Jagen und Tanzen und die albernen Ambitionen der Jugend! Es gibt Arbeit. Lerne zu arbeiten ... das ist der wahre Weg, glücklich zu sein." Und du hattest Recht, lieber Freund. Wie kommt es, dass ich, abgesehen vom Tod meines Vaters, dem Tod meiner Mutter und dem Tod des Herzogs von Orléans, nie einen Kummer erlebt habe, den ich nicht unter meinen Füßen zermalmt hätte, oder eine Enttäuschung, die ich nicht überwunden hätte? Weil du mich mit dem einzigen Freund bekannt gemacht hast, der Tag und Nacht Trost spenden kann, der immer da ist, der beim ersten Seufzer zur Hilfe eilt, der bei der ersten Träne heilenden Balsam spendet: Du hast mich mit der *Arbeit vertraut gemacht*. O liebes und vortreffliches Werk, du, die du in deinen starken Armen jene schwere Last der Menschheit trägst, die wir Kummer nennen! Du Gottheit, mit immer ausgestreckter Hand und immer lächelndem Gesicht! ... O liebes und vortreffliches Werk, du hast nie den Schatten der Täuschung auf mich geworfen ... mein Segen sei mit dir, o Werk!

De la Ponce sprach Italienisch und Deutsch so fließend wie seine eigene Sprache; er bot mir an, sie mir in meiner Freizeit beizubringen – und weiß Gott, ich hatte damals jede Menge freie Minuten.

Wir begannen mit Italienisch. Es war die einfachste Sprache – der Honig, von dem Horaz spricht, die Vergoldung, die die Außenseite des Bechers mit dem bitteren Getränk bedeckt, das einem kranken Kind gegeben wird. Eines der Bücher, aus denen ich Italienisch lernte, war Ugo Foscolos großartiger Roman, den ich inzwischen unter dem Titel Die *letzten Briefe von Jacopo Ortis übersetzt habe*. Dieses Buch gab mir eine Vorstellung, einen Einblick und ein Gefühl für romantische Literatur, von der ich vorher überhaupt nichts gewusst hatte. Nach zwei Monaten konnte ich ziemlich gut Italienisch sprechen und begann, Gedichte zu übersetzen. Das war mir viel lieber als meine Verkäufe und Eheverträge und das Aufsetzen von Anleihen und Übertragungen bei Maître Mennesson. Außerdem fand im Büro eine Veränderung statt, die meiner literarischen Ausbildung sehr zugute kam, aber nicht meiner juristischen Ausbildung. Niguet, dieser wunderbare Prokurist, der Monsieur Mennesson von meinen Enttäuschungen in der

Liebe erzählt hatte, hatte in einem Nachbardorf eine Anwaltskanzlei gekauft, die Lafarge, so glaube ich, verkaufen musste, da er nicht die nötigen Mittel hatte aufbringen können, um sie weiterzuführen. Und Paillet, ein Freund von mir, der sechs oder acht Jahre älter war als ich, war Niguet als Prokurist nachgefolgt. Paillet war wohlhabend; er besaß ein entzückendes Anwesen zwei Meilen von Villers-Cotterets entfernt; er hatte einen luxuriösen Geschmack; deshalb ließ er mich auch eher gehen als Niguet (der ein alter Basochianer [1] ohne jeden Spaß war und ganz in sein Geschäft vertieft war), damit ich den einfachen Luxus genießen konnte, dem ich mich hingeben konnte, nämlich Schießen, Flirten und Tanzen.

So kam es, dass Paillet mich nicht ermutigte, den schmalen und schwierigen Weg eines Provinzanwalts zu beschreiten, sondern mir erlaubte, meine Augen ins Ausland zu richten, da er zweifellos instinktiv verstand, dass die Arbeit, die sie mir zugewiesen hatten, nicht das war, wofür ich geschaffen war. Es lässt sich leicht erkennen, dass Paillet materiellen Einfluss auf mein zukünftiges Schicksal ausübte, abgesehen von dem moralischen Einfluss, den de la Ponce und de Leuven ausübten. Ich war damals vollkommen glücklich in der Liebe meiner Mutter und in einer jüngeren und süßeren Liebe, die Seite an Seite mit ihrer aufwuchs, ohne sie zu beeinträchtigen, und in der Freundschaft von de la Ponce und de Paillet, als de Leuven mein Glück vervollständigte: Mir fehlte nichts außer der goldenen Mitte, von der Horaz spricht; hätte ich die auch gehabt, hätte ich mir kaum etwas wünschen müssen.

Plötzlich hörten wir, dass sich Monsieur Deviolaine mit seiner Familie auf sein Landgut Saint-Remy zurückziehen und sein Haus in Villers-Cotterets dem Grafen von Ribbing überlassen wollte. Das Haus, in dem ich aufgewachsen war und das für mich mit einer Menge Erinnerungen bevölkert war, sollte also aus den Händen eines Verwandten in die Hände eines Freundes übergehen. Der schöne Garten hatte Monsieur de Leuven besonders angetan; er hoffte, dort seiner durch die aufeinanderfolgenden Verkäufe von Brunoy und Quincy unterbrochenen Leidenschaft für die Gartenarbeit nachgehen zu können. Außerdem war der Graf keiner weiteren Verfolgung ausgesetzt, und ob es nun daran lag, dass Ludwig XVIII. nichts von seinem Aufenthalt in Frankreich wusste oder ob der König die Augen davor verschloss, er konnte in ungestörter Ruhe leben.

De Leuven und sein Vater ließen sich dann in Villers-Cotterets nieder, wo Madame de Leuven ihnen innerhalb von vierzehn Tagen folgte. De la Ponce mietete ein Haus am Ende der Rue de Largny, das erste Haus links, wenn man von Paris kommt: Es hatte einen großen Garten und einen schönen Innenhof. Meine Zeit teilte sich bald in drei Teile – einen widmete ich meinen Freundschaften, einen anderen dem Liebesspiel und den dritten meiner juristischen Arbeit. Der Leser mag meinen, dass meine Mutter bei alledem vielleicht ein wenig vernachlässigt wurde. Wird eine Mutter jemals vergessen? Ist sie nicht immer da, ob anwesend oder abwesend? Ging ich nicht zehn oder zwanzig Mal am Tag in mein Haus und wieder hinaus? Küßte ich meine Mutter nicht jedes Mal, wenn ich hineinging? Jeden Tag gelang es de Leuven, de la Ponce und mir, uns zu treffen. Normalerweise geschah dies bei de la Ponce: Wir verwandelten den erwähnten Innenhof in einen Schießstand und verbrauchten jeden Tag zwanzig oder dreißig Kugeln. De Leuven hatte ausgezeichnete deutsche Pistolen (*Kukenreiter*). Diese Pistolen waren erstaunlich zielgenau, und bald konnten wir alle drei mit solcher Präzision schießen, dass wir, wenn jemand an unseren Fähigkeiten zweifelte, abwechselnd das Stück Pappe hielten, das als Ziel diente, während die anderen schossen. Und keiner von uns bekam auch nur einen einzigen Streifschuss ab! Ich erinnere mich, dass wir eines Tages nach starkem Regen ich weiß nicht wie viele Frösche in diesem düsteren, feuchten Hof fanden. Das war ein neues Wild für uns, auf das wir schießen konnten, und wir vernichteten jeden Frosch mit unseren Pistolen. Ab und zu las uns de Leuven eine Fabel oder eine Elegie vor, die er selbst verfasst hatte; aber durch das nächtliche Missgeschick in Villers-Hellon war er von seinen geographischen Fehlern geheilt und verwechselte nicht länger den Süden mit dem Norden oder Spanien mit Sibirien. Eines Morgens verbreitete sich eine großartige Nachricht in der Stadt. Drei Fremde waren gerade gekommen, um bei Monsieur de Leuven zu bleiben: Monsieur Arnault und seine beiden Söhne Telleville und Louis Arnault. M. Arnault, der Autor von *Germanicus* und *Marius à Minturnes* , war damals ein prächtig aussehender alter Mann von sechzig Jahren, der trotz seiner lockigen weißen Locken, die so fein wie Seide waren, noch voller Leben war. Er war überaus temperamentvoll und ein hervorragender Schlagmann; er konnte sein Ziel so schnell treffen, wie der erfahrenste Fechtmeister einen Schlag parieren oder einen Rechtshieb ausführen kann. Der einzige Fehler, den man an diesem Witz finden konnte, war seine scharfe, beißende Kante; aber wie Bisse gesunder Zähne hinterließen die Bisse des Dichters nie Gift. M. Arnault hatte den Grafen von Ribbing an jener berühmten *Table d'hôte kennengelernt* , wo dieser dem ausländischen Oberst ins Gesicht geschlagen hatte. Seit diesem Tag hatten M. de Leuven, Franzose im Herzen, und M. Arnault, Franzose im Geiste, eine Freundschaft geschlossen, die, obwohl durch den Tod zerbrochen, zwischen ihren Kindern fortbestand. Telleville Arnault war ein gutaussehender junger Offizier mit charmantem Wesen und erprobter Tapferkeit. Er hatte mit Martainville einen Blindgänger über *Germanicus gekämpft* , der in der Literaturwelt für große Sensation gesorgt hatte. Louis war noch ein junger Bursche, etwa in meinem Alter.

Ich hielt mich vorsorglich davon ab, Adolphe zu besuchen, während M. Arnault und seine Söhne bei seinem Vater waren. Aber M. Deviolaine hatte sie zu einer Kaninchenjagd in den Wäldern von Tillet eingeladen, und ich war dabei, und die Bekanntschaft, die zufällig bei den Spaziergängen im Park begann, war mit der Waffe in der Hand besiegelt. Telleville besaß eine kleine Waffe von Prélat, mit der er Wunder vollbrachte. Diese Waffe hatte einen Lauf von nicht einmal vierzehn Zoll Länge, was mich in Erstaunen versetzte, denn ich glaubte noch immer an die Länge des Laufs und jagte mit Belagerungsgewehren.

Als M. Arnault Villers-Cotterets verließ, nahm er de Leuven mit. Es war herzzerreißend für mich, Adolphe gehen zu sehen. Ich hatte zwei Erinnerungen an Besuche in Paris, einen im Jahr 1806, den anderen im Jahr 1814. Diese beiden Erinnerungen genügten, um mich leidenschaftlich neidisch auf das Schicksal jedes begünstigten Wesens zu machen, das nach Paris ging. Ich blieb bei de la Ponce zurück und verdoppelte meine Hingabe zum Studium des Italienischen. Ich war bald weit genug in der Sprache Dantes und Ariosts, um zu der Schillers und Goethes übergehen zu können; aber das war eine ganz andere Sache. Nach drei oder vier Monaten Arbeit legte mir de la Ponce einen Roman von Auguste Lafontaine vor: Die Aufgabe war zu schwierig, ich hatte bald genug davon. Deutsch wurde fallengelassen, und ich habe nie den Mut gehabt, es wieder aufzunehmen. Mein erster ernsthafter dramatischer Eindruck stammt aus dieser Zeit. Ein Nabob, der über M. Mennesson Geschäfte gemacht hatte, hinterließ aus unerhörter Großzügigkeit hundertfünfzig Francs, die unter den Jungs im Büro aufgeteilt werden sollten. M. Mennesson verteilte es folgendermaßen: siebenunddreißig Francs zu je fünfzig Cent für Ronsin und mich, fünfundsiebzig Francs für Paillet. Es war das erste Mal, dass ich so viel Geld besaß. Ich fragte mich, was ich damit anfangen sollte.

Eines der vier großen Feste des Jahres stand bevor, und wir sollten Sonntag und Montag als Feiertage haben. Paillet schlug vor, dass wir beide unsere 37 Francs und 50 Cents zu seinen 75 Francs zusammenlegen und diese sagenhafte Summe von 50 Kronen in die Freuden stecken sollten, die Soissons, der Sitz der *Unterpräfektur* , uns bieten konnte. Der Vorschlag wurde mit Freude aufgenommen. Paillet wurde zum Kassierer ernannt, und wir nahmen mutig Platz auf der Postkutsche nach Paris, die um halb vier Uhr morgens durch Villers-Cotterets fährt und um sechs Uhr in Soissons ankommt. Paillet und Ronsin nahmen jeweils einen Platz im Coupé ein, wo einer bereits besetzt war, und ich ging hinein, wo noch vier weitere Passagiere saßen, von denen drei in La Vertefeuille ausstiegen, einem Posten drei Meilen von Villers-Cotterets entfernt, während der vierte seine Reise nach Soissons fortsetzte. Von La Vertefeuille nach Soissons blieb ich also mit dieser Person allein, einem Mann von ungefähr vierzig Jahren, sehr dünn von Körperbau, blassem Gesicht, kastanienbraunem Haar und gepflegtem Äußeren. Er legte großen Wert darauf, dass ich neben ihm saß, und um mir so viel Platz wie möglich zu lassen, quetschte er sich so eng wie möglich in eine Ecke der Kutsche. Ich war von dieser Aufmerksamkeit sehr gerührt und fühlte mich spürbar zu dem Herrn hingezogen, der sich herabgelassen hatte, mich mit so viel Rücksicht zu behandeln.

Ich schlief damals überall gut und gut. Sobald wir die Stadt verließen, schlief ich ein und wachte nur auf, als die Pferde gewechselt wurden. Und da wäre ich ganz sicher nicht aufgewacht, wenn mir die drei Passagiere, die uns verließen, nicht beim Aussteigen mit dem üblichen schweren Tritt der Reisenden auf die Zehen getreten wären, den sie auf Kosten derer an den Tag legen, die zurückbleiben. Als der Passagier sah, dass ich wach war, begann er mit mir zu reden und fragte mich freundlich und interessiert nach meinem Alter, meinem Namen und meinem Beruf. Ich beeilte mich, ihm alle Einzelheiten zu erzählen, und er schien sehr daran interessiert zu sein. Ich erzählte ihm den Zweck unserer Reise nach Soissons, und während ich beim Erzählen meiner Geschichte hustete, bot er mir gutmütig zwei verschiedene Sorten Hustenbonbons an. Ich nahm beide, und um den vollen Nutzen aus ihnen zu ziehen, steckte ich sie beide gleichzeitig in den Mund. dann, obwohl ich die Unterhaltung des Herrn angenehm und seine Manieren faszinierend fand, gab es etwas noch Verführerischeres und Angenehmeres als diese Unterhaltung und diese Manieren, nämlich Schlaf, also wünschte ich ihm eine gute Nacht, und da ich viel Platz hatte, um mich auszuruhen, ließ ich mich in der Ecke parallel zu seiner nieder, mit meinem Rücken auf einem Sitz und meinen Füßen auf dem anderen. Ich weiß nicht, wie lange ich geschlafen hatte, als ich mich auf die merkwürdigste Weise der Welt aufgeweckt fühlte. Mein schlafender Mitreisender war anscheinend von bloßem Interesse zu einem lebhafteren Ausdruck seiner Gefühle übergegangen und umarmte mich. Ich bildete mir ein, er hätte einen Albtraum und versuchte ihn zu wecken; als ich aber sah, dass seine Gestikulationen umso schlimmer wurden, je fester er schlief, begann ich ihn heftig zu schlagen, und da meine Schläge keine Wirkung zeigten, schrie ich aus aller Kraft. Unglücklicherweise fuhren sie gerade den Hügel von Vaubuin hinab und konnten die Kutsche nicht anhalten; Der Kampf dauerte also zehn Minuten oder länger, und ohne im Geringsten zu wissen, in welcher Gefahr ich kämpfte, gelang es mir gerade, meinen Feind zu besiegen, indem ich ihn unter meinem Knie umdrehte, als sich die Tür öffnete und der Schaffner mir zu Hilfe kam. Paillet und Ronsin schliefen, so wie ich geschlafen hätte, wenn mich mein Reisegefährte nicht durch seine überwältigende Freundlichkeit aufgeweckt hätte. Ich erzählte dem Schaffner, was geschehen war, und machte ihm Vorwürfe, mich zu einem Schlafwandler oder Verrückten gesteckt zu haben, und bat ihn, mich in eine andere Ecke des Wagens zu setzen, die ihm genehm sei. Zu meinem größten Erstaunen begann der Schaffner, während der Reisende seine Toilette wieder in Ordnung brachte, die durch meinen Kampf mit ihm ziemlich beschädigt worden war, ohne sich über mich zu beschweren, ihn aufs strengste zu beschimpfen, ließ ihn aussteigen und sagte ihm, da von unserem Standort bis zum *Hôtel des Trois-Pucelles* , wo der Wagen hielt, nur noch eine dreiviertel Meile übrig sei, müsse er so gut sein, den Weg zu Fuß zurückzulegen, es sei denn, er wolle auf das Dach steigen, wo er niemanden stören könne. Der Herr mit den rotbraunen Locken hievte sich auf das Dach, ohne den Mund aufzumachen, und die Postkutsche setzte sich wieder in Bewegung. Obwohl ich nun wieder allein war und mich in der Kutsche wohler fühlte, war ich durch den Kampf, den ich gerade durchgemacht hatte, zu aufgeregt, um wieder an Schlafen zu denken. Ich konnte hören, wie der Schaffner im Cabriolet meinen beiden Mitreisenden meine Geschichte erzählte, und offenbar trug er sie ihnen in einem fröhlicheren Licht vor, als ich sie selbst gesehen hatte, denn sie brüllten vor Lachen. Ich wusste nicht, worüber man an einem Faustkampf mit einem Schlafwandler oder Wahnsinnigen lachen konnte. Eine Viertelstunde, nachdem der Herr in den Imperial gesetzt worden war und ich wieder in den Wagen gesetzt worden war, hörte ich am schweren Geräusch der Kutschenräder, dass wir unter der Zugbrücke hindurchfuhren. Wir hatten unser Ziel erreicht.

Fünf Minuten nachdem wir die Kutsche verlassen hatten, erzählten mir Paillet und Ronsin, warum sie gelacht hatten, und es klang so lächerlich, dass ich, noch bevor sie fertig waren, losrannte, um meinen Herrn mit den Hustenpastillen zu suchen; aber den Imperialen suchte ich vergebens in jeder Ecke und jedem Winkel ab: – Er war verschwunden.

Dieser nächtliche Kampf bereitete mir so große Sorgen, dass ich mich den ganzen Tag benommen fühlte.

—

[1] Anmerkung des Übersetzers.—Mitglied der Society of Law Clerks.

KAPITEL VI

Erste dramatische Eindrücke—Der *Hamlet* von Ducis —
Die Bourbonen en 1815 —Zitate daraus

—

Unter den Vergnügungen, die wir uns in der zweiten Hauptstadt des Département Aisne versprochen hatten, stand für uns das Theater an erster Stelle. Eine Gruppe von Schülern des Konservatoriums, die in den Provinzen auf Tournee waren, sollte an diesem Abend eine Sondervorstellung von Ducis' *Hamlet geben*. Ich hatte absolut keine Ahnung, wer *Hamlet* war; ich gehe sogar noch weiter und gebe zu, dass ich überhaupt nicht wusste, wer Ducis war. Niemand hätte unwissender sein können als ich. Meine arme Mutter hatte versucht, mich dazu zu bringen, die Tragödien von Corneille und Racine zu lesen; aber ich gestehe zu meiner Schande, dass mich die Lektüre dieser Dinge unsagbar gelangweilt hatte. Ich hatte damals keine Ahnung, was mit Stil, Form oder Struktur gemeint war; ich war ein Naturkind im vollsten Sinne des Wortes: Was mich amüsierte, fand ich gut, was mich ermüdete – schlecht. Also las ich das Wort *Tragödie* auf dem Plakat mit einigen Bedenken.

Da diese Tragödie aber das Beste war, was Soissons uns zum Abendvertreib zu bieten hatte, stellten wir uns in die draußen wartende Schlange und schafften es trotz des großen Andrangs rechtzeitig, in den Zuschauerraum zu gelangen.

Seit jener Nacht sind ungefähr zweiunddreißig Jahre vergangen, aber sie hat einen derartigen Eindruck auf mein Gedächtnis gemacht, dass ich mich noch an jedes kleine Detail erinnern kann, das damit zusammenhängt. Der junge Mann, der die Rolle des Hamlet spielte, war ein großer, blasser, fahler Junge namens Cudot; er hatte schöne Augen und eine starke Stimme, und er imitierte Talma so genau, dass ich, als ich Talma dieselbe Rolle spielen sah, fast dachte, er imitierte Cudot.

Wie gesagt, war mir das Thema Literatur völlig unbekannt. Ich wusste nicht einmal, dass es jemals einen Autor namens Shakespeare gegeben hatte, und als ich nach meiner Rückkehr von Paillet belehrt wurde, dass *Hamlet* nur eine Nachahmung sei, sprach ich vor meiner Schwester, die Englisch konnte, den Namen des Autors von *Romeo* und *Macbeth* aus, wie ich ihn geschrieben gesehen hatte, und es kostete mich einen jener langen Scherze, die meine Schwester mir bei Gelegenheit nie ersparte. Natürlich erfreute ich sie bei dieser Gelegenheit. Da der *Hamlet* von Ducis in meiner Wertschätzung im Vergleich nicht verlieren konnte, da ich noch nie von Shakespeare gesprochen gehört hatte, erschien mir das Stück mit Hamlets grotesken Auftritt, dem nur für sich selbst sichtbaren Geist, seinem Kampf gegen seine Mutter, seiner Urne, seinem Monolog, den düsteren Fragen über die Angst vor dem Tod als Meisterwerk und machte eine enorme Wirkung auf mich. Als ich nach Villers-Cotterets zurückkehrte, sammelte ich daher als Erstes die paar Francs zusammen, die ich von meiner Reise nach Soissons übrig hatte, und schrieb an Fourcade (der seinen Platz an Camusat abgegeben hatte, von dem ich im Zusammenhang mit dem alten Hiraux gesprochen hatte, und der nach Paris zurückgekehrt war), er solle mir die Tragödie *Hamlet schicken.*

Aus irgendeinem Grund zögerte Fourcade fünf oder sechs Tage, mir das Stück zu schicken. Meine Ungeduld war so groß, dass ich ihm einen zweiten Brief schrieb, in dem ich ihm die schärfsten Vorwürfe wegen seiner Nachlässigkeit und mangelnden Freundlichkeit machte. Fourcade, der nie geglaubt hätte, dass jemand einen Mann als schlechten Freund bezeichnen könnte, weil er sich mit der Zusendung von *Hamlet nicht beeilte*, schickte mir einen bezaubernden Brief, dessen Inhalt ich erst verstand, als ich mich eingehender mit der Frage beschäftigt hatte, was gut und was schlecht war, und Ducis' Werk den ihm gebührenden Rang einräumen konnte. In der Zwischenzeit wurde ich wahnsinnig. Ich fragte alle: „Kennen Sie *Hamlet*? Kennen Sie Ducis?" Die Tragödie kam aus Paris. Nach drei Tagen kannte ich die Rolle des Hamlet auswendig, und was noch schlimmer ist, ich habe ein so ausgezeichnetes Gedächtnis, dass ich sie nie vergessen konnte. So kam es, dass *Hamlet* das erste dramatische Werk war, das einen Eindruck auf mich machte – einen tiefen Eindruck, der aus unerklärlichen Empfindungen, ziellosen Sehnsüchten und geheimnisvollen Lichtstrahlen bestand, die meine Dunkelheit nur noch sichtbarer machten. Später, in Paris, sah ich den armen Cudot wieder, der Hamlet gespielt hatte. Leider hatte das große Talent, das mich mitgerissen hatte, ihm nicht den geringsten Halt verschafft, und ich glaube, er hat die Hoffnung – diese Tochter des Stolzes, die in der Seele des Künstlers so schwer zu töten ist –, die Hoffnung auf eine Stellung auf der Bühne längst aufgegeben.

Als ob der Geist der Poesie, als er in mir erwachte, geschworen hätte, nie wieder einzuschlafen, und alle Mittel zu diesem Zweck eingesetzt hätte, indem er es sogar schaffte, Meister Mennesson selbst zu seinem Komplizen zu machen, gab mir Meister Mennesson, kaum dass ich aus Soissons zurückgekehrt war, statt mir einen Kaufvertrag zum Abschreiben oder einen Schuldschein zum Unterschreiben zu geben oder mich auf eine Geschäftsreise zu schicken, ein Gedicht, von dem er drei Kopien haben wollte. Dieses Gedicht trug den Titel „ *Les Bourbons en 1815 ".*

M. Mennesson war, wie ich bereits sagte, Republikaner. Ich fand ihn 1830 als Republikaner vor, und als ich ihn 1848 wiedersah, war er immer noch

Republikaner. Und um ihm gerecht zu werden, muss man sagen, dass er zu allen Zeiten und unter allen Regimen den Mut hatte, seine Meinung zu vertreten. Er äußerte seine Meinung so freimütig, dass seine Freunde davor Angst hatten und ihre Bemerkungen dazu mit angehaltenem Atem machten. Er zuckte nur mit den Schultern.

„Was zum Teufel werden sie mir antun?", rief er dann. „Mein Amt ist bezahlt, meine Klientel floriert; ich fordere sie heraus, in einem meiner Verträge einen Fehler zu finden; und wenn das der Fall ist, kann man es sich leisten, Könige und Pfarrer zu verspotten."

Auch Maître Mennesson hatte recht; denn trotz all dieser Demonstrationen, all dieser Vorwürfe der Unvorsichtigkeit, die von ängstlichen Seelen erhoben wurden, war seine Praxis die beste in Villers-Cotterets und wurde täglich besser. In diesem Moment war er im siebten Himmel der Wonne. Er hatte ein Gedicht in Manuskriptform gegen die Bourbonen in die Hände bekommen – ich weiß nicht, wie. Er hatte es jedem in der Stadt vorgelesen, und nachdem er es jedem vorgelesen hatte, als ich aus Soissons zurückkam, befahl er mir, wie gesagt, zwei oder drei Kopien davon anzufertigen, für diejenigen seiner Freunde, die wie er selbst dieses poetische Pamphlet unbedingt besitzen wollten. Ich habe es nie gedruckt gesehen, ich habe es nie gelesen, seit ich es dreimal abgeschrieben habe, aber mein Gedächtnis ist so gut, dass ich es von Anfang bis Ende wiedergeben kann. Aber um meine Leser nicht zu beunruhigen, werde ich mich damit begnügen, ein paar Zeilen daraus zu zitieren.

So fing es an:

"Wo bin ich? Was sehe ich? Wir werden diese Prinzen sehen. Wenn ein Senat gefühllos
in unsere Provinzen einzieht; Wer wagt , schwört die Vorwürfe der Könige ab, Bürger, die sich
unter dem Namen der Gesetze einreihen; Wer wagt, schwört, entmutigt den Sieg, Tröstet die Franzosen mit fünf Jahren Ruhm! Er tritt ein! Mit ihnen die Rache der Orgel. Der Louvre ist empört und hat das alte Schloss freigelassen!
Es ist nicht mehr der Senat, es ist Gott, es ist ihre Geburt, es ist die fremde Gleif, die sie nach Frankreich schickt; Wir hören von einem Der König tadelt den *Schrecken* :
„Ach, wenn dieser König in der Nacht des *Grabes erwacht* ,
wird die Bewaffnung eines Rächers das Verbrechen bestrafen.
Wir lassen die Sünden mit den Augen ihres Opfers verblassen!"

Dann ruft der Autor aus – und in jenen Tagen riefen alle Autoren aus –, wobei er allgemeine Überlegungen aufgibt und stattdessen einzelne

Personen im Detail darstellt und einen Rundgang durch die königliche Familie macht: –

"Das ist d'Artois, der galanten, schwachsinnigen Alten,
unfähig zum Bösen, unfähig zum Guten; Auf den Füßen der Heiligen
schwören sie ihre Schwächen ab, Und durch die Günstlinge ersetzen sie
ihre Meisterinnen;D'Artois, kann die Tugend nicht wiedererkennen, Wer
nach Quiberon kommt, ohne zu kämpfen ,
Und wer, wenn der König ist, wird nach Frankreich zurückkehren, Den
Kindern von Clovis die dumme Trägheit! Das ist Berry, der die Armee zu
großen Krisen aufruft, Und wer ihm die Beleidigung und die Täuschung
schenkt; Wer, diese jungen Leute, wird in die Tavernen gehen,
Diese Männer, dieser große Sieger, , der unsere Kasernen ignoriert.
Das ist sein Bruder, mit seiner Art eine Betrügermaske, die seine
ehrgeizigen Projekte entsetzlich macht! Das ist sein Onkel bei den
bürgerlichen Zwietracht, er reißt die Flammen auf, während er unsere
Städte verfolgt; diese königliche Thersite, die nicht hier ist ,
kämpft nicht und macht keinen Helden!
Das ist, noch perfider, seine Frau von Hautaine, diese Frau, die nach Rache
und Tod sehnt, diese Freude, die nicht die lustigsten Stiche sieht, aber das
Lied von den großen Flossen, sie versäumt es nicht!
Dies sind diese Kurtisanen, diese Adligen und diese Bräute. Hier sind alle
Schmeicheleien und Tyrannen ihrer Oberhäupter. Wollen wir in der Zeit,
in der wir leben, weitermachen? Nicht schauen, nicht denken, nicht auf sie
hören!

Dann beendet der Autor seine Abhandlung mit einem dem Thema würdigen
Schlusswort und ruft noch einmal in seiner liberalen Begeisterung aus:

"Nicht zu viel Ballast abwerfen, wir sind auf der Flucht! Und so weiter.
Aus dem leidenschaftlichen Fleiß, der die Schwarzen zurückwirft, Der
Fang und die Zitrone, die unter der Sonne ermüden, Von unserer heiligen
Sonne zurückgeworfen für alle Tage.
Diese Tyrannen ohne Tugend, diese perfiden Höflinge, Diese Ritter ohne
Ruhm und diese treuen Buben. Wer kann sich nur bei unseren Heldentaten
erbarmen, nur bei ihr werden wir uns erbarmen!"

Zwölf Jahre später wurden die Bourbonen aus Frankreich vertrieben. Es
sind nicht nur revolutionäre Kugeln, die Throne stürzen; es ist nicht nur die
Guillotine, die Könige tötet: Kugeln und die Guillotine sind nur passive
Instrumente in den Händen von Prinzipien. Es ist der tödliche Hass, es ist
die Unterströmung der Rebellion, die, solange sie nur Ausdruck der
Wünsche einiger weniger ist, fehlschlägt und ihre Wut verpufft; die aber,
sobald sie Ausdruck allgemeiner Forderungen wird, Throne und Nationen,
Könige und Königsfamilien verschlingt.

Es ist leicht zu verstehen, warum die *Messéniennes* von Casimir Delavigne, die gleichzeitig mit diesen handschriftlichen Pamphleten im Druck erschienen, blass und farblos wirkten. Casimir Delavigne war einer jener Männer, die Revolutionen, die bereits vollzogen waren, in Liedern feiern, aber Revolutionen im Entstehen nicht unterstützen. Der Maubreuil-Prozess war das Ergebnis des Gedichts, aus dem ich diese kurzen Auszüge zitiert habe – eine höchst mysteriöse und unheilvolle Angelegenheit, bei der Namen, wenn nicht die berühmtesten Europas, so doch zumindest die damals bekanntesten, mit Diebstählen und vorsätzlichen Morden in Verbindung gebracht wurden.

Wahrscheinlich bin ich der einzige Mensch in Frankreich, der jetzt an die „Affaire Maubreuil" denkt. Vielleicht bin ich auch der einzige Mensch, der ein Stenoskript der Sitzungen dieses schrecklichen Prozesses geführt hat, bei dem die Schrecken des Kerkers und heimliche Folter eingesetzt wurden, um einen Mann in den Wahnsinn zu treiben, den man nicht direkt töten durfte, dem man nichts vormachen konnte. Ich habe damals eine Kopie von einem Manuskript in einer fremden und unbekannten Handschrift angefertigt, das einen Bericht über die Sitzungen enthielt. Später las ich den Bericht, den die berühmte Prinzessin von Württemberg in ihren eigenen Schriften niederschrieb, zunächst für ihren Ehemann, Marschall Jérôme Bonaparte, und der dann in ihre Memoiren aufgenommen werden sollte, die sich in den Händen ihrer Familie befinden und noch unveröffentlicht sind.

KAPITEL VII

Die Ereignisse von 1814 noch einmal – Marmont, Duc de
Raguse, Maubreuil und Roux-Laborie bei M. de Talleyrand
– Das *Journal des Débats* und das *Journal de Paris* – Lyrik der
Bonapartisten und Enthusiasmus der Bourbonen – Ende
der Maubreuil-Affäre – Komplott gegen das Leben des
Kaisers – Die Königin von Westfalen wird ihres Geldes
und ihrer Juwelen beraubt

Versuchen wir nun, den Müll wegzuräumen, den die Ereignisse des Jahres
1814 hinterlassen haben. Als der Allmächtige die Zerstörung Jerusalems
prophezeite, sagte er zu Ezechiel: „Ich werde dich dein Brot essen lassen,
das mit Kuhdung zubereitet wurde" (Ezechiel 4,15). O mein Gott, mein
Gott! Du hast uns härter behandelt als den Propheten und hast uns zeitweise
noch viel Schlimmeres essen lassen!

Napoleon war in Fontainebleau, die Kaiserin in Blois; eine provisorische
Regierung, geheim und unbekannt, führte ihre Geschäfte im Erdgeschoss
eines Hauses in der Rue Saint-Florentin. Muss ich noch hinzufügen, dass das
Haus in der Rue Saint-Florentin Monsieur de Talleyrand gehörte? Am 16.
März hatte Napoleon aus Reims geschrieben:

> „LIEBER BRUDER, – Gemäß den mündlichen
> Anweisungen, die ich dir gegeben habe, und den
> Wünschen, die ich in all meinen Briefen zum Ausdruck
> gebracht habe, darfst du auf keinen Fall zulassen, dass die
> Kaiserin und der König von Rom in die Hände des Feindes
> fallen. Du wirst mehrere Tage lang keine Nachricht von mir
> erhalten. Wenn der Feind mit solcher Macht auf Paris
> vorrückt, dass du jeden Widerstand für sinnlos hältst,
> schicke meinen Sohn und den Regenten, die großen
> Würdenträger, Minister, Beamten des Senats, Präsidenten
> des Staatsrats, obersten Beamten der Krone, den Baron de
> la Bouillerie und den Schatz in Richtung Loire. Lass meinen
> Sohn nicht im Stich und denke daran, dass ich lieber
> wüsste, dass er in der Seine ist, als dass er in die Hände der
> Feinde Frankreichs gefallen ist. Das Schicksal von
> Astyanax, Gefangener der Griechen, schien mir immer das
> unglücklichste in der Geschichte zu sein.
>
> "NAPOLEON"

Dieser Brief war an Joseph gerichtet. Der Schatz, auf den sich Napoleon bezog, war, wohlgemerkt, sein Privatbesitz. Am 28. März wurde die Abreise der Kaiserin besprochen. Die Herren von Talleyrand, Boulay (de la Meurthe), der Herzog von Cadore und Herr von Fermon waren der Meinung, dass die Kaiserin bleiben sollte. Joseph, der den Brief des Kaisers in der Hand hatte, bestand auf ihrer Abreise. Es wurde beschlossen, dass sie am nächsten Tag um neun Uhr morgens abreisen sollte. Später wurde Herr von Talleyrand dafür getadelt, dass er darauf gedrängt hatte, dass Marie-Louise in Paris bleiben sollte. Ein blasses und kaltes Lächeln huschte über den riesigen Abgrund, der dem Diplomaten als Mund diente.

„Ich wusste, dass die Kaiserin mir trotzen würde", sagte er, „und dass sie bleiben würde, wenn ich ihr riet zu gehen. Ich drängte sie zum Bleiben, um ihre Abreise zu begünstigen."

O Monseigneur, Bischof von Autun! Sie haben Harel in *Le Nain Jaune* das berühmte Epigramm in den Mund gelegt: „Dem Menschen wurde die Sprache gegeben, um seine Gedanken zu verbergen." Und, Monseigneur, Sie waren hervorragend in der Lage, die Wahrheit dieses Sprichworts selbst zu veranschaulichen.

Am Morgen des 29. März konnte man durch die vorhanglosen Fenster der Tuilerien die Frauen der Kaiserin im zweifelhaften Licht der aufkommenden Morgendämmerung und im noch zweifelhafteren Licht der Lampen und verlöschenden Kerzen sehen, wie sie umherliefen, bleich vor Müdigkeit und Angst, nachdem sie die ganze Nacht mit Reisevorbereitungen verbracht hatten. Die Abreise war, wie gesagt, auf neun Uhr angesetzt. Um zehn Uhr hatte die Kaiserin ihre Gemächer noch nicht verlassen. Sie hoffte bis zuletzt, dass ein Gegenbefehl entweder vom Kaiser oder von Joseph eintreffen würde. Um halb elf klammerte sich der König von Rom weinend an die Vorhänge des Palais des Tuileries; denn auch er, das arme Kind, wollte nicht gehen.

Ach! Im Abstand von siebzehn Jahren klammerten sich drei Kinder, die alle unter den Fehlern ihrer Väter litten, vergeblich an dieselben Vorhänge: Sechzig Jahre lang waren die Tuilerien kaum mehr als eine königliche Herberge, in der die flüchtigen Dynastien abwechselnd abstiegen. Um Viertel vor elf bestieg die Kaiserin, in braunes Gewand wie eine Amazone, mit dem König von Rom eine Kutsche, umgeben von einer starken Abteilung der kaiserlichen Garde. Am selben Tag und zur selben Stunde brach der Kaiser mit seinen fliegenden Staffeln von Troyes nach Paris auf. Es ist bekannt, dass der Kaiser in Fromenteau verhaftet wurde, aber was danach geschah, ist nicht oder nur unvollständig bekannt.

Bei passender Zeit und Gelegenheit – wahrscheinlich *im Zusammenhang* mit der Julirevolution – werden wir auf einen der Männer zurückkommen, die das Schicksal aus unbekanntem Grund mit dem Siegel des Todes versehen hat. Wir meinen Marmont. Wir wollen zeigen, was er war, nicht, was er tat: Großartig war er während jenes Rückzugs, bei dem er weder Gewehr noch Gefangene in den Händen des Feindes zurückließ; großartig, als er – wie ein Löwe in Bedrängnis vor den Mauern des Zollamts in Paris, umzingelt von Russen und Preußen, in der Hauptstraße von *Belleville* , den rechten Arm noch in der Schlinge, nach der Schlacht von Arapiles, das Schwert in der linken Hand haltend, verstümmelt in Leipzig, seine Kleider von Kugeln durchsiebt, eingekeilt zwischen den Toten und Verwundeten, die rings um ihn herum fielen, mit nur vierzig Grenadieren hinter sich – sich seinen Weg zur Barriere bahnte, wo er, von Wunden durchbohrt , das fünfte Pferd zurückließ, das seit Beginn des Feldzugs unter ihm getötet worden war! Ach! warum durchquerte er Paris nicht von der Barriere von Belleville bis zur Barriere von Fontainebleau? Warum blieb er in seinem Haus in der Rue Paradis-Poissonnière? Warum ging er nicht zu Napoleon, mit zerfetztem Mantel und geschwärztem Gesicht? Wie entschlossen schien sich das Schicksal ihm zu widersetzen! Wie anders wäre das Urteil der Zukunft ausgefallen! Aber wir, die wir jetzt Teil dieser Zukunft sind und fast unvoreingenommene Zuschauer all dieser großen Ereignisse, wir, die wir von Natur aus keinen persönlichen Hass hegen und von unserer Position her nichts mit politischen Animositäten zu tun haben, es ist unsere Aufgabe, die Nachwelt aufzuklären, denn wir stehen zwischen der aristokratischen und der demokratischen Welt, der einen in ihrem Niedergang und der anderen in ihrer Jugend: Es ist unsere Aufgabe, die Wahrheit zu suchen, wo immer sie begraben sein mag, und sie zu preisen, wo immer sie gefunden werden mag.

Und nun, nachdem wir unsere Position dargelegt haben, kehren wir zu Napoleon und Marie-Louise zurück. Lassen wir einige Tage aus und reden wir nicht über großen Verrat und schändliche Schande; auch wenn wir leider noch nicht am Ende dieser Dinge sind. Vom 29. März bis zum 7. April geschahen folgende Ereignisse:

Am 30. März kapitulierte Paris. Am 31. marschierten die alliierten Armeen in die Hauptstadt ein. Am 1. April ernannte der Senat eine provisorische Regierung. Am 2. erklärte der Senat, Napoleon habe den Thron verwirkt. Am 3. bestätigte die gesetzgebende Körperschaft den Verlust. Am 4. dankte Napoleon zugunsten seines Sohnes ab. Am 5. verhandelte Marmont mit dem Feind. Am 6. entwarf der Senat einen Verfassungsentwurf. Am 7. erhoben sich die Truppen des Herzogs von Raguse und weigerten sich, seinen Befehlen Folge zu leisten. Außerdem machte Napoleon Pläne für einen Rückzug über die Loire.

Man sieht, dass die Regierung der Rue Saint-Florentin ihre Arbeit schnell erledigt hatte. Die Kaiserin blieb in Blois, wo sie in rascher Folge die Entthronungserklärung des Senats, die erste Abdankung des Kaisers und den Übertritt des Herzogs von Raguse erfuhr. Am Morgen des 7. erfuhr sie von der Abberufung der Bourbonen.

Bis zu diesem Moment, als eine Wolke die Zukunft vor dem Blick verbarg, hatten die wachenden und wartenden Egoisten es noch nicht gewagt, in ihrer Gegenwart ihre Hand zu zeigen. Aber als die Nachricht von der Rückkehr der Bourbonen kam, versuchte jeder, sich mit der neuen Macht zu versöhnen. Marie-Louise widerfuhr dasselbe wie Napoleon. Es war ein Wettrennen, wer sie am offensten und schnellsten im Stich lassen konnte; es war ein Wettrennen der Undankbarkeit, es war ein Hindernisrennen des Verrats.

Sie hatte Paris vor einer Woche verlassen, die Tochter eines Kaisers, die Frau eines Kaisers, die Mutter eines Königs! Orléans hatte sie bei ihrer Durchreise mit Glockengeläut und Artilleriefeuer begrüßt. Sie hatte einen Hofstaat um sich, einen Schatz in ihren Armen; zwei Völker, Frankreich und Italien, etwa vierzig Millionen Seelen, waren ihre Untertanen. Innerhalb einer Woche verlor sie Rang, Macht, Erbe, Königreich; innerhalb einer Stunde war sie allein mit einem armen verlassenen Kind und einem Schatz, der ihr schnell genommen wurde. Gott bewahre mich davor, das Schicksal dieser Frau zu bemitleiden! Aber diejenigen, die sie verrieten, diejenigen, die sie im Stich ließen, diejenigen, die sie sofort beraubten, konnten sich nicht auf eine unbekannte Zukunft berufen, die ihnen noch verborgen blieb.

Am 7. floh, wie bereits erwähnt, der gesamte Hofstaat. Am Morgen des 8. reisten auch die beiden Könige, Hieronymus und Joseph, ab. Am Abend des 8. traf General Schouwaloff mit dem Befehl der Herrscher ein, sie von Blois nach Orléans und von Orléans nach Rambouillet zu bringen. Schließlich erschien am Morgen des 9. folgende Meldung im *Moniteur*:

> „Die provisorische Regierung wurde darüber informiert, dass auf Befehl des Souveräns, dessen Absetzung am 3. April feierlich verkündet wurde, in den Tagen vor der Besetzung der Stadt durch die alliierten Truppen beträchtliche Geldbeträge aus Paris abgeführt wurden:

> Es ist beschlossen:

> „Diese Gelder müssen beschlagnahmt werden, wo immer sie sich befinden und in wessen Händen sie sich auch befinden, und sie müssen sofort bei der nächstgelegenen Bank hinterlegt werden.“

Dieser Befehl war flexibel: er machte keinen Unterschied zwischen dem öffentlichen Schatz der Nation und dem Privateigentum des Kaisers. Außerdem vertrauten sie die Ausführung dieses Befehls einem Mann an, dessen Hass auf das gefallene Haus ihn natürlich zu den gewalttätigsten Maßnahmen neigen würde. Sie wählten Monsieur Dudon. Ich bin glücklicherweise zu jung, um sagen zu können, wer dieser Monsieur Dudon war; ich habe daher den Herzog von Rovigo gefragt, dessen Genauigkeit bekannt ist. Hier ist seine Antwort auf meine Fragen:

"Herr Dudon wurde in Vincennes eingesperrt, weil er seinen Posten verlassen hatte, weil er die spanische Armee verlassen hatte und weil er selbst voller feiger Ängste war und diese jedem mitgeteilt hatte, dem er begegnete."

Trotzdem zögerte Monsieur Dudon. Er suchte nach einem Vermittler und wagte es nicht, direkt auf diese Reichtümer zuzugreifen, die er so dringend benötigte, um für vergangenen Verrat und künftigen Übertritt zu bezahlen.

Und was hat M. le Duc de Rovigo zu sagen? Er soll für uns das bronzene Sprachrohr der Wahrheit sein: Ich schreibe unter seinem Diktat.

„Man setzte einen Offizier des Spezialkorps der Polizei ein, Monsieur Janin de Chambéry, der heute General ist. Er war beauftragt worden, das Geld zu eskortieren. Dieser junge Mann sah eine Möglichkeit, sein Vermögen zu machen, und stellte sich Monsieur Dudon. Er sammelte sein Regiment, stahl mit erhobener Hand die Truhen, die den Schatz des Kaisers Napoleon enthielten (denn sie waren noch nicht ausgeladen worden) und machte sich auf den Weg nach Paris, wo er ohne einen einzigen Schlag ankam.“

Aber selbst das war ihnen nicht genug: Sie hatten die Kaiserin ausgeraubt, jetzt würden sie den Kaiser töten. „Nur die Toten kehren nicht zurück“, sagte der Mann, der treffend als „Anakreon der Guillotine“ bezeichnet wurde.

Monsieur de Talleyrand wurden so viele Aussprüche zugeschrieben, dass wir uns zur Abwechslung mal einen von Barère ausleihen können. Außerdem muss man zugeben, dass die Frage, was man am 31. März mit Napoleon machen sollte, sehr heikel war. Wir dürfen den Leuten, die ihn loswerden wollten, nicht zu böse sein. Wer waren diese Leute? Maubreuil selbst wird sie nennen. In dem Haus in der Rue Saint-Florentin fand eine Konferenz statt.

„Ja“, sagte der Präsident zu jemandem, der den Mund noch nicht aufgemacht hatte, „ja, Sie haben Recht. Wir müssen diesen Mann loswerden.“

„Wir müssen!“, riefen die anderen Mitglieder im Chor.

„Gut, dann ist es entschieden: Wir werden ihn loswerden.“

„Es fehlt nur noch eines", sagte eines der Mitglieder des Konventikels.

"Was ist das?"

„Die Hauptsache ist der Mann, der den Schlag ausführen wird."

„Ich kenne den Mann", sagte eine Stimme.

„Ein vertrauenswürdiger Mann?"

„Ein ruinierter Mann, ein ehrgeiziger Mann – einer, der aus einer hohen Position gefallen ist und alles für Geld und eine Position tun würde."

"Wie heißt er?"

„Maubreuil."

Dies geschah am Abend des 31. März. Am selben Tag hatte Marie-Armand de Guerry, Graf von Maubreuil, Marquis d'Orvault, das Kreuz der Ehrenlegion, das er in Spanien tapfer errungen hatte, an den Schweif seines Pferdes gebunden und sich so auf den Boulevards und auf dem Place Louis XV gezeigt. Auf dem Place Vendôme gelang ihm sogar noch mehr. Er band ein Seil um den Hals der Statue des Kaisers und zog mit einem Dutzend anderer würdiger Männer seiner Art mit aller Kraft daran. Als er dann sah, dass seine Kräfte nicht stark genug waren, befestigte er das Seil an seinem Pferd. Aber selbst das reichte nicht aus. Sie baten dann den Großherzog Constantin um eine Pferdestaffel, die er mit den Worten ablehnte: „ *Das geht mich nichts an.* "

Wer also suchte diese Ablösung? Wer machte sich zu Maubreuils Abgesandtem? Ein sehr großer Herr, auf mein Wort, ein ganz ausgezeichneter Name, berühmt in der Geschichte! Freilich musste dieser mächtigste Seigneur, der Träger dieses ehrenwerten Namens, ein kleines Hindernis vergessen – nämlich, dass er alles dem Kaiser verdankte. Sie fragen nach seinem Namen. Ah! Suchen Sie tatsächlich danach, wie ich es getan habe. Maubreuil war tatsächlich von einem hohen Rang herabgefallen, wie sein Gönner Roux-Laborie gesagt hatte. So! Ich sehe, ich habe seinen Gönner genannt, obwohl ich niemanden nennen wollte. Macht nichts! Fahren wir fort.

Maubreuil, der aus einer vornehmlichen Familie stammte, war tatsächlich gefallen. Sein Vater, der in zweiter Ehe eine Schwester von Monsieur de la Roche-Jaquelein geheiratet hatte, war zusammen mit dreißig anderen Mitgliedern seiner Familie in den Vendée-Kriegen gefallen. Monsieur Roux-Laborie, damals Sekretär der provisorischen Regierung, antwortete für Maubreuil. Er tat noch mehr: Er sagte zu Monsieur de Talleyrand: „Kommen Sie, kommen Sie! Da reiße ich eine weitere Maske herunter, ohne darüber nachzudenken, was ich tue. Auf mein Wort, umso schlimmer! Da dieses blasse Gesicht enttarnt ist, lassen Sie es bleiben!" Er tat noch viel mehr: Er sagte zu Monsieur de Talleyrand: „Ich werde ihn zu Ihnen bringen." Aber Monsieur de Talleyrand, der immer vorsichtig war, rief: „Was denken Sie, mein lieber Herr? Bringen Sie Monsieur de Maubreuil zu mir! Warum? Er muss zu Anglès gebracht werden, er muss zu Anglès! Sie wissen ganz genau, dass Anglès das alles überwacht." „Gut, sei es so; ich werde ihn dorthin bringen", antwortete der Sekretär der provisorischen Regierung. „Wann?" „Noch heute Abend." „Mein lieber Freund, Sie sind unbezahlbar." „Nehmen Sie dieses Wort zurück, Monseigneur." Und Roux-Laborie verbeugte sich, ging hinaus und lief zu Maubreuils Haus. Maubreuil war nicht zu Hause.

Wenn Maubreuil nicht zu Hause war, wusste jeder, wo er war. Er spielte. Welches Spiel war es? Es gibt so viele Spielhöllen in Paris!

Roux-Laborie lief die ganze Nacht umher, ohne ihn zu finden, kehrte zu Maubreuils Haus zurück und als Maubreuil immer noch nicht zurückgekehrt war, ließ er seinem Diener ausrichten, dass er Maubreuil am nächsten Tag, dem 1. April, in seinem Haus erwarten würde. Er wartete den ganzen Tag auf ihn. Der Abend kam und Maubreuil war immer noch nicht da.

Für einen Ehrenmann ist es ablenkend, sein Wort zu brechen. Was würde Monsieur de Talleyrand von einem Mann halten, der so viel versprochen und so wenig gehalten hat? Zweimal am Tag schrieb er an Maubreuil: Seine zweite Nachricht war so dringend wie die Zeit. Er schrieb:

„Warum bist du nicht gekommen? Ich habe den ganzen Tag auf dich gewartet. Du treibst mich zur Verzweiflung!"

Maubreuil kam um sechs Uhr abends zurück, um sich umzuziehen. Er fand die Nachricht: Er rannte nach Roux-Laborie.

"Was ist es?"

„Sie können Ihr Vermögen machen."

„Dann bin ich Ihr Mann!"

"Komm mit mir."

Sie bestiegen eine Kutsche und fuhren zu Monsieur Anglès. Monsieur Anglès war im Haus in der Rue Saint-Florentin. Sie eilten zum Haus in der Rue Saint-Florentin. Monsieur Anglès war gerade ausgegangen. Sie wollten den Prinzen sprechen.

„Unmöglich! Der Prinz ist sehr beschäftigt: Er ist dabei, zu verraten. Gewiss, er verrät in guter Gesellschaft – er verrät gemeinsam mit dem Senat." Der

Senat wollte am nächsten Tag erklären, dass der Kaiser seinen Thron verwirkt hatte.

Man sollte bedenken, dass es derselbe Senat war , der nach seiner Rückkehr aus dem verheerenden *Russlandfeldzug* fünfzehn Monate zuvor dem Kaiser gesagt hatte:

„Sire, der Senat wurde zum Zweck der Erhaltung der vierten Dynastie gegründet. Frankreich und die Nachwelt werden ihn dieser *heiligen Pflicht treu erweisen* , und jedes seiner Mitglieder wird stets bereit sein, für die Verteidigung dieses *Palladiums* des nationalen Wohlstands zu sterben."

Wir müssen zugeben, dass es in sehr schlechtem Französisch verfasst wurde. Es stimmt auch, dass es von sehr armseligen Franzosen verfasst wurde.

Am nächsten Tag kehrten Maubreuil und Roux-Laborie zurück. Der Prinz war nicht mehr zu sehen als am Vorabend; der Prinz war im Luxembourg. Aber das machte nichts: Sie konnten gleich in sein Kabinett eingeführt werden, das im Augenblick besetzt war. Außerdem würde er vielleicht zurückkehren. „Wir werden warten", sagte Roux-Laborie.

Und sie warteten eine Weile im grünen Salon – jenem grünen Salon, der, wie Sie sich erinnern werden, in der Geschichte so berühmt wurde – sie warteten und lasen die Zeitungen. Die Zeitungen waren sehr unterhaltsam. Vor allem das *Journal des Débats* und das *Journal de Paris* wetteiferten miteinander an Witz und Witz.

„Heute", hieß es im alten „*Journal de l'Empire*", das seit gestern Abend eine neue Soutane getragen hatte und sich nun „ *Journal des Débats*" nannte , „heute ist *Seine Majestät* an der Colonne Vendôme vorbeigegangen ..."

Verzeihen Sie mir, wenn ich einen Moment zögere: Ich möchte, dass keine Verwirrung entsteht. *Seine Majestät* ! Sie könnten meinen, er meinte Kaiser Napoleon, dem das *Journal de l'Empire eine Woche zuvor* diese schönen Zeilen geschrieben hatte:

I

„'Feindlicher Himmel, Himmel, zerreißt uns das Licht! Entferne AJAX
und kämpfe gegen uns!'
Nur gegen alle, selbst wenn der Himmel wackelt,
Von unserem Ajax wird die Stimme des Krieges vergehen: Was die Städte
den Soldaten nicht sagen; Wir sammeln uns für die letzten Gefechte! Auf
Französisch, der Frieden ist auf den Feldern des Ruhms, Der süße Frieden,
'Tochter des Sieges.'

II

Er spricht, der Monarch, der Vater ist da ;
Wer wird seiner mächtigen Stimme Gehör schenken? Vaterland, Ehre!
Dies ist für eure heiligen Töchter, Wir marschieren alle unter derselben
Fahne. Auf, wir, Bürger und Soldaten, Auf, wir für die letzten
Kämpfe!Französisch, der Frieden ist im Glanz der Glorie,Der doppelte
Frieden, Siegestochene.

III.

Napoleon, König eines treuen Volkes,Du wirst den Lauf deines Zorns
tragen;Du wirst uns *Alexandre* und *César;*
Ja, wir verraten *Trajan* und *Marc-Aurèle* !
Wir sind alle *Kinder, alle Soldaten* ,
wir wollen alle diese letzten Jahre Kämpfe,
Sie hat die edlen Felder des Ruhms erobert, Der süße Frieden, Siegerin."

Denn es ist in der Tat sehr leicht, einen Mann, den man fünf Tage vor seiner
Abdankung als Seine Majestät bezeichnete, als *Monarch* und *Vater* zu
bezeichnen, den man gerade mit *Ajax, Alexander, Cäsar, Trajan* und *Marcus
Aurelius angesprochen hat.* Täuscht euch nicht! Heute ist Seine Majestät Kaiser
Alexander; was den anderen Kaiser, Kaiser Napoleon, betrifft, so werden
wir sehen oder haben wir vielmehr bereits gesehen, was aus ihm seit seiner
Rückkehr von der Insel Elba geworden ist. Nachdem er Monarch , Vater ,
Ajax, Alexander, Cäsar, Trajan und *Marcus Aurelius gewesen war* , ist er zu
TEUTATÈS geworden. Ach! was für ein schurkischer Sturz war das!

Wort „*Majestät*"hinwegzukommen, als Cäsar den Rubikon zu überschreiten.

„Heute ging Seine Majestät an der Säule der Place Vendôme vorbei, und als
er die Statue betrachtete, sagte er zu den ihn umgebenden Edelleuten: ,Wäre
ich so hoch oben, hätte ich Angst, dass mir schwindlig wird.' Eine so
philosophische Bemerkung ist eines Marcus Aurelius würdig."

Entschuldigen Sie, Herr Bertin, welchen Mark Aurel meinen Sie? Den, mit
dem Sie kürzlich Napoleon verglichen haben, oder einen anderen Mark
Aurel, den wir nicht kennen? Ach! Herr Bertin, Sie sind wie Titus: Sie haben
Ihren Tag nicht vergeudet, oder vielmehr Ihre Nacht! Wir werden erzählen,
was in der Nacht geschah, in der Herr Bertin so eifrig arbeitete, und in der
die Schlange ihre dreifarbige Haut gegen eine weiße austauschte und das
Journal de l'Empire zum Journal des Débats wurde . Man muss allerdings zugeben,
dass Sie in der Nacht vom 20. auf den 21. März 1815 Ihre alte dreifarbige
Haut wieder anzogen, die Sie Herrn Bertin verkauft, aber nicht ausgehändigt
hatten.

Kommen wir nun zum *Journal de Paris* . „Es ist gut zu wissen", sagte das *Journal de Paris* , „dass Bonapartes Name nicht *Napoleon* , sondern *Nicolas ist*."

Wirklich, Herr Herausgeber, was für eine übertrieben erhabene Apotheose machen Sie aus dem armen Kaiser von gestern! Anstatt wie Ihr Zeitgenosse niederträchtige Undankbarkeit zu zeigen, schmeicheln Sie unverschämt. Bonaparte hat sich nichts weiter angemaßt, als sich selbst *Napoléon zu nennen* , das heißt den *Löwen der Wüste* , und hier machen Sie ihn Nicolas, was *Eroberer der Völker bedeutet* . Ach! mein lieber Herr Herausgeber, wenn Ihr *Journal de Paris* eine literarische Zeitung gewesen wäre, wie das *Journal des Débats* , hätten Sie Griechisch gekonnt wie Ihr *Mitbruder* , das heißt wie ein Einheimischer, und Sie hätten solche Fehler nicht gemacht. Aber Sie konnten kein Griechisch. Lassen Sie uns sehen, ob Sie Französisch besser beherrschen. Wir werden das Zitat vervollständigen.

„Es ist gut zu wissen, dass Bonapartes Name nicht *Napoléon* , sondern *Nicolas ist*; nicht Bonaparte, sondern Buonaparte; er hat das U weggelassen, um sich mit einer angesehenen Familie dieses Namens zu verbinden."

„Sie wissen, dass die Balzacs von Entraigues so tun, als gehörten Sie nicht zu ihrer Familie", sagte einmal jemand zu Monsieur Honoré de Balzac, dem Autor von „ *Der Vater Goriot*" und „ *Die Armen*".

„Wenn ich nicht zu ihrer Familie gehöre", erwiderte Monsieur Honoré de Balzac, „umso schlimmer für sie!"

Wir wollen zum *Journal de Paris zurückkehren* und es zu Wort kommen lassen:

"Viele Leute haben sich den Spaß gemacht, aus dem Namen *Buonaparte verschiedene Anagramme zu bilden* , indem sie das U wegließen. Das Folgende scheint uns diese Persönlichkeit am besten zu beschreiben: NABOT PARÉ." [1]

Welch ein Unglück, Herr Herausgeber, dass Sie, um zu einem so erfreulichen Schluss zu gelangen, Ihr U opfern mussten, wie der Tyrann selbst!

Als Fortsetzung der Verse des *Journal des Débats* müssen wir nun einige Zeilen aus dem *Journal de Paris zitieren* . Sie bilden zwar nur eine einzige Strophe, aber sie allein ist in den Augen aller Liebhaber der Poesie dreien durchaus gleichwertig. Außerdem sind diese Zeilen von großer Bedeutung: In der letzten Zeile wird Maubreuil geradezu prophetisch.

TESTAMENT VON BONAPARTE

„Ich lebe, um mein Genie zu erobern, meine Heldentaten den Abenteurern, die Schande den Partisanen, das große Leben den Schöpfern, den Franzosen den Schrecken meiner Verbrechen, mein Beispiel für alle

Tyrannen, Frankreich den legalen Königen
und dem Krankenhaus den Eltern .“

Zum Abschluss unserer Zitatreihe haben wir uns schließlich vorgenommen, noch einmal auf das *Journal des Débats zurückzukommen.* Wir können uns nicht beklagen, wir werden zweimal darauf zurückkommen. Wir werden unseren Lesern einen zweispaltigen Bericht mit seinem *Doit* und seinem *Avoir* vor Augen führen. Zwischen den beiden Artikeln lagen nur vierzehn Tage, wie aus den Daten hervorgeht.

„JOURNAL DES DÉBATS „JOURNAL DE L'EMPIRE

PARIS, 7. *März* 1815 PARIS, 21. *März* 1815

(WEISSE HAUT) (DREIFARBIGE HAUT)

VERMEIDEN SIE ES

Buonaparte verlässt die Insel. Die Familie der Bourbonen ist verheiratet.

d'Elbe, wo die unvorsichtige Großzügigkeit diese Nacht herrschte; auf ignorieren encore de

Die mit ihm verbündeten Herrscher haben ihm den Weg geebnet, den sie zu gewinnen versuchen. Paris bietet

verleihen Sie einem Souveränitätsgefühl den Aspekt *der Sicherheit und der Freude* ;

aus der Trostlosigkeit, die die Straßen mit einem bedeckt,

in ihren Staaten. große Qual, ungeduldig zu sehen

die Armee und die Helden , *die es sind*

Dieser Mann, der die Wahrheit verheimlicht hat. Der kleine Name der Truppe

Macht, nicht abdiqué Sohn, der mir die empfindsame *Angst* vor

Ehrgeiz und seine Furore, dieser Mann, sein Gegner versammelt sich *zu den Adlern* und

alles bedeckt das Lied der Generationen, die ganze französische Armee,

vient, über einen Tag, nationales Experiment, Marsch unter die Vorhänge

Streiten Sie unter dem Namen der Usurpation, des *Ruhms und des Vaterlandes.* SA

gesetzliche Autorität des Königs von Frankreich; MAJESTÉ L'EMPEREUR eine Reise

auf dem Kopf von einigen Hunderttausend zweihundert Orten des Landes mit dem

d'Italiens et de Polonais, *il ose rapidité de l'éclair, au milieu d'one*

den Fuß auf ein Land setzen, dessen Bevölkerung Bewunderung ausstrahlt und

Repoussiermittel für Marmelade. Respekt, alles Gute zum Geburtstag

und der Gewissheit des Glücks

Einige finstere praktische Dinge, kommen Sie.

einige Manöver in Italien,

aufgeregt durch seinen geliebten Bruder, *Hier sind die Besitzer, die sich freuen*

ont enflé l'orgueil du LACHE GUERRIER de la garantie réelle que leur assert

von Fontainebleau. Es wird dieses wundersame Ergebnis offenbaren. là, des

um den Tod der Helden zu betrauern: Gott, die Menschen, segensreich das unerträgliche Ereignis

erlaubt, dass das Herz des Todes unwiderruflich fixiert wird

der Verräter. La Terre de France - Kultfreiheit; plus Lende, de

ich habe es zurückgeschickt. Es ist wieder da, das Land der tapferen Militärs erfreut sich der Freude an

Frankreich le dévorera. verabschieden Sie sich von ihrem alten General. des

plébéiens, convaincus que l'honneur

Ach! alle Klassen werden zurückgewiesen, und die Tugend wird wiedergutgemacht

alle Franzosen, der erste Titel der Noblesse, und

mit Schrecken, und flüchtete in das, was er ergriff, in alle

sein von einem König, der uns die Karrieren, den Glanz und den Ruhm zuteil werden lässt

Barmherzigkeit, Liebe und die Pflicht, dem Vaterland seine Dienste zu erweisen.

passe.

Tel est le tableau qu'offrait cette

Dieser *Instinkt* kann nicht so weit gehen oder diesen triumphalen Kurs beschreiten,

in Frankreich Partisanen finden, die in der Quelle L'EMPEREUR

parmi les artisans éternels de troubles n'a trouvé d'autre ennemi que le

und der Revolutionen. *erbärmliche Verleumdungen* , die Eitelkeit ausdrücken

plus auf seiner Passage zu ergänzen,

Aber wir haben keine Lust auf Ärger, sondern einen seltsamen Kontrast

keine Revolutionen. Sie entwarfen die Gefühle der Begeisterung, die

die Verehrung der Opfer, damit sie sich ihm nähert. Diese Gefühle,

TEUTATES; ein einziger Schrei wird den Schrei rechtfertigen durch die Trägheit des

von ganz Frankreich: eines Monats, der sich freut,

nicht weniger als Garantien

TOD, TYRAN! ES LEBE DER KÖNIG! was alle anbelangt

Proklamationen von SA MAJESTÉ, et

Dieser Mann, der nach Fréjus ausreiste, war von einem Extrem verfolgt

Trotz aller Befürchtungen scheinen wir gierig zu sein. Sie atmen die Mäßigung

Also bitte Gott, dass du heute bei uns bist

in Frankreich die legitime Monarchie; Kraft, und diese ist immer untrennbar

Dieser Mann betritt mit seinem *Schwarz die Bühne der wahren Größe.*

destinée , und wie man es erreicht

der letzte Versuch bei der Restauration, *PS.* —Huit heures du soir

heute neu für die Peser

wie ein Rebell auf dieses gleiche Der Kaiser ist gekommen, diesen Abend

terre où il fut reçu, il y quinze palais des Tuileries, *au milieu des*

Jahre, von einem beschimpften Volk, und mit lauter Beifall entfacht. Im Augenblick

seit dutzenden Jahren, wo wir schreiben, die Straßen, die

Tyrannei." Orte, Boulevards, Quais,

sind mit einer riesigen Last bedeckt,

und die Schreie des Kaisers!

zurückhaltend von allen Teilen, seitdem

Fontainebleau, einst Paris. Alles

die Bevölkerung der Felder, Ivre

de joie, s'est portée sur la route de

Seine Majestät, diese Beeindruckung

gezwungen, alles aufzugeben."

Monsieur de Maubreuil und Roux-Laborie brauchten sich bei einem solchen Vergnügen nicht zu langweilen! Obwohl sie sich fast eine Stunde im grünen Salon aufhielten, glaubten sie, kaum zehn Minuten dort gewesen zu sein, als sich die Tür des Kabinetts des Prinzen von Talleyrand öffnete. Sie traten ein.

Glauben Sie nicht, wir schreiben einen Roman: Es ist eine Geschichte, ein Bericht nicht über schöne und angenehme Ereignisse, sondern über traurige und hässliche. Wenn Sie daran zweifeln, konsultieren Sie den Bericht, den die Herren Thouret und Brière de Valigny, Stellvertreter des *Kaiserlichen Staatsanwalts* , im Juni 1815 über diese Angelegenheit verfasst und einer der Kammern des Gerichts erster Instanz der Seine vorgelegt haben. Wenn Napoleon zurückgekehrt wäre, hätte er uns nur dieses offizielle Dokument zurückgegeben, das hätte beinahe ausgereicht, um seine Rückkehr zu rechtfertigen.

Monsieur de Maubreuil wurde in das Arbeitszimmer Monsieur de Talleyrands geführt. Roux-Laborie ließ ihn im Lehnsessel des Prinzen Platz nehmen und sagte zu ihm:

„Sie sind bestrebt, Ihre Position wiederherzustellen und Ihr ruiniertes Vermögen zurückzugewinnen. Es hängt von Ihnen selbst ab, ob Sie weit mehr erreichen, als Sie sich wünschen.“

„Was muss ich tun?“, fragte Maubreuil.

„Sie haben Mut und Entschlossenheit: Befreien Sie uns vom Kaiser. Wenn er tot wäre, würde uns Frankreich, die Armee, alles gehören, und Sie würden ein Einkommen von 200.000 Livres erhalten; Sie würden zum Herzog, Generalleutnant und Gouverneur einer Provinz ernannt werden.“ [2]

„Ich weiß nicht recht, wie ich das schaffen könnte.“

„Nichts leichter als das.“

"Sag mir wie."

"Hören."

"Ich höre zu."

„Es ist nicht unwahrscheinlich, dass hier in der Nähe in ein paar Tagen eine große Schlacht geschlagen wird. Nehmen Sie hundert entschlossene Männer, die Sie in die Uniform der Garde kleiden können, mischen Sie sich unter die Truppen in Fontainebleau, und es wird ganz einfach sein, uns vor, während oder nach der Schlacht den Dienst zu erweisen, den ich von Ihnen zu verlangen habe.“

Maubreuil schüttelte den Kopf.

„Sie lehnen ab?“, fragte Roux-Laborie schnell.

„Nein. Ich denke nur, dass es schwierig sein wird, hundert Mann zu finden. Zum Glück braucht man nicht hundert, ein Dutzend genügt. Vielleicht werde ich sie in der Armee finden können, aber ich muss die Macht haben, sie um zwei oder drei Ränge zu befördern und ihnen eine finanzielle Entschädigung zu zahlen, die dem Dienst entspricht, den sie zu leisten haben.“

„Sie sollen haben, was Sie wollen. Was bedeuten uns schon zehn oder ein Dutzend Oberste, mehr oder weniger?“

"Das ist in Ordnung."

„Sie akzeptieren also?“

„Wahrscheinlich... aber ich bitte um Bedenkzeit bis morgen.“

Und Maubreuil ging hinaus, gefolgt von Roux-Laborie, der wegen der erbetenen Verzögerung sehr beunruhigt war. Doch Maubreuil beruhigte ihn und versprach, ihm am nächsten Tag eine eindeutige Antwort zu geben. Wir können Maubreuils Zögern verstehen: Er war in das Arbeitszimmer des Prinzen eingeführt worden, hatte auf dem Stuhl des Prinzen gesessen, aber schließlich hatte er den Prinzen noch nie gesehen. Wenn man nun auf Geheiß eines anderen seinen Kopf aufs Spiel setzt, zieht man es vor, die Person zu sehen, die die Karten in der Hand hält.

Am nächsten Tag kehrten sie ins Haus zurück. Maubreuil nahm an. Roux-Laborie atmete wieder auf.

„Aber“, fügte Maubreuil hinzu, „unter einer Bedingung.“

"Was ist das?"

„Ihr Wort allein reicht mir nicht als Autorität aus. Ich will Ihre Versprechen mit Sicherheit belegen. Ich möchte Monsieur de Talleyrand persönlich sehen und von ihm meinen Auftrag erhalten.“

„Aber, mein lieber Maubreuil, können Sie nicht sehen, wie schwierig das wäre? …“

„Das sehe ich durchaus ein. Aber so muss es sein, sonst passiert nichts.“

„Dann möchten Sie Monsieur de Talleyrand sprechen?“

direkt von ihm erhalten .“

„Oh! Oh!“, sagte der Anwalt und schlug seinem Freund auf die Brust. „Man könnte meinen, Sie hätten Angst!“

„Ich habe keine Angst, aber ich möchte Monsieur de Talleyrand sehen.“

„Also gut, so sei es“, sagte Roux-Laborie: „Sie werden ihn sehen, und da Sie seine Garantie verlangen, werden Sie zufrieden sein. Warten Sie ein paar Minuten in diesem Salon.“

Und er ging zu Monsieur de Talleyrand hinein. Einen Moment später kam er wieder heraus.

„Herr von Talleyrand geht aus. Herr von Talleyrand wird Ihnen mit der Hand ein Zeichen geben. Herr von Talleyrand wird Sie anlächeln. Ist Ihnen das genug?“

„Hm!“, erwiderte Maubreuil. „Das macht nichts! Wir werden sehen.“

Monsieur de Talleyrand wurde ohnmächtig, machte die vereinbarte Geste und lächelte Maubreuil gnädig an.

Es ist, wohlgemerkt, Maubreuil, der dies alles erzählt.

Die Geste verführte Maubreuil, das Lächeln riss ihn mit; aber Maubreuil wollte etwas anderes – er wollte 200.000 Francs. Sie zögerten, sie feilschten, sie hatten nicht das Geld – es gab so viele Verrätereien, für die sie büßen mussten! Aber dank des Dekrets vom 9. machten sie eine Beute von 13 Millionen – das Privatvermögen Napoleons. Sie taten es gewissenhaft und hinterließen Marie-Louise nichts, weder Geld noch Schmuck: Sie war so weit gekommen, dass sie sich ein wenig Porzellan und Silber von dem Bischof leihen musste, bei dem sie wohnte. So hatten sie 13 Millionen – ohne die 10 Millionen in Goldbarren zu zählen, die in den Kellern der Tuilerien gelagert waren, die sie bereits gewaltsam in die Hände bekommen hatten. Das machte 23 Millionen, die sie bereits von Napoleon geliehen hatten. Was zum Teufel machte das schon aus? Sie waren völlig berechtigt, zweihunderttausend Francs von dieser Summe zu nehmen, um ihn zu ermorden! Also nahmen sie zweihunderttausend Francs und gaben sie Maubreuil.

Maubreuil eilte in ein Spielcasino und verlor in dieser Nacht hunderttausend Francs. Wollte er Napoleon für hunderttausend Francs ermorden? Das wollte er nicht! ... Das reichte ihm nicht. Er wandte sich an M. A. M. A. war ein Mann mit Phantasie. Ihm kam eine Idee.

„Die Königin von Westfalen folgt den Spuren Napoleons...?"

"Ja."

„Wir dürfen davon ausgehen, dass die Königin von Westfalen die Kronjuwelen bei sich trägt?"

"Ja."

„Gut, dann schnapp dir, was sie hat, und du wirst einen guten Fang machen."

„Ja, aber ich möchte die Autorität dazu haben."

„Autorität? Was meinst du?"

„Ein schriftlicher Befehl."

„Von wem unterschrieben?"

„Von Ihnen signiert."

„Oh, wenn das alles ist, dann los!"

Und M. A.—— nahm einen Stift und unterschrieb den folgenden Befehl.

„Wie bitte?, fragen Sie, wer ist M. A.?"

Meine Güte! Sie brauchen nur zu lesen, die Unterschrift steht am Ende des Befehls:

> "BÜRO DER POLIZEI
>
> „Es wird angeordnet, dass alle Beamten unter dem Befehl der Generalpolizei von Frankreich, Präfekten, Superintendenten und Offiziere, welchen Rangs auch immer, den Befehlen von Monsieur de Maubreuil *Gehorsam leisten ; sie sollen seine Befehle ausführen und seine Wünsche unverzüglich erfüllen* , da Monsieur de Maubreuil *mit einer geheimen Mission von höchster Wichtigkeit betraut ist.*
>
> "ANGLÈS"

Das war nicht genug. Maubreuil wollte einen anderen, ähnlichen Befehl, der vom Kriegsminister unterzeichnet war: Er hatte sich mit der Zivilmacht abgefunden, es blieb ihm nur noch, sich mit dem Militär zu versöhnen. Er suchte den Kriegsminister auf. Er erhielt einen Befehl, der dem soeben genannten ähnlich war. Der Kriegsminister war General Dupont. Es gibt einige sehr unheilvolle Unterschriften! Am 22. Juli 1808 stand diese Unterschrift am Ende des Kapitulationsvertrags von Baylen. Am 16. April 1814 stand sie am Ende von Maubreuils Befehl! Der eine übergab dem Feind, ohne einen Schlag zu führen, die Freiheit von vierzehntausend Männern; der andere übergab das Leben und das Gold einer Königin einem Dieb und einem Mörder!

Angesichts solcher *Irrtümer* ist man stolz darauf, sich rühmen zu können, dass man seinen Namen nie anders als an den Anfang eines Theaterstücks gesetzt hat, sei es gut oder schlecht, außer am Ende eines Buches, sei es gut oder schlecht!

Außer diesen beiden Befehlen verschaffte sich Maubreuil noch drei weitere mit gleichem Inhalt: einen von Bourrienne, dem provisorischen Leiter der Postenvereinbarungen ... de Bourrienne, verstehen Sie? – Aber das war nicht der Bourrienne, der Sekretär des Kaisers war? ... Entschuldigen Sie, sogar derselbe ... wo wäre die Schändlichkeit der Sache geblieben, wenn es nicht so gewesen wäre? Er stellte Herrn de Maubreuil die Posten zur Verfügung: einen von General Sacken, Gouverneur von Paris, einen von General Brokenhausen. Dank dieser beiden letzten Befehle gelangte Maubreuil, dem durch Anglès' Befehl bereits die Polizei, durch Duponts Befehl die Armee und durch Bourriennes die Posten zur Verfügung standen, auch in den Besitz der alliierten Truppen unter dem Kommando der russischen und preußischen Generäle.

Allerdings wurden am 3. April, dem Tag nach dem Tag, an dem das *Journal des Débats* und das *Journal de Paris jene klugen Artikel veröffentlichten, die dem Leser bereits bekannt sind, in der Oper von Laïs zwei reizende Verse zur Melodie von Vive Henri IV.* gesungen, obwohl dies ein Nationallied war:

Es lebe Alexandre!
Es lebe dieser König der Könige! Ohne Anspruch auf Ruhm, ohne dass
wir die Sünden diktieren,
dieser Prinz Auguste
mit dreifachem Ruhm, als Helden, als Gerechte, als wir einen Bourbonen
erschaffen.

Es lebe Guillaume! Und seine tapferen Krieger! In diesem Königreich
rettet er die Kinder. Durch seinen Sieg schenkt er uns Frieden
und verehrt seinen Ruhm. Durch seine vielen guten Taten.

Es bereitet einem wirklich ein gewisses Vergnügen, festzustellen, dass diese Zeilen fast so armselig sind wie die Prosa des *Journal des Débats* und des *Journal de Paris*!

Maubreuil hatte also alle fünf Befehle in der Tasche. Mit ihnen bewaffnet konnte er zwar nicht direkt gegen Napoleon vorgehen – das wäre ein zu riskantes Unterfangen –, aber gegen die Königin von Westfalen. Und war es nicht insgesamt ein guter Schachzug, sie den Preis für die Ermordung Napoleons zahlen zu lassen und ihn dann nicht zu ermorden?

Das war, was Maubreuil vorhatte. Zunächst verbündete er sich mit einem Mann namens d'Asies, den er kraft seiner Vollmachten zum *königlichen Kommissar ernannte*. Dann behielt er an der Ecke der Rue du Mont-Blanc und der Rue Saint-Lazare die Wache. Die Königin von Westfalen wohnte im Haus von Kardinal Fesch. Ihre Abreise war für den 18. angesetzt. Die Anordnungen wurden am 16. und 17. unterzeichnet. Maubreuil war über die Bewegungen von Prinzessin Katharina von Württemberg gut informiert. Am 18. um drei Uhr morgens bestieg die ehemalige Königin von Westfalen ihre Kutsche und fuhr *nach* Orléans. Prinzessin Katharina war die Cousine des russischen Kaisers und reiste mit einem von ihm und dem österreichischen Kaiser unterschriebenen Pass. Zwei große Namen, nicht wahr? Alexander und Franz! Maubreuil war vorausgefahren. Vom Postmeister in Pithiviers erfuhr er (jetzt sehen Sie, wie nützlich die Ermächtigung von Monsieur de Bourrienne war), dass die Prinzessin die Straße nehmen würde, die an der Bourgogne entlangführte. Dann versteckte er sich in Fossard, der Poststation eine halbe Meile von Montereau entfernt. Es bestand nicht die geringste Gefahr, dass Maubreuil einen Fehler machen könnte, dazu kannte er die Prinzessin zu gut – er war ihr Stallmeister gewesen. Am 21., um sieben Uhr morgens, kam die Kutsche der Prinzessin auf der Straße in Sicht. Maubreuil eilte an der Spitze eines Dutzends Kavaliere heraus, hielt die Kutsche an und zwang die Exkönigin, eine Art Stall zu betreten, in den ihr gesamtes Gepäck Stück für Stück gebracht wurde. Es waren elf Kisten und Koffer: Maubreuil verlangte die Schlüssel dazu. Die Prinzessin konnte sich nicht wehren: Sie gab ihm den Wagen, ohne zu zeigen, dass sie ihn irgendwie erkannte, ohne sich herabzulassen, ein Wort an ihn zu richten. Maubreuil sah dies, schenkte ihm jedoch keine Beachtung: Er setzte sich mit d'Asies in aller Ruhe zum Frühstück in ein Zimmer im Erdgeschoß des Gasthofes und wartete auf eine Truppenabteilung, die er unter Ausnutzung seiner Machtbefugnisse aus Fontainebleau requiriert hatte.

Seien wir jedoch gerecht zu Maubreuil. Da das Wetter schlecht war, da es regnete und sehr kalt war, lud er seine ehemalige Herrscherin ein, in das Gasthaus zu kommen; aber da sie gezwungen gewesen wäre, dasselbe Zimmer mit ihm zu teilen, zog sie es vor, im Hof zu bleiben. Eine Frau, die

Mitleid mit ihrer Mitfrau hatte, brachte ihr einen Stuhl, und sie setzte sich. Maubreuil beendete sein Frühstück, und ein Leutnant aus Montereau kam mit einem Dutzend Männern, Mamelucken und Infanterie. Diesem Offizier und diesen Soldaten musste eine Erklärung gegeben werden; so gefühllos Maubreuil auch war, man konnte nicht annehmen, dass er sagen würde: „Sie sehen mich als das, was ich bin – ein Räuber."

Nein, Prinzessin Catherine war eine Diebin. Prinzessin Catherine war von Maubreuil angehalten worden, weil sie die Kronjuwelen wegschleppte. Vier Wachen wurden aufgestellt, um Reisende fernzuhalten – es sei denn, sie kamen in einer Kutsche; in diesem Fall musste die Kutsche wohl oder übel beschlagnahmt werden. Einige Kaufleute kamen aus Sens und führten eine Postkutsche. Die Postkutsche und die beiden daran angespannten Pferde wurden von Maubreuil konfisziert. Sie beluden diese Postkutsche mit den Koffern der Prinzessin. Erst dann geruhte sie, ein Wort an Maubreuil zu richten, der sich bei ihr für *seine Mission entschuldigt hatte*.

„Schämen Sie sich, Monsieur!", sagte sie. „Wenn ein Mann mit einem anderen sein Brot geteilt hat, sollte er nicht eine solche Mission zu dessen Nachteil übernehmen … Sie begehen eine abscheuliche Tat!"

„Madam", antwortete Maubreuil, „ich bin nur der Befehlshaber der Streitkräfte. Sprechen Sie mit dem Kommissar: Ich werde tun, was immer er befiehlt."

Der Kommissar war, wie wir wissen, d'Asies. Es handelte sich um einen Fall zwischen Robert Macaire und Bertrand. Aber die arme Prinzessin wusste das nicht und hielt d'Asies für einen echten Kommissar.

„Monsieur", sagte sie, „Sie rauben mir alles, was ich besitze. Der König hat niemals einen derartigen Befehl gegeben … Ich schwöre Ihnen bei meiner Ehre und meinem Glauben als Königin, ich besitze nichts, was der französischen Krone gehört."

D'Asies richtete sich auf.

„Halten Sie uns für Diebe, Madame?", fragte er. „Ich kann Ihnen sagen, dass wir den Befehlen folgen. Alle diese Kisten müssen mitgenommen werden."

Während er das sagte, fiel d'Asies ein kleines, quadratisches Kästchen auf, das mit Klebeband umwickelt war. Er legte seine Hand darunter. Das Kästchen war sehr schwer.

„Na und!", sagte er.

„Diese kleine Truhe, Monsieur", sagte die Prinzessin, „enthält mein Gold."

D'Asies und Maubreuil tauschten Blicke, die so deutlich sagten wie Worte es nur konnten: „Dein Gold, Prinzessin; das ist genau das, wonach wir suchen."

Sie zogen sich zurück und taten so, als ob sie überlegten. Dann, nach dieser Überlegung, kamen sie wieder und befahlen dem Befehlshaber der Mamelucken, diese Kiste mit den anderen wegzubringen. Die Prinzessin traute ihren Augen und Ohren immer noch nicht.

„Aber", rief sie, „Sie können unmöglich meinen privaten Schmuck und mein Geld mitnehmen! Sie lassen mich und mein Gefolge auf der Autobahn stranden!"

Da verließ den Mut dieses edlen Geschöpfes, der Tochter eines Königs, der Frau eines Königs, der Cousine eines Kaisers. Tränen traten ihr in die Augen: Sie bat darum, mit Maubreuil sprechen zu dürfen. Maubreuil kam zu ihr.

„Was soll aus mir werden, Monsieur?", sagte sie. „Geben Sie mir wenigstens dieses Geld zurück. Ich brauche es, um meine Reise fortzusetzen."

„Madame", antwortete Maubreuil, „ich führe nur die Anweisungen der Regierung aus: Ich muss Ihr Gepäck unversehrt in Paris abgeben. Ich kann Ihnen nur die hundert Napoleons aus meiner eigenen Börse geben."

Auf Anraten des Grafen von Fürstenstein nahm die Prinzessin dieses Angebot an, da sie es für ein letztes Zeichen der Ergebenheit eines Mannes hielt, der in ihren Diensten gestanden hatte. Außerdem glaubte sie, er würde ihr die Erlaubnis erteilen, nach Paris zurückzukehren, wo sie ihr Geld zurückerhalten würde. Doch dazu kam es nicht: Man zwang sie, wieder in ihren Wagen zu steigen, und die Prinzessin setzte ihre Reise nach Villeneuve-la-Guyare unter der Eskorte zweier Soldaten fort, während ihre Kisten, ihr Gold und ihre Juwelen, die auf den Postwagen gestapelt waren, nach Paris zurückgeschickt wurden. Hätte die Prinzessin Widerstand geleistet, so wurde den beiden Infanteristen befohlen, sie mit Gewalt zur Weiterreise zu zwingen. Sie bat dann zumindest darum, einen ihrer eigenen Diener als Eskorte zusammen mit ihren Kisten schicken zu dürfen. Doch da diese Forderung als unverschämt angesehen wurde, wurde sie abgelehnt.

So fuhr die Kutsche der Prinzessin weiter nach Villeneuve-la-Guyare. Maubreuil und d'Asies hatten ein ruhiges Gewissen: Hatte die Prinzessin nicht hundert Napoleons, um ihren Lebensunterhalt zu bestreiten? Beim nächsten Postamt öffneten sie Maubreuils Börse, um zu bezahlen. Sie fanden nur vierundvierzig Napoleons darin. Sie ließen die Börse und die vierundvierzig Napoleons sofort in den Händen des Friedensrichters in

Pont-sur-Yonne zurück. Als Maubreuil Fossard verließ, verbot er dem Postmeister, vor drei Uhr irgendjemandem Pferde zu liefern.

So weit, so gut. Jetzt konnten sie sich dem zweiten Teil ihrer Mission zuwenden – dem für Maubreuil unwichtigsten – nämlich der Tötung des Kaisers.

Es war der 21. April. Am 19. war der Kaiser, von allen verlassen, bis auf einen einzigen Diener allein. Es war ein günstiger Moment: Unglücklicherweise ließen sie ihn ungenutzt verstreichen. Sie lauerten der Prinzessin in der Rue Saint-Lazare auf; sie konnten nicht überall gleichzeitig sein. Am 20., dem Tag danach, verabschiedete sich der Kaiser von seinen Wachen. Inmitten dieser Bande von Räubern konnte er nicht angegriffen werden. Am 21. waren sie, wie wir gesehen haben, eifrig im Einsatz. Und genau in diesem Moment reiste der Kaiser mit den Kommissaren der vier Mächte nach Fontainebleau ab.

Pfui! Selbst wenn sie den Kaiser nicht getötet hätten, was hätte das schon ausgemacht? Da sie die Königin von Westfalen ausgeraubt und ihr Gold und ihre Juwelen genommen hatten, war das genauso gut. Der Kaiser wurde nicht getötet.

Sie kehrten nach Paris zurück, wo sie die Nacht beim Glücksspiel verbrachten und einen Teil der 84.000 Francs der Prinzessin verloren. Die kleine Truhe hatte 84.000 Francs in Gold enthalten. Am nächsten Tag erschien Maubreuil bei Monsieur Anglès. Er war verzweifelt – zuerst, weil er einen Teil seines Goldes verloren hatte, dann, weil er Napoleon verpasst hatte. Monsieur Anglès war nicht verzweifelt: er war wütend – wütend, weil Kaiser Alexander alles wusste, und Kaiser Alexander war wütend. Kaiser Alexander schwor, dass er seinen Cousin rächen würde.

Das *Journal de Paris* wusste nicht, dass *Nicolas „Eroberer der Völker"* bedeutet; aber M. Anglès, der Polizeiminister, wusste genau, dass Alexander „derjenige ist, *der die Menschen unter Druck setzt"*. M. Anglès wollte nicht unter Druck gesetzt werden. Deshalb riet er Maubreuil zur Flucht.

„Flieg!", sagte Maubreuil. „Was ist mit der Polizei?"

„Pah! Bin ich nicht für sie verantwortlich?"

Diese Versicherung beruhigte Maubreuil nicht im Geringsten. Er eilte zum Haus von Monsieur de Talleyrand. Monsieur de Talleyrand schlug ihm die Tür vor der Nase zu. Kann Monsieur de Talleyrand einen Straßenräuber erkennen? Unsinn!

Maubreuil floh. Er hatte noch keine drei Meilen zurückgelegt, als er verhaftet (*empoigné*, wie man es unter der Restauration nannte) und in einen Kerker geworfen wurde, aus dem er bei der Rückkehr des Kaisers entlassen wurde und in den er bei der Thronbesteigung Ludwigs XVIII. zurückkehrte. Nach zwei erneuten Freilassungen und zwei erneuten Verhaftungen erschien Maubreuil, der nie geglaubt hatte, dass man es wagen würde, ihn vor Gericht zu stellen, schließlich vor dem Königlichen Gericht von Douai, der Kammer des Appellationsgerichts. Die Angelegenheit löste, wie man sich sehr gut vorstellen kann, einen ungeheuren Skandal aus. Herr von Talleyrand leugnete, Herr Anglès leugnete, Roux-Laborie leugnete; alle leugneten, außer Maubreuil. Maubreuil gestand nicht nur die ganze Sache, sondern wurde vom Angeklagten zum Ankläger. Natürlich war es den Zeitungen ausdrücklich verboten, über die Vorgänge zu berichten. Aber Maître Mennesson hatte einen Freund, der bei der Verhandlung anwesend war. Dieser Freund, zweifellos ein Stenograph, hat seinen Bericht aufgeschrieben, transkribiert, überprüft und weitergeleitet. Ich habe zwei oder drei Kopien dieses Berichts angefertigt und sie auf Anweisung unseres eifrigen, treuen und loyalen republikanischen Notars verteilt. Und ich habe selbst eine Kopie der Vorgänge aufbewahrt. Mir ist nicht bekannt, dass dieser Bericht in irgendeiner Geschichte aufgetaucht ist. Er ist eine Kuriosität, und ich gebe ihn hier wieder.

---

[1] Ein verkleideter Zwerg.

[2] Wenn man über solche Dinge schreibt, sind zwei Autoritäten besser als eine. Neben dem Bericht von Herrn Thouret und Brière de Valigny siehe auch Vauabelles *Histoire des deux Restaurations* , Band II, S. 15.

KAPITEL VIII

Bericht über die Vorgänge im Zusammenhang mit der Beschlagnahme der Juwelen der Königin von Westfalen durch den Sieur de Maubreuil – Kammer des Appellationsgerichts – Die Sitzung vom 17. April 1817

Der Herr von Maubreuil tritt auf. Er saß vor dem Schrank, blickte Herrn von Vatimesnil, den Rechtsbeistand des Königs, fest an und sprach zu ihm folgendes:

„ *Herr Staatsanwalt* “, sagte er, „Sie haben mich einen Aneigner von Reichtümern genannt, das ist falsch. Ich habe mich nie eines Reichtümers bedient. Die Journalisten haben Ihre letzte Rede ausgenutzt, um eine abscheuliche Interpretation meines Prozesses zu verbreiten, aber ich stehe über ihren Vorwürfen.“

Man versuchte, den Sieur de Maubreuil zum Schweigen zu bringen, aber er fuhr mit neuer Beharrlichkeit fort:

„Ich appelliere an alle hier anwesenden Franzosen, ich lege meine Ehre in Ihre Obhut. Morgen könnte ich vergiftet oder ermordet werden.“

Die Wächter legten Hand an Monsieur de Maubreuil, aber er schüttelte sich los und fuhr fort:

„Ja, das erwarte ich durchaus. Sie könnten mich in meiner Zelle erschießen; die Polizei könnte mich wegführen und umbringen, wie es meinem Vetter, Herrn von Brosse, passiert ist, der im Februar eine Petition zu meinen Gunsten an die Kammer übergab; aber ich lege meine Ehre in die Obhut der hier anwesenden Franzosen. Hören Sie, was ich Ihnen zu sagen habe.“

Hier erhob der Gefangene seine Stimme.

"Ich habe den Auftrag angenommen, den Kaiser zu ermorden, aber ich habe ihn nur angenommen, um ihn und seine Familie zu retten. Ja, meine Landsleute, ich bin kein elender Dieb, wie sie mich darstellen wollen. Franzosen! Ich rufe euch alle zu Hilfe. Nein, ich bin kein Dieb! Nein, ich bin kein Mörder! Im Gegenteil, ich habe den Auftrag angenommen, Napoleon und seine Familie zu retten. Es ist wahr, dass ich während des ersten Ausbruchs meiner royalistischen Begeisterung am 31. März zusammen mit mehreren anderen Leuten ein Seil um den Hals von Napoleons Statue befestigt habe, um sie von ihrem Sockel auf dem Place Vendôme zu reißen; aber ich gebe hier öffentlich zu, dass ich einer undankbaren Sache gedient habe. Obwohl ich Napoleons Statue beleidigt habe, habe ich ihm im Fleisch

Gutes getan. Nein, ich bin kein Mörder! Franzosen, meine Ehre liegt in euren Händen. Ihr werdet meinen Bitten gegenüber nicht taub sein."

Wieder versuchten sie, Monsieur de Maubreuil den Mund zu halten, doch je mehr sie versuchten, ihn zum Schweigen zu bringen, desto lauter sprach er.

„Ich habe den Auftrag angenommen", fuhr er fort, „Napoleon, seinen Sohn und seine Familie zu retten. Ich gebe zu, dass ich, von der provisorischen Regierung bestochen, getäuscht und in die Irre geführt, dumm genug war, das Kreuz der Ehrenlegion an den Schweif meines Pferdes zu binden. Ich bereue es zutiefst. Ich habe dieses Heldenkreuz jetzt wieder angelegt: Sehen Sie, hier ist es auf meiner Brust. Ich habe es in Spanien in einem fairen Kampf gewonnen."

Hier erlag der Sieur de Maubreuil den Versuchen, seine Stimme zu übertönen. Während er sprach, hatten der Präsident und die Richter vergeblich versucht, ihn zum Schweigen zu bringen. Vergebens rief der Präsident: „Wärter, führt ihn weg, führt ihn weg! Erfüllt eure Pflicht, Wärter!" Maubreuil wand sich, klammerte sich an die Stange und fuhr, von den Wärtern beinahe erwürgt, fort:

„ *Herr Präsident* , meine Hochachtung vor Ihnen ist grenzenlos, doch Ihre Taten und Worte sind nutzlos: Sie wollten den Kaiser ermorden, und ich habe den Auftrag, der mich hierher geführt hat, nur angenommen, um ihn zu retten."

Es herrschte ein gewaltiger Lärm, ein Tumult und Geschrei im Publikum. Viele Vendéens waren anwesend, Verwandte und Freunde des Gefangenen, der mit der Familie von La Roche-Jaquelein verwandt war. Bevor der Gefangene vorgeführt wurde, hatten sie versucht, die öffentliche Meinung zu seinen Gunsten zu beeinflussen, indem sie von dem Geheimnis sprachen, das seine Mission umgab, und indem sie seine tadellose Hingabe an die königliche Sache betonten. Stellen Sie sich also ihre Bestürzung vor, als sie die Verteidigungslinie sahen, die er einschlug; ihre Verwirrung, als sie ihren Klienten so diametral entgegengesetzt zu ihren Erwartungen sprechen hörten; ihr Erstaunen, als sie den Namen Napoleons respektvoll vom Gefangenen aussprechen hörten, zu einer Zeit, als der Bezwinger der Pyramiden und von Marengo nur als Buonaparte bekannt war; über den Titel Kaiser, der einem Mann verliehen wurde, von dem König Ludwig XVIII., der den Beginn seiner Herrschaft auf 1795 datierte, erklärte, er habe nie geherrscht!

Dann durfte Me. Couture, der Anwalt von Maubreuil, sprechen. Wir werden seine Rede nicht wiedergeben, die sehr lang war. Er plädierte mehr auf eine juristische Formalität als auf die Sache der Anklage. Er sprach zunächst von der Ungerechtigkeit, dass Maubreuil als einziger angeklagt wurde, während d'Asies, Cotteville und andere, die mit ihm zusammengearbeitet hatten, sich ihrer Freiheit voll erfreuen konnten. Er fügte hinzu, dass die Koffer ohne Überprüfung bei M. de Vanteaux deponiert worden seien und daher nicht festgestellt werden könne, wer die 84.000 Francs in Gold entwendet habe. Er bezog sich auf die wundersame Art und Weise, wie einige der Juwelen, die von Unbekannten in die Seine geworfen worden waren, von einem Mann namens Huet, einem ehemaligen Polizisten, geborgen wurden, der beim Fischen zwei Diamantkämme aus seiner Angelschnur gezogen hatte. Me. Couture behauptete weiter, dass der Gefangene, dem eine Mission von höchster Wichtigkeit anvertraut worden war , nicht von einem gewöhnlichen Gericht verurteilt werden sollte, und um seinen Standpunkt zu beweisen, las Couture die fünf verschiedenen Befehle vor, die Monsieur de Maubreuil ermächtigt hatten, alle Beamten des Königreichs in Gewahrsam zu nehmen. Der Inhalt dieser Befehle lautete wie folgt:

Das erste, unterzeichnet von Kriegsminister General Dupont, ermächtigte Herrn von Maubreuil, sich der Armee zu bedienen, die allen seinen Forderungen Folge leisten sollte, und befahl den Behörden, ihm alle Truppen zur Verfügung zu stellen, die er benötigen könnte, da er mit einer Mission von höchster Wichtigkeit betraut sei. Das zweite, unterzeichnet von Polizeiminister Anglès, befahl der gesamten Polizei im gesamten Königreich Frankreich, Herrn von Maubreuil zum gleichen Zweck zu unterstützen. Das dritte, unterzeichnet von Generaldirektor der Post Bourrienne, befahl allen Postmeistern, ihm alle Pferde zur Verfügung zu stellen, die er benötigen sollte, und sich persönlich für die geringste Verzögerung verantwortlich zu fühlen, die sie ihm verursachen könnten. Das vierte, unterzeichnet von General Sacken, Gouverneur von Paris, forderte die alliierten Truppen auf, Herrn von Maubreuil zu helfen. Das fünfte, in russischer Sprache verfasste Dokument schließlich war an diejenigen Offiziere gerichtet, die kein Französisch verstanden und deshalb den vorhergehenden Befehlen nicht Folge leisten konnten. Aus diesen Dokumenten geht hervor, dass ich ... Couture argumentierte, dass nur der königliche Rat von der Mission von Monsieur de Maubreuil Kenntnis gehabt haben müsse und allein über den Fall entscheiden sollte.

Nachdem der Prokurator des Königs auf Me. Coutures Plädoyer geantwortet hatte, legte er seine Gründe dar, warum er das *Tribunal Correctional* im vorliegenden Fall für unzuständig hielt, da die gegen den Sieur de Maubreuil erhobenen Anklagen ein Verbrechen darstellten und nicht die eines einfachen Vergehens; es handele sich um einen bewaffneten Raubüberfall auf der Landstraße und nicht nur um einen Fall von Vertrauensbruch. Denn es sei vergeblich, sagte er, zu versuchen, die unbegrenzte Macht des Angeklagten geltend zu machen; keine Macht könne einen Bürger dazu ermächtigen, gegen bestehende Gesetze zu verstoßen;

denn wenn eine solche Behauptung aufrechterhalten werden könne, könne sie bis zu ihrer logischen Schlussfolgerung verfolgt werden, und in diesem Fall sei es vielleicht entschuldbar, einen Mord zu begehen oder ein Dorf niederzubrennen. „Tatsächlich", fuhr Herr de Vatimesnil fort, „wurde uns mitgeteilt, dass Maubreuil, der als Regierungsagent handelte, in diesem Zusammenhang eine weitaus schwerwiegendere Verantwortung trug und das Gesetz mit größerer Härte gegen ihn in Kraft gesetzt werden musste. Keine Mission könnte einen Mann dafür entschuldigen, eine Person, die mit einem Pass auf der Landstraße unterwegs war, misshandelt zu haben, und sein Verbrechen nahm noch schwerwiegendere Ausmaße an, wenn es sich bei dieser Person zufällig um eine erhabene Prinzessin handelte, die aus einem berühmten Haus stammte, mit allen gekrönten Häuptern Europas verwandt war und unter dem Schutz eines Passes ihres berühmten Cousins, des Kaisers von Russland, reiste, einer Prinzessin, die doppelten Respekt verdiente, sowohl aufgrund ihres Standes als auch aufgrund der Schicksalsschläge, die sie kürzlich erlebt hatte." "Und", rief der Anwalt des Königs, "mit welcher Empörung müssten wir uns bemächtigen, wenn wir den Angeklagten solche verleumderischen Fabeln aussprechen hören, um der Gerechtigkeit zu entgehen! Wer sind diese Franzosen, an die er sich wendet und die er zu Hilfe ruft? Welchen Glauben könnte man einer so unwahrscheinlichen Geschichte schenken, wie dass er einen Auftrag gegen eine Person erhalten habe, die unter dem Schutz der feierlichsten Verträge reiste, die von allen verbündeten Herrschern unterzeichnet wurden? Und wenn er einen solchen Auftrag tatsächlich angenommen hatte, war es dann nicht doppelt gemein, Geld für die Durchführung des Auftrags anzunehmen und dann diejenigen zu täuschen, von denen er vorgab, sie hätten ihn erhalten? Sollte er nicht von nun an als eines jener abscheulichen Geschöpfe angesehen werden, die jeder kennt und die unter dem Druck einer Anklage Verschwörungen aushecken und unbekannte Mitbürger denunzieren, nur um die Gerechtigkeit aufzuhalten oder zu umgehen?"

Der Sieur de Maubreuil hatte dieser Tirade mit glühender Ungeduld zugehört, und sein Anwalt hatte ihn nur dadurch beruhigen können, dass er ihm die verlangte Feder und das Papier überließ. Als die Rede von Herrn von Vatimesnil zu Ende war, übergab Maubreuil dem Präsidenten, was er gerade geschrieben hatte, dann erhob er sich und sagte: „ *Herr Präsident* , als ein Mann, der jeden Augenblick damit rechnet, ermordet zu werden, lege ich diese politische Aussage in Ihre Hände. Franzosen, es ist meine Ehre, die ich Ihnen allen, die Sie hier anwesend sind, vermache. Als ein Mann, der kurz davor steht, vor Gott zu erscheinen, schwöre ich, dass es Herr von Talleyrand war, der mich durch Herrn Laborie geschickt hat; dass der Prinz mich zwang, in seinem eigenen Sessel Platz zu nehmen; dass er mir ein Einkommen von zweihunderttausend Livres und den Titel eines Herzogs anbot, wenn ich meine Mission zufriedenstellend erfüllte; [1] außerdem bot mir Kaiser Alexander seine eigenen Pferde an; aber, ich wiederhole, wenn ich die Mission annahm, die mir vorgeworfen wird, dann geschah dies, um den Kaiser und seine Familie zu retten."

Auch hier zwangen sie Maubreuil, mit dem Sprechen aufzuhören, und die Wärter packten ihn an den Schultern und zwangen ihn, sich auf seinen Sitz niederzulassen.

Dann erhob sich sein Anwalt, Me. Couture, wandte sich noch einmal an den Anwalt des Königs und bat um Mitleid, man möge den verrückten Worten seines Klienten keine Beachtung schenken.

"Ach!", rief er, "der Mann, den Sie vor sich sehen, Monsieur, ist nicht mehr Monsieur de Maubreuil, sondern nur noch dessen Überreste, sein Schatten. *Drei Jahre Haft,* davon dreihundertneunzig Tage in Einzelhaft, ohne Kontakt mit einer Menschenseele, *ohne auch nur seinen eigenen Anwalt zu sehen* , haben seinen Verstand verwirrt. Er ist jetzt nichts weiter als die Ruinen eines Menschen. Aus Liebe zur Menschheit sollten Sie einer Rede keine Beachtung schenken, die nur gegen ihn sprechen kann!" Die Richter, die durch das, was sie gerade gehört hatten, sehr verlegen waren, obwohl ihre Aufgabe nur darin bestand, über die einfache Frage der Kompetenz oder Unkompetenz ihres Gerichts zu entscheiden, vertagten das Urteil auf den folgenden Dienstag, den 22. April.

Wahrscheinlich war die Verzögerung arrangiert worden, so dachten die Gerichtsdiener, um Anweisungen vom Schloss zu erhalten und entsprechend dieser Anweisungen zu handeln.

DIE SITZUNG VOM 22. APRIL

Maubreuil wurde hereingeführt. Kaum hatte er die Anklagebank betreten, stieß er den Wächter gewaltsam von sich und schrie: „Sie haben kein Recht, mich so zu misshandeln, Wärter; Sie haben mich in den drei Jahren, die ich im Gefängnis bin, schon genug leiden lassen. Das ist eine abscheuliche, böse Sache! Wir stehen hier vor der Justiz und nicht vor der Polizei! Ich soll lieber sofort erschossen werden, als noch länger den Folterungen ausgeliefert zu sein, deren Opfer ich seit drei Jahren bin! Nein, nie wurde in den preußischen Festungen, in den Kerkern der Inquisition unter den Fundamenten Venedigs eine größere Grausamkeit ausgeübt! Ich bin von der Welt abgeschnitten; meine Beschwerden werden vertuscht; meinem Anwalt ist es verboten, meine Verteidigung zu drucken und zu verteilen. Ich drücke hier vor allen meinen Dank für seinen Eifer und seine Hingabe aus; aber ich bin verzweifelt, dass er seine Verteidigung nicht auf die Informationen gestützt hat, die ich ihm gegeben habe: Er hat es nicht gewagt, dies zu tun."

Auch hier wurde dem Angeklagten Schweigen auferlegt. Der Präsident verlas dann das Urteil und erklärte, dass das *Tribunal de police correctionnelle* seine Unzuständigkeit erklärt und den Angeklagten vor die Assisen geschickt habe, mit der Begründung, dass die offengelegten Tatsachen, wenn sie bewiesen würden, ein Verbrechen und kein einfaches Vergehen darstellten.

Als der Gefangene hörte, wie das Urteil über seine Unfähigkeit, den Fall zu bearbeiten, verkündet wurde, seufzte er tief, und sein Gesicht, das durch die lange Gefangenschaft verändert war, drückte Niedergeschlagenheit und Verzweiflung aus. Aber er nahm seine Kräfte zusammen und rief:

„Das Blut von neunundzwanzig meiner Verwandten wurde für die Bourbonen in der Vendée und in Quiberon vergossen! Auch ich soll ihnen geopfert werden! Sie wollen mich vernichten, mein Stöhnen soll erstickt werden. Man soll mich für verrückt erklären! Es ist eine teuflische Verschwörung! Nein, ich bin nicht verrückt; nein, ich war nicht verrückt, als sie meine Dienste verlangten! Franzosen, ich wiederhole Ihnen, was ich Ihnen in der letzten Sitzung sagte: Sie forderten mich auf, Napoleon das Leben zu nehmen! Schreiben Sie nach Wien, nach München, nach St. Petersburg. Ja, ja", er stieß die Wächter weg, die ihn zum Schweigen bringen wollten, „ja, sie forderten von mir das Blut Napoleons ... *Herr Präsident* , sie haben mich mit Gewalt behandelt! *Herr Präsident* , sie werden mich misshandeln! *Herr Präsident* , sie werden mir die Füße in Ketten legen! Aber was auch immer geschehen mag, ich werde es bis zum letzten Moment verkünden: Sie forderten mich auf, Bei Napoleons Leben! Die Bourbonen sind Mörder!..."

Diese letzten Worte sprach der Angeklagte im Kampf mit der Polizei, die ihn gewaltsam abführte.

Hier schließt der Stenogrammbericht: „Ich habe kein Wort der Erklärung verändert, von der ich eine beglaubigte Abschrift vor Augen habe."

Am 18. Dezember des folgenden Jahres wurde Maubreuil vor das Schwurgericht in Douai geladen, und es gelang ihm, vor der Verhandlung zu fliehen. Am 6. Mai 1818 wurde das Urteil gefällt, das ihn wegen unehrlicher Treuhandtätigkeit zu fünf Jahren Gefängnis und einer Geldstrafe von fünfhundert Francs verurteilte.

Maubreuil, der in England Zuflucht gesucht hatte, kehrte mit der Absicht zurück, Monsieur de Talleyrand den furchtbaren Schlag zu versetzen, der ihn während des Trauerzuges für Ludwig XVIII. auf den Stufen der Kirche Saint-Denis niederstreckte.

„Oh, was für ein Schlag!", rief der Prinz und erhob sich.

Wie kann man danach noch die Geistesgegenwart von Monsieur de Talleyrand leugnen? Monsieur Dupin hätte es nicht besser machen können.

Diese obskure, seltsame, geheimnisvolle Maubreuil-Affäre hat den Bourbonen der Restauration den größtmöglichen Schaden zugefügt. Für den Grafen von Artois und Monsieur de Talleyrand war sie das, was die Affäre mit dem Halsband für Marie-Antoinette und den Kardinal von Rohan war – nämlich eine jener verborgenen Quellen, aus denen Revolutionen ihre Macht für die Zukunft beziehen; eine jener Waffen, die umso gefährlicher, schrecklicher und tödlicher sind, je länger sie im Gift der Verleumdung getaucht waren.

---

[1] Daraus sehen wir, dass es Maubreuil zufolge Herr von Talleyrand selbst war, mit dem er es zu tun hatte. Wir wollten diese Anschuldigung nicht blind unterstützen und haben in unserer Darstellung die vermittelnde Rolle von Roux-Laborie akzeptiert.

BUCH II

KAPITEL I

Die letzte Szene von Waterloo – Die Stimmung in den
Provinzen in den Jahren 1817, 1818 und 1819 – Die
Messenier – Die Sizilianer – Ludwig IX. – Würdigung dieser
beiden Tragödien – Ein Satz von Terenz – Mein Anspruch
auf ein ähnliches Gefühl – Drei Uhr morgens – Der Verlauf
des Liebesspiels – *Valeat res ludrica*

Ich bin nicht sicher, wer gesagt hat – vielleicht habe ich es selbst gesagt –,
dass die Revolution von 1830 der letzte Schuss von Waterloo war. Es ist
sehr wahr. Wenn man von denen absieht, die aufgrund ihrer familiären
Interessen, ihrer Stellung oder ihres Vermögens mit der Bourbonen-
Dynastie verbunden waren, ist es unmöglich, sich eine Vorstellung von dem
immer stärker werdenden Gefühl der Opposition zu machen, das sich in den
Provinzen ausbreitete. Es erreichte einen solchen Höhepunkt, dass wir,
ohne zu wissen warum, trotz aller Gründe, die meine Mutter und ich hatten,
Napoleon zu verfluchen, die Bourbonen noch viel mehr hassten, obwohl sie
uns nie etwas getan oder uns sogar eher Gutes als Böses getan hatten.

Alles trug zur Unbeliebtheit des regierenden Hauses bei: die Invasion des
Feindes in französisches Territorium; die schändlichen Verträge von 1815;
die dreijährige Besatzung, die auf die zweite Restauration der Bourbonen
gefolgt war; die reaktionären Bewegungen im Süden; die Ermordung Ramels
in Toulouse und die Ermordung Brunes in Avignon; Murat, der trotz seiner
Dummheit und seines Verrats immer beliebt war, schoss auf Pizzo; die
Proskriptionen von 1816; Überläufer, schändliche Taten, schändliche
Geschäfte kamen täglich ans Licht; die Verse von Émile Debraux, die Lieder
Bérangers, die *Messéniennes* von Casimir Delavigne und die *Tabatières à la charte*
, die Voltaire-Touquets und Rousseaus aller Art, unveröffentlichte Reime
der Art, die ich zitiert habe; Anekdoten, ob wahr oder falsch, die dem
Herzog von Berry zugeschrieben wurden und in denen der alte Ruhm des
Kaiserreichs stets irgendeinem jugendlichen aristokratischen Ehrgeiz
geopfert wurde; alles, bis hin zum König mit seinen schwarzen Gamaschen,
seinem blauen Mantel mit Goldknöpfen, seinen Generalsepauletten und
dem kleinen Schwanz seiner Perücke – alles zielte, sage ich, darauf ab, die
herrschende Macht abzuwerten – oder, schlimmer noch, sie ad absurdum zu
führen.

Vêpres siciliennes wurde am 23. November 1819 mit überwältigendem Erfolg
im Odéon aufgeführt. Wer das Stück unvoreingenommen gelesen hat, wird
kaum verstehen, warum. Warum wartete ab drei Uhr eine Menschenmenge
vor den Türen des Odéon? Warum war dieses prächtige Gebäude bis zum

Ersticken überfüllt, anstatt wie üblich genügend Platz für alle zu bieten? Nur vier Zeilen zu hören, die eine Anspielung auf die politischen Übergriffe enthalten sollen, denen sich der Lieblingsminister des Königs angeblich hingab. Dies sind die vier Zeilen. Auf den ersten Blick scheinen sie unschuldig genug:

„Von welchem Recht ein Minister, mit Straffreiheit,
soll er auf unsere Freiheit achten? Ich vertraue auf Ihre Diadem-Rechte.
Wollen Sie mehr König sein als König, wenn Sie nicht dasselbe sind?"

Trotzdem lösten diese vier Zeilen donnernden Applaus und Jubelstürme aus. Und dann hörte man von allen Seiten das Konzert der Bewunderung, das alle liberalen Zeitungen zum Lob des patriotischen jungen Dichters anstimmten. Die ganze Partei streichelte ihn, lobte ihn, pries ihn.

Einige Zeit nachdem die *Vêpres siciliennes* im Odéon aufgeführt worden waren, brachte das Théâtre-Français am 5. November 1819 *Louis IX.* auf die Bühne. Dies war die royalistische Antwort des führenden Theaters auf die nationalistische Tragödie im Odéon.

Zu dieser Zeit wurden Ancelot und Casimir Delavigne etwa gleich gefeiert und in den Augen unparteiischer Kritiker war *Ludwig IX.* so gut wie *Vêpres siciliennes*. Aber alle Popularität, aller Applaus, der ganze Triumph ging an den liberalen Dichter. Es war, als atme die Nation wieder, nachdem sie seit 1993 nicht mehr lebendig war, als dränge sie den öffentlichen Geist, den Weg der Freiheit einzuschlagen.

Ich erinnere mich, dass ich, der gerade den ersten Hauch von Poesie in mir spürte, diese beiden umstrittenen Stücke wegen des Aufsehens, das sie in der gesamten literarischen Welt erregten, unbedingt lesen wollte. Ich schrieb an de Leuven, der mir sowohl das liberale als auch das royalistische Werk schickte. Das liberale Werk wurde am meisten gelobt, und mit diesem in der Hand lief ich los, um unseren jungen Freunden Adèle, Albine und Louise das Glück zu verkünden, das uns aus Paris widerfahren war. Es wurde beschlossen, dass wir das Meisterwerk noch am selben Abend laut vorlesen sollten, und da ich der Besitzer des Werks war, wurde ich natürlich zum Vorleser befördert.

Ach, wir waren nur einfache Kinder, ohne Kenntnis der einen oder anderen Seite des Falles, arglose junge Leute, die sich durch Klatschen amüsieren und durch Bewunderung zu Herzen gehen lassen wollten. Wir waren am Ende des ersten Aktes sehr überrascht, und noch mehr überrascht am Ende des zweiten, dass ein Werk, das auf seine Art zweifellos ehrenwert war, aber keinen einzigen Anflug von Gefühl oder Leidenschaft auslöste oder eine nachhallende Erinnerung weckte, so viel Aufhebens und Lärm machte und so viel Lob erhielt. Wir verstanden noch nicht, dass eine politische

Leidenschaft die voreingenommenste aller Leidenschaften ist und dass sie bis ins Innerste eines beunruhigten Landes reicht. Unsere Lesung wurde im zweiten Akt unterbrochen, und die Tragödie von *Vêpres siciliennes* wurde nie beendet, jedenfalls nicht als gemeinsame Lesung. Unser Publikum hatte naiv zugegeben, dass Montfort, Lorédan und Procida sie zu Tode langweilten und dass ihnen Däumling, Der gestiefelte Kater und andere Märchen dieser Art viel lieber waren . Aber dieser Versuch befriedigte mich nicht. Als ich nach Hause zu meiner Mutter ging, las ich nicht nur die ganzen *Vêpres siciliennes* , sondern auch *Louis IX.*

Nun, ich bin sehr zufrieden, dass ich seit dieser Zeit meine unvoreingenommene Wertschätzung zeitgenössischer Werke besitze – eine Wertschätzung, die weit mehr meinen Gefühlen als meinem Urteil entstammt; eine Wertschätzung, die weder politische Meinungen noch literarischer Hass je beeinflussen konnten: Meine kritische Fähigkeit fragt sich bei der Betrachtung der Werke meiner *Mitbrüder* nicht, ob es das Werk eines Freundes oder eines Feindes ist, ob es sich um das Werk eines mir nahestehenden oder eines Fremden handelt. Ich muss jedoch wohl kaum sagen, dass weder *Vêpres siciliennes* noch *Louis IX.* zu jener Art von Literatur gehören, die ich später spüren und verstehen sollte und deren Schönheiten ich wiederzugeben versuchte. Diese beiden Tragödien haben mich vollkommen unberührt gelassen, obwohl ich *Louis IX. etwas vorzog.* Ich habe sie seitdem nie wieder gelesen und werde sie wahrscheinlich nie wieder lesen; aber ich bin überzeugt, dass meine Meinung über sie, wenn ich sie noch einmal lesen würde, heute genau dieselbe wäre wie damals. Welch ein Unterschied zwischen dem zahmen und eintönigen Gefühl, das ich damals empfand, und der glühenden Emotion, *die Hamlet* in mir weckte, obwohl es der verkürzte, blutleere, nervenlose *Hamlet* von Ducis war! Ich hatte einen angeborenen Instinkt für die Wahrheit und einen Hass auf konventionelle Normen; Terenz' Vers schien mir immer einer der schönsten Verse zu sein, die je geschrieben wurden: „Ich bin ein Mann, und nichts Menschliches ist mir fremd." Und ich beanspruchte schnell meinen Anteil an diesem Vers. Ich wurde von Tag zu Tag männlicher; meine Mutter war die einzige Person, die mich weiterhin ansah, als wäre ich noch ein Kind. Sie war daher sehr erstaunt, als ich eines Abends nicht zu meiner üblichen Zeit nach Hause kam – und als ich schließlich gegen drei Uhr morgens nach Hause kam, schlüpfte ich mit freudig klopfendem Herzen in mein Zimmer, das ich in den letzten drei Monaten für mich allein, getrennt von meiner Mutter, haben durfte, da ich voraussah, was geschehen würde. Ich fand meine Mutter in Tränen aufgelöst an meinem Fenster sitzend, wo sie auf meine Rückkehr gewartet hatte, bereit, mir die Standpauke zu halten, die meine so späte, oder eher frühe Rückkehr verdiente!

Nach über einem Jahr voller Aufmerksamkeiten, Zeichen, Liebesbekundungen, kleiner Gefälligkeiten, die gewährt, abgelehnt und mit Gewalt entrissen wurden, öffnete sich die unerbittliche Tür, die mich um elf Uhr ausschloss, um halb zwölf wieder leise, und hinter dieser Tür fand ich zwei zitternde Lippen, zwei liebkosende Arme, ein Herz, das gegen mein Herz schlug, brennende Seufzer und verweilende Tränen. Auch Adèle hatte es geschafft, ein Zimmer für sich allein zu bekommen, getrennt von ihrer Mutter, genau wie ich. Dieses Zimmer war besser als ein gewöhnliches Zimmer: Es war ein winziges Gartenhaus, das in einen langen, nur von Hecken umgebenen Garten hineinragte. Ein Durchgang zwischen dem Zimmer ihres Bruders und dem Zimmer ihrer Mutter führte in den Garten und damit in das Gartenhaus, das nur durch eine Treppe, die in den ersten Stock führte, vom Durchgang getrennt war . Es war die Tür dieses Durchgangs, die auf der einen Seite auf die Straße und auf der anderen, wie gesagt, in den Garten führte, die mir um halb zwölf abends wieder geöffnet und erst um drei Uhr morgens hinter mir geschlossen wurde, in jener Nacht, als meine Mutter ängstlich wartend und in Tränen aufgelöst am Fenster meines Zimmers stand, bereit, loszugehen und in den sechshundert Häusern der Stadt nach mir zu suchen. Was meine Mutter aber noch mehr plagte, war – wie ich bald herausfand –, dass sie zwar nicht den geringsten Zweifel über den Grund meines Fehlverhaltens hatte, aber nicht erraten konnte, wer die junge Dame war, die dahinter steckte. Sie hatte mich nicht so zurückkommen sehen, wie sie es erwartet hatte. Der Grund dafür war ganz einfach. Das kleine Mädchen, das mir nach mehr als einem Jahr Kampf ihr Herz geschenkt hatte, war so rein, so unschuldig, so bescheiden, dass, obwohl meine Liebe und mein Stolz bereit waren, alles zu offenbaren, mein Gewissen mir sagte, dass meine Ehre und jedes feine Gefühl, das ich hatte, verlangten, dass das Geheimnis mit größter Sorgfalt gewahrt wurde. Damit mich also niemand zu dieser Stunde sehen konnte, weder in der Nähe ihres Hauses noch auf der Straße, die dorthin führte, verließ ich um drei Uhr morgens den gesegneten Durchgang, der mir gute Dienste geleistet hatte, durch eine kleine Seitenstraße und gelangte auf die Felder. Von den Feldern betrat ich den Park und übersprang einen Graben wie den, über den ich Mademoiselle Laurence zu Pfingsten unter ganz anderen Umständen meine Beweglichkeit bewiesen hatte. Schließlich erreichte ich vom Park aus das, was bei uns die „ *Manege* " genannt wurde, und betrat die Stadt über die Rue du Château wieder. Es geschah also, dass meine Mutter, die in eine völlig entgegengesetzte Richtung Ausschau hielt, mich nicht zurückkehren sah, und da sie nicht erriet, welche List ich angewandt hatte, um die grausamen und bereitwilligen Verleumdungen zu vereiteln, zu denen kleine Städte so geneigt sind, falls die Dinge so ausgehen sollten, zerbrach sie sich verzweifelt den Kopf darüber, woher ich gekommen war. Die Unwissenheit meiner Mutter und die Verdächtigungen, die sich später in ihrem Herzen in Bezug auf ein anderes Mädchen bildeten, hatten einen so ernsten Einfluss auf mein zukünftiges Leben, dass ich einen Moment bei diesem Thema verweilen wollte: Diese Einzelheiten sind nicht so trivial, wie sie auf den ersten Blick erscheinen mögen. Ist es nicht so, dass manche Geister alles als trivial betrachten, während andere (und ich bin sehr geneigt zu glauben, dass diese letzteren, ohne schlecht über die erstere Klasse von Menschen reden zu wollen, die wahren Denker und die wahren Philosophen sind), die versuchen, dem Faden zu folgen, den die Vorsehung in Seinen Händen hält, mit dem sie die Menschen von der Geburt bis zum Tod, vom Unbekannten zum Unbekannten leitet, jedes Detail als wichtig erachten, weil das Kleinste seinen Anteil an der großen Masse der Einzelheiten hat, die wir Leben nennen? Nun, ich wurde von meiner Mutter gut gescholten, die mich nicht lange schimpfte,

Ich jedoch, denn ich küsste sie die ganze Zeit, während sie mich schimpfte; außerdem war ihre Unruhe etwas gemildert, und mit dem Auge einer Mutter und vielleicht noch mehr mit der Einsicht einer Frau, die den Dingen auf den Grund geht , sah sie, dass ich zutiefst glücklich war. Freude ist ebenso ein Mysterium wie Trauer; übermäßige Freude nähert sich der Grenze des Schmerzes so sehr, dass sie, wie Leiden, auch ihr Maß an Tränen hat. Meine Mutter ließ mich zu Bett gehen, nicht weil sie müde war, arme Mutter! sondern weil sie fühlte, dass ich mit mir allein sein wollte, mit meinen jüngsten Erinnerungen, die ich so fest an mein pochendes Herz drückte, wie man ein junges Nestling an die Brust drückt, das davonfliegen will.

Oh! Aber Maître Mennessons Büro war an diesem Tag verlassen! Wie schön erschien mir der Park! Die hohen Bäume mit ihren flüsternden Blättern, die Vögel, die über meinem Kopf sangen, und der verängstigte Rehbock am Horizont – alles schien einen Rahmen zu bilden, der meine lächelnden Gedanken kaum fassen konnte, meine Gedanken, die wie eine freudige Nymphe tanzten! Liebe – erste Liebe – das Aufquellen des Saftes öffnet uns das Leben! Es fließt durch die geheimsten Winkel unseres Seins; es belebt die entlegensten unserer Sinne; es ist ein riesiges Reich, in dem jeder Mensch, der in dieser Welt gefangen ist, wiederum die ganze Welt in sich gefangen hält.

KAPITEL II

Rückkehr von Adolphe de Leuven – Er zeigt mir eine Ecke
der künstlerischen und literarischen Welt – Der Tod von
Holbein und der Tod von Orcagna – Eintritt in die grünen
Räume – Bürgers *Lénore* – Erste Gedanken zu meiner
Berufung

Inzwischen war de Leuven nach fünf oder sechs Monaten Abwesenheit nach
Villers-Cotterets zurückgekehrt. Seine Rückkehr sollte meinen Ambitionen
neue Wege eröffnen – Ambitionen allerdings, von denen ich glaubte, dass
sie verwirklichbar seien. Wenn man einen Stein in einen See wirft, wie groß
er auch sein mag, wird der erste Kreis, den er nach seinem Fall um den See
bildet, immer weiter wachsen und sich vervielfachen, genau wie unsere Tage
und unsere Wünsche, bis der letzte das Ufer berührt – das heißt, bis in alle
Ewigkeit.

Adolphe kehrte zurück und brachte Lafarge mit. Armer Lafarge! Erinnern
Sie sich an den brillanten Prokuristen, der in einer eleganten Kutsche, die
von einem mutigen Ross gezogen wurde, in seine Heimatstadt zurückkehrte?
Nun, er hatte eine Praxis gekauft, aber dort war der Fortschritt seines
wachsenden Vermögens zum Stillstand gekommen. Durch ein unfassbares
Schicksal hatte er, obwohl er jung, gutaussehend und klug war, vielleicht
sogar weil er all diese Gaben besaß, die für einen Anwalt völlig nutzlos sind,
keine Frau gefunden, die die Praxis bezahlen konnte, also war er gezwungen
gewesen, sie wieder zu verkaufen, und hatte sich, angewidert vom Recht, der
Literatur zugewandt. De Leuven, der ihn in Villers-Cotterets bemerkt hatte,
fand ihn in Paris und kehrte mit ihm zurück. Etwas von seinem alten Glanz
haftete dem armen Kerl noch an, aber man könnte vergeblich nach
wirklicher Stabilität auf der Grundlage seiner neuen Pläne für die Zukunft
suchen; diese flüchtigen Wolken kamen kaum über das Stadium der
Hoffnungen hinaus. Während seines Aufenthalts in Paris hatte sich
Adolphes Charakter stark verändert – eine Veränderung, die sich auf mich
auswirken sollte.

Im Haus von Monsieur Arnault, bei dem er Gast gewesen war, hatte Adolf
einen näheren Einblick in die Welt der Literatur gewonnen als zuvor im
Hause Talma. Dort hatte er die Bekanntschaft von Scribe gemacht, der
bereits auf dem Höhepunkt seines Ruhms stand. Dort traf er Mademoiselle
Duchesnois, die damals Tellevilles Geliebte war und *Maria Stuart rezitierte*.
Dort lernte er Monsieur de Jouy kennen, der seine *Sylla beendet hatte*, Lucien
Arnault, der mit seinem *Régulus begonnen hatte*, *Pichat, der, während er seinen
Brennus* verfasste und sich seinen *Léonidas* und *Wilhelm Tell* ausdachte , einer

Zukunft entgegensah, in der mit seinem ersten Kranz auf dem Haupt und seinem ersten Palmzweig in der Hand der Tod auf ihn lauerte. Von diesen erhabenen Höhen der Kunst war er dann in niedere Regionen hinabgestiegen, wo er Soulié kennenlernte, der Gedichte im *Mercure veröffentlichte* , mit Rousseau, jenem Pylades von Romieu, den Orest eines Tages an der Wegbiegung zurückgelassen hatte, die zu seiner Unterpräfektur führte; mit Ferdinand Langlé, dem wankelmütigen Liebhaber des armen kleinen Fleuriet, an dem, wie es heißt, ein berüchtigter Giftmischer das tödliche Pulver ausprobierte, mit dem er später seinen Freund töten sollte; mit Thé aulon, diesem entzückenden Menschen und unermüdlichen Arbeiter, der nur in der Hoffnung arbeitete, eines Tages müßig sein zu können, der aber nie Zeit zum Müßiggang hatte, der für kurze Zeit in den Armen der Liebe gewiegt wurde, der aber nie wirklich zur Ruhe kommen sollte, bis er an der Brust des Todes lag. Dieser arme Epikureer, der sich sein Leben kraft seiner Phantasie in rosigem Gewand vorstellte, obwohl es für ihn in Schwarz gekleidet war, schrieb diese vier Zeilen an die Tür seines Arbeitszimmers: Sie drücken zugleich seine leichte Sorglosigkeit und seine sanfte Philosophie aus:

Löse deinen Durst, dein Fett und deine Verführung,
hier ist meine Konstanze: Und die Liebe, die vielleicht noch da ist, und der Tod, der vielleicht noch da ist!

Der Tod kam, armer Théaulon! Er kam viel zu früh, für dich wie für Pichat, für Soulié, für Balzac; denn es gibt zwei Tode, denen die Vorsehung die Aufgabe befohlen hat, die Menschen in die Ewigkeit zu schleudern: der eine ist unerbittlich, eisig, teilnahmslos, den traurigen Gesetzen der Zerstörung gehorchend; der Tod Holbeins, der Tod auf dem Baseler Friedhof, der Tod, der sich auf ewig mit dem Leben vermischt, der sein Skelettgesicht unter der kapriziösesten Maske verbirgt, der seinen knochigen Körper unter dem Mantel des Königs verhüllt, im vergoldeten Kleid der Kurtisane, unter den schmutzigen Lumpen des Bettlers, der Seite an Seite mit uns wandelt; ein unsichtbares, aber allgegenwärtiges Gespenst; ein schwermütiger Gast, ein Grabeskamerad, der beste Freund, der uns in die Arme nimmt, wenn wir über die Kante des Lebens fallen, und der uns sanft unter den kalten, feuchten Steinen des Grabes zur ewigen Ruhe legt; – die andere, die Schwester der oben genannten, ebenfalls Tochter des Erebus und der Nacht, unerwartet, boshaft, lauert an einem Wendepunkt des Glücks oder Wohlstands, bereit wie ein Geier oder ein Panther, sich auf seine Beute zu stürzen oder sich auf sie zu stürzen; dies ist der Tod des Orcagna, der Tod des Campo Santo in Pisa; der Tod im Leben, neidisch, mit leichenhafter Farbe, mit wild im Wind wehendem Haar, mit blitzenden Augen wie die eines Luchses, der Tod, der Petrarca mitten in seinem Triumphzug holte, Raphael mitten in seinen Liebesaffären; vor dem alle Freude und

Herrlichkeit und alle Reichtümer verblassen; diese Macht, die rasch, achtlos und unerbittlich über die unglücklichen Opfer hinweggeht, die sich an sie wenden, und die den schönen, mit Myrten gekrönten Jüngling, das liebliche, mit Rosen gekrönte Mädchen, den mit Lorbeer umkränzten Dichter inmitten ihrer Blumen, ihres Weines und ihrer Düfte niederstreckt und sie brutal zu Grabe schleift, mit offenen Augen, noch schlagendem Herzen und ausgestreckten Armen dem Licht, dem Tag und dem Sonnenschein entgegen! Orcagna! Orcagna, großer Bildhauer, großer Maler und vor allem großer Dichter! Wie oft habe ich gezittert, wenn ich die Hand eines geliebten Kindes berührte oder das Gesicht einer Geliebten küsste, die mich glücklich gemacht hatte! Denn ich hatte eine innere Vision von jenem Tod auf dem Campo Santo in Pisa, der in der Ferne vorbeizog, dunkel, drohend wie eine dahinziehende Wolke; dann hörte ich am nächsten Tag die Worte: „Er ist tot!" oder „Sie ist tot!" und es war fast immer ein junges Genie, dessen Licht erloschen war, eine junge Seele, die zu ihrem Schöpfer gegangen war.

Dies also war die Welt, die de Leuven während seines Aufenthalts in Paris gesehen hatte, und er brachte mir, dem armen Provinzjungen, der in den Tiefen einer kleinen Stadt begraben war, einen Abglanz ihrer unbekannten Brillanz. De Leuven hatte mehr getan, als nur hineinzuschauen: Er hatte das Tabernakel betreten, er hatte die Bundeslade berührt! Ihm war die Ehre zuteil geworden, einige seiner Werke vor M. Poirson, dem Hohepriester der Gymnase, und vor seinem Sakristan, M. Dormeuil, vorlesen zu lassen. Natürlich wurde das Werk nach der Lesung abgelehnt; aber – wie der Kieselstein, der neben der Rose liegt und den Duft der Königin der Blumen teilt – blieb de Leuven von seinem abgelehnten Werk ein Eintritt in die grünen Räume. Oh! Dieser Eintritt in die grünen Räume, was für eine Ermüdung ist er für diejenigen, die ihn erreicht haben, während er von denen, die ihn nicht erreicht haben, als das begehrteste Ding auf Erden angesehen wird! Adolf war jedoch erst so kurz dabei, dass *die Langeweile* noch nicht aufgekommen war, und so blieb der blendende Glanz der Ehre noch bei ihm. Es war der Geist dieses Zaubers, den er auf mich übertrug. Zu dieser Zeit war Perlet auf dem Höhepunkt seiner Schönheit, Fleuriet auf dem Höhepunkt ihrer Popularität. Letztere, das arme Kind, war im Alter von acht oder neun Jahren gezwungen worden, ein Handwerk zu erlernen, dem eine erwachsene Frau erlegen sein könnte; aber was machte das schon? Sie hatten sich im Voraus mit allem getröstet, sogar mit ihrem Tod; denn sie hatten bereits so viel Geld mit ihr verdient, dass sie es sich im Falle ihres Todes leisten konnten, in großem Stil zu ihrer Beerdigung zu gehen.

Adolfs Rückkehr war also ein großes Ereignis für mich; wie Don Cléophas hing ich am Mantel meines schönen *Diable Boiteux*, und er erzählte mir, was er in den Theatern gesehen hatte, und ließ mich ebenfalls sehen. Was für lange Spaziergänge wir zusammen machten! Wie oft unterbrach ich ihn, als er von einem Künstler zum anderen ging, und sagte, nachdem er alle Berühmtheiten der Gymnase erschöpft hatte: „Und Talma? Und Mademoiselle Mars und Mademoiselle Duchesnois?" Und er sprach gutmütig über das Genie und Talent und die Kameradschaft dieser hervorragenden Künstler, spielte auf den unbekannten Noten der Klaviatur meiner Vorstellungskraft und ließ ehrgeizige und klangvolle Akkorde in mir erklingen, die bisher geschlummert hatten und deren Besitz mich sehr erstaunte, als ich begann, ihre Existenz zu erkennen. Dann kam dem armen Adolf nach und nach eine merkwürdige Idee, die darin bestand, mich dazu zu bringen, in meinem eigenen Namen die Hoffnungen zu teilen, die er für sich selbst gehegt hatte; in mir den Ehrgeiz zu wecken, wenn nicht ein Schreiber, dann ein Alexandre Duval, ein Ancelot, ein Jouy, ein Arnault oder ein Casimir Delavigne, dann wenigstens ein Fulgence, ein Mazère oder ein Vulpian zu werden. Und man muss zugeben, dass das ein durchaus ehrgeiziger Plan war; denn, ich wiederhole, ich hatte nie eine richtige Ausbildung genossen, ich wusste nichts, und erst viel später, 1833 oder 1834, als die Erstausgabe meiner *Impressions de Voyage erschien*, begannen die Leute zu erkennen, dass ich Genie war. 1820, das muss ich gestehen, besaß ich nicht den Hauch eines Genies.

Eine Woche, bevor Adolphes Rückkehr mir den ersten belebenden Lichtblick aus der Außenwelt gebracht hatte, schien mir das beengte und eingeschränkte Leben einer Provinzstadt die Grenze meiner Ambitionen zu sein, ein Gehalt von sagen wir fünfzehn- oder achtzehnhundert Francs, denn ich träumte nie davon, Anwalt zu werden: Erstens, weil ich keinen Beruf dafür hatte; denn obwohl ich drei Jahre damit verbracht hatte, bei Maître Mennesson Kaufverträge, Anleihen und Eheverträge zu kopieren, war ich in der Rechtswissenschaft ebenso wenig bewandert wie in der Musik, nachdem ich drei Jahre Solfeggio mit dem alten Hiraux gespielt hatte. Es war daher offensichtlich, dass die Rechtswissenschaft ebenso wenig meine Berufung war wie die Musik, und dass ich den Kodex nie besser erklären würde, als ich Geige spielte. Das betrübte meine Mutter schrecklich, und alle ihre guten Freunde sagten zu ihr:

„Hören Sie nur, was ich sage, meine Liebe: Ihr Sohn ist ein geborener Faulenzer, der nie etwas tun wird."

Und meine Mutter seufzte und sagte, während sie mich küsste: „Stimmt das, was sie mir erzählen, mein lieber Junge?"

Und ich antwortete naiv: „Ich weiß es nicht, Mutter!"

Was hätte ich sonst antworten können? Außer den letzten Häusern in meiner Geburtsstadt konnte ich nichts sehen, und obwohl ich innerhalb der Stadtgrenzen vielleicht etwas finden würde, das meinem Herzen entsprach, suchte ich dort vergeblich nach etwas, das meinen Geist und meine Vorstellungskraft befriedigen konnte.

De Leuven machte eine Lücke in die Wand, die mich einschloss, und durch diese Lücke begann ich am unendlichen Horizont dahinter ein noch Undefiniertes als Ziel wahrzunehmen.

Auch De la Ponce beeinflusste mich in dieser Zeit. Wie bereits erwähnt, hatte ich mit ihm die schöne italienische Romanze – oder vielmehr Diatribe – von *Ugo Foscolo übersetzt*, jene Nachahmung von Goethes *Werther*, die der Autor des Gedichts *Sépulcres* dank seines patriotischen Gefühls und Talents zu einem Nationalepos ausbauen konnte. Darüber hinaus übersetzte de la Ponce, der mich bedauern lassen wollte, dass ich das Studium der deutschen Sprache aufgegeben hatte, mir Bürgers schöne Ballade *Lénore*. Die Lektüre dieses Werks, das zu einer Art von Literatur gehörte, die ich überhaupt nicht kannte, hinterließ einen tiefen Eindruck in meinem Geist; es war wie eine jener Landschaften, die man in Träumen sieht, in die man sich aber nicht hineinwagt, so sehr unterscheidet es sich von der alltäglichen Umgebung. Der schreckliche Refrain, den der finstere Reiter seiner zitternden Verlobten, die er auf seinem gespenstischen Ross davonträgt, immer wieder wiederholt,

„Hourra! – Fantôme, die Toten werden kommen!"

hat so wenig Ähnlichkeit mit den Einfällen von Demoustier, mit Parnys Liebesreimen oder mit den Elegien des Chevalier Bertin, dass die Lektüre der tragischen deutschen Ballade eine völlige Revolution in meiner Seele auslöste. Noch in derselben Nacht versuchte ich, sie in Verse zu fassen; aber wie man sich leicht vorstellen kann, überstieg diese Aufgabe meine Kräfte. Ich brach die Flügel meiner armen Muse und begann meine literarische Laufbahn, wie ich meine erste Liebe begonnen hatte, mit einer Niederlage, die nicht weniger schrecklich war, weil sie eine heimliche war, aber in meinen eigenen Augen genauso unbestreitbar.

Was machte das schon? Dies waren zweifellos meine ersten Schritte in die von Gott bestimmte Zukunft, unerprobtes Wanken wie die Schritte eines Kindes, das gerade laufen lernt, das stolpert und fällt, sobald es sich von den Fesseln seiner Amme losreißt, sich aber wieder aufrappelt und, nach jedem Sturz schmerzend, weiter voranschreitet, angetrieben von der Hoffnung, die ihm ins Ohr flüstert: „Geh, Kind, geh! Durch Leiden wirst du ein Mann, durch Beharrlichkeit wirst du groß!"

KAPITEL III

Der Cerberus aus der Rue de Largny – Ich zähme ihn – Der
Hinterhalt – Madame Lebègue – Ein Geständnis

Sechs Monate vergingen zwischen meinen ersten Liebesspielen und meinen
ersten Arbeitsversuchen. Außer unseren abendlichen Treffen bei Louise
Brézette sahen Adèle und ich uns zwei- oder dreimal die Woche im
Gartenhaus, das ihre Mutter ihr zu unserer großen Freude als ihr neues
Zimmer überlassen hatte. Adèle musste mir die Tür zum Durchgang öffnen
und ich musste an der Schlafzimmertür ihrer Mutter vorbeigehen: Diese
beiden Wege waren mit so vielen Gefahren verbunden, dass ich schon lange
überlegt hatte, wie ich meine Geliebte auf andere Weise erreichen könnte.
Nach langem Überlegen entschied ich mich für einen Weg. Ich untersuchte
sorgfältig die Topographie der Umgebung und entdeckte drei Türen von
Adèles Haus entfernt eine Tür, die durch eine Art Durchgang in einen
kleinen Garten führte. Eine Mauer und zwei Hecken trennten diesen Garten
von Adèles. Ich studierte die Lage von Adeles Garten aus, zu dem ich
tagsüber freien Zutritt hatte, sorgfältig und sah, dass alle Schwierigkeiten
überwunden sein würden, wenn ich die Haustür öffnen, den Gang
durchqueren, den Garten betreten, die Mauer erklimmen und über die
beiden Hecken schreiten könnte. Dann brauchte ich nur noch an den
Außenladen zu klopfen, Adele würde mir öffnen und die Sache wäre erledigt.
Aber wie ich bemerkt hatte, musste die Tür geöffnet und der Gang
durchquert werden.

Die Tür war verschlossen, und der Durchgang wurde nachts von einem
Hund bewacht, der mir weniger von seiner Größe und der Art, wie er
kämpfen konnte, als vom Lärm, den er machen konnte, gewachsen war. Ich
brauchte eine Woche, um meine Nachforschungen anzustellen. Eines
Nachts stellte ich fest, dass sich das Schloss nur einmal drehen ließ und dass
ich die Tür mit meiner Messerklinge öffnen konnte, weil Muphti (so hieß
der Hund) die ganze Zeit laut bellte. In den übrigen sieben Nächten pflegte
ich Muphtis Bekanntschaft, indem ich ihn nach und nach verführte, indem
ich Brotstücke und Hühnerknochen unter der Tür hindurchschob. In den
letzten zwei oder drei Nächten war Muphti an das Fallobst gewöhnt, das ich
ihm brachte, und wartete ungeduldig auf meine Ankunft. Er erwartete mich
lange bevor ich auftauchte. Er hörte mich kommen, als ich noch zwanzig
Schritte entfernt war, und als ich mich näherte, kratzte er mit beiden Pfoten
an der Tür und winselte leise über das Hindernis, das uns trennte. Am achten
Tag oder vielmehr in der achten Nacht, im sicheren Gefühl, dass Muphti
nun kein Feind mehr, sondern ein Verbündeter war, öffnete ich die Tür, und

wie erwartet sprang Muphti äußerst freundlich auf mich zu, entzückt, in direkter Verbindung mit einem Mann zu stehen, der ihm so köstliche Brocken brachte. An seiner Begrüßung hatte ich nur einen Fehler zu finden, nämlich, dass sie etwas zu laut vorgetragen wurde. Doch wie alle Begeisterung mit der Zeit nachlässt, ließ auch Muphtis Begeisterung nach und ging in Ausdrücke sanfterer Zuneigung über, sodass ich mich weiter vorwagen konnte. Für meinen ersten Einbruchsversuch wählte ich eine dunkle, mondlose Herbstnacht . Ich trat sehr leise auf und hatte gespitzte Ohren. Ich kam näher, ohne ein einziges Sandkorn unter meinen Füßen knirschen zu lassen. Ich glaubte zu hören, wie sich hinter mir eine Tür öffnete. Ich beschleunigte meine Schritte. Ich erreichte ein großes Bohnenbeet, das auf Stöcken wuchs, und warf mich hinein wie Gulliver in sein Weizenfeld, mit Muphti zwischen meinen Beinen, seinen Hals zwischen meinen Händen, bereit, jedes noch so leise Geräusch abzufangen, das er machen wollte – und dort wartete ich. Es war tatsächlich einer der Bewohner, denen der Gang gehörte: er hatte das Geräusch gehört. Um herauszufinden, was es verursachte, ging er in den Garten, ging ein paar Schritte an mir vorbei, ohne mich zu sehen, hustete, als würde er eine Erkältung bekommen, und ging wieder ins Haus. Ich ließ Muphti los, ging zum Zaun, sprang auf die andere Seite der Mauer, ritt über die beiden Hecken und rannte zu den Fensterläden. Aber ich brauchte nicht anzuklopfen. Bevor ich sie erreichte, hörte ich jemanden atmen, ich sah einen Schatten, ich fühlte, wie sich zwei zitternde Arme ausstreckten, um mich zu umfassen und ins Gartenhaus zu ziehen, und die Tür schloss sich hinter uns.

Oh, wäre ich damals nur ein Dichter gewesen, was für hinreißende Zeilen hätte ich zu Ehren jener ersten Blumen schreiben können, die im Garten unserer Liebe blühten! Aber ach! Ich war damals kein Dichter und musste mich damit begnügen, Adele Parnys und Bertins Elegien zu wiederholen, die sie, wie ich glaube, nur langweilten. Ich habe bereits in *Bezug* auf *Vêpres siciliennes bemerkt,* welchen guten Geschmack dieses kleine Mädchen besaß.

Ich verließ sie wie üblich gegen zwei oder drei Uhr morgens. Wie üblich kehrte ich auch durch den Park zurück und gelangte auf Umwegen nach Hause. Ich habe den Weg erklärt, den ich nahm, und wie ich einen breiten Graben überspringen musste, um vom offenen Land aus den Park zu erreichen. Um zu vermeiden, drei oder viermal pro Woche denselben Sprung zu machen, was in dunklen Nächten ein sehr gefährliches Unterfangen war, häufte ich in einer Ecke des Grabens einen sehr großen Steinhaufen auf, so dass ich nur zu dieser bestimmten Ecke gehen und dann meinen Sprung in zwei Sprüngen machen musste.

Als ich in dieser Nacht in den Graben sprang, bemerkte ich vier Schritte von mir entfernt einen Schatten, der etwas weniger zärtlich aussah als der, der im

Garten auf mich gewartet und mich ins Gartenhaus gezogen hatte. Dieser Schatten hielt einen echten, kräftigen Stock – nicht den Schatten eines solchen – in all seiner knotigen Realität. Sobald ich die Männlichkeit erreichte, und wann immer mir eine Gefahr drohte, sei es bei Nacht oder bei Tag, kann ich stolz behaupten, dass ich immer geradewegs auf diese Gefahr zumarschierte. Ich ging direkt auf den Mann mit dem Stock zu. Der Stock erhob sich und ich hielt ihn in meiner Hand. Dann folgte in diesem dunklen Graben einer der heftigsten Kämpfe, die ich jemals in meinem Leben hatte. Ich war tatsächlich die Person, der er auflauerte, die Person, die er treffen wollte. Der Mann, der auf mich wartete, hatte sein Gesicht geschwärzt, deshalb konnte ich ihn nicht erkennen; aber ohne ihn zu erkennen, riet ich, wer er war. Es war ein junger Mann von vierundzwanzig oder fünfundzwanzig Jahren; Ich war kaum achtzehn, aber ich war gut in allen körperlichen Übungen ausgebildet, besonders im Ringen. Es gelang mir, ihn am Körper zu packen und ihn unter mir zu verdrehen. Sein Kopf schlug mit einem lauten Geräusch auf einen Stein. Kein Wort wurde von beiden Seiten gewechselt; aber er musste verletzt sein. Ich fühlte, wie er in seiner Tasche herumtastete, und ich wusste, dass er nach seinem Messer suchte. Ich packte seine Hand oberhalb des Handgelenks und schaffte es, ihn so zu verdrehen, dass seine Finger sich öffneten und das Messer herunterfiel. Dann bekam ich mit einer schnellen Bewegung das Messer zu fassen. Eine Sekunde lang überkam mich eine schreckliche Versuchung, das zu tun, was tatsächlich mein Recht war, nämlich das Messer zu öffnen und es in die Brust meines Gegners zu stoßen. In diesem Moment hing das Leben eines Mannes an einem seidenen Faden: Hätte mein Zorn diesen Faden zerrissen, wäre der Mann getötet worden! Ich hatte mich ausreichend unter Kontrolle, um aufzustehen. Ich hielt das Messer noch in einer Hand, nahm den Stock in die andere und ließ, gestärkt durch diese beiden Waffen, meinen Gegner ebenfalls aufstehen. Er trat einen Schritt zurück und bückte sich, um den Stein aufzuheben, an dem er sich den Kopf gestoßen hatte. Doch gerade als er sich aufrappelte, schlug ich ihm mit dem Ende des Stocks auf die Brust, und er fiel zehn Schritte zurück. Diesmal schien er das Bewusstsein völlig zu verlieren, denn er stand nicht wieder auf. Ich kletterte vom Graben aus die Böschung hinauf und verließ den Ort so schnell ich konnte. Dieser unerwartete Angriff hatte einen solchen Hassgeist offenbart, dass ich fürchtete, es könnte Verrat folgen. Niemand sonst erschien, und ich muss gestehen, dass ich durch diesen Vorfall sehr bestürzt nach Hause kam. Ich war sicherlich einer der schlimmsten Gefahren entkommen, die ich jemals in meinem Leben ausgesetzt war.

Dieses Ereignis hatte sehr ernste Folgen für eine Person, die nichts mit der Angelegenheit zu tun hatte, und führte dazu, dass ich die einzige böse Tat beging, die ich mir in meinem Leben vorwerfen muss. Die Schuld an dieser bösen Tat ist umso größer, da sie an einer Frau begangen wurde. Ich kann nur sagen, dass sie ohne Vorsatz begangen wurde. Ich kam, wie gesagt, sehr froh nach Hause, mit nichts Schlimmerem als ein paar blauen Flecken davongekommen zu sein, und am Ende des Kampfes sehr stolz, meinen Feind besiegt zu haben.

Am nächsten Morgen ging ich zu de la Ponce. Da ein solcher Angriff unter ungünstigeren Umständen wiederholt werden könnte als jene, denen ich gerade entkommen war, wollte ich mir die Taschenpistolen von ihm leihen, die ich in seiner Wohnung gesehen hatte. Es war schwierig, sie mir von ihm zu leihen, ohne ihm zu sagen, warum ich sie wollte. Das sagte ich ihm. Da dies aber, wenn ich ihm den wahren Ort des Kampfes genannt hätte, das Haus verraten oder fast verraten hätte, aus dem ich kam, zeigte ich auf einen ganz anderen Ort. Ich wählte auf gut Glück eine Stelle in der Nähe der *Manege* in einer kleinen engen Straße, wo drei Häuser eingingen. Das erste dieser drei Häuser wurde von Hippolyte Leroy bewohnt, dem ehemaligen Leibwächter, von dem ich bereits im Zusammenhang mit unseren Missgeschicken bei M. Collard gesprochen habe und der bald durch seine Heirat mit Augustine mein Cousin werden sollte; im zweiten wohnte die Familie de Leuven; und der dritte von dem Anwalt, dem Maître Mennesson die Missgeschicke meiner frühen Geliebten erzählt hatte und der, wie ich bereits erwähnt habe, Éléonore, die zweite Tochter von M. Deviolaine aus erster Ehe, geheiratet hatte. Ich habe auch, als ich von M. Lebègue sprach, erzählt, wie die charmante Natur und der gesellige Geist seiner Frau in einer kleinen Stadt, wo Überlegenheit jeglicher Art ein Grund zur Eifersucht ist, Misstrauen und Abneigung erregt hatten. Nun hatte ich außer de la Ponce noch anderen von dem nächtlichen Angriff erzählt, dessen Opfer ich beinahe geworden wäre; und auch anderen, ebenso wie de la Ponce, hatte ich, um den Verdacht abzulenken, denselben Ort bei der *Manege erwähnt* , von dem ich gerade gesprochen habe. Woher konnte ich um zwei Uhr morgens gekommen sein, als ich in der Nähe der *Manege angegriffen wurde?* Es konnte nicht von Hippolyte Leroy gewesen sein; es konnte nicht von Adolphe de Leuven gewesen sein. Es musste also von Monsieur Lebègue stammen – oder vielmehr von Madame Lebègue. Diese böse Vermutung, so falsch sie auch war, konnte nur durch eine gewisse Grundlage gestützt werden.

Ich war sehr leicht den Hänseleien ausgesetzt, vielleicht weil ich mich durch meine wehrlose Lage ihnen aussetzte, und weder Madame Lebègue noch ihre Schwestern verschonten mich. Madame Lebègue war hübsch, geistreich und kokett: aus der Ferne winkte sie ihren Freundinnen mit den charmantesten und liebenswürdigsten Gesten zu, die man sich vorstellen konnte, während sie ihnen aus der Nähe erlaubte, sie anzusehen, zu bewundern und ihr sogar die Hand zu küssen, mit jener aristokratischen Gleichgültigkeit, die Frauen mit hübschen Händen an den Tag legen. Das war ihre einzige Sünde, die arme Frau. Das Verbrechen war groß, aber die Hand war hübsch. Ich mochte Madame Lebègue außerordentlich; ich mochte sie, das kann ich heute gestehen, mit einer Art Gefühl, das sogar über die Grenzen freundschaftlicher Zuneigung hinausgegangen sein könnte, wenn sie zu mehr eingewilligt hätte; aber sie hatte mich nie im Geringsten ermutigt, und wann immer ich in ihrer Nähe war, ließen mich ihr überlegener Witz, ihr weltmännisches Benehmen und ihr Gebaren als feine Dame in die tiefsten Tiefen jener Schüchternheit versinken, die ich bei meinen ersten Liebesabenteuern so krasse Beweise geliefert hatte.

Eines Tages, ohne zu wissen, woher dieses Gerücht stammte, ohne zu ahnen, was es hervorgerufen hatte, hörte ich flüstern, ich sei der Liebhaber von Madame Lebègue. Ich hätte dieses Gerücht sofort durch empörtes Dementieren zum Schweigen bringen sollen, ich hätte dieser Verleumdung mit der verdienten Gerechtigkeit begegnen sollen. Ich war böse genug, es halbherzig zu widerlegen, und zwar auf eine Art, dass mein vergebliches Dementieren allen Anschein eines Geständnisses hatte. Und natürlich diente dieses bösartige Gerücht meinen eigenen Zwecken vollkommen. Ich armer, dummer Narr! Ich empfand ein momentanes Vergnügen, eine Stunde lang Stolz auf dieses Gerücht, das mich vor Scham hätte erröten lassen sollen, denn ich hatte zugelassen, dass eine unwahre Behauptung geglaubt wurde. Bald büßte ich für meine niederträchtige Tat. Zunächst einmal brachte mich das Gerücht in Konflikt mit der Person selbst, um die es sich handelte : Madame Lebègue hielt mich für schuldiger als ich war; sie beschuldigte mich, den Skandal ausgelöst zu haben. Da irrte sie sich: ich hatte zugelassen, dass er weiterlebte, dass er sich ausbreitete, das war alles. Das war allerdings schlimm genug. Sie verbot mir ihr Haus, das Haus, das meine Mutter und ich beide liebten, und es wurde uns beiden von da an feindlich gesinnt. Madame Lebègue vergab mir nie. Zwei- oder dreimal in meinem Leben habe ich den Stich der Nadel der Rache gespürt, die sie mir geschworen hatte. Ich habe nie versucht, die erlittenen Verletzungen zu vergelten; tief in meinem Herzen fühlte ich, dass ich sie verdient hatte. Seit ich Madame Lebègue begegnet bin, habe ich immer meinen Kopf abgewandt und vor ihrem Blick die Augen gesenkt. Der Schuldige gestand stillschweigend sein Verbrechen. Heute bekennt er es offen. Aber jetzt, da das Geständnis abgelegt ist, kann ich kühn dem Rest der Welt der Männer und Frauen gegenübertreten und sagen: „Sie können mir ins Gesicht sehen und versuchen, mich zum Erröten zu bringen, wenn Sie können!"

Am Tag nach meinem Kampf hatte ich die Neugier, den Schauplatz der Schlacht zu besuchen. Ich hatte mich nicht geirrt: Der Stein, auf den der Kopf meines Feindes geprallt war, war an seiner spitzesten Stelle blutbefleckt, und die Farbe einiger Haare, die an dem blutigen Stein klebten, bestätigte meinen Verdacht, der nun, mit diesem letzten Beweis, zur endgültigen Gewissheit wurde. In dieser Nacht sah ich Adèle: Sie wusste noch immer nicht, was mit mir geschehen war. Ich erzählte ihr alles; ich sagte ihr, wen ich verdächtigte: Sie weigerte sich, es zu glauben.

Gerade in diesem Moment kam ein Chirurg namens Raynal vorbei. Ich hatte ihn am Morgen aus der Richtung kommen sehen, die zum Haus meines verwundeten Feindes führte. Ich ging auf ihn zu.

„Was ist los?", fragte ich ihn. „Warum hat man heute Morgen nach Ihnen geschickt?"

„Was ist los, Junge?", antwortete er mit seinem provenzalischen Akzent.

"Ja."

„Er kann es gestern Abend nicht deutlich gesehen haben, und als er eilig nach Hause ging, stieß er sich mit der Brust an einer Kutschenstange. Der Schlag war so heftig, dass er auf den Rücken fiel und sich beim Fallen den Kopf aufschlug."

„Wann wirst du ihm einen zweiten Besuch abstatten?"

„Morgen zur gleichen Zeit wie heute."

„Also gut, Doktor. Sagen Sie ihm von mir, dass ich gestern Abend, als ich an derselben Stelle vorbeikam, wo er gefallen war, hinter ihm her sein Messer gefunden habe und es ihm zurückschicke. Sagen Sie ihm, Doktor, dass es eine gute Waffe ist, dass es aber dennoch unklug ist, einen Mann anzugreifen, der keine anderen Waffen als diese bei sich hat und zwei Pistolen wie diese besitzt …"

Ich nehme an, der Arzt hat es verstanden.

„Oh ja, sehr gut", sagte er. „Ich werde es ihm sagen, keine Angst."

Ich nehme an, dass der Mann, dem das Messer gehörte, das auch verstand, denn ich hörte nie wieder etwas über die Sache, obwohl ich fünfzehn Tage später beim Parkball *vis-à-vis mit ihm tanzte.*

KAPITEL IV

De Leuven macht mich zu seinem Mitarbeiter – Der *Major de Strasbourg* – Mein erstes *Couplet* – *Chauvin* – Das *Dîner d'amis* – Die *Abencérages*

Ich hatte de Leuven naiv von meinem Misserfolg bei der Übersetzung von Bürgers schöner Ballade erzählt; aber da er sich entschlossen hatte, mich zum Dramatiker zu machen, tröstete er mich mit der Aussage, dass sein Vater der Meinung sei, dass einige deutsche Werke absolut unübersetzbar seien und dass die Ballade von *Lénore* die beste unter ihnen sei. Als ich sah, dass de Leuven die Hoffnung nicht aufgab, gewann ich meine allmählich zurück. Ich wage sogar zu behaupten, dass ich wenige Tage später einen Erfolg hatte.

Lafarge hatte schallend über de Leuvens Idee gelacht, mich zu seinem Mitarbeiter zu machen. Denn welche Notiz würde die Pariser Bühne schon von einem ungebildeten Kind nehmen, einem armen Provinzjungen, der in einer Kleinstadt in der Île-de-France vergraben liegt, der weder die französische noch die ausländische Literatur kennt, der die Namen der Großen kaum kennt, der nur eine lauwarme Sympathie für ihre am meisten gelobten Meisterwerke empfindet, da ihm ihr Stil durch seine mangelnde künstlerische Bildung verborgen geblieben ist, der sich an die Arbeit macht, ohne die Theorie des Aufbaus einer Handlung, einer Katastrophe, eines *Ausgangs zu kennen, der nie Gil Blas*, *Don Quijote* oder *Le Diable boiteux* zu Ende gelesen hat – Bücher, die von allen Lehrern als allgemeiner Bewunderung würdig erachtet werden und für die, wie ich zu meiner Schande gestehe, der Mann, der die Nachfolge des Kindes angetreten hat, auch heute kein sehr lebhaftes Interesse empfindet; Er las stattdessen alles Schlechte an Voltaire, der damals als das genaue Gegenteil von Politik und Religion galt; er hatte nie ein Buch von Walter Scott oder Cooper aufgeschlagen, diesen beiden großen Liebesromanautoren, von denen der eine eine vollkommene Menschenkenntnis hatte, der andere Gottes Wirken wunderbar erriet; im Gegenteil, er hatte alle unanständigen Bücher von Pigault-Lebrun verschlungen und war in helles Schwärmen geraten, besonders von „ *Le Citateur* ". *Er kannte die Namen Goethes, Schillers, Uhlands oder André Chéniers nicht; er hatte von Shakespeare gehört, aber nur als Barbaren, aus dessen Misthaufen Ducis die Perlen namens Othello*, *Hamlet* und *Romeo und Julia gesammelt hatte*, aber er kannte seinen Bertin, seinen Parny, seinen Legouvé und seinen Demoustier auswendig.

Lafarge hatte zweifellos recht, und Adolphe musste viel Zeit verschwenden, um eine solche Aufgabe zu übernehmen, deren Hoffnungslosigkeit allein schon ihre Lächerlichkeit mildern konnte. Aber Adolphe, mit seiner anglo-deutschen Sturheit, hielt tapfer an der Arbeit fest, und wir entwarfen den Plan einer Komödie in einem Akt mit dem Titel Der *Major von Straßburg*: Sie war weder gut noch schlecht. Warum der Major von Straßburg, mehr als der Major von Rochelle oder von Perpignan? Ich bin sicher, ich kann es nicht sagen. Und ich habe auch die Handlung oder Entwicklung dieses embryonalen dramatischen Werks völlig vergessen.

Aber es gab einen Vorfall, den ich nicht vergessen habe, denn er verschaffte mir die erste Befriedigung, die mein *Eigeninteresse* erfahren hatte. Es war die Epoche der patriotischen Stücke; eine große interne Reaktion hatte gegen unsere Rückschläge von 1814 und unsere Niederlage von 1815 eingesetzt. Der nationale Couplet und der Chauvinismus waren der letzte Schrei: Wenn man am Ende eines Couplets *Français* mit *succès reimen ließ und Lauriers* mit *Guerriers,* war einem der Applaus sicher. Daher waren de Leuven und ich natürlich ganz zufrieden damit, keine neue Linie zu schlagen, sondern in die Fußstapfen von MM. Francis und Dumersan zu treten und sie zu verehren. Daher gehörte unser *Major de Strasbourg* zur Familie jener würdigen zurückweichenden Offiziere, deren Patriotismus den Feind in Couplets bekämpfte, die dem höchsten Ruhm Frankreichs und der Rache für Leipzig und Waterloo auf den Schlachtfeldern der Gymnase und der Varies gewidmet waren. Nun wurde unser Major, der inzwischen ein einfacher Arbeiter war, von einem Vater und seinem Sohn entdeckt. Sie kamen, ich weiß nicht warum, genau in dem Moment an, als er, statt seine Furchen zu graben, seinen Pflug liegen ließ, um sich der Lektüre eines Buches zu widmen, das ihn allmählich so in Anspruch nahm, dass er das Eintreten des Vaters und des Sohnes nicht bemerkte – ein äußerst glücklicher Umstand, denn die Beschäftigung des tapferen Offiziers verschaffte dem Publikum das folgende Reimpaar:

JULIEN (hört den Major auf).

Komm nicht näher, lass es sein, wo du bist: Das Buch …

DER GRAF.

Ohne Zweifel ein Zitat aus Kämpfen. Dieses Buch?

JULIEN (wacht unter dem Schwert des Oberhaupts und kehrt zu seinem Vater zurück):

Das sind *Siege und Eroberungen.*

DER GRAF

, deine Worte, Kind, ich werde mich nicht aus der Ruhe bringen: Sein Herz
dreht sich durch die deutschen Felder! Er wird die französischen Wanderer
sehen ...

JULIEN

, mein Vater, er hat das letzte Feld bestiegen,
mit dem Auto seiner Augen werde ich dich sehen. Pleursfarbe.

Als mein Teil der Arbeit erledigt war, übergab ich ihn de Leuven, der, wie
ich erwähnen sollte, sehr nachsichtig mit mir war; aber dieses Mal, als er zu
dem Vers kam, den ich gleich zitieren werde, steigerte sich seine Nachsicht
in Begeisterung: er sang den Vers laut –

„Vergiss es, Soldat, vergiss es, hast du noch ein paar Erinnerungen?“

Er sang es zwei-, vier- und zehnmal und unterbrach sich immer wieder, um
zu sagen:

„Oh! Oh! Dieses Reimpaar wird zu Tode geritten, wenn die Zensur es
durchgehen lässt.“

Denn von diesem Zeitpunkt an erfreute sich die ehrenwerte Institution
namens Zensur größter Kraft und ist seither kontinuierlich gewachsen und
erfolgreich.

Ich muss gestehen, dass ich sehr stolz auf mich war; ich hätte nicht geglaubt,
dass ich ein solches Meisterwerk in mir hätte. Adolf lief los, um seinem Vater
das Reimpaar vorzusingen, der, während er auf seinem Zahnstocher kaute,
fragte:

"Hast du es gemacht?"

„Nein, Vater, das war Dumas.“

„Hm! Sie schreiben also eine komische Oper mit Dumas?“

"Ja."

„Warum machen Sie darin keinen Platz für Ihren *Froide Ibérie* ? Das wäre
genau der richtige Platz dafür.“

Adolphe drehte sich auf dem Absatz um und ging los, um Lafarge mein
Reimpaar vorzusingen.

Lafarge hörte zu und zwinkerte.

„Ah! ah! ah!“ rief er, „hat Dumas das komponiert?“

„Ja, er hat es geschafft."

„Sind Sie sicher, dass er es nicht irgendwo abgeschrieben hat?"

Dann antwortete Adolf mit rührender Zuversicht:

„Ich bin mir ganz sicher: Ich kenne jedes patriotische Reimpaar, das in jedem Pariser Theater gesungen wurde, und ich sage Ihnen, dieses hier wurde noch nie gesungen."

„Dann war es ein Zufall und er wird bald eines Besseren belehrt werden."

Auch de la Ponce las den Vers; er kitzelte seinen soldatischen Geschmack, der ihn an das Jahr 1814 erinnerte, und er nutzte gleich die Gelegenheit, mir ein Kompliment dafür zu machen.

Ach, armes Reimpaar, so gut du auch warst, so nimm doch dein gebührendes Lob an, jedenfalls von mir. Ob Gold oder Kupfer, du warst jedenfalls die erste literarische Münze, die ich in die dramatische Welt warf! Du warst die Glücksmünze, die man in einen Sack steckt, um darin noch mehr Schätze zu züchten! Heute ist der Sack bis zum Rand gefüllt: Ich frage mich, ob der Schatz, der kam und dich bedeckte, viel besser war als du selbst? Die Zukunft allein wird entscheiden – jene Zukunft, die für Dichter die herrliche Gestalt einer Göttin und den stolzen Namen der Nachwelt annimmt!

Der Leser weiß, wie eitel ich war. Mein Stolz brauchte nicht ermutigt zu werden, um aus der Vase, in der er eingeschlossen war, herauszukommen und wie der Riese in *Tausendundeiner Nacht aufzublähen:* Ich begann zu glauben, ich hätte ein Meisterwerk geschrieben. Von diesem Tag an dachte ich an nichts anderes als an dramatische Literatur, und da Adolphe eines Tages nach Paris zurückkehren sollte, machten wir uns an die Arbeit, damit er eine regelrechte Ladung Werke im Stil des *Majors von Straßburg mitnehmen konnte.* Wir zweifelten nie daran, dass solch hervorragende Werke beim aufgeklärten Publikum von Paris den verdienten Erfolg finden und mir in der Hauptstadt des europäischen Genies einen mit Kronen und Goldstücken übersäten Weg eröffnen würden. Was würden die wohlgesinnten Leute damals sagen, die meiner Mutter erklärt hatten, ich sei ein fauler Junge und würde nie etwas tun? Spinne, du zukünftiger Schiller! Spinne, du zukünftiger Walter Scott! Dreh dich! ... Von diesem Zeitpunkt an erwachte in meinem Herzen eine große Kraft, die sich gegen alle Ankömmlinge behauptete: Entschlossenheit – eine große Tugend, die zwar sicherlich kein Genie ist, aber ein guter Ersatz dafür – und Ausdauer.

Leider war Adolphe kein sehr sicherer Führer; er tastete sich, wie ich, blind vor. Unsere Themenwahl zeigte dies deutlich. Unsere zweite Oper war aus *Contes à ma fille des ehrwürdigen M. Bouilly entlehnt.* Sie trug den Titel le *Dîner d'amis.* Unser erstes Drama war aus Florians *Gonzalve de Cordoue entlehnt* : es trug den Titel *les Abencérages.*

O liebe Abencérages! O verräterischer Zégris! Welcher Verbrechen ähnlicher Art müsst ihr euch vorwerfen! O Gonzalve de Cordoue! Welche jungen Dichter habt ihr auf den Weg geführt, den wir so voller Hoffnung betreten und von dem wir erschüttert und gebrochen zurückgekehrt sind.

Die arme Lisa Mercœur! Ich sah sie sterben, während sie diese orientalische Chimäre an ihr Herz drückte. Sie klebte fest an ihr, wie ein Ertrinkender an einem schwimmenden Brett. Wir dagegen, die wir spürten, wie wenig Vertrauen man auf sie hatte, hatten den Mut, sie aufzugeben und sie auf dem dunklen Ozean treiben zu lassen, wo sie hinwollte, wo sie ihr begegnete und an ihr festhielt.

Aber wir wussten damals nicht, was die Zukunft dieser Kinder bereithielt, die auf den Landstraßen umherirrten, die wir ihren rechtmäßigen Eltern wegzulocken suchten und die wir eines nach dem anderen in unseren Armen an Erschöpfung sterben sahen.

Diese Arbeiten nahmen ein ganzes Jahr in Anspruch, von 1820 bis 1821. In diesem Jahr ereigneten sich zwei große Ereignisse, die wir unbemerkt blieben, so sehr waren wir auf unsere Arbeit konzentriert und damit beschäftigt: die Ermordung des Herzogs von Berry am 13. Februar 1820 und der Tod Napoleons am 5. Mai 1821.

KAPITEL V

Nicht aufgezeichnete Geschichten über die Ermordung
des Herzogs von Berry

Die Ermordung des Herzogs von Berry beschleunigte den Sturz von M.
Decazes. Damals machte eine merkwürdige Anekdote die Runde. Ich habe
sie im Haus meines Anwalts, der historische Dokumente sammelte,
niedergeschrieben. Soweit ich mich erinnern kann, war sie folgende. Drei
Tage vor der Ermordung des Herzogs von Berry erhielt König Ludwig
XVIII. einen Brief mit folgenden Worten:

> „SIRE – würden Eure Majestät sich herablassen, morgen
> Abend um acht Uhr eine Person zu empfangen, die
> wichtige Enthüllungen zu machen hat, die insbesondere die
> Familie Eurer Majestät betreffen?

> „Wenn Eure Majestät sich herablässt, diese Person zu
> empfangen, soll sofort ein Bote ausgesandt werden, um
> einen Splitter aus orientalischem Alabaster zu finden, der
> auf dem Grab von Kardinal Caprara in Ste. Geneviève ruht.

> „Darüber hinaus muss Eure Majestät durch einen anderen
> Beauftragten ein loses Blatt Papier aus einem Band mit den
> Werken des Heiligen Augustinus [hier wurde die genaue
> Bezeichnung angegeben] beschaffen, dessen
> Verwendungszweck der Verfasser dieses Briefes später
> noch angeben wird.

> „Da die versprochenen Enthüllungen sonst kein Ergebnis
> bringen, dürfen Sie nicht mit der Übermittlung an die
> Bibliothek beginnen und auch nicht gleichzeitig an die
> Bibliothek und an Ste. Geneviève senden. Die Sicherheit
> der Person, die Seiner Majestät einen guten Rat geben
> möchte, hängt von der Ausführung der beiden
> vorgeschriebenen Handlungen in der angegebenen
> Reihenfolge ab."

Der Brief war nicht unterschrieben. Der mysteriöse Inhalt dieses Briefes
erregte die Aufmerksamkeit von Ludwig XVIII., und er ließ am nächsten
Morgen um sieben Uhr nach M. Decazes schicken. Bitte beachten Sie, dass
ich hier keine historische Tatsache erzähle, sondern eine Anekdote aus dem
Gedächtnis, die ich vor etwa dreißig Jahren niedergeschrieben habe. Erst
später und unter ganz anderen Umständen meines Lebens kam sie mir
wieder in den Sinn, wie eine durch chemische Präparate verwischte Schrift.

Daher schickte Ludwig XVIII., wie oben angegeben, am nächsten Morgen nach Monsieur Decazes.

„Monsieur", sagte er, sobald er ihn sah, „Sie müssen zur Kirche Ste. Geneviève gehen; Sie müssen in die Krypta hinabsteigen, wo Sie das Grab von Kardinal Caprara finden, und Sie müssen das Ding, was Sie auf dem Grab finden, mitnehmen, ganz gleich, was es ist ."

Monsieur Decazes ging und stieg in die Krypta hinab, als er Ste. Geneviève erreichte. Dort fand er zu seiner großen Überraschung auf dem Grab von Kardinal Caprara nichts als ein Stück orientalischen Alabasters. Seine Anweisungen waren jedoch präzise, man könnte eher sagen, sie waren eindeutig. Nach kurzem Zögern nahm er das Stück Alabaster und brachte es in die Tuilerien zurück. Er erwartete, der König würde über seinen unterwürfigen Gehorsam spotten, der ihm nur einen so wertlosen Gegenstand brachte, aber das Gegenteil war der Fall, denn beim Anblick des Stücks Alabaster zitterte der König. Dann nahm er es in die Hand, untersuchte es eingehend und legte es auf seinen Schreibtisch.

„Nun", sagte Ludwig XVIII., „schicken Sie einen vertrauenswürdigen Boten in die königliche Bibliothek. Er soll nach den Werken des heiligen Augustinus fragen, der Ausgabe von 1669. In Band 7, zwischen den Seiten 404 und 405, wird er ein Blatt Papier finden."

„Aber, Sire", fragte Monsieur Decazes, „warum sollte ich nicht selbst gehen, anstatt diesen Auftrag einem anderen anzuvertrauen?"

„Kommt nicht in Frage, *mon enfant* !" „ *Mon enfant* " war der Kosename, mit dem der König seinen Lieblingsminister nannte.

Ein vertrauenswürdiger Bote wurde in die königliche Bibliothek geschickt: Er schlug die angegebenen Seiten von St. Augustine auf und fand das beschriebene Papier. Es war ein Leichtes, es mitzunehmen. Das Papier war ein sehr dünnes, leeres Folioblatt, das hier und da seltsam ausgeschnitten war. Während Ludwig XVIII. nach den geheimnisvollen Enthüllungen suchte, die in dem zerzausten Papier verborgen waren, brachte ihm der Sekretär ein Schreiben, das ein Blatt von der gleichen Größe wie das von St. Augustine enthielt, das jedoch mit scheinbar unverständlichen Buchstaben beschriftet war. In der Ecke des Umschlags, in dem dieses Blatt kam, standen die beiden Worte: „Sehr dringend." Der König erkannte, dass es einen Zusammenhang zwischen den beiden Ereignissen und eine Ähnlichkeit zwischen den beiden Blättern gab. Er legte das ausgeschnittene Blatt Papier über das beschriebene und sah, dass die Buchstaben, die durch die Löcher im oberen Blatt zu sehen waren, einen Sinn ergaben. Er entließ den Sekretär und gab Monsieur Decazes zu verstehen, dass er ihn in Ruhe

lassen solle, und als beide gegangen waren, entzifferte er die folgenden
Zeilen:

> „König, du bist verraten! Verraten von deinem Minister
> und von der PP deines S———.

> „König, nur ich kann dich retten. MARIANI."

Der Leser wird verstehen, dass ich mich für diese Notiz ebenso wenig
verantwortlich mache wie für den Rest der Anekdote. Der König erwähnte
diese Notiz niemandem gegenüber. Doch am Abend desselben Tages erließ
der Polizeiminister [1] , der am nächsten Tag entlassen wurde, den Befehl,
einen Mann namens Mariani zu finden.

Am folgenden Tag, es war Sonntag, der 13. Februar, öffnete der König bei
der Messe sein Gebetbuch und fand darin folgende Notiz:

„Sie haben herausgefunden, was ich geschrieben habe; sie suchen mich. Tun
Sie Ihr Möglichstes, um mich zu sehen, wenn Sie großes Unglück für Ihr
Haus vermeiden möchten. Ich werde wissen, ob Sie mich empfangen
werden, indem ich Ihnen drei Oblaten gebe, die Sie in die Scheiben Ihrer
Schlafzimmerfenster kleben."

Obwohl der König an diesem letzten Ratschlagbrief großes Interesse hatte,
hielt er ihn nicht für dringend genug, um ihn wie angewiesen zu befolgen.
Er wartete und zögerte und verschob die Angelegenheit dann auf den
nächsten Tag. An diesem Abend gab es eine Sondervorstellung in der Oper,
bei der *Le Rossignol* , *Les Noces de Gamache* und *Le Carnaval de Venise* gespielt
wurden. Der Herzog und die Herzogin von Berry waren anwesend. Gegen
elf Uhr, am Ende des zweiten Aktes des Balletts, teilte die Herzogin ihrem
Mann mit, dass sie gehen wolle. Der Prinz erlaubte ihr nicht, allein zu gehen,
sondern geleitete sie selbst aus dem Opernhaus. Als er ihre Kutsche
erreichte, die in der Rue Rameau stand, half er der Prinzessin gerade die
Stufe hinauf und sagte zu ihr: „Warte auf mich, ich werde gleich wieder bei
dir sein", schoss ein Mann schnell vor, raste wie ein Blitz zwischen der
Wache an der Ausgangstür und Monsieur de Clermont-Lodève, dem
Hofkapitän, hindurch, packte den Prinzen an der linken Schulter, lehnte sich
schwer gegen seine Brust und stieß ihm ein dünnes, scharfes Schwert mit
einem Buchsbaumgriff in die rechte Brust. Der Mann ließ die Waffe in der
Wunde stecken, warf drei oder vier neugierige Passanten in die Luft und
verschwand sofort um die Ecke der Rue de Richelieu und unter der Colbert-
Arkade. Im Moment bemerkte niemand, dass der Prinz verwundet war; er
selbst hatte kaum Schmerzen außer dem Faustschlag gespürt.

„Pass auf, wohin du gehst, du tollpatschiger Kerl!", rief Monsieur de
Choiseul, der Adjutant des Prinzen, und stieß den Mörder zur Seite, weil er
ihn für einen übermäßig neugierigen Passanten hielt. Plötzlich stockte dem

Prinzen der Atem, er wurde blass und wankte. Er schrie und legte die Hand auf die Brust –

"Ich wurde ermordet!"

„Unmöglich!", riefen die Umstehenden.

"Sehen Sie", antwortete der Prinz, "hier ist der Dolch." Und um seinen Worten Nachdruck zu verleihen, zog er das blutbefleckte Schwert aus seiner Brust und hielt es hoch. Die Kutschentür war noch nicht geschlossen. Die Herzogin sprang heraus und versuchte, ihren Mann mit den Armen zu fangen; aber der Prinz konnte sich trotz dieser Unterstützung bereits nicht mehr auf den Beinen halten. Er fiel sanft in die Arme derer, die ihn umgaben, und wurde in den Salon getragen, der zur Loge des Königs gehörte. Dort wurde ihm sofort Aufmerksamkeit geschenkt.

Allein am Aussehen der Wunde, der Form des Dolches und der Länge seiner Klinge erkannten die Ärzte den Ernst des Falles und erklärten, dass der Prinz nicht in die Tuilerien gebracht werden dürfe. Sie brachten ihn daher in die Zimmerflucht von Monsieur de Grandsire, dem Sekretär der Operngesellschaft, der im Theater lebte. Durch einen merkwürdigen Zufall war das Bett, in das der sterbende Prinz gelegt wurde, dasselbe, in dem er in der ersten Nacht seiner freudigen Rückkehr nach Frankreich geschlafen hatte. Monsieur de Grandsire befand sich zu dieser Zeit in Cherbourg und hatte genau dieses Bett geliehen, um es in das Zimmer des Herzogs von Berry zu stellen. Hier erfuhr der Prinz von der Verhaftung seines Mörders. Er fragte nach seinem Namen. Man sagte ihm, es sei Louis-Pierre Louvel. Er schien in seinem Gedächtnis zu forschen, und dann sagte er, als spräche er zu sich selbst: „Ich kann mich nicht erinnern, diesem Mann jemals wehgetan zu haben."

Nein, Prinz, nein, Sie haben ihm nichts getan; aber Sie tragen auf Ihrer Stirn das tödliche Siegel, das die Bourbonen ins Grab oder ins Exil führt. Nein, Prinz, Sie haben dem Mann nicht geschadet, aber Sie sind Thronfolger, und das genügt in diesem Land, damit die Hand Gottes schwer auf Ihnen liegt. Schauen Sie zurück, Prinz, auf das, was denen widerfahren ist, die in den letzten sechzig Jahren mit der tödlichen Krone umgegangen sind, nach der sie strebten. Ludwig XVI. starb auf dem Schafott. Napoleon starb auf St. Helena. Der Herzog von Reichstadt starb in Schönbrünn. Karl X. starb in Frohsdorf. Louis-Philippe starb in Claremont. Und wer weiß, Prinz, wo Ihr Sohn, der Graf von Chambord, sterben wird? Wo Ihr Vetter, der Graf von Paris? Ich stelle diese Frage an Sie, die Sie das Geheimnis jenes ewigen Lebens erfahren werden, das alle Mysterien des Lebens und des Todes vor uns verbirgt. Und wir möchten Sie außerdem darauf hinweisen, Fürst, dass kein Angehöriger Ihres Geschlechts in den Tuilerien sterben oder als König in den Gräbern seiner Väter ruhen wird.

Aber es war ein gutes und edles Herz, das inmitten all der verwirrenden Ereignisse jener Zeit zu schlagen aufhören sollte. Und als Ludwig XVIII., der von dem Attentat informiert worden war, um sechs Uhr morgens kam, um die letzten Wünsche seines Neffen entgegenzunehmen, waren die ersten Worte des verwundeten Prinzen:

„Sire, verzeihen Sie dem Mann!"

Ludwig XVIII. versprach und verweigerte seine Begnadigung weder.

„Mein lieber Neffe, ich vertraue darauf, dass du diese grausame Tat überleben wirst", antwortete er, „und wir werden die Angelegenheit dann noch einmal besprechen. Außerdem ist sie von schwerwiegender Bedeutung", fügte er hinzu, „und sie muss zu einem späteren Zeitpunkt mit größter Sorgfalt untersucht werden."

Der König hatte diese Worte kaum ausgesprochen, als der Prinz nach Luft rang, die Arme ausstreckte und darum bat, auf die linke Seite gedreht zu werden.

„Ich sterbe!", sagte er, als sie sich beeilten, seinen letzten Wunsch zu erfüllen.

Und tatsächlich hatten sie ihn kaum bewegt, als er um Punkt halb sieben starb.

Der Kummer der Herzogin war unaussprechlich. Sie nahm eine Schere vom Kaminsims, ließ ihr schönes blondes Haar herunter, schnitt es bis zu den Wurzeln ab und warf die Locken auf den toten Körper ihres Mannes.

König Ludwig empfand eine doppelte Trauer: Da er nichts von der Schwangerschaft der Herzogin von Berry wusste, bedauerte er das Aussterben einer ganzen Rasse mehr als den Tod eines ermordeten Neffen.

Als er sich in die Tuilerien zurückzog, erinnerte er sich an die Ereignisse der letzten beiden Tage: an den Brief, den er am Morgen des Attentats erhalten hatte, an die Warnung vor einem großen Unglück, das der königlichen Familie drohte. Und obwohl von dem geheimnisvollen Fremden nichts mehr zu erwarten war, erzählt die Legende, die wir hier wiedergegeben haben, dass Ludwig XVIII. seine schmerzenden Glieder zum Fenster schleppte und die drei Oblaten als Willkommensgruß an den unbekannten Briefschreiber an die Fensterscheiben klebte. Zwei Stunden später erhielt der König einen in drei Umschläge eingewickelten Brief:

„Es ist zu spät! Eine Vertrauensperson soll mich am Pont des Arts abholen, wo ich heute Abend um elf Uhr sein werde.

„Ich vertraue auf die Ehre des Königs."

Um Viertel nach elf wurde der geheimnisvolle Fremde in die Tuilerien eingeführt und in die Privatgemächer des Königs geführt. Er blieb bis ein Uhr morgens bei Louis. Niemand erfuhr, was bei diesem Gespräch vor sich ging. Am nächsten Tag schlug M. Clausel de Coussergues im Oberhaus vor, M. Decazes als Mittäter bei der Ermordung des Herzogs von Berry anzuklagen.

Zur gleichen Zeit also, als die napoleonische und die liberale Partei die von uns zitierten Sketche gegen die Bourbonen verbreiteten und Kopien der Protokolle des Maubreuil-Prozesses verteilten, griff die extreme Rechte mit ähnlichen Mitteln den Herzog von Orléans und Monsieur Decazes an. Dabei untergruben und zerstörten sich die beiden Parteien gegenseitig, was einer vierten Partei zugute kam, die bald unter dem Deckmantel des Karbonarismus in Erscheinung treten sollte - wir meinen damit jenes republikanische Element, von dem Napoleon, als er auf der Insel St. Helena starb, prophezeite, es werde die Zukunft beherrschen.

Doch bevor wir uns dieser Frage widmen, noch ein Wort zu Louvel. Gott bewahre uns davor, den Mörder zu verherrlichen, ganz gleich, welcher Partei er angehörte! Wir möchten nur aus historischer Sicht den Unterschied aufzeigen, der zwischen einem Mörder und einem anderen bestehen kann. Wir haben erzählt, wie Louvel verschwand, zuerst um die Ecke der Rue de Richelieu und dann unter der Colbert-Arkade. Er war gerade im Begriff zu fliehen, als ihm eine Kutsche den Weg versperrte und ihn zwang, sein Tempo zu verlangsamen. In diesem Moment des Zögerns erblickte ihn der Wachposten, der sein Gewehr niedergeworfen hatte, um ihn zu verfolgen, und ihn aus den Augen verloren hatte, wieder und verdoppelte seine Geschwindigkeit, holte ihn ein und packte ihn, einen Kellner aus einem benachbarten Café, um die Taille und packte ihn gleichzeitig am Kragen. Als er gefangen war, unternahm der Mörder keinen weiteren Versuch. Man hätte meinen können, dass er aus Selbsterhaltungsgründen versucht hätte zu fliehen, aber sein einziger Fluchtversuch schien ihn zufriedenzustellen, und hätte man ihn losgelassen, hätte er seine Chance, seine Freiheit wiederzuerlangen, nicht genutzt. Louvel wurde zum Wachhaus unter dem Vestibül der Oper gebracht.

„Elender!" rief Herr von Clermont-Lodève, „was kann Sie dazu bewegt haben, ein solches Verbrechen zu begehen?"

„Der Wunsch, Frankreich von einem seiner grausamsten Feinde zu befreien."

„Wer hat Sie für die Ausführung der Tat bezahlt?"

„Bezahlt!", rief Louvel und schüttelte den Kopf. „Bezahlt!" Dann fügte er mit einem verächtlichen Lächeln hinzu: „Glauben Sie, dass jemand so etwas für Geld tun würde?"

Louvels Prozess wurde in die Oberkammer verlagert. Am 5. Juni erschien er vor dem Obergericht. Am folgenden Tag wurde er zum Tode verurteilt. Vier Monate lang hatte man versucht, seine Komplizen zu finden, aber keiner war gefunden worden. Eine Stunde nach der Urteilsverkündung wurde er in die Conciergerie zurückgebracht, und einer seiner Wärter kam zu ihm.

„Sie möchten", sagte der Mann zu dem Angeklagten, der während des gesamten Prozesses äußerste Ruhe und Anstand bewahrt hatte, „Sie möchten nach einem Priester schicken?" „Wozu?", fragte Louvel.

„Na, um Ihr Gewissen zu beruhigen."

„Oh, mein Gewissen ist beruhigt: Es sagt mir, dass ich meine Pflicht getan habe."

„Ihr Gewissen täuscht Sie. Hören Sie auf das, was ich sage, und schließen Sie Frieden mit Gott: Das ist mein Rat."

„Und wenn ich gestehe, glauben Sie, dass ich dann ins Paradies komme?"

„Das kann sein: Die Barmherzigkeit Gottes ist unendlich."

„Glauben Sie, dass der gerade verstorbene Prinz von Condé im Paradies sein wird?"

„Das sollte er auch sein, er war ein aufrechter Prinz."

„In diesem Fall würde ich mich ihm gern anschließen; es würde mir großen Spaß machen, den alten *Emigranten zu quälen.* "

Das Gespräch wurde hier von Monsieur de Sémonville unterbrochen, der versuchte, dem Gefangenen Informationen zu entlocken. Als er merkte, dass er nichts aus ihm herausbekommen konnte, sagte er zu Louvel:

„Möchtest du etwas?"

„Monsieur le comte", antwortete der Verurteilte, „ich habe im Gefängnis zwischen so groben Laken schlafen müssen, für meine letzte Nacht hätte ich gern feinere."

Der Bitte wurde stattgegeben. Louvel hatte seine feinen Laken an und schlief von neun Uhr abends bis sechs Uhr morgens tief und fest darin. Am 6. Juni

wurde er um sechs Uhr abends aus der Conciergerie geholt: Es war die Zeit
der berühmten Unruhen, von denen wir gleich sprechen werden. Die
Straßen waren gesperrt, und selbst auf den Dächern standen Zuschauer. Er
trug eine runde rote Mütze und graue Hosen, und ein blauer Mantel war um
seine Schultern geschlungen. Die Zeitungen berichteten am nächsten Tag,
dass seine Gesichtszüge verändert und sein Gang geschwächt waren.

Nichts dergleichen: Louvel gehörte zu der Familie der Mörder, mit der
Ravaillac und Alibaud verwandt waren – das heißt, er war ein Mann von
unerschrockenem Mut. Er bestieg das Schafott ohne Pomp und auch ohne
jede Spur von Schwäche, und er starb wie Menschen, die ihr Leben einer
Idee geopfert haben.

Seine Zelle war die letzte in der Conciergerie, rechts, am Ende des Korridors;
es war dieselbe, in der Alibaud, Fieschi und Meunier festgehalten worden
waren.

---

[1] M. Decazes, Ministre de l'Intérieur, war für die Polizei verantwortlich.

KAPITEL VI

Karbonarismus

———

Ich werde jetzt (1821) einige Einzelheiten der Carbonari-Bewegung schildern – ein Thema, über das Dermoncourt und ich lange Gespräche geführt hatten. Dermoncourt war ein alter Adjutant meines Vaters, dessen Namen ich in den früheren Kapiteln dieser Memoiren oft erwähnt habe – er war einer der Hauptführer der Verschwörung von Béfort.

Sie werden sich an die Unruhen im Juni erinnern; an den Tod des jungen Lallemand, der bei einem Fluchtversuch getötet wurde und nach seinem Tod angeklagt wurde, einen Soldaten der königlichen Garde entwaffnet zu haben. Man dachte, der Tote könne ungestraft angeklagt werden. Aber sein Vater verteidigte ihn. Die Zensur – manchmal eine höchst berüchtigte Sache – verhinderte, dass der Brief des armen Vaters in den Zeitungen erschien. M. Lafitte musste seinen Brief in die Kammer bringen und ihn dort lesen, bevor er seinen Inhalt der Öffentlichkeit bekannt geben konnte. Ich gebe ihn in der Form wieder, in der Lallemand ihn an die Zeitungen schickte, als diese sich weigerten, ihn zu veröffentlichen:

> „HERR, – Gestern wurde mein Sohn von einem Soldaten der königlichen Garde zu Tode geprügelt; heute wird er vom *Drapeau blanc* , der *Quotidienne* und dem *Journal des Débats* diffamiert. Ich bin es seinem Andenken schuldig, die in diesen Zeitungen zitierte Tatsache zu leugnen. Die Aussage ist falsch! Mein Sohn hat nicht versucht, einen Soldaten der königlichen Garde zu entwaffnen; er ging unbewaffnet vorbei, als er von hinten den Schlag erhielt, der ihn tötete. LALLEMAND"

Die militärische Verschwörung vom 19. August war die Folge der Unruhen im Juni. Die führenden Mitglieder der Loge *des Amis de la Vérité* waren in diese Verschwörung verwickelt. Später trennten sie sich. Zwei der angeschlossenen Mitglieder, MM. Joubert und Dugier, brachen nach Italien auf. Sie erreichten Neapel mitten in der Revolution von 1821 – einer Revolution, während der Patrioten von ihrem Anführer François schändlich verraten wurden. Die beiden oben genannten stürzten sich in die Revolution und schlossen sich den italienischen Carbonari an, während Dugier als Mitglied eines höheren Grades in der Gesellschaft nach Paris zurückkehrte. Diese in Frankreich noch unbekannte Institution hatte Dugier sehr angesprochen und er hoffte, sie in Frankreich etablieren zu können. Er legte dem Exekutivrat der Loge *des Amis de la Vérité die Grundsätze und Ziele der*

Gesellschaft dar, auf die sie einen tiefen Eindruck machten. Dugier hatte die Regeln der italienischen Gesellschaft mitgebracht und wurde bevollmächtigt, sie zu übersetzen. Diese Aufgabe erfüllte er; aber die Art religiöser Mystik, die die Grundlage dieser Regeln bildete, war den Franzosen überhaupt nicht sympathisch. Sie übernahmen die Institution, abzüglich der Einzelheiten, die sie zu dieser Zeit unpopulär gemacht hätten; und M. Buchez – derselbe, der am 15. Mai versucht hatte, Bois sy-Anglas vergessen zu machen – sowie MM. Bazard und Flottard wurden beauftragt, die französischen Carbonari auf einer Grundlage zu etablieren, die den französischen Geistes- und Denkbedingungen besser entsprach. Am 1. Mai 1821 trafen sich drei damals unbekannte junge Männer, von denen keiner dreißig Jahre alt war, zum ersten Mal in den Tiefen eines der ärmsten Viertel der Hauptstadt, in einem Raum, der selbst für seinen Besitzer weit davon entfernt war, die goldene Mitte darzustellen, von der Horaz sprach. Sie saßen an einem runden Tisch und mit ernsten und sogar düsteren Gesichtern – denn sie waren sich der schrecklichen Arbeit, der sie ihr Leben widmen würden, durchaus bewusst – definierten sie die ersten Grundsätze jener Gesellschaft der Carbonari, die Frankreich in den Jahren 1821 und 1822 in einen riesigen Vulkanausbruch verwandelte, dessen Flammen an den entgegengesetzten und unerwartetsten Orten ausbrachen, in Efffort, La Rochelle, Nantes und Grenoble. Noch bemerkenswerter war, dass die Arbeit, die diese drei revolutionären Chemiker vorbereiteten, nur ein Ziel verfolgte, nämlich einen Kodex für künftige Verschwörer zu erstellen, der es jedem völlig freistellte, gegen alles zu agitieren, was er individuell wählte, vorausgesetzt, er hielt sich an die Hauptregeln der Vereinigung. Im Folgenden eine Zusammenfassung dieser Regeln: „Da Macht nicht Recht ist und die Bourbonen von Ausländern zurückgebracht wurden, verbünden sich die Carbonari, um der französischen Nation die freie Ausübung ihrer Rechte zu sichern – nämlich das Recht, die Regierungsform zu wählen, die den Bedürfnissen des Landes am besten entspricht."

Man wird sehen, dass nichts klar definiert war; in Wirklichkeit zeichnete sich jedoch eine republikanische Regierungsform ab. Diese sollte jedoch erst 37 Jahre später proklamiert und erst dann von der Hand, der sie ihre Existenz verdankte, von Geburt an totgeschlagen werden. Es muss kaum erwähnt werden, dass es sich bei dieser Hand um die Hand Napoleons handelte: Es ist eine Familientradition der Napoleons, die Freiheit zu ersticken, sobald sie einen ersten Konsul oder einen Präsidenten hervorgebracht hat; genau wie im Fall jener wunderschönen Aloe, die nur einmal in 50 Jahren blüht und eingeht, wenn sie ihre strahlenden, aber unglückseligen Blüten hervorgebracht hat, die nichts weiter als unfruchtbare und tödliche Blüten sind.

Die Aufteilung der Carbonari in höhere, zentrale und private Logen ist bekannt. Keine dieser Logen durfte mehr als zwanzig Mitglieder haben – damit wurde das Strafgesetz umgangen, das sich gegen Gesellschaften mit mehr als zwanzig Mitgliedern richtete. Die Höhere Loge bestand aus den sieben Gründern der Carbonari. Diese sieben Gründer waren Bazard, Dugier, Flottard, Buchez, Carriol, Joubert und Limperani. Von jedem Carbonaro wurde erwartet, dass er eine Pistole und fünfzig Patronen in seinem Haus aufbewahrte, und er musste sich Tag und Nacht bereithalten, den Befehlen seiner Kommandeure aus der Höheren Loge Folge zu leisten.

Während die Gesellschaft der Carbonari mit ihrer oben genannten Oberloge aus sieben Mitgliedern organisiert wurde, wurde in der Kammer etwas Ähnliches gegründet – nur weniger aktiv, vital und entschlossen. Es wurde Comité *directeur genannt* , und sein Titel zeigt hinreichend seinen Zweck. Dieses *Comité directeur* bestand aus General la Fayette, seinem Sohn Georges de la Fayette, Manuel, Dupont (de l'Eure), de Corcelles sen., Voyer-d'Argenson, Jacques Koechlin, General Thiars und den Herren Mérilhou und Chevalier. Für militärische Fragen fügte das Komitee die Generäle Corbineau und Tarayre hinzu. Das *Comité directeur* und die *Oberloge* standen in engem Kontakt miteinander. Anfangs waren ihre Treffen nur allgemeinen Diskussionen gedacht, denn die jungen Carbonari behandelten die alten Liberalen mit Verachtung, und diese erwiderten diese Gefühle. Die Carbonari warfen den Liberalen Schwäche und Unentschlossenheit vor; Die Liberalen wiederum warfen den Carbonari Unverschämtheit und Frivolität vor. Sie hätten sich ebenso gut gegenseitig Jugend und Alter vorwerfen können. Außerdem hatten die Carbonari die ganze Verschwörung von Béfort organisiert, ohne ein einziges Wort mit dem *Comité directeur zu sprechen.*

Bazard war jedoch mit La Fayette verbündet und war sich des brennenden Verlangens des Generals nach Popularität durchaus bewusst. Nun war die öffentliche Meinung im Jahr 1821 auf der Seite der Oppositionspartei. Je weiter sie vorrückte, desto beliebter wurden sie. Bazard schrieb an den General und bat ihn, die Verwendung seines Namens als Kooperationspartner zu genehmigen, und die Bitte wurde bewilligt. La Fayette besaß diese bewundernswerte Eigenschaft: Er gab dem ersten Druck nach, ohne persönlich die Initiative ergriffen zu haben, und er ging weiter und direkter zur Sache als die meisten Leute. Die Geheimnisse der Oberloge wurden ihm offenbart und er wurde gebeten, ihr beizutreten. Er nahm die Einladung an, wurde in ihre Reihen aufgenommen und wurde einer der aktivsten Verschwörer von Béfort. Dabei riskierte er seinen Kopf, genauso wie der bescheidenste der Verbündeten. Die mutigsten Mitglieder der Kammer folgten ihm und schlossen sich ihm für dieselbe Sache an. Dies waren Voyer-d'Argenson, Dupont (de l'Eure), Manuel, Jacques Koechlin und de Corcelles Senior. Sie mussten nicht lange auf die Anerkennung ihrer aufopfernden Hingabe warten. Als die Revolution begann, übernahmen sie die Grundlagen der Verfassung des Jahres III. Fünf Direktoren wurden ernannt, und diese fünf waren la Fayette, Jacques Koechlin, de Corcelles Senior, Voyer-d'Argenson und Dupont (de l'Eure).

Der Karbonarismus hatte seine militärische Seite; tatsächlich war er eher militärischer als ziviler Natur. Er stützte sich bei all seinen Bewegungen stark und aus gutem Grund auf die Armee. Die Armee wurde vom König aufgegeben, von den Fürsten missbraucht, privilegierten Parteien geopfert und drei Teile der Opposition übergeben. In den meisten Regimentern wurden Logen eingerichtet, und alles war so gut organisiert, dass sogar die Bewegungen der Regimenter selbst als Mittel der Propaganda dienten. Wenn der Präsident der Militärloge die Stadt verließ, in der er je nach Lage drei Monate, sechs Monate oder ein Jahr einquartiert war, erhielt er eine halbe Münze, die andere Hälfte wurde im Voraus in die Stadt geschickt, in die sein Regiment ging – entweder an ein Mitglied der Höheren oder der Zentralloge. Die beiden Hälften der Münze wurden zusammengesteckt, und die Verschwörer wurden so miteinander in Verbindung gebracht. Auf diese Weise wurden die Soldaten sozusagen zu Handelsreisenden, die mit der Ausbreitung der Revolution in ganz Frankreich beauftragt waren. So werden wir feststellen, dass alle Aufstände, die ausbrachen, sowohl militärischer als auch ziviler Natur waren.

Gegen Mitte des Jahres 1821 waren alle Pläne für einen Aufstand in Bordeaux sowie in Béfort, in Neuf-Brisach sowie in Rochelle, in Nantes und Grenoble, in Colmar und in Toulouse geschmiedet. Frankreich war mit einem riesigen Netz von Mitgliedsvereinen überzogen, so dass sich der revolutionäre Einfluss unbemerkt, aber aktiv bis ins Herz des gesellschaftlichen Lebens ausgebreitet hatte, von Ost nach West, von Nord nach Süd. Von Paris aus – das heißt von der Oberloge – wurden alle Befehle zur Belebung und Unterstützung der Propaganda ausgegeben, so wie der Herzschlag das lebensspendende Blut in alle Teile des menschlichen Körpers schickt. Alles war bereit. Es war die Nachricht eingegangen, dass dank des Einflusses von vier jungen Männern, die zuvor bei der Rebellion vom 19. August kompromittiert worden waren, das 29. Infanterieregiment, ein Regiment bestehend aus drei Bataillonen, die jeweils in Béfort, Neuf-Brisach und Huningue stationiert waren, für die Carbonari gewonnen worden war. Diese vier jungen Männer waren ein Gardist namens Lacombe, Leutnant Desbordes und die Leutnants Bruc und Pegulu, zu denen noch ein Anwalt namens Petit Jean und ein Halbsoldoffizier namens Roussillon gesellten. Außerdem war da noch Dermoncourt, der nur auf Halbsold gesetzt worden war und in der Marktgemeinde Widensollen lebte, eine Meile von Neuf-Brisach entfernt. Er war in den kommenden Aufstand eingebunden, um die leichte Kavallerie zu führen, die in einer Kaserne in Colmar stationiert war. So viel zu den militärischen Operationen.

Auch die zivile Seite der Verschwörung war in Gang und wurde von den Herren Voyer-d'Argenson und Jacques Koechlin geleitet, die Fabriken in der Nähe von Mulhouse und Béfort besaßen und großen Einfluss auf ihre Arbeiter ausübten, die fast alle mit der Regierung unzufrieden waren, die den Adligen ihre alten Privilegien und den Priestern ihren alten Einfluss zurückgegeben hatte. Diese Unzufriedenen waren begierig, an jedem Aufstand teilzunehmen, zu dem ein Anführer sie auffordern konnte. So erhielt die Oberloge in Paris gegen Ende des Jahres 1821 folgende Nachricht:

In Huningue, Neuf-Brisach und Béfort war das 29. Infanterieregiment unter dem Kommando der Leutnants Carrel, de Gromely und Levasseur stationiert; in Colmar stand die leichte Kavallerie unter Dermoncourt; in Straßburg hatten sie zwei Artillerieregimenter und ein Pontonierebataillon in Bereitschaft, *in* Metz ein Pionierregiment und, noch besser, die Militärschule; schließlich hatten sie in Spinal ein Kürassierregiment, die Herren Koechlin und Voyer-d'Argenson waren nicht nur bei einem Aufstand in Mülhausen verlässlich , sondern auch entlang des gesamten Rheinlaufs, wo Privatlogen stationiert waren; insgesamt waren es über 10.000 Gefährten unter den pensionierten Offizieren, Bürgern, Zollbeamten und Förstern: alles Männer mit entschlossenem Charakter und bereit, ihr Leben zu opfern.

Etwa zu dieser Zeit stellte meine arme Mutter beim Zusammenrechnen ihrer Einkünfte fest, dass wir so arm waren, dass sie an unseren Freund Dermoncourt dachte, in der Hoffnung, dass er vielleicht noch Beziehungen zur Regierung hatte. So beschloss sie, ihm zu schreiben und ihn zu bitten, sich nach der unbezahlten Rente von 28.500 Francs zu erkundigen, die meinem Vater für die Jahre VII und VIII der Republik zusteht. Der Brief erreichte Dermoncourt etwa am 20. oder 22. Dezember – acht Tage vor Ausbruch des Aufstandes. Er antwortete postwendend, und am 28. Dezember erhielten wir folgenden Brief:

> „Meine gute Madame Dumas, was zum Teufel hat Sie
> geritten, dass Sie glauben, ich hätte Beziehungen zu diesem
> Haufen Schurken unterhalten können, die im Augenblick
> unsere Angelegenheiten regeln? Nein, Gott sei Dank, ich
> habe mich zurückgezogen, ich habe mit dem, was hier vor
> sich geht, weder mit der Feder noch mit dem Schwert etwas
> zu tun. Verlassen Sie sich daher, meine liebe Dame, nicht
> auf einen armen Teufel wie mich, wenn Sie mir etwas
> anderes als meine eigenen armseligen 1000 Francs pro Jahr
> geben, sondern schauen Sie auf Gott, der, wenn er wirklich

sieht, was hier unten vor sich geht, sehr zornig über die Art und Weise sein sollte, wie die Dinge laufen. Es gibt zwei Alternativen: Entweder gibt es keinen guten Gott, oder die Dinge würden nicht so weitergehen, wie sie sind; aber ich weiß, dass Sie an den guten Gott glauben – also vertrauen Sie auf ihn. Eines Tages werden sich die Dinge ändern. Fragen Sie Ihren Sohn, der inzwischen ein großer Junge sein muss, und er wird Ihnen sagen, dass es ein Sprichwort eines lateinischen Autors namens Horaz gibt, das besagt, dass nach Regen schönes Wetter kommt. Lassen Sie Ihren Regenschirm also etwas länger geöffnet, und wenn schönes Wetter kommt, kommt, leg es hin und zähl auf mich.

„Seien Sie hoffnungsvoll. Ohne Hoffnung, die im tiefsten Inneren eines jeden Menschen schlummert, bliebe anständigen Leuten nichts anderes übrig, als sich das Gehirn wegzublasen.

"BARON DERMONCOURT"

In diesem Brief stand sehr wenig, aber dennoch viel: Meine Mutter schloss daraus, dass etwas dahintersteckte und dass Dermoncourt in das Geheimnis eingeweiht war.

Am Tag nach Erhalt unseres Briefes geschah Folgendes in Béfort: Um den Plan der Verschwörer auszuführen, wurde das Signal gleichzeitig nach Neuf-Brisach und Béfort gesendet; und zur selben Stunde und am selben Tag oder vielmehr in derselben Nacht griffen diese beiden Orte zu den Waffen und hissten die dreifarbige Standarte. Der Aufstand fand in der Nacht vom 29. auf den 30. Dezember statt. In Béfort und dann in Colmar wurde eine provisorische Regierung ausgerufen. Diese Regierung bestand, wie wir bereits erwähnt haben, aus Jacques Koechlin, General la Fayette und Voyer-d'Argenson. 25 oder 30 Carbonari hatten den Befehl erhalten, nach Béfort aufzubrechen. Sie brachen unverzüglich auf und kamen am 28. bei Tageslicht an. Am 28., gerade als Joubert, der ihnen nach Béfort vorausgegangen war, sich darauf vorbereitete, die Stadt zu verlassen, um sie hineinzuführen, traf er Herrn Jacques Koechlin. M. Koechlin suchte ihn auf, um ihm eine merkwürdige Neuigkeit mitzuteilen. M. Voyer-d'Argenson, der mit ihm und General la Fayette das revolutionäre Triumvirat bildete, war zwar gekommen, hatte sich jedoch in seinen Fabriken in den Tälern hinter Massevaux eingeschlossen und erklärt, er wolle dort niemanden empfangen, aber die mitgebrachten Anweisungen sollten für ihn aufbewahrt werden.

„Alles schön und gut, aber was sollen wir tun?", fragte Joubert.

„Hören Sie", sagte Monsieur Koechlin, „ich werde selbst nach Massevaux gehen. Ich werde mich um d'Argenson kümmern und ihn wohl oder übel herauslocken, während Sie mit allen Mitteln versuchen müssen, die Ankunft von la Fayette zu beschleunigen."

Daraufhin brachen die beiden Verschwörer auf. Der eine, Monsieur Koechlin, eilig, wie er sagte, nach Massevaux, einem kleinen Dorf abseits der Hauptstraße, etwa sieben Meilen von Béfort und gleich weit von Colmar entfernt; der andere, Monsieur Joubert, nach Lure, einer kleinen Stadt an der Straße nach Paris, zwanzig Meilen von Béfort entfernt. Dort hielt eine Kutsche, und er erkannte darin zwei freundliche Gesichter, die zweier Brüder, großer Maler und wahrer Patrioten, Henri und Ary Scheffer; mit ihnen war Monsieur de Corcelles junior. Joubert machte sie sehr bald mit dem Geschehen vertraut. Ary Scheffer, der enge Freund von General la Fayette, kehrte um, um ihn in seinem Schloss La Grange zu suchen. Die anderen kehrten mit Joubert nach Béfort zurück, um zu melden, dass sich die Bewegung verzögert hatte. So vergingen der 29. und 30. mit nutzlosem Warten. In der Nacht zwischen diesen beiden Tagen wurde General Dermoncourt ungeduldig und schickte einen Unteroffizier namens Rusconi, der Monsieur Koechlin gehörte, nach Mulhouse. Dieser Mann war einst Offizier in der italienischen Armee gewesen und war Napoleon nach Elba gefolgt. Er wurde ausgesandt, um herauszufinden, ob Monsieur Koechlin etwas erfahren hatte. Rusconi brach um zehn Uhr morgens auf, legte bei strömendem Regen neun Meilen Land zurück und erreichte Monsieur Koechlins Haus um zehn Uhr abends. Er fand ihn bei zehn seiner Freunde und nahm ihn beiseite, um ihn zu fragen, ob er Neuigkeiten über die Verschwörung habe. Monsieur d'Argenson wollte nicht nachgeben; es gab noch keine Neuigkeiten aus La Fayette; man nahm an, dass er von Manuel festgehalten wurde. In der Zwischenzeit sollte General Dermoncourt geduldig sein und informiert werden, wenn es Zeit zum Handeln sei.

„Aber", fragte der Bote, „für wen soll er handeln?"

"Ah, da liegt das Problem", antwortete M. Koechlin. "Die Generäle wollen Napoleon II., die anderen, mit Manuel an der Spitze, wollen Louis-Philippe, General la Fayette will eine Republik ... Aber stürzen wir zuerst die Bourbonen, dann wird alles klar sein."

Rusconi reiste ab, mietete eine Kutsche, reiste die ganze Nacht, erreichte Colmar am nächsten Tag um zehn Uhr und ging von Colmar zu Fuß nach Widensollen, wo er den General einsatzbereit vorfand. Während seiner Abwesenheit war nichts geschehen. Folgendes war geschehen: Ary Scheffer hatte la Fayette in La Grange gefunden. Der General, der der Kammer angehörte und dessen Abwesenheit aufgefallen wäre, wenn er länger weggeblieben wäre, wollte Béfort erst im entscheidenden Moment erreichen.

Er versprach, noch in dieser Nacht aufzubrechen, unter einer Bedingung: dass M. Ary Scheffer so schnell wie möglich nach Paris fahre, um Manuel und Dupont (de l'Eure), die letzten beiden Mitglieder der provisorischen Regierung, zu überreden, zu kommen und an der Rebellion teilzunehmen; er müsse auch Oberst Fabvier mitbringen, einen Mann mit Urteilsvermögen und Mut, der das Kommando über die aufständischen Bataillone übernehmen sollte. Ary Scheffer machte sich auf den Weg nach Paris, traf Manuel, Dupont und Fabvier und ließ Manuel und Dupont versprechen, noch in derselben Nacht aufzubrechen. Er nahm Colonel Fabvier in seine Kutsche und machte sich erneut auf den Weg nach La Fayette, gefolgt von Manuel und Dupont.

Während diese Wagenkolonne die Revolution mit voller Geschwindigkeit die Straße von Paris entlang trug, während Jacques Koechlin, angeführt von Joubert und Carrel, sich Béfort näherte, und während Oberst Pailhès, der nichts von Fabviers Ankunft wusste, sich daran machte, das Kommando über die Truppen zu übernehmen, und Dermoncourt mit gesatteltem Pferd auf das Signal wartete, löste Leutnant Manoury, einer der wichtigsten Gefährten, mit einem seiner Kameraden die Wache ab und stellte sich am Haupttor der Stadt auf, zur selben Zeit warnten die anderen Eingeweihten ihre Freunde, dass der Moment gekommen sei und der Aufstand aller Wahrscheinlichkeit nach in der Nacht des 1. Januar 1822 stattfinden würde. Inzwischen war der Abend des 1. Januar angebrochen. Nur noch wenige Stunden, und alles würde ausbrechen. Inzwischen brach die Nacht herein. Um acht Uhr wurde die Anwesenheitskontrolle durchgeführt. Nach dem Appell machte der Unteradjutant Tellier alle Sergeanten und beorderte sie in ihre Zimmer, wo jede Kompanie ihre Musketen mit Feuersteinen ausstattete, ihre Tornister packte und sich zum Marsch bereit machte. Die Sergeanten kehrten zum Abendessen mit Manoury zurück. Zwanzig Schritte von dem Ort entfernt, an dem Manoury und seine Sergeanten zu Abend aßen, ging Oberst Pailhès zum *Hôtel de la Poste*, um mit zwanzig Aufständischen zu speisen, und da der Wirt eines Gasthofs normalerweise einer der Hauptanführer ist, machte sich niemand Sorgen, und der Speisesaal war mit dreifarbigen Flaggen, Kokarden und Adlern geschmückt. Und tatsächlich, was hatten sie zu befürchten? Kein Offizier besetzte die Kaserne, und um Mitternacht brach der Aufstand aus.

Ach, keiner wusste, was für eine Ansammlung unerwarteter Unglücke aus der Büchse der Pandora entschlüpfen würden, die die Menschen Schicksal nennen! ...

Ein Sergeant, dessen sechsmonatiger Urlaub an diesem Abend abgelaufen war und der aufgrund seiner langen Abwesenheit nichts von dem wusste, was vor sich ging, traf am Abend des 1. Januar gerade rechtzeitig in Béfort ein, um zum Appell zu antworten und bei den Vorbereitungen zu helfen.

Als diese Vorbereitungen abgeschlossen waren, wollte er seinem Hauptmann seine Pünktlichkeit und seinen Eifer beweisen, indem er ihm mitteilte, dass das Regiment bereit sei.

„Bereit wofür?", fragte der Kapitän.

"Bis März."

"Wohin marschieren?"

„An den Ort, der bestimmt wurde."

Der Captain blickte den Sergeant an.

„Was sagst du?", fragte er erneut.

„Ich sage, die Tornister sind gepackt, Hauptmann, und die Feuersteine sind in den Musketen."

„Sie sind entweder betrunken oder verrückt", rief der Kapitän. „Gehen Sie zu Bett."

Der Sergeant wollte sich gerade zurückziehen, als ihn ein anderer Offizier aufhielt und genauer befragte. Aus der Genauigkeit seiner Antworten schloss er, dass es tatsächlich die Wahrheit war.

„Wie hätte ein solcher Befehl gegeben werden können, wenn die beiden Kapitäne nicht davon gewusst hätten?"

„Wer hat den Befehl gegeben? ... Es muss doch der Oberstleutnant gewesen sein?"

„Zweifellos", antwortete der Sergeant mechanisch.

Die beiden Kapitäne erhoben sich und gingen zum Oberstleutnant. Er war ebenso erstaunt und ratlos wie sie.

Der Befehl musste von Monsieur Toustain gekommen sein, dem stellvertretenden Gouverneur und Befehlshaber der Festung Béfort. Alle drei gingen zu Monsieur Toustain. Er hatte nichts von dem Gerücht gehört, das sie ihm brachten, aber plötzlich kam ihm eine Idee. Es war ein Komplott. Die beiden Hauptleute eilten sofort zurück in die Kaserne und befahlen, die Tornister abzuschnallen, die Feuersteine aus den Musketen zu nehmen und die Soldaten in die Kaserne zu bringen.

In der Zwischenzeit besuchte der Vizegouverneur die Posten. Die beiden Offiziere eilten zur Kaserne und M. Toustain begann mit seiner Inspektion. Einer der ersten Posten, den er erreichte, war der von Manoury bewachte. Als er näher kam, sah er im Licht seiner Laterne eine Gruppe von vier

Personen. Diese Gruppe kam ihm verdächtig vor und er sprach sie an. Es waren vier junge Männer, die wie Bürger gekleidet waren. Der Leutnant des Königs verhörte sie.

„Wer sind Sie, meine Herren?", fragte er.

„Wir sind Bürger dieses Viertels, Kommandant."

"Was sind eure Namen?"

Ob aus Unachtsamkeit, aus Überraschung oder weil sie nicht lügen wollten, diese vier Jugendlichen gaben ihre Namen an:

„Desbordes, Bruc, Pegulu und Lacombe."

Der Leser wird sich erinnern, dass sie alle vier am Aufstand vom 19. August teilgenommen hatten und ihre Namen in den Zeitungen erschienen waren, so dass sie dem Vizegouverneur vollkommen vertraut waren. Er rief den Chef der Wache, Manoury, und befahl ihm, die vier jungen Männer festzunehmen, sie unter Bewachung zu stellen und ihm dann fünf Männer zu geben, die hinausgehen und den Eingang zu den Vororten räumen sollten. Kaum war der Vizegouverneur hundert Schritte gegangen, als er bemerkte, dass anscheinend fünfundzwanzig oder dreißig Personen die Flucht ergriffen: einige von ihnen trugen Uniform; unter ihnen erkannte er einen Offizier des 29. Regiments. M. Toustain sprang auf ihn zu und streckte die Hand aus, um ihn am Kragen zu packen; aber der Offizier befreite sich, hielt ihm aus nächster Nähe eine Pistole hin und schoss direkt auf M. Toustains Brust, wobei die Kugel das Kreuz von St. Louis traf, das sie zerbrach und plattdrückte. Der Schock war jedoch völlig ausreichend, um den Kommandanten niederzuschlagen. Aber er stand bald auf, und als er sah, dass seine fünf Männer dreißig Mann nicht gewachsen waren, kehrte er in die Stadt zurück und hielt am Wachhaus an, um Bruc, Lacombe, Desbordes und Pegulu aufzunehmen. Alle vier waren verschwunden: Manoury, einer der Offiziere, hatte sie freigelassen und war mit ihnen verschwunden. Der Vizegouverneur marschierte direkt zur Kaserne und stellte sich an die Spitze des Bataillons. Er führte es zum Marktplatz und schickte seine Kompanie Grenadiere, um das Tor Frankreichs zu bewachen und jeden festzunehmen, der versuchen sollte, hinauszugehen. Aber er war bereits zu spät – denn alle Aufständischen befanden sich außerhalb der Stadt. Nachdem er seine beiden Chefs zurückgelassen hatte, traf der Unteroffizier, der alles herausgelassen hatte, Adjutant Tellier, der den Befehl gegeben hatte, die Tornister zu packen und Feuersteine an die Gewehre zu legen. Er erzählte ihm, was geschehen war und welche Maßnahmen getroffen worden waren. Tellier erkannte, dass alles verloren war. Er rannte zum *Hôtel de la Poste* , öffnete die Tür und rief in die Mitte der Abendessensgesellschaft die schrecklichen Worte:

"Alles ist entdeckt!"

Zwei Offiziere, Peugnet und Bonnillon, glaubten immer noch nicht und boten an, in die Kaserne zu gehen; und tatsächlich gingen sie. Zehn Minuten später rannten sie zurück: Die Nachricht war nur zu wahr, und es blieb nur noch Zeit zur Flucht. Und sie flohen.

Auf diese Weise begegnete der Vizegouverneur Peugnet und seinen Freunden vor den Toren Frankreichs. Denn es war Peugnet, den er festnehmen wollte und der den Pistolenschuss abfeuerte, der das Kreuz von St. Louis dem Erdboden gleichmachte.

Pailhès und seine Tischgenossen hatten das Hotel kaum verlassen, als Carrel und Joubert am Ort des Geschehens eintrafen. Sie waren gekommen, um ihrerseits die Entdeckung der Verschwörung bekannt zu geben. Sie fanden im Speisesaal nur Guinard und Henri Scheffer, die ihn gerade verließen. Da sie jedoch nicht aus diesem Land stammten, wussten sie nicht, wohin sie fliehen sollten! Guinard, Henri Scheffer und Joubert bestiegen eine Kutsche und nahmen die Straße nach Mülhausen. M. de Corcelles junior und Bazard machten sich auf den Weg, um la Fayette zu treffen und ihn zur Umkehr zu bewegen. In der Nähe von Mülhausen verließ Carrel seine drei Gefährten, stieg zu Pferd und kehrte nach Neuf-Brisach zurück, wo sein Bataillon stationiert war. Vor den Toren von Colmar traf er unterwegs Rusconi, denselben Kerl, der am Abend zuvor in Mülhausen gewesen war.

General Dermoncourt wartete noch immer und stellte Rusconi als Wache auf, um ihm Neuigkeiten zu überbringen. Rusconi kannte Carrel und erfuhr von ihm, dass alles entdeckt worden war und die Verschwörer auf der Flucht waren.

„Aber wohin willst du gehen?", fragte Rusconi.

„ *Ma foi* , ich werde nach Neuf-Brisach gehen, um meine Pflichten wieder aufzunehmen."

„Das scheint mir kein kluger Weg zu sein."

„Ich werde Ausschau halten und beim ersten Alarm das Lager aufbrechen. Hast du Geld?"

„Ich habe hundert Louisdor, die zu der Verschwörung gehören. Nimm fünfzig davon."

„Gib sie mir, nimm dann mein Pferd und geh und warne den General."

Der Austausch war abgeschlossen, und Carrel setzte seine Reise zu Fuß fort, während Rusconi im Galopp das Landhaus des Generals erreichte. Der General stand gerade auf. Rusconi informierte ihn über das Scheitern des Unternehmens in Béfort, aber Dermoncourt weigerte sich bis zuletzt, es zu glauben.

„Na ja", sagte er, „das Scheitern von Béfort muss einen Erfolg bei Neuf-Brisach bedeuten. "

„Aber, General", sagte Rusconi, „vielleicht ist die Neuigkeit bereits im Ausland angekommen und es wurden Maßnahmen ergriffen, um alles zu vereiteln?"

„Dann fahren Sie nach Colmar, um Nachforschungen anzustellen, und ich fahre nach Neuf-Brisach. Kommen Sie in zwei Stunden wieder hierher."

Jeder ging seines Weges. Als Rusconi Colmar erreichte, ging er ins *Café Blondeau*, um sich nach Neuigkeiten zu erkundigen. Alles war bekannt.

Während seiner Nachforschungen fand ein mit General Dermoncourt befreundeter Richter Gelegenheit, ihn zu warnen, dass zwei Haftbefehle erlassen worden waren, einer gegen ihn selbst und der andere gegen den General. Rusconi wartete nicht, um mehr zu erfahren, sondern machte sich sofort auf den Weg nach Widensollen. Er kam um Mitternacht an und fand den General friedlich schlafend vor: Er war in Neuf-Brisach gewesen und hatte sich davon überzeugt, dass nach den Ereignissen in Béfort alle Aufstandsversuche nun unmöglich waren. Auf Rusconis neue Nachrichten und auf die dringende Bitte seiner Frau hin beschloss General Dermoncourt, Widensollen zu verlassen und nach Heiteren zu gehen. Dort suchte er Zuflucht bei einem Cousin, einem alten Militärlehrer. Zwei Stunden nach ihrer Abreise erschienen die Soldaten und ein Richter in Widensollen.

Baronin Dermoncourt ließ dies durch ihren Gärtner ausrichten und drängte ihn, unverzüglich zu fliehen. Sie besprachen die Möglichkeit, den Rhein zu überqueren, und beschlossen, am nächsten Tag so zu tun, als würden sie einen Jagdausflug zu den Inseln unternehmen, die Geiswasser gegenüberliegen. Geiswasser ist ein kleines Dörfchen auf dieser Seite des Rheins, das von Fischern und Zollbeamten bewohnt wird.

Der Vorwand war umso plausibler, als es auf den Inseln von Wild wimmelte und General Dermoncourt zusammen mit M. Koechlin aus Mulhouse mehrere davon zum Schießen gemietet hatte. Im Morgengrauen brachen sie mit Hunden und Gewehren auf. Sie hatten die Bootsleute über Nacht angeheuert und fanden sie bereit vor. Gegen neun Uhr, bei einem Nebel, der es unmöglich machte, zehn Schritte weit zu sehen, gingen sie an Bord und befahlen den Bootsleuten, in die Mitte des Flusses zu fahren. Sie landeten auf einer der Inseln. Nur Rusconi und Dermoncourt blieben im Boot, während diejenigen, die nichts zu befürchten hatten, so taten, als würden sie losziehen und schießen.

„Nun, meine Männer, ich habe auf der anderen Seite des Rheins etwas zu erledigen", sagte der General zu den Schiffern. „Sie müssen die Güte haben, mich hinüberzubringen."

Die Bootsmänner sahen einander an und lächelten.

„Gerne, General", antworteten sie. Eine Viertelstunde später waren Rusconi und Dermoncourt im Breisgau.

Als er das Territorium des Großherzogs von Baden betrat, zog er eine Handvoll Sovereigns aus seiner Tasche und gab sie den Schiffern.

„Danke, General", antworteten sie, „aber das war wirklich nicht nötig. Wir sind echte Franzosen und möchten nicht zusehen, wie ein tapferer Mann wie Sie erschossen wird."

Diese Bootsleute kannten Béfort und waren sich völlig im Klaren darüber, dass sie Flüchtlinge und keine Jagdgesellschaft eskortierten.

Der General zog sich nach Freiburg zurück und ging von dort nach Basel. Am 5. und 6. Januar lasen wir in den Zeitungen alle Einzelheiten der Verschwörung.

Der Name Dermoncourt spielte bei dem Verfahren eine so wichtige Rolle, dass wir ganz sicher waren, dass im Falle seiner Verhaftung seine ausstehenden Zahlungen in Höhe der Hälfte seines Gehalts nie beglichen würden.

Diese Einzelheiten erklärten seinen Brief und wir konnten verstehen, was für ein schönes Wetter uns nach dem Regen erwarten würde. Anstatt dass das Barometer auf „Schön" stieg, war es auf „Stürmisch" gefallen.

Meine arme Mutter musste ihren Regenschirm aufgespannt lassen, wie Dermoncourt geraten hatte. Allerdings war der Schirm so heruntergekommen, dass er nicht mehr gegen Regenschauer gewappnet war.

Mit anderen Worten – um unsere Metapher aufzugeben – waren unsere Ressourcen erschöpft.

Aber es blieb mir noch Hoffnung.

Sie fragen, aus welcher Richtung?

Ich werde es dir sagen.

KAPITEL VII

Ich hoffte, dass es de Leuven gelingen würde, unsere Komödien und Melodramen auf die Bühne zu bringen.

Als sein Vater Monsieur de Leuven feststellte, dass seine Anwesenheit in Frankreich kein Aufsehen erregte, beschloss er, das Risiko einzugehen und nach Paris zurückzukehren. Adolphe folgte seinem Vater natürlich. Seine Abreise, die mich unter anderen Umständen in Verzweiflung versetzt hätte, überwältigte mich jetzt mit Freude, da unsere Ideen nun einmal waren, wie sie waren. De Leuven nahm uns unsere *Meisterwerke mit*: Wir zweifelten nie daran, dass die Direktoren der verschiedenen Theater, für die sie bestimmt waren, sie mit Begeisterung empfangen würden!

Dank unserer beiden Vaudevilles und unseres Dramas würden wir einen Nebenfluss jenes Pactolus verlassen, der seit 1822 die Herrschaftsgebiete von M. Scribe bewässert hatte. Ich würde mit meiner Mutter auf diesem Nebenfluss in See stechen und mich de Leuven in Paris anschließen. Dort würde sich mir eine Karriere eröffnen, die mit Rosen und Banknoten übersät war. Man kann sich vorstellen, wie ungeduldig ich auf Adolphes erste Briefe wartete. Diese ersten Briefe ließen auf sich warten. Ich begann mich unwohl zu fühlen. Endlich eines Morgens wandte sich der Postbote (oder vielmehr die Postbotin, eine alte Dame, die wir „Mutter Colombe" nannten) in Richtung unseres Hauses. Sie hielt einen Brief in der Hand; dieser Brief war in Adolphes Handschrift und trug den Pariser Poststempel.

Die Direktoren machten – aus Gründen, die Adolphe nicht ergründen konnte – nicht den Wirbel um unsere *Meisterwerke,* den er von ihnen zu erwarten glaubte. Adolphe gab jedoch nicht die Hoffnung auf, ihnen Gehör zu verschaffen. Wenn ihm das nicht gelingen sollte, würde er die Manuskripte den Kritikern vorlegen müssen, was höchst demütigend wäre! Trotz der Hoffnungsschimmer, die noch durch den Brief hindurchschimmerten, war der Gesamtton des Briefes traurig. Abschließend versprach Adolphe, mich über seine Aktivitäten auf dem Laufenden zu halten.

Ich wartete auf einen zweiten Brief. Der zweite Brief ließ mehr als einen Monat auf sich warten. Und dann, ach!, war praktisch alle Hoffnung dahin. Das von M. Bouilly entlehnte *Dîner d'amis hatte nicht genügend Handlung; der Major de Strasbourg* ähnelte zu sehr dem „*Soldat Laboureur*", der gerade mit so großem Erfolg im Variétés gespielt worden war.

Und was die *Abencérages betrifft*, so war in jedem Boulevardtheater während der letzten zehn, fünfzehn oder zwanzig Jahre ein Stück zu diesem Thema aufgeführt worden.

Selbst wenn wir also annehmen würden, dass unseres angenommen wurde, hat es uns nicht weit gebracht.

Dennoch hatten wir in Bezug auf das *Dîner d'amis* und den *Major de Strasbourg noch nicht alle Hoffnung aufgegeben.*

Nach vergeblichen Versuchen, im Gymnase und im Variétés Zutritt zu erhalten, versuchten wir es im Porte-Saint-Martin, im Ambigue-Comique und im Gaieté.

Und das Schicksal der unglückseligen *Abencérages* war besiegelt.

Ich vergoss darüber eine ebenso bittere Träne wie Boabdil über Grenada und erwartete Adolphes dritten Brief mit sehr düsteren Vorahnungen.

Unser Kelch der Demütigung war bis zum Rand gefüllt: Wir wurden überall abgewiesen. Aber Adolphe hatte mehrere Stücke auf dem Weg, mit Théaulon, Soulié und Rousseau. Er wollte versuchen, sie auf die Bühne zu bringen, und wenn sie gespielt wurden, wollte er den durch seinen Erfolg gewonnenen Einfluss nutzen, um die Annahme eines unserer Stücke zu fordern. Das war nur ein schwacher Trost und eine ungewisse Erwartung. Ich war sehr niedergeschlagen.

Inzwischen hatte sich ein Ereignis ereignet, das mich unter anderen Umständen mit Hochstimmung erfüllt hätte. Monsieur Deviolaine wurde zum Forstmeister des Herzogs von Orléans ernannt; er verließ Villers-Cotterets und ging nach Paris, um die Leitung der Forstverwaltung zu übernehmen. Ihm standen zwei Möglichkeiten offen, mir zu helfen: Er konnte mich in sein Büro aufnehmen oder mir Arbeit im Freien geben. Leider hatte mir die Familie seit meiner Affäre mit Madame Lebègue die kalte Schulter gezeigt. Das hielt meine Mutter nicht davon ab, sich an Monsieur Deviolaine zu wenden, da sie in einer dieser beiden Karrieren eine Chance für mich sah.

Man wird sich erinnern, dass Monsieur Deviolaine, obwohl er kein alter Soldat war, die Wahrheit nie verbergen konnte. Er antwortete meiner Mutter:

„Na ja, wenn Ihr Schuft von Alexandre nicht ein fauler Bursche wäre, könnte ich sicher eine Stelle für ihn finden, aber ich gestehe, ich habe kein Vertrauen zu ihm. Außerdem würde sich nach den Vorgängen dort, die nicht unbedingt seine waren, an denen er aber jedenfalls seinen Anteil nicht verleugnet hat, jedermann hier todsicher gegen mich stellen."

Meine Mutter beharrte noch immer auf ihrem Anliegen. Sie sah, wie ihre letzte Hoffnung schwand.

„Also gut", sagte M. Deviolaine, „geben Sie mir etwas Zeit, um über die Dinge nachzudenken, und später werden wir sehen, was sich tun lässt."

Ich erwartete die Rückkehr meiner Mutter mit der gleichen Ungeduld, mit der ich Adolphes Briefe erwartet hatte. Das Ergebnis war nicht zufriedenstellender.

Zwei Tage zuvor hatten wir einen Brief von meinem Schwager erhalten, der in Dreux als Konkursverwalter arbeitete: Er lud mich ein, ein oder zwei Monate bei ihm zu verbringen. Leider waren wir so arm geworden, dass die Ersparnis, die meine Abwesenheit mit sich bringen würde, meiner Mutter den Verlust, den sie durch meine Abreise erlitten hatte, weitgehend ersetzen würde. Es war übrigens meine erste Abwesenheit: Meine Mutter und ich waren nie getrennt gewesen, außer während jenes wunderbaren Besuchs in Béthisy, als der Abbé Fortier mir meine ersten Jagdstunden erteilt hatte. Es gab noch eine andere Person in der Stadt, von der ich mich nur schwer losreißen konnte. Man kann erraten, wen ich meine.

Obwohl unsere *Liaison* , einschließlich mehr als einem Jahr der Vorbemerkungen, mehr als drei Jahre gedauert hatte, liebte ich Adèle immer noch sehr innig, und das Azurblau unseres Himmels hatte während dieser Zeit kaum eine leichte Wolke getragen – ein fast einmaliges Erlebnis in den Annalen einer Brautwerbung. Doch das arme Mädchen war schon seit einiger Zeit traurig. Während ich erst neunzehn war, war sie schon zwanzig Jahre alt; und unser Liebesspiel, obwohl ein entzückendes Kinderspiel, versprach nicht nur nichts für ihre Zukunft, sondern gefährdete sie eher. Da niemand schlecht über unsere Beziehungen zueinander dachte, hatte Adèle zwei oder drei Heiratsanträge erhalten, die sie alle ablehnte, entweder weil sie ihren Vorstellungen nicht ganz entsprachen oder weil sie ihnen unsere Liebe nicht opfern wollte. War sie nicht in Gefahr, dieselbe Enttäuschung zu erleiden, die ein gewisser Held unserer Bekanntschaft, fast ein Landsmann, erlebte? Nachdem sie Barsch, Karpfen und Aal verachtet hatte, würde sie nicht gezwungen sein, mit Fröschen zu speisen? Die Aussicht war nicht verlockend, daher ihre Melancholie. Die arme Adele! Ich erkannte, dass mein Weggehen für ihr Wohl ebenso notwendig war wie für mein eigenes. Wir weinten viel, sie mehr als ich, und es war ganz natürlich, dass sie die meisten Tränen vergoss, da sie am schnellsten getröstet werden sollte.

Meine Abreise war beschlossen. Wir hatten jetzt den Monat Juli 1822 erreicht. Nur noch eine Woche – acht Tage und acht Nächte! – eine letzte Woche des Glücks blieb mir; denn eine Vorahnung warnte mich, dass diese Woche die letzte sein würde. Der Moment des Abschieds kam. Wir schworen inbrünstig, einander nie auch nur eine Stunde zu vergessen; wir versprachen, einander mindestens zweimal wöchentlich zu schreiben. Leider waren wir nicht reich genug, um uns den Luxus eines Briefes pro Tag leisten zu können. Schließlich sagten wir uns endgültig Lebewohl. Es war ein grausamer Abschied – eine Trennung der Herzen, mehr noch als eine körperliche Trennung.

Ich kann nicht erklären, wie ich von Villers-Cotterets nach Dreux gekommen bin – obwohl ich mich an die trivialsten Einzelheiten meiner Jugend, fast meiner Kindheit, erinnern kann. Es ist offensichtlich, dass ich durch Paris gefahren sein muss, da dies der direkte Weg ist; aber wie könnte ich vergessen, durch Paris gekommen zu sein? Ich kann nicht sagen, ob ich dort angehalten habe oder nicht. Ich habe nicht die leiseste Erinnerung daran, ob ich Adolf gesehen habe oder nicht. Ich weiß, dass ich Villers-Cotterets verlassen habe und mich in Dreux befand! Wenn irgendetwas meine Aufmerksamkeit hätte ablenken können, dann wäre es dieser Aufenthalt bei meiner Schwester und meinem Schwager gewesen. Victor war, wie ich bereits erwähnt habe, ein entzückender Kerl, voller Witz, Schlagfertigkeit und Einfallsreichtum. Aber leider gab es zu viele leere Stellen in meinem Herzen, die schwer zu füllen waren.

Ich blieb zwei Monate in Dreux. Ich war zu Beginn der Jagdsaison dort. Man erzählte mir die Geschichte von einem dreibeinigen Hasen, einer Art verzaubertem Wesen, das alle Jäger sahen, alle Jäger kannten und auf das alle Jäger schossen; aber nach jedem Schuss schüttelte das seltsame Tier seine Ohren und rannte nur noch schneller. Dieser Hase war umso bekannter, ich könnte sagen, umso beliebter, weil es ihn fast als einzigen in der Gegend gab. Am 1. September waren wir noch keine Viertelmeile vom Haus entfernt, als ein Hase in meiner Nähe aufsprang. Ich jagte ihn, ich schoss, und er rollte sich um. Mein Hund brachte ihn mir: Es war der dreibeinige Hase! Die Jäger von Dreux schlossen sich zusammen, um mir ein großes Abendessen zu geben. Der Tod dieses seltsamen Hasen und einige Schüsse, die zwei Rebhühner gleichzeitig zur Strecke brachten, verschafften mir im Departement Eure-et-Loir einen Ruf, der bis heute anhält. Doch keine dieser mir zuteil gewordenen Ehrungen, so erhaben sie auch waren, konnten mich dazu bewegen, über den 15. September hinaus zu bleiben.

Adèles Briefe wurden immer seltener und hörten schließlich ganz auf.

Ich reiste am 15. September ab. Mehr als meine Abreise weiß ich nicht mehr, ob ich über Paris zurückfuhr oder nicht. Ich fand mich wieder in Villers-Cotterets wieder und die Nachricht, die ich bei meiner Ankunft erhielt, war:

„Wissen Sie, dass Adèle Dalvin heiraten wird?"

„Nein, ich habe es nicht gehört, aber es ist durchaus wahrscheinlich", antwortete ich.

Oh! Was waren Parnys Elegien über Eleonores Untreue oder Bertins Klagen über Eucharis' Untreue? Oh, mein Gott, wie blutleer erschienen sie mir, als ich sie mit verletztem Herzen noch einmal zu lesen versuchte!

Ach, die arme Adele! Sie schloss keine Liebesheirat: Sie wollte einen Mann heiraten, der doppelt so alt war wie sie; er hatte jahrelang in Spanien gelebt und ein kleines Vermögen nach Hause gebracht. Adele schloss eine kluge Heirat.

Ich beschloss, sie noch am selben Abend zu sehen, an dem ich zurückkam. Sie erinnern sich, wie ich Adèle besuchte. Ich betrat das Haus auf die übliche Weise, indem ich den Riegel des Schlosses zurückschob, ich öffnete die Tür, traf Muphti wieder, und er begrüßte mich so, dass er mich durch seine Vorführungen fast verriet; dann kletterte ich mit einem Herzschlag, wie er noch nie geschlagen hatte, über die Mauer und sprang über die beiden Hecken. Als ich wieder im Garten war, fühlte ich mich ganz krank; ich lehnte mich an einen Baum, um zu Atem zu kommen. Dann ging ich zum Pavillon; aber je näher ich kam und je besser ich die Dinge in der Dunkelheit sehen konnte, desto mehr fühlte ich, wie sich mein Herz zusammenzog. Die Läden waren ganz weit geöffnet, anstatt geschlossen zu sein; das Fenster war nicht geschlossen, sondern halb geöffnet. Ich lehnte mich auf das Fensterbrett: drinnen war alles dunkel. Ich schob die beiden Klappen auf, ich kniete auf dem Brett. Das Zimmer war leer: Ich betastete das Bett mit meinen Händen; das Bett war unbesetzt. Offenbar hatte Adele geahnt, dass ich kommen würde, und war aus dem Zimmer gegangen, um mir leicht Zugang zu verschaffen und mir ihre Absichten zu zeigen. Ach ja! Ich ahnte es ... ich verstand alles. Was konnte es nützen, sich zu treffen, da zwischen uns alles aus war? Ich setzte mich aufs Bett und dankte Gott für das Geschenk der Tränen, da er gewollt hatte, dass wir Kummer ertragen mussten.

Die Hochzeit war für fünfzehn Tage danach angesetzt. Während dieser fünfzehn Tage blieb ich fast ausschließlich zu Hause. Sonntags ging ich in den Park, aber nur zum Tennisspielen. Ich mochte dieses Spiel sehr, wie alle Geschicklichkeitsspiele; ich war ziemlich gut darin; denn ich hatte sehr starke

Muskeln und konnte das längste Spiel und manchmal sogar noch länger durchhalten; diese Kraft war für die anderen Spieler ein Schrecken. An diesem besonderen Tag, als ich meine geistigen Gefühle durch große körperliche Anstrengung überwinden wollte, gab ich mich mit einer Art Raserei dem Spiel hin. Ein Ball, den ich mannshoch schleuderte, traf einen der Spieler und warf ihn nieder; er war der Sohn eines *Gendarmeriebrigadeurs* namens Savard. Wir liefen zu ihm und stellten fest, dass der Ball ihn glücklicherweise oben auf der Schulter getroffen hatte, etwas über dem Bizeps, genau dort, wo die Ärmelbündchen beginnen. Wäre er 15 Zentimeter höher geflogen, hätte ich ihn auf der Stelle getötet, denn er hätte seine Schläfe getroffen. Ich warf meinen Schläger weg und gab das Spiel auf: Ich habe es seitdem nie wieder gespielt. Ich ging nach Hause und versuchte, mich durch die Arbeit abzulenken. Aber ich konnte mich nicht an meine Aufgabe machen: Man arbeitet mit Herz und Verstand. Adolphe beherrschte meine Gedanken; Adèle war dabei, mir das Herz zu brechen.

Der Hochzeitstag rückte näher; ich konnte an diesem Tag nicht in Villers-Cotterets bleiben. Ich arrangierte eine Vogelfangparty mit einem alten Kameraden von mir, einem Spielkameraden aus meiner Jugend, der etwas vernachlässigt worden war, seit de la Ponce und Adolphe nicht nur meine Zuneigung gewonnen, sondern auch mein Leben beeinflusst hatten. Er war ein Sattler namens Arpin.

Am Abend gingen wir los, um unseren Baum vorzubereiten: Er stand in einem schönen Wäldchen, etwa eine Viertelmeile von dem hübschen Dorf Haramont entfernt, das ich später in *Ange Pitou* und *Conscience l'innocent berühmt zu machen versucht habe.* Am Fuße dieses Baumes, dessen Äste wir alle abschnitten, um Platz für unsere Lindenzweige zu schaffen, bauten wir eine Hütte aus Ästen und bedeckten sie mit Farnwedeln. Am nächsten Tag waren wir vor Tagesanbruch an unserem Posten; als die Sonne aufging und auf unseren steifen Baum schien, stellten wir fest, dass das Spiel begonnen hatte. Es war seltsam, dass, obwohl ich in jüngeren Jahren so viel Freude an diesem Spiel hatte, dass ich die Nächte zuvor oft schlaflos verbrachte, diese gegenwärtige Falle mein Herz nicht von der Qual ablenken konnte, die darauf lastete.

O Kummer, du erhabenes Mysterium, durch das der Geist des Menschen erhoben und seine Seele erweitert wird! Kummer, ohne den es keine Poesie gäbe, denn Poesie besteht fast immer zu gleichen Teilen aus Freude und Hoffnung, mit einer entsprechenden Menge Kummer!

Kummer, der sein Leben lang seine Spur hinterlässt; eine von Tränen benetzte Furche, aus der das Gebet entspringt, die Mutter jener drei himmlischen, edlen Töchter, deren Namen Glaube, Hoffnung und Nächstenliebe sind! Der Segen eines Dichters ist immer Dein, oh Kummer!

Wir hatten Brot und Wein mitgenommen, wir hatten gefrühstückt und zu Abend gegessen; der Fang war reichlich und wäre zu jeder anderen Zeit vollkommen zufriedenstellend gewesen. Wir hatten das Ende des Tages erreicht, die Stunde, in der die Amsel pfeift oder das Rotkehlchen singt, wenn die ersten Schatten lautlos ins Herz des Waldes kriechen; – plötzlich wurde ich aus meinen Träumen (wenn man ein formloses Chaos von Gedanken, durch das kein Licht gedrungen war, so nennen kann) durch den scharfen Klang einer Geige und durch fröhliches Gelächter aufgeschreckt. Geige und Gelächter kamen näher, und bald begann ich durch die Bäume zu sehen, dass ein Spieler und eine Hochzeitsgesellschaft von Haramont kamen und nach Villers-Cotterets gingen; sie nahmen einen schmalen Seitenweg und würden zwanzig Schritte an mir vorbeigehen – junge Mädchen in weißen Kleidern, Jugendliche in blauen oder schwarzen Kleidern, mit großen Blumensträußen und wehenden Bändern.

Ich steckte meinen Kopf aus unserer Hütte und stieß einen Schrei aus. Diese Hochzeitsgesellschaft gehörte Adèle! Das junge Mädchen mit dem weißen Schleier und dem Orangenblütenstrauß, das voranging und ihrem Mann den Arm reichte, war Adèle! Ihre Tante lebte in Haramont. Nach der Messe waren sie mit der Tante zum Hochzeitsfrühstück gegangen; am Morgen waren sie die Hauptstraße entlanggegangen; am Abend kehrten sie auf dem kürzeren Weg zurück. Diese Abkürzung verlief, wie gesagt, nur zwanzig Schritte von unserer Hütte entfernt. Wovor ich geflohen war, war gekommen, um mich zu finden! Adèle sah mich nicht; sie wusste nicht, dass sie in meiner Nähe vorbeiging: Sie lehnte an der Schulter des Mannes, dem sie nun in den Augen der Menschen und Gottes gehörte, während er seinen Arm um ihre Taille gelegt hatte und sie fest an sich drückte.

Ich starrte lange auf die Reihe weißer Kleider, die in der zunehmenden Dunkelheit wie eine Geisterprozession aussahen. Ich seufzte, als sie verschwunden war. Mein erster Traum war gerade verschwunden, meine erste Illusion war zerstört!

KAPITEL VIII

Ich verlasse Villers-Cotterets, um zweiter oder dritter
Schreiber in Crespy zu werden – Monsieur Lefèvre – Sein
Charakter – Meine Reisen nach Villers-Cotterets – Die
Pélerinage à Ermenonville – Athénaïs – Neue Angelegenheit
an Adolphe – Ein unbändiger Wunsch, Paris zu besuchen
– Wie dieser Wunsch in Erfüllung ging – Die Reise – Hôtel
des Vieux-Augustins – Adolphe- *Sylla* – Talma

Während meiner Abwesenheit hatte man mir eine Stelle als zweiter oder
dritter Schreiber angeboten, ich weiß nicht mehr genau, bei M. Lefèvre,
einem Anwalt in Crespy. Es war eine sehr begehrte Stelle, weil die Schreiber
Unterkunft und Verpflegung hatten. Mein Unterhalt war meiner armen
Mutter zu einer solchen Last geworden, dass sie sich zum zweiten Mal bereit
erklärte, sich von mir zu trennen, um meine Nahrung zu retten. Sie packte
mein kleines Gepäck zusammen – nicht viel größer als das eines Savoyers,
der seine Berge verlässt – und ich machte mich auf den Weg. Von Villers-
Cotterets nach Crespy waren es dreieinhalb Meilen: Ich legte die Strecke an
einem schönen Abend zu Fuß zurück und kam ordnungsgemäß bei M.
Lefèvre an.

M. Lefèvre war zu dieser Zeit ein recht gutaussehender Mann von 34 oder
35 Jahren mit dunkelbraunem Haar, sehr blasser Haut und einem
abgekämpften Aussehen. Man konnte erkennen, dass er ein Mann war, der
lange in Paris gelebt hatte und viele erlaubte und noch mehr verbotene
Vergnügungen genossen hatte. Obwohl M. Lefèvre in einer kleinen
Provinzstadt lebte, konnte man ihn als Anwalt der alten Schule bezeichnen:
Er ging zeremoniell mit seinen Klienten um, benahm sich uns gegenüber
zeremoniell und gab sich der Welt gegenüber hochmütig und herrisch. M.
Lefèvre schien allen, die mit ihm zu tun hatten, zu sagen: „Bitte schätzen Sie
die Ehre, die ich Ihnen und Ihrer Stadt erweise, indem ich mich herablasse,
Anwalt in der Hauptstadt eines Kantons zu sein, obwohl ich auch in Paris
hätte praktizieren können.“

Es gab eine Sache, die bei mir besonders Bewunderung für Monsieur
Lefèvre hervorrief, und zwar diese: Er fuhr etwa acht- oder zehnmal im Jahr
in die Hauptstadt, wie sie in Crespy genannt wird, und er ließ sich nie dazu
herab, die Postkutsche zu nehmen: Wenn er ein Fuhrwerk brauchte, rief er
den Gärtner. „Pierre“, sagte er dann, „ich fahre morgen oder heute Abend
nach Paris; sorge dafür, dass die Postpferde um diese und jene Stunde in der
Chaise bereitstehen.“

Pierre fuhr los: Zur festgesetzten Stunde kamen die Pferde und weckten mit ihren Glocken das ganze Viertel; der Postillon, der noch immer eine gepuderte Perücke und eine blaue Jacke mit roten Aufschlägen und Silberknöpfen trug, warf sich unbeholfen und mit schweren Stiefeln in den Sattel; Monsieur Lefèvre streckte sich lässig in der Kutsche aus, in einen großen Mantel gehüllt, nahm eine Prise Schnupftabak aus einer goldenen Dose und sagte mit einem Anflug von sorgloser Gleichgültigkeit: „Weiter!" Und auf das Wort hin knallte die Peitsche, die Glocken bimmelten und die Kutsche verschwand für drei oder vier Tage um die Straßenecke. Monsieur Lefèvre verriet uns nie den Tag oder die Stunde seiner Rückkehr: Er kam unversehens zurück, denn es machte ihm Freude, die Welt zu überraschen.

Doch Monsieur Lefèvre war kein schlechter Mensch. Er war zwar kalt und anspruchsvoll, aber dennoch gerecht. Er lehnte selten Urlaub ab, wenn er beantragt wurde, aber wie wir sehen werden, entschuldigte er nie unerlaubt genommene Urlaube.

Die Mutter meines Schwagers lebte in Crespy, sodass ich problemlos in die Gesellschaft dieser kleinen Stadt eintreten konnte. Ach, ach, ach! Was für eine andere Welt war das im Vergleich zu unserer dreischichtigen Gesellschaft in Villers-Cotterets, von der ich gesprochen habe, und vor allem zu unserem eigenen reizenden kleinen Freundeskreis! Die ganze gute Familie von Millet, bei der wir während der ersten Invasion Unterschlupf gefunden hatten, war verschwunden: Die Mutter, die beiden Brüder, die beiden Schwestern hatten alle Crespy verlassen und lebten in Paris. Die Mutter und die älteste Schwester habe ich später wiedergetroffen: Sie waren beide in Not. Ich langweilte mich schrecklich im Herzen dieser alten Hauptstadt des Valois! Ich hatte es so satt, dass ich sehr oft nach Hause zurückkehrte, um bei meiner Mutter in Villers-Cotterets zu schlafen, wenn es Samstagabend wurde, und unterwegs mein Gewehr für eine Schießerei mitnahm; dann schulterte ich am Montagmorgen um sechs Uhr mein Gewehr und kehrte, während ich die ganze Zeit schoss, zu Maître Lefèvre zurück, bevor das Büro öffnete.

So ging es drei Monate lang weiter. Ich hatte ein hübsches Zimmer mit Blick auf einen Garten voller Blumen; die Abendsonne schien ins Zimmer; ich hatte Papier, Tinte und Federn in Hülle und Fülle auf meinem Tisch; das Essen war gut, ich sah einigermaßen gut aus, und doch hatte ich das Gefühl, dass ich so unmöglich weiterleben konnte.

Während eines meiner Sonntagsausflüge wandte ich mich in Richtung Ermenonville. Ermenonville ist etwa sechs Meilen von Crespy entfernt, aber was waren sechs Meilen für Etappen wie die meinen! Ich besuchte die historischen Orte von Monsieur de Girardin, die Wüste, die Pappelinsel, das Grab des Unbekannten. Die poetische Seite dieser Pilgerfahrt belebte meine arme, schlaffe Muse ein wenig, wie ein blasser, kränklicher Schmetterling, der im Januar statt im Mai aus seiner Puppe schlüpft. Ich machte mich an die Arbeit. Ich schrieb teils in Prosa, teils in Versen und unter der Inspiration einer bezaubernden jungen Dame der Gesellschaft namens Athénaïs – die nichts davon wusste – eine schlechte Imitation der *Lettres d'Émilie* von Demoustier und der *Voyages du chevalier Berlin* . Ich schickte das Werk an Adolphe, als es fertig war. Da ich auf dem Bühnenweg keinen Erfolg haben konnte, könnte ich ihn vielleicht durch eine Veröffentlichung erreichen. Ich gab ihm den im Wesentlichen neuartigen Titel *Pélerinage à Ermenonville*. Adolf konnte natürlich nichts damit anfangen; er verlor es und fand es nie wieder, und das war umso besser. Ich kann mich an kein einziges Wort davon erinnern.

Tatsächlich ging es Adolf nicht besser als mir. Alle seine Hoffnungen zerplatzten eine nach der anderen, und er schrieb mir, wir würden nie etwas unternehmen, wenn wir nicht zusammen wären. Aber um zusammen zu sein, müsste ich Crespy verlassen und nach Paris gehen, und wie sollte das bei dem Zustand meiner Börse geschehen, die selbst an jenen glücklichen Tagen, als meine Mutter mir Geld schickte, nie mehr als acht oder zehn Franc enthielt?

Es war also eine materielle Unmöglichkeit. Aber die Geheimnisse der Vorsehung sind unendlich. An einem Samstag im November kündigte uns M. Lefèvre in seiner üblichen Art an – indem er Pierre befahl, die Pferde am nächsten Morgen um sieben fertig zu machen –, dass er einen seiner monatlichen Besuche in Paris machen würde. Fast gleichzeitig mit dieser Anweisung, am Ende des Abendessens (eine weitere seiner Gewohnheiten), kam der Koch und sagte mir, ein Freund wolle mich sehen. Ich ging hinaus. Es war Paillet, mein alter Vorangestellter; wie ich hatte er Maître Mennesson verlassen. Er lebte vorübergehend auf seinem Bauernhof in Vez, wo er oben in einem Turm wohnte, im Vergleich zu dem der Turm von Madame Marlborough, so gepriesen er auch sein mag, eine bloße Kleinigkeit ist. Der Turm von Vez war wirklich wunderbar, der einzige Überrest einer kräftigen Burg aus dem zwölften Jahrhundert – das alte Geiernest, das jetzt von Krähen bevölkert wird. Paillet war zu Pferd hergekommen, um, glaube ich, den Getreidepreis zu erfahren. Er war von Zeit zu Zeit Oberschreiber in der Provinz oder zweiter Schreiber in Paris; aber sein wirkliches Geschäft, sein wirkliches Leben, war das eines Grundbesitzers. Wir machten einen Rundgang um die Wälle. Ich war gerade dabei, diesem guten Freund, der mich so innig liebte und der aufs Äußerste mit mir sympathisierte, meinen Kummer auszuschütten, als ich mir plötzlich an die Stirn schlug und ausbrach:

„Oh, mein Lieber, ich habe eine Idee ...!"

"Was ist es?"

„Lass uns drei Tage in Paris verbringen."

„Und was ist mit dem Büro?"

„M. Lefèvre fährt morgen selbst nach Paris; normalerweise bleibt er zwei oder drei Tage weg; wir werden in zwei oder drei Tagen zurück sein."

Paillet griff in seine Taschen und zog achtundzwanzig Francs heraus.

„Das ist alles, was ich besitze", sagte er. „Und Sie?"

„Ich? Ich habe sieben Francs."

„Achtundzwanzig und sieben macht fünfunddreißig! Wie zum Teufel sollen wir damit nach Paris kommen? Wir brauchen zunächst einmal dreißig Francs, einfach für eine Kutsche hin und zurück."

„Warte einen Moment, ich kenne einen Weg ..."

"Also?"

„Du hast dein Pferd?"

"Ja."

„Wir packen unsere Sachen in einen Reisekoffer, gehen in Jagdkleidung und mit Gewehren und schießen entlang der Strecke. Wir können vom Wild leben, und so kostet es uns nichts."

„Wie kommst du darauf?"

„Es ist ganz einfach: Von hier bis Dammartin können wir doch sicher einen Hasen, zwei Rebhühner und eine Wachtel erlegen?"

„Ich hoffe, wir können mehr töten."

"Das tue ich auch, und zwar ziemlich hart, aber ich setze es auf das Mindestmaß. Wenn wir Dammartin erreichen, können wir das Hinterteil unseres Hasen braten, die Vorderhälfte in einen Topf werfen und trinken und essen."

"Und dann?"

„Dann? ... Wir bezahlen unseren Wein, unser Brot und unsere Gewürze mit den beiden Rebhühnern und geben dem Kellner die Wachteln als Trinkgeld ... Dann müssen wir uns nur noch um Ihr Pferd kümmern! Kommen Sie, kommen Sie, für drei Francs am Tag werden wir Wunder erleben."

„Aber für was zum Teufel werden die Leute uns halten?“

„Was macht das schon? – für Schüler im Urlaub.“

"Aber wir haben nur eine Waffe."

„Das ist alles, was wir brauchen: Einer von uns schießt, der andere folgt zu Pferd. Auf diese Weise sind es von hier bis Paris nur sechzehn Meilen, also für jeden von uns nur acht.“

„Und die Wärter?“

"Ach, das ist unser größtes Problem. Wer von uns zu Pferd sitzt, muss Wache halten; er wird den Wilderer warnen. Der Kavalier muss absteigen, der Jäger wird aufstehen, mit beiden Fersen die Sporen geben und im Galopp aus dem Ort verschwinden. Der Wärter wird dann zum Kavalier kommen und ihn mit den Händen in den Taschen vorbeigehen sehen und sagen: ‚Was machen Sie hier, Sir?‘ ‚Ich? ... Sie können es ganz gut selbst sehen.‘ ‚Macht nichts, erzählen Sie es mir.‘ ‚Ich gehe zu Fuß.‘ ‚Gerade eben waren Sie noch zu Pferd.‘ ‚Ja.‘ ‚Und jetzt sind Sie zu Fuß?‘ ‚Ja ... Ist es gegen das Gesetz, wenn ein Mann zuerst reitet und dann geht?‘ ‚Nein, aber Sie waren nicht allein.‘ ‚Durchaus möglich.‘ ‚Ihr Begleiter hat geschossen.‘ ‚Meinen Sie?‘ ‚Du meine Güte! Da sitzt er zu Pferd und trägt sein Gewehr.‘ ‚Mein lieber Herr, wenn er mit seinem Gewehr zu Pferd da ist, rennen Sie ihm nach und versuchen Sie, ihn aufzuhalten.‘ ‚Aber ich kann ihm nicht nachlaufen und ihn aufhalten, denn er ist zu Pferd und ich bin zu Fuß.‘ ‚In diesem Fall werden Sie klug sein, mein Freund, wenn Sie in das nächste Dorf gehen und eine Flasche Wein auf unsere Gesundheit trinken.‘ Und dabei wird einer von uns dem ehrlichen Kerl ein Zwanzigsousstück hinhalten, das wir zu unserem Gewinn und Verlust hinzurechnen werden; der Wildhüter wird sich vor uns verneigen, gehen und auf unsere Gesundheit trinken, und wir werden unsere Reise fortsetzen.“

„Nun, das habe ich nie getan! Das ist nicht schlecht gedacht“, rief Paillet. „... Man sagt mir, Sie schreiben Dinge.“

Ich seufzte tief. „Genau zu dem Zweck, um de Leuven nach Neuigkeiten über die Stücke zu fragen, die ich geschrieben habe, möchte ich nach Paris gehen... Und dann, wenn ich erst einmal in Paris bin –“

„Oh!“ unterbrach ihn Paillet, „wenn ich erst einmal in Paris bin, kenne ich ein kleines Hotel in der Rue des Vieux-Augustins, wo ich normalerweise absteige und wo man mich kennt. Wenn ich erst einmal in Paris bin, werde ich mir keine Sorgen mehr machen müssen.“

„Dann ist es also geklärt?“

„Aber ja! ... es wird ein Witz sein.“

„Wir werden nach Paris aufbrechen?"

"Wir werden."

„Also gut, besser noch, wir brechen heute Nacht auf, statt morgen! Wir können in Ermenonville übernachten und werden morgen Abend, wenn wir Ermenonville früh verlassen, in Paris sein."

„Lass uns heute Nacht aufbrechen."

Wir machten uns auf den Weg, Paillet zu seinem Gasthof, um sein Pferd satteln zu lassen; ich zu Maître Lefèvre, um mein Gewehr zu holen und meine Jagdkleidung anzuziehen. Ein Hemd, ein Mantel, eine Hose und ein Paar Stiefel wurden vom dritten Angestellten an Paillet geschickt, der sie in einen Mantelsack stopfte; nachdem das erledigt war, schulterte ich mein Gewehr und erwartete Paillet außerhalb der Stadt. Paillet erschien bald. Zum Schießen war es zu spät: unsere einzigen Gedanken waren, das Land zu erobern. Ich sprang von hinten auf. Zwei Stunden später waren wir in Ermenonville.

Hôtel de la Croix besuchte . Soweit ich mich erinnern kann, war ich kein erfolgreicher Gast. Aber meine Vorgeschichte war keineswegs schlecht, eher im Gegenteil. Wir wurden gut aufgenommen. Ein Omelett, eine Flasche Wein und so viel Brot, wie wir wollten, bildeten unser Abendessen. Am nächsten Tag belief sich unsere Rechnung, einschließlich der Unterbringung des Pferdes, auf sechs Francs, sodass noch neunundzwanzig übrig blieben. Paillet und ich sahen uns an, als wollten wir sagen: „Meine Güte! Wie das Geld nur so fliegt!" Und nach zwei oder drei weisen Kopfnicken setzten wir unsere Reise fort und gingen querfeldein nach Dammartin, wo wir zu Mittag essen wollten . Das Mittagessen machte uns keine Sorgen: Es lag in der Mündung unseres Gewehrs, und wir machten uns auf die Suche danach. Das Land um Ermenonville ist voller Wild und gut bewacht. Wir waren also kaum eine Viertelmeile gegangen, als ich mit sechs Schüssen aus meinem Gewehr zwei Hasen und drei Rebhühner erlegt hatte. Ich muss mit der gebotenen Bescheidenheit gestehen, dass diese zwei Hasen und drei Rebhühner Herrn von Girardin-Brégy gehörten.

Als mein Hund nun das dritte Rebhuhn apportierte, gab Paillet das vereinbarte Signal. Am Horizont erschien die Gestalt eines Wildhüters, die sich deutlich vom weißen, wolligen Himmel abhob, wie einer jener Hirten oder Bauern in riesigen Gamaschen, die Decamps oder Jadin in ihre Landschaften setzten, als Kontrast zu einer einsamen, krummen Ulme.

Das Manöver war bereits besprochen worden. Im Nu saß ich auf meinem Pferd, gab dem Pferd mit beiden Hufen die Sporen und nahm die belastende Beute mit mir fort. Der Dialog zwischen Paillet und dem Wildhüter war lang und lebhaft, aber er endete, wie ich es vorhergesagt hatte. Paillet zog majestätisch ein Zwanzigsousstück aus der gemeinsamen Kasse, und unsere Gesamtausgaben beliefen sich auf die Summe von sieben Francs. Das war unser Verlust, aber auf der Gewinnseite unserer Rechnung hatten wir zwei Hasen und drei Rebhühner. Paillet schloss sich mir wieder an, ich blieb auf dem Pferd, und er war an der Reihe mit der Jagd. So wechselten wir uns ab. Um zehn Uhr morgens waren wir in Dammartin, mit drei Hasen und acht Rebhühnern. Von den beiden Wildhütern, denen wir seit unserem letzten begegnet waren, hatte einer die zwanzig Sous hochmütig abgelehnt, der andere hatte sie niederträchtig angenommen. Unsere Mittel waren jetzt auf siebenundzwanzig Francs geschrumpft. Aber wir waren mehr als auf halbem Weg, und wir hatten drei Hasen und acht Rebhühner im Plus! Wie ich es vorausgesehen hatte, bezahlten wir unsere Reise großzügig mit einem Hasen und drei Rebhühnern. Wir hätten unsere Reise auch mit Lerchen bezahlen können.

Um elf Uhr machten wir uns wieder auf den Weg und machten uns auf den direkten Weg nach Paris, wo wir um halb elf Uhr abends ankamen. Ich zu Fuß und Paillet zu Pferd, mit vier Hasen, einem Dutzend Rebhühnern und zwei Wachteln. Wir hatten Wild im Wert von dreißig Francs dabei.

Als wir das *Hôtel des Vieux-Augustins erreichten* , machte sich Paillet bekannt und stellte uns seine Bedingungen. Er erzählte unserem Gastgeber, dass wir mit einigen Engländern eine große Wette abgeschlossen hätten. Wir hatten gewettet, dass wir nach Paris und zurück fahren könnten, ohne einen halben Penny auszugeben, und wollten die Wette gewinnen, indem wir ihm unser Wild verkauften. Er versprach, uns, Pferd und Hund inbegriffen, für zwei Tage und zwei Nächte zu verköstigen und unterzubringen, im Tausch gegen unsere zwölf Rebhühner, vier Hasen und zwei Wachteln. Außerdem gab er uns bei unserer Abreise eine Pastete und eine Flasche Wein. Unter diesen Bedingungen erklärte unser Gastgeber, er würde uns etwas Gutes tun, und bot uns eine Bescheinigung an, die bescheinigte, dass wir zumindest während unserer Zeit bei ihm keinen Penny ausgegeben hätten. Wir dankten ihm und sagten ihm, unsere Engländer würden uns beim Wort nehmen.

Paillet und ich orientierten uns und gingen baden. Aus Sparsamkeit hatten wir von unserem Restguthaben drei Franken fünfzig abziehen müssen, so dass uns noch dreiundzwanzig Franken fünfzig blieben. Wir hatten etwas weniger als ein Drittel unseres Vermögens ausgegeben, aber wir waren angekommen, und Unterkunft und Verpflegung waren uns für *achtundvierzig Stunden gesichert* .

Trotz der Strapazen der Reise schlief ich schlecht: Ich war in Paris! Ich beneidete meinen Hund, der am Fußende meines Bettes lag, frei von jeder Vorstellungskraft, körperlich erschöpft und gleichgültig gegenüber seinem

Ruheplatz, und ein Nickerchen machte. Am nächsten Tag wachte ich um sieben Uhr auf. Im Handumdrehen war ich angezogen.

De Leuven wohnte in der Rue Pigale Nr. 14. Von der Rue des Vieux-Augustins war es fast eine Meile, aber, du meine Güte! Was machte das schon? Ich hatte am Tag zuvor zehn oder ein Dutzend Meilen zurückgelegt, ohne die Hin- und Rückwege zu berücksichtigen, und heute würde ich sicher eine schaffen. Ich machte mich auf den Weg. Paillet hatte seine eigenen Geschäfte zu erledigen, ich meine. Wir würden uns wahrscheinlich zur Essenszeit treffen, oder vielleicht auch erst am Abend. Ich verließ die Rue des Vieux-Augustins durch die Rue Croix-des-Petits-Champs und ging geradeaus. Ich sah einen Durchgang, in dem eine Menge Leute ein- und ausgingen. Ich ging sieben oder acht Stufen hinunter, bis ich dachte, ich hätte mich verlaufen. Ich wollte wieder hinaufsteigen, aber ich schämte mich. Ich setzte meinen Weg fort und stieg in der Rue Valois aus. Ich hatte beim ersten Weggehen die hässlichste Passage von Paris kennengelernt, die der Rue Neuve-des-Bons-Enfants. Ich ging eine andere Passage entlang, die sich vor mir öffnete, und befand mich im Palais-Royal. Ich ging um sie herum: die Hälfte der Läden war nicht geöffnet. Ich blieb vor dem Théâtre-Français stehen und sah auf dem Plakat:

> „Morgen, Montag, *Sylla* , eine Tragödie in Versen in fünf
> Akten von M. de Jouy."

Ich schwor inbrünstig, dass ich auf die eine oder andere Weise Zugang zur Gemeinschaftskasse bekommen und *Sylla sehen würde*. Umso mehr, als ich auf demselben Plakat in großen Buchstaben las:

> „M. TALMA wird die Rolle von Sylla übernehmen"

Da es jedoch viel besser war, mit Adolfs Hilfe zu gehen, erkundigte ich mich sofort nach dem Weg zur Rue Pigale und machte mich auf den Weg dorthin. Nach vielen Biegungen und Umwegen erreichte ich mein Ziel gegen neun Uhr morgens. Adolf war noch nicht aufgestanden, aber sein Vater ging im Garten spazieren. Ich ging auf ihn zu. Er blieb stehen, ließ mich näher kommen, streckte mir die Hand entgegen und sagte:

„Sie sind also nach Paris gekommen?"

„Ja, Herr von Leuven."

„Für einen Aufenthalt?"

"Für zwei Tage."

„Warum bist du gekommen?"

„Ich bin gekommen, um zwei Leute zu sehen – Adolphe und Talma."

„Ach, ist das so? Dann sind Sie ja Millionär geworden, sonst würden Sie sich solche Extravaganzen nicht leisten."

Ich erzählte Monsieur de Leuven, wie Paillet und ich die Reise bewältigt hatten. Er sah mich eine Minute lang an und sagte dann:

„Du wirst weiterkommen, du hast Willenskraft. Geh und wecke Adolphe; er wird dich zu Talma bringen, der dir Fahrkarten gibt; dann komm zurück und wir essen hier gemeinsam zu Mittag."

Das war genau das, was ich wollte. Ich machte mir einen Überblick über die Innentopographie des Hauses und eilte davon. Ich öffnete nur zwei falsche Türen, bevor ich Adolphes fand: eine war Gabriel Arnaults Tür, die andere Louis Arnaults. Ich verirrte mich auf dem ersten Treppenabsatz: Louis brachte mich auf den richtigen Weg. Endlich erreichte ich Adolphes Zimmer. Adolphe schlief wie die Sieben Schläfer. Aber hätte ich es mit Epimenides zu tun gehabt, hätte ich ihn aufgeweckt. Adolphe rieb sich die Augen und konnte mich nicht erkennen.

„Komm, komm", sagte ich, „ich bin es wirklich; wach auf und zieh dich an. Ich möchte nach Talma."

„Zu Talma! Wozu? Du willst doch nicht etwa sagen, dass du ihm eine Tragödie vorlesen musst?"

„Nein, aber ich möchte ihn um ein paar Karten bitten."

"Was spielt er jetzt?"

Ich fiel aus meinem Hochgefühl. Adolphe, der in Paris lebte, wusste nicht, was Talma spielte! Was dachte sich der Idiot nur? Kein Wunder, dass er noch nicht mein *Pélerinage d'Ermenonville* inszeniert oder eines unserer Stücke aufgeführt hatte. Adolphe stand auf und zog sich an. Um elf Uhr klingelten wir an einem Haus in der Rue de la Tour-des-Dames. Mademoiselle Mars, Mademoiselle Duchesnois und Talma wohnten alle nebeneinander. Talma war gerade dabei, sich anzuziehen, aber Adolphe war Stammgast des Hauses: Sie ließen ihn herein. Ich folgte Adolphe, wie Hernani Charles-Quint folgte; ich natürlich hinter Adolphe.

Talma war extrem kurzsichtig: Ich weiß nicht, ob er mich sah oder nicht. Er wusch sich die Brust: sein Kopf war fast rasiert – das erstaunte mich sehr, denn ich hatte oft gehört, dass in *Hamlet*, als der Geist des Vaters erscheint, Talmas Haare zu Berge stehen. Ich muss gestehen, dass Talmas Erscheinung unter den oben genannten Umständen alles andere als künstlerisch war. Aber als er sich umdrehte, mit bloßem Hals, den unteren Teil seines Körpers in eine Art großen weißen Leinenmantel gehüllt, und er eine der Ecken dieses Mantels nahm und ihn über seine Schulter legte, wobei er seine Brust halb verhüllte, lag etwas so Königliches in dieser Handlung, dass es mich erschauern ließ.

De Leuven legte unsere Bitte dar. Talma nahm eine Art antikes Stilett, an dessen Spitze ein Stift hing, und unterschrieb eine Bestellung für zwei Plätze für uns. Es war eine Mitgliederbestellung. Neben den Bestellungen der Schauspieler, die an den Tagen eingingen, an denen sie auftraten, hatten die Mitglieder das Recht, jeden Tag zwei Freikarten zu vergeben.

Dann erklärte Adolphe, wer ich war. Damals war ich nur der Sohn von General Alexandre Dumas, aber das war schon etwas. Außerdem erinnerte sich Talma daran, meinen Vater bei Saint-Georges getroffen zu haben. Er streckte mir die Hand entgegen, und ich sehnte mich danach, sie zu küssen. Voller Theaterambitionen, wie ich war, war Talma für mich wie ein Gott – ein unbekannter Gott, das stimmt, so unbekannt wie Jupiter für Semele, aber ein Gott, der mir morgens erschien und sich mir nachts offenbarte. Wir falteten unsere Hände. Oh, Talma! Wärst du doch nur zwanzig Jahre jünger gewesen oder ich zwanzig Jahre älter! Aber damals war die ganze Ehre auf meiner Seite.

Talma! Ich kannte die Vergangenheit: Du konntest die Zukunft nicht erraten. Wenn dir jemand gesagt hätte, Talma, dass die Hand, die du gerade gehalten hattest, sechzig bis achtzig Dramen schreiben sollte, in denen du – der du dein ganzes Leben lang nach Rollen gesucht hattest – in jedem davon eine gefunden hättest, die du perfekt gespielt hättest, hättest du den armen Jungen nicht so gehen lassen, errötend, dich gesehen zu haben, stolz, dir die Hand geschüttelt zu haben! Aber wie konntest du etwas in mir sehen, Talma, da ich es selbst nicht entdeckt hatte?

KAPITEL IX

Die Theaterkarte – Das *Café du Roi* – Auguste Lafarge –
Théaulon – Rochefort – Ferdinand Langlé – Leute, die
speisen und Leute, die nicht speisen – Canaris – Der erste
Anblick von Talma – Die Wertschätzung von Mars und
Rachel – Warum Talma keinen Nachfolger hat – *Sylla* und
die Zensur – Talmas Loge – Eine Taxifahrt nach
Mitternacht – Die Rückkehr nach Crespy – M. Lefèvre
erklärt, dass eine Maschine alle Räder braucht, um gut zu
funktionieren – Ich reiche meine Kündigung als sein dritter
Angestellter ein

Ich ging mit dem Orden in der Tasche zurück zu de Leuvens Haus. Mit der
Möglichkeit, mir damit einen weiteren zu beschaffen, hätte ich ihn nicht für
fünfhundert Francs hergegeben! Ich war stolz bei dem Gedanken, mit einem
Orden mit der Unterschrift „ *Talma* " ins Théâtre-Français zu gehen. Wir
aßen zu Mittag.

De Leuven machte große Schwierigkeiten, ins Theater zu gehen: er hatte an
diesem Abend eine Verabredung mit Scribe, ein Treffen mit Théaulon und
eine Verabredung mit ich weiß nicht wie vielen anderen Berühmtheiten. Sein
Vater zuckte mit den Schultern und de Leuven erhob keine weiteren
Einwände. Es war vereinbart, dass wir zusammen ins Français gehen
würden; aber da ich das Musée, den Jardin des Plantes und den Luxembourg
sehen wollte, verabredete er sich mit mir um sieben Uhr im *Café du Roi* . *Das
Café du Roi* bildete die Ecke der Rue de Richelieu und der Rue Saint-Honoré.
Wir werden später mehr darüber zu sagen haben.

Nach dem Mittagessen machte ich mich allein auf den Weg zum Museum.
Um sechs Uhr hatte ich mich auf die Touristentour begeben, das heißt, ich
war durch das Tor der Rue de la Paix in die Tuilerien eingetreten, hatte den
Bogen unterquert, das Museum besucht, war die Quais entlanggegangen,
hatte Nôtre-Dame von innen und außen besichtigt, Martin auf seinen Baum
klettern lassen und mich unter dem Deckmantel, ein Fremder zu sein – ein
Titel, den nur ein Blinder oder ein böswilliger Mensch bestreiten konnte –
durch die Tore des Luxembourg gedrängt.

Ich kehrte um sechs Uhr ins Hotel zurück, wo ich Paillet traf. Auf mein
Wort, wir haben gut gegessen! Unser Gastgeber war ein gewissenhafter
Mann, und er gab uns Suppe, ein *Filet* mit Oliven, Roastbeef und Kartoffeln
à la maître d'hôtel , im Wert von zwei Hasen und vier Rebhühnern, die wir
unter anderen Vorwänden verzehrten. Ich drängte Paillet vergeblich, mit uns

ins Français zu kommen: Paillet war früher zweiter Angestellter in Paris; er hatte Freunde, oder vielleicht wäre es wahrhaftiger, Freundinnen aus früheren Tagen, die er wiedersehen wollte; er lehnte das Angebot ab, so dringend es auch war, und ich machte mich auf den Weg zum *Café du Roi* , da ich nicht verstand, wie es etwas Wichtigeres geben konnte, als Talma zu sehen, oder, wenn man ihn schon gesehen hatte, als ihn wiederzusehen. Ich erreichte unseren Treffpunkt einige Minuten vor Adolphe. Paillet hatte vorausgesehen, dass ich wahrscheinlich einige unverzichtbare Ausgaben haben würde : er hatte großzügig drei Francs aus der öffentlichen Kasse gezogen und sie mir gegeben. Insgesamt blieben uns also zwanzig Francs und fünfzig Centimes.

Ich ging ins *Café du Roi* und setzte mich an einen Tisch. Ich überlegte, was mich am wenigsten kosten würde. Ich kam zu dem Schluss, dass ein kleines Glas Brandy mir das Recht geben würde, zu warten und zumindest so auszusehen, als wäre ich ein Stammgast des Lokals. Also bestellte ich ein Glas. Nun hatte ich es nie geschafft, auch nur einen Tropfen dieses abscheulichen Schnapses zu trinken. Obwohl ich ihn bestellen musste, war ich nicht verpflichtet, ihn zu trinken. Ich hatte kaum meinen Platz eingenommen, als ich sah, wie einer der Stammgäste (ich nahm an, dass er ein Stammgast war, weil ich sah, dass er überhaupt nichts auf dem Tisch vor sich hatte) aufstand und auf mich zukam. Ich stieß einen Schrei der Überraschung und Freude aus: Es war Lafarge. Lafarge war noch einen Schritt tiefer in Richtung Armut geraten: Er trug einen Mantel, der an den Ellbogen glänzte, und Hosen, die an den Knien glänzten.

„Wieso, ich kann mich doch nicht irren, Sie sind es wirklich?", sagte er.

„Ich bin es wirklich. Setz dich hierher."

„Gerne. Bitte um noch ein Glas."

„Für dich?"

"Ja."

„Nimm meinen, mein Lieber. Ich trinke nie Brandy."

„Warum hast du dann danach gefragt?"

„Weil ich nicht warten wollte, bis Adolphe hereinkam, ohne etwas zu verlangen."

„Kommt Adolphe hierher?"

„Ja. Wir werden uns gemeinsam *Sylla ansehen* ."

„Was! Du willst diesen Dreck sehen?"

„Dreck, *Sylla*? Das ist ja ein Riesenerfolg!"

„Ja, der Erfolg einer Perücke."

„Der Erfolg einer Perücke?", wiederholte ich, ohne zu verstehen. „Gewiss! Nimm Sylla seine napoleonischen Locken, und das Stück würde nie aufgeführt werden."

„Aber Monsieur de Jouy ist doch sicher ein großer Dichter?"

„In der Provinz gilt er vielleicht als großartig, mein lieber Junge; aber hier in Paris sehen wir die Dinge anders."

„Wenn er auch kein großer Dichter ist, so ist er doch zumindest ein Mann mit unendlichen Einfallsreichtum." „Nun, vielleicht hätte man ihn unter dem Kaiserreich für klug gehalten; aber sehen Sie, mein Junge, der Witz von 1809 ist nicht der Witz von 1822."

„Trotzdem dachte ich, dass *l'Ermite de la Chaussée-d'Antin* während der Restauration geschrieben wurde."

„Natürlich. Aber glauben Sie, dass *l'Ermite de la Chaussée-d'Antin* von Monsieur de Jouy war?"

„Ganz sicher, da es unter seinem Namen erscheint."

„Oh, welche süße Einfachheit!"

„Wer hat es dann geschrieben?"

„Warum, Merle."

"Wer ist Merle?"

„Psst! Das ist der Herr, den Sie dort sehen, in dem großen Mantel und dem breitkrempigen Hut. Er ist zehnmal witziger als Monsieur de Jouy."

„Aber wenn er zehnmal so witzig ist wie Monsieur de Jouy, wie kommt es dann, dass er nicht ein Viertel von dessen Ruf besitzt?"

„Oh, weil, wissen Sie, mein Junge, ein guter Ruf, wie Sie später feststellen werden, weder durch Witz noch durch Talent entsteht, sondern durch Cliquen … Fragen Sie einfach nach dem Zucker; mir wird schlecht, wenn ich Branntwein pur trinke. Kellner! Etwas Zucker."

„Aber wenn Ihnen Brandy nicht schmeckt, warum trinken Sie ihn dann?"

„Was kann man sonst tun?", sagte Lafarge. „Wenn man sein Leben in Cafés verbringt, muss man etwas trinken."

„Sie verbringen also Ihre ganze Zeit in Cafés?"

„Fast alles. So kann ich am besten arbeiten."

„Inmitten all des Lärms und Gerede?“

„Ich bin daran gewöhnt: So arbeitet Théaulon, so arbeitet Francis, so arbeitet Rochefort, so arbeiten wir alle. Nicht wahr, Théaulon?“

Ein Mann von dreißig bis fünfunddreißig Jahren, der schnell auf Quartopapier etwas geschrieben hatte, das wie ein Dialog aussah, hob bei dieser Interpellation sein blasses Gesicht – das um die Wangenknochen rot war – und sah uns freundlich an.

„Ja“, sagte er, „was ist los? Ah, Sie sind es, Lafarge? Guten Abend.“ Und er nahm seine Arbeit wieder auf.

„Ist das Théaulon?“, fragte ich.

„Ja, das ist ein Mann mit einem schlagfertigen Verstand für Sie! Nur vergeudet und missbraucht er seinen schlagfertigen Verstand. Wissen Sie, was er jetzt tut?“ „Nein.“

"Er schreibt eine Komödie in fünf Akten, in Versen."

„Was? Er kann hier in einem Café Gedichte schreiben?“

„Zunächst einmal, mein Junge, ist dies kein Café: Es ist eine Art Literaturclub; jeder, den Sie hier sehen, ist entweder ein Autor oder ein Journalist.“

„Also“, sagte ich zu Lafarge, „ich habe noch nie ein Café gesehen, in dem so wenig konsumiert und so viel geschrieben wurde.“

„Verdammt, Sie fangen schon an zu lügen. Gerade hätten Sie fast einen Witz gemacht, wissen Sie das?“

„Also gut, als Gegenleistung für den Witz, den ich mir beinahe erlaubt hätte, sagen Sie mir, wer einige dieser Herren sind.“

„Mein lieber Freund, das wäre sinnlos: Man muss Pariser sein, um einen Ruf zu kennen, der rein Pariser Natur ist.“

„Aber ich versichere Ihnen, mein lieber Auguste, ich bin in solchen Angelegenheiten nicht so provinziell, wie Sie denken.“

„Haben Sie von Rochefort gehört?“

„Ja. Hat er nicht einige sehr schöne Lieder und zwei oder drei erfolgreiche Vaudevilles komponiert?“

„Genau so. Also gut! Er ist dieser große, dünne Mann, der Domino spielt.“

"Beide Spieler sind gleich dünn."

"Ah! Ganz richtig! ... Er ist derjenige, dessen Gesicht immer spielt und nie gewinnt." Rochefort hatte auf eine Art und Weise Anlass zu diesem Scherz seines Freundes Lafarge gegeben. Ich sage Anlass gegeben, und nicht *entschuldigt*.

"Und wer ist sein Partner?"

„Das ist Ferdinand Langlé."

„Ah! Der Liebhaber der kleinen Fleuriet?"

„Der Liebhaber des kleinen Fleuriet! ... Verdammt, Sie reden wie ein Pariser ... Wer hat Sie so gut vorbereitet?"

„Verdammt noch mal! Adolphe ... er scheint es nicht eilig zu haben."

„Sie haben es also eilig?"

„Natürlich bin ich das, und natürlich genug: Ich habe Talma nie gesehen."

„Na gut, mein Junge, dann beeil dich und sieh ihn dir an."

"Warum sagst du das?"

"Weil er furchtbar *verschleißt* ."

"Was meinen Sie mit *Abnutzung* ?"

„Ich meine, er wird alt und rostet ein."

„Ich verstehe! Aber die Zeitungen sagen, sein Talent sei noch nie so frisch gewesen und sein Gesichtsausdruck habe nie schöner gewirkt."

"Glauben Sie, was in den Zeitungen steht?"

"Oh!"

„Vielleicht bist du eines Tages selbst Journalist, mein Junge."

„Und wenn ich das bin?"

„Nun, wenn Sie es sind, werden Sie sehen, wie die Dinge geschehen."

"Und ...?"

„Und Sie werden nicht glauben, was in den Zeitungen steht – das ist alles!" In diesem Moment öffnete sich die Tür und Adolphe steckte den Kopf herein.

„Beeil dich", sagte er. „Wenn wir uns nicht beeilen, hebt sich der Vorhang."

„Oh! Endlich bist du es!"

Ich stürzte auf Adolphe zu.

„Sie haben vergessen zu bezahlen", sagte Lafarge.

„Oh! Das habe ich... Kellner, wie viel?"

„Ein kleines Glas, vier Sous; sechs Sous Zucker, zehn."

Ich zog zehn Sous aus der Tasche, warf sie auf den Tisch und eilte, fünfzig Centimes leichter, aus dem Café.

„Sie waren bei Lafarge?", sagte Adolphe.

„Ja... Was ist los mit ihm?"

„Was meinst du damit, was mit ihm los ist?"

„Er hat mir gesagt, Monsieur de Jouy sei ein Idiot und Talma eine Kassandra."

„Der arme Lafarge!" sagte Adolf. „Vielleicht hat er nicht zu Abend gegessen."

„Nicht gegessen! Ist er so tief gesunken?"

„So ziemlich."

„Ah!", sagte ich, „das erklärt vieles! ... Die Herren de Jouy und Talma essen jeden Tag zusammen, und der arme Lafarge kann ihnen das nicht verzeihen."

Leider habe ich seitdem Kritiker erlebt, die – außer Lafarge – den Gästen nicht verzeihen konnten.

Ich hatte so gut gegessen, dass ich ebenso viel Genuss im Magen wie Neugier im Kopf hatte.

Wir gingen ins Theater. Der Saal war überfüllt, obwohl es ungefähr die achte Vorstellung des Stücks war. Wir hatten schreckliche Schwierigkeiten, Plätze zu bekommen: unsere Plätze waren nicht reserviert. Adolphe gab der Frau, die die Leute zu ihren Plätzen führte, großzügig vierzig Sous, und sie bahnte sich so geschickt einen Weg für uns, dass sie uns eine Ecke in der Mitte des Parketts fand, in die wir wie ein paar Keile hineinrutschten, denen wir in Form und Aussehen ähnlich gewesen sein mussten. Wir kamen gerade noch rechtzeitig, wie Adolphe gesagt hatte. Kaum saßen wir, als sich der Vorhang hob.

vor der Öffentlichkeit des Jahres 1851 über *Sylla* spreche ? „Was war *Sylla* ?", wird eine ganze Generation ausrufen. O Hugo! Wie wahr sind deine Zeilen über Canaris! Sie fallen mir jetzt wieder ein und fließen, gegen meinen Willen, aus meiner Feder:

"Canaris! Canaris! Wir sind tot!
Wenn einem Helden die Zeit erspart bleibt, dann antwortet er. Wenn
dieser erhabene Schauspieler Freude oder Freude empfindet, dann sagt er
das Wort: Gott hat seine Frau in Angst versetzt; Wenn Venus die
Revolutionen heraufbeschwört, dann vollbringen die großen Menschen
ihre großen Taten, wenn sie ihren
Glanz erstrahlen oder düster wirken, dann steigen sie, wenn nicht, wieder
in den Schatten herab; ihr Name ist auch verdunkelt! Alles ist vergeblich,
alles ist vergeblich! Und nur an diesem Tag ersehnt der Dichter, dass er mit
einem Wort eine Welt erschaffen kann, es ist ein Traum und ein Traum .
Sie ertönt vor einem goldenen Stern,
Sie erinnert sich nicht daran und hört es mit der Stimme. Wer sieht, schreit
aus dem Nichts.
Hilf mir! Wenn sie hinter ihr her ist, fragt sie ihn
und sagt: ‚Wer ist dieser Mann?‘"

Nein! Es stimmt, Herr de Jouy war kein Held, obwohl er in Indien tapfer
gekämpft hatte, und auch kein großer Mann, obwohl er „ *Der Eremit von der
Chaussée d'Antin"* und „ *Sylla" geschrieben hatte* . Aber Herr de Jouy war ein
begabter Mann, oder vielmehr besaß er Talent.

Das war damals meine Überzeugung. Dreißig Jahre sind vergangen seit dem
Abend, an dem ich Talma zum ersten Mal auf der Bühne sah. Ich habe *Sylla
gerade noch einmal gelesen* und das ist heute meine Meinung. Zweifellos hat M.
de Jouy sowohl die historische als auch die physische Ähnlichkeit geschickt
ausgenutzt. Die Abdankung *Syllas* erinnerte an die Abdankung des Kaisers;
Talmas Kopf an die Besetzung von Napoleons. Zweifellos war dies der
Grund, warum das Werk so begeistert aufgenommen wurde und hundertmal
aufgeführt wurde. Aber es gab noch etwas anderes als das Aussehen des
Schauspielers und die Anspielungen in der Tragödie; es gab feine Linien,
gute Situationen, einen in seiner Einfachheit gewagten *Ausgang* . Ich bin mir
durchaus bewusst, dass die feinen Linien einer Epoche sehr oft nicht die
feinen Linien einer anderen sind – zumindest glauben das die Leute –, doch
die vier Linien, die der Dichter Roscius in den Mund legt, sind feine Linien
für alle Zeiten: Roscius, der Talma jener letzten Tage Roms, der den
Untergang der römischen Republik miterlebt hatte, so wie Talma den
Untergang der französischen Republik miterlebt hatte: –

„Ah! Kann die Natur den Römern den Weg ebnen?
Diese erhabenen Geister unter den Menschen! Trost der Sünde, Trost der
Tränen, beschwöre den Übergang. Diese brennenden Sterne sind nicht
dein Ding!"

Sehr schön sind auch die Zeilen, die der Proskriptor, der mit seiner mächtigen Hand die Proskription, die Cäsar einschließen sollte, stoppt, an Ophelia richtet, als diese zu ihm sagt:

"Ich habe auf meiner Reise Sylla gefragt.
Welche unbekannte Macht, welche Schatten beschützen mich? Kann Cäsar seine gerechte Strafe entreißen?

Sylla. Ich leide unter deinen Lastern, deinen Tugenden.
Und mein Auge ist in Cäsars Augen mehr von einem Marius! Ich sage dir, was du für eine Angst hast, ein junger Mann ist tot; aber Pompée lebt, Cäsar muss auch leben. Vergiss alle diese Römer mit meiner Macht. Ich bin nicht mehr der Rivale, ich bin ein Feind. Der Feind ist gewunden, gefesselt
,
nicht allein anwesend. Bestätige mein Genie und meine Macht. Die Geschichte von Marius soll es. mein Freund, César, hilf mir, mich zu rechtfertigen!

Als ich Talma die Bühne betreten sah, stieß ich einen Schrei des Erstaunens aus. O ja, es war tatsächlich die ausdruckslose Maske des Mannes, den ich acht Tage vor Ligny mit tief auf die Brust gesenktem Kopf in seiner Kutsche vorbeifahren sah und den ich am Tag nach Waterloo zurückkehren sah. Viele haben seitdem versucht, mit Hilfe der grünen Uniform, des grauen Mantels und des kleinen Hutes dieses antike Medaillon, diese Bronze, halb griechisch, halb römisch, nachzubilden; aber keiner von ihnen, o Talma, ich besaß deinen blitzenden Blick, mit dem ruhigen und unerschütterlichen Antlitz, auf das weder der Verlust eines Throns noch der Tod von dreißigtausend Männern eine einzige Linie des Bedauerns oder eine Spur von Reue zurückdrücken konnten. Wer Talma nie gesehen hat, kann sich nicht vorstellen, was er war: In ihm vereinten sich drei höchste Eigenschaften, die ich nirgendwo sonst in einem Mann vereint gefunden habe – Einfachheit, Kraft und Poesie; großartiger konnte man nicht sein, mit der vollkommenen Anmut eines Schauspielers; Ich meine jene Großartigkeit, die nichts Persönliches an sich hat, das mit dem Menschen verbunden ist, sondern sich je nach dem Charakter der Helden ändert, die er darstellen soll. Es ist unmöglich, sage ich, einen Schauspieler zu finden, der so mit dieser Art von Großartigkeit ausgestattet wäre wie Talma. Melancholisch in *Orest*, furchtbar in *Nero*, abscheulich in *Gloucester*, und er konnte seine Stimme, seine Blicke, seine Gesten jeder Figur anpassen. Mademoiselle Mars war die Vollkommenheit des Anmutigen; Mademoiselle Rachel war die Unvollkommenheit des Schönen; Talma war das ideal Große. Schauspieler beklagen, dass nichts von dem Ihren über sie hinausreicht. O Talma! Ich war ein Kind, als ich Sie an jenem feierlichen Abend zum ersten Mal sah, als Sie die Bühne betraten und Ihre Gesten begannen, vor dieser

Reihe von Senatoren, Ihren Klienten. Nun, von dieser ersten Szene ist keine Ihrer Handlungen aus meinem Gedächtnis gelöscht, keine Ihrer Betonungen verloren gegangen ... O Talma! Ich sehe dich noch immer vor mir, als Catilina diese vier Zeilen ausspricht:

„Auf der Suche nach Verbrechern, die ihre Gnade verzeihen,
ich weiß es, aber mein Gott, ich werde meine Klugheit offenbaren;
Clodius' Name auf der Liste ist mein, das ist der gefährlichste von allen in meinem Reich!"

Ich sehe dich noch immer, Talma! Möge dein großer Geist mich hören und vor Freude darüber erzittern, nicht vergessen zu sein! Ich sehe dich noch immer, wie du mit einem verächtlichen Lächeln auf den Lippen langsam die Distanz verringerst, die dich von deinem Ankläger trennt. Ich sehe und höre dich noch immer, wie du deine Hand auf seine Schulter legst und, gehüllt wie eine der schönsten Statuen in Herculaneum oder Pompeji, mit der bebenden Stimme, die bis in die tiefsten Tiefen eines Menschen vordringen kann, diese Worte zu ihm sagst:

„Ich habe nicht gehört, dass Enhard
in Clodius' Arm Valéries Arm gelandet ist. Und Catiline, dieser fatale
Fehler: Tu so, als würde er mir dienen, oder bestrafe einen Rivalen."

O Talma! Dein scharfsinniger und klangvoller Ton schlug Wurzeln in den Herzen aller, die dir zuhörten. Es war in der Tat ein furchtbar undankbarer und unfruchtbarer Boden, den du in dieser unpoetischen Zeit des Kaiserreichs zu kultivieren hattest, denn hätte dich seine Unfruchtbarkeit entmutigt, hätte es in all den dreißig Jahren, in denen du die römische oder griechische Sandale getragen hast, nichts Großes, Schönes oder Weitläufiges gegeben. Ist der Geist des Genies mit all seiner absorbierenden Kraft sterblich wie der des Upas-Baums oder des Manchinelbaums?

Ich möchte bis zum Ende des Stücks über Sylla sprechen, um Talmas erstaunliches Talent zu würdigen und ihm bei der zweifachen Entwicklung seiner Schöpfung der Rolle des Sylla und der Einzelheiten dieser Rolle zu folgen. Aber was würde das bringen? Wen interessiert das heutzutage? Wer amüsiert sich, indem er sich dreißig Jahre nach ihrem Aussterben an die Intonation eines Schauspielers erinnert, als er eine Zeile, einen Halbsatz oder ein Wort deklamierte? Was kümmert es Herrn Guizard, Herrn Léon Faucher, den Präsidenten der Republik, wie Talma Lænas antwortete, als er von der römischen Bevölkerung geschickt wurde, um von Sylla die Zahl der Verurteilten zu erfahren, und ihn fragte:

„Kommst du ins Gefängnis, Sylla?"

Was ist für diese Herren wichtig, zu wissen, wie Talma seine

„Das habe ich nicht gesagt!"

Sie können sich höchstens an den Tonfall erinnern, mit dem General Cavaignac diese vier Worte aussprach, als er gefragt wurde, wie viele Menschen er unerfahren aus Frankreich deportiert habe. Und denken wir daran, dass es erst zwei Jahre her ist, dass der Diktator von 1848 diese vier Worte aussprach, die es durchaus verdienen, neben denen von Sylla einen Platz in den Annalen der Geschichte einzunehmen. Aber obwohl Talma abwechselnd einfach, groß und prächtig war, erreichte er erst in der Abdankungsszene wahre Erhabenheit. Es ist wahr, dass die Abdankung von Sylla an die von Fontainebleau erinnerte, und wir wiederholen, wir haben keinen Zweifel daran, dass die Ähnlichkeit zwischen dem modernen und dem alten Diktator einen enormen Eindruck auf das gemeine Publikum machte. Diese Meinung vertrat die Zensur von 1821, die diese Zeilen strich, weil sie sich angeblich abwechselnd auf Bonaparte, den ersten Konsul, und Napoleon, den Kaiser, bezogen.

Diese an Bonaparte:—

... Es war zu viel für mich, die Lorbeeren aus dem Krieg.
Ich wünsche mir einen selteneren und wertvolleren Ruhm. Rom, im
Kampf mit den wütenden triumphierenden Partisanen,
Mourante unter den Schlägen seiner eigenen Kinder, Invokat für seine
Brüder und seinen Geist: Ich bin sein Diktator, ich rettet das Vaterland! "

Diese an Napoleon:—

„Ich regiere die Welt nach meinen eigenen Regeln
und verpflichte alle meine Feinde zum Schweigen! Ich werde nie vergessen,
was ich mir wünsche.
Ich gehöre ihnen und mir ist der Tod meines Herrn heilig."

Wenn man nach zehn, zwanzig oder dreißig Jahren die von der Zensur verbotenen Verse oder die von ihr unterdrückten Stücke noch einmal liest, ist man völlig erstaunt über die Dummheit der Regierungen. Sobald eine Revolution die sieben Köpfe einer literarischen Hydra abgeschlagen hat, beeilen sich die Regierungen, sie wieder einzusammeln und sie wieder auf den Stamm zu stecken, der den Tod vortäuschte, während er darauf achtete, seinen Halt am Leben nicht zu verlieren. Als ob die Zensur jemals eines der Werke vernichtet hätte, deren Aufführung verboten war! Als ob die Zensur *Tartuffe, Mohammed, Le Mariage de Figaro, Karl IX., Pinto, Marion Delorme* und *Antonius erwürgt hätte*! Nein, wenn eines dieser virilen Stücke aus dem Theater vertrieben wird, in dem es seine Spuren hinterlassen hat, wartet es ruhig und aufrecht, bis diejenigen, die es geächtet haben, fallen oder sterben. Und wenn sie gefallen oder tot sind, wenn seine Verfolger von ihren Thronen gestürzt werden oder ihre Gräber betreten, betritt die ruhige und unsterbliche

Tochter des allmächtigen und großen Genius den Bereich, den die Puppen vor ihr verschlossen haben, aus dem sie verschwunden sind, und ihre vergessenen Kronen, die zu klein für ihre Stirn sind, werden zum Spielball ihrer Füße.

Der Vorhang fiel unter tosendem Applaus. Ich war sprachlos, geblendet, fasziniert. Adolphe schlug vor, wir sollten in Talmas Garderobe gehen und ihm danken. Ich folgte ihm durch das unentwirrbare Labyrinth von Korridoren, die sich durch die hinteren Bereiche des Théâtre-Français schlängeln und die mir heute leider keine unbekannten Bereiche mehr sind. Kein Kunde, der je an die Tür des ursprünglichen Sylla geklopft hat, hat sein Herz so schnell und heftig schlagen fühlen wie meines an der Tür des Schauspielers, der ihn gerade verkörpert hatte. De Leuven stieß die Tür auf. Die Garderobe des großen Schauspielers lag vor uns: sie war voll mit Männern, die ich nicht kannte, die alle berühmt waren oder im Begriff waren, berühmt zu werden. Da war Casimir Delavigne, der gerade die letzten Szenen der *École des Vieillards geschrieben hatte;* da war Lucien Arnault, dessen *Régulus gerade* aufgeführt worden war; Da war Soumet, der noch immer sehr stolz auf seinen zweifachen Erfolg mit „*Saül*" und „ *Klytaimnestre*" war. Da war Népomucène Lemercier, dieses gelähmte, mürrische Tier, dessen Talente so krumm waren wie sein Körper, der in seinen gesunden Momenten „ *Agamemnon*", „*Pinto*" und „*Fredegonde*" und in seinen ungesunden Stunden „*Christophe Colomb*", „*La Panhypocrisiade*" und „*Cahin-Caha*" komponiert hatte. *Da war Delrieu, der seit 1809 an der überarbeiteten Version seines „Artaxerch*" arbeitete. Da war Viennet, dessen Tragödien auf dem Papier fünfzehn oder zwanzig Jahre lang für Aufsehen sorgten, der aber innerhalb einer Woche lebte, litt und starb, wie er, dessen Herrschaft zwei Stunden und dessen Folter drei Tage dauerte. da war schließlich der Held der Stunde, Monsieur de Jouy, mit seiner großen Gestalt, seinem schönen weißen Kopf, seinen intellektuellen und freundlichen Augen, und in der Mitte von allem – Talma in seinem einfachen weißen Gewand, das gerade seines Purpurs beraubt worden war, seinem Kopf, von dem er gerade die Krone genommen hatte, und seinen beiden anmutigen weißen Händen, mit denen er gerade die Handfläche des Diktators gebrochen hatte. Ich blieb an der Tür stehen, errötete heftig und war sehr demütig.

„Talma", sagte Adolf, „wir sind gekommen, um Ihnen zu danken." Talma sah sich aus den Augenwinkeln um. Er bemerkte mich an der Tür.

„Ah! ah!" sagte er. „Kommen Sie herein."

Ich machte zwei Schritte auf ihn zu.

„Nun, Herr Poet", sagte er, „waren Sie zufrieden?"

„Ich bin mehr als das, Monsieur ... ich bin sprachlos.“ „Also gut, Sie müssen wiederkommen und mich um weitere Plätze bitten.“

„Leider! Monsieur Talma, ich verlasse Paris morgen oder spätestens übermorgen.“

„Das ist schade! Sie hätten mich in *Régulus sehen können*. ... Wissen Sie, dass ich *Régulus* für übermorgen auf das Programm gesetzt habe, Lucien?“

„Ja“, antwortete Lucien.

„Und können Sie nicht bis übermorgen Abend anhalten?“

„Unmöglich: Ich muss in die Provinz zurückkehren.“

"Was macht ihr in der Provinz?"

„Das darf ich dir nicht sagen: Lama Rechtsanwaltsgehilfe ...“

Und ich stieß einen tiefen Seufzer aus.

„Pah!“, sagte Talma, „darüber dürfen Sie nicht verzweifeln! Corneille war Schreiber bei einem Staatsanwalt! ... Meine Herren, erlauben Sie mir, Ihnen einen zukünftigen Corneille vorzustellen.“

Ich wurde bis über beide Ohren rot.

„Leg deine Hand auf meine Stirn, das wird mir Glück bringen“, sagte ich zu Talma.

Talma legte seine Hand auf meinen Kopf.

„So sei es“, sagte er. „Alexandre Dumas, ich taufe dich zum Dichter im Namen Shakespeares, Corneilles und Schillers! ... Geh zurück in die Provinz, geh zurück in dein Büro, und wenn du wirklich eine Berufung hast, wird der Engel der Poesie dich überall zu finden wissen, wird dich wie den Propheten Habakuk an den Haaren davontragen und dich dorthin bringen, wohin das Schicksal es bestimmt.“

Ich nahm Talmas Hand und versuchte sie zu küssen.

„Sehen Sie doch!“ sagte er, „der Junge ist voller Enthusiasmus und wird etwas aus ihm machen.“ Und er schüttelte mir herzlich die Hand.

Dort hatte ich nichts mehr zu erwarten. Ein längerer Aufenthalt in diesem von Berühmtheiten überfüllten Ankleidezimmer wäre sowohl peinlich als auch lächerlich gewesen: Ich gab Adolphe ein Zeichen, und wir verabschiedeten uns. Ich wollte Adolphe im Korridor um den Hals fallen.

„Ja, gewiss“, sagte ich zu ihm, „ich werde ganz bestimmt nach Paris zurückkehren. Darauf können Sie sich verlassen!“

Wir gingen die kleine Wendeltreppe hinunter, die inzwischen abgerissen wurde. Wir verließen das Gebäude durch den schwarzen Korridor. Wir gingen die Galerie entlang, die damals Galerie de Nemours hieß und heute, ich weiß nicht, welchen Namen sie trug, und kamen auf dem Place du Palais-Royal heraus.

„So, Sie kennen den Weg", sagte Adolf, „die Rue Croix-des-Petits Champs, die Rue Coquillière, die Rue des Vieux-Augustins. Gute Nacht, ich muss Sie verlassen. Es ist spät, und von hier bis zur Rue Pigale ist es ein weiter Weg ... Übrigens, denken Sie daran, dass wir um zehn zu Mittag essen und um fünf zu Abend essen."

Und Adolphe bog um die Ecke der Rue Richelieu und verschwand. Es war tatsächlich spät; alle Lichter waren aus, und nur ein paar verspätete Leute gingen über den Place du Palais-Royal. Obwohl Adolphe es mir gesagt hatte, kannte ich den Weg überhaupt nicht, und ich war äußerst erschrocken, als ich mich allein wiederfand. Ich muss gestehen, dass ich mich sehr unwohl fühlte, als ich zu so später Stunde noch in den Straßen von Paris war; denn ich hatte haufenweise Geschichten über nächtliche Überfälle, Raubüberfälle und Morde gehört, und mit meinen fünfzig Sous in der Tasche zitterte ich bei dem Gedanken, ausgeraubt zu werden. In meinem Kopf tobte ein Kampf zwischen Mut und Angst. Die Angst siegte. Ich hielt ein Taxi an. Das Taxi kam auf mich zu, und ich öffnete die Tür.

„Monsieur weiß, dass es nach Mitternacht ist?", sagte der Fahrer.

„Natürlich weiß ich das", antwortete ich und fügte im Stillen hinzu: „Das ist ja der Grund, warum ich ein Taxi nehme."

"Wohin geht der Landjunker?"

„Rue des Vieux-Augustins, *Hôtel des Vieux-Augustins.*"

„Was?", sagte der Fahrer.

Ich habe es wiederholt.

„Ist Monsieur ganz sicher, dass er dorthin will?"

„Zum Teufel, das tue ich!"

„In diesem Fall, los geht's!"

Und indem er seine Pferde peitschte und dabei wie alle Kutscher mit der Zunge schnalzte, trieb er sie zum Galopp an.

Zwanzig Sekunden später hielt er an, stand von seinem Sitz auf und öffnete die Tür.

„Und...?", fragte ich.

„Nun, mein Landsmann, wir sind am Ziel, Rue des Vieux-Augustins, *Hôtel des Vieux-Augustins*"

Ich hob den Kopf, und da war zweifellos das Haus. Jetzt verstand ich das Erstaunen des Kutschers, als er sah, wie ein zwanzigjähriger, nicht gerade geisteskranker Landbursche vom Place du Palais-Royal eine Droschke nehmen wollte, um in die Rue des Vieux-Augustins zu fahren. Aber da es zu absurd gewesen wäre, zuzugeben, dass ich die Entfernung zwischen den beiden Orten nicht kannte, sagte ich mit fester Stimme:

„Also gut – wie hoch ist der Fahrpreis?"

„Oh, Sie kennen das Fahrgeld ganz genau, junger Mann."

„Wenn ich es wüsste, würde ich dich nicht fragen."

„Dann sind es fünfzig Sous."

„Fünfzig Sous?", rief ich aus, entsetzt darüber, dass ich solch nutzlose Ausgaben getätigt hatte.

„Sicher, junger Mann, das ist der Tarif."

„Fünfzig Sous, um vom Palais-Royal hierher zu kommen!"

„Ich habe Monsieur gewarnt, dass es nach Mitternacht ist."

„Da bist du", sagte ich. „Nimm deine fünfzig Sous."

„Wollen Sie mir kein *Pourboire geben* , junger Mann?"

Ich machte eine Bewegung, um den Schurken zu erwürgen, aber er war stark und kräftig. Ich dachte, dass er mich vielleicht erwürgen würde, also hielt ich meine Hand zurück. Ich klingelte, die Tür wurde geöffnet und ich ging hinein. Ich fühlte mich schrecklich von Gewissensbissen geplagt, weil ich mein Geld verprasst hatte, besonders wenn ich bedachte, dass, selbst wenn Paillet nichts ausgegeben hätte, wir nur zwanzig Francs und fünfzig Centimes übrig hatten. Paillet war in der Oper gewesen und hatte acht Francs und zehn Sous ausgegeben. Uns blieben nur ein Dutzend Francs.

Wir sahen uns etwas besorgt an.

„Hören Sie", sagte er, „Sie haben Talma gesehen, ich habe , *La Lampe Mervilleuse*' gehört . Das war alles, was Sie sehen wollten, alles, was ich hören wollte. Wenn Sie einverstanden sind, lassen Sie uns morgen abreisen und nicht erst übermorgen."

„Genau das wollte ich Ihnen vorschlagen."

„Gut, verlieren wir keine Zeit. Es ist jetzt ein Uhr, gehen wir so schnell wie möglich zu Bett und schlafen wir bis sechs, dann brechen wir um sieben auf und schlafen, wenn wir es schaffen, in Manteuil."

"Gute Nacht"

"Gute Nacht...."

Eine Viertelstunde später wetteiferten wir darum, wer am festesten einschlafen konnte.

Am nächsten Tag, oder besser gesagt am selben Tag, waren wir um acht Uhr an Villette vorbeigekommen; um drei Uhr aßen wir in Dammartin zu Abend, unter denselben Bedingungen wie beim Mittagessen; um sieben aßen wir in Manteuil zu Abend; und am Mittwoch um ein Uhr erreichten wir Crespy, beladen mit zwei Hasen und sechs Rebhühnern – das Ergebnis der Sparsamkeit, die wir bei der Jagd in der vergangenen Nacht und am Tag geübt hatten – und gaben unsere letzten zwanzig Sous einem armen Bettler. Paillet und ich trennten uns am Eingang zum großen Platz. Ich ging durch den kleinen Durchgang zu Maître Lefèvre und dann hinauf in mein Zimmer, um mich umzuziehen. Ich rief Pierre durch das Fenster an und fragte ihn nach Neuigkeiten von Monsieur Lefèvre. Monsieur Lefèvre war in der Nacht zurückgekehrt. Ich gab mein Wild dem Koch, ging ins Büro und schlüpfte auf meinen Platz. Meine drei Bürokollegen waren alle an ihren Plätzen. Niemand stellte mir eine Frage. Sie dachten, ich sei gerade von einem meiner üblichen Ausflüge zurückgekehrt, der allerdings etwas länger als gewöhnlich gedauert hatte. Ich erkundigte mich, ob Monsieur Lefèvre Fragen über mich gestellt hatte. Monsieur Lefèvre hatte wissen wollen, wo ich sei; sie hatten geantwortet, sie wüssten es nicht, und damit war die Sache erledigt. Ich holte meine Papiere aus dem Schreibtisch und machte mich an die Arbeit. Ein paar Minuten später erschien Monsieur Lefèvre. Er ging zum Prokuristen, gab ihm einige Anweisungen und kehrte dann in sein Zimmer zurück, ohne meine Anwesenheit auch nur zu bemerken, was mich zu der Annahme veranlasste, dass er meine Abwesenheit besonders bemerkt hatte. Es war Zeit zum Abendessen. Wir setzten uns; alles ging wie gewohnt weiter; nur dass Monsieur Lefèvre nach dem Abendessen, als ich aufstand, um zu gehen, zu mir sagte:

„Monsieur Dumas, ich möchte ein paar Worte mit Ihnen sprechen."

Ich wusste, dass der Sturm bald losbrechen würde, und beschloss, mich gut unter Kontrolle zu halten.

„Sicher, Monsieur", antwortete ich.

Der Obersekretär und der Bürojunge, die den Tisch des Herrn mit mir teilten, zogen sich diskret zurück. M. Lefèvre zeigte auf einen Stuhl gegenüber seinem eigenen, auf der anderen Seite des Kamins. Ich setzte mich. Dann hob M. Lefèvre seinen Kopf wie ein Pferd unter dem Bier , eine Geste, die bei ihm üblich war, schlug sein rechtes Bein über das linke, hielt ein Bein hoch, bis der Schuh herunterfiel, nahm seine goldene Schnupftabakdose, inhalierte eine Prise Schnupftabak, holte würdevoll Luft und sagte dann mit einer Stimme, die wegen ihres sanften Tons noch bedrohlicher wirkte, während er sich mit der linken Hand am rechten Fuß kratzte, was seine liebste Gewohnheit war:

„Monsieur Dumas, haben Sie Kenntnisse von Mechanik?“

„Nicht theoretisch, Monsieur, nur praktisch.“

„Gut, dann wissen Sie genug, um mein Beispiel zu verstehen.“

„Ich höre zu, Monsieur.“

„Monsieur Dumas, damit eine Maschine richtig funktionieren kann, darf keines ihrer Räder stehen bleiben.“

„Natürlich nicht, Monsieur.“

„Sehr gut, Monsieur Dumas, mehr brauche ich nicht zu sagen. Ich bin der Ingenieur, Sie sind eines der Räder in der Maschine. Seit zwei Tagen stehen Sie still, und folglich fehlte der Gesamtbewegung der Maschine seit zwei Tagen die Mitwirkung Ihrer individuellen Bewegung.“

Ich stand auf.

„Ganz genau, Monsieur“, sagte ich.

„Sie werden verstehen“, fügte M. Lefèvre in einem weniger dogmatischen Ton hinzu, „dass diese Warnung lediglich vorläufig ist?“

„Sie sind sehr gut, Monsieur, aber ich betrachte es als endgültig.“

„Oh, dann ist das noch besser“, sagte M. Lefèvre. „Es ist jetzt sieben Uhr abends, die Nacht bricht herein und das Wetter ist schlecht; aber Sie können gehen, wann Sie wollen, mein lieber Dumas. Von dem Moment an, in dem Sie nicht mehr der dritte Schreiber hier sind, können Sie als Freund hier bleiben, und je länger Sie in dieser Eigenschaft bleiben, desto mehr wird es mir gefallen.“

Ich verbeugte mich höflich vor Monsieur Lefèvre und zog mich in mein Zimmer zurück. Ich hatte einen großen Schritt getan, und eine wichtige Karriere stand mir nun bevor; meine Zukunft lag fortan in Paris, und ich beschloss, Himmel und Hölle in Bewegung zu setzen, um die Provinz zu verlassen. Ich verbrachte die halbe Nacht mit Nachdenken, und bevor ich einschlief, hatte ich alle meine Pläne gemacht.

BUCH III

KAPITEL I

Ich kehre zu meiner Mutter zurück – Die Entschuldigung,
die ich für meine Rückkehr gebe – Die Lichter des Kalbes
– Pyramus und Cartouche – Die Intelligenz des Fuchses ist
stärker entwickelt als die des Hundes – Cartouches Tod –
Pyramus' verschiedene gefräßige Gewohnheiten

Am nächsten Tag packte ich meine Sachen und ging. Ich war nicht ohne Beunruhigung im Hinblick darauf, wie meine Mutter mich empfangen würde – meine arme Mutter! Ihr erster Ausdruck, wenn sie mich sah, war immer einer der Freude, aber dass ich Maître Lefèvres Haus verließ, würde sie beunruhigen. Je näher ich Villers-Cotterets kam, desto langsamer wurden meine Schritte. Normalerweise brauchte ich zwei Stunden, um die dreieinhalb Meilen zwischen Crespy und Villers-Cotterets zu Fuß zurückzulegen, denn die letzte Meile lief ich normalerweise; aber jetzt war es umgekehrt, denn für die letzte Meile brauchte ich am längsten. Ich kehrte in meiner üblichen Jagdkleidung zurück. Und mein Hund war kaum dreihundert Meter entfernt, als er nach Hause roch, einen Augenblick stehen blieb, seine Nase hob und wie ein Pfeil davonrannte. Fünf Sekunden nachdem er auf der Straße verschwunden war, sah ich meine Mutter auf der Schwelle erscheinen. Mein Kurier war mir vorausgegangen und hatte meine Rückkehr angekündigt. Sie empfing mich mit ihrem üblichen Lächeln; die ganze Zärtlichkeit ihres Herzens strömte bei meiner Annäherung hervor und leuchtete in ihrem Gesicht. Ich warf mich in ihre Arme.

Oh, was für eine Liebe ist die einer Mutter! Eine Liebe, die immer gut, immer hingebungsvoll, immer treu ist; ein echter Diamant, verloren unter all den falschen Steinen, mit denen die Jugend ihr Glück schmückt; ein reiner und klarer Karfunkel, der in Freude wie in Trauer, bei Nacht wie bei Tag glänzt! Die ersten Gedanken meiner Mutter waren nichts als Freude, als sie mich wiedersah; dann fragte sie mich schließlich, wie es kam, dass ich am Donnerstag nach Hause gekommen war und nicht erst am Samstag, sondern um den Sonntag bei ihr zu verbringen, und wie üblich erst am Montag zurückfuhr.

Ich wagte nicht, ihr von dem Unglück zu erzählen, das mir widerfahren war. Ich sagte ihr, da das Geschäft im Büro schlecht lief, hätte ich mir einen mehrtägigen Urlaub verschafft, den ich mit ihr verbringen wollte.

„Aber", bemerkte meine Mutter, „ich sehe, du trägst deinen Jagdmantel und deine Kniehosen."

"Ja, warum nicht?"

„Wie kommt es, dass Sie nichts in Ihrer Jagdtasche haben?"

Es war für mich tatsächlich nicht üblich, mit einer leeren Jagdtasche zurückzukehren.

„Ich wollte dich unbedingt wiedersehen, liebe Mutter, dass ich, statt zu schießen, den kürzesten Weg über die Landstraße genommen habe."

Ich habe gelogen. Hätte ich die Wahrheit gesagt, hätte ich gesagt: „Ach, liebe Mutter, ich war so sehr damit beschäftigt, darüber nachzudenken, welche Wirkung meine Neuigkeiten auf dich haben würden, dass ich nie daran dachte, zu schießen, obwohl ich zu anderen Zeiten wegen dieser Leidenschaft alles vergessen habe." Aber hätte ich ihr das gesagt, hätte ich ihr die Neuigkeiten mitteilen müssen, und ich wollte es so lange wie möglich hinauszögern.

Ein Vorfall befreite mich aus der Verlegenheit und lenkte die Gedanken meiner Mutter für einen Moment ab. Ich hörte meinen Hund heulen.

Ich rannte zur Tür. Das Haus neben unserem war das eines Metzgers namens Mauprivez. Vor der Metzgerei befand sich ein langer Querbalken aus bemaltem Holz, an dem in verschiedenen Abständen Eisenhaken befestigt waren, um verschiedene Fleischstücke festzuhalten. Als Pyramus an der Flamme eines Kalbs hochsprang, hatte er sich wie ein Karpfen an einer Angel verhakt und hing in der Luft. Deshalb heulte er, und wie man sich leicht vorstellen kann, nicht ohne Grund. Ich packte ihn am Körper, hakte ihn los, und er stürzte mit blutendem Maul in den Stall. Wenn ich jemals die Geschichte der Hunde schreibe, die mir gehört haben, wird Pyramus einen prominenten Platz neben Milord einnehmen. Ich kann mir daher erlauben, das Interesse, das meine Rückkehr natürlich weckte, in der Schwebe zu lassen, um ein wenig über Pyramus zu sprechen, der trotz seines Namens, der darauf hindeutete, dass ihm alle möglichen Liebesprobleme bevorstanden, meines Wissens nie andere Missgeschicke als gastronomische erlebt hatte. Pyramus war ein großer kastanienbrauner Hund mit sehr guter französischer Abstammung, den ich als Welpe zusammen mit einem gleichaltrigen Fuchsjungen bekommen hatte, den der Wärter, der ihn mir gegeben hatte (es war der arme Choron von la Maison-Neuve), von derselben Mutter gesäugt hatte. Ich amüsierte mich oft, wenn ich beobachtete, wie sich die unterschiedlichen Instinkte dieser beiden Tiere entwickelten, während sie einander gegenüber in zwei parallelen Nischen im Hof untergebracht wurden. In den ersten drei oder vier Monaten herrschte eine fast brüderliche Vertrautheit zwischen Cartouche und Pyramus. Ich muss nicht erwähnen, dass Cartouche der Fuchs und Pyramus der Hund war. Ebenso wenig muss ich erwähnen, dass der Name Cartouche dem Fuchs in Anspielung auf seinen Instinkt des Stehlens und Plünderns gegeben wurde. Es war Cartouche, der begann, Pyramus den Krieg zu erklären, obwohl er schwächer aussah; diese Kriegserklärung erfolgte wegen einiger Knochen, die innerhalb von Cartouches Grundstück lagen, die Pyramus jedoch heimlich zu erbeuten versucht hatte. Als Pyramus das erste Mal diese Piraterie versuchte, knurrte Cartouche; beim zweiten Mal zeigte er die Zähne; beim dritten Mal biss er. Cartouche war umso mehr zu entschuldigen, als er immer an der Kette war, während Pyramus seine Stunden der Freiheit hatte. Cartouche, der auf einen sehr eingeschränkten Gang beschränkt war, konnte daher, in voller Länge seiner Kette, Pyramus nicht die bösen Taten antun, die Pyramus, der seine Freiheit missbrauchte, seinerseits begangen hatte. Aufgrund dieser Gefangenschaft konnte ich die überlegene Intelligenz des Fuchses gegenüber der des Hundes feststellen. Beide waren Feinschmecker im höchsten Maße, mit dem Unterschied, dass Pyramus eher ein Vielfraß und Cartouche eher ein Genießer war. Wenn sie beide ihre Ketten auf die volle Länge ausstreckten, konnten sie von der Öffnung ihrer Nischen aus eine Entfernung von fast vier Fuß erreichen . Addieren Sie zehn Zoll zur Länge von Pyramus' Kopf und vier Zoll zur spitzen Nase von Cartouche, und Sie kommen zu dem Ergebnis, dass Pyramus mit der Länge seiner Kette einen Knochen erreichen konnte, der vier Fuß zehn Zoll von seiner Nische entfernt war, Cartouche jedoch dieselbe Tat nur vier Fuß vier Zoll von seiner Nische entfernt begehen konnte. Nun gut, wenn ich einen Knochen sechs Fuß entfernt platzierte — das heißt, außerhalb der Reichweite beider —, musste Pyramus sich damit begnügen, seine Kette mit der ganzen Kraft seiner kräftigen Schultern zu strecken, aber da er sie nicht zerreißen konnte, stand er mit starren, blutunterlaufenen Augen da, seine Kiefer sabberten und waren offen, und versuchte von Zeit zu Zeit mit klagendem Winseln, die Distanz zu überwinden oder durch verzweifelte Anstrengungen seine Kette zu zerreißen. Wenn man ihm den Knochen nicht weggenommen oder gegeben hätte, wäre er verrückt geworden; aber es war ihm nie gelungen, durch irgendeine raffinierte Erfindung die Beute außerhalb seiner Reichweite zu schnappen. Bei Cartouche war es anders. Seine anfänglichen Taktiken waren die gleichen wie die von Pyramus und folglich ebenso erfolglos. Aber bald begann er nachzudenken und rieb sich mit einer Pfote die Nase; dann drehte er sich plötzlich, als ob ihm eine plötzliche Erleuchtung in den Sinn gekommen wäre, um, wobei er die Länge seines Körpers der Länge seiner Kette hinzufügte, den Knochen mit Hilfe einer seiner Hinterpfoten in den Kreis seines Königreichs schleppte, sich wieder umdrehte, den Knochen ergriff und in seinen Zwinger ging, aus dem er ihn erst wieder auswarf, als er so sauber und poliert wie Elfenbein war. Pyramus sah, wie Cartouche diesen Trick zehnmal vorführte; er heulte vor Eifersucht, wenn er den Zähnen seines Kameraden zuhörte, die an dem Knochen knirschten, an dem er nagte; aber, ich wiederhole, er hatte nie die Intelligenz, dasselbe selbst zu tun und seine Hinterpfote als Haken zu verwenden, um den Leckerbissen in seine Reichweite zu ziehen. Cartouche war in tausend anderen Fällen wie diesem intelligenter als Pyramus, obwohl seine Lenkbarkeit immer geringer war. Es ist jedoch allgemein bekannt, dass die Trainierbarkeit bei Tieren wie auch bei Menschen nicht immer – ja fast nie – mit Intelligenz einhergeht.

Der Leser mag sich fragen, warum die Ungerechtigkeit begangen wurde, Cartouche immer angebunden zu halten, während Pyramus zeitweise seine Freiheit gelassen wurde. Der Grund ist folgender: Pyramus war nur aus Not ein Vielfraß, während Cartouche aus Instinkt zerstörerisch war. Eines Tages riss er seine Kette und ging von unserem Hof in den Hof unseres Nachbarn Mauprivez. In weniger als zehn Minuten hatte er siebzehn Hühner und zwei Hähne erwürgt. Neunzehn Fälle von Totschlag: Es war unmöglich, mildernde Umstände geltend zu machen: Er wurde zum Tode verurteilt und hingerichtet. So herrschte Pyramus alleiniger Herr des Ortes, was er, zu seiner Schande sei gesagt, sehr zu schätzen wusste. Sein Appetit schien zuzunehmen, wenn er allein gelassen wurde. Dieser Appetit war zu Hause ein Defekt; aber draußen auf der Jagd war er ein Laster. Fast immer war das erste Wild, das ich vor seiner Nase erlegte, für mich verloren, sei es Kleinwild wie Rebhuhn, junger Fasan oder Wachtel. Seine großen Kiefer öffneten sich und mit einem schnellen Schluck verschwand das Stück Wild in seiner Kehle. Nur sehr selten kam ich rechtzeitig, um zu sehen, wie beim Öffnen seiner Kiefer die letzten Federn des Vogelschwanzes in den Tiefen seiner Kehle verschwanden. Dann heilte ein kräftiger Schlag mit meiner Pferdepeitsche auf die Lenden des schuldigen Sünders ihn für den Rest der Jagd, und es kam selten vor, dass er denselben Fehler wiederholte; aber zwischen einem Schuss und dem anderen hatte er normalerweise Zeit, die vorherige Strafe zu vergessen, und es war mehr Peitschenschnur erforderlich. Bei zwei anderen Gelegenheiten jedoch wurde Pyramus' Völlerei für ihn zum Verhängnis.

Eines Tages schossen de Leuven und ich über den Sümpfen von Pondron. Es war ein Ort, an dem im Laufe des Jahres zwei Ernten eingebracht wurden. Die erste Ernte war ein kleines Erlendickicht. Der Besitzer des Landes schnitt die Äste ab, schnitt sie ab, zersägte sie und band sie zu Bündeln zusammen. Dann machte er sich an seine zweite Ernte, die Heu war. Sie waren gerade dabei, diese Ernte einzufahren. Aber da es Mittagszeit war, hatten die Schnitter ihre Sensen hier und da abgestellt und grasten an einem kleinen Fluss, wo sie ihr hartes Brot anfeuchten konnten. Einer von ihnen hatte seine Sense an einen der etwa zweieinhalb Fuß hohen Haufen geschnittenen Holzes gelegt, die in Kubikmetern oder Halbmetern angegeben waren. Ich scheuchte eine Bekassine auf, schoss und tötete sie, und sie fiel hinter diesen Holzhaufen, an den die Sense gelehnt war. Es war das erste, was ich an diesem Tag erlegt hatte, und daher war es zufällig die Nebenbeschäftigung, die Pyramus sich zu eigen zu machen pflegte. Er hatte also, wenn man eins und eins zusammenzählt, kaum gesehen, wie die Bekassine, die in ihrem Flug stehen blieb, senkrecht hinter dem Holzstapel zu Boden fiel, als er schon über den Stapel schoss, um sofort und ohne Zeitverlust auf der Stelle zu landen. Da ich im Voraus wusste, dass es sich um ein Stück Wild handelte, beeilte ich mich nicht, die Schwanzfedern meiner Bekassine in den Tiefen von Pyramus' Kehle zu sehen, aber zu meiner großen Überraschung sah ich von Pyramus nicht mehr, als wenn er in einen unsichtbaren Abgrund gestürzt wäre, der hinter dem Holzstapel ausgehauen war. Nachdem ich mein Gewehr nachgeladen hatte, beschloss ich, dieses Geheimnis zu ergründen. Pyramus war auf der anderen Seite des Holzstapels zu Boden gefallen, sein Hals auf der Spitze der Sense; diese Spitze war rechts vom Rachen, hinter dem Hals, eingedrungen und ragte zehn Zentimeter vorn heraus. Der arme Pyramus konnte sich nicht rühren und verblutete: die Bekassine war noch intakt und nur 15 cm von seiner Nase entfernt. Adolf und ich hoben ihn auf, um ihm möglichst wenig wehzutun; wir trugen ihn zum Fluss und badeten ihn in tiefem Wasser; dann machte ich ihm mit meinem in 16 Teile gefalteten Taschentuch eine Kompresse, die wir ihm mit Adolfs Seidentuch um den Hals banden. Als wir dann einen Bauern aus Haramont mit einem Esel vorbeikommen sahen, der zwei Körbe trug, legten wir Pyramus in einen der Körbe und ließen ihn nach Haramont bringen, von wo ich ihn am nächsten Tag in einem kleinen Gefährt wegbrachte. Pyramus schwebte eine Woche zwischen Leben und Tod. Einen Monat lang trug er seinen Kopf auf der Seite, wie Prinz Tuffiakin. Nach sechs Wochen hatte er schließlich seine Beweglichkeit wiedererlangt und schien die schreckliche Katastrophe völlig vergessen zu haben. Aber jedes Mal, wenn er eine Sense sah, machte er einen riesigen Umweg, um nicht mit ihr in Berührung zu kommen. Am nächsten Tag kehrte er nach Hause zurück, sein Körper war so durchlöchert wie ein Sieb. Er war allein im Wald umhergeirrt und hatte auf eine Gelegenheit gewartet, als er einem Hasen an die Kehle sprang. Der Hase schrie auf: Ein Wärter, der etwa zweihundert Schritte entfernt war, rannte herbei; doch bevor der Wärter die zweihundert Schritte zurücklegen konnte, war der Hase halb aufgefressen. Als Pyramus den Wärter kommen sah und seine Verwünschungen hörte, begriff er, dass zwischen ihm und dem Mann in den blauen Kleidern etwas Beängstigendes passieren würde. Er ergriff die Flucht und rannte los. Aber wie Friday aus Robinson Crusoes Erinnerung bemerkte: „Die kleine Kugel ist mir schneller nachgelaufen als du!" Die kleine Kugel des Wärters flog schneller als Pyramus, und Pyramus kehrte an acht Stellen durchlöchert nach Hause zurück.

Ich habe bereits erzählt, was zehn Minuten nach meiner Rückkehr mit ihm geschah. Eine Woche später kam er mit einem Kalbsschwanz im Maul zurück. In seiner Seite zitterte ein Messer. Hinter ihm kam einer der Söhne der Mauprivez.

„Ach!", sagte er, „ist es nicht genug, dass dein bestialischer Pyramus den Inhalt unseres Ladens Stück für Stück wegträgt, aber er muss auch noch mein Messer wegtragen?"

Als Pyramus die Kalbslichter wegtrug, hatte Mauprivez' Junge das Messer, das Metzger normalerweise am Gürtel tragen, nach ihm geschleudert; aber als das Messer drei oder vier Zoll tief in Pyramus' Haut eindrang, hatte Pyramus sowohl Fleisch als auch Messer weggetragen. Mauprivez holte sein Werkzeug zurück; aber die Kalbslichter waren bereits verschlungen. Gerade als Pyramus' verschiedene Missetaten nicht nur unsere persönliche Missbilligung, sondern noch mehr die öffentliche Missbilligung auf sich gezogen hatten, bot sich eine günstige Gelegenheit, ihn loszuwerden. Aber da diese Gelegenheit in meinen Augen den Anschein eines Wunders erweckte, muss es mir gestattet sein, dieses Wunder zu seiner Zeit und an seinem Ort zu erzählen und es hier nicht vorwegzunehmen.

Beschäftigen wir uns zunächst mit der unerwarteten Rückkehr des verlorenen Sohnes ins mütterliche Dach – einer Rückkehr, von der Pyramus und Cartouche übrigens unsere Aufmerksamkeit abgelenkt haben.

KAPITEL II

Hoffnung in Laffitte – Eine falsche Hoffnung – Neue
Pläne – M. Lecornier – Wie und unter welchen
Bedingungen ich mich neu kleide – Bamps, Schneider, 12
rue du Helder – Bamps in Villers-Cotterets – Ich besuche
mit ihm unser Anwesen – Pyramus folgt einem
Metzgerjungen – Ein Engländer, der gefräßige Hunde
liebte – Ich verkaufe Pyramus – Meine ersten hundert
Francs – Die Verwendung, für die sie verwendet werden –
Bamps reist nach Paris ab – Offener Kredit

Obwohl ich meiner Mutter gesagt hatte, meine Rückkehr sei nur eine
vorläufige, um M. Lefèvres Ausdruck zu verwenden, zweifelte sie im
Innersten kaum daran, dass sie wirklich endgültig war. Ihre Zweifel
verwandelten sich in Gewissheit, als sie sah, wie Sonntag, Montag und
Dienstag vergingen, ohne dass ich von einer Rückkehr nach Crespy sprach;
aber, arme Mutter! Sie sagte mir kein Wort über diese Katastrophe: Es hatte
sie so schwer gekostet, sich von mir zu trennen, dass sie mir, da Gott mich
zu ihr zurückgeschickt hatte, ihr mütterliches Herz, ihre Arme und ihre Tür
öffnete. Ich hatte noch etwas Hoffnung: Adolphe hatte versprochen, sich in
meinem Namen an M. Laffitte, den Bankier, zu wenden; wenn M. Laffitte
mir eine Stelle in seinem Büro verschaffte, wo sie von zehn bis vier
arbeiteten, hätte ich den ganzen Abend und den frühen Morgen für andere
Arbeit zur Verfügung. Außerdem war es Zeit, dass ich etwas verdiente. Das
Wichtigste war, nach Paris zu kommen, um unsere armen Kerzen an diesem
universellen, riesigen und blendenden Kamin anzuzünden, der ein Licht für
die ganze Welt war. Vierzehn Tage nach meiner Rückkehr aus Crespy erhielt
ich einen Brief von Adolphe. Seine Bitte war erfolglos geblieben, denn
Monsieur Laffittes Büros waren ohnehin überfüllt mit Angestellten: Man
sprach davon, einige abzusetzen. Also beschloss ich, bei der ersten
Gelegenheit einen Plan in die Tat umzusetzen, den ich mir während meiner
letzten schlaflosen Nacht bei Monsieur Lefèvre ausgedacht hatte. Dieses
Vorhaben war vollkommen einfach und schien aufgrund seiner Einfachheit
Erfolg zu haben.

Ich würde aus dem Schreibtisch meines Vaters ein Dutzend Briefe von
Marschall Jourdan, Marschall Victor, Marschall Sébastiani, ja von allen noch
lebenden Marschällen, mit denen mein Vater zu tun gehabt hatte,
heraussuchen. Ich würde eine kleine Summe Geld zusammentragen und
nach Paris aufbrechen. Ich würde diese alten Freunde meines Vaters
kontaktieren; sie würden tun, was sie konnten, und es wäre seltsam, wenn

vier oder fünf Marschälle von Frankreich, von denen einer Kriegsminister war, durch ihren gemeinsamen Einfluss keine Stelle für 1200 Francs für den Sohn ihres alten Waffengefährten finden könnten. Aber obwohl dieser Plan auf den ersten Blick so einfach und schlicht aussah wie ein Hirtengesang von Florian, war er sehr schwer in die Tat umzusetzen. So gering die Summe auch war, es war nicht leicht, sie aufzubringen; außerdem erschwerte eine Ausgabe, die ich dummerweise in Crespy getätigt hatte, die Sache.

Ich hatte in Crespy Kontakt zu einem jungen Mann aufgenommen, der in Paris gelebt hatte: sein Name war Lecornier. Er war der Bruder jener liebenswürdigen Person, der ich in einem meiner vorhergehenden Kapitel einen Namen gegeben hatte – Sie werden sich daran erinnern, obwohl er nur einmal erwähnt wurde – den bezaubernden Namen Athénaïs oder mit anderen Worten Athene, Minerva, Pallas, obwohl der Träger dieses Namens sich dieser Tatsache überhaupt nicht bewusst war. Nun, ich schämte mich, mich in der aristokratischen Welt von Crespy in meinen altmodischen Kleidern von Villers-Cotterets zu bewegen, und hatte Lecornier gebeten, da ich genau so gebaut war wie er, seinem Schneider zu schreiben, damit er mir einen Mantel, eine Weste und eine Hose anfertigte. Lecornier schrieb: Ich schickte meine zwanzig Francs als Akontoüberweisung, und fünfzehn Tage später schickte mir der Schneider die Ware nach, zusammen mit einer Rechnung über hundertfünfundfünfzig Francs, von denen er die zwanzig Francs abgezogen hatte, die ich ihm als Akonto geschickt hatte. Es wurde vereinbart, dass der Rest der Rechnung mit zwanzig Francs pro Monat beglichen werden sollte. Der Schneider hieß Bamps und wohnte in der Rue du Helder Nr. 12. Aus seinen Rechnungen geht hervor, dass Bamps zwar in einem vornehmen Viertel wohnte, aber weder ein Chevreuil noch ein Staub war; nein, er war ein Geselle, der ausgefallene Preise verlangte und aus dem Quartier Latin gekommen war, wo er eigentlich immer hätte bleiben sollen. Aber gerade weil sein Geschäft klein war, brauchte Bamps die Gewinne, die es abwarf, umso mehr.

Obwohl ich so sparsam wie möglich war, war es mir nicht gelungen, die versprochenen zwanzig Francs bei der nächsten Monatszahlung beiseite zu legen. Da ich sie nicht hatte, konnte ich sie natürlich nicht schicken. Dieser erste Verstoß gegen unseren Vertrag machte Bamps sehr unruhig. Dennoch wusste Bamps, dass Lecornier einer wohlhabenden, wenn auch nicht reichen Familie angehörte; Lecornier hielt seine Verpflichtungen ihm gegenüber mit peinlicher Pünktlichkeit ein; also beschloss er, abzuwarten, bevor er Anzeichen seiner Besorgnis zeigte. Der zweite Monat kam. Mit ihm kam die gleiche Unmöglichkeit meinerseits und folglich verdoppelte sich die Unruhe seitens Bamps. Inzwischen hatte ich Crespy – unter den beschriebenen Umständen – verlassen und war nach Villers-Cotterets zurückgekehrt. Fünf oder sechs Tage nach meiner Abreise hatte Bamps, der sich immer unwohler fühlte, an Lecornier geschrieben. Lecornier hatte geantwortet und ihm meine neue Adresse gegeben. So geschah es, dass eines Tages – etwa zu Beginn des dritten Monats nach Erhalt der Kleider –, als ich auf unserer Schwelle herumlungerte, die Stadtuhr eins schlug, die Postkutsche aus Paris auf dem Platz anhielt und ein Reisender ausstieg, dem Schaffner zwei oder drei Fragen stellte, sich orientierte und direkt auf mich zukam. Ich vermutete die halbe Wahrheit. Bamps ging mit ausgestreckten Knien wie Duguesclin, und niemand außer einem Soldaten oder Schneider konnte so gehen. Ich täuschte mich nicht: Der Fremde kam direkt auf mich zu und stellte sich vor; es war Bamps. Es musste etwas wie die Szene zwischen Don Juan und M. Di manche gespielt werden; das war umso schwieriger, als ich *Don Juan nie gelesen hatte*. Doch der Instinkt machte die Unwissenheit wett. Ich bereitete Bamps einen sehr herzlichen Empfang; ich stellte ihn meiner Mutter vor, der ich glücklicherweise ein paar Worte über diese meine erste Schuld gesagt hatte; ich bot ihm Erfrischungen an und bat ihn, sich zu setzen oder, wenn er es vorzog, unser Anwesen zu besuchen. Unter diesen Umständen war Bamps' Entscheidung eine ausgemachte Sache: Er zog es vor, *unser Anwesen zu besuchen*.

Was war nun dieses Eigentum, von dem der Leser mich bereits sprechen hörte, das er aber sicher vergessen hat? Unser Anwesen war das Haus von M. Harlay, für das meine Mutter seit etwa vierzig Jahren eine lebenslange Rente zahlte; M. Harlay war während meines Aufenthalts bei Maître Lefèvre gestorben; aber als hätte er eine Wette abgeschlossen, starb er am Jahrestag seiner Geburt und beendete triumphierend sein neunzigstes Lebensjahr! ... Leider war sein Tod für uns kein großer Vorteil gewesen. Meine Mutter hatte für Haus und Garten fast so viel geliehen, wie Haus und Garten wert waren; so dass wir durch dieses Erbe weder reicher noch ärmer wurden; obwohl ich behaupten darf, dass wir, da gewisse Abgaben zu zahlen waren, eher ärmer als reicher wurden. Aber Bamps kannte keine dieser Einzelheiten. Ich bot ihm daher, wie gesagt, an, ihn über unser Anwesen zu führen. Er nahm an. Ich befreite Pryamus von den Ketten und wir machten uns auf den Weg. Nachdem wir fünfzig Meter gegangen waren, verließ uns Pyramus, um einem Metzgerjungen zu folgen, der mit einem Stück Hammelfleisch auf der Schulter vorbeikam. Ich erzähle dieses Detail, obwohl es auf den ersten Blick sehr trivial erscheinen mag; denn es hatte nicht ohne Einfluss auf meine Zukunft. Denn was wäre mit mir und Bamps geschehen, wenn dieser Metzgerjunge, dessen Name Valtat war, nicht vorbeigekommen wäre und Pyramus ihm nicht gefolgt wäre? Wir gingen weiter, ohne an Pyramus zu denken. Der Mensch stößt in jedem Moment seines Lebens auf große Ereignisse, ohne sie zu sehen und ohne sich ihrer bewusst zu sein.

Wir kamen bald an. M. Harlays Haus, jetzt unser eigenes, lag am Place de la Fontaine, vielleicht ein paar hundert Schritte von dem Haus entfernt, in dem wir wohnten. Ich hatte die Schlüssel genommen: Ich öffnete die Türen, und wir begannen damit, uns das Innere des Hauses anzusehen. Es war nicht so sauber, dass es großes Vertrauen erweckte: alles war alt geworden zusammen mit dem ehrenwerten Mann, der gerade darin gestorben war und der große Sorgfalt darauf verwendet hatte, keine einzige Reparatur daran vorzunehmen; „denn", sagte er, „es wird so lange halten wie ich." Es hatte zwar so lange gehalten wie er, aber trotzdem war es Zeit für ihn zu sterben. Wenn er nur noch ein oder zwei Jahre mit derselben Absicht im Kopf dort geblieben wäre, hätte er das Haus überlebt. Das Innere unseres armen Anwesens bot also den traurigsten Anblick völliger Vernachlässigung und Verwahrlosung. Die Böden waren durchbrochen, die Tapeten abgerissen, die Ziegel zerbrochen. Bamps schüttelte den Kopf und sagte in seinem halb elsässischen, halb französischen Dialekt: „Ach! Mein Gott! Mein Gott! Es ist in einem verdammten Schlamassel."

Ganz bestimmt hätte ich Bamps das Haus im Austausch für seine Rechnung angeboten, wenn er es angenommen hätte. Als das Haus besichtigt worden war, sagte ich zu Bamps:

„Jetzt lass uns gehen und den Garten anschauen."

„Ist der Garten in einem ähnlichen Zustand wie das Haus?", fragte er. „Nun … er wurde ziemlich vernachlässigt, aber jetzt gehört er uns …"

„Es wird viel Geld kosten, diesen alten, heruntergekommenen Ort wiederherzustellen", bemerkte Bamps diskret.

„Pah! Wir werden es finden", antwortete ich. „Wenn es nicht in unserer eigenen Tasche ist, dann in der eines anderen."

„Gut! Wenn Sie es finden können, umso besser."

Wir überquerten den Hof und betraten den Garten. Es war Anfang April; wir hatten zwei oder drei schöne Tage erlebt – Tage, die man so gut kennt, an denen das Jahr wie ein treuer Diener das weiße Gewand des Winters zusammenzufalten und das grüne Gewand des Frühlings auszubreiten scheint.

Obwohl der Garten ebenso vernachlässigt war wie das Haus, setzte er seine Lebensarbeit fort, im Gegensatz zur Todesarbeit, die im Haus vor sich ging. Das Haus wurde von Jahr zu Jahr älter; von Jahr zu Jahr erneuerte der Garten seine Jugend. Es sah aus, als hätten sich die Bäume für einen Waldball gepudert: Äpfel und Birnen in Weiß und Pfirsiche und Mandeln in Rosa. Man konnte sich nichts Jüngeres, Frischeres oder Lebendigeres vorstellen als diesen Garten des Todes. Alles erwachte mit der Natur, so wie sie selbst erwachte: Die Vögel hatten angefangen zu singen, und drei oder vier Schmetterlinge, getäuscht von den Blumen und den ersten Sonnenstrahlen, flogen noch etwas benommen umher; arme Eintagsfliegen, am Morgen geboren, aber um in der Nacht zu sterben!

„Also", fragte ich Bamps, „was sagst du zum Garten?" „Oh! Das ist ziemlich schräg: Es ist ein bisschen, dass es nicht in der Rue de Rifoli ist."

„In diesem Garten wird es Früchte im Wert von über hundert Kronen geben, darauf können Sie sich verlassen."

„Jaaa, wenn kein Winterfrost kommt."

O Bamps! Du Jude, mein Freund, du Schneider, mein Gläubiger, du hast wahrscheinlich jene schönen Zeilen von Hugo nicht gelesen, die übrigens damals noch nicht geschrieben waren:

„Es ist so, als würde das Wasser die Valinen riechen.
Es ist so, als würde die Brille aufhellen und die Brille manchmal aufhellen.
Es ist so, als würde Avril von seinem Gelée brennen
. Der schöne Apfel ist zu heiß für seine Blumen
. Der Schnee riecht nach Dunst."

Wir gingen durch den Garten. Dann, als ich das Gefühl hatte, dass die Zufriedenheit über die Unzufriedenheit siegte, nahm ich Bamps mit nach Hause. Das Abendessen wartete auf uns. Ich glaube, das Abendessen ließ Bamps' Zufriedenheit wieder in Unzufriedenheit umschlagen.

„Ach, Schleier", sagte er zu mir, nachdem er seine Tasse Kaffee und seinen Cognac genommen hatte, „wir müssen jetzt ein wenig übers Geschäft reden."

„Warum nicht, mein lieber Bamps? Gerne."

Meine Mutter seufzte tief.

„Also gut", fuhr Bamps fort, „die Rechnung beträgt hundert und fünfzig Franc."

„Wofür ich dir zwanzig gegeben habe."

„Dafür hast du mir zwanzig gegeben: also ergibt sich eine Summe von einem Hundert- und einem Drittelleben. Für diese Hundert- und Drittelleben sagtest du, du würdest mir zwanzig pro Monat geben. Zwei Monate sind vergangen: also schuldest du mir vierzig."

„Genau vierzig, mein lieber Herr, Sie rechnen wie Barême."

„Veil, ich kann schon rechnen."

Die Situation wurde immer peinlicher. Selbst wenn wir das Bankkonto meiner armen Mutter geöffnet und jeden Pfennig zusammengekratzt hätten, hätten wir die geforderten vierzig Francs sicher nicht auftreiben können. Genau in diesem Moment öffnete sich die Tür.

„Ist M. Dumas da?", fragte eine heisere, raue Stimme.

„Ja, Herr Dumas ist hier", antwortete ich übellaunig. „Was wollen Sie von ihm?"

„Ich will ihn nicht."

„Wer denn?"

„Ein Engländer bei M. Cartier."

„Ein Engländer?", wiederholte ich.

„Ja, ein Engländer, der Sie unbedingt sehen möchte."

Das war auch meine eigene Gemütsverfassung! Der Engländer konnte es kaum erwarten, mich zu sehen, als ich es wünschte, von Bamps wegzukommen.

„Mein lieber Bamps", sagte ich zu ihm, „warte auf mich, ich komme wieder. Wir werden unsere Rechnung begleichen, wenn ich zurück bin."

„Bin schnell zurück, ich muss diese Verteidigung aufgeben."

„Seien Sie beruhigt: Ich bin gleich zurück."

Ich nahm meine Mütze und folgte dem Stallburschen, der meiner Mutter zu ihrer großen Überraschung gesagt hatte, er habe den Befehl, nicht ohne mich zurückzukehren.

Cartier, in dessen Haus sich der Engländer aufhielt, der mich sprechen wollte, war ein alter Freund unserer Familie, der Besitzer des *Boule d'or*, eines Hotels im äußersten Osten der Stadt, an der Straße nach Soissons. Die Postkutschen hielten bei seinem Haus. Es war daher nicht überraschend, dass der Engländer, der nach mir fragte, dort wohnte; was mich jedoch überraschte, war, dass dieser Engländer mich wollte. Als ich in die Küche kam, kam der alte Cartier, der sich seiner Gewohnheit gemäß in der Kaminecke wärmte, auf mich zu.

„Passen Sie auf", sagte er. „Ich glaube, ich werde Ihnen etwas Gutes antun."

„Kommen Sie, das wäre mir sehr willkommen", antwortete ich. „Ich habe noch nie einen unerwarteten Glücksfall nötiger gehabt."

„Gut, dann folge mir."

Und Cartier, der vor mir ging, führte mich in ein kleines Wohnzimmer, in dem Reisende speisten. Gerade als wir die Tür öffneten, hörten wir eine Stimme mit starkem englischen Akzent sagen:

„Passen Sie auf, mein Wirt: Der Hund kennt mich nicht und wird weglaufen."

„Keine Angst, Mylord", antwortete Cartier: „Ich bringe seinen Herrn mit."

Jeder Gastwirt ist der Meinung, dass ein Engländer ein Recht auf den Titel Milord hat; daher verwenden sie diesen Titel ohne Vorbehalte: Es stimmt, in der Regel zahlt es sich für sie aus, dies zu tun.

„Ah! Kommen Sie herein, Sir", sagte der Engländer und versuchte aufzustehen, indem er beide Ellbogen auf die Armlehnen seines Stuhls stützte. Es gelang ihm jedoch nicht. Als ich das sah, beeilte ich mich, ihm zu sagen:

„Bitte, stören Sie sich nicht, Monsieur."

"Oh, ich will mich nicht stören lassen", sagte der Engländer und ließ sich seufzend in seinen Sessel zurückfallen. Die Zeit, die er brauchte, um aufzustehen und sich in seinem Sessel zurückzulehnen, mit einer Auf- und Abbewegung, die an ein Omelett-Soufflé erinnerte, das flach gefallen ist, nutzte ich, um rasch einen Blick auf ihn und seine Umgebung zu werfen. Er war ein Mann zwischen vierzig und fünfundvierzig Jahren, mit sandfarbener Haut, kurz geschnittenem Haar und einem Kotelettenbart ; er trug einen blauen Mantel mit Metallknöpfen, eine Weste aus Gämsenleder, Kniehosen aus grauem Wollstoff mit dazu passenden Gamaschen, wie es die Stallburschen tun. Er saß vor dem Tisch, an dem er gerade zu Abend gegessen hatte. Auf dem Tisch lagen die Reste einer Mahlzeit, die für sechs Personen gereicht hätte. Er musste zwischen dreihundert und dreihundertfünfzig Pfund gewogen haben. Pyramus saß auf dem Parkettboden und sah sehr melancholisch aus; Um Pyramus herum wurden zehn oder zwölf blanke Teller gelegt, die mit der Gründlichkeit sauber geleckt wurden, zu der er, wie ich wusste, auch schmutzige Teller beherrschte. Auf dem letzten Teller lagen jedoch noch ein paar Reste, die noch nicht verzehrt worden waren. Diese Reste waren der Grund für Pyramus' deprimierte Stimmung.

„Bitte kommen Sie und sprechen Sie mit mir, Monsieur", sagte der Engländer.

Ich näherte mich ihm. Pyramus erkannte mich, gähnte, um mir dies mitzuteilen, streckte sich der Länge nach auf den Bauch, um mir möglichst nahe zu kommen, streckte die Pfoten auf dem Boden aus und legte die Nase auf die Pfoten.

„Ja, Monsieur", sagte ich zu dem Engländer.

„Jetzt!", sagte er. Dann, nach einer Pause, fügte er hinzu:

„Ihr Hund hat es mir angetan."

„Er fühlt sich sehr geehrt, Monsieur."

„Und sie haben mir gesagt, dass Sie vielleicht bereit wären, ihn mir zu verkaufen, wenn ich Ihnen einen guten Preis dafür bezahle."

„Ich muss Sie nicht viel überreden, Monsieur. Ich habe versucht, ihn loszuwerden, und da er Ihnen gefällt ..."

„Oh ja, er gefällt mir."

„Na gut, dann nimm ihn."

„Oh, ich möchte den Hund nicht mitnehmen, ohne ihn zu bezahlen." Cartier stieß mich mit dem Ellenbogen an.

„Monsieur", sagte ich, „ich bin kein Hundehändler. Er wurde mir gegeben, also werde ich ihn Ihnen geben."

„Na ja, aber er hat dich seinen Unterhalt gekostet."

„Oh, mit dem Unterhalt eines Hundes ist nicht viel anzufangen."

„Macht nichts. Wenn es nur fair ist, sollte ich für sein Futter bezahlen ... Wie lange hast du ihn schon?"

„Fast zwei Jahre."

„Dann bin ich dir für zwei Jahre sein Essen schuldig."

Cartier stieß mich weiterhin mit dem Ellenbogen an. Und mir fiel ein, dass der Unterhalt des Hundes wunderbar dazu beitragen würde, die Kleider meines Herrn zu bezahlen.

„Also gut", sagte ich, „wir werden es so regeln: Du wirst mir seinen Unterhalt bezahlen."

„Rechne es aus."

„Was halten Sie von fünfzig Franc im Jahr?"

„Oh! Oh!"

„Ist es zu viel?", fragte ich.

„Im Gegenteil, ich glaube nicht, dass es ausreicht: Der Hund frisst viel."

„Ja, das stimmt, Monsieur, ich wollte Sie davor warnen." „Oh, ich habe es miterlebt, aber ich mag Tiere und Menschen, die viel essen: das zeigt, dass sie eine gute Verdauung haben, und eine gute Verdauung führt zu guter Laune."

„Also gut, Sie legen Ihre Gebühr selbst fest."

„Sie sagten, glaube ich, es sollten zehn Napoleons sein?"

„Nein, Monsieur, ich sagte fünf Napoleons."

Cartier stieß mich immer fester mit dem Ellenbogen an.

„Ah! Fünf Napoleons? ... Sie nehmen nicht zehn?"

„Nein, Monsieur, und nur, weil ich im Augenblick dringend fünf Napoleons brauche."

„Wollen Sie nicht fünfzehn Napoleons nehmen? Ich bin sicher, der Hund ist fünfzehn Napoleons wert."

„Nein, nein, nein, nein; gib mir fünf Napoleons, und er gehört dir."

„Wie nennst du ihn?"

„Pyramus."

„Pyramus!" rief der Engländer.

Pyramus rührte sich nicht.

„Oh", fuhr der Engländer fort, „wie haben Sie ihn noch einmal genannt?"

„Ich sagte Pyramus."

„Er hat sich nicht gerührt, als ich ihn gerufen habe."

„Das liegt daran, dass er noch nicht an Ihre Aussprache gewöhnt ist."

„Oh, er wird sich bald daran gewöhnen."

„Daran besteht kein Zweifel."

"Das denkst du?"

"Ich bin mir sicher."

„Gut! Ich danke Ihnen, Monsieur: hier sind die fünf Napoleons."

Ich zögerte, sie anzunehmen; aber in dem englischen Akzent, mit dem er die letzten Worte aussprach, lag eine Betonung, die mich so grausam an den deutschen Akzent von Bamps erinnerte, dass ich mich entschied.

„Ich bin Ihnen sehr verbunden, Monsieur", sagte ich.

„Im Gegenteil, ich bin derjenige, der Ihnen danken sollte", erwiderte der Engländer und versuchte erneut, sich aufzurichten – ein Versuch, der ebenso fehlschlug wie der erste.

Ich gab ihm mit der Hand ein Zeichen und verbeugte mich. Er sank in seinen Sessel zurück und ich ging hinaus.

„Nun, wie kam es, dass Pyramus in die Hände eines solchen Meisters fiel?", fragte ich den alten Cartier.

„Dieser Schlingel von Hund wurde mit einem Glückslöffel im Maul geboren!"

„Es war die einfachste Sache der Welt. Valtat brachte mir ein Stück Lamm; Pyramus witterte das frische Fleisch; er folgte Valtat. Valtat kam hierher; Pyramus kam hierher. Der Engländer stieg aus der Kutsche; er sah Ihren Hund. Ihm war empfohlen worden, Schießübungen zu machen: Er fragte mich, ob der Hund gut sei; ich sagte ihm, dass er gut sei. Er fragte mich, wem der Hund gehöre; ich sagte ihm, er gehöre Ihnen. Er fragte mich, ob Sie einverstanden wären, ihn zu verkaufen; ich sagte ihm, ich würde Sie holen schicken und dann könne er Sie selbst fragen. Ich schickte nach Ihnen ... Sie kamen ... das ist die ganze Geschichte ... Pyramus ist verkauft und Sie sind nicht unzufrieden?"

„Aber sicher nicht! Der Schurke ist ein solcher Dieb, dass ich ihn hätte verraten oder ihm das Genick brechen müssen ... Er hat uns ruiniert!"

Cartier zuckte mit den Schultern, als wollte er sagen: „Das wäre keine schwierige Aufgabe!" Dann ging er zu einem anderen Gedankengang über und sagte:

„Sie sind also nach Hause zurückgekehrt?"

"Das ist so."

„Du hattest genug von Crespy?"

"Ich habe jeden Ort satt."

"Was willst du jetzt machen?"

„Aber ich möchte nach Paris."

„Und wann fängst du an?"

„Vielleicht früher, als Sie denken."

„Gehen Sie nicht, ohne mir die Gelegenheit zu geben, Sie auszuzahlen."

"Hab niemals Angst!"

Bevor ich zu Crespy ging, hatte ich Cartier im Billard deutlich geschlagen.

„Außerdem", fuhr ich fort, „können Sie mich auf der Stufe aufhalten, wenn ich gehe, da ich nur mit einem Ihrer Wagen abfahren werde."

„Geschafft! … Aber dieses Mal muss es ein Kampf auf Leben und Tod sein." „Auf Leben und Tod!"

„Ihre fünf Napoleons müssen gepfählt werden."

„Du weißt, dass ich nie um Geld spiele, und was meine fünf Napoleons betrifft, die haben bereits ihre Berufung."

„Also, also, also, adieu."

" *Auf Wiedersehen.* "

Und ich verließ Cartier, nachdem ich diesen Termin gebucht hatte. Wir werden sehen, wohin mich das führte.

Als ich das Haus wieder betrat, traf ich Bamps, der langsam ungeduldig wurde. Der erste Bus nach Paris fuhr um acht Uhr abends durch Villers-Cotterets: es war inzwischen sieben.

„Ach, gut!", sagte er, „da bist du ja! … Ich hätte nicht gedacht, dass ich dich wiedersehen würde."

„Was!", sagte ich und ahmte seinen Jargon nach. „Du hast nicht gedacht, dass du mich noch einmal sehen solltest?"

Wunderbare Macht des Geldes! Ich machte mich über Bamps lustig, der mich eine Stunde zuvor vor Angst erzittern ließ. Bamps runzelte die Stirn.

„Wir haben also Recht?", sagte er.

„Wir sagen, ich schulde Ihnen zwanzig Francs pro Monat – zwei Monate sind vergangen, ohne dass ich bezahlt habe – und dass ich Ihnen folglich vierzig Francs schulde."

„Du schuldest mir Vorty Vrancs."

„Also gut, mein lieber Bamps, hier bist du!"

Und ich warf zwei Napoleons auf den Tisch, wobei ich darauf achtete, dass die drei anderen in meiner Handfläche sichtbar blieben. Meine arme Mutter sah mich mit tiefstem Erstaunen an. Ich beruhigte sie mit einem Zeichen. Das Zeichen linderte ihre Ängste, aber nicht ihre Überraschung. Bamps untersuchte die beiden Napoleons, rieb sie, um sicherzugehen, dass es keine falschen waren, und steckte sie einen nach dem anderen in seine Tasche.

„Sie wollen keine weiteren Dellen?", fragte er.

„Nein, danke, mein lieber Monsieur. Außerdem beabsichtige ich, in Kürze von hier nach Paris abzureisen."

„Sie werden bedenken, dass ich der erste Anspruch auf Ihre Kundschaft bin?"

„Na gut, mein lieber Bamps, im Endeffekt! Aber wenn du vorhast, um acht Uhr loszufahren...?"

„Wenn ich vorhabe, anzufangen –! Das sollte ich mir einfach denken!"

„Nun, dann ist keine Zeit zu verlieren."

„Der Tevil!"

„Wissen Sie, wo der Bus hält?"

„Jaaa."

„Also gut, *gute Reise* ."

„Atieu! Monsir Toumas! Atieu, Matame Toumas! ... Atieu! Atieu!"

Und Bamps war nicht nur hocherfreut darüber, vierzig Franc eingenommen zu haben, sondern auch darüber, was den Rest seiner Rechnung anging, und machte sich mit aller Geschwindigkeit, die seine kleinen Beine zuließen, auf den Weg, während er uns seinen Abschiedssegen zuwinkte.

Meine Mutter wartete einfach, bis sie beide Türen geschlossen hatte, dann sagte sie:

„Aber wo hast du das Geld her, du junger Schurke?"

„Ich habe Pyramus verkauft, Mutter."

"Für wie viel?"

„Hundert Franc."

„Damit sechzig Francs übrig bleiben?"

„Zu Deinen Diensten, liebe Mutter."

„Ich fürchte, ich muss sie nehmen. Ich muss dem Lagerverwalter morgen zweihundert Francs bezahlen und habe nur einhundertfünfzig dafür."

„Hier sind sie ... aber unter einer Bedingung."

"Was ist es?"

„Dass du sie mir wieder gibst, sobald ich nach Paris aufbreche."

"Mit wem gehst du?"

„Das muss meine Sache sein."

„Nun, so sei es … Ich habe wirklich das Gefühl, als wäre Gott mit Ihnen."

Dann gingen wir beide zu Bett, mit jenem festen Glauben, der mich nie verlassen hat. Und ich bezweifle sogar, dass der Glaube meiner Mutter, zumindest in diesem Moment, so stark war wie meiner.

KAPITEL III

Meine Mutter muss ihr Land und ihr Haus verkaufen – Der Rest – Die Piranès – Ein Architekt mit einem Gehalt von zwölfhundert Francs – Ich diskontiere meine erste Rechnung – Gondon – Wie ich in seinem Haus fast getötet worden wäre – Die fünfzig Francs – Cartier – Das Billardspiel – Wie sechshundert kleine Gläser Absinth zwölf Reisen nach Paris entsprachen

Nun war die Zeit gekommen, in der meine arme Mutter einen entscheidenden Schritt unternehmen musste. Sie hatte sich so viel und so oft für unsere dreißig oder vierzig Morgen Land geliehen, die an M. Gilbert von Soucy verpachtet waren, und für das Haus, das M. Harlay uns schließlich hinterlassen hatte, dass der Wert beider Morgen und des Hauses fast durch Hypotheken aufgezehrt war. Also wurde beschlossen, alles zu verkaufen. Das Land wurde versteigert und brachte 33.000 Francs ein. Das Haus wurde per Privatvertrag für 12.000 Francs an M. Picot verkauft, der mir meine ersten Fechtstunden gegeben hatte. Wir erzielten 45.000 Francs. Als unsere Schulden beglichen und alle Ausgaben bezahlt waren, blieben meiner Mutter noch zweihundertdreiundfünfzig Francs. Damit nicht einige optimistische Leser denken, dies sei unser Jahreseinkommen, möchte ich schnell sagen, dass es ein Vermögen war. Muss jemand fragen, ob meine arme Mutter über ein solches Ergebnis traurig war? Wir waren noch nie so nahe am Rande der Armut gewesen. Meine Mutter verfiel in tiefe Entmutigung. Seit dem Tod meines Vaters näherten wir uns unaufhörlich dem Ende all unserer Mittel. Es war ein langer Kampf gewesen – von 1806 bis 1823! Er hatte siebzehn Jahre gedauert; aber schließlich wurden wir besiegt. Trotzdem fühlte ich mich nie fröhlicher oder zuversichtlicher. Ich weiß nicht, warum ich es verdiene, ob für Taten, die ich in dieser Welt vollbracht habe, oder in anderen Welten, in denen ich vielleicht schon einmal existiert habe, aber Gott scheint mich unter seiner besonderen Obhut zu haben, und wie ernst meine Lage auch sein mag, er kommt mir offen zu Hilfe. Also, mein Gott! Ich bekenne Deinen Namen stolz und doch sehr demütig vor Gläubigen und vor Ungläubigen, und nicht einmal aus Glaubensgründen sage ich das, sondern einfach, weil es die Wahrheit ist. Denn wärst Du mir erschienen, als ich Dich anrief, oh mein Gott! und hättest Du mich gefragt: „Kind, sag freimütig, was Du willst", hätte ich es nie gewagt, um die Hälfte der Gunst zu bitten, die Du mir aus Deiner unendlichen Großzügigkeit gewährt hast.

Meine Mutter erzählte mir, dass uns nach der Tilgung aller unserer Schulden nur noch zweihundertdreiundfünfzig Francs übrig blieben.

„Also gut", sagte ich zu meiner Mutter, „du musst mir die dreiundfünfzig Francs geben. Ich werde dann nach Paris aufbrechen und verspreche, diesmal nur mit guten Nachrichten zurückzukehren."

„Ist dir klar, mein lieber Junge", sagte meine Mutter, „dass du von mir ein Fünftel unseres Kapitals verlangst?"

„Denken Sie daran, dass Sie mir sechzig Franc schulden?"

„Ja, aber denken Sie daran, dass Sie auf meine Frage: ,Zu welchem Zweck soll ich Ihnen die sechzig Francs zurückgeben?' geantwortet haben: ,Das ist meine Sache.'"

„Also gut, es ist ja meine Sache... Geben Sie mir die Piranèses, die oben in der großen Mappe liegen?"

„Wie nennt man die Piranès?"

„Diese großen schwarzen Gravuren, die mein Vater aus Italien mitgebracht hat."

"Was wirst du mit ihnen machen?"

„Ich werde ein Zuhause für sie finden."

Meine Mutter zuckte zweifelnd die Schultern.

„Machen Sie mit ihnen, was Sie wollen", sagte sie.

Unter den Angestellten des Arbeitshauses gab es einen Architekten namens Oudet, der unsere Piranèses sehr gern haben wollte. Ich hatte sie ihm immer abgelehnt und ihm gesagt, dass ich sie ihm eines Tages selbst bringen würde. Der Tag war gekommen. Aber es war ein unglücklicher Tag: Oudet hatte kein Geld. Das war durchaus denkbar. Oudet erhielt als Architekt des Schlosses nur hundert Francs pro Monat. Allerdings war ich mit meinen Piranèses, die gut fünf- oder sechshundert Francs wert waren, nicht sehr verschwenderisch; ich verlangte nur fünfzig Francs. Oudet bot an, mir diese fünfzig Francs in drei Monaten auszuzahlen.

In drei Monaten! ... Wie könnte ich drei Monate warten?

Ich verließ Oudet in Verzweiflung. Um Oudet gerecht zu werden, muss ich sagen, dass er wahrscheinlich in noch schlimmerer Lage war als ich. Als ich Oudet verließ, traf ich einen anderen meiner Freunde, der Gondon hieß. Er war ein Jagdkamerad. Er besaß ein Anwesen drei Meilen von Villers-Cotterets entfernt – in Cœuvre, dem Land der schönen Gabrielle – und wir hatten dort oft ganze Wochen zusammen verbracht, tagsüber geschossen und nachts gewildert. Bei ihm verlor ich eines Abends auf die lächerlichste Art und Weise, die man sich vorstellen kann, beinahe mein Leben. Es war der Abend vor der Eröffnung der Jagdsaison. Fünf oder sechs von uns

Schützen waren aus Villers-Cotterets gekommen und wir stiegen bei Gondon ab, um früh aufzustehen und bei Tagesanbruch loszufahren. Da wir nun weder Zimmer noch Betten für alle hatten, war das Wohnzimmer in einen Schlafsaal umgewandelt worden, in dessen vier Ecken vier Betten aufgestellt waren – das heißt, vier Matratzen lagen darauf. Als die Kerzen erloschen waren, beschlossen meine drei Gefährten, einen Kopftuchkampf zu beginnen. Da ich aus irgendeinem Grund keine Lust auf diesen Sport hatte, verkündete ich meine Absicht, neutral zu bleiben. Das Ergebnis dieses Kampfes war, dass nach einem Viertelstundenkampf zwischen Österreichern, Russen und Preußen die Österreicher, Russen und Preußen Verbündete wurden und sich zusammenschlossen, um über mich, den Vertreter Frankreichs, herzufallen. Sie warfen sich also auf mein Bett und begannen, mich mit den oben erwähnten Kopftüchern zu bearbeiten, wie Dreschmaschinen in einer Scheune mit ihren Dreschflegeln Korn ausschlagen. Ich zog mein Laken über meinen Kopf und wartete geduldig, bis der Sturm vorüber sein würde, was bei der Geschwindigkeit, mit der sie schlugen, nicht lange dauern konnte. Und wie ich erwartet hatte, legte sich der Sturm. Eine Dreschmaschine zog sich zurück, dann eine andere. Aber der Dritte, mein Vetter, Felix Deviolaine, der zweifellos durch die Verwandtschaftsbande zusammengehalten wurde, schlug trotz des Rückzugs der anderen weiter zu. Plötzlich hielt er inne, und ich hörte, wie er leise in sein Bett stieg. Man hätte meinen können, ihm sei ein Unfall passiert, den er vor seinen Kameraden unbedingt verbergen wollte. Tatsächlich war das dem, was er in den Händen gehalten hatte, gegenüberliegende Ende des Nackenkissens durch die Gewalt der Schläge geplatzt, und alle Federn waren herausgefallen. Diese Daunen bildeten einen Berg, genau dort, wo das Laken, das meinen Kopf schützte, an das Nackenkissen anschloss. Ich war mir dessen überhaupt nicht bewusst. Da ich keine Schläge mehr spürte und hörte, wie sich mein letzter Feind in sein Bett zurückzog, streckte ich sanft meinen Kopf heraus, und da ich in den letzten zehn Minuten mehr oder weniger erstickt war, je nachdem ich das Laken fester oder lockerer zog, holte ich tief Luft. Ich verschluckte einen großen Arm voll Federn. Ich erstickte augenblicklich, fast vollständig. Ich stieß einen unartikulierten Schrei aus, und da ich mich buchstäblich erwürgt fühlte, begann ich im Zimmer umherzurollen. Meine Gefährten dachten zuerst, ich hätte mir jetzt in den Kopf gesetzt, Pirouetten wie eine Balletttänzerin zu drehen, so wie sie sich einen Kampf vorgestellt hatten; doch schließlich erkannten sie, dass die erstickten Laute, die ich von mir gab, akute Qualen ausdrückten. Gondon war der erste, der merkte, dass mir aus unbekannter Ursache etwas sehr Ernstes zugestoßen war und dass ich *in äußerster Not war* . Felix, der allein meine Drehungen und mein Keuchen erklären konnte, lag still da und tat, als schliefe er. Gondon eilte in die Küche, kam mit einer Kerze zurück und beleuchtete die Szene. Ich muss ein sehr komischer Anblick gewesen sein, und ich gestehe, es gab allgemeines Gelächter. Aber obwohl ich ziemlich gefräßig gewesen war, hatte ich nicht alle Federn und Daunen verschluckt: Einige blieben an meinem lockigen Kopf kleben und verliehen mir eine falsche Ähnlichkeit mit Polichinelle. Diese falsche Vorstellung begann bald Wirklichkeit zu werden, da ich durch die Strangulation rot angelaufen war. Sie dachten, Wasser wäre das Beste, was sie mir geben könnten. Einer meiner Gefährten, Labarre, lief im Hemd zur Pumpe und füllte einen Topf mit Wasser, das er mir lachend brachte. Als meine Folter ihren Höhepunkt erreicht hatte, machte mich diese Heiterkeit wahnsinnig. Ich packte den Topf am Griff und schüttete den Inhalt Labarre den Rücken hinunter. Das Wasser war eiskalt. Seine Temperatur stand nicht im Einklang mit der natürlichen Wärme seines Blutes und verursachte bei dem Gesalbten solche Sprünge und Verrenkungen, dass ich trotz meiner verschiedenen Leiden nun das Bedürfnis zu lachen hatte. Ich unternahm eine andere Anstrengung als alle, die ich bisher versucht hatte, und spuckte einige der Federn und Daunen aus, die meine Kehle verstopft hatten. Von diesem Moment an war ich in Sicherheit. Trotzdem spuckte ich eine Woche lang weiterhin Federn aus und hustete einen Monat lang.

Ich bitte den Leser um Verzeihung für diesen Exkurs. Da ich jedoch versäumt habe, diese wichtige Episode meines Lebens in chronologischer Reihenfolge aufzuschreiben, wäre es nichts Ungewöhnliches, wenn ich die erste sich bietende Gelegenheit ergreife, dieses Versäumnis nachzuholen.

Ich traf Gondon, als er aus Oudets Haus kam. Er hatte hundert Francs in der Hand.

„Oh, mein Lieber", sagte ich, „wenn Sie so reich sind, können Sie Oudet sicher fünfzig Francs leihen."

"Was zu tun?"

„Um mir meine Piranès abzukaufen."

„Ihre Piranèses?"

„Ja, ich möchte nach Paris. Oudet hat mir angeboten, mir meine Piranèses für fünfzig Francs abzukaufen, und jetzt..."

„Und nun will er sie nicht haben?"

„Im Gegenteil, er brennt darauf, sie zu besitzen; aber er hat keinen Sohn und kann mir drei Monate lang nichts zurückzahlen."

„Und Sie wollen fünfzig Franc?"

„Das tue ich in der Tat."

„Du möchtest sie haben?"

"Eher."

„Warten Sie, vielleicht können wir das arrangieren.“

„Oh, versuchen Sie es, mein guter Freund.“

„Es gibt einen ganz einfachen Weg: Ich kann Ihnen die fünfzig Francs nicht geben, weil ich meinem Schneider heute hundert Francs versprochen habe; aber Oudet kann mir einen Scheck über fünfzig Francs mit einer Laufzeit von drei Monaten ausstellen. Ich werde den Scheck indossieren und ihn dem Schneider in bar geben.“

Wir gingen zu Oudet. Oudet stellte den Scheck aus, und ich nahm das Geld mit und dankte Gondon und vor allem Gott, der mir in seiner unendlichen Güte die Mittel gegeben hatte, auf meinem Weg einen Schritt weiterzukommen. Ich begleitete Gondon bis zu seinem Schneider. An der Tür des Schneiders stieß ich auf den alten Cartier.

„Na, mein Junge“, sagte er, „ist von deinem Hundegeld nicht noch etwas übrig, um deinem alten Freund ein kleines Glas Wein zu bezahlen?“

„Sicher, wenn er es mir beim Billard abnimmt“, und ich klimperte mit meinen fünfzig Francs.

Ich wandte mich an Gondon.

„Kommen Sie und sehen Sie, was passiert“, sagte ich zu ihm.

„Gehen Sie weiter, ich werde mich Ihnen wieder anschließen ... Bei Camberlin, nicht wahr?“

„Bei Camberlin.“

Camberlin war das traditionelle Kaffeehaus; seit der Entdeckung des Kaffees und des Billards verkauften die Camberlins Kaffee und unterhielten einen Billardtisch, vom Vater an den Sohn.

Mein Großvater ging jeden Abend zu Camberlin, um Domino oder Piquet zu spielen, bis seine kleine Hündin Charmante mit zwei Laternen im Maul an der Tür kratzte. Mein Vater und M. Deviolaine kamen zu Camberlin, um sich gegenseitig im Spiel zu messen, so wie sie sich auf einem anderen grünen Teppich im Jagen maßen. Bei Camberlin schließlich konnte ich dank meiner Vorfahren, wenn ich verlor, fast gratis meine Ausbildung als älterer Philibert bei drei verschiedenen Lehrern beginnen, die mich schließlich für einen besseren Spieler hielten als sie. Diese drei Lehrer waren – Cartier, gegen den ich eine alte Rechnung begleichen wollte; Camusat, Hiraux' Neffe, der seinen Onkel in La Râpée neu einkleidete, als sie ihn in Unterhose und Hemd aus Villers-Cotterets vertrieben; und ein entzückender junger Mann namens Gaillard, der ein erstklassiger Spieler in allen möglichen Spielen war und der zu meiner großen Zufriedenheit M. Miaud, meinen alten Rivalen, im Arbeitshaus ersetzt hatte. So war ich ein viel besserer Spieler geworden als Cartier; aber da er es nie zugeben wollte, lehnte er ausnahmslos die sechs Punkte ab, die ich ihm wie immer anbot, bevor wir das Spiel begannen. Gerade als wir unsere Queues auf dem Billardtisch ausprobierten, kam Gondon herein.

„Was nimmst du, Gondon?", fragte Cartier. „Dumas zahlt."

„Ich werde Absinth nehmen; ich möchte mein Abendessen heute richtig genießen."

„Nun, das werde ich auch", sagte Cartier. „Und Sie?"

„Ich? Du weißt, dass ich geschworen habe, nie wieder Likör oder Kaffee zu trinken."

Welchem Heiligen und bei welcher Gelegenheit ich dieses Gelübde abgelegt habe, kann ich überhaupt nicht sagen; aber ich weiß, dass ich es gewissenhaft eingehalten habe.

„Dann sagen wir zwei kleine Absinthe?", antwortete Cartier und fuhr mit seinem Scherz fort. „Das macht sechs Sous, Kellner, im Austausch gegen Ihre Quittung." In der Provinz, jedenfalls in Villers-Cotterets, kostet ein kleines Glas Absinthe drei Sous.

„Mein lieber Gondon", sagte ich, „ich kann Ihnen kein besseres Gebet anbieten als das meines Onkels, des Pfarrers von Béthisy: ‚Mein Gott, ergreife weder Partei für das eine noch für das andere, und du wirst sehen, wie ein Schurke eine ordentliche Tracht Prügel bekommt!' Wollen Sie Ihre sechs Punkte haben, Pater Cartier?"

„Geh mit!", rief Cartier verächtlich und legte meinen Ball auf die gelbe Seite.

Wir spielten auf Russisch, ein Spiel mit fünf Bällen und 36 Punkten. Ich traf sechsmal die gelbe Kugel – dreimal in die rechte und dreimal in die linke Tasche.

„Sechs mal sechs; sechsunddreißig; erste Runde. Ihre zwei kleinen Gläser sind nicht mehr wert als ihre drei Sous, Vater Cartier." „Vier Sous, wollen Sie sagen."

„Nicht, wenn ich dich die zweite Runde gewinnen lasse."

"Komm schon!"

„Wollen Sie die sechs Punkte haben?"

„Ich werde sie dir geben, wenn du möchtest."

„Abgemacht! Merken Sie sich meine sechs Punkte, Gondon. Ich habe es auf Vater Cartier abgesehen. Er soll zu meinem Besuch in Paris beitragen. Die Postkutschen fahren von seinem Hotel ab."

In der zweiten Runde gelangte Cartier auf zwölf.

Bei dreißig Punkten hatte ich eine Serie und machte sechzehn weitere; das machte sechsundvierzig Punkte statt sechsunddreißig. Wenn man die sechs Punkte abzieht, die Cartier zurückerhielt, blieben noch vier, die ich ihm im Gegenzug anbieten konnte. Er lehnte sie mit seiner üblichen Würde ab. Aber Cartier war außer sich, als er das erste Spiel verloren hatte, und je wilder er war, desto hartnäckiger wurde er: Einmal in Fahrt gekommen, hätte er sein Land, sein Hotel, seine Kochtöpfe an die Hühner verspielt, die sich an seinem Spieß drehten.

Der ehrenwerte alte Cartier! Er lebt noch; obwohl er sechsundachtzig oder siebenundachtzig ist, ist er immer noch bemerkenswert gesund und lebt mit seinen beiden Kindern. Ich gehe nie nach Villers-Cotterets, ohne ihn zu besuchen. Als ich ihn das letzte Mal vor etwa einem Jahr sah, machte ich ihm ein Kompliment zu seiner Gesundheit.

„Meine Güte, mein lieber Cartier", sagte ich zu ihm, „Sie sind wie unsere Eichen, die, wenn sie nicht sehr hoch wachsen, tief in die Erde eindringen und durch ihre Wurzeln das nachholen, was ihnen an Blättern fehlt. Sie werden das Jüngste Gericht erleben."

„Oh, mein Junge", sagte er, „ich war sehr krank – wusstest du das nicht?"

„Nein – wann?"

„Vor dreieinhalb Jahren."

"Was war mit dir los?"

"Ich hatte Zahnschmerzen."

„Das war deine eigene Schuld. Was hast du in deinem Alter noch mit Zähnen zu tun?"

Nun, an diesem Tag, dem armen alten Cartier! (Ich meine den Tag unseres Spiels) – an diesem Tag, um einen Spielerausdruck zu verwenden, habe ich ihm einen feinen Zahn aus dem Kopf gerissen. Wir spielten fünf Stunden am Stück, immer doppelt; ich gewann *sechshundert kleine Gläser Absinth* von ihm. Wir hätten noch länger spielen können, und Sie können sich vorstellen, wie viel Absinth Cartier mir geschuldet hätte, wenn Auguste ihn nicht aufgesucht hätte.

Auguste war einer von Cartiers Söhnen. Sein Vater hatte großen Respekt vor ihm. Er legte den Finger auf die Lippen, um mich zu bitten, den Mund zu halten. Ich war in Bezug auf die Familie von Porus ebenso großzügig wie Alexander.

Ich ließ Cartier gehen, ohne meinen Gewinn von ihm zu verlangen. Und Gondon und ich rechneten die Rechnung aus. In Geld ausgedrückt hätten die sechshundert kleinen Gläser Absinth insgesamt achtzehnhundert Sous ergeben, das heißt neunzig Francs. Ich hätte die Reise nach Paris ein Dutzend Mal bezahlen können. Meine Mutter hatte guten Grund zu sagen: „Mein Junge, Gott ist auf deiner Seite.“

Meine Mutter war sehr beunruhigt, als ich nach Hause kam; sie wusste, zu welcher Torheit ich fähig war, wenn ich mir eine Idee in den Kopf gesetzt hatte, und fragte mich deshalb mit einiger Besorgnis, wo ich gewesen sei. Wenn ich bei Camberlin gewesen war, machte ich normalerweise einen Umweg, um ihr davon zu erzählen. Meine arme Mutter, die voraussah, welche Leidenschaften eines Tages in mir aufwallen würden, befürchtete, dass das Spielen eine davon sein könnte. Mit mehreren ihrer Vermutungen hatte sie recht; aber jedenfalls irrte sie sich völlig in dieser. Also erzählte ich ihr, was gerade geschehen war. Wie die Piranès uns fünfzig Francs hereingebracht hatten und wie M. Cartier meine Fahrt nach Paris bezahlen würde. Aber diese Segnungen des Himmels brachten Traurigkeit mit sich, denn sie bedeuteten unsere Trennung. Ich tat mein Bestes, um sie zu trösten, indem ich ihr sagte, die Trennung werde nur für kurze Zeit sein und dass sie, sobald ich eine Koje für fünfzehnhundert Francs bekommen hätte, ebenfalls Villers-Cotterets verlassen und zu mir kommen sollte; aber meine Mutter wusste, dass eine Koje für fünfzehnhundert Franc ein schwer zu findendes Eldorado war.

KAPITEL IV

Wie ich eine Empfehlung an General Foy erhalte – M. Danré von Vouty rät meiner Mutter, mich nach Paris gehen zu lassen – Mein Abschied – Laffitte und Perregaux – Die drei Dinge, die ich laut Maître Mennesson nicht vergessen soll – Der Rat des Abbé Grégoire und die Diskussion mit ihm – Ich verlasse Villers-Cotterets

———

Eines Morgens sagte ich zu meiner Mutter:

„Haben Sie M. Danré etwas zu sagen? Ich gehe zu Vouty.“

„Was wollen Sie von M. Danré?“

„Um ihn um einen Brief an General Foy zu bitten.“

Meine Mutter erhob ihre Augen zum Himmel und fragte sich, woher ich all diese Ideen käme, die alle auf ein Ziel hinausliefen.

M. Danré war ein alter Freund meines Vaters, der, nachdem er beim Jagen seine linke Hand verstümmelt hatte, in unser Haus gebracht worden war. Dort, wie der Leser sich erinnern wird, hatte Doktor Lécosse ihm geschickt den Daumen amputiert, und da meine Mutter ihn während der gesamten Krankheit, die der Unfall verursacht hatte, mit größter Sorgfalt gepflegt hatte, empfand er ein warmes Gefühl in seinem Herzen für meine Mutter, meine Schwester und mich. Es bereitete ihm daher immer große Freude, mich zu sehen, ob ich nun mit einer Nachricht von Me. Mennesson, seinem Anwalt, kam, wenn ich bei Me. Mennesson war, oder ob ich in eigener Sache kam. Diesmal ging es um meine eigenen Angelegenheiten. Ich erzählte ihm den Grund meines Besuchs.

Als General Foy auf die Wahlliste gesetzt wurde, wollten die Wähler ihn nicht ernennen; aber M. Danré hatte seine Kandidatur unterstützt, und dank M. Danrés Einfluss im Departement war General Foy gewählt worden. Wir wissen, welchen herausragenden Platz der berühmte Patriot in der Kammer einnahm. General Foy war kein beredter Redner; er war weit mehr als das: Er besaß ein warmes Herz, bereit, auf die Eingebung jeder edlen Leidenschaft zu handeln. Während seiner gesamten Zeit in der Kammer kam ihm keine einzige große Frage in den Sinn, die er nicht unterstützte, wenn es sich um ein würdiges Anliegen handelte, oder die er nicht ablehnte, wenn sie unwürdig war; seine Worte fielen von der Tribüne herab, furchtbar wie die Gegenstöße in einem Duell – durchdringende Stöße, die für seine Gegner fast immer tödlich waren. Aber wie alle Männer mit Gefühl erschöpfte er sich im Kampf, dem beständigsten und aufreibendsten Kampf von allen: Er tötete ihn, während er seinen Namen unsterblich machte.

1823 war General Foy auf dem Höhepunkt seiner Popularität, und von diesem Höhepunkt aus erinnerte er M. Danré von Zeit zu Zeit an seine Existenz, was dem bescheidenen Bauern, der wie Philoctètes Herrscher hervorgebracht hatte, aber nicht den Wunsch hegte, einer zu werden, bewies, dass er immer noch sein liebevoller und dankbarer Freund war. Daher hatte M. Danré keine Hemmungen, mir den Brief zu geben, den ich von ihm verlangt hatte, und er war in den günstigsten Worten abgefasst. Nachdem M. Danré den Brief geschrieben, unterschrieben und versiegelt hatte, fragte er mich nach meinen finanziellen Mitteln. Ich erzählte ihm alles, sogar die raffinierten Methoden, mit deren Hilfe ich das erreicht hatte, was ich hatte.

„Auf mein Wort", rief er aus, „ich hatte halb und halb vorgehabt, Ihnen meine Börse anzubieten, aber das würde Ihren Ruf wirklich beschmutzen. Die Leute tun so etwas nicht, um am Ende zu scheitern: Sie sollten mit Ihren fünfzig Francs Erfolg haben, und ich möchte Ihnen nicht die Ehre nehmen, das ganz allein Ihnen zu verdanken. Fassen Sie also Mut und gehen Sie in Frieden! Wenn Sie meine Dienste unbedingt brauchen, schreiben Sie mir aus Paris."

„Sie sind also zuversichtlich?", sagte ich zu Monsieur Danré.

"Sehr."

„Kommen Sie am Donnerstag nach Villers-Cotterets?"

Donnerstag war Markttag.

"Ja warum fragst du?"

„Wenn das der Fall ist, würde ich Sie bitten, anzurufen und meiner Mutter zu sagen, dass Sie voller Hoffnung sind. Sie hat großes Vertrauen in Sie, und da alle ihr unbedingt sagen wollen, dass ich niemals etwas tun werde …"

„Tatsache ist, dass Sie bisher nicht viel getan haben!"

„Weil sie entschlossen waren, mich in einen Beruf zu drängen, für den ich nicht geeignet war, lieber Monsieur Danré. Aber Sie werden sehen, sobald sie mich in Ruhe lassen, um das zu tun, wofür ich geschaffen bin, werde ich ein harter Arbeiter."

„Das müssen Sie wohl wissen! Ich werde Ihre Mutter beruhigen, ich verlasse mich auf Ihr Wort."

„Das darfst du, und ich werde es erfüllen."

Am Tag nach meinem Besuch kam Monsieur Danré wie versprochen nach Villers-Cotterets und besuchte meine Mutter. Ich wartete auf sein Kommen, ließ ihn das Gespräch beginnen und trat dann ein. Meine Mutter weinte, schien sich aber entschieden zu haben. Als sie mich sah, streckte sie mir die Hand entgegen.

„Sie haben also vor, mich zu verlassen?", sagte sie.

„Ich muss, Mutter. Aber sei nicht beunruhigt; wenn wir uns trennen, wird es dieses Mal nicht für lange sein."

„Ja, denn Sie werden scheitern und erneut nach Villers-Cotterets zurückkehren."

„Nein, nein, Mutter. Im Gegenteil , denn ich werde Erfolg haben und Dich nach Paris bringen."

„Und wann willst du gehen?"

„Hören Sie, liebe Mutter: Wenn ein großer Entschluss gefasst wird, ist es umso besser, ihn so schnell wie möglich in die Tat umzusetzen … Fragen Sie M. Danré."

„Ja, fragen Sie Lazarille. Ich weiß nicht, was Sie M. Danré angetan haben, aber Tatsache ist …"

„Mr. Danré ist gerecht, Mutter; er weiß, dass alles seinen eigenen, ihm zugewiesenen Rahmen einhalten muss, wenn es irgendeinen Wert haben soll. Ich wäre ein schlechter Anwalt, ein schlechter Rechtsanwalt, ein schlechter Sheriff; ich wäre ein schrecklich schlechter Lehrer! Sie wissen ganz genau, dass ich drei Schulmeister brauchte, um das kleine Einmaleins zu lernen, und es war kein durchschlagender Erfolg. Also gut! Ich glaube, ich kann etwas Besseres."

„Was, du Schlingel?"

„Mutter, ich schwöre, ich weiß nichts darüber, was ich tun werde, aber erinnerst du dich, was die Wahrsagerin, die du in meinem Namen befragt hast, vorhergesagt hat?"

Meine Mutter seufzte.

„Was hat sie vorhergesagt?", fragte M. Danré.

„Sie sagte", erwiderte ich, „,Ich kann Ihnen nicht sagen, was aus Ihrem Sohn werden wird, Madame; ich kann ihn nur durch Wolken und Blitze sehen, wie einen Reisenden, der hohe Berge überquert und eine Höhe erreicht, die nur wenige Menschen erreichen. Ich sage nicht, dass er den Menschen befehligen wird, aber ich sehe voraus, dass er zu ihnen sprechen wird; obwohl ich die genauen Linien seines Schicksals nicht angeben kann, gehört Ihr Sohn zu jener Klasse von Männern, die wir HERRSCHER nennen.' ,Mein Sohn soll also König werden?', erwiderte meine Mutter lachend.

‚Nein, nein, aber etwas Ähnliches, vielleicht etwas Wünschenswerteres: Nicht jeder König hat eine Krone auf dem Kopf und ein Zepter in der Hand.' ‚Umso besser', sagte meine Mutter; ,ich habe Madame Bonaparte nie um ihr Schicksal beneidet.' Ich war fünf Jahre alt, Monsieur Danré, ich war dabei, als mein Horoskop erstellt wurde; nun – ich werde beweisen, dass der Zigeuner recht hat. Sie wissen, dass Prophezeiungen sich nicht immer erfüllen, weil sie sich erfüllen müssen, sondern weil sie denen, über die sie gemacht werden, eine fixe Idee in den Kopf setzen, die die Ereignisse beeinflusst, die Umstände verändert, die sie schließlich zu dem angestrebten Ziel führt; weil ihnen dieses Ziel im Voraus offenbart wurde, während sie ohne die Offenbarung am Ende vorbeigegangen wären, ohne es zu bemerken.“

„Ich möchte wissen, woher er all diese Vorstellungen hat!“, rief meine Mutter.

„Oh, warum, aus seinen eigenen Gedanken“, sagte M. Danré.

„Ist es dann auch Ihre Meinung, dass er gehen sollte?“

„Ich rate dazu.“

„Aber Sie wissen, über welche Mittel der arme Junge verfügt!“

„Fünfzig Francs und sein Fahrpreis ist bezahlt.“

"Also?"

„Das wird ausreichen, wenn er Erfolg haben soll oder wenn sein Schicksal ihn dazu treibt, wie er sagt. Selbst wenn er eine Million hätte, würde er nicht das erreichen, was er erreichen möchte, solange er nicht dazu berufen wäre.“

„Na, na, wenn er so fest entschlossen ist, sollte er gehen.“

„Wann soll ich gehen, Mutter?“

„Wann immer du willst. Aber zuerst musst du uns einen Tag zusammen verbringen lassen.“

„Hör zu, meine Mutter. Ich werde den ganzen Tag, den ganzen Morgen und den Samstag bei dir bleiben. Am Samstagabend werde ich mit dem Zehn-Uhr-Bus abreisen: Ich werde um fünf in Paris sein ... Ich werde Zeit haben, zu Adolphes Haus zu kommen, bevor er ausgeht.“

„Ah!“, sagte meine Mutter und seufzte. „Er ist derjenige, der dich in die Irre geführt hat!“

Ich schenkte dem Seufzen keine große Beachtung, denn ich war überzeugt, dass ich meine Verpflichtung erfüllen würde. Ich begann, meine Abschiedsrunde zu machen.

Ich hatte Adèle seit ihrer Hochzeit nicht mehr gesehen. Ich wollte ihr nicht schreiben: Der Brief könnte von ihrem Mann geöffnet werden und sie kompromittieren. Ich wandte mich an Louise Brézette, unsere gemeinsame Freundin. Ach! Ich fand das arme Kind in Tränen. Chollet, dessen Ausbildung in Forstwirtschaft abgeschlossen war, musste zu seinen Eltern zurückkehren und hatte alle ersten Liebesträume des jungen Mädchens mitgenommen: Sie war verlassen und untröstlich; sie trauerte ihr ganzes Leben lang um ihren Geliebten und trug die Spuren ihrer Liebeskummer. Ich zitierte ihr das Beispiel Ariadnes und riet ihr, ihm zu folgen, und ich glaube ... ich glaube, sie folgte ihm, und ich trug in gewissem Maße dazu bei, sie dazu zu bewegen, ihm zu folgen ...

Arme, geliebte Kinder! Treue und liebevolle Freunde meiner Jugend! Mein Leben ist jetzt so ausgefüllt, die Stunden, die mir gehören, sind so wenige, ich bin so ein Allgemeingut, dass ich, wenn ich zufällig nach Hause gehe oder ihr hierher kommt, euch nicht all die Zeit widmen kann, die die Ansprüche der Liebe und der Erinnerung erfordern. Aber wenn ich ein paar jener Stunden der Ruhe gewonnen habe, nach denen Théaulon sein Leben verbrachte und die er nie fand, oh! Ich verspreche euch, dass diese Stunden euch fraglos gegeben werden, ohne dass andere sie teilen. Ihr habt reichlich Anspruch darauf, die Muße meines Alters zu beanspruchen , und ihr werdet meine letzten Tage so blühen lassen wie meinen Frühling. Denn dort gibt es geschlossene Gräber, die mich genauso sehr anziehen, ja sogar mehr als offene Häuser; tote Freunde, die deutlicher zu mir sprechen als die Lebenden.

Als ich Louise verließ, ging ich zu Maître Mennesson; ich hatte immer ein ziemlich gutes Verhältnis zu ihm gehabt. Aber seit unserer Trennung hatte er geheiratet. Ich glaube, seine Heirat machte ihn skeptischer denn je.

„Ah!", sagte er, als er mich erblickte, „da bist du ja!"

„Ja, ich bin gekommen, um Ihnen Lebewohl zu sagen."

„Sie haben sich also entschieden zu gehen?"

"Am Samstagabend."

"Und wie viel nimmst du mit?"

„Fünfzig Francs."

„Mein lieber Junge, es gibt Leute, die mit weniger angefangen haben – M. Laffitte zum Beispiel."

„Ja, ganz genau. Ich habe vor, ihn zu besuchen und ihn um eine Stelle in seinem Büro zu bitten."

„Also gut, wenn Sie eine Nadel auf seinem Teppich finden, vergessen Sie nicht, sie aufzuheben und auf seinen Kaminsims zu legen."

"Warum?"

„Weil Monsieur Laffitte, als er in Paris ankam, noch viel ärmer als Sie, Monsieur Perregaux aufsuchte, gerade als Sie Monsieur Laffitte besuchen wollten; er ging hin, um sich einen Platz in seinem Büro zu sichern, so wie Sie sich einen Platz in seinem Büro sichern wollten. Monsieur Perregaux hatte keine Stelle frei; er entließ Monsieur Laffitte, der gerade wegging, wobei er traurig auf den Boden blickte, während die Augen von Vater Aubry zum Grab gerichtet waren, als er eine Stecknadel bemerkte, die nicht auf der Erde, sondern auf dem Teppich lag. Monsieur Laffitte war ein ordentlicher Mann: Er hob die Nadel auf und legte sie auf den Kaminsims und sagte: ‚Verzeihen Sie, Monsieur.' Aber Monsieur Perregaux, das sei Ihnen bekannt, war ein Mensch, der auf jede Kleinigkeit achtete: Er dachte, dass ein junger Mann, der eine Stecknadel vom Boden aufhob, ein ordentlicher Mensch sein musste, und als Monsieur Laffitte wegging, sagte er zu ihm: ‚Ich habe nachgedacht, Monsieur, bleiben Sie.' ‚Aber Sie sagten mir, Sie hätten in Ihrem Büro keine freie Stelle.' ‚Wenn es keine gibt, werden wir eine für Sie schaffen.' M. Perregaux hat tatsächlich Platz für ihn geschaffen – als seinen Partner."

„Das ist eine sehr reizende Geschichte, lieber Monsieur Mennesson, und ich danke Ihnen für die große Freundlichkeit, mit der Sie sie mir erzählt haben. Aber ich fürchte, sie nützt mir nichts, denn unglücklicherweise bin ich kein Stecknadelsammler."

„Ach, das ist ja gerade Ihr großer Fehler."

„Oder mein stärkstes Argument … wir werden sehen. Wenn Sie mir also einen guten Rat geben können …?"

„Hüte dich vor Priestern, hasse die Bourbonen und denke daran, dass der einzige Staat, der einer großen Nation würdig ist, eine Republik ist."

"Mein lieber Monsieur Mennesson, um die Reihenfolge Ihres Ratschlags umzukehren, würde ich sagen: Ja, ich bin Ihrer Meinung hinsichtlich der Regierung, die für eine große Nation am besten geeignet ist, und unter der Voraussetzung, dass ich, wenn überhaupt, ein Republikaner wie Sie bin. Was die Bourbonen betrifft, so liebe und hasse ich sie weder. Ich habe gehört, dass ihre Rasse einen heiligen König hervorgebracht hat, einen guten und einen großen: den heiligen Ludwig, Heinrich IV. und Ludwig XIV. Nur kehrte der letzte regierende Herrscher auf einem Kosaken nach Frankreich zurück; das, glaube ich, hat der Sache der Bourbonen in den Augen Frankreichs geschadet; so kommt es, dass, wenn eines Tages meine Stimme nötig ist, um ihren Weggang zu beschleunigen, und mein Gewehr, um ihren Weggang zu unterstützen, diejenigen, die sie vertreiben, eine Stimme und ein Gewehr mehr finden werden. Was misstrauische Priester betrifft, so habe ich nur einen einzigen gekannt, den Abbé Grégoire, und da er mir als Vorbild aller christlichen Tugenden erschien, will ich glauben, dass alle gut sind, bis ich einem schlechten begegne."

"Na, na, das werden Sie alles ändern."

„Das ist möglich. Gib mir inzwischen deine Hand. Ich werde ihn um seinen Segen bitten."

„Dann geh, und möge es dir viel Gutes tun!"

„Ich glaube, das wird es."

Ich ging zum Abbé.

„So, so", sagte er, „also, Sie werden uns verlassen?"

Man sieht, dass sich das Gerücht über meine Abreise bereits überall verbreitet hatte.

„Ja, M. l'abbé, und ich bin gekommen, um Sie zu bitten, in Ihren Gebeten an mich zu denken."

„Oh! Meine Gebete? Ich dachte, das wäre das, was dich am wenigsten interessiert."

„Herr Abbé, erinnern Sie sich an den Tag meiner Erstkommunion?"

„Ja, ich weiß, es hat einen tiefen Eindruck auf Sie gemacht, aber Sie haben es dabei belassen und wurden seitdem nie wieder in der Kirche gesehen."

„Glauben Sie, das Abendmahl hätte beim zehnten Mal die gleiche Wirkung auf mich wie beim ersten?"

„Ach, mein Gott, nein, ganz bestimmt nicht. Leider gewöhnt man sich an alles auf dieser Welt."

„Gut, M. l'abbé, meine anderen Eindrücke hätten das ausgelöscht. Man darf sich nicht zu sehr an heilige Dinge gewöhnen, M. l'abbé; der häufige Gebrauch nimmt ihnen nicht nur ihre Erhabenheit, sondern noch mehr ihre Wirksamkeit. Wer hat Ihnen einst gesagt, dass ich in großen Schwierigkeiten nur den Trost der Kirche brauche, so wie man in schweren Krankheiten nur

Aderlass braucht?" „Sie haben eine merkwürdige Art, Dinge auszudrücken..."

„Nun, Herr Abbé, Sie haben es selbst mehr als einmal gesagt: Wir müssen die Menschen weniger nach ihren Krankheiten als nach ihrem Temperament behandeln. Ich bin die personifizierte Beeinflussbarkeit. Ich habe einen impulsiven Charakter, das haben Sie mir selbst gesagt. Ich werde alle möglichen Fehler begehen, alle möglichen Torheiten – niemals eine böse oder schändliche Tat. Nicht, weil ich besser bin als irgendjemand sonst, sondern weil schlechte und unehrenhafte Taten das Ergebnis von Überlegung und Berechnung sind, und wenn ich handle, dann geschieht dies spontan; und dieser Impuls ist so schnell, dass die daraus entspringende Handlung ausgeführt wird, bevor ich Zeit hatte, die Folgen zu bedenken oder die Ergebnisse zu berechnen." –

„An dem, was Sie sagen, ist etwas Wahres dran. Aber seien wir doch mal ehrlich: Was bringt es, einer Person Ihres Kalibers einen Rat zu geben?"

„Nun, ich bin nicht gekommen, um Sie um Rat zu fragen, lieber Abbé; ich bin gekommen, um Sie um Ihr Gebet zu bitten."

„Gebete? … Du glaubst nicht daran."

"Ach, entschuldigen Sie, das ist eine andere Sache... Nein, es stimmt, ich habe nicht immer an sie geglaubt; aber seien Sie unbesorgt: an dem Tag, an dem ich an sie glauben muss, werde ich an sie glauben. Hören Sie: Hatte ich nicht bei Voltaire gelesen, als ich zur Kommunion ging, dass es eine seltsame Art von Gott sei, der verdaut werden müsse? Und bei Pigault-Lebrun, dass die Hostie nichts weiter sei als eine Oblate, die doppelt so dick sei wie eine gewöhnliche Oblate? Nun, hat mich das davor bewahrt, ein Zittern zu verspüren, das meinen ganzen Körper erschütterte, als die Hostie meine Lippen berührte? Hat es verhindert, dass mir Tränen in die Augen schossen, Tränen der Demut, Tränen der Dankbarkeit, vor allem Tränen der Liebe zu Gott? Glauben Sie nicht, dass Gott ein großzügiges Herz, das sich ihm völlig hingibt, wenn es zu voll ist, einem geizigen Herzen vorzieht, das sich nur Tropfen für Tropfen hingibt? Sollte das Gebet nicht aus der Tiefe der Seele kommen, anstatt aus Worten der Lippen zu bestehen? Glauben Sie, dass Gott zornig sein wird, wenn ich ihn vergesse während der gewöhnliches Alltagsleben, wie man den Herzschlag vergisst, solange ich in jeder Zeit der Not oder der Freude zu Ihm zurückkehre? Nein, M. l'abbé, nein; im Gegenteil, ich glaube, dass Gott mich liebt, und deshalb vergesse ich Ihn, so wie man einen guten Vater vergisst, dessen man sich immer sicher ist."

„Nun", antwortete der Abbé, „es macht mir wenig aus, wenn Sie Gott vergessen; aber ich möchte nicht, dass Sie an seiner Existenz zweifeln."

„Oh, seien Sie in diesem Punkt beruhigt: Es ist nicht der Jäger, der jemals an der Existenz Gottes zweifelt – das tut niemand, der ganze Nächte im mondbeschienenen Wald verbracht hat, der die Natur vom Elefanten bis hinunter zur Milbe studiert hat, der den Sonnenuntergang und den Sonnenaufgang beobachtet hat, der den Gesang der Vögel gehört hat, ihre abendlichen Klagen und ihre morgendlichen Lobgesänge!"

"Dann wird alles gut sein... Wissen Sie, es gibt einen Text in den Evangelien, der kurz und leicht zu merken ist. Machen Sie ihn zur Grundlage Ihres Handelns, und Sie brauchen kein Versagen zu fürchten. Dieser Text, der in goldenen Lettern über den Eingang zu jeder Stadt, über den Eingang zu jedem Haus, über den Eingang zu jedem Herzen eingraviert werden sollte, lautet: , *Was du nicht willst, dass man dir tut, das füg auch keinem anderen* zu.' Und wenn Philosophen, Nörgler, Libertiner zu Ihnen sagen: ,Konfuzius hat eine bessere Maxime als diese: Was du nicht willst, dass man dir tut, das füg auch keinem anderen zu', antworten Sie: ,Nein, das ist nicht besser! – denn es ist in seiner Anwendung falsch; man kann nicht immer das tun, was man möchte, dass andere einem tun, während man immer davon absehen kann, das zu tun, was man nicht möchte, dass man einem tut.' Komm, küss mich und lass uns die Sache dabei belassen... Wir könnten nichts Besseres sagen als das."

Und mit diesen Worten umarmten wir uns herzlich und ich verließ ihn.

Am übernächsten Tag, nachdem ich meinen letzten Besuch auf dem Friedhof gemacht hatte – eine fromme Pilgerfahrt, die meine Mutter fast jeden Tag unternahm und bei der ich sie diesmal begleitete –, machten wir uns auf den Weg zum *Hôtel de la Boule d'or*, wo mich die vorbeifahrende Kutsche abholen und nach Paris bringen sollte. Um halb zehn hörten wir das Geräusch der Räder; meine Mutter und ich hatten noch eine weitere halbe Stunde zusammen. Wir zogen uns in ein Zimmer zurück, wo wir allein waren, und weinten gemeinsam; aber unsere Tränen hatten unterschiedliche Ursachen. Meine Mutter weinte aus Zweifel, ich weinte aus Hoffnung. Wir konnten beide die Hand Gottes nicht sehen; aber ganz sicher war Gott gegenwärtig und seine Gnade war mit uns.

KAPITEL V

Ich finde Adolf wieder – Das Hirtendrama – Erste Schritte
– Der Herzog von Bellune – General Sébastiani – Seine
Sekretäre und seine Schnupftabakdosen – Der vierte Stock,
kleine Tür links – Der General, der Schlachten malte

Ich stieg um fünf Uhr morgens in der Rue du Bouloy Nr. 9 aus. Diesmal machte ich nicht denselben Fehler wie beim Verlassen des Théâtre Français. Ich orientierte mich und glaubte an einigen Orientierungspunkten die Nähe der Rue des Vieux-Augustins zu erkennen. Ich befragte den Schaffner, der meine Überzeugung bestätigte und mir mein kleines Gepäck übergab. Ich stritt siegreich mit mehreren Gepäckträgern darüber und erreichte gegen halb sechs das *Hôtel des Vieux-Augustins*. Dort fühlte ich mich wie zu Hause. Der Kellner erkannte mich als den Reisenden mit den Hasen und Rebhühnern und führte mich in Abwesenheit des Wirts, der noch schlief, in das Zimmer, das ich bei meinem letzten Besuch bewohnt hatte. Mein erstes Verlangen war Schlaf. Aufgrund der Gefühle des Abschieds und der wachen Träume, die ich in der Postkutsche gehabt hatte, kam ich erschöpft an. Ich sagte dem Jungen, er solle mich um neun wecken, falls ich vorher kein Lebenszeichen von mir gegeben hätte. Ich kannte Adolphes Gewohnheiten inzwischen und wusste, dass ich mich nicht beeilen musste, zu ihm nach Hause zu gehen. Aber als der Wirt persönlich um neun Uhr in mein Zimmer kam, fand er mich wach vor: Ich wollte nicht schlafen. Es war Sonntagmorgen. Unter den Bourbonen war Paris sonntags sehr trostlos. Strenge Vorschriften verboten die Öffnung der Geschäfte, und es galt nicht nur als Verstoß gegen die religiöse Ordnung, sondern, was noch schlimmer war, als Majestätsbeleidigung, *diese* Verordnungen zu missachten. Ich riskierte, in Paris um neun Uhr morgens verhaftet zu werden, fast genauso sehr, wie ich es riskiert hatte, nach Mitternacht auf der Straße zu sein. Ich fühlte mich nicht unwohl. Dank meines Sportstinkts fand ich die Rue du Mont-Blanc, dann die Rue Pigale und schließlich die Nummer 14 in der Rue Pigale.

Herr von Leuven ging wie gewöhnlich in seinem Garten spazieren. Es war Anfang Mai. Er vergnügte sich damit, einer Rose ein wenig Zucker zu geben. Er drehte sich um und sagte:

„Ah, du bist es. Warum bist du so lange nicht zu uns gekommen?"

„Weil ich nach Villers-Cotterets zurückgekehrt bin."

„Und Sie sind nun zurückgekommen?"

„Wie Sie sehen, bin ich gekommen, um mein Glück ein letztes Mal zu versuchen. Diesmal muss ich auf jeden Fall in Paris Halt machen."

„Nun, was das betrifft, bist du hier immer willkommen, mein lieber Junge. Wir haben hier eine Art platonische Republik, abgesehen von der Gemeinschaft der Frauen und der Anwesenheit von Dichtern: ein Mund mehr oder weniger macht für unsere Republik keinen Unterschied. Oben ist sogar noch eine leere Dachkammer frei; du kannst den Besitz mit den Ratten streitig machen; aber ich glaube, du bist in der Lage, dich zu verteidigen. Geh und arrangiere alles mit Adolphe."

M. de Leuven schrieb damals für den *Courrier français über Außenpolitik*. Er war auf den Knien der Könige und Königinnen des Nordens aufgewachsen, sprach alle nordischen Sprachen und wusste alles, was der Mensch wissen darf. Die Politik der ausländischen Höfe war fast seine Muttersprache. Er stand jeden Morgen um fünf Uhr auf, erhielt die Zeitungen um sechs Uhr und um sieben oder acht Uhr war seine Arbeit für den *Courrier français* beendet.

Normalerweise hatte Adolphe seine Arbeit noch nicht begonnen, wenn sein Vater mit der Arbeit fertig war. Er lag noch im Bett, was ich ihm verzieh, nachdem er mir versichert hatte, er habe bis zwei Uhr morgens an einem kleinen Drama in zwei Akten mit dem Titel Das *arme Mädchen gearbeitet*.

Der Leser wird sich an Soumets bezaubernde Elegie erinnern:

"Ich bin der schwache Sonnenschein, denn ich
habe glücklich gesungen; ich gehe auf den Berg.
Die ersten Strahlen der Sonne.
Geborgen von der Natur,
singt der junge Vogel auf der Ackerpine mit Blumen; Seine Mutter zeigt
ihm die sanfte Nahrung; meine Augen sind voller Tränen. Oh! Warum bin
ich nicht mehr als meine Mutter? Weil ich dem jungen Vogel nicht ähnlich
sehe. Bleibt
das Nid nicht auf den Zweigen der Goldrute, habe ich, unglückliches Kind,
auf einem Stein gehangen, von der Kirche des Dorfes?"

Kurze Linien waren zu dieser Zeit sehr in Mode. M. Guiraud hatte sich gerade mit seinen *Petits Savoyards* einen Ruf erworben, der dem von M. Dennery mit seiner *Grâce de Dieu beinahe ebenbürtig war* . Der einzige Unterschied war, dass M. Guirauds Savoyard nur einen Sohn wollte, während M. Dennerys Savoyard fünf wollte. Es stimmt, M. Dennery ist Jude. Die ersten *Oden von Hugo* waren erschienen; Lamartines *Méditations* waren erschienen; aber diese waren zu starke und zu gehaltvolle Kost für die Mägen des Jahres 1823, die sich mit dem Abfall von Parny, Bertin und Millevoye ernährt hatten.

Adolphe schrieb sein „ *Pauvre Fille*" in Zusammenarbeit mit Ferdinand Langlé und es sollte in einer Woche zur Lesung bereit sein.

„Ach, wann werde ich dieses Stadium erreicht haben?", dachte ich bei mir. Während ich wartete, befragte ich Adolf nach der Zusammensetzung des Ministeriums. Sie fragen, warum ich etwas über die Zusammensetzung des Ministeriums wissen wollte und was ich mit Ministern zu tun hatte? Ich wollte wissen, was der Herzog von Bellune war. Da Minister nur Sterbliche sind und schnell vergessen werden, wenn sie tot sind, ist es mir ein Vergnügen, diesen Minister aus seinem Grab zu holen und den Leser mit der Zusammensetzung des Ministeriums von 1823 zum Zeitpunkt meiner Ankunft in Paris bekannt zu machen.

Siegelbewahrer, Graf von Peyronnet. Außenminister, Vicomte de Montmorency. Innenminister, Graf von Cubières. Kriegsminister, *le Maréchal Duc de Bellune* . Minister der Marine, Marquis de Clermont-Tonnerre. Finanzminister, Comte de Villèle. Königlicher Kammerherr, M. de Lauriston.

Der Herzog von Bellune war noch immer Kriegsminister. Das war alles, was ich wissen wollte.

Ich habe bereits erwähnt, dass ich mich für den Herzog von Bellune interessierte, ganz gleich, welches Amt er innehatte. Ich besaß einen Brief von ihm, in dem er meinem Vater für einen Dienst dankte, den er in Italien geleistet hatte. Er stellte sich meinem Vater zur Verfügung, falls er jemals etwas für ihn tun könnte. Die Gelegenheit bot sich im Namen des Sohnes und nicht des Vaters. Da das Erbrecht zu dieser Zeit jedoch noch nicht abgeschafft war und nicht einmal von seiner Abschaffung die Rede war, zweifelte ich nicht daran, dass ich, da ich in direkter Linie Napoleons Hass erlangt hatte, auch in direkter Linie die Dankbarkeit des Herzogs von Bellune erlangen würde. Ich bat de Leuven um Feder und Tinte, ich schnitt die Feder mit der Sorgfalt, die der Fall erforderte, und verfasste in meiner allerbesten Handschrift eine Petition, in der ich um ein Gespräch mit dem Kriegsminister bat. Ich führte alle meine Ansprüche auf seine Gunst im Einzelnen auf und betonte sie im Namen meines Vaters, den der Marschall nicht vergessen haben konnte. Ich erinnerte mich an die alte Freundschaft, die sie verband, ließ jedoch die Verdienste unerwähnt, die mein Vater ihm erwiesen hatte und von denen der Brief des Marschalls (er war damals Major oder Oberst) zeugte. Dann wandte ich mich unbekümmert meiner Zukunft zu und widmete mich wieder der Literatur.

Adolphe machte mich einfühlsam darauf aufmerksam, dass ich zwar des Schutzes von Marschall Victor sicher war, es aber für den unwahrscheinlichen, aber dennoch möglichen Fall, dass ich getäuscht würde, vielleicht trotzdem besser wäre, meine Linie in andere Richtungen auszulenken.

Ich sagte Adolphe, wenn Marschall Victor mich im Stich lassen würde, blieben mir immer noch Marschall Jourdan und Marschall Sébastiani.

Es war völlig ausgeschlossen, dass diese nicht Himmel und Erde für mich in Bewegung setzen würden. Ich hatte drei oder vier Briefe von Jourdan an meinen Vater, die von einer Freundschaft zeugten, die der von Damon und Pythias ebenbürtig war. Ich hatte nur einen Brief von Marschall Sébastiani; aber dieser Brief bewies, dass er, als er während des Ägyptenfeldzugs mit Bonaparte im Clinch lag, durch die Fürsprache meines Vaters, der damals auf ausgezeichnetem Fuß mit dem Oberbefehlshaber stand, einen Auftrag für die Expedition erhalten hatte. Solche Verdienste würden sicherlich nie vergessen werden! Damals war ich, wie man sieht, sehr einfach, sehr provinziell, sehr vertrauensselig. Ich liege falsch, wenn ich „damals" sage; ach! Ich bin heute genauso, vielleicht sogar noch mehr. Trotzdem beunruhigten mich Adolphes Verdächtigungen. Ich beschloss, nicht auf die Antwort des Herzogs von Bellune zu warten, bevor ich meine anderen Gönner traf, und sagte Adolphe, ich beabsichtige, den *Almanach des 25.000 Adressen zu kaufen*, um herauszufinden, wo sie lebten.

„Machen Sie sich diese Kosten nicht zumut", sagte Adolf. „Ich glaube, mein Vater hat es. Ich werde es Ihnen leihen."

Der Ton, in dem Adolphe sagte: „Lassen Sie sich diese Kosten nicht auferlegen", ärgerte mich. Es war klar wie der Tag, dass er der Meinung war, ich würde mit dem Kauf des betreffenden Verzeichnisses eine nutzlose Ausgabe tätigen. Ich war wütend auf Adolphe, weil er eine so geringe Meinung von Männern hatte.

Um ihn zu strafen, ging ich am nächsten Morgen zu Marschall Jourdan. Ich meldete mich als Alexandre Dumas. Mein Erfolg war überraschend. Der Marschall glaubte zweifellos, die Nachricht, die er vor fünfzehn Jahren erhalten hatte, sei nicht wahr und mein Vater sei noch am Leben. Aber als er mich sah, veränderte sich sein Gesicht völlig: Er erinnerte sich genau daran, dass es in früheren Zeiten einen General Alexandre Dumas gegeben hatte, mit dem er in Kontakt gekommen war, aber er hatte nie von der Existenz eines Sohnes gehört. Trotz allem, was ich drängen konnte, um meine Identität festzustellen, entließ er mich nach zehn Minuten Gespräch, immer noch im Unglauben an meine Existenz. Dieser gute Marschall war stärker als der heilige Thomas: Er sah und glaubte nicht.

Es war ein trauriger Anfang. Ich erinnerte mich daran, wie Adolphe mir geraten hatte, keinen *Almanach des 25.000 Adressen zu kaufen, und* sagte: „Tu diese Ausgabe nicht." War es vielleicht möglich, dass sich Adolphes Skepsis als richtig erwies? Diese deprimierenden Gedanken gingen mir durch den Kopf, als ich vom Faubourg Saint-Germain zum Faubourg Saint-Honoré ging – das heißt, von Marschall Jourdan zu Marschall Sébastiani. Ich meldete mich an, wie ich es bei Marschall Jourdan getan hatte; bei meinem Namen öffnete sich die Tür. Einen Moment lang dachte ich, ich hätte Ali Babas berühmtes „Sesam, öffne dich!" geerbt. Der *General* war in seinem Arbeitszimmer. Ich streiche *General,* da ich zuvor irrtümlicherweise den berühmten Außenminister von Louis-Philippe *Marschall nannte* : – Comte Sébastiani war erst General, als ich ihn besuchte. So war der General in seinem Arbeitszimmer: In den vier Ecken dieses Arbeitszimmers, wie an den vier Ecken einer Karte die vier Himmelsrichtungen oder vier Winde, saßen vier Sekretäre. Diese vier Sekretäre schrieben nach seinem Diktat. Sie waren drei weniger als die von Cäsar, aber zwei mehr als die von Napoleon. Jeder dieser Sekretäre hatte auf seinem Schreibtisch neben seiner Feder, seinem Papier und seinem Taschenmesser eine goldene Schnupftabakdose, die er öffnete und dem General anbot, jedes Mal, wenn dieser beim Umhergehen im Zimmer Gelegenheit hatte, vor dem Schreibtisch stehen zu bleiben. Der General steckte dann anmutig Zeigefinger und Daumen einer Hand hinein, um deren Weiße und Zartheit ihn sein Großcousin Napoleon beneidet hatte, nahm einen wollüstigen Einatmen des spanischen Pulvers und begann, wie *le Malade imaginaire,* die Länge und Breite des Zimmers zu messen.

Mein Besuch war kurz. So sehr ich auch den General schätzte, ich war nicht geneigt, sein Schnupftabakdosenjunge zu werden. Etwas niedergeschlagen kehrte ich in mein Hotel in der Rue des Vieux-Augustins zurück. Die ersten beiden Männer, an die ich mich gewandt hatte, hatten meine goldenen Träume zerstört und getrübt. Außerdem hatte ich, obwohl ein ganzer Tag vergangen war und ich meine Adresse so genau wie möglich angegeben hatte, noch immer keine Antwort vom Herzog von Bellune erhalten.

Ich nahm meinen *Almanach des 25.000 Adressen zur* Hand und begann, mir selbst zu gratulieren, dass ich für seinen Erwerb keine fünf Francs verschwendet hatte. Wie man sehen wird, wurde ich jedoch schnell desillusioniert; meine heitere Zuversicht war verflogen; ich fühlte jene Niedergeschlagenheit, die immer stärker wird, je mehr goldene Träume der Wirklichkeit weichen. Dann blätterte ich einfach auf gut Glück in dem Buch, betrachtete es mechanisch und las, ohne es richtig zu erfassen, als ich plötzlich einen Namen sah, den ich meine Mutter oft hatte aussprechen hören, und jedes Mal in so lobenden Worten, dass ich wieder auferstand. Dieser Name war der von General Verdier, der unter meinem Vater in Ägypten gedient hatte.

„Komm, komm", sagte ich, „die Zahl Drei ist bei den Göttern beliebt; vielleicht wird mein dritter, unbekannter und von der Vorsehung gesegneter Beschützer mehr für mich tun als die beiden anderen – was keine große Belastung wäre, da die anderen überhaupt nichts getan haben."

General Verdier wohnte im Faubourg Montmartre, Nr. 6. Zehn Minuten später führte ich das folgende knappe Gespräch mit dem Concierge seines Hauses:

„Wohnt General Verdier hier, bitte?"

„Vierter Stock, kleine Tür links."

Ich ließ es den Concierge wiederholen: Ich glaubte, ich hätte ihn missverstanden.

Marschall Jourdan und General Sébastiani lebten in prachtvollen Villen im Faubourg Saint-Germain und im Faubourg Saint-Honoré; der Zugang zu diesen Villen erfolgte über Tore wie die von Gaza. Warum also sollte General Verdier in der Rue du Faubourg Montmartre im vierten Stock wohnen und warum gelangte man durch eine kleine Tür zu ihm?

Der Concierge wiederholte seine Worte: Ich hatte es nicht missverstanden.

„Du meine Güte!", sagte ich, als ich die Treppe hinaufstieg. „Das sieht nicht aus wie die Lakaien von Marschall Jourdan oder die Schweizergarde von Marschall Sébastiani. *General Verdier, vierter Stock, kleine Tür links,* das ist doch sicher ein Mann, der sich an meinen Vater erinnert!"

Ich erreichte den vierten Stock und entdeckte die kleine Tür. An dieser Tür hing ein schlichter, bescheidener grüner Faden. Ich klingelte mit unkontrollierbarem Herzklopfen. Diese dritte Prüfung sollte meine Meinung über Menschen entscheiden. Schritte näherten sich, die Tür wurde geöffnet. Ein Mann von etwa sechzig Jahren öffnete die Tür. Er trug eine mit Astrakan besetzte Mütze und war mit einer grünen geflochtenen Jacke und Hosen aus weißem Kalbsleder bekleidet. In der Hand hielt er eine Palette voller Farben, und unter seinem Daumen, der die Palette hielt, befand sich ein Pinsel. Ich sah mir die anderen Türen an.

„Ich bitte um Verzeihung, Monsieur", sagte ich. „Ich fürchte, ich habe einen Fehler gemacht …"

„Was wünschen Sie, Monsieur?", fragte der Mann mit der Palette.

„Um General Verdier meine besten Wünsche zu überbringen."

„Dann greifen Sie ein: hier sind Sie."

Ich ging hinein, und als wir einen winzigen quadratischen Saal durchquert hatten, der als Vorzimmer diente, befand ich mich in einem Atelier.

„Sie erlauben mir, mit meiner Arbeit fortzufahren, Monsieur?", sagte der Maler und stellte sich vor ein Schlachtschiff, bei dessen Bau ich ihn unterbrochen hatte.

„Gewiss. Aber wären Sie so freundlich, Monsieur, mir mitzuteilen, wo ich den General finden kann?"

Der Maler drehte sich um.

„Der General? Welcher General?"

„General Verdier."

„Aber ich bin er."

"Du?"

Ich starrte ihn mit solch unhöflicher Überraschung an, dass er anfing zu lachen.

„Es erstaunt Sie, dass ich so schlecht mit dem Pinsel umgehe", sagte er, „nachdem Sie vielleicht gehört haben, dass ich mit dem Schwert passabel umgehen kann? Was sollen wir Ihrer Meinung nach tun? Ich habe eine rührige Hand und muss sie irgendwie immer beschäftigen … Aber kommen Sie, da Sie nach der Frage, die Sie mir gerade gestellt haben, dem Maler offensichtlich nichts zu sagen haben, was wollen Sie dann vom General?"

„Ich bin der Sohn Ihres alten Mitstreiters in Ägypten, General Dumas."

Er drehte sich rasch zu mir um und sah mich ernst an. Dann, nach einem Augenblick des Schweigens, sagte er:

„Bei aller Macht, das bist du! Du bist sein Ebenbild." Tränen traten ihm sofort in die Augen, und er warf seinen Pinsel hin und streckte mir die Hand entgegen, die ich lieber küssen als schütteln wollte.

„Ah! Du erinnerst dich also an ihn?"

„Erinnern Sie sich an ihn? Das glaube ich jedenfalls: der schönste und tapferste Mann in der Armee! Sie sind sein Ebenbild, mein Junge: Er wäre für jeden Maler ein Vorbild gewesen!"

„Ja, Sie haben Recht. Ich erinnere mich genau an ihn."

„Und was führt Dich nach Paris, mein lieber Junge? Denn wenn ich mich recht erinnere, hast Du bei Deiner Mutter in irgendeinem Dorf gelebt."

„Das stimmt, General, aber meine Mutter ist schon in die Jahre gekommen, und wir sind arm."

„Wir sitzen beide im selben Boot“, sagte er.

„Also“, fuhr ich fort, „bin ich nach Paris gekommen, in der Hoffnung, eine kleine Anstellung zu bekommen, da ich jetzt an der Reihe bin, für sie zu sorgen, so wie sie bisher für mich gesorgt hat.“

„Das ist gut gemeint! Aber, mein armer Junge, heutzutage ist es nicht so leicht, eine Stelle zu bekommen, egal wie klein sie ist, besonders für den Sohn eines republikanischen Generals. Ach! Wenn Sie der Sohn eines *Emigranten* oder eines Chouan wären – wenn nur Ihr armer Vater in der russischen oder österreichischen Armee gedient hätte –, dann hätten Sie vermutlich eine Chance gehabt.“

„Verdammt, General, Sie machen mir Angst! Dabei habe ich auf Ihren Schutz gezählt.“

„Was?“, rief er.

Ich wiederholte meinen Satz Wort für Wort, jedoch mit etwas weniger Sicherheit.

„Mein Schutz!“ Er schüttelte den Kopf und lächelte traurig.

„Mein armer Junge“, sagte er, „wenn du Malunterricht nehmen möchtest, könnte mein Schutz ausreichen, um dir das zu ermöglichen, und selbst dann wirst du nie ein großer Künstler sein, wenn du deinen Meister nicht übertriffst. Mein Schutz! Nun gut! Ich bin dir für diesen Ausdruck dankbar, auf mein Wort! Denn du bist höchstwahrscheinlich die einzige Person auf der Welt, die mich heute um so etwas bitten würde. Du Schmeichler!“

„Entschuldigen Sie, General, ich verstehe nicht recht.“

„Na, diese Schurken haben mich wegen einer eingebildeten Verschwörung mit Dermoncourt in Pension geschickt! Sehen Sie, hier bin ich und male Bilder. Und wenn Sie dasselbe tun möchten, hier sind eine Palette, ein paar Pinsel und eine Leinwand.“

„Danke, General. Ich bin nie über die ersten Stufen hinausgekommen. Sie sehen also, meine Lehrzeit würde zu lange dauern, und weder meine Mutter noch ich könnten warten –“

„Ach, was soll ich sagen, mein Junge? Du kennst das Sprichwort: ‚Das hübscheste Mädchen der Welt …‘ Ach, entschuldigen Sie, entschuldigen Sie, ich habe mich geirrt. Ich habe noch die Hälfte meiner Börse, das hatte ich vergessen. Es ist wahr, es lohnt sich kaum, sich darum zu kümmern.“ Er öffnete die Schublade einer kleinen Truhe, in der, soweit ich mich erinnere, zwei Goldmünzen und vierzig Francs in Silber lagen.

„So“, sagte er, „das ist der Rest meines Quartalslohns.“

„Danke, General, aber ich bin fast so reich wie Sie.“ Jetzt war ich an der Reihe, Tränen in den Augen zu haben. „Danke, aber vielleicht können Sie mir raten, welche weiteren Schritte ich unternehmen kann.“

„Sie haben also bereits einige Schritte unternommen?“

„Ja, ich habe mich heute Morgen daran gemacht.“

„Ah! ah! Und wen hast du gesehen?“

„Ich habe Marschall Jourdan und General Sébastiani gesehen.“

„Puh! … und?“

„Na, General, puh!...“

"Und danach...."

„Und danach habe ich gestern an den Kriegsminister geschrieben.“

„Nach Bellune?“

"Ja."

„Und hat er dir geantwortet?“

„Noch nicht, aber ich hoffe, dass er mir antwortet.“

Während der General das Gesicht eines Kosaken nachahmte, verzog er das Gesicht, was man mit den Worten zusammenfassen könnte: „Wenn Sie nur darauf zählen ...“

„Ich habe noch“, fügte ich als Antwort auf seinen Gedanken hinzu, „ein Empfehlungsschreiben an General Foy, den Stellvertreter meines eigenen Departements.“

„Also gut, mein lieber Junge, da ich glaube, dass Sie, auch wenn Sie Zeit zu verlieren haben, kein Geld übrig haben, rate ich Ihnen, nicht auf die Antwort des Ministers zu warten. Morgen ist Dienstag; die Kammer tagt; aber kommen Sie früh zu General Foy – Sie werden ihn bei der Arbeit finden, denn er ist ein harter Arbeiter, wie ich auch; nur leistet er bessere Arbeit. Machen Sie sich keine Sorgen; er wird Sie freundlich empfangen.“

"Das denkst du?"

"Ich bin mir sicher."

„Das hoffe ich, denn ich habe einen Brief.“

„Ja, er wird Sie freundlich empfangen, da bin ich sicher, wegen Ihres Briefes; aber vor allem wird er Sie Ihres Vaters wegen gut empfangen, obwohl er ihn nicht persönlich kannte. Wollen Sie nun mit mir zu Abend essen? Wir wollen über Ägypten reden. Es war heiß dort!"

„Gerne, General. Um wie viel Uhr essen Sie zu Abend?"

„Um sechs Uhr... Gehen Sie jetzt eine Runde auf den Boulevards, während ich meinen Kosakendienst beende, und kommen Sie um sechs zurück."

Ich verabschiedete mich von General Verdier und stieg – das muss ich gestehen – mit leichterem Herzen aus dem vierten Stockwerk hinab, als ich dorthin hinaufgestiegen war.

KAPITEL VI

Régulus – Talma und das Stück – General Foy – Das Empfehlungsschreiben und das Interview – Die Antwort des Herzogs von Bellune – Ich erhalte eine Stelle als Aushilfsangestellter bei M. le Duc d'Orléans – Reise nach Villers-Cotterets, um meiner Mutter die gute Nachricht zu überbringen – Nr. 9 – Ich gewinne einen Preis bei einer Lotterie

---

Menschen und Dinge begannen mir in ihrem wahren Licht zu erscheinen, und die Welt, die mir bis dahin im Nebel der Illusion verborgen geblieben war, begann sich mir zu zeigen, wie sie wirklich ist, wie Gott und der Teufel sie geschaffen haben, durchsetzt mit Gut und Böse, befleckt mit Schmutz. Ich erzählte Adolphe alles, was geschehen war.

„Machen Sie weiter", sagte er. „Wenn Ihre Geschichte so endet, wie sie begonnen hat, werden Sie viel mehr erreichen als nur eine komische Oper zu schreiben: Sie werden eine Komödie schreiben."

Aber Adolphes Gedanken waren in Wirklichkeit mit mir beschäftigt. An diesem Abend sollte im Théâtre-Français *Régulus* gespielt werden: Er hatte bei Lucien Arnault zwei Orchesterstühle bestellt und sie für mich reserviert; nur war er an diesem Abend zu beschäftigt, um mitzukommen: Die *arme Tochter* beanspruchte jede Minute seiner Zeit.

Ich war fast froh, dass mir das nicht möglich war: So konnte ich General Verdier zum Theater einladen und ihn für sein Abendessen bezahlen. Er wartete um sechs Uhr bei mir zu Hause auf mich. Ich zeigte ihm meine beiden Karten und legte ihm meinen Vorschlag vor.

„So, so, so!", sagte er, „das kann ich nicht ablehnen: Ich gönne mir nicht oft den Luxus, ins Theater zu gehen, und besonders, weil es Talma ist …"

„Dann kennen Sie also ein paar Dramatiker?"

„Ja, ich kenne M. Arnault."

„Sehr gut! … Und nun muss ich gestehen, General, dass ich eigentlich in Paris bleiben möchte, um mich der Literatur zu widmen."

„Ach, nicht wirklich?"

„Wirklich, General."

„Hören Sie: Sie sind gekommen, um mich um Rat zu fragen …?"

„Das habe ich natürlich."

„Also gut, verlassen Sie sich nicht zu sehr auf die Literatur, um Ihren Lebensunterhalt zu verdienen. Sie sehen aus, als hätten Sie einen guten Appetit. Die Literatur wird Sie jedoch oft hungrig machen. An diesen Tagen müssen Sie mich jedoch aufsuchen: Der Maler teilt seine Brotkrusten immer mit dem Dichter. *Ut pictura poesis!* Das brauche ich Ihnen nicht zu interpretieren, denn ich setze voraus, dass Sie Latein können."

„Ein bisschen, General."

„Das ist viel mehr, als ich tue. Komm, lass uns essen gehen."

„Essen wir nicht in Ihren Räumen?"

„Glauben Sie, ich bin mit meinem halben Gehalt reich genug, um eine Küche und einen Haushalt zu unterhalten? Nein, nein, nein, wirklich nicht! Ich esse im Palais-Royal für vierzig Sous; heute trinken wir einen *extra* , und ich kann ihn für sechs Francs bekommen. Sie sehen, Sie werden mich nicht viel kosten, also brauchen Sie sich keine Sorgen zu machen."

Wir begaben uns ins Palais-Royal, wo wir für unsere sechs Francs, oder besser gesagt für General Verdiers sechs Francs, tatsächlich ausgezeichnet speisten. Dann gingen wir, um unsere Plätze für *Régulus einzunehmen*. Meine Gedanken waren noch immer erfüllt von *Sylla* ; ich sah den düsteren Diktator mit seinen glatten Locken, seinem gekrönten Haupt und seiner von Sorgen gefurchten Stirn hereinkommen; seine Rede war bedächtig, fast feierlich; sein Blick – der eines Luchses und einer Hyäne – schoss unter seinen herabhängenden Augenlidern hervor wie der eines nachtaktiven Tiers, das im Dunkeln sieht.

So erwartete ich Talma.

Er betrat die Stadt mit schnellen Schritten, hochmütigem Kopf und knapper Rede, wie es sich für den General eines freien Volkes und einer siegreichen Nation gehörte; kurz gesagt, er betrat sie, wie *Regulus* sie betreten hätte. Keine Toga mehr, kein Purpur mehr, keine Krone mehr: eine einfache Tunika, die von einem eisernen Gürtel zusammengehalten wurde, ohne einen anderen Mantel als den des Soldaten. Hier war Talmas Persönlichkeit bewundernswert – immer die des Helden, den er darstellen sollte – er rekonstruierte eine Welt, er gestaltete eine Epoche neu.

Ja, in *Sylla* war er der Mann der untergehenden Republik; er war der Mann, der, als er den Purpur ablegte und Rom jene zeitweilige Unabhängigkeit zurückgab, die es bald nicht mehr kennen sollte, zu denen sagte, die bei dieser großen Tat seines öffentlichen Lebens mitwirkten:

„Ich habe ein großes Schicksal erreicht, ich habe ein großes Werk erreicht. Auf dieser erleuchteten Welt habe ich meinen Weg markiert. Ich werde mich nie im Nachhinein anklagen, Roma , damit dir die Freiheit wiedergegeben wird!"

Es war Sylla, der in Marius und mit Marius den letzten Atemzug republikanischer Männlichkeit miterlebte; er war es, der den Aufstieg Cäsars erlebte - jenes Cäsars, der später zu Brutus folgendermaßen sprach:

"O der Arme ohne Verstand! Er lebt, du düsterer Liegender,
Er fordert das Licht und er wandert ins Dunkel!
Er liebt es, die alten Schätze zu bewundern,
im Jahrhundert von Camille und Cincinnatus! Ja, ihr Jahrhundert war groß,
vielleicht bedauerlich; Ja, die Einfachheit der Gewohnheiten, des Tisches ;
Dieser Schmuck wird auf dem toskanischen Boden geröstet; Das ist nur
ein bisschen Gold, das den Lagern widersteht; Annibal, unter unseren
Mauern, die seinen Speer pflanzen; Und unsere Krieger kämpfen um die
Pforte; Wer wird sich wehren, wenn wir uns nähern? ... Aber der Nil und
der Tibre sind da. s'épancher,
Et l'or asiatique, aux mains sacrdotales,A replaces the étrusque targile de
vestales;Et l'luxe, fondant sur unous a vautour,Venge les nations et nous
dompte à son tour.La Rome de consuls et de la républiqueA bris é dès
longtemps sa italienque.
Rome a conquis la Grieche, a Carthage, a Pont;
Rome a conquis la Espagnane et la Galle.—Répond,
Toi, qui ne voux pas voir, ase une meer de la vave,Monter uncessamment
sur unous a vous ave la monde:Cette ville aux monts, qu'one gott même
crea,
Est-ce toujours la fille et l'Albe et de Rhéa,La Ist die Matrone streng oder
gut, die Hofdame? ...Stadt Mithridate und Ariobarzane,Stadt Ptolemäus
und die Stadt Juba. Rom ist ein Kompost aus all diesen Gräbern! Rom ist
das Universum! und ihre Ausschweifungen beschuldigen
Marseille, Alexandria, Athen, Syrakus, und Rhode und Sybaris, in
Schmerzen gefoltert, und die laszive Tarente, vor der Blumengabel!..."

Nun, es war in dieser ersten Epoche, von der Cäsar sprach, als „die Orge auf dem Teller der Toscaner kochte", dass Regulus seine Blütezeit erlebte. Daher erschien Talma von Anfang an als der strenge Republikaner, der Mann, der sich großen Zielen verschrieben hatte. Ja, ja, Talma, du warst dieses Mal tatsächlich der punische Krieger, der Kollege von Duillius — jener Eroberer, dem seine Zeitgenossen, die noch immer nichts von den Titeln und Ehren wussten, mit denen Verteidiger ihres Landes belohnt werden sollten, einen Flötenspieler gaben, der ihm überallhin folgte, und eine rostrale Säule, die er vor seinem Haus aufstellen sollte; ja, du warst tatsächlich der Konsul, der, als er an den Küsten Afrikas landete, Monster

besiegen musste, bevor er Menschen besiegen konnte, und der die
Kriegsgeräte testete, die dazu bestimmt waren, die Mauern Karthagos
niederzureißen, indem er eine hundert Ellen lange Boa Constrictor
zerquetschte. Du warst in der Tat der Mann, dessen zwei Siege zweihundert
Städte kosteten und der Karthago den Frieden verweigerte: Karthago, die
Königin des Mittelmeers, die Herrscherin des Ozeans, die Afrika bis zum
Äquator entlang segelte, die sich nach Norden bis zu den Kassiteriden
ausbreitete und die über bewaffnete Schiffe verfügte. O Karthager,
Kaufleute, Anwälte und Senatoren! Ihr wart am Ende verloren. Das Volk
der Händler musste dem Volk der Krieger weichen, Spekulanten den
Soldaten, Hannons den Barkas; ihr hättet allen Forderungen des Regulus
nachgegeben, wenn sich in Karthago nicht ein Lakedämonier, ein Söldner,
ein Xantippe gefunden hätte, der erklärte, Karthago besitze noch die Mittel
zum Widerstand, und den Oberbefehl über die Armeen forderte. Ihm wurde
der Befehl übertragen. Er war ein Grieche. Er lockte die Römer in die Ebene,
stürmte mit seiner Kavallerie hinein und zermalmte sie unter seinen
Elefanten. In diesem Stadium der Dinge, oh Regulus-Talma, hast Du
Karthago betreten, allerdings besiegt und als Gefangener!

Lucien Arnault hatte aus diesem großartigen republikanischen Thema
sicherlich nicht die ganze dramatische Kraft herausgeholt, die es zeigen
konnte: Er hatte uns sicherlich nicht das geduldige und unermüdliche Rom
gezeigt wie die pflügenden Ochsen; er hatte sicherlich nicht das
handelsorientierte Karthago dargestellt, mit seinen Armeen von Condottieri,
die aus den kräftigen Ligurern rekrutiert wurden, die Strabo uns in den
Bergen von Genès zeigt, wie sie die Felsen niederreißen und enorme Lasten
tragen; er hatte nicht die geschickten Schleuderer dargestellt, die von den
Balearen kamen und mit ihren Steinwürfen einen Hirsch im Flug oder einen
Adler im Flug aufhalten konnten; er hatte nicht die kräftigen und starken
Iberer dargestellt, die unempfindlich gegen Hunger und Müdigkeit zu sein
schienen, wenn sie mit ihren roten Mänteln und ihren zweischneidigen
Schwertern in die Schlacht zogen; und schließlich die Numidier, gegen die
wir noch heute bei Konstantin und Djidjelli kämpfen, furchtbare Kavaliere,
Zentauren, dünn und feurig wie ihre Schlachtrösser. Nein, obwohl die
Epoche nicht weit zurückliegt, fehlte dem Stück die Poesie; Sie, mein lieber
Lucien, haben aus dieser Masse an Material lediglich die Hingabe eines
einzelnen Mannes herausgezogen und nicht die Darstellung eines Volkes
gewählt.

Großartig war Talma, als er den römischen Senat drängte, den Frieden zu
verweigern und sich damit selbst zum Tode verurteilte. Großartig war Talma
auch in seinem letzten Schrei, der noch zwei Jahrhunderte lang wie eine
Drohung über Didos Stadt schwebte: „Nach Karthago! Nach Karthago!"

Ich kehrte in mein Quartier zurück, dieses zweite Mal noch voller Bewunderung als beim ersten Mal; nur dass ich, da ich den Weg kannte, auf die Kosten für ein Taxi verzichtete. Außerdem war mein Weg fast derselbe wie der von General Verdier zum Faubourg Montmartre; er ließ mich an der Ecke der Rue Coquillière zurück, schüttelte mir die Hand und wünschte mir viel Glück.

Am nächsten Tag um zehn Uhr begab ich mich zu General Foy. Er wohnte in der Rue du Mont-Blanc Nr. 64. Ich wurde in sein Arbeitszimmer geführt und fand ihn mit seiner *Histoire de la Péninsule beschäftigt.* Als ich eintrat, stand er an einem Tisch, der je nach Bedarf herunter- oder heraufgesetzt werden konnte, und schrieb. Um ihn herum, auf Stühlen, Sesseln und auf dem Boden, lagen in scheinbarer Unordnung verstreut Reden, Beweise, Karten und offene Bücher. Als der General hörte, wie sich die Tür seines Allerheiligsten öffnete, drehte er sich um. General Foy war damals ein Mann von etwa achtundvierzig oder fünfzig Jahren, dünn, eher klein als groß, mit spärlichem grauem Haar, einer vorspringenden Stirn, einer Adlernase und einem galligen Teint. Er trug den Kopf hoch, sein Auftreten war kurz angebunden und seine Gesten gebieterisch. Ich wurde angekündigt.

„Herr Alexandre Dumas!", wiederholte er dem Diener nach, „er soll hereinkommen."

Ich erschien vor ihm und zitterte am ganzen Leib.

„Sind Sie Monsieur Alexandre Dumas?", fragte er.

„Ja, General."

„Sind Sie der Sohn von General Dumas, der die Alpenarmee befehligte?"

„Ja, General."

"Mir wurde gesagt, dass Bonaparte ihn sehr ungerecht behandelt hat und dass diese Ungerechtigkeit auch auf seine Witwe ausgedehnt wurde."

"Er hat uns in Armut zurückgelassen."

"Kann ich etwas für dich tun?"

„Ich gestehe, General, dass Sie fast meine einzige Hoffnung sind."

"Wie ist das?"

„Würden Sie sich zunächst mit diesem Brief von M. Danré vertraut machen?"

„Ah! Der würdige Danré! ... Du kennst ihn?"

"Er war ein enger Freund meines Vaters."

„Ja, er wohnte eine Meile von Villers-Cotterets entfernt, wo General Dumas starb... Und was macht der gute Kerl?"

„Er ist glücklich und stolz, Ihnen bei Ihrer Wahl von Nutzen gewesen zu sein, General."

„Nützt das etwas? Sagen Sie lieber, er hat alles getan!" sagte er und öffnete den Brief. „Wissen Sie", fuhr er fort und hielt den Brief offen, ohne ihn zu lesen, „wissen Sie, dass er sich für mich den Wählern gegenüber verantworten musste – mit Leib und Seele, mit Leib und Seele? ... Sie wollten mich nicht ernennen! Ich hoffe, sein unbesonnener Eifer hat ihn nicht zu viel gekostet. Lassen Sie mich sehen, was er sagt."

Er begann zu lesen.

„Oh! Oh! Er empfiehlt Sie mir auf das dringendste; er hat Sie also sehr gern?"

„Fast so liebevoll wie sein eigener Sohn, General."

„Ich muss erst herausfinden, wozu du geeignet bist."

„Oh! Nicht zu viel taugend."

„Pah! Du kennst dich doch sicher mit Mathematik aus?"

„Nein, General."

„Sie haben zumindest eine gewisse Ahnung von Algebra, Geometrie und Physik?"

Er hielt zwischen jedem Wort inne, und bei jedem Wort errötete ich erneut, und der Schweiß rann mir in immer schnelleren Tropfen die Stirn hinab. Es war das erste Mal, dass ich so tatsächlich mit meiner Unwissenheit konfrontiert wurde.

„Nein, General", antwortete ich stammelnd. „Von diesen Dingen weiß ich nichts."

„Sie haben vielleicht Jura studiert?"

„Nein, General."

"Sie können Latein, Griechisch?"

„Ein bisschen Latein, kein Griechisch."

"Können Sie eine moderne Sprache sprechen?"

"Italienisch."

„Sie verstehen etwas von Buchhaltung?"

„Nicht im Geringsten auf der Welt."

Ich litt schreckliche Schmerzen und er selbst hatte sichtlich Mitleid mit mir.

„Oh, General!", platzte ich in einem Tonfall heraus, der ihn offenbar sehr beeindruckte, „meine Ausbildung ist völlig mangelhaft, und ich schäme mich zu gestehen, dass mir das bis zu diesem Augenblick nicht bewusst war … Oh! Aber ich werde die Dinge in Ordnung bringen, darauf gebe ich Ihnen mein Wort; und bald, sehr bald werde ich in der Lage sein, auf alle Fragen, die ich eben noch mit „Nein" beantwortet habe, mit „Ja" zu antworten."

„Aber haben Sie in der Zwischenzeit etwas zum Leben, mein junger Freund?"

„Nichts, absolut nichts, General!", antwortete ich, erdrückt von dem Gefühl meiner Machtlosigkeit.

Der General sah mich voller tiefem Mitleid an.

„Dennoch", sagte er, „möchte ich dich nicht im Stich lassen …"

„Nein, General, denn Sie werden mich nicht allein im Stich lassen! Ich bin zwar unwissend und zu nichts zu gebrauchen, aber meine Mutter zählt auf mich. Ich habe ihr versprochen, dass ich einen Platz für sie finden werde, und sie sollte nicht für meine Unwissenheit und meine Faulheit bestraft werden."

„Geben Sie mir Ihre Adresse", sagte der General. „Ich werde überlegen, was für Sie getan werden kann … Schreiben Sie dort an diesen Schreibtisch."

Er hielt mir den Stift hin, den er gerade benutzt hatte. Ich nahm ihn, betrachtete ihn, noch nass, und gab ihn ihm dann kopfschüttelnd zurück.

"Was ist los?"

„Nein, General", sagte ich. „Ich kann nicht mit Ihrer Feder schreiben. Das wäre eine Entweihung."

Er lächelte. „Was bist du für ein Kind!", sagte er. „Schau, hier ist ein Neues."

„Danke", schrieb ich. Der General sah zu.

Ich hatte meinen Namen kaum geschrieben, als er in die Hände klatschte.

„Wir sind gerettet!", sagte er.

"Wie ist das?"

"Du schreibst eine wunderschöne Handschrift."

Mein Kopf sank auf meine Brust; meine Scham war unerträglich. Das einzige, was ich besaß, war eine gute Handschrift. Dieses Unfähigkeitszeugnis stand mir gut! Eine schöne Handschrift! Vielleicht würde ich eines Tages Kopist werden. Das war meine Zukunft! Ich würde mir lieber den rechten Arm abschneiden. General Foy fuhr fort, ohne groß darauf zu achten, was mir durch den Kopf ging.

„Hören Sie", sagte er, „ich esse heute im Palais-Royal; ich werde Sie dem Herzog von Orléans gegenüber erwähnen; ich werde ihm sagen, dass er den Sohn eines republikanischen Generals in sein Büro aufnehmen sollte. Setzen Sie sich dort hin …"

Er zeigte auf einen leeren Schreibtisch.

„Verfassen Sie eine Petition und schreiben Sie Ihr Bestes."

Ich gehorchte. Als ich fertig war, nahm General Foy meine Petition, las sie und zeichnete ein paar Zeilen an den Rand. Seine Handschrift war im Vergleich zu meiner ungünstig und erniedrigte mich aufs grausamste. Dann faltete er die Petition zusammen, steckte sie in seine Tasche, streckte mir die Hand zum Abschied entgegen und lud mich ein, am nächsten Tag wiederzukommen und mit ihm zu Mittag zu essen. Ich kehrte in mein Hotel in der Rue des Vieux-Augustins zurück und fand dort einen vom Kriegsminister frankierten Brief . Bis zu diesem Zeitpunkt hatte mich das Glück und das Unglück ziemlich unparteiisch behandelt. Der Brief, den ich gerade aufschlagen wollte, sollte das Blatt endgültig wenden. Der Minister antwortete, da er keine Zeit für ein persönliches Gespräch habe, lud er mich ein, ihm alles, was ich zu sagen habe, schriftlich vorzulegen. Das Unglück neigte sich eindeutig zum Unglück. Ich antwortete, die Audienz, um die ich ihn gebeten hatte, diene nur dazu, ihm das Original eines Dankesbriefes zu überreichen, den er einmal an meinen Vater, seinen Oberbefehlshaber, geschrieben hatte; aber da ich vielleicht nicht die Ehre haben werde, ihn zu sehen, würde ich mich damit begnügen, ihm eine Kopie zu schicken. Armer Marschall! Ich habe ihn seitdem wiedergesehen: Er war mir damals ebenso zugetan, wie er unter den eben geschilderten Umständen gleichgültig war; und heute sind sein Sohn und sein Enkel meine guten Freunde.

Am nächsten Morgen ging ich, wie mir geraten worden war, früh zu General Foy, der nun meine einzige Hoffnung war. Der General war wie am Vortag bei seiner Arbeit. Er empfing mich mit einem Lächeln, das sehr vielversprechend aussah.

„Gut", sagte er, „unsere Angelegenheit ist erledigt."

Ich sah ihn erstaunt an.

„Wie ist das?“, fragte ich.

„Ja, Sie werden als Überzähliger in das Sekretariat des Herzogs von Orléans eintreten und dafür zwölfhundert Francs verdienen. Das ist nichts Besonderes, aber jetzt haben Sie die Gelegenheit zu arbeiten.“

„Es ist ein Vermögen! … Und wann soll ich anfangen?“

„Nächsten Montag, wenn du willst.“

"Am kommenden Montag?"

„Ja, das ist mit dem Prokuristen im Büro vereinbart.“

"Wie heißt er?"

„Monsieur Oudard… Sie werden sich ihm in meinem Namen vorstellen.“

„Oh, General, ich kann mein Glück kaum fassen.“

Der General sah mich mit einem unbeschreiblich freundlichen Ausdruck an. Das erinnerte mich daran, dass ich ihm nicht einmal gedankt hatte. Ich fiel ihm um den Hals und küsste ihn. Er begann zu lachen.

„Es steckt viel Gutes in dir“, sagte er. „Aber vergiss nicht, was du mir versprochen hast: lerne!“

„Oh ja, General. Ich werde jetzt von meiner Handschrift leben. Aber ich verspreche Ihnen, dass ich eines Tages von meiner Feder leben werde.“

„Wir werden sehen; nimm deinen Stift und schreib deiner Mutter.“

„Nein, General, nein. Ich möchte ihr diese gute Nachricht mit meinen eigenen Lippen überbringen. Heute ist Dienstag. Ich werde noch heute Abend aufbrechen. Ich werde Mittwoch, Donnerstag, Freitag und Samstag bei ihr verbringen. Am Sonntagabend werde ich hierher zurückkommen und am Montag in mein Büro gehen.“

„Aber in Kutschen ruiniert man sich!“

„Nein, ich habe eine Freikarte vom Postkutschenbesitzer.“

Und ich erzählte ihm, dass der alte Cartier mir ein Dutzend Fahrgelder schuldete. „Nun“, fragte ich den General, „welche Nachricht soll ich Monsieur Danré von Ihnen überbringen?“

„Gut, dann sagen Sie ihm, wir hätten zusammen zu Mittag gegessen und dass es mir sehr gut geht.“

Zu diesem Zeitpunkt wurde bereits ein kleiner, runder Tisch fertig gedeckt hereingetragen.

„Eine zweite Deckung", befahl der General.

„Wirklich, General, Sie beschämen mich ..."

„Hast du schon zu Mittag gegessen?"

"Nein, aber--"

„Zu Tisch, zu Tisch! ... Ich muss bis Mittag im Saal sein."

Wir aßen *zu Mittag zu zweit*. Der General sprach mit mir über meine Zukunftspläne; ich vertraute ihm alle meine literarischen Pläne an. Er sah mich an; er hörte mir mit dem wohlwollenden Lächeln eines großherzigen Mannes zu; er schien zu sagen: „Goldene Träume! Törichte Hoffnungen! Purpurne, aber flüchtige Wolken, die über den Himmel der Jugend segeln, mögen sie nicht zu schnell für meinen armen Schützling am azurblauen Firmament verschwinden!" Geliebter und gütiger General! Treue Seele! Edles Herz! Sie sind jetzt leider tot, bevor diese Träume wahr wurden; Sie starben, ohne zu wissen, dass sie eines Tages wahr werden würden – Sie sind tot, und Dankbarkeit und Kummer haben mich am Rande jenes Grabes, in das Sie vor Ihrer Zeit hinabgestiegen sind, dazu inspiriert, zu schreiben: Ich werde nicht sagen, die ersten guten Zeilen, die ich schrieb – das wäre vielleicht zu ehrgeizig –, sondern die ersten meiner Zeilen, die es wert sind, zitiert zu werden. Hier sind die, an die ich mich erinnere; den Rest habe ich völlig vergessen: –

„Also unser alter Ruhm!
Jeder Tag trägt Trümmer davon! Jeder Tag bereichert die Geschichte. Die großen Namen, die uns wiedergegeben werden! Und jeden Tag erfreuen wir uns an dem neuen Grab. Ein großartiger Held auf seinem Weg, den er verloren hat. Jeder von uns wird es schaffen. :
„Noch ein Stein, der den Tempel der Freiheit begräbt!"
..."

Mit einem Satz legte ich die Strecke zwischen der Rue du Mont-Blanc und der Rue Pigale zurück. Ich sehnte mich danach, Adolphe die Erfüllung all meiner Hoffnungen mitzuteilen. Ich war mir nun endlich sicher, in Paris zu bleiben. Eine äußerst ehrgeizige Karriere eröffnete sich vor mir, grenzenlos und gewaltig. Gott seinerseits hatte alles Notwendige getan: Er hatte mich mit Aladins Lampe im Zaubergarten zurückgelassen. Der Rest hing von mir ab. Kein Mann hatte, glaube ich, jemals seine Wünsche vollständiger erfüllt, seine Hoffnungen vollständiger gekrönt gesehen. Napoleon hätte nicht stolzer und glücklicher sein können als ich an dem Tag, als er, nachdem er Marie-Louise geheiratet hatte, vor Einbruch der Nacht dreimal wiederholte: „Mein armer Onkel Ludwig XVI."! Adolphe teilte meine Freude sehr herzlich. M. de Leuven machte sich, um noch charakteristisch zu sein, ruhig über meine Verzückungen lustig. Madame de Leuven, die vollkommenste aller Frauen, freute sich im Voraus über die Freude, die meine Mutter bald erleben würde. Alle drei wollten mich zum Abendessen bei sich behalten; aber ich erinnerte mich, dass um halb fünf eine Postkutsche abfuhr und ich mit ihr um ein Uhr morgens zu Hause sein würde. Es war seltsam, dass ich genauso begierig darauf war, nach Villers-Cotterets zurückzukehren, wie ich es getan hatte, um nach Paris zu kommen. Freilich, ich würde nicht für lange Zeit zurückkehren. Ich erreichte Villers-Cotterets um ein Uhr. Eines trübte meine Freude: Alle schliefen; niemand war in den dunklen Straßen; ich konnte nicht aus der Tür der Postkutsche rufen: „Hier bin ich! Aber nur für drei Tage; ich fahre für immer nach Paris zurück." Oh! Was für eine unbestreitbare Realität war mir die Fabel von König Midas geworden! Als ich Cartiers Haus erreichte, sprang ich aus der Kutsche auf den Boden, ohne daran zu denken, die Stufe zu benutzen. Als ich auf Mutter Erde war, rannte ich los und rief Auguste zu:

„Ich bin es, ich bin es, Auguste! Schreiben Sie mein Fahrgeld auf die Rechnung Ihres Vaters."

In fünf Minuten war ich zu Hause. Ich hatte eine ganz eigene Art, die Tür nach meinen nächtlichen Eskapaden zu öffnen; ich machte mir diese zunutze und betrat das Zimmer meiner Mutter, die kaum eine Stunde im Bett lag und weinte:

„Sieg, liebe Mutter, Sieg!"

Meine arme Mutter saß in großer Aufregung im Bett: Eine so frühe Rückkehr und eine so erfolgreiche Rückkehr war ihr nie in den Sinn gekommen. Sie musste mir glauben, als sie mich, nachdem ich sie geküsst hatte, durch das Zimmer tanzen sah und immer noch „Sieg!" rief. Ich erzählte ihr die ganze Geschichte: Jourdan und seine Lakaien, Sébastiani und seine Sekretäre, Verdier und seine Bilder, der Herzog von Bellune, der sich weigerte, mich zu empfangen, und General Foy, der mich zweimal empfing. Und meine Mutter ließ mich alles immer wieder wiederholen; sie konnte nicht glauben, dass ich, ihr armes Kind, in drei Tagen, ohne Unterstützung, ohne Bekannte, ohne Einfluss, durch meine Beharrlichkeit und Entschlossenheit selbst den Lauf meines Schicksals für immer verändert hatte.

Endlich war ich am Ende meiner Erzählung angelangt, und der Schlaf meldete sich. Ich ging in das Bett, das kaum noch abgekühlt war, seit ich es das letzte Mal benutzt hatte, und als ich aufwachte, fragte ich mich, ob ich wirklich während dieser drei Tage nicht in Villers-Cotterets gewesen sein konnte und ob nicht alles nur ein Traum gewesen war. Ich sprang aus dem Bett, zog mich an, küsste meine Mutter und rannte die Straße nach Vouty entlang. M. Danré sollte als Erster von meinem Glück erfahren. Das war nur fair, da er es herbeigeführt hatte.

M. Danré erfuhr die Neuigkeit mit einem Gefühl persönlichen Stolzes. Es ist für die arme menschliche Natur sehr tröstlich, wenn man auf die gute Tat eines Freundes zählt und dieser Freund die Tat ohne Prahlerei vollbringt und so sein Versprechen einlöst.

Monsieur Danré hätte mich gern den ganzen Tag dort verbracht, aber ich war so glitschig wie ein Aal. Ich hatte es nicht nur eilig, alle von meinem Glück zu unterrichten, sondern ich wollte dieses Glück noch verdoppeln, indem ich es selbst erzählte. Der liebe Monsieur Danré verstand das, wie die gute Seele, die er war. Wir aßen zu Mittag, und dann ließ er mich frei. Ohne, wie ich dankbar sagen kann, dieselbe mythologische Idee wie Merkur verkörpernd, waren meine Fersen wie seine mit Flügeln ausgestattet: in zwanzig oder fünfundzwanzig Minuten war ich wieder in Villers-Cotterets; aber die Nachricht hatte sich trotz meiner Schnelligkeit in meiner Abwesenheit verbreitet. Bei meiner Rückkehr wusste jeder bereits, dass ich ein Statist im Sekretariat des Herzogs von Orléans war, und jeder wartete an seinen Türen auf mich, um mir zu meinem Glück zu gratulieren. Sie folgten mir in einer Prozession bis zur Tür des Hauses von Abbé Grégoire. Wie viele eigene Erinnerungen habe ich nicht in die Geschichte meiner armen Landsfrau Ange Pitou einfließen lassen! Als ich zurückkam, fand ich unser Haus voller Klatsch und Tratsch vor. Außer unserer Freundin Madame Darcourt unterhielten sich unsere Nachbarn, die Damen Lafarge, Dupré und Dupuis. Ich wurde mit offenen Armen empfangen und von allen gefeiert. Sie hatten nie an meinen Fähigkeiten gezweifelt; sie hatten immer gesagt, dass ich etwas werden würde; sie waren entzückt, meiner armen Mutter ein Ereignis prophezeit zu haben, das nun eintrat. Diese Damen, mit Ausnahme von Madame Darcourt, das sei angemerkt, waren diejenigen, die meiner Mutter vorhergesagt hatten, dass ihr geliebter Sohn immer ein Taugenichts sein würde. Aber das Schicksal ist der mächtigste, der unerbittlichste aller Könige; es ist also nicht verwunderlich, dass es seine Höflinge hat. Wir waren den ganzen Tag über nie allein miteinander. Ich nutzte die Anwesenheit vieler Gäste im Haus, um meiner guten Louise einen besonderen Abschiedsbesuch abzustatten. Sie hätte mich nach Adèles Hochzeit gern getröstet, wenn ich tröstet worden wäre, und ich hätte sie ganz sicher auch nach Chollets Weggang getröstet, wenn ich nicht selbst gegangen wäre.

Am Abend waren meine Mutter und ich endlich eine Weile allein. Wir nutzten die Gelegenheit, um über unsere Privatangelegenheiten zu sprechen. Ich wollte, dass meine Mutter alles verkaufte, was wir nicht brauchten, und so bald wie möglich zu mir nach Paris kam, um sich dort niederzulassen. Zwanzig Jahre voller Unglück hatten Misstrauen in das Herz meiner Mutter gesät . Ihrer Meinung nach war es viel zu voreilig, so zu handeln. Die zwölfhundert Francs, die ich als Vermögen betrachtete, waren damals ein sehr kleiner Betrag, um in Paris davon zu leben. Außerdem hatte ich das Gehalt noch nicht bekommen. Ein Überzähliger ist nur ein Probearbeiter: Wenn sie nach einem oder zwei Monaten der Meinung waren, dass ich für den Posten nicht geeignet war, und wenn M. Oudard, der Chef meines Büros, mich Platz nehmen ließ, wie Augustus es mit Cinna gemacht hatte, wie M. Lefèvre es mit mir gemacht hatte, und mich fragte, wie M. Lefèvre es mich gefragt hatte: „Monsieur, verstehen Sie etwas von Mechanik?", dann waren wir verloren; denn meine Mutter konnte nicht einmal auf ihren Tabakladen zurückgreifen, den sie verlassen hätte und den sie nicht nur vorübergehend verkaufen konnte. Meine Mutter entschied sich daher für einen vernünftigen Weg, der wie folgt lautete:

Ich sollte nach Paris zurückkehren, wo mir mein Bett, mein Bettzeug, meine Laken, meine Tischwäsche, vier Stühle, ein Tisch, eine Kommode und zwei Geschirrsets nachgeschickt würden. Ich würde ein kleines Zimmer mieten, das billigste, das es gab. Dort würde ich bleiben, bis meine Stellung gesichert wäre. Und wenn meine Stelle gesichert wäre, würde ich meiner Mutter schreiben. Dann würde meine Mutter nicht länger zögern: Sie würde alles verkaufen und zu mir kommen.

Der nächste Tag war ein Donnerstag. Ich nutzte meinen Aufenthalt in Villers-Cotterets, um mich für die Wehrpflicht zu melden; meine Jahre hätten mich in den Dienst meines Landes gerufen, wäre ich nicht der Sohn einer Witwe gewesen. Ich nahm die Nummer 9, was für mich keine Unannehmlichkeit war, und beraubte einen anderen nicht einer guten Nummer, die ich hätte nehmen können. Ich traf Boudoux, meinen alten Freund der *Marette* und der *Pipée*.

„Ah! Monsieur Dumas", sagte er, „da Sie eine so hervorragende Stelle bekommen haben, können Sie mir sicher ein Vierpfundbrot geben."

Ich brachte ihn zum Bäcker und statt eines Vier-Pfund-Brotes bezahlte ich für ihn ein Acht-Pfund-Brote.

Ich hielt meinen Wehrdienstschein in der Hand.

„Was ist das?", fragte Boudoux.

„Das? Das ist meine Nummer."

„Sie haben Nr. 9 genommen?"

"Wie du siehst."

„Nun, da habe ich eine Idee: Als Gegenleistung für Ihr Achtpfundbrot, Monsieur Dumas, würde ich an Ihrer Stelle zu meiner Tante Chapuis gehen und eine Dreißigsous-Münze auf die Nummer 9 setzen. Dreißig Sous werden Sie nicht ruinieren, und wenn die Nummer 9 auftaucht, wird sie Ihnen dreiundsiebzig Francs einbringen."

„Hier sind dreißig Sous, Boudoux. Gehen Sie und ziehen Sie sie in meinem Namen an, und bringen Sie mir das Ticket zurück."

Boudoux ging und brach mit der rechten Hand große Stücke von dem Brot ab, das er unter dem linken Arm trug. Seine Tante Chapuis betrieb sowohl das Postamt als auch das Lotteriebüro.

Zehn Minuten später kam Boudoux mit dem Los zurück. Von dem acht Pfund schweren Brotlaib war nur noch ein Stück Kruste übrig, und das hatte er vor meinen Augen aufgegessen. Es war der letzte Tag der Lotterie. Ich würde also am Samstagmorgen wissen, ob ich meine dreiundsiebzig Francs gewonnen oder meine dreißig Sous verloren hatte.

Der Freitag war damit ausgefüllt, meinen Pariser Haushalt vorzubereiten. Meine Mutter hätte es gern gesehen, wenn ich alles aus dem Haus mitgenommen hätte; aber ich war mir bewusst, dass es bei meinen zwölfhundert Francs im Jahr umso sparsamer wäre, je kleiner das Zimmer wäre, und so beschränkte ich mich auf das Bett, die vier Stühle und die Kommode.

Eine kleine Unannehmlichkeit blieb mir noch. General Foy hatte mir gesagt, ich sei ein Überzähliger mit zwölfhundert Francs; aber diese hundert Francs pro Monat, die mir die Großzügigkeit von Monseigneur duc d'Orléans zugestanden hatte, würde ich erst am Ende des Monats ausbezahlt bekommen. Ich hatte zwar nicht Boudouxs Appetit, aber ich konnte sicherlich essen und zwar sehr herzhaft: General Verdier war in seiner Vermutung nicht außer Gefecht gesetzt gewesen.

Von meinen fünfzig Francs blieben mir noch fünfunddreißig. Meine Mutter beschloss, sich von weiteren hundert Francs zu trennen: das war die Hälfte von dem, was sie noch hatte. Es tat mir sehr weh, die hundert Francs meiner armen Mutter anzunehmen, und ich dachte gerade daran, Monsieur Danrés Börse zu benutzen, als ich mitten in unserer Diskussion, die am Samstagmorgen stattfand, Boudoux' Stimme schreien hörte:

„Ah! M. Dumas, das ist definitiv ein zweites Achtpfundbrot wert."

"Was ist ein Acht-Pfund-Laib wert?"

„Nr. 9 ist gekommen! Wenn Sie in Tante Chapuis' Büro gehen, wird sie Ihnen Ihre dreiundsiebzig Francs auszählen."

Meine Mutter und ich sahen uns an. Dann sahen wir Boudoux an.

„Sagst du mir die Wahrheit, Boudoux?"

„Bei Gott, Herr Dumas, es ist diese schurkische Nummer 9 aufgetaucht. Sie können selbst auf der Liste nachsehen, es ist die dritte."

Das war nicht weiter verwunderlich: Waren wir nicht auf eine Glückssträhne gestoßen?

Meine Mutter und ich gingen zu Madame Chapuis. Wir waren sogar noch besser dran, als wir dachten. Boudoux hatte die Zahl der zusammen mit anderen herauskommenden Waren berechnet ; ich hatte meine dreißig Sous auf den einzigen Artikel gesetzt: Das Ergebnis dieser Differenz war, dass ich für meine dreißig Sous hundertfünfzig Francs einnahm, statt dreiundsiebzig.

Ich habe nie ganz verstanden, warum Madame Chapuis den Betrag verdoppelte, der mir, wie ich mich erinnere, in Sechs-Livre-Kronen plus dem nötigen Kleingeld ausgezahlt wurde; aber als ich die Kronen sah, als man mich sie mitnehmen ließ, fragte ich nicht weiter nach. Ich war im Besitz der Summe von hundertfünfundachtzig Francs! Ich hatte noch nie so viel Geld in der Tasche gehabt. Da all diese Sechs-Livre-Kronen ein großes Klirren machten und viel Platz einnahmen, tauschte meine Mutter sie für mich in Gold um.

Oh, wie schön ist Gold, so sehr es auch geschmäht wird, wenn es die Erfüllung der liebsten Hoffnungen des Lebens ist! Diese neun Goldmünzen waren nicht viel, aber dennoch waren sie in diesem Moment in meinen Augen wertvoller als die Tausenden ähnlicher Stücke, die seitdem durch meine Hände gegangen sind und die ich nach Jupiters Art auf die kostbarste aller Mätressen, die die Menschen Fancy nennen, herabregnen ließ . So kostete ich meine Mutter nichts, nicht einmal für den Transport meiner Möbel, für die ich den Fuhrmann im Voraus bezahlte und mit ihm die Summe von zwanzig Francs aushandelte, um sie nach Paris zu bringen, vor die Tür des Hôtel des Vieux-Augustins, um sie von dort abzuholen, wenn ich meine Unterkunft gewählt hätte. Sie sollten am Montagabend geliefert werden.

Endlich war die Stunde des Abschieds gekommen. Die ganze Stadt nahm an meiner Abreise teil. Es war, als ob einer der Seefahrer des Mittelalters aufbrechen würde, um ein unbekanntes Land zu entdecken, und die Glückwünsche und der Jubel seiner Landsleute würden ihm einen Abschied über die Meere bereiten.

Tatsächlich erkannten diese lieben, guten Freunde mit ihrem einfachen und freundlichen Instinkt, dass ich mich auf einen Ozean begab, der ebenso stürmisch und unsicher war wie jener, der laut dem blinden Wahrsager den Schild des Achilles umgab.

KAPITEL VII

Ich finde eine Unterkunft – Hirauxs Sohn – Zeitschriften
und Journalisten im Jahre 1823 – Da ich mir die Kosten für
ein Abendessen erspare, kann ich ins Theater an der Porte-
Saint-Martin gehen – Mein Eintritt ins Parkett – Aufsehen
wegen meiner Haare – Ich werde hinausgeworfen – Wie ich
gezwungen bin, drei Plätze zu bezahlen, um einen zu haben
– Ein höflicher Herr, der Elzevirs liest

Der Leser wird bemerkt haben, dass mein Guthaben mit jeder Reise nach
Paris zunahm. Erst vor vier Monaten war die Firma Paillet & Co. mit 35
Francs pro Person in die Stadt gekommen; erst vor einer Woche war ich mit
50 Francs in der Tasche an der Schranke angekommen; jetzt endlich stieg
ich mit 185 Francs vor der Tür des *Hôtel des Vieux Augustins aus*.

Ich begann noch am selben Tag, nach einer Unterkunft zu suchen. Nachdem
ich eine ganze Reihe Treppen hinauf- und hinuntergestiegen war, blieb ich
in einem kleinen Zimmer im vierten Stock stehen. Dieses Zimmer, das den
Luxus einer Nische bot, gehörte zu jener riesigen Häusermasse, die man das
italienische Viertel nennt, und war Teil von Nummer 1. Es war mit einer
gelben Tapete tapeziert, die zwölf Sous pro Stück kostete, und ging auf den
Hof hinaus. Es wurde mir für die Summe von hundertzwanzig Francs pro
Jahr vermietet. Es gefiel mir in jeder Hinsicht, also feilschte ich nicht. Ich
sagte dem Portier, dass ich es nehmen würde, und teilte ihm mit, dass meine
Möbel am nächsten Abend eintreffen würden. Der Portier fragte mich nach
dem *Denier à Dieu*. Die Pariser Gepflogenheiten waren mir völlig fremd, und
ich wusste nicht, was der *Denier à Dieu* bedeutete. Ich dachte, es müsse eine
Provision für die Vermietung des Zimmers sein: Ich zog majestätisch einen
Napoleon aus meiner Tasche und ließ ihn dem Portier in die Hand fallen,
der sich bis zum Boden verneigte.

In seinen Augen galt ich offenbar als ein Prinz, der inkognito reiste. Zwanzig
Francs als *Denier à Dieu* für ein Zimmer zu hundertzwanzig zu zahlen!... So
etwas hatte man noch nie gehört. Zwanzig Francs! Das war ein Sechstel der
Miete!... Also bat seine Frau sofort um die Ehre, auf mich aufzupassen. Ich
gewährte ihr diese Gunst für fünf Francs pro Monat – immer mit derselben
königlichen Miene.

Von dort lief ich zu General Verdier, um Appetit zu bekommen, und
erzählte ihm die gute Neuigkeit. Ich hatte Paris am Montag zuvor so
kurzfristig verlassen, dass ich keine Zeit gehabt hatte, seine vier Treppen
hinaufzusteigen. Diesmal stieg ich sie vergeblich hinauf: Der General hatte

den Sonntag ausgenutzt und war ausgegangen. Ich folgte seinem Beispiel: Ich schlenderte über die Boulevards – den einzigen Ort, an dem ich nicht Gefahr lief, mich zu verlaufen – und erreichte am Ende meines Spaziergangs das *Café de la Porte-Saint-Honoré* . Plötzlich sah ich durch die Fenster jemanden, den ich kannte: Es war Hiraux, der Sohn des guten alten Hiraux, der so erfolglos versucht hatte, einen Musiker aus mir zu machen. Ich betrat das Café. Hiraux hatte es vor kurzem gekauft: Er war der Besitzer ... Ich war in seinem Haus! ... Obwohl er etwas älter war als ich, waren wir in unserer Kindheit sehr gute Freunde gewesen. Er lud mich zum Abendessen ein. Während er auf das Abendessen wartete, legte er mir sämtliche Zeitschriften der Institution vor. Einige dieser Zeitungen sind inzwischen verschwunden. Die wichtigsten davon waren damals: das *Journal des Débats* , das immer unter der Leitung der Brüder Bertin stand und die Regierung unterstützte. Es spiegelte die Ansichten von Ludwig XVIII. und von Monsieur de Villèle wider – nämlich einen gemäßigten und versöhnlichen Royalismus, eine Politik des Optimismus und der Unentschlossenheit; also das System, mit dem Ludwig XVIII. inmitten der Verschwörungen der Carbonari und der Intrigen der extremen Partei beinahe in aller Ruhe sterben konnte: wenn nicht auf dem Thron, so doch zumindest in seiner Nähe.

Der alte *Constitutionnel* – von Saint-Albin, Jay, Tissot und Évariste Dumoulin – wurde eines Tages wegen eines Artikels verboten, den die Zensur auf den Index gesetzt hatte, eines Artikels, der es irgendwie geschafft hatte, ohne die geringste Spur der Klauen und Zähne der Zensoren in den Index zu gelangen. Dann kaufte er mit einer Schnelligkeit der Entschlossenheit, die von der äußersten Hingabe zeugt, die der *Constitutionnel* zu jeder Epoche stets für seine eigene Sache gezeigt hat, für einen Spottpreis das *Journal du Commerce* , das vierhundert Abonnenten hatte, und erschien am nächsten Morgen unter dem Titel *Journal du Commerce* . Es braucht kaum erwähnt zu werden, dass man den guten alten Schurken unter dieser durchsichtigen Verkleidung erkannte, und gerade zu der Zeit, als ich in Paris ankam, hatte das Blatt seinen alten, den Pariser Bürgern so teuren Titel wieder angenommen oder war im Begriff, ihn wiederzunehmen. Der „*Constitutionnel*" war sehr schüchtern: Er vertrat die liberale Meinung und ließ nie wirklich Blitz und Donner los, außer gegen die Jesuiten, denen er denselben grausamen und gewaltigen Hass geschworen hatte, den er heute gegen *Demagogen entfacht* .

des *Drapeau blanc* war Martainville, ein Mann mit unendlichen Einfallsreichtum, der jedoch hassen konnte und dafür gehasst wurde. Als Kommandant der Nationalgarde von Saint-Germain, der mit der Verteidigung der Brücke von Pecq betraut war, wurde ihm vorgeworfen, diese Brücke 1814 den Preußen ausgeliefert zu haben; und er antwortete auf den Vorwurf nicht nur mit einem Geständnis, sondern mit Bravour: Da er es nicht leugnen konnte, prahlte er damit. Aber da jeder Verrat das Herz des Mannes quält, der ihn begangen hat, ungeachtet dessen, was er sagte, so zerrte er an seinen Lebenskräften. M. Arnault hatte ihn wütend gemacht, indem er seinen Namen von *Martin* väterlicherseits und *Vil* (gemein) mütterlicherseits ableitete. Er war mutig genug und, immer bereit, einen Gegner anzugreifen, kämpfte er mit Telleville Arnault um seinen *Germanicus*. Die Kugel des Dichtersohns streifte nur den Oberschenkel des Kritikers und hinterließ nichts Schlimmeres als einen leichten Bluterguss. „Pah!", sagte Arnaults Vater, „er hat es nicht einmal gespürt: ein Schlag mit einem Stock hätte dieselbe Wirkung gehabt."

Der *Foudre* war das anerkannte Organ der Marsan-Partei und unverblümter Ausdruck der Ultraroyalisten, die sich trotz aller nachfolgenden Reaktionen auf die Seite des Comte d'Artois stellten und ungeduldig auf den Zerfall der Elemente warteten, der angesichts der derzeitigen Entwicklung unter Ludwig XVIII. zwangsläufig eintreten musste.

Die Herausgeber des *Foudre* waren Bérard, die beiden Brüder Dartois (die ebenfalls komische Opernautoren waren), Théaulon und Ferdinand Langlé, Brisset und de Rancé.

Am entgegengesetzten Pol der liberalen Meinung zum *Foudre* stand der *Miroir*, ein Zeitungshusar, ein entzückender Scharmützler, überschäumend vor Witz und *Humor*; er wurde von all den Männern kontrolliert, die für ihren oppositionellen Geist gegenüber der Zeit bekannt waren und die, wie wir schnell sagen möchten, in Wirklichkeit dagegen waren. Diese Männer waren die Herren de Jouy, Arnault, Jal, Coste, Castel, Moreau usw. So war der unglückselige *Miroir* das Ziel unerbittlicher Verfolgung durch die Regierung, in deren Augen er für immer ein gebrochener Sonnenstrahl aus den Tagen des Kaiserreichs war. Unterdrückt als Miroir *tauchte* er als *Pandore wieder auf;* unterdrückt als *Pandore* wurde er zur *Opinion;* schließlich unterdrückt als *Opinion* erhob er sich erneut unter dem Titel *Réunion;* aber dies war die letzte seiner Metamorphosen: Proteus wurde zu Boden geworfen und starb in Ketten.

Vergessen wir nicht den *Courrier français*, den Wächter der fortschrittlichen, fast republikanischen Meinung zu einer Zeit, als niemand wagte, das Wort Republik auch nur auszusprechen. Für den *Courrier français,* herausgegeben von Châtelain, einem der ehrlichsten und aufgeklärtesten Patrioten jener Zeit, arbeitete, wie ich bereits erwähnte, Herr de Leuven.

Aber eigentlich hatte ich mit keiner dieser politischen Zeitschriften etwas zu tun: ich las nur die literarischen Nachrichten. Da ich ein Abendessen gefunden hatte, das mich nichts kostete, beschloss ich, den Preis meines Abendessens für eine Theaterkarte auszugeben, eine Theaterkarte: Ich durchsuchte die Theateranzeigen in allen Zeitungen und beschloss, nach

Hirauxs Anleitung bei der Auswahl der Literatur, mit der ich meinen Abend verbringen wollte, zur Porte-Saint-Martin zu gehen.

Das Stück hieß „Der *Vampir*". Es war erst die dritte oder vierte Aufführung dieses Stücks. Hiraux riet mir, mich zu beeilen; das Stück hatte sich durchgesetzt und zog die Massen an. Es wurde von den beiden Schauspielern gespielt, die an der Porte-Saint-Martin beliebt waren: Philippe und Madame Dorval. Ich befolgte Hirauxs Rat; doch trotz all meiner Eile ist es ein weiter Weg vom *Café de la Porte-Saint-Honoré* zum Theater der Porte-Saint-Martin: Ich fand die Zugänge dorthin versperrt.

Ich war ganz neu in Paris. Ich kannte die verschiedenen Theaterbräuche nicht. Ich ging an einer riesigen, abgesperrten Schlange entlang und wagte nicht einmal zu fragen, wo man das Eintrittsgeld bekam. Einer der *Stammgäste* in der Schlange bemerkte zweifellos meine Verwirrung, denn er rief mir zu:

„Monsieur! Monsieur!"

Ich drehte mich um und fragte mich, ob er mich ansprach.

„Ja … Sie, Monsieur", fuhr der Stammgast fort, „Sie mit den krausen Locken … möchten Sie einen Platz?"

„Will ich einen Platz?", wiederholte ich.

„Ja. Wenn Sie sich ganz hinten in die Schlange stellen, kommen Sie heute Abend nicht mehr rein. Fünfhundert Leute müssen abgewiesen werden."

Für mich war das Hebräisch. Aus seiner Sprache konnte ich nur entnehmen, dass fünfhundert Leute abgewiesen würden und dass ich einer davon sein würde.

„Komm, würde es dir bei mir wirklich gefallen?", fuhr der Stammgast fort.

"Hast du denn einen Platz?"

„Können Sie es nicht selbst sehen?"

Ich konnte überhaupt nichts sehen.

„Also im Voraus genommen?", fragte ich.

"Seit Mittag aufgenommen."

„Und ein guter...?"

"Was meinst du mit gut?"

Jetzt war es der Stammgast, der es nicht verstand.

„Na", fuhr ich fort, „werde ich einen guten Platz bekommen?"

„Sie können sitzen, wo Sie möchten."

„Was! Ich kann sitzen, wo ich will?"

"Natürlich."

"Wie viel hat deine Wohnung gekostet?"

„Zwanzig Sous."

Ich dachte bei mir, dass zwanzig Sous für einen Sitzplatz, den ich mochte, nicht teuer waren. Ich zog zwanzig Sous aus der Tasche und gab sie dem *Stammgast* , der sofort mit einer Behändigkeit, die bewies, dass er an diese Übung gewöhnt war, das Geländer der Absperrung hochkletterte, darüber hinwegkam und neben mir ausstieg.

„Also", sagte ich, „wo ist denn nun dein Platz?"

„Nimm es, … aber pass auf, denn wenn sie dich angreifen, verlierst du es."

Im selben Moment dämmerte es mir: „Die Leute hinter der Absperrung haben ihre Plätze zweifellos im Voraus eingenommen und bezahlt, und um sie dort zu behalten, sind sie so eingesperrt."

"Ah! Gut, ich verstehe!", antwortete ich und überschritt nun die Schranke in umgekehrter Richtung, so dass ich, im Gegensatz zu meinem Verkäufer, der von innen nach außen gekommen war, von außen nach innen gelangte. Ich verstand überhaupt nichts. Nach einer Sekunde kam eine Bewegung nach vorn. Sie öffneten gerade die Büros. Ich wurde mit der Menge nach vorn getragen und stand zehn Minuten später vor dem Gitter.

„Also, Monsieur, wollen Sie Ihr Ticket denn nicht nehmen?", fragte mein Nachbar.

„Mein Ticket? Was meinst du?"

„Natürlich, dein Ticket!", antwortete jemand direkt hinter mir. „Wenn du dein Ticket nicht nehmen willst, dann lass uns wenigstens unseres nehmen."

Und ein leichter Stoß zeigte den Wunsch derer hinter mir, auch an die Reihe zu kommen.

„Aber", sagte ich, „ich habe mein Haus doch sicher gekauft …?"

"Dein Platz …?"

„Ja, ich habe zwanzig Sous dafür bezahlt, wie Sie gesehen haben … Ich habe dem Mann, der mir sein Haus verkauft hat, zwanzig Sous gegeben!"

„Oh, sein Platz in der Schlange!", riefen meine Nachbarn. „Aber sein Platz in der Schlange ist nicht sein Platz im Theater."

„Er sagte mir, dass ich in seinem Haus hingehen könnte, wohin ich wollte."

„Natürlich können Sie hingehen, wohin Sie wollen; nehmen Sie eine Bühnenloge. Sie können tun, was Sie wollen, und Sie können hingehen, wohin Sie wollen. Aber Karten für die Bühnenlogen gibt es im anderen Büro."

„Vorwärts! Vorwärts! Beeil dich!", riefen die Leute neben mir.

„Meine Herren, machen Sie bitte die Gangway frei", rief eine Stimme.

„Das ist dieser Herr, der seine Fahrkarte nicht nehmen will und uns daran hindert, unsere zu bekommen!", rief ein Chor meiner Nachbarn.

„Komm, komm, entscheide dich."

Das Gemurmel wurde lauter, und während es mir in den Ohren klang, dämmerte mir nach und nach, was mir ziemlich deutlich eingebläut worden war - nämlich, dass ich mir meinen Platz in der Schlange erkauft hatte, nicht aber meinen Platz im Theater.

Als die Leute anfingen, mich auf bedrohliche Weise zu bedrängen, zog ich ein Sechs-Franc-Stück aus meiner Tasche und bat um eine Parkettkarte. Sie gaben mir vier Francs und sechs Sous und eine Karte, die weiß gewesen war. Es war Zeit! Ich wurde sofort von einer Welle der Menge mitgerissen. Ich zeigte dem Kassierer meine einst weiße Karte vor: Sie gaben mir im Austausch eine rote Karte. Ich ging einen Korridor nach links hinunter; ich fand links eine Tür mit dem Wort PARTERRE darauf und trat ein. Und jetzt verstand ich die Wahrheit dessen, was der *Stammgast* gesagt hatte, der mir seinen Platz für zwanzig Sous verkauft hatte. Obwohl ich kaum fünfzehn oder zwanzig Leute in der Schlange vor mir hatte, war das Parkett fast voll. Unter den Lichtern hatte sich ein äußerst kompakter Kern gebildet, und mir wurde klar, dass dies die besten Plätze sein mussten.

Ich beschloss sofort, mich unter diese Gruppe zu mischen, die mir nicht allzu dicht gedrängt vorkam, um mir einen guten Platz zu sichern. Ich kletterte über die Bänke, wie ich es bei mehreren anderen gesehen hatte, und balancierte auf den gewölbten Rückenlehnen der Bänke, während ich mich beeilte, die Mitte zu erreichen.

Ich wurde, oder vielmehr, das muss man zugeben, ich war ein sehr lächerliches Ding. Ich trug mein Haar sehr lang, und da es kraus war, bildete es einen grotesken Heiligenschein um meinen Kopf. Außerdem trug ich zu einer Zeit, als man kurze Gehröcke trug, die kaum bis zum Knie reichten, einen Mantel, der mir bis zu den Knöcheln reichte. In Paris hatte eine Revolution stattgefunden, die noch nicht bis nach Villers-Cotterets vorgedrungen war. Ich war in der neuesten Mode von Villers-Cotterets, aber ich war in der vorletzten Pariser Mode. Da im Allgemeinen nichts der neuesten Mode mehr zuwiderläuft als die vorletzte Mode, sah ich äußerst absurd aus, wie ich bereits die Bescheidenheit hatte zuzugeben. Natürlich erschien ich so in den Augen derer, auf die ich zuging; denn sie begrüßten mich mit lautem Gelächter, was ich für sehr geschmacklos hielt.

Ich war immer außerordentlich höflich; aber zu dieser Zeit erwachte in mir, zusammen mit der Höflichkeit, die ich durch meine mütterliche Erziehung erworben hatte, eine ruhelose, misstrauische Hektik, die ich wahrscheinlich von meinem Vater geerbt hatte. Diese Hektik machte meine Nerven leicht gereizt. Ich nahm meinen Hut in die Hand – eine Geste, die die völlige Seltsamkeit meiner Frisur offenbarte – und die allgemeine Heiterkeit der Gruppe in den Reihen, zu denen ich Zutritt erlangen wollte, verdoppelte sich. „Verzeihen Sie, meine Herren", sagte ich im höflichsten Tonfall, „aber ich möchte den Grund Ihres Lachens erfahren, damit ich mit Ihnen lachen kann. Man sagt, das Stück, das wir uns ansehen wollen, sei äußerst traurig, und ich würde es nicht bereuen, fröhlich zu sein, bevor ich weinen muss."

Meiner Rede lauschte man in frommer Stille. Dann rief plötzlich aus der Tiefe dieser Stille eine Stimme:

„Oh! Das ist der Kopf davon!"

Der Apostroph schien ausgesprochen komisch, denn kaum war er ausgesprochen, verdoppelte sich das Gelächter; aber kaum war die Heiterkeit von neuem entbrannt, als ich dem Witzbold einen stechenden Schlag ins Gesicht verpasste. „Monsieur", sagte ich und schlug ihn, „mein Name ist Alexandre Dumas. Bis übermorgen finden Sie mich im *Hôtel des Vieux-Augustins* in der gleichnamigen Straße und übermorgen am Place des Italiens Nr. 1."

Es schien, als spräche ich eine Sprache, die diesen Herren völlig unbekannt war. Denn statt mir zu antworten, schwenkten sie drohend zwanzig Fäuste und riefen:

„Werft ihn raus! Werft ihn raus!"

„Wie?", rief ich, „mich zur Tür bringen? Das wäre eine nette Sache, auf mein Wort, da ich meinen Platz schon zweimal bezahlt habe – einmal in der Schlange und dann noch einmal an der Kasse."

„Werft ihn raus! Werft ihn raus!", schrien die Stimmen von neuem, mit doppelter Wut.

„Meine Herren, ich habe die Ehre, Ihnen meine Adresse mitzuteilen."

„Schmeißt ihn raus! Schießt ihn raus!", riefen die Leute mit schriller, rauer Stimme.

Alle Anwesenden hatten sich von ihren Plätzen erhoben, beugten sich über die Galerie und waren schon fast zur Hälfte aus den Logen heraus. Ich schien am Ende eines riesigen Trichters zu stehen und wurde von allen Seiten angestarrt.

„Schiebt ihn raus! Schiebt ihn raus!", riefen diejenigen, die nicht einmal wussten, was der Aufruhr sollte, die aber berechneten, dass eine Person weniger Platz für eine mehr bedeuten würde.

Ich überlegte gerade, welchen Weg ich aus den Tiefen meines Trichters einschlagen sollte, als ein gut gekleideter Mann durch die Menge brach, die ihm respektvoll den Weg freimachte, und mich aufforderte, hinauszugehen.

„Warum soll ich ausgehen?", fragte ich völlig überrascht.

„Weil Sie die Vorstellung stören."

"Was? Ich störe das Stück? ... Das Stück hat noch nicht begonnen."

„Na, Sie stören das Publikum."

„Wirklich, Monsieur!"

"Folgen Sie mir."

Ich erinnerte mich an die Affäre, die mein Vater, etwa in meinem Alter, mit einem Musketier in La Montansier gehabt hatte, und obwohl ich wusste, dass die Polizei aufgelöst worden war, erwartete ich, dass mir etwas Ähnliches bevorstand . Also folgte ich ihm ohne Widerstand, inmitten des Jubels des Publikums, das seine Zufriedenheit über die Gerechtigkeit bekundete, die mir zuteil wurde. Mein Führer führte mich in den Korridor, vom Korridor ins Büro und vom Büro auf die Straße. Als wir auf der Straße waren, sagte er: „So! Das tun Sie nicht noch einmal." Und er kehrte ins Theater zurück.

Ich sah, dass ich sehr billig davongekommen war, da mein Vater seinen Wärter eine ganze Woche lang bei sich hatte, während ich nur fünf Minuten in Gewahrsam gewesen war. Ich blieb einen Moment auf dem Bürgersteig stehen, während ich diese wohlüberlegten Überlegungen anstellte, und als ich sah, dass mein Führer wieder hereingekommen war, beschloss ich, dasselbe zu tun.

„Ihre Fahrkarte?", fragte der Schaffner.

„Meine Fahrkarte? Die hast du mir eben abgenommen, und zum Beweis war es eine weiße, für die du mir eine rote Fahrkarte gegeben hast."

„Was haben Sie dann mit Ihrem roten Ticket gemacht?"

"Ich habe es einer Frau gegeben, die mich danach gefragt hat."

„So dass Sie weder Fahrschein noch Scheck haben?"

„Nein, ich habe weder eine Fahrkarte noch einen Scheck."

„Dann können Sie nicht hineingehen."

„Wollen Sie damit sagen, dass ich nicht eintreten darf, nachdem ich meine Eintrittskarte zweimal bezahlt habe?"

"Zweimal?"

"Ja zweimal."

"Wie hast du das gemacht?"

„Einmal in der Schlange, und noch einmal an der Abendkasse."

„Du Schwindler!", sagte der Schaffner.

"Was hast du gesagt?"

„Ich habe gesagt, Sie dürfen nicht hineingehen, das habe ich gesagt."

„Aber ich habe trotzdem vor, hineinzukommen."

„Dann ziehen Sie an der Kasse ein Ticket."

"Das wird das Zweite sein."

„Nun, was geht mich das an?"

„Was macht das für dich aus?"

„Wenn Sie Ihre Karte an der Abendkasse verkauft haben, geht mich das nichts an."

„Ah! Sie halten mich also für einen Scheckhändler?"

„Ich halte Sie für einen Schlägertyp, der gerade wegen Ruhestörung rausgeschmissen wurde, und wenn Sie so weitermachen, werden Sie das nächste Mal nicht auf die Straße geführt, sondern auf die Polizeiwache."

Die Drohung war unmissverständlich. Ich begann zu verstehen, dass ich, ohne es zu wollen, gegen das Gesetz verstoßen hatte – oder vielmehr gegen die Sitte, die auf Verstöße viel eifersüchtiger reagiert als das Gesetz.

„Ah, ist das so?", sagte ich.

„Das ist so ungefähr alles", sagte der Sammler.

„Na, na, du bist der Stärkere von beiden", sagte ich.

Und ich ging hinaus.

Als ich vor der Tür stand, dachte ich darüber nach, wie dumm es war, gekommen zu sein, um ein Theaterstück zu sehen, für zwei Plätze bezahlt zu haben – einen Platz in der Warteschlange und einen Platz im Büro –, nur einen Vorhang gesehen zu haben, der Vorhänge aus grünem Samt darstellte, und wegzugehen, ohne etwas anderes gesehen zu haben. Ich dachte weiter, dass ich, da ich bereits für zwei Karten bezahlt hatte, genauso gut die Kosten für eine dritte auf mich nehmen könnte, und da immer noch Leute hineingingen und eine doppelte Schlange das Theater umrundete, so dass die Tür so etwas wie die Schließe des Gürtels bildete, stellte ich mich an das Ende der Schlange, die mir am kürzesten erschien. Es war die entgegengesetzte Schlange zu der, durch die ich zuvor hineingegangen war; sie war nicht so dicht, da sie zum Parkett, den vorderen Galerien, den Bühnenlogen und den ersten und zweiten Parkettreihen führte. Das war es, was mir der Angestellte an der Kasse mitteilte, als ich nach einer Karte für den Parkettboden fragte. Ich blickte auf und sah, wie er angedeutet hatte, auf dem weißen Plan die Bezeichnung der Plätze, die in diesem bestimmten Büro erhältlich waren. Die billigsten Plätze waren die im Parkett und in der zweiten Reihe. Plätze im Parkett und in der zweiten Reihe kosteten zwei Francs fünfzig Centimes. Ich nahm zwei Francs fünfzig Centimes aus meiner Tasche und bat um einen Platz im Parkett. Man gab mir die Eintrittskarte für das Parkett und mein Theaterbesuch kostete mich insgesamt fünf Francs.

Egal: es hatte keinen Sinn, über verschüttete Milch zu weinen! Mein Abendessen hatte mich nichts gekostet, und morgen sollte ich das Sekretariat des Herzogs von Orléans betreten; ich konnte es mir gut leisten, mir diese triviale Orgie zu gönnen. Ich erschien triumphierend wieder vor der Schranke und hielt meine Orchesterkarte in der Hand. Der Kontrolleur lächelte mich gnädig an und sagte: „Rechts, Monsieur." Ich bemerkte, dass dies eine ganz andere Richtung war als beim ersten Mal. Das erste Mal hatte ich mich in die rechte Schlange eingereiht und war links hineingegangen; das zweite Mal folgte ich der linken Schlange und sie sagten mir, ich solle rechts hineingehen. Daraus schloss ich, dass, da ich diesmal die Reihenfolge meines Vorgehens umgekehrt hatte, auch die Art meines Empfangs umgekehrt sein würde und dass ich folglich willkommen geheißen und nicht abgewiesen werden würde.

Ich habe mich nicht geirrt. Ich fand im Parkett ganz andere Leute vor als im Parkett, und als das Mädchen, das mir meinen Platz zeigte, mir einen freien Platz in der Mitte einer Reihe zeigte, machte ich mich daran, ihn zu erreichen. Alle standen höflich auf, um mich vorbeizulassen. Ich erreichte meinen Platz und setzte mich neben einen Herrn, der graue Hosen, eine braune Weste und eine schwarze Krawatte trug. Er war ein Mann von etwa vierzig oder zweiundvierzig Jahren. Sein Hut lag auf dem Platz, den ich einnehmen sollte. Er wurde beim Durchlesen eines bezaubernden kleinen Buches unterbrochen – es war, wie ich später erfuhr, ein Elzevir – und entschuldigte sich, als er seinen Hut nahm, sich vor mir verbeugte und weiterlas. „Auf mein Wort!", sagte ich mir, „hier ist ein Herr, der mir besser erzogen scheint als die, denen ich gerade begegnet bin." Und ich versprach, mit meinem Nachbarn freundschaftliche Beziehungen einzugehen, und setzte mich in den leeren Sitz.

KAPITEL VIII

Mein Nachbar – Sein Porträt – Der *Pastissier François* – Ein Kurs in Bibliomanie – Madame Méchin und der Gouverneur von Soissons – Kanonen und Elzevirs

In dieser Phase meines Lebens, die ganz aus Unwissenheit, Optimismus und Glauben bestand, wusste ich nicht im Geringsten, was ein Elzevir oder vielmehr Elzevier war. Ich lernte es an diesem Abend, wie wir sehen werden; aber ich verstand es erst viel später richtig, nachdem ich meinen gelehrten Freund, *den Bücherfreund* Jacob, kennengelernt hatte. Es ist also ein wenig voreilig zu sagen, dass der höfliche Herr einen Elzevir las; ich sollte einfach sagen, dass er ein Buch las. Ich habe erzählt, wie ich den Platz neben ihm eingenommen hatte und wie er, nachdem er von seiner Lektüre abgelenkt worden war, weil er seinen Hut von meinem Platz nehmen musste, sofort wieder in seine Lektüre vertieft war, vertiefter denn je. Ich habe immer Männer bewundert, die in der Lage sind, etwas von ganzem Herzen (*passionnément*) zu tun; – bitte verwechseln Sie *passionnément nicht* mit *passionnellement* ; dieses letztere Adverb war 1823 noch nicht erfunden, oder, falls doch, hatte Fourier es noch nicht ausgenutzt.

Es war nicht überraschend, dass ich, da ich mich für Literatur interessierte, versuchte, herauszufinden, welches Buch einen so starken Einfluss auf meinen Nachbarn ausüben konnte, der so tief in seine Lektüre vertieft war, dass er sich, bildlich gesprochen, an Händen und Füßen gefesselt meiner Gewalt überließ. Ich hatte mehr als eine Viertelstunde Zeit, diese Untersuchung durchzuführen, bevor sich der Vorhang hob, daher ging ich in aller Ruhe vor. Zuerst versuchte ich, den Titel des Buches zu sehen; aber der Einband war sorgfältig durch einen Papierumschlag verborgen, so dass es unmöglich war, den Titel auf der Rückseite des Buches zu lesen. Ich stand auf; in dieser Position konnte ich auf den Leser herabblicken. Dann konnte ich dank meines ausgezeichneten Sehvermögens, das ich glücklicherweise besitze, den folgenden merkwürdigen Titel auf der dem eingravierten Frontispiz gegenüberliegenden Seite lesen:

DER PASTISSIER FRANÇOIS.
Hier lernt man, wie man jede Art von Konditorei zubereitet. Sehr nützlich für alle Arten von Menschen. In Kombination mit den Möglichkeiten, jede Art von Zubereitung für einen Tag größer oder kleiner zu machen. Auf besonders süße Art und Weise

.

AMSTERDAM

BEI LOUIS UND DANIEL ELZÉVIER

1655

"Ah! ah!", sagte ich zu mir selbst, "jetzt habe ich es! Dieser wohlerzogene Herr ist sicherlich ein Feinschmecker erster Güte, vielleicht M. Grimod de la Reyniere, den ich so oft als Rivalen von Cambacérès und d'Aigrefeuille beschrieben gehört habe; aber warten Sie, dieser Herr hat Hände und M. Grimod de la Reyniere hat nur Stümpfe." In diesem Moment ließ der höfliche Herr seine Hand und das Buch, das er hielt, auf seine Knie fallen; dann hob er die Augen und schien in tiefes Nachdenken versunken zu sein. Er war, wie ich bereits sagte, ein Mann von vierzig oder zweiundvierzig Jahren, mit einem im Wesentlichen sanften, freundlichen und sympathischen Gesicht; er hatte schwarzes Haar, blaugraue Augen, eine durch einen Auswuchs leicht nach links gebogene Nase, einen fein geschnittenen, klug aussehenden, witzigen Mund - den Mund eines geborenen Geschichtenerzählers.

Ich sehnte mich danach, mit ihm ins Gespräch zu kommen – ich, ein Landei, ein Trottel, der nichts weiß, aber *lernbegierig ist,* wie es in M. Lhomonds Grundschulunterricht heißt. Sein wohlwollendes Gesicht machte mir Mut. Ich nutzte den Moment, als er mit dem Lesen aufhörte, um ein oder zwei Worte an ihn zu richten.

„Monsieur", sagte ich, „verzeihen Sie mir bitte, wenn meine Frage unverschämt erscheint, aber essen Sie besonders gern Eier?"

Mein Nachbar schüttelte den Kopf, erwachte allmählich aus seinen Träumen, sah mich mit verstörtem Gesichtsausdruck an und sagte mit sehr ausgeprägtem ostfranzösischem Akzent:

„Verzeihen Sie, Monsieur, aber ich glaube, Sie haben mir die Ehre erwiesen, mich anzusprechen …?"

Ich wiederholte meinen Satz.

„Wie kommen Sie darauf?", fragte er.

„Das kleine Buch, das Sie so aufmerksam lesen, Monsieur – entschuldigen Sie meine Unhöflichkeit, aber mein Blick fiel unwillkürlich auf den Titel – enthält doch Rezepte zum Eierkochen auf über sechzig verschiedene Arten, nicht wahr?"

„Oh ja, das stimmt…", sagte er.

"Monsieur, dieses Buch wäre einem meiner Onkel, einem Pfarrer, der ein
guter Esser und ein guter Sportler war oder vielmehr noch ist, von großem
Nutzen gewesen: Eines Tages wettete er mit einem seiner *Mitbrüder*, dass er
bei seinem Abendessen hundert Eier essen würde; er konnte nur achtzehn
oder zwanzig Arten entdecken, sie zu servieren ... ja, zwanzig Arten, denn er
aß sie jeweils fünf Stück. Sehen Sie, wenn er sechzig Arten gekannt hätte, sie
zuzubereiten, hätte er statt hundert zweihundert essen können."

Mein Nachbar blickte mich mit einer gewissen Aufmerksamkeit an, die den
Eindruck erweckte, als ob er sich fragte: „Sitze ich etwa neben einem jungen
Verrückten?"

„Und?", sagte er.

„Nun, wenn ich meinem lieben Onkel ein solches Buch besorgen könnte,
wäre er mir sicherlich äußerst dankbar."

„Monsieur", sagte mein Nachbar, „ich bezweifle, dass Sie dieses Buch trotz
der Gefühle, die dem Herzen eines Neffen am meisten Ehre machen,
beschaffen können."

"Warum nicht?"

„Weil es äußerst selten ist."

„Ist dieses kleine alte Buch äußerst selten?"

„Wissen Sie nicht, dass es ein Elzevir ist, Monsieur?"

"NEIN."

„Wissen Sie nicht, was ein Elzevir ist?", rief mein Nachbar, überwältigt von
Erstaunen.

„Nein, Monsieur, nein; aber seien Sie nicht beunruhigt über eine solche
Kleinigkeit: seit ich vor knapp einer Woche nach Paris kam, habe ich
festgestellt, dass ich fast alles nicht weiß. Sagen Sie mir bitte, was es ist: Ich
bin nicht wohlhabend genug, um mir einen Master leisten zu können, ich
bin zu alt, um wieder aufs College zu gehen, und ich habe mich entschlossen,
die ganze Welt zu meinem Lehrer zu machen – einen Lehrer, der laut
Berichten sogar gelehrter ist als Voltaire."

„Ah! Ah! Ganz richtig, Monsieur", sagte mein Nachbar und sah mich mit
einigem Interesse an. „Und wenn Sie von den Lektionen profitieren, die
Ihnen dieser Lehrer erteilt, werden Sie ein großer Philosoph und ein großer
Gelehrter. Nun, was ist ein Elzevir? ... Zunächst einmal und insbesondere
ist dieses kleine Bändchen, das Sie sehen, ein Elzevir; oder allgemein jedes
Buch, das aus der Gründung von Louis Elzevir und seinen Nachfolgern, den

Buchhändlern von Amsterdam, stammt. Aber wissen Sie, was ein Bibliomane ist?"

„Ich kann kein Griechisch, Monsieur."

„Sie kennen Ihre Unwissenheit und das ist etwas. Der Bücherwurm – Wurzel βιβλιο, Buch; μανια, Wahnsinn – ist eine Variante der Spezies Mensch – *Spezies bipes et genus homo.* "

"Ich verstehe."

"Dieses Tier hat zwei Beine und ist federlos. Es wandert normalerweise die Kais und Boulevards auf und ab, hält an allen alten Bücherständen an und dreht jedes Buch um, das dort steht. Es ist gewöhnlich mit einem Mantel bekleidet, der ihm zu lang ist, und mit Hosen, die zu kurz sind. An den Füßen trägt es immer Schuhe, deren Absätze abgenutzt sind, einen schmutzigen Hut auf dem Kopf und unter dem Mantel und über der Hose eine Weste, die mit einer Schnur zusammengehalten wird. Eines der Zeichen, an denen man es erkennen kann, ist, dass es sich nie die Hände wäscht."

„Aber Sie beschreiben ein absolut widerliches Tier. Ich hoffe, die Rasse besteht nicht nur aus solchen Exemplaren und es gibt Ausnahmen."

„Ja, aber solche Ausnahmen sind selten. Nun, wonach dieses Geschöpf bei den alten Ladenbesitzern und an den alten Buchständen ganz besonders sucht – denn Sie wissen ja, dass alle Tiere nach irgendetwas jagen –, sind Elzevirs."

"Sind sie schwer zu finden?"

„Ja, von Tag zu Tag schwieriger."

„Und wie erkennt man Elzevirs? … Bitte bedenken Sie, Monsieur, dass Sie nichts riskieren, wenn Sie mich belehren. Ich habe nicht vor, jemals ein Bücherwurm zu werden, und meine Fragen sind einzig und allein aus Neugier."

"Wie erkennt man sie? Ich werde es Ihnen sagen. Zunächst einmal, Monsieur, der erste Band, in dem man den Namen Elzevir oder Elzevier findet, trägt den Titel *Eutropii histories romanæ , lib. X. Lugduni Batavorum, apud Ludovicum Elzevierum* , 1592, in 8°, 2 Blätter, 169 Seiten. Das Bild auf dem Frontispiz – merken Sie sich das gut, es ist der Schlüssel zu dem ganzen Geheimnis – das Bild auf dem Frontispiz ist das eines Engels, der in der einen Hand ein Buch und in der anderen eine Sense hält."

"Ja, ich verstehe: 1592, in 8°, 2 Blätter, 169 Seiten, ein Engel, der in der einen Hand ein Buch und in der anderen eine Sense hält."

„Bravo! ... Isaac Elzevir – von dem einige behaupten, er sei der Sohn und andere der Neffe von Louis Elzevir. Ich behaupte, er sei der Sohn, Bérard behauptet, er sei der Neffe, und obwohl er Techener auf seiner Seite hat, glaube ich immer noch, dass ich Recht habe. Isaac Elzevir hat dieses Motiv durch eine Ulme ersetzt, die von einem Weinstock voller Trauben umgeben ist, und diese Devise verwendet: *Non solus.* Können Sie mir folgen?"

„Das Latein, ja."

„Nun, Daniel Elzevir wiederum nahm Minerva und den Olivenbaum als sein Zeichen an, mit der Devise: *Ne extra oleas* . Können Sie mir noch folgen?"

„Perfekt: Isaak, ein mit Trauben beladener Weinstock; Daniel, Minerva und der Olivenbaum."

„Immer besser. Aber neben diesen anerkannten Ausgaben gibt es auch anonyme und pseudonyme Ausgaben, und da geraten die unerfahrenen Bibliomanen in Verwirrung. Ah!"

"Willst du meine Ariadne sein?"

„Also, diese Ausgaben sind in der Regel durch eine Kugel gekennzeichnet."

„Dann ist das eine Anleitung."

„Ja, aber du wirst sehen! Diese Brüder, Cousins oder Neffen Elzevirs waren ein sehr kapriziöser Haufen. So findet man zum Beispiel seit 1629 einen Büffelkopf als Teil der Kopfbedeckungen in ihren Büchern, am Anfang von Vorworten, Widmungsbriefen und Texten."

„Nun, dank des Büffelkopfes scheint es ... "

„Moment mal ... das dauerte fünf Jahre lang. Seit dem *Sallust* von 1634 und vielleicht sogar schon früher haben sie ein anderes Zeichen verwendet, das einer Sirene ähnelte. Auch in dieser Ausgabe ..."

„Der *Sallust* von 1634?"

"Genau! Sie haben auch zum ersten Mal auf Seite 216 ein Endstück mit dem Kopf der Medusa verwendet."

„Wenn also dieses Prinzip erst einmal feststeht und man weiß, dass auf Seite 216 des *Sallust* von 1634 eine Figur steht, die darstellt ..."

"Ja, ja, auf mein Wort, das wäre wunderbar, wenn man es als feste Regel festlegen könnte; aber, bah! Daniel blieb seinen Entwürfen nicht treu. So ersetzt er beispielsweise im *Terenz von 1661* den Büffelkopf und die Sirene durch eine Girlande aus Stockrosen, und diese Girlande findet sich in sehr vielen seiner Ausgaben. Aber im *Persius* von 1664 erwähnt er nicht einmal diese."

„Oh, meine Güte! Und was nimmt er im *Persius* von 1664 an?"

„Er trägt ein großes Ornament, in dessen Mitte sich zwei über einer Krone gekreuzte Schwerter befinden."

„Als ob damit angedeutet werden sollte, dass die Elzevirs die Könige der Buchhandelswelt seien."

„Sie haben den Nagel auf den Kopf getroffen, Monsieur: eine Souveränität, die ihnen niemand streitig macht."

„Und das, was Sie da haben, Monsieur – das von französischem Gebäck und den sechzig Arten, Eier zuzubereiten handelt – ist es der Engel mit dem Buch und der Sense? Ist es die Weinrebe? Ist es die Minerva und der Olivenbaum ? Ist es der Büffelkopf? Ist es die Sirene? Ist es das Haupt der Medusa? Ist es der Kranz aus Stockrosen? Oder ist es die Krone und zwei Schwerter?"

„Dieser hier, Monsieur, ist der seltenste von allen. Ich habe ihn heute Abend gefunden, als ich hierher kam. Denken Sie nur daran, wie ich mich drei Jahre lang mit diesem Idioten von Bérard über diesen Elzevir gestritten habe; er hält sich für einen großen Gelehrten und ist nicht einmal halbwegs gebildet."

„Und darf ich, ohne zu neugierig zu klingen, Monsieur, fragen, was der Gegenstand des Gesprächs war?"

„Er behauptet, *Le Pastissier François* sei 1654 gedruckt worden und habe nur vier Vorblätter enthalten, während ich – und das aus gutem Grund, wie Sie sehen – behaupte, es sei 1655 gedruckt worden und habe fünf Vorblätter und ein Frontispiz gehabt. Hier ist das genaue Datum, 1655; hier sind die fünf Vorblätter; hier ist das genaue Frontispiz."

„Auf mein Wort, so ist es."

„Ah! Ah! Wie verlegen, wie dumm wird mein Freund Bérard jetzt aussehen!"

„Aber, Monsieur", fragte ich schüchtern, „haben Sie mir nicht erzählt, dass Sie in den letzten drei Jahren über dieses kleine Bändchen gestritten haben?"

„Ja, tatsächlich, seit mehr als drei Jahren."

„Nun, es scheint mir, dass Sie ein sehr einfaches Mittel zur Hand hatten, um die Diskussion zu beenden, wenn sie Ihnen nicht mehr gefiel."

„Was?"

„Beweist nicht einer der antiken Philosophen einem anderen Philosophen, der die Bewegung leugnet, die Unbestreitbarkeit der Bewegung, indem er vor ihm hergeht?"

"Also?"

„Gut, dann müssen Sie Monsieur Bérard die Überlegenheit Ihres Wissens gegenüber seinem beweisen, indem Sie ihm den Elzevir zeigen, den Sie da haben, und sofern er nicht ungläubiger ist als der heilige Thomas …"

„Aber um es zu zeigen, Monsieur, musste ich es besitzen, und das hatte ich nicht."

„Dieses Bändchen ist also sehr selten?"

„Es ist das seltenste von allen! In Europa gibt es davon wahrscheinlich nur noch zehn Exemplare."

„Und warum ist dieser Band seltener als die anderen? Wurden weniger Exemplare gedruckt?"

„Im Gegenteil, Techener gibt an, dass fünftausendfünfhundert Exemplare herausgegeben wurden, und ich behaupte, dass mehr als zehntausend gedruckt wurden."

„Zum Teufel! Ist die Ausgabe dann mit der Bibliothek von Alexandria verbrannt?"

„Nein, aber es ging verloren, wurde verdorben, in Küchen zerrissen. Man kann gut verstehen, dass Köche und Küchenmädchen gleichgültige Bücherliebhaber sind: Sie servierten den *Pastissier François* wie *Carême* oder den *Cuisinier Royal*; daher die Seltenheit des Buches."

„So selten, dass Sie, wie Sie sagen, bis heute Abend noch keins gefunden haben?"

„Oh, ich wusste vor sechs Wochen davon. Ich sagte Frank, er solle es für mich aufbewahren, da ich nicht wohlhabend genug war, um es zu kaufen."

„Was? Du warst nicht reich genug, um es zu kaufen? Nicht reich genug, um dieses kleine alte Buch zu kaufen?"

Der Bücherwurm lächelte verächtlich.

„Wissen Sie, Monsieur", sagte er zu mir, „was ein Exemplar von *Pastissier François* wert ist?"

„Ich würde es auf einen Wert von etwa einer Krone schätzen."

„Ein Exemplar des *Pastissier François*, Monsieur, ist zweihundert bis vierhundert Francs wert.“

„Zwei- bis vierhundert Francs…?“

„Ja, tatsächlich … Erst vor einer Woche hat der alte Brunet, der Autor des *Manuel des libraires* , ein begeisterter Elzeviriomane, eine Anzeige in die Zeitung gesetzt, dass er bereit sei, dreihundert Francs für ein Exemplar wie dieses zu zahlen. Zum Glück hat Frank die Anzeige nicht gesehen.“

„Verzeihen Sie, Monsieur! Aber ich habe Sie gewarnt, was für ein Ignorant Sie da sagen … Sie sagten, ein solches Buch sei zwei- bis vierhundert Francs wert.“

„Ja, zwischen zweihundert und vierhundert Franc.“

"Warum gibt es so große Preisunterschiede?"

"Wegen der Margen."

„Ah! Die Ränder?“

„Der gesamte Wert eines Elzevir besteht in der Breite seiner Ränder. Je breiter diese sind, desto teurer ist der Elzevir. Ein Elzevir ohne Rand ist so gut wie nichts wert. Die Ränder werden mit Zirkeln gemessen, und je nachdem, ob sie zwölf, fünfzehn oder achtzehn Linien haben, ist der Elzevir zweihundert, dreihundert, vierhundert oder sogar sechshundert Francs wert.“

„Sechshundert Francs! … Ich bin der Meinung von Madame Méchin.“

„Und was war die Denkweise von Madame Méchin?“

„Madame Méchin ist eine sehr geistreiche Frau.“

„Ja, das ist mir bewusst.“

„Ihr Mann war Präfekt des Départements Aisne.“

"Das weiss ich auch."

"Also, eines Tages, als sie mit ihrem Mann Soissons besuchte, zeigte ihr der Gouverneur des Ortes, um ihr die Ehre zu erweisen, nacheinander die Kanonen auf den Wällen. Als sie alle Arten, jeden Datums und jeder Form gesehen und ihr Repertoire an *Ohs!* und *Wirklichs!* und *Ist das möglich!* erschöpft hatte, fragte Madame Méchin, die nicht wusste, was sie dem Gouverneur als nächstes sagen sollte, ihn: ‚Wie viel kostet ein Paar Kanonen, Herr Gouverneur?‘ ‚Eine zwölf-, vierundzwanzig- oder sechsunddreißigpfündige, Madame la Comtesse?‘ ‚Oh, sagen wir sechsunddreißig?‘ ‚Ein Paar sechsunddreißigpfündige Kanonen, Madame', antwortete der Gouverneur, ,ein Paar sechsunddreißigpfündige Kanonen könnte zwischen acht- und zehntausend Francs kosten. ,Also gut', antwortete Madame Méchin, ,ich werde mein Geld nicht darauf setzen.'"

Mein Nachbar sah mich an, unsicher, ob ich die Geschichte unschuldig oder im Scherz erzählt hatte. Wahrscheinlich wollte er mich gerade zu diesem Thema befragen, als wir die Glocke hörten; die Ouvertüre begann, und es erklangen Rufe nach Ruhe. Daraufhin bereitete ich mich darauf vor, zuzuhören, während mein Nachbar sich noch tiefer als je zuvor in die Lektüre seines kostbaren Elzevir vertiefte.

Der Vorhang hob sich.

KAPITEL IX

Prolog des *Vampirs* – Der Stil beleidigt das Ohr meines
Nachbarn – Erster Akt – Idealogie – Das Rädertier – Was
das Tier ist – Seine Gestalt, sein Leben, sein Tod und seine
Auferstehung

Die Ouvertüre sollte einen Sturm darstellen. Die Szene begann in der Höhle von Staffa. Malvina schlief auf einem Grab. Oscar saß auf einem anderen. Ein drittes Grab umschloss Lord Ruthven, der zu einem bestimmten Zeitpunkt daraus hervortreten sollte. Die Rolle der Malvina übernahm Madame Dorval; Oscar, oder der Engel der Hochzeit, wurde von Moessard gespielt; Lord Ruthven, oder der Vampir, wurde von Philippe gespielt.

Ach, wer hätte in diesem Moment, als ich begierig hinter den Vorhang blickte und die ganze Szenerie, die Dekorationen und die Personen in mich aufnahm, ahnen können, dass ich bei Philippes Beerdigung dabei sein, an Madame Dorvals Sterbebett wachen und Moessards Krönung miterleben würde?

Im Prolog gab es einen anderen Engel namens Ithuriel, den Engel des Mondes, der mit dem Engel der Hochzeit sprach. Dies war Mademoiselle Denotte. Ich weiß nicht, ob sie jetzt lebt oder tot ist.... Die Erzählung wurde zwischen dem Engel der Hochzeit und dem Engel des Mondes geführt, zwei Engeln, die, da sie dieselbe Rüstung trugen, als zur selben Familie gehörend angesehen werden konnten.

Malvina hatte sich auf der Jagd verirrt; der Sturm jagte ihr Angst ein, und sie suchte Schutz in der Höhle von Staffa. Dort war sie, unfähig, wach zu bleiben, auf einem Grab eingeschlafen. Der Engel der Hochzeit wachte über sie. Der Engel des Mondes, der auf einem Strahl der bleichen Göttin durch die Ritzen der Basaltdecke herabgerutscht war, fragte, warum der Engel der Hochzeit dort saß und vor allem, wie es dazu kam, dass sich in der Grotte von Staffa ein junges Mädchen befand.

Der Engel der Hochzeit antwortete, dass er wegen der Wichtigkeit des Anlasses gerufen worden sei, da Malvina, die Schwester von Lord Aubrey, am nächsten Tag Lord Marsden heiraten würde, und dass sein Blick, als Ithuriel ihn unterbrach, als er still auf die schöne Braut blickte, und die Traurigkeit auf seinem Gesicht aus dem Wissen um das Unglück entsprangen, das der jungen Jungfrau bevorstand, die im Begriff war, aus den Armen der Liebe in die des Todes zu fallen. Da begann Ithuriel zu verstehen.

„Erkläre es dir", sagte Ithuriel, „ist es wahr, dass manchmal schreckliche Phantome *kommen (viennent)* ...?"

Mein Nachbar zitterte, als hätte ihn im Schlaf eine Natter gebissen.

„ *Vinssent!* " rief er, „ *vinssent!* "

Aus dem ganzen Theater erschallten „Ruhe!"-Rufe und auch ich schrie lautstark nach Ruhe, denn ich war von dieser Eröffnung gefesselt.

Der Mondengel wurde mitten im Satz unterbrochen, warf einen wütenden Blick über das Orchester und fuhr fort:

„Stimmt es, dass schreckliche Phantome unter dem Deckmantel des Eherechts kommen *(viennent)* , *um einem schüchternen Mädchen Blut aus der Kehle zu saugen?* "

„ *Vinssent! Vinssent! Vinssent!* " murmelte mein Nachbar.

Erneute „ *Psst!* "-Rufe übertönten seinen Ausruf, der diesmal, das muss man gestehen, weniger kühn und weniger überraschend klang als beim ersten Mal.

Oscar antwortete: „Ja! Und diese Ungeheuer heißen Vampire. Eine Macht, deren unergründliche Verfügungen wir nicht in Frage stellen dürfen, hat gewissen elenden Wesen, die von den Strafen gequält werden, die sie auf dieser Erde für ihre Verbrechen erdulden mussten, gestattet, eine furchterregende Macht zu genießen, die sie mit Vorliebe gegenüber dem Hochzeitsbett und der Wiege ausüben. Manchmal erscheinen ihre furchterregenden Gestalten in der scheußlichen Gestalt, die der Tod ihnen verliehen hat. Andere, die stärker begünstigt sind, weil ihre Laufbahn kürzer und ihre Zukunft furchterregender ist, erhalten die Erlaubnis, sich wieder mit dem im Grab verlorenen Fleischgewand zu bekleiden und vor den Lebenden in der körperlichen Gestalt wiederzuerscheinen, die sie früher besaßen."

„Und wann erscheinen diese Monster?", fragte Ithuriel.

"Die erste Stunde des Morgens weckt sie in ihrem Grab", antwortete Oscar. "Wenn der Klang seines klangvollen Schlags im Echo der Berge verklungen ist, fallen sie reglos in ihre ewigen Gräber zurück. Aber es gibt einen unter ihnen, über den meine Macht begrenzter ist ... was sage ich? ... Das Schicksal selbst kann seine Entscheidungen niemals rückgängig machen! ... Nachdem es Verwüstung in zwanzig verschiedene Länder gebracht hat, immer erobert hat, immer weiter besteht und das Blut, das seine schreckliche Existenz aufrechterhält, seine Lebenskraft immer erneuert ... muss es sich in sechsunddreißig Stunden, um ein Uhr morgens, endlich der Vernichtung unterwerfen, der gesetzlichen Bestrafung einer unendlichen Reihe von

Verbrechen, wenn es zu diesem Zeitpunkt nicht noch ein weiteres Verbrechen hinzufügen und ein weiteres Opfer zählen kann."

„Mein Gott! Denken Sie daran, so ein Stück zu schreiben!", murmelte mein Nachbar.

Mir schien, er war zu kritisch; denn ich fand, dieser Dialog war im schönsten Stil verfasst, den man sich nur vorstellen konnte. Der Prolog ging weiter. Mehrere Personen, die meinen Nachbarn gehört hatten, machten verschiedene geflüsterte Bemerkungen über die Anmaßung dieses unermüdlichen Störenfrieds; doch als er sich in seinen *Pastissier François vertiefte*, verstummte das Gemurmel.

Es bedarf keiner weiteren Erwähnung, dass es sich bei der jungen Verlobten, die auf dem Grab schlief, um die unschuldige Jungfrau handelte , die dazu bestimmt war, die Braut des Vampirs zu werden. Und hätte das Publikum irgendwelche Zweifel gehabt, wären diese nach der letzten Szene des Prologs ausgeräumt gewesen.

„Was höre ich da?", sagte Ithuriel. „Deine Unterhaltung hat mich lange in diesen Höhlen aufgehalten."

Während der Engel des Mondes diese Frage stellt, hört man in der Ferne das silberne Läuten einer Uhr, das die Stunde schlägt, und sein Nachhall wiederholt sich in unzähligen Echos.

Oscar. „Bleib und sieh."

Alle Gräber öffnen sich, wenn die Stunde schlägt; blasse Schatten erheben sich halb aus ihren Gräbern und fallen dann wieder unter ihre monumentalen Steine zurück, während das Echo verhallt.

Aus dem auffälligsten dieser Gräber entkommt ein Gespenst, in ein Leichentuch gehüllt: Sein Gesicht ist entblößt; er gleitet zu der Stelle, wo Miss Aubrey schläft, und ruft:

„Malvina!"

Oscar. „Zurückziehen."

Gespenst. „Sie gehört mir!"

Oscar legt seine Arme um das schlafende Mädchen. „Sie gehört Gott, und du wirst bald in die Regionen des Nichts gehören."

Das Gespenst zieht sich zurück, wiederholt jedoch drohend: „Ins Nichts."

Ithuriel überquert die Bühne in einer Wolke.

Die Szene wechselt und stellt eine Wohnung im Haus von Sir Aubrey dar.

„Absurd! Absurd!", rief mein Nachbar. Und er nahm seine Lektüre aus *Le Pastissier François wieder auf*.

Ich war überhaupt nicht seiner Meinung: Ich fand die Inszenierung großartig; über Malvina hatte ich nichts zu sagen, denn sie hatte nicht gesprochen; aber Philippe schien mir trotz seiner Blässe außerordentlich gut und Moessard sehr gut. Außerdem war es, so roh es auch war, ein Versuch der Romantik – einer Bewegung, die damals fast völlig unbekannt war. Diese Einmischung immaterieller und höherer Wesen in das menschliche Schicksal hatte eine phantasievolle Seite, die meine Vorstellungskraft beflügelte, und vielleicht war dieser Abend für den Keim in mir verantwortlich, aus dem der *Don Juan de Marana* von elf Jahren später hervorging. Das Stück begann.

Sir Aubrey (der Leser wird gleich verstehen, warum ich das Wort „*Sir*" *unterstreiche*) – *Sir* Aubrey traf Lord Ruthven, einen reichen englischen Reisenden, in Athen, und sie wurden Freunde. Während ihrer Wanderungen um den Parthenon und ihrer Tagträume am Meeresufer planten sie, die Bande ihrer Freundschaft fester zu knüpfen, und beschlossen, vorbehaltlich Malvinas Zustimmung, eine Verbindung zwischen dem jungen Mädchen, das im Schloss Staffa zu Hause war, und dem edlen Reisenden, der der engste Freund ihres Bruders geworden war. Unglücklicherweise wurden die beiden Gefährten während eines Ausflugs, den Aubrey und Ruthven in die Vororte von Athen unternahmen, um der Hochzeit einer jungen Jungfrau beizuwohnen, die Lord Ruthven privat gestiftet hatte, von Räubern angegriffen: Eine scharfe Verteidigung schlug die Mörder in die Flucht; Lord Ruthven jedoch wurde tödlich verwundet niedergestreckt. Seine letzten Worte waren die Bitte, dass sein Freund ihn auf einen Hügel setzen möge, der von den Strahlen des Mondes beschienen wird. Aubrey kam dieser letzten Bitte nach und legte den Sterbenden an die angegebene Stelle. Dann, als sich die Augen seines Freundes schlossen und sein Atem aufhörte, begann Aubrey, nach seinen verstreuten Dienern zu suchen. Doch als er eine Stunde später mit ihnen zurückkam, war die Leiche verschwunden. Aubrey vermutete, dass die Mörder die Leiche weggebracht haben mussten, um alle Spuren ihres Verbrechens zu beseitigen.

Als er nach Schottland zurückkehrte, teilte er seinem Bruder, Lord Marsden, den Tod Lord Ruthvens mit und erzählte ihm von der engen Beziehung, die sie während ihrer Reisen verbunden hatte. Dann beanspruchte Marsden die Rechte seines Bruders und schlug vor, Malvina zu heiraten, wenn Malvina dieser Ersetzung zustimmen würde. Malvina, die weder den einen noch den anderen kannte, erhob keine Einwände gegen Lord Marsdens Anspruch oder gegen die Wünsche ihres Bruders.

Lord Marsden wird angekündigt. Malvina fühlt jene leichte Verlegenheit, die wie ein Morgennebel immer die Herzen junger Mädchen überkommt, wenn ihr Verlobter sich nähert. Aubrey eilt ihm überglücklich entgegen, doch als er ihn sieht, stößt er einen Schrei der Überraschung aus. Es ist nicht Lord Marsden – das heißt, eine bis dahin unbekannte Person –, die vor ihm steht; es ist sein Freund Lord Ruthven!

Aubreys Erstaunen ist groß, aber alles ist erklärt. Ruthven ist nicht gestorben, er ist nur ohnmächtig geworden. Die Kühle der Nachtluft hat ihn wieder zu Bewusstsein gebracht. Aubreys Abreise und seine Rückkehr nach Schottland waren zu schnell erfolgt, als dass Ruthven ihm hätte Bescheid geben können. Als er aber wieder gesund war, kehrte er nach Irland zurück und fand seinen Bruder tot vor. Er erbte seinen Namen und sein Vermögen und bot unter diesem Namen, mit dem doppelten Vermögen, das er vorher besaß, Malvina seine Hand an und freute sich in Erwartung der Freude, die er seinem geliebten Aubrey bereiten würde, wenn er wieder vor ihm auftauchte. Ruthven ist bezaubernd, sein Freund hat ihn nicht überschätzt. Er und Malvina waren beide so positiv voneinander beeindruckt, dass er unter dem Vorwand dringender Geschäfte darum bat, sie innerhalb von 24 Stunden heiraten zu dürfen. Malvina leistet gehörigen Widerstand, bevor sie nachgibt. Sie kehren zu Marsdens Schloss zurück. Der Vorhang fällt.

Nun hatte ich meinen Nachbarn fast ebenso lange beobachtet wie das Stück, und zu meiner großen Genugtuung hatte ich gesehen, wie er seinen Elzevir zuklappte und den Schlussszenen lauschte. Als der Vorhang fiel, stieß er einen Ausruf der Verachtung aus, begleitet von einem tiefen Seufzer.

„Puh!", sagte er.

Ich habe diesen Moment genutzt, um unser Gespräch wiederaufzunehmen.

„Entschuldigen Sie, Monsieur", sagte ich, „aber am Ende des Prologs sagten Sie: ‚Wie absurd!'"

„Ja", sagte mein Nachbar, „ich nehme an, das habe ich gesagt; oder, wenn ich es nicht gesagt habe, so habe ich es jedenfalls gedacht."

„Verurteilen Sie dann den Einsatz übernatürlicher Wesen in dem Drama?"

„Überhaupt nicht, im Gegenteil, ich bewundere es außerordentlich. Alle großen Meister haben es in großem Stil verwendet: Shakespeare in *Hamlet*, in *Macbeth* und in *Julius Cäsar*; Molière in *Le Festin de Pierre*, das er eigentlich *Le Convive de Pierre hätte nennen sollen*, damit sein Titel wirklich bedeutsam wäre; Voltaire in *Sémiramis*; Goethe in *Faust*. Nein, im Gegenteil, ich befürworte die Verwendung des Übernatürlichen sehr, weil ich daran glaube."

„Was? Sie glauben an das Übernatürliche?"

"Ganz bestimmt."

"Im Alltag?"

„Gewiss. Wir stoßen jeden Augenblick auf Wesen, die uns unbekannt sind, weil sie für uns unsichtbar sind: die Luft, das Feuer, die Erde, sie alle sind bewohnt. Sylphen, Gnome, Wasserkobolde, Kobolde, Schreckgespenster, Engel, Dämonen fliegen, schweben, kriechen und springen um uns herum. Was sind diese Sternschnuppen der Nacht, die Meteore, die uns die Astronomen vergeblich zu erklären versuchen und von denen sie weder Ursache noch Ende entdecken können, wenn nicht Engel, die Gottes Befehle von einer Welt in die andere tragen? Eines Tages werden wir das alles sehen."

„Hast du gesagt, wir werden sehen?"

„Ja, beim Himmel! Wir werden es sehen. Glauben Sie nicht, dass wir diese Wunder sehen?"

„Sie sagten ‚wir'. Glauben Sie, dass wir sie persönlich sehen werden?"

„Nun, das habe ich nicht genau gesagt … nicht ich, denn ich bin schon alt; vielleicht Sie, der Sie noch jung sind; aber sicherlich unsere Nachkommen."

„Und warum, um Himmels willen, sollten unsere Nachkommen etwas sehen, was wir nicht sehen können?"

„Auf die gleiche Weise, wie wir Dinge sehen, die unsere Vorfahren nie gesehen haben."

„Welche Dinge sehen wir, die sie nicht sahen?"

„Na, Dampf, Kolbengewehre, Luftballons, Elektrizität, Buchdruck, Schießpulver! Glauben Sie etwa, die Welt schreitet nur voran, um auf halbem Weg stehenzubleiben? Glauben Sie etwa, der Mensch werde, nachdem er nacheinander Erde, Wasser und Feuer erobert hat, nicht auch Herr der Luft werden? Es wäre lächerlich, so etwas zu glauben. Wenn Sie das vielleicht bezweifeln, junger Mann, umso schlimmer für Sie."

„Eines muss ich gestehe, Monsieur, und zwar, dass ich weder zweifle noch glaube. Ich habe mich nie mit solchen Theorien beschäftigt. Ich sehe, dass ich mich geirrt habe, denn sie können interessant sein, und ich würde mich mit ihnen beschäftigen, wenn ich das Vergnügen hätte, lange mit Ihnen zu sprechen. Sie glauben also, Monsieur, dass wir nach und nach alle Geheimnisse der Natur kennen lernen werden?"

„Ich bin davon überzeugt."

„Aber dann wären wir so mächtig wie der Allmächtige."

„Nicht ganz... So wissend vielleicht; so mächtig, nein."

„Denken Sie also, dass zwischen Wissen und Macht ein so großer Unterschied besteht?"

"Zwischen diesen beiden Worten liegt ein Abgrund! Gott hat euch die Autorität gegeben, alle geschaffenen Dinge zu nutzen. Keines dieser Dinge ist nutzlos oder unnütz: Alle können im richtigen Moment zum Wohlergehen des Menschen beitragen, zum Glück der Menschheit; aber um diese Dinge zum Wohl der Menschheit und zum Wohlergehen des Einzelnen anwenden zu können, muss der Mensch die Ursache und das Ende von allem genau kennen. Er wird alles nutzen, und wenn er Erde, Wasser, Feuer und Luft genutzt hat, werden weder Raum noch Entfernung für ihn mehr existieren: Er wird die Welt sehen, wie sie ist, nicht nur in ihren sichtbaren Formen, sondern auch in ihren unsichtbaren Formen; er wird in die Eingeweide der Erde eindringen, wie es Gnome tun; er wird das Wasser bewohnen, wie Nymphen und Tritonen; er wird im Feuer spielen, wie es Kobolde und Salamander tun; er wird durch die Luft fliegen, wie Engel und Sylphen; er wird durch die Kette des Seins und durch die Leiter der Vollkommenheit fast zu Gott aufsteigen; er wird den höchsten Herrscher der alle Dinge, wie ich dich sehe; und wenn er, statt durch Wissen Demut zu lernen, Stolz erlangt; wenn er, statt anzubeten, aufgeblasen wird; wenn er aufgrund seines Wissens über die Schöpfung denkt, er sei dem Schöpfer gleich, wird Gott zu ihm sagen: „Mach mich zu einem Stern oder einem *Rädertierchen* !"""

Ich glaubte, ihn falsch verstanden zu haben, und wiederholte:

„Ein Stern oder ein...?"

„Oder ein Rädertierchen: – es ist ein Tier, das ich entdeckt habe. Kolumbus hat eine Welt entdeckt und ich eine Eintagsfliege. Glauben Sie, dass Kolumbus trotz alledem in den Augen Gottes schwerer wog als ich?"

Ich dachte einen Moment nach. War dieser Mann verrückt? Ob oder nicht, sein Wahnsinn war ein reiner Wahnsinn.

„Nun", fuhr er fort, „eines Tages werden die Menschen Wasserkobolde, Gnome, Sylphen, Nymphen und Engel entdecken, so wie ich mein Tierchen entdeckt habe. Alles, was man dazu braucht, ist, ein Mikroskop zu finden, das das unendlich Transparente wahrnehmen kann, so wie wir eines für das unendlich Kleine entdeckt haben. Vor der Erfindung des Sonnenmikroskops blieb die Schöpfung für die Augen des Menschen beim Acarus, dem Seison, stehen; er dachte nicht daran, dass es Schlangen in seinem Wasser, Krokodile in seinem Essig, blaue Delphine ... in anderen Dingen gab. Das Sonnenmikroskop wurde erfunden und er sah sie alle."

Ich saß sprachlos da. Ich hatte noch nie jemanden von so außergewöhnlichen Dingen sprechen hören. „Meine Güte, Monsieur", sagte ich zu ihm, „Sie eröffnen mir eine ganze Welt, von deren Existenz ich nichts wusste. Was? Gibt es Schlangen im Wasser?"

„Hydras."

„Krokodile in unserem Essig?"

„Ichthyosaurier."

„Und blaue Delfine in ...? Das ist doch unmöglich!"

"Ah! Das ist die übliche Formel: 'Es ist unmöglich!' ... Sie sagten gerade 'Es ist unmöglich!' in Bezug auf Dinge, die wir nicht sehen. Und jetzt sagen Sie 'Es ist unmöglich' in Bezug auf Dinge, die jeder außer Ihnen selbst gesehen hat. Alle 'Unmöglichkeit' ist relativ: Was für die Auster unmöglich ist, ist für den Fisch nicht unmöglich; was für den Fisch unmöglich ist, ist für die Schlange nicht unmöglich; was für die Schlange unmöglich ist, ist für das Vierbeiner nicht unmöglich; was für das Vierbeiner unmöglich ist, ist für den Menschen nicht unmöglich; was für den Menschen unmöglich ist, ist für Gott nicht unmöglich. Als Fulton anbot, Napoleon die Existenz von Dampf zu demonstrieren, sagte Napoleon wie Sie: 'Es ist unmöglich!' und hätte er zwei oder drei Jahre länger gelebt, hätte er von der Spitze seiner Felseninsel aus mit ihren rauchenden Schornsteinen die Maschinen vorbeifahren sehen, die ihn noch immer als Kaiser hätten halten können, hätte er sie nicht als Traumgeschöpfe, utopisch und unmöglich, verachtet! Sogar Hiob prophezeite Dampfschiffe ..."

„Hiob prophezeite Dampfschiffe?"

"Ja, ganz gewiss ... Was glauben Sie, was seine Beschreibung des Leviathans sonst noch bedeutete, den er den König der Meere nennt? - ,Ich werde den Leviathans, seine Stärke und die wunderbare Struktur seines Körpers nicht vergessen. Durch seine Nüstern leuchtet ein Licht, und seine Augen sind wie die Augenlider des Morgens. Aus seinen Nasenlöchern steigt Rauch auf wie aus einem brodelnden Topf oder Kessel. Sein Atem entzündet Kohlen: Sein Herz ist so fest wie ein Stein, ja, so hart wie ein Stück des unteren Mühlsteins. Er bringt die Tiefe zum Kochen wie einen Topf; er macht das Meer wie einen Salbentopf. Er lässt einen Pfad hinter sich leuchten: Man könnte meinen, die Tiefe sei grau. Auf der Erde gibt es niemanden wie ihn, der ohne Furcht geschaffen ist.' Leviathan ist natürlich das moderne Dampfschiff!"

„In der Tat, Monsieur", sagte ich zu meinem Nachbarn, „Sie machen mich schwindlig. Sie wissen so viel und reden so gut, dass ich mich von allem, was

Sie mir erzählen, mitgerissen fühle wie ein Blatt von einem Wirbelsturm. Sie sprachen von einem winzigen Tier, das Sie entdeckt haben – einer Ephemera: nennen Sie das ein Rädertierchen?"

"Ja."

„Haben Sie es im Wasser, im Wein oder im Essig entdeckt?"

"Im nassen Sand."

„Wie kam es dazu?"

„Oh, auf ganz einfache Weise. Ich hatte schon lange vor Raspail begonnen, mikroskopische Experimente an unendlich kleinen Dingen durchzuführen. Eines Tages, als ich Wasser, Wein, Essig, Käse, Brot, alle Zutaten, mit denen normalerweise Experimente durchgeführt werden, unter dem Mikroskop untersucht hatte, nahm ich ein wenig nassen Sand aus meiner Regenrinne – ich wohnte damals im sechsten Stock –, legte ihn auf den Objektträger meines Mikroskops und hielt mein Auge an die Linse. Dann sah ich ein seltsames Tier herumlaufen, das die Form eines Velozipeds hatte und mit zwei Rädern ausgestattet war, mit denen es sich sehr schnell fortbewegte. Wenn es einen Fluss zu überqueren hatte, dienten diese Räder demselben Zweck wie die eines Dampfschiffs; wenn es trockenes Land zu überqueren hatte, wirkten die Räder wie die eines Tilbury. Ich beobachtete es, studierte jedes Detail, zeichnete es. Dann fiel mir plötzlich ein, dass mein Rädertier – ich hatte es auf diesen Namen getauft, obwohl ich es seitdem Tarentatello genannt habe – , dass mein Rädertier mich eine Verabredung vergessen ließ. Ich war in großer Eile; ich hatte eine Verabredung mit einem der Animalculæ, die es nicht mögen, warten zu müssen – ein Eintagsfliegen, das die Sterblichen eine Frau nennen … Ich verließ mein Mikroskop, mein Rädertierchen und die Prise Sand, die seine Welt war. Ich hatte dort, wo ich hinging, andere Arbeit zu erledigen, langwierige und fesselnde Arbeit, die mich die ganze Nacht beschäftigte. Ich kam erst am nächsten Morgen zurück: Ich ging direkt zu meinem Mikroskop. Ach! Der Sand war während der Nacht ausgetrocknet, und mein armes Rädertierchen, das zweifellos Feuchtigkeit zum Leben brauchte, war gestorben. Sein fast unmerklicher Körper lag ausgestreckt auf der linken Seite, seine Räder waren bewegungslos, das Dampfschiff schnaufte nicht mehr, das Veloziped hatte angehalten."

„Ach, das arme Rädertierchen!", rief ich.

"Warte warte!"

„Ah! War es dann wie bei Lord Ruthven? Er war nicht tot? War er, wie Lord Ruthven, ein Vampir?"

„Sie werden es sehen! Obwohl er völlig tot war, war das Tier immer noch eine merkwürdige Art von Eintagsfliege, und sein Körper war ebenso erhaltenswert wie der eines Mammuts oder eines Mastodons. Nur müssen, wie Sie wissen, ganz andere Vorsichtsmaßnahmen getroffen werden, um ein Tier zu behandeln, das hundertmal kleiner ist als ein Seison, als um die Position eines Tieres zu ändern, das zehnmal größer ist als ein Elefant! Ich wählte aus all meinen Kisten eine kleine Pappschachtel aus, die ich als Grabstätte für mein Rädertierchen bestimmte, und mit Hilfe des Federendes einer Feder transportierte ich meine Prise Sand vom Objektträger meines Mikroskops in meine Schachtel. Ich wollte diese Leiche Geoffroy Saint-Hilaire oder Cuvier zeigen, aber ich bekam keine Gelegenheit dazu. Ich traf diese Herren nie, oder wenn ich sie traf, weigerten sie sich, meine sechs Treppen hinaufzusteigen; so vergaß ich drei oder vielleicht sechs Monate oder ein Jahr lang den Körper des armen Rädertierchens. Eines Tages fiel mir die Schachtel zufällig in die Hand, und ich wollte sehen, welche Veränderung ein Jahr an ihm bewirkt hatte. der Körper einer Ephemera. Das Wetter war bewölkt, es hatte heftig geregnet. Um besser sehen zu können, stellte ich mein Mikroskop dicht ans Fenster und leerte den Inhalt der kleinen Schachtel auf den Objektträger. Der Körper des armen Rädertierchens lag noch immer bewegungslos im Sand; aber das Wetter, das sich so unbarmherzig an das Kolossale erinnert, schien das winzige Atom vergessen zu haben. Ich betrachtete meine Ephemera mit einem leicht verständlichen Gefühl der Neugier, als der Wind plötzlich einen Regentropfen auf den Objektträger trieb und meine Prise Sand nass machte.“

„Und?“, fragte ich.

„Nun, dann geschah das Wunder. Mein Rädertierchen schien bei der Berührung dieser erfrischenden Kühle wieder zum Leben zu erwachen: Es begann, eine Antenne zu bewegen, dann eine andere; dann begann sich eines seiner Räder zu drehen, dann beide: Es erlangte seinen Schwerpunkt zurück, seine Bewegungen wurden regelmäßig; kurz gesagt, es lebte!“

"Unsinn!"

„Monsieur, das Wunder der Auferstehung, an das Sie vielleicht glauben, obwohl Voltaire nicht daran glaubte, geschah nicht nach drei Tagen ... drei Tagen, ein schönes Wunder! ... sondern nach einem Jahr ... Ich wiederholte denselben Test zehnmal: zehnmal trocknete der Sand, zehnmal starb das Rädertierchen! Zehnmal wurde der Sand nass und zehnmal erwachte das Rädertierchen wieder zum Leben! Ich hatte einen Unsterblichen entdeckt, kein Rädertierchen, Monsieur! Mein Rädertierchen hatte wahrscheinlich vor der Sintflut gelebt und würde bis zum Tag des Jüngsten Gerichts überleben.“

„Und Sie besitzen dieses wunderbare Tier immer noch?“

"Ach, Monsieur", antwortete mein Nachbar mit einem tiefen Seufzer, "dieses Glück habe ich nicht . Eines Tages, als ich mich vielleicht zum zwanzigsten Mal darauf vorbereitete, mein Experiment zu wiederholen, riss ein Windstoß den trockenen Sand davon und mit dem trockenen Sand mein unsterbliches Phänomen. Ach! Seitdem habe ich viele Prisen nassen Sandes aus meinen Dachrinnen und sogar von anderswo geholt, aber immer vergebens; ich habe nie wieder etwas gefunden, das dem Äquivalent dessen entsprach, was ich verloren hatte. Mein Rädertierchen war nicht nur unsterblich, sondern sogar einzigartig... Erlauben Sie mir, weiterzugehen, Monsieur? Der zweite Akt beginnt gleich, und ich finde dieses Melodrama so armselig, dass ich lieber gehen würde."

„Oh, Monsieur", sagte ich, „ich bitte Sie, nicht hinzugehen. Ich habe noch viele andere Dinge von Ihnen zu verlangen, und Sie scheinen mir sehr gelehrt zu sein! ... Sie brauchen nicht zuzuhören, wenn Sie nicht wollen. Sie können *Le Pastissier François lesen,* und in den Pausen können wir über Elzevirs und Rädertierchen reden ... Ich werde mir das Stück anhören, das mich, das versichere ich Ihnen, sehr interessiert."

„Sie sind sehr freundlich", sagte mein Nachbar und verbeugte sich.

Dann klopfte es dreimal, und mit der charmanten Gelassenheit, die ich bereits bei ihm bemerkt hatte, nahm er seine Lesung wieder auf.

Der Vorhang hob sich und gab den Blick auf den Eingang zu einem Bauernhof frei, eine Kette schneebedeckter Berge und ein Fenster. Der auf der Bühne dargestellte Bauernhof gehörte zu Marsden Castle.

KAPITEL X

Zweiter Akt des *Vampirs* – Analyse – Mein Nachbar erhebt
erneut Einwände – Er hat einen Vampir gesehen – Wo und
wie – Eine Aussage, die die Existenz von Vampiren festhält
– Nero – Warum er die Rasse der bezahlten Applauser
gründete – Mein Nachbar verlässt das Orchester

———

Während Ruthven seine Hochzeit mit Malvina vorbereitete, heiratete einer
seiner Vasallen, Edgard, Lovette. Lovette war die hübscheste, süßeste und
anmutigste Verlobte, die man sich vorstellen konnte: Sie war die
zwanzigjährige Jenny Vertpré.

Lord Ruthven, der Malvina wirklich liebte, hätte viel lieber das Blut der Frau
eines anderen Mannes gesaugt als das seines eigenen; daher willigte er auf
die Bitte seines Dieners Edgard ein, bei seiner Hochzeit anwesend zu sein.
Die Hochzeit findet statt. Lord Ruthven sitzt da: Das Ballett soll gerade
beginnen, als ein alter Barde mit seiner Harfe auftritt; er war Gast in jedem
Schloss, der Dichter wurde zu jeder Hochzeit eingeladen. Er erkannte
Ruthven, der ihn nicht erkannte, da er anderweitig damit beschäftigt war, die
arme Lovette anzustarren.

Der Barde stimmt seine Harfe und singt:

„Oh, junge Jungfrau von Staffa,
brenne der ersten Flamme entgegen, lass dein Herz nicht zucken, bei den
süßen Namen des Verliebten und der Frau! In dem Moment, in dem du
dich von deinem Schicksal abwendest, bei dem Verliebten deiner
Gedanken, hüte dich , junge Verlobte,
bei der Liebe, die den Tod bringt!"

Dieses erste Reimpaar erregt Lord Ruthvens Zorn, der darin eine Warnung
an Lovette sieht und deshalb fürchtet, dass ihm sein Opfer entrissen wird.
Also wendet er seinen bezaubernden Blick von dem jungen Mädchen ab und
starrt wütend auf den Barden, der unbekümmert fortfährt:

„Wenn die Sonne dieser Wüsten
die Berge nicht über die Gipfel wölbt, dann streicheln die Engel der
Unterwelt ihre Opfer … Wenn deine sanfte Stimme dich erträgt, dann
bleib ruhig, dein Haupt ist eiskalt!
Hüte dich, junge Verlobte,
von der Liebe, die den Tod bringt!"

Eine dritte Strophe und Lovette wird dem Vampir entkommen. Der Barde,
der der verkleidete Eheengel ist, darf seine dritte Strophe deshalb nicht

singen. Lord Ruthven beschwert sich, dass das Lied unglückliche Erinnerungen wachruft, und schickt den alten Mann fort.

Dann, als die Nacht hereinbricht, da er keine Zeit zu verlieren hat, da er sterben muss, wenn er nicht vor ein Uhr morgens das Blut einer Jungfrau aussaugen kann, sucht er ein Treffen mit Lovette. Lovette würde gern ablehnen; aber Edgard hat Angst, seinen Herrn und Meister zu verärgern, der, allein mit Lovette, versucht, sie zu verführen, ihr schwört, dass er sie liebt, und ihr einen Beutel voller Gold in die Hand drückt. Genau in diesem Moment ist die Harfe des Barden zu hören und der Refrain des Liedes:

„Pass auf, junge Verlobte,
von der Liebe, die den Tod bringt!"

Dann kommen alle herein und das Ballett beginnt. Gegen Mitte des Balletts zieht sich Lovette müde zurück; Ruthven, der sie nicht aus den Augen gelassen hat, folgt ihr. Edgard bemerkt bald, dass weder Lovette noch sein Herr anwesend sind. Er geht seinerseits hinaus. Schreie sind aus der Kulisse zu hören; Lovette rennt erschrocken weiter; ein Pistolenschuss ist zu hören: Lord Ruthven fällt tödlich verwundet auf die Bühne.

„Er hat versucht, meine Verlobte zu entehren!", schreit Edgard, der mit der noch rauchenden Pistole in der Hand erscheint.

Aubrey rennt auf den Verwundeten zu. Lord Ruthven atmet noch; er bittet darum, mit seinem Freund allein gelassen zu werden. Alle gehen.

„Ein letztes Versprechen, Aubrey", sagt Lord Ruthven.

„Oh, bitte darum, nimm mein Leben! ... es wird für mich ohne dich unerträglich sein", antwortet Aubrey.

„Mein Freund, ich bitte dich nur um strengste Verschwiegenheit für zwölf Stunden."

„Zwölf Stunden lang?"

„Versprich mir, dass Malvina nichts von dem Geschehenen erfährt – dass du nichts unternimmst, um meinen Tod zu rächen, bevor es ein Uhr morgens geschlagen hat ... Schwöre bei meinem letzten Atemzug Geheimhaltung! ..."

„Das schwöre ich!", sagt Aubrey und streckt seine Hände aus. Der Mond kommt hinter den Wolken hervor und scheint hell während Ruthvens letzten Worten.

„Aubrey", sagt Ruthven, „die Königin der Nacht wirft zum letzten Mal Licht auf mich … Lass mich sie sehen und meine letzten Gelübde gegenüber dem Himmel bezahlen!"

Bei diesen Worten fällt Ruthvens Kopf zurück. Dann trägt Aubrey, unterstützt von Lovettes Vater, den Toten zu den Felsen in der Ferne, küsst seine Hand ein letztes Mal und zieht sich zurück, von dem alten Mann weggeführt. In diesem Moment durchflutet das Mondlicht Ruthvens Körper vollständig mit seinen Strahlen und erleuchtet die gefrorenen Berge...

Der Vorhang fällt, und das ganze Haus applaudiert begeistert, außer meinem Nachbarn, der immer noch leise vor sich hin brummt. Eine so eingefleischte Feindseligkeit gegen ein Stück, das mir sehr interessant erschien, erstaunte mich, da sie von einer Person kam, die so wohlgesinnt schien wie er. Er hatte sich nicht nur mit lauten Ausrufen begnügt, wie ich bereits erwähnt habe, sondern, was noch schlimmer war, während der gesamten letzten Szene hatte er auf verstörende Weise mit einer Taste gespielt, die er mehrmals an die Lippen legte.

„Wirklich, Monsieur", sagte ich, „ich finde, Sie gehen mit diesem Stück sehr hart ins Gericht."

Mein Nachbar zuckte mit den Schultern.

„Ja, Monsieur, ich weiß es, und zwar umso mehr, als der Autor sich für einen genialen Mann hält, für einen talentierten Mann, für einen Besitzer eines guten Stils; aber er täuscht sich. Ich habe das Stück gesehen, als es vor drei Jahren gespielt wurde, und jetzt habe ich es wieder gesehen. Nun, was ich damals sagte, wiederhole ich: Das Stück ist langweilig, einfallslos, unwahrscheinlich. Ja, sehen Sie, wie er Vampire agieren lässt! Und dann *Sir* Aubrey! Die Leute sprechen nicht von *Sir* Aubrey. Aubrey ist ein Familienname, und der Titel *Sir* wird nur vor dem Taufnamen verwendet. Ah! Der Autor war klug, seine Anonymität zu wahren; er hat damit seinen Verstand bewiesen."

Ich nutzte einen Moment, als mein Nachbar innehielt, um Luft zu holen, und sagte:

„Monsieur, Sie sagten gerade: ‚Ja, sehen Sie, wie er Vampire agieren lässt!' Haben Sie das nicht gesagt? Ich habe mich doch nicht geirrt, oder?"

"NEIN."

„Nun, durch die Verwendung dieser Sprache haben Sie mir den Eindruck vermittelt, dass Sie glauben, dass es sie wirklich gibt?"

„Natürlich gibt es sie."

„Haben Sie zufällig schon einmal welche gesehen?“

„Natürlich habe ich sie gesehen.“

„Durch ein Sonnenmikroskop?“, schlug ich lachend vor. „Nein, mit meinen eigenen Augen, wie Orgon und Tartuffe.“

"Aufenthaltsort?"

„In Illyrien.“

„In Illyrien? Ah! Warst du in Illyrien?“

"3 Jahre."

„Und Sie haben dort Vampire gesehen?“

„Sie müssen wissen, dass Illyrien, wie Ungarn, Serbien und Polen, das historische Land der Vampire ist.“

„Nein, ich wusste es nicht… Ich weiß nichts. Wo waren die Vampire, die du gesehen hast?“

„In Spalatro. Ich wohnte bei einem guten Mann von 62 Jahren. Er starb. Drei Tage nach seiner Beerdigung erschien er seinem Sohn in der Nacht und bat um etwas zu essen: Der Sohn gab ihm alles, was er wollte; er aß es und verschwand dann. Am nächsten Tag erzählte mir der Sohn, was geschehen war. Er sagte mir, er sei sicher, dass sein Vater nicht nur einmal wiederkommen würde, und bat mich, mich in der folgenden Nacht an ein Fenster zu stellen, um ihn ein- und ausgehen zu sehen. Ich wollte unbedingt einen Vampir sehen. Ich stand am Fenster, aber in dieser Nacht kam er nicht. Der Sohn sagte mir dann, aus Angst, ich könnte entmutigt werden, dass er wahrscheinlich in der folgenden Nacht kommen würde. In der folgenden Nacht stellte ich mich wieder an mein Fenster, und tatsächlich erschien gegen Mitternacht der alte Mann, und ich erkannte ihn genau. Er kam aus der Richtung des Friedhofs; er ging zügig, aber seine Schritte machten kein Geräusch. Als er die Tür erreichte, klopfte er; ich zählte drei Schläge: Die Schläge klangen hart auf der Eiche, als ob es wäre mit einem Knochen geschlagen worden und nicht mit einem Finger. Der Sohn öffnete die Tür und der alte Mann trat ein....“

Ich hörte dieser Geschichte mit größter Aufmerksamkeit zu und begann, die Pausen dem Melodrama vorzuziehen.

„Meine Neugier war zu sehr gereizt, als dass ich mein Fenster verlassen hätte“, fuhr mein Nachbar fort; „dort blieb ich. Eine halbe Stunde später kam der alte Mann heraus; er kehrte dorthin zurück, woher er gekommen war – das heißt in Richtung Friedhof. Er verschwand um die Ecke einer Mauer. Fast im selben Moment öffnete sich meine Tür. Ich drehte mich schnell um und sah den Sohn. Er war sehr blass. ‚Nun‘, sagte ich, ‚also, dein Vater ist gekommen?‘ ‚Ja ... hast du ihn hereinkommen sehen?‘ ‚Hereingehen und wieder herauskommen ... Was hat er heute getan?‘ ‚Er bat mich um Essen und Trinken, wie er es neulich getan hatte.‘ ‚Und hat er gegessen und getrunken?‘ ‚Er hat gegessen und getrunken ... Aber das ist nicht alles ... das ist es, was mich beunruhigt. Er sagte zu mir ...‘ ‚Ah!‘ Er sagte etwas anderes als eine bloße Bitte um Essen und Trinken?‘ ‚Ja, sagte er zu mir : „Das ist das zweite Mal, dass ich gekommen bin und mit dir gegessen habe. Jetzt bist du an der Reihe, mit mir zu essen.“ „Zum Teufel! ...“ „Ich erwarte ihn übermorgen zur gleichen Zeit.“ „Was für ein Teufel bist du!“ „Ja, ja, das ist es, was mir Sorgen macht.“ Am übernächsten Tag wurde er tot in seinem Bett gefunden! Am selben Tag erkrankten zwei oder drei andere Leute aus demselben Dorf, die den alten Mann ebenfalls gesehen und mit denen er gesprochen hatte, und starben ebenfalls. Dann wurde erkannt, dass der alte Mann ein Vampir war. Ich wurde befragt; ich erzählte alles, was ich gesehen und gehört hatte. Die Gerechtigkeit verlangte eine Untersuchung des Friedhofs. Sie öffneten die Gräber aller, die in den letzten sechs Wochen gestorben waren: Jede Leiche war in einem Zustand der Verwesung. Aber als sie zu Kisilowas Grab kamen – so hieß der alte Mann – fanden sie ihn mit offenen Augen, roten Lippen und normal atmenden Lungen, obwohl er so starr war wie im Tod. Sie trieben ihm einen Pfahl durchs Herz; er stieß einen lauten Schrei aus und Blut strömte aus seinem Mund: Dann legten sie ihn auf einen Holzstapel, verbrannten ihn zu Asche und verstreuten die Asche in alle vier Winde ... Ich verließ das Land bald darauf. Ich habe nie gehört, ob auch sein Sohn zu einem Vampir wurde.“

„Warum sollte er auch ein Vampir geworden sein?“, fragte ich.

„Ah! Weil es Brauch ist, dass diejenigen, die an einem Vampirbiss sterben, zu Vampiren werden.“

„Wirklich, Sie sagen das, als wäre es eine bekannte Tatsache.“

„Aber es ist tatsächlich eine bekannte, registrierte und gut belegte Tatsache! Zweifeln Sie daran? ... Lesen Sie Don Calmets *Traité des apparitions*, Band II, S. 41 *ff.*; Sie werden einen Bericht finden, der vom Hadnagi Barriavar und den alten Heiducken unterzeichnet wurde; außerdem von Battiw, Oberleutnant des Regiments Alexander von Württemberg; von Clercktinger, Oberarzt des Regiments Fürstenberg; von drei anderen Ärzten der Kompanie und von Goltchitz, Hauptmann in Slottats, in dem es heißt, dass im Jahr 1730, einen Monat nach dem Tod eines gewissen Heiducken namens Arnold-Paul, der in Medreiga lebte und beim Einsturz eines Heuwagens zerquetscht worden war, vier Menschen plötzlich starben, und aus der Art ihres Todes ging gemäß den Überlieferungen des Landes hervor, dass sie Opfer von Vampirismus geworden waren; sie erinnerten dann daran, dass dieser Arnold-Paul zu Lebzeiten hatte oft erzählt, wie er in der Gegend von Cossova an der türkisch-servischen Grenze von einem türkischen Vampir geplagt worden war – denn auch diese glauben, dass Menschen, die ihr Leben lang passive Vampire waren, nach ihrem Tod zu aktiven Vampiren werden –, dass er jedoch Heilung gefunden hatte, indem er die Erde aus dem Grab des Vampirs aß und sich mit dessen Blut einrieb – Vorsichtsmaßnahmen, die ihn jedoch nicht daran hinderten, nach seinem Tod zum Vampir zu werden. Denn da vier Menschen gestorben waren, dachten sie, die Tat sei ihm schuldig und exhumierten seinen Leichnam vierzig Tage nach seiner Beerdigung. Er war durchaus wiederzuerkennen, und sein Körper trug die Farbe des Lebens. Sein Haar, seine Nägel und sein Bart waren gewachsen. seine Adern waren mit einer blutigen Flüssigkeit gefüllt, die aus allen Teilen seines Körpers auf das Leichentuch floss, in das er gehüllt war; der Hadnagi oder Gerichtsdiener des Ortes ließ in Anwesenheit derjenigen, die die Exhumierung durchführten und ein in Fällen von Vampirismus erfahrener Mann war, nach der üblichen Sitte einen sehr spitzen Pfahl durch das Herz des besagten Arnold-Paul treiben, der seinen Körper durch und durch durchbohrte, wobei ein furchtbarer Schrei über seine Lippen kam, als ob er noch am Leben wäre; nachdem diese Tat vollbracht war, schnitten sie ihm den Kopf ab, verbrannten ihn zu Asche und taten dasselbe mit den Leichen der vier oder fünf anderen Opfer des Vampirismus, damit sie nicht ihrerseits den Tod anderer verursachten; aber keine dieser Vorsichtsmaßnahmen verhinderte, dass sich dieselben Wunder fünf Jahre später, etwa im Jahr 1735, wiederholten, als siebzehn Menschen aus demselben Dorf an Vampirismus starben, einige ohne vorherige Krankheit, andere, nachdem sie zwei oder drei Tage dahingemagert hatten; unter anderen ging eine junge Person namens Stranoska, die Tochter des Heiducken Jeronitzo, bei bester Gesundheit zu Bett, erwachte mitten in der Nacht, am ganzen Leib zitternd, stieß furchtbare Schreie aus und sagte, der Sohn des Heiducken Millo, der vor neun Wochen gestorben war, habe versucht, sie im Schlaf zu erwürgen; von diesem Augenblick an schmachtete sie und starb innerhalb von drei Tagen: da das, was sie über Millos Sohn gesagt hatte, sie verdächtigen ließ, ein Vampir zu sein, exhumierten sie ihn und fanden ihn in einem Zustand, der keinen Zweifel daran ließ, dass er Vampir war; kurz gesagt, nach langwierigen Ermittlungen entdeckten sie, dass der verstorbene Arnold-Paul nicht nur die vier bereits erwähnten Personen getötet hatte, sondern auch viele Tiere, von denen frische Vampire und insbesondere Millos Sohn gefressen hatten; Aufgrund dieser Beweise beschlossen sie, alle seit einem bestimmten Datum Verstorbenen zu exhumieren. Unter etwa vierzig Leichen entdeckten sie siebzehn, die deutliche Zeichen von Vampirismus aufwiesen. Sie durchbohrten ihnen also das Herz, schnitten ihnen den Kopf ab, verbrannten sie und warfen ihre Körper in den Fluss."

„Kostet das Buch, das diese Beweise enthält, so viel wie ein Elzevir, Monsieur?“

„Oh nein, nein! Sie können es überall bekommen, zwei Bände, in 18 Monaten, mit jeweils 480 Seiten. Techener, Guillemot oder Frank werden ein Exemplar haben. Es kostet Sie zwischen vierzig Sous und drei Francs.“

„Danke, ich werde mir das Vergnügen gönnen, ein Exemplar zu kaufen.“

„Erlauben Sie mir jetzt zu gehen? ... Vor drei Jahren fand ich den dritten Akt ziemlich schlimm; heute wird er mir noch schlimmer vorkommen.“

„Wenn es wirklich sein muss, Monsieur ...“

„Ja, wirklich, du musst mich gehen lassen.“

„Aber darf ich Sie zuerst um Rat fragen?“

„Mit größtem Vergnügen... Sprechen Sie.“

„Bevor ich ins Orchester kam, betrat ich den Orchestergraben, und dort wehte mir eine leichte Brise.“

„Ah! Du warst es, oder?“

„Ich war es.“

"Du ...?"

"Ja."

„Eine Ohrfeige...?“

"Ja."

„Was hat Sie dazu veranlasst, sich diesen Abschweif zu gönnen?“

Ich erzählte ihm von meinem Abenteuer und fragte ihn, ob ich meine Zeugen über Nacht vorwarnen sollte oder ob es am nächsten Morgen noch Zeit genug wäre.

Er schüttelte den Kopf.

„Oh, weder heute Abend noch morgen früh“, sagte er.

„Was? Weder heute Nacht noch morgen?“

„Nein, das wäre nutzloser Ärger.“

„Warum?“

„Weil Sie in ein Nest von angeheuerten Applausern gefallen sind.“

„Ein Nest angeheuerter Applausgeber! ... Was sind sie?“, fragte ich.

„Oh, junger Mann", rief mein Nachbar mit väterlicher Stimme, „tun Sie Ihr Möglichstes, um Ihre heilige Unschuld zu bewahren!"

„Aber angenommen, ich bitte Sie, dem ein Ende zu setzen …?"

„Haben Sie schon einmal gehört, dass es früher Kaiser in Rom gab?"

"Sicherlich."

„Erinnern Sie sich an den Namen des fünften dieser Kaiser?" „Ich glaube, es war Nero."

"Richtig... Nun, Nero, der seinen Cousin Britannicus vergiftete, seiner Mutter Agrippina den Bauch ausweidete, seine Frau Octavia erwürgte und seine Frau Poppæa mit einem Tritt in den Magen tötete, hatte eine Tenorstimme im Stil von Ponchard; nur war sein Stil weniger kultiviert, und gelegentlich sang er falsch! Das spielte keine Rolle, während Nero vor seinen vergnügten Gefährten oder vor seinen Kurtisanen im Palatin oder in der Maison-Dorée sang; auch war es nicht von großer Bedeutung, als Nero sang, während er Rom brennen sah: Die Römer waren zu sehr mit dem Feuer beschäftigt, als dass sie auf einen Halbton zu hoch oder einen zu tiefen Ton achten konnten . Aber als er sich in den Kopf setzte, in einem öffentlichen Theater zu singen, war es eine andere Sache: Jedes Mal, wenn der berühmte Tenor auch nur im geringsten von der musikalischen Korrektheit abwich, erlaubte sich ein Zuschauer – was ich mir sofort erlauben werde, wenn Sie darauf bestehen, dass ich bis zum Ende dieses albernen Melodrams bleibe – zu pfeifen. Natürlich wurde der Zuschauer verhaftet und sofort den Löwen vorgeworfen; doch als er an Nero vorbeiging, sagte er nicht wie üblich einfach: „Augustus, er, der im Sterben liegt, grüßt dich!", sondern: „Augustus, ich werde sterben, weil du falsch gesungen hast; aber wenn ich tot bin, wirst du nicht richtiger singen." Dieser letzte Gruß, der von anderen Schuldigen aufgegriffen und ergänzt wurde, erzürnte Nero: Er ließ die Pfeifer in den Korridoren erwürgen, und niemand pfiff mehr. Aber Nero, diesem *Sehnsuchtsmenschen nach dem Unmöglichen*, wie Tacitus ihn nannte, war das nicht genug, es war nicht genug, dass niemand mehr pfiff, er wollte, dass alle ihm applaudierten. Nun konnte er zwar die erwürgen, die pfiffen, aber nicht die, die nicht applaudierten; er hätte das ganze Publikum erwürgen müssen, und das wäre keine leichte Aufgabe gewesen: Die römischen Theater fassten zwanzig-, dreißig-, vierzigtausend Zuschauer! ... Da sie zahlenmäßig so stark waren, hätten sie sich leicht davor schützen können, erwürgt zu werden. Nero ging noch einen Schritt weiter: er gründete eine Körperschaft aus römischen Adligen, eine Art Bruderschaft mit etwa dreitausend Mitgliedern. Diese dreitausend Chevaliers waren nicht die Prätorianer des Kaisers, sie waren die Leibwache des Künstlers. Wohin er auch ging, sie folgten ihm. Wann immer er sang, applaudierten sie ihm. Wenn ein mürrischer Zuschauer ein Murmeln anstieß oder ein empfindliches Ohr seinem Besitzer ein leises Pfeifen erlaubte, wurde dieses Murmeln oder Pfeifen sofort vom Applaus übertönt. Nero regierte triumphierend im Theater. Hatten nicht Sylla, Cäsar und Pompejus alle anderen Arten des Triumphs erschöpft? Nun, mein lieber Herr, dieses Geschlecht der Chevaliers hat sich unter dem Namen der *Claqueure fortgepflanzt*. Die Opéra hat sie, das Théâtre-Français hat sie, das Odéon hat sie – und hat das Glück, sie zu haben! – und schließlich hat auch die Porte-Saint-Martin sie; heute besteht ihre Aufgabe nicht nur darin, schlechte Schauspieler zu unterstützen – sie besteht vielmehr, wie Sie gerade gesehen haben, darin, zu verhindern, dass schlechte Stücke scheitern. Sie werden nach ihrer Herkunft *Romains genannt; aber unsere Romains* werden nicht aus dem Adel rekrutiert. Nein, die Regisseure sind bei ihrer Auswahl nicht so schwer zufriedenzustellen, und es ist nicht notwendig, einen goldenen Ring am Zeigefinger zu zeigen; vorausgesetzt, sie können ein paar große Hände zeigen und diese großen Hände schnell und geräuschvoll zusammenführen, ist dies die einzige von ihnen geforderte Vierteilung des Adels. Sie sehen also, ich habe ganz recht, Sie zu warnen, zwei Ihrer Freunde nicht wegen eines dieser Halunken zu verärgern ... Nachdem ich Sie nun aufgeklärt habe, erlauben Sie mir zu gehen?“

Ich wusste, dass es unverschämt wäre, meinen Nachbarn länger festzuhalten. Obwohl seine Unterhaltung, die in kurzer Zeit eine breite Palette von Themen abgedeckt hatte, für mich angenehm und sehr erbaulich war, war es offensichtlich, dass er nicht dasselbe von mir sagen konnte. Ich konnte ihm nichts beibringen, außer dass ich nichts von allem wusste, was er wusste. Also verließ ich mich seufzend, wagte nicht, ihn zu fragen, wer er war, und ließ ihn mit seinem *Pastissier François*, den ich mit beiden Händen an die Brust drückte, vorbeigehen, da ich zweifellos fürchtete, dass einer der Chevaliers, von denen er gerade gesprochen hatte und der sich für seltene Bücher interessierte, ihn ihm abnehmen könnte.

Ich sah ihm mit Bedauern nach, als er sich zurückzog: eine vage Vorahnung sagte mir, dass dieser Mann, nachdem er mir so viele Dienste erwiesen hatte, einer meiner engsten Freunde werden würde. In der Zwischenzeit hatte er die Pausen weitaus interessanter gemacht als das Stück selbst.

Glücklicherweise läutete die Glocke zum dritten Akt und die Pause war zu Ende.

KAPITEL XI

Eine Einordnung – *Hariadan Barberousse* in Villers-Cotterets – Ich spiele die Rolle des Don Ramire als Laie – Mein Kostüm – Der dritte Akt des *Vampirs* – Mein Freund, der Bücherwurm, pfeift im kritischsten Moment – Er wird aus dem Theater geworfen – Madame Allan-Dorval – Ihre Familie und ihre Kindheit – Philippe – Sein Tod und seine Beerdigung

Das einzige eindeutige Gefühl, das ich verspürte, als mein Nachbar gegangen war, war das der völligen Einsamkeit in diesem riesigen Gebäude. Also widmete ich dem Stück meine ganze Aufmerksamkeit. Konnte ich es klar beurteilen? Nein, ganz sicher noch nicht: Der *Vampir* war eines der ersten Melodramen, die ich gesehen hatte. Das erste war *Hariadan Barberousse*. Ich habe vergessen, zur rechten Zeit und am rechten Ort zu erzählen, wie ich das Werk von MM. Saint-Victor und Corse kennenlernte.

Eine Truppe verarmter Schauspieler kam nach Villers-Cotterets (Sie werden verstehen, dass sie wirklich arm gewesen sein müssen, um nach Villers-Cotterets zu kommen), und dort starben sie fast vor Hunger. Sie bestanden nur aus einer Familie namens Robba. Diese armen Teufel waren von der Idee besessen, eine Benefizveranstaltung für sich selbst zu veranstalten, und sie dachten daran, zwei oder drei junge Damen und Herren der Stadt zu bitten, mit ihnen und für sie zu spielen. Natürlich wurde ich gebeten. Die Natur hatte bereits in mein Herz jene Quelle des guten Willens eingepflanzt, durch die alles, was ich hatte, was ich habe, was ich haben werde, durchging, durchgeht und immer durchgehen wird. Ich willigte ein, die Rolle des Don Ramire zu übernehmen. Alle anderen Mütter weigerten sich, ihre Jungen und Mädchen schauspielern zu lassen. Sollten ihre Kinder auf die Bretter steigen und mit gewöhnlichen Schauspielern spielen? Auf gar keinen Fall! Nur meine Mutter hielt ihr Wort und ich war der einzige Künstler bei diesem besonderen Anlass, dessen in großen Buchstaben auf die Scheine gedruckter Name für die philanthropische Mission, ein gutes Publikum für die Scheine zu gewinnen, genutzt wurde.

Ich musste ein Kostüm zusammenstellen. Es war eine langwierige Angelegenheit, eine solche Operation zu Ende zu bringen. Glücklicherweise war damals niemand sehr anspruchsvoll, vor allem nicht in Villers-Cotterets. Sogar Talma, der ein großer Erneuerer war, spielte *Hamlet* in weißen Atlashosen, *Bottes à cœur* und einer Polonaise. Aber von dieser Garderobe hatte ich nur die *Bottes à cœur*: Ich konnte Don Ramire nicht nur mit Hilfe der Stiefel spielen. Wir machten eine Tunika – jeder spielte damals in

Tuniken – und es war wirklich eine prächtige Tunika, denn sie bestand aus zwei roten Kaschmirschals, die mit einem großen goldgeblümten Muster verziert waren; mein Vater hatte die Schals aus Ägypten mitgebracht, und ich glaube, ich habe sie schon erwähnt. Wir begnügten uns damit, sie zusammenzunähen und auf jeder Seite eine Öffnung für meine Arme zu lassen, wobei ein Schwertgürtel um die Taille als Gürtel diente; aus jedem Armloch ragte ein Satinärmel, und Don Ramire war von den Schultern bis zur Hälfte der Oberschenkel wenn auch nicht gerade ausreichend, so doch zumindest üppig und bescheiden bekleidet. Ein umgeschlagener Kragen und eine Satinmütze in der Farbe der Tunika vervollständigten den oberen Teil des Kostüms. Aber die Frage nach der unteren Hälfte war ernster. Strumpfhosen waren in Villers-Cotterets selten, ich könnte sogar sagen, sie waren unbekannt; es hatte also keinen Sinn, sich Strumpfhosen anschaffen zu wollen: Es wäre Zeitverschwendung gewesen, eine Einbildung, ein Traum. Das längste Paar Seidenstrümpfe, das man finden konnte, in eine Unterhose eingenäht, erledigte seinen Zweck. Dann kamen die Schnürstiefel. Ah! Diese Schnürstiefel, das war meine eigene Erfindung. Ein zweites Paar Seidenstrümpfe war rot gefärbt; Sohlen wurden daran genäht; sie wurden über das erste Paar gezogen, dann umgeschlagen und bis drei Zoll unter den Knöchel hochgerollt; die Rolle wurde festgebunden, um eine Unterlage zu machen; wir imitierten die Schnürung eines geschnürten Stiefels mit einem grünen Band; und dann bildete dieses Schuhwerk die Basis eines ansehnlich aussehenden Don Ramire, der sich obenauf den Luxus einer Satinmütze mit Straußenfeder gönnte. Schließlich kam das Schwert. Das Schwert meines Vaters, das Schwert eines Republikaners, mit seiner Freiheitsmütze sah im Vergleich zu Don Ramires restlicher Kleidung etwas seltsam aus. Der Bürgermeister, M. Mussart, lieh mir ein silberbeschlagenes Louis XV-Schwert: Die Kette, die es befestigt hatte, war abgenommen; aber obwohl der Handschutz verschwunden war, waren der Griff und die Scheide noch da, und das genügte, um die Anspruchsvollsten zufriedenzustellen.

Die Ankündigung dieser wichtigen Veranstaltung löste eine große Sensation aus: Menschen kamen aus allen Städten und Dörfern der Umgebung, sogar aus Soissons. Ich kam mir völlig lächerlich vor, da ich nie ein anderes Stück als *Paul et Virginie* im Alter von drei Jahren und *Jeunesse de Henri V.* mit elf Jahren gesehen hatte. Aber die Robbas nahmen an den Türen achthundert Francs ein – ein Vermögen für sie; und eine Mutter, ein Vater, Kinder und Enkelkinder hatten genug Geld, um sich zwei Drittel des Jahres lang zu ernähren.

Der arme Robbas! Ich erinnere mich, dass ihr gesamtes *Repertoire nur aus Adolphe et Clara* und dem Déserteur bestand . Gott allein weiß, was aus den armen Dingen geworden ist! So lernte ich *Hariadan Barberousse kennen* , der zusammen mit dem *Vampir* , dessen letzten Akt ich gleich sehen sollte, meine gesamte melodramatische Ausrüstung vervollständigte.

Der dritte Akt war nur eine Wiederholung des ersten. Ruthven, den sein Freund Aubrey für tot hielt,

Marsdens Farm erwacht unter den Küssen des Mondes zu neuem Leben, ein Grabes-Endymion. Er kehrt vor Malvinas Bruder zum Schloss zurück und drängt auf seine Hochzeit; dann kommt Aubrey zurück und findet die Braut geschmückt und die Kapelle vorbereitet vor. Er geht zu seiner Schwester, um ihr die schreckliche Nachricht vom Tod ihres Verlobten zu überbringen, und als Malvina ihn bleich und verzweifelt sieht, ruft sie aus:

„Lieber Bruder, du bist in Schwierigkeiten! ... Um Himmels Willen, erzähl mir alles!"

„Dann nehmen Sie Ihren Mut zusammen", sagt Aubrey.

„Du machst mir Angst!", ruft Malvina.

Dann wandte er sich zur Tür um –

„Milord lässt auf sich warten", sagt sie.

„Da ich dir das Herz brechen muss, so wisse, dass alle meine Pläne zerschmettert sind. Ein furchtbares, unvorhergesehenes Ereignis hat uns geraubt, mich eines Freundes, dich eines Ehemannes! ... Die unglückliche Ruthven."

In diesem Augenblick tritt Ruthven vor, packt Aubrey am Arm und sagt mit grimmiger Stimme zu ihm:

„Denk an deinen Eid!"

Bei diesen Worten, und gerade als das ganze Publikum in Beifall ausbrach, ertönte ein lauter Pfiff aus einer der Logen. Ich drehte mich um, und alle im Orchester und im Parkett taten dasselbe. Die angeheuerten Applauser erhoben sich geschlossen, kletterten auf die Bänke und riefen: „Schiebt ihn raus!" Man konnte diesen furchterregenden Berg in der Mitte des Theaters aufsteigen sehen, wie die riesige Nachahmung des Parnassus von M. Titon-Dutillet in der Bibliothek. Aber der Pfeifer pfiff weiter, versteckt in seiner Loge, geschützt hinter dem Geländer wie hinter einem uneinnehmbaren Wall. Ich weiß nicht, warum, aber ich kam zu dem Schluss, dass es mein Nachbar war, der endlich nach Herzenslust seinen Wunsch befriedigte, das Stück zu verspotten, das ihn die ganze Nacht über angewidert hatte. Das Stück wurde vollständig unterbrochen: Philippe, Madame Dorval und Thérigny standen auf der Bühne, ohne eine Silbe hervorbringen zu können; die Rufe „Schiebt ihn raus!" wurden lauter und ein Polizist wurde gerufen. Ich spähte scharf in die Loge und konnte durch die Gitterstäbe sehen. Dort erkannte ich im dunklen Inneren den merkwürdigen Pfeifer. Es war tatsächlich mein Nachbar, der Bücherwurm. Der Polizeibeamte traf ein. Trotz all seiner Proteste wurde der Pfeifer aus dem Theater verwiesen und das Stück ging unter Getrampel und Bravorufen weiter.

Das Stück näherte sich seinem Ende. Aubrey wird von Lord Ruthvens Dienern ergriffen und von Malvinas Seite weggetragen, und sie bleibt schutzlos zurück. Ruthven trägt sie fort; eine Tür öffnet sich – es ist die der Kapelle, die für die nächtliche Hochzeit erleuchtet ist. Malvina zögert, die Ehe ohne die Anwesenheit ihres Bruders einzugehen; aber Ruthven drängt immer mehr; denn wenn ihm nicht das Blut eines jungen Mädchens innerhalb weniger Minuten neues Leben verleiht, *wird er vernichtet*, wie der Engel der Hochzeit vorhergesagt hatte! Plötzlich erscheint Aubrey, der seinen Wächtern entkommen ist, in der Kapelle; er hält seine Schwester auf; er fleht sie an, mit dem Vorgang nicht weiter fortzufahren. Ruthven erinnert Aubrey erneut an seinen Eid.

„Ja", sagt Aubrey, „aber bald wird die Stunde kommen, in der ich alles verraten kann."

„Elender!", schreit Ruthven und zieht einen Dolch, „wenn du ein einziges Wort aussprichst …"

„Du sollst sie nur nehmen, wenn sie in meinem Blut gebadet ist!", schreit Aubrey und verdoppelt seinen Widerstand.

„Gut, dann werdet ihr beide umkommen!", sagt Ruthven.

Er ist im Begriff, Aubrey zu schlagen. Es schlägt ein Uhr; Malvina fällt ohnmächtig in Bridgets Arme; Donner grollt.

„Vernichtung! Vernichtung!", kreischt Ruthven.

Er lässt seinen Dolch fallen und versucht zu fliehen. Schatten kommen aus dem Boden und tragen ihn davon; der zerstörende Engel erscheint in einer Wolke; Blitze zucken und Ruthven wird von den Schatten verschlungen.

" *FEUERFELD* "

Man wird davon ausgehen, dass wir aus dem Manuskript selbst kopieren.

Philippe wurde zurückgerufen. Aber Madame Dorvals Rolle war so abscheulich, dass niemand daran dachte, sie zurückzurufen. Sie war an der Porte-Saint-Martin nur für die schlechtesten Rollen engagiert; die Lieblingskünstlerin, Mademoiselle Lévesque, übernahm die guten Rollen.

Erlauben Sie mir ein paar Worte über jenes arme, liebe Geschöpf, das ich damals zum ersten Mal sah und das 26 Jahre später in meinen Armen starb.
[1]

Ein großer Teil dieser Memoiren wird Bemerkungen über den Einfluss hervorragender Künstler, großer Komiker oder berühmter Dichter gewidmet sein; meine Seiten sollen sich nämlich mit der Entwicklung der Kunst in Frankreich während der Hälfte des 19. Jahrhunderts befassen.

Auch politische Ereignisse werden zweifellos ihren Anteil an Aufmerksamkeit erhalten, aber nur den ihnen gebührenden Anteil. Es ist an der Zeit, den Dingen ihren angemessenen Platz zuzuweisen, und da unser Jahrhundert in erster Linie ein Jahrhundert der Wertschätzung ist, ist es wünschenswert, dass Menschen und Dinge ihren angemessenen Wert erhalten.

Mademoiselle Mars und Talma, diese beiden großen künstlerischen Glanzstücke des Kaiserreichs und der Restauration, werden noch im Gedächtnis des 20. und 21. Jahrhunderts weiterleben, selbst wenn die Namen jener politischen Akteure, die man Minister nennt, längst vergessen sein werden, der Männer, die diesen glorreichen Bettlern die jährliche Spende der Kammer verächtlich zuwarfen, als wäre sie ein Almosen.

Wer war Minister in England in dem Jahr, als Shakespeare *Othello schrieb* ? Wer war Gonfalonier in Florenz, als Dante seine *Hölle schrieb* ? Wer war Minister von König Hiero, als der Autor von *Prometheus* kam, um ihn um Schutz zu bitten? Wer war Archon von Athen, als der göttliche Homer auf einer der Sporaden starb, etwa Mitte des 10. Jahrhunderts v. Chr.?

Um solche Fragen beantworten zu können, muss man mein Nachbar sein, mein Nachbar, der so viele Dinge wusste, der Elzevirs erkennen konnte, der wusste, wo Vampire zu finden waren, der die Herkunft der angeheuerten Applauser kannte und der aus dem Theater geworfen worden war, weil er bei der Prosa von MM gepfiffen hatte ... Denn auf der von Barba herausgegebenen *Vampirbroschüre war nie ein Name abgedruckt* ; er schrieb demonstrativ unter seinen Namen: „ *Herausgeber der Werke von Pigault-Lebrun* ".

Kehren wir zu Madame Allan-Dorval zurück, wie sie damals genannt wurde. Im weiteren Verlauf dieser Memoiren werden wir viele Männer und Frauen kennenlernen, literarische oder politische Komiker, die sich zu ihrer Zeit einen Namen gemacht haben, und ich werde für diese Persönlichkeiten das tun, was ich gerade für die arme Marie Dorval tun werde. Als sie starb, nahm ich mir vor, über ihrem Grab ein Denkmal zu errichten – ein literarisches Denkmal in meinen Schriften, ein Grabdenkmal in Stein. Die Steine sollten durch meine literarischen Arbeiten bezahlt werden, und es gefiel mir, mir vorzustellen, der Architekt beider Denkmäler zu sein.

Unglücklicherweise begann ich mit der Errichtung meines literarischen Denkmals im *Constitutionnel*. Im zweiten Artikel bezog ich mich auf *Antonius* und den alten *Constitutionnel*. M. Vérons Empfänglichkeit erschreckte: Das literarische Denkmal wurde beim ersten Versuch gestoppt. Und da das Grabdenkmal vom literarischen Denkmal abhing, wurde mit dem Grabdenkmal nie begonnen.

Eines Tages werden wir diese Angelegenheit, neben vielen anderen, die wir fallen lassen mussten, wieder aufgreifen, und mit Gottes Hilfe und trotz der Böswilligkeit der Menschen werden wir sie zu Ende bringen.

Das Alter von Künstlern ist immer ein Problem, das erst nach ihrem Tod gelöst wird. Ich erfuhr Dorvals Alter erst, als sie starb. Sie wurde am Dreikönigstag im Jahr 1798 geboren; 1823, als ich zwanzig war, war sie also fünfundzwanzig. Damals nannte sie sich noch nicht Marie Dorval: Diese beiden Namen, die so leicht auszusprechen sind, dass sie schon immer zu ihr gehört zu haben scheinen, waren damals noch nicht durch die goldene Kette des Genies miteinander verbunden. Ihr richtiger Name war Thomase-Amélie Delaunay: Sie wurde in der Nähe des Théâtre de Lorient geboren und ihre ersten Schritte waren ein Getrappel über dessen Bühnen. Ihre Mutter war Schauspielerin und übernahm die Rolle der Hauptsängerin. *Camille ou le Souterrain* war damals die komische Oper in Mode. Das kleine Mädchen wurde auf der Bühne zu diesen Zeilen gewiegt, die ihre Mutter kaum singen konnte, ohne Tränen in den Augen zu haben:

„Oh, nein, nein, es ist nicht möglich,
ein lohnenderes Kind zu haben!"

Sobald sie sprechen konnte, stammelte sie die Prosa von Panard und Collé, Sedaine und Favart hervor; mit sieben Jahren wurde sie zur sogenannten „*emploi des Betsy*". Ihr beliebtestes Lied war *Sylvani* –

„Ich sage nicht, dass mein Herz mir gefällt."

Ein Künstler aus Lorient malte damals, also im Jahr 1808, ihr Porträt. 1839 kehrte Madame Dorval nach Lorient, ihrer Geburtsstadt, zurück. Am Tag nach einem durchschlagenden Erfolg kam ein alter weißhaariger Mann zu ihr, um ihr seinen Tribut zu zollen. Sein Angebot war dieses Gemälde von ihr als Kind: ein Dritteljahrhundert war vergangen und die Frau war darauf nicht wiederzuerkennen. Heute sind sowohl der Maler als auch Madame Dorval tot, aber das Porträt lächelt noch immer. Es hing in Madame Dorvals Schlafzimmer. Ich sah es zum ersten Mal, als ich ihr half, die Augen zu schließen. Es war ein trauriger Kontrast, das Gesicht des rosigen Kindes auf dem Bild gegenüber dem blassblauen Gesicht auf dem Sterbebett gegenüber zu sehen, das muss ich wohl nicht sagen. Wie viele Freuden, Hoffnungen, Enttäuschungen und Sorgen waren zwischen diesem kindlichen Lächeln und dem Todeskampf vergangen! Im Alter von zwölf Jahren verließ der kleine Delaunay mit der ganzen Gesellschaft Lorient. Das war im Jahr 1810, als Postkutschen Frankreich noch nicht in alle Himmelsrichtungen durchquerten. Damals hatten sich die Eisenbahnen noch keinen Weg durch die Täler gebahnt oder die Berge untertunnelt. Wer nach Straßburg wollte – das heißt, Frankreich von West nach Ost durchqueren wollte –, musste sich zusammentun und einen großen Korbwagen kaufen, und die Fahrt vom Ozean zum Rhein dauerte sechs Wochen.

Die Komödientruppe kam durch Paris und blieb vier Tage in der Hauptstadt. Talmas Ruf erreichte seinen Höhepunkt: Wie konnte jemand durch Paris kommen, ohne Talma zu sehen? Drei Tage lang sparten Mutter und Tochter beim Frühstück und Abendessen, und am vierten Tag kauften sie zwei Karten für die zweite Galerie. Talma spielte *Hamlet*.

Diejenigen unter Ihnen, die Madame Dorval kannten, werden verstehen, was es für eine Natur wie die ihre bedeutete, den berühmten Schauspieler spielen zu sehen; was es für dieses Herz bedeutete, das in jungen Jahren so treu zu seinen Kindern und in späteren Jahren so mütterlich war, den düsteren Schwärmereien des dänischen Prinzen zuzuhören, wenn er mit tränenerfüllter Stimme von seinem Vater spricht, so wie Talma ihn darstellte. Und bei diesen drei Zeilen –

„Ersetze einen Freund, meine Frau, einen Liebhaber;
aber ein treuer Vater ist ein guter Schatz. Was ist das für ein Schatz aus der Liebe zu den Völkern!" –

Die junge Schauspielerin, die mit der Intuition eines Genies die Größe der dargestellten Kunst begriff und auch die Tiefe des Pathos erkannte, lehnte sich nach hinten, schluchzte und fiel in Ohnmacht. Sie trugen sie in einen Nebenraum; aber das Stück ging ihrer Ansicht nach vergebens weiter: Sie würde es nie mehr sehen. Sie sah Talma erst zehn Jahre später wieder.

Die Truppe setzte ihre Reise fort und erreichte Straßburg. Und dann wurde Mademoiselle Delaunay allmählich berühmt. Sie änderte ihre Rolle und spielte *die Dugazon*. Sie war ein faszinierendes junges Mädchen, das vor Verschmitztheit und guter Laune übersprudelte, die die Prosa von M. Étienne hervorragend vortrug, aber die Musik von M. Nicholos falsch sang. Nun ist es ein großer Fehler für eine *Dugazon*, falsch zu singen, während sie richtig spricht. Glücklicherweise riet Perrier, der in Straßburg spielte, Madame Delaunay, ihre Tochter die komische Oper aufgeben und sich der Komödie zuwenden zu lassen. Diesem Rat folgend wurde *die Dugazon* eine junge Geliebte. Panard wurde für Molière aufgegeben und die Schauspielerin und das Publikum profitierten von der Veränderung.

Von da an datierten Madame Dorvals erste Erfolge. Ach! Von da an datierten auch ihre ersten Sorgen. Ihre Mutter erkrankte an einer langen und schmerzhaften Krankheit. Die Engagements, die Madame Delaunay als erste

Sängerin erhielt, wurden seltener, da ihre Stimme schwächer wurde. Dann verdoppelte das junge Mädchen ihre Anstrengungen; sie wusste, dass Talent nicht nur eine Frage der Kunst, sondern vielmehr eine der Notwendigkeit war. Dank ihrer Bemühungen brachten ihre Engagements achtzig bis hundert Francs ein; und die ihrer Mutter verringerten sich gleichzeitig von dreihundert auf einhundertfünfzig Francs, und von einhundertfünfzig Francs fielen sie auf Null. Von da an begann das hingebungsvolle Leben des jungen Mädchens, das sich bis ins Erwachsenenalter fortsetzte.

Ein Jahr lang tat Amélie Delaunay alles für ihre Mutter: Sie war Dienerin, Amme, Trösterin; dann, nach einem Jahr, starb die Mutter, und all die nächtlichen Wachen und Weinen, all ihre sorgfältige Fürsorge waren verloren, außer in den Augen Gottes.

Als ihre Mutter starb, blieb das junge Mädchen allein auf der Welt zurück. Sie konnte sich nie daran erinnern, was sie in den zwei Jahren nach dem Tod ihrer Mutter getan hatte: Die Erinnerung war von Trauer überwältigt! Die Gruppe zog weiter von Lorient nach Straßburg, von Straßburg nach Bayonne, immer in derselben Korbkutsche mit denselben Pferden, die der Gruppe gehörten. Doch ein großes Ereignis geschah:

Aus Einsamkeit heiratete Amélie Delaunay einen armen fünfzehnjährigen Jungen. Sie mochte ihn nicht: Er war einer ihrer Schauspielkollegen, der die Rolle der *Martins spielte;* sein Name war Allan-Dorval. Er starb in St. Petersburg. Wo er lebte, erfuhr niemand. Diese Heirat hatte keinen weiteren Einfluss auf das Leben der Schauspielerin, außer dass sie ihr den Namen gab, unter dem sie bekannt wurde; ihren anderen Namen, den Marie, bekam sie von uns. Antony war ihr Pate und Adèle d'Hervey ihre Patentante.

setzten ihre Reise fort und kamen *auf dem Weg* nach Bayonne in die Nähe von Paris. Ich weiß nicht, in welchem Dorf, auf welcher Straße, in welchem Gasthof Potier, der große Schauspieler, den Talma bewunderte, Madame Allan-Dorval traf, in welchem Theater er sie spielen sah oder welche Rolle sie spielte, als sie einen jener herzlichen Sätze aussprach, einen jener Ausbrüche brüderlicher Zuneigung, mit denen große Künstler die Talente des anderen erkennen. Ich weiß nichts von all dem, denn die arme Marie hat es selbst vergessen; aber im Nu beschrieb er ihr Paris – das heißt Glanz, Ruhm, Leiden!

Die junge Frau kam mit einem Empfehlungsschreiben von Potier an Monsieur de Saint-Romain, den Direktor des Porte-Saint-Martin, nach Paris. Monsieur de Saint-Romain engagierte Madame Allan-Dorval auf diese Empfehlung hin, und von diesem Tag an blieb ihr Name in den Erinnerungen der Pariser haften, ihr Leben war eng mit dem literarischen Leben von Paris verwoben. Das war im Jahr 1818.

Was hatte diese arme talentierte junge Frau gespielt, bevor Potiers Ermutigung ihrem Genie den Weg geebnet hatte? Sie hatte in der *Cabane du Montagnard,* den *Catacombes* , der *Pandoursy* und schließlich im *Vampire mitgespielt* , über den mein Nachbar so schamlos gejohlt hatte. Die arme Marie! Nur sie selbst konnte die Leiden jener frühen Tage schildern. Ich erinnere mich an ein besonderes Kostüm, an das sie jeden Abend vor der Vorstellung Spitzenbesatz nähen musste, und der jeden Abend nach dem Stück wieder abgenäht werden musste. – O Frétillon! Frétillon! Dein Cotillion hat nicht einmal die Hälfte dessen gesehen, was dieses Kleid gesehen hat!

Sie, die ich jetzt zum ersten Mal sah, war die Eva, aus deren Schoß eine neue dramatische Welt hervorgehen sollte. Philippe hingegen, der sie damals mit der Würde und Majestät seiner Schritte und Gesten in den Schatten stellte, war die Darstellung des reinen altmodischen Melodrams von Pixérécourt und Caignez. Niemand konnte gelbe Stiefel, eine schwarz bestickte Tunika, eine mit Federn geschmückte Mütze und ein Schwert mit Quergriff wie Philippe tragen. Diese Kleidung wurde zu dieser Zeit als Kavalierskostüm bezeichnet. Lafont trug es perfekt in *Tancrède* und in *Adélaïde Duguesclin.*

Philippe starb als Erster. Sein Tod erregte fast ebenso viel Aufsehen wie sein Leben. Da ich keine Gelegenheit haben werde, noch einmal von ihm zu sprechen, und da er, hätte er gelebt, nichts mit der zeitgenössischen Kunst zu tun gehabt hätte, werden wir seine Geschichte hier beenden. Philippe starb am 16. Oktober 1824, also auf den Tag genau einen Monat nach dem Tod von Ludwig XVIII. Am 18. brachte man seinen Leichnam in die Kirche Saint-Laurent, seine eigene Pfarrkirche; aber die Geistlichkeit weigerte sich, ihn aufzunehmen. Dasselbe geschah mit Mademoiselle Raucourt. Aber Philippes Kameraden und alle seine öffentlichen Bewunderer beschlossen, tapferen Herzens weiterzumachen, ohne Aufruhr, Gewalttaten oder rebellische Taten vorzugehen. Sie holten die Muschel aus dem Leichenwagen: Sechs Schauspieler aus den verschiedenen Pariser Theatern trugen sie auf ihren Schultern, und gefolgt von über dreitausend Menschen brachten sie sie in die Tuilerien. Sie wollten den Sarg im Schlosshof abstellen, Gerechtigkeit fordern und sich nicht zurückziehen, bis sie ihn erhalten hätten. Der Entschluss war umso eindrucksvoller, da er mit Gelassenheit und Feierlichkeit umgesetzt wurde. Der Trauerzug bewegte sich entlang der Boulevards und hatte das Ende der Rue Montmartre erreicht, als eine Schwadron Polizei im vollen Galopp mit Schwertern in der Hand herausstürmte und den Boulevard in seiner ganzen Breite absperrte. Dann wurde über der Bahre eine Beratungssitzung abgehalten, und immer noch mit derselben Gelassenheit und derselben Gelassenheit wurde eine fünfköpfige Abordnung gewählt, um in die Tuilerien zu gehen und um die Gebete der Kirche und eine christliche Beerdigung für den Leichnam des armen Philippe zu bitten. Diese fünf Abgeordneten waren: die Herren Étienne, Jourdan, Colombeau, Ménessier und Crosnier. Karl X. weigerte sich, sie aufzunehmen, und schickte sie zurück zu Herrn de Corbières, dem Innenminister. Herr de Corbières, von Natur aus sehr brutal, antwortete grob, dass die Geistlichkeit ihre Gesetze habe und es nicht seine Aufgabe sei, diese zu übertreten, obwohl er die Polizei des Königreichs befehlige. Die fünf Abgeordneten antworteten den dreitausend Parisern, die auf dem Boulevard um den Sarg lagerten, der nach einer Beerdigung verlangte. Die Träger nahmen den Leichnam dann wieder auf ihre Schultern und setzten ihren Weg mit ihm entlang der Straße nach Père-Lachaise fort. Der Sieg blieb auf Seiten der Autorität, wie man so schön sagt; nur schneidet sich die Autorität durch solche Siege selbst die Kehle durch. „Noch ein Sieg wie dieser", sagte Pyrrhus nach der Schlacht des Herakles, „und wir sind verloren!"

Von diesem Augenblick an wurden die großzügigen Versprechen Karls X. bei seiner Thronbesteigung entsprechend geschätzt. Und wer kann behaupten, dass nicht eine der Wolken, die den Sturm vom 27. Juli 1830 verursachten, am 18. Oktober 1824 entstanden sei?

---

[1] Siehe „*Les Morts vont vite*", Band 2. ii. S. 241 ff.

Buch IV

KAPITEL I

Mein Anfang im Büro – Ernest Basset – Lassagne – M. Oudard – Ich sehe M. Deviolaine – M. le Chevalier de Broval – Sein Porträt – Gefaltete Briefe und längliche Briefe – Wie ich mir einen hervorragenden Ruf als Briefversiegler erwerbe – Ich erfahre, wer mein Nachbar war, der Bücherwurm und Pfeifer

---

Am nächsten Tag wartete ich von acht Uhr morgens bis zehn Uhr; aber wie mein Nachbar im Orchester vorhergesagt hatte, kam niemand, um Genugtuung für den Schlag zu fordern, den ich am Abend zuvor versetzt hatte. Inzwischen war ich jedoch zu zwei Überzeugungen gelangt – nämlich, dass mein Aussehen und ein Teil meiner Kleidung etwas Extravagantes haben mussten. Aus Angst, mich mit jedem, den ich im Ausland traf, furchtbar zu streiten, sollte ich meine Locken abschneiden und meinen Mantel kürzen. Mein Haar war volle fünf Zentimeter zu lang; mein Mantel war sicherlich einen Fuß zu lang. Ich rief einen Friseur und einen Schneider. Der Friseur bat mich um zehn Minuten; der Schneider um einen Tag. Ich überließ dem Schneider meinen Mantel und dem Friseur meinen Kopf. Ich hatte vor, im Cutaway ins Büro zu gehen: Es sollte klar sein, dass mein erster Besuch im Büro fast so etwas wie ein Besuch bei meinen Vorgesetzten war. Ein Cutaway wäre nicht fehl am Platz.

Mein Gesicht wurde durch das Kürzen meiner Haare völlig verändert: Wenn sie zu lang waren, sah ich aus wie einer der Verkäufer von „Löwenpomade", die ihren eigenen Kopf zu ihrem Hauptprospekt machen; wenn meine Haare zu kurz waren, sah ich aus wie ein Seehund. Natürlich schnitt der Friseur meine Haare zu kurz; leider blieb mir dann nichts anderes übrig, als zu warten, bis sie wieder nachgewachsen waren. Nachdem ich in meinem Hotel einigermaßen gut gefrühstückt hatte und mitgeteilt hatte, dass ich meine Rechnung begleichen und das Etablissement am Abend verlassen sollte, machte ich mich auf den Weg zum Büro.

Als es Viertel nach zehn schlug, erkundigte ich mich beim Portier in der Halle und er sagte mir, welche Treppe zu M. Oudards Büros, auch Sekretariat genannt, führte. Sie befanden sich im rechten Winkel des zweiten Hofes des Palais-Royal und blickten von der Gartenseite auf den Platz. Ich ging auf diese Treppe zu und ließ mir von einem zweiten Portier neue Anweisungen geben: Die Büros befanden sich im dritten Stock, also stieg ich hinauf. Mein Herz klopfte wie wild: Ich betrat ein anderes Leben – eines, das ich mir dieses Mal gewünscht und für mich selbst gewählt hatte. Diese Treppe führte mich zu meinem zukünftigen Büro. Wohin würde mich mein zukünftiges Büro führen? ... Niemand war gekommen. Ich wartete mit den Bürojungen. Der erste Angestellte, der erschien, war ein schöner, großer, blonder Jüngling; er kam singend die Treppe herauf und nahm den Bürotürschlüssel von einem Nagel. Ich stand auf.

„Monsieur Ernest", sagte einer der Bürojungen, der älteste von ihnen, ein Junge namens Raulot, „dieser junge Mann möchte mit Monsieur Oudard sprechen."

Die mit Ernest angesprochene Person sah mich einen Moment mit seinen scharfen, klaren blauen Augen an.

„Monsieur", sagte ich zu ihm, „ich bin einer der Statisten, von denen Sie vielleicht schon gehört haben."

„Ach ja! Monsieur Alexandre Dumas", rief er aus, „der Sohn von General Alexandre Dumas, empfohlen von General Foy?"

Ich sah, dass er alles über mich wusste.

„Mir geht es genauso", sagte ich.

„Kommen Sie herein", sagte er, ging vor mir hinein und öffnete die Tür eines kleinen Zimmers mit einem Fenster und drei Schreibtischen. „Sehen Sie", fuhr er fort, „Sie werden erwartet; hier ist Ihr Platz. Alles ist bereit — Papier, Stifte, Tinte; Sie brauchen sich nur hinzusetzen und Ihren Stuhl an Ihren Schreibtisch heranzurücken."

„Habe ich das Vergnügen, mit einem derjenigen zu sprechen, mit denen ich meine Tage verbringen werde?", fragte ich.

„Ja ... ich bin soeben zum einfachen Angestellten mit einem Gehalt von 1800 Francs befördert worden; ich gebe meine Stelle als Kopierangestellter auf und diese Stelle wird Ihnen nach einer längeren oder kürzeren Probezeit gehören."

„Und wer ist unser dritter Begleiter?"

„Er ist unser stellvertretender Obersekretär, Lassagne."

Die Tür öffnete sich.

„Hallo! Wer spricht von Lassagne?", fragte ein junger Mann zwischen 28 und 30 Jahren, als er hereinkam.

Ernst drehte sich um.

„Ah, Sie sind es", antwortete er. „Ich habe Monsieur Dumas gerade gesagt" – er zeigte auf mich, ich verbeugte mich – „ich habe Monsieur Dumas gerade gesagt, dass dies Ihr Platz ist, das seine und der andere meiner."

„Sind Sie unser neuer Kollege?", fragte mich Lassagne.

„Jawohl, Monsieur."

„Gerne geschehen." Und er streckte mir seine Hand entgegen.

Ich nahm sie. Es war eine dieser warmen, zitternden Hände, die man beim ersten Berühren mit Freude schüttelt – eine treue Hand, die den Charakter desjenigen offenbart, dem sie gehörte.

„Gut!", sagte ich mir. „Dieser Mann wird mir gegenüber freundlich sein, da bin ich sicher."

„Hören Sie", sagte er, „ein Ratschlag. Man munkelt, Sie seien mit der Absicht hierhergekommen, eine literarische Laufbahn einzuschlagen. Sprechen Sie nicht zu laut über ein solches Vorhaben, es würde Ihnen nur schaden ... Psst! Das ist Oudard, der sein Zimmer betritt."

Und ich hörte im Nachbarzimmer die selbstbeherrschten, gemessenen Schritte eines Mannes, der es gewohnt war, ein Amt zu leiten. Einen Moment später öffnete sich die Tür unseres Büros und Raulot erschien.

„Herr Oudard will Herrn Alexandre Dumas", sagte er.

Ich stand auf und warf Lassagne einen Blick zu: Er verstand, wie ich mich fühlte.

"Gehen Sie nur", sagte er, "er ist ein vornehmer Kerl, aber Sie müssen ihn erst kennenlernen, das werden Sie aber bald tun."

Das war nicht gerade beruhigend. Mein Herz klopfte rasend schnell, als ich den Korridor entlangging und das Büro von Monsieur Oudard betrat.

Ich fand ihn vor dem Kamin stehen. Er war ein Mann von 1,68 m, mit brauner Haut, schwarzem Haar und einem ausdruckslosen, sanften, aber festen Gesicht. Seine schwarzen Augen hatten jenen direkten Blick, den man bei Männern findet, die aus einer niederen Klasse in eine hohe Position aufgestiegen sind; ihr Ausdruck war fast steinern hart, wenn man ihn ansah; man hätte meinen können, er sei über alles und jeden hinweggegangen, der ihm in den Weg gekommen war, wie über so viele Hindernisse auf dem Weg zu diesem nur ihm bekannten Ziel, das er zu erreichen beschlossen hatte. Er hatte schöne Zähne, aber entgegen der Gewohnheit derer, die diesen Vorteil besitzen, lächelte er selten: Man konnte sehen, dass ihm nichts – nicht einmal das unbedeutendste Ereignis – gleichgültig war; ein Kieselstein unter dem Fuß eines ehrgeizigen Mannes wird ihn um die Größe dieses Kieselsteins höher erheben. Oudard war sehr ehrgeizig; aber da er auch im Grunde ehrlich war, bezweifle ich, dass sein Ehrgeiz ihn jemals, ich will nicht sagen, zu einem bösen Gedanken inspiriert hat – welcher Mensch ist Herr seiner Gedanken? –, sondern ihn dazu gebracht hat, eine gemeine Tat zu begehen. Später wird man sehen, dass er hart, fast erbarmungslos gegen mich war. Er hatte dabei, da bin ich mir sicher, die besten Absichten; er dachte nicht an die Zukunft, die ich mir aufbauen wollte, und er fürchtete, ich könnte nur die Position verlieren, die ich mir erarbeitet hatte – die Position, zu der er mir verholfen hatte. Im Gegensatz zu anderen Emporkömmlingen (und geben wir zu, er war eigentlich eher ein Mann, der Erfolg hatte, als ein bloßer Emporkömmling) sprach Oudard viel über das Dorf, in dem er geboren war, über das Haus, in dem er aufgewachsen war, über seine alte Mutter, die ihn in ihrer Bauerntracht besuchte , mit der er ins Palais-Royal ging oder die er ins Theater mitnahm, genau wie sie: vielleicht war all dieses Gerede nur eine andere Form des Stolzes, aber es ist ein Stolz, den ich mag. Er war seiner Mutter ergeben – ein Gefühl, das bei ehrgeizigen Männern so selten ist, dass es hier als ungewöhnlich bezeichnet werden sollte. Oudard muss damals zweiunddreißig gewesen sein; er war Leiter der Sekretariatsabteilung und Privatsekretär der Herzogin von Orléans. Diese beiden Posten zusammen müssen ihm etwa zwölftausend Francs pro Jahr eingebracht haben, Nebenvergütungen inbegriffen. Er trug schwarze Hosen, eine weiße Piquéweste und einen schwarzen Mantel und eine schwarze Krawatte. Er trug sehr feine Baumwollstrümpfe und Pantoffeln. So kleidete sich ein Mann, der nicht nur Obersekretär eines Büros war, sondern auch jemand, der jederzeit in die Gegenwart eines Prinzen oder einer Prinzessin gerufen werden konnte.

„Kommen Sie herein, Monsieur Dumas", sagte er.

Ich ging zu ihm und verbeugte mich.

„Sie wurden mir von zwei Personen ganz besonders empfohlen, von denen ich die eine sehr respektiere und die andere sehr liebe."

„Ist General Foy nicht einer von ihnen, Monsieur?"

„Ja, er ist der Mann, den ich respektiere. Aber wie kommt es, dass Sie den Namen des anderen nicht erraten?"

„Ich muss gestehen, Monsieur, es würde mir schwerfallen, irgendjemanden sonst zu nennen, bei dem ich so großes Interesse geweckt haben könnte, dass er sich die Mühe machen würde, mich Ihnen zu empfehlen."

„Es war Monsieur Deviolaine."

„M. Deviolaine?", wiederholte ich ziemlich überrascht.

„Ja, Monsieur Deviolaine … Ist er nicht mit Ihnen verwandt?"

„Gewiss, Monsieur; aber als meine Mutter Monsieur Deviolaine bat, er möge die Güte haben, mich Monseigneur le Duc d'Orléans zu empfehlen, begegnete Monsieur Deviolaine dieser Bitte mit so viel Kühlheit …“

„Oh, wissen Sie, Schroffheit ist beinahe der Hauptcharakterzug unseres ehrenwerten Konservators … Darauf dürfen Sie keine Rücksicht nehmen.“

„Ich fürchte, Monsieur, wenn mein guter Vetter viel über mich zu Ihnen sprach und mich Ihnen empfahl, so hat er mir doch nicht geschmeichelt.“

„Das wäre nicht schlecht für Sie, da Sie dadurch die Gelegenheit hätten, mich angenehm zu überraschen.“

„Er hat dir wahrscheinlich erzählt, dass ich untätig war?“

„Er sagte mir, Sie hätten nie viel gearbeitet; aber Sie sind jung und können die verlorene Zeit nachholen.“

„Er hat dir gesagt, dass ich mich nur fürs Schießen interessiere?“

„Er hat gestanden, dass Sie so etwas wie ein Wilderer sind.“

„Er hat Ihnen gesagt, ich sei eigensinnig und wankelmütig in meinen Ideen und Vorstellungen?“

„Er sagte, Sie hätten alle Anwälte in Villers-Cotterets und Crespy durchgemacht und hätten bei keinem von ihnen aufhören können.“

„Er hat etwas übertrieben... Aber wenn ich bei keinem der beiden Anwälte blieb, für die ich arbeitete, dann lag das an meinem unerschütterlichen, intensiven Wunsch, nach Paris zu kommen.“

„Also gut, hier sind Sie, und Ihr Wunsch ist erfüllt.“

„War das alles, was M. Deviolaine Ihnen über mich erzählt hat?“

„Nun, nein; … er sagte auch, dass du ein guter Sohn wärst und dass du deine Mutter, obwohl du sie ständig unglücklich gemacht hättest, vergötterst; dass du nie wirklich den Wunsch gehabt hättest, etwas zu lernen, aber eher aus Übereifer als aus Mangel an Intelligenz; außerdem sagte er mir, dass du zwar einen schwachen Kopf hättest, aber dass er dich auch für gutherzig hielte... Geh und danke ihm, geh und danke ihm.“

„Wo finde ich ihn?“

„Einer der Bürojungen wird Sie zu ihm bringen.“

Er hat angerufen.

„Bringen Sie Monsieur Dumas zu Monsieur Deviolaines Räumen“, sagte er.

Dann wandte er sich an mich –

„Kennen Sie Lassagne schon?", sagte er.

„Ja, ich habe gerade fünf Minuten mit ihm gesprochen."

„Er ist ein sehr guter Kerl, hat aber einen Fehler: Bei Ihnen wird er zu schwach sein; zum Glück bin ich zur Stelle. Lassagne und Ernest Basset werden Ihnen sagen, was Ihre Arbeit sein wird."

„Und Monsieur de Broval?", fragte ich.

Der Geschäftsführer war M. de Broval.

„Man wird Herrn von Broval von Ihrem Kommen benachrichtigen und ihn wahrscheinlich nach Ihnen fragen. Wissen Sie, dass Ihre ganze Zukunft von ihm abhängt?"

„Und auf Sie, Monsieur, ja."

„Ich hoffe, dass Ihnen das, soweit es mich betrifft, keine großen Sorgen bereitet … Aber gehen Sie und danken Sie Monsieur Deviolaine; gehen Sie! Sie haben schon zu lange gezögert."

Ich verbeugte mich vor M. Oudard und ging hinaus. Fünf Minuten später war ich bei M. Deviolaine. Er arbeitete allein in einem großen Zimmer und an einem Schreibtisch, der allein in der Mitte des Zimmers stand. Da mir ein Bürojunge vorausging und man annahm, dass ich von M. Oudard geschickt worden war, ließ man mich unangemeldet eintreten. M. Deviolaine hörte, wie die Tür aufging, und wartete einen Augenblick, bis jemand sprach. Dann, als ich ebenfalls wartete, blickte er auf und fragte:

"Wer ist da?"

„Ich bin es, Monsieur Deviolaine."

„Wer, du? (*toi*)"

„Ich sehe an der Art, wie Sie sprechen, dass Sie mich erkennen."

„Ja, ich erkenne dich... Da bist du ja! Na, du bist ein feiner Junge!"

„Warum, bitte?"

„Nun, Sie waren dreimal in Paris, ohne mir einen einzigen Besuch abzustatten."

„Ich wusste nicht, dass Sie mich sehen möchten."

„Es war nicht Ihre Aufgabe, zu hinterfragen, ob es mir gefallen würde oder nicht; es war Ihre Pflicht, zu kommen."

„Also, hier bin ich; besser spät als nie."

"Warum bist du jetzt hier?"

„Ich bin gekommen, um Ihnen zu danken.“

"Wozu?"

„Wegen dem, was Sie M. Oudard über mich gesagt haben.“

„Sie sind also nicht schwer zufriedenzustellen.“

"Warum?"

"Weißt du, was ich gesagt habe?"

„Gewiß. Sie sagten ihm, ich sei ein fauler Bursche, ich tauge zu nichts anderem als zum Kopieren von Urkunden, ich hätte die Geduld aller Anwälte in Villers-Cotterets und in Crespy auf die Probe gestellt.“

„Na, gebührt mir dafür wirklich großer Dank?“

„Nein, ich wollte Ihnen nicht dafür danken, sondern für das, was Sie hinzugefügt haben.“

"Ich habe nichts hinzugefügt."

„Aber das haben Sie! … Sie sagten weiter …“

„Ich sage Ihnen, ich habe nichts hinzugefügt; aber jetzt, da Sie hier sind, werde ich etwas hinzufügen: nämlich, wenn Sie so unklug sind, hier schmutzige Theaterstücke und schäbige Verse zu schreiben, wie Sie es in Villers-Cotterets getan haben, werde ich Sie anzeigen, ich werde Sie mit mir wegnehmen, ich werde Sie in einem meiner Büros einsperren und ich werde Ihnen ein Hundeleben führen … mal sehen, ob ich das nicht tue!“

„Lass mich sagen, Cousin …“

"Was?"

„Solange ich hier bin...“

"Also?"

„Auch wenn du mich nicht zurückgehen lässt.“

"Also?"

„Weil das – *A cause que* , ein Grammatikfehler, ist mir ganz klar; aber Corneille und Bossuet haben ihn ausgenutzt –, weil ich nur nach Paris gekommen bin, um schmutzige Stücke und schäbige Verse zu schreiben, ob ich nun im Sekretariat oder hier bin, ich muss weiterhin damit fortfahren, sie zu schreiben.“

„Ach, ist das so? Glauben Sie im Ernst, Sie könnten mit einer Ausbildung von drei Francs im Monat ein Corneille, ein Racine oder ein Voltaire werden?“

„Wenn ich ein Mensch wie einer dieser drei werden würde, wäre ich nur das, was ein anderer Mensch gewesen ist, und das wäre nicht der Mühe wert.“

„Sie meinen also, Sie würden es besser machen als sie?“

"Ich würde etwas anders machen."

„Komm doch ein bisschen näher zu mir, damit ich dir einen ordentlichen Tritt verpassen kann, du eingebildeter Junge.“

Ich ging näher zu ihm.

"Hier bin ich!"

„Ich glaube, der freche Junge ist tatsächlich näher gekommen!“

„Ja... Meine Mutter hat mir gesagt, ich soll dir ihre Grüße ausrichten.“

„Geht es deiner armen Mutter gut?“

„Das hoffe ich.“

„Sie ist ein gutes Geschöpf! Wie zum Teufel bist du nur bei einer solchen Mutter auf die Welt gekommen? Komm, gib mir die Hand und verschwinde!“

„Auf Wiedersehen, Cousin.“

Er hielt meine Hand fest.

„Willst du Geld, du Schurke?“

„Danke... ich habe welche.“

"Wo hast du es bekommen?"

„Das erzähle ich dir ein anderes Mal, jetzt würde es zu lange dauern.“

„Du hast recht, ich habe keine Zeit zu verlieren. Verschwinde!“

„Auf Wiedersehen, Cousin.“

„Kommen Sie und essen Sie mit mir, wann immer Sie möchten.“

„Oh! Danke, ja, dass deine Leute auf mich herabsehen.“ „Auf dich herabsehen! Das würde ich gern sehen. Meine Frau hat oft genug mit deinem Großvater und deiner Großmutter gegessen, um dir zu rechtfertigen, so oft du willst mit mir zu essen ... Aber jetzt verschwinde, Junge! Du verschwendest meine ganze Zeit.“

Der Bürojunge von M. Deviolaine kam herein. Sein Name war Féresse. Wir werden später noch mehr von ihm sehen.

„Herr Deviolaine", sagte er, „Herr de Broval möchte wissen, ob der Bericht über die Bewirtschaftung des Waldes von Villers-Cotterets fertig ist?"

„Nein, noch nicht... in einer Viertelstunde."

Dann wandte er sich mir zu –

„Siehst du? ... siehst du?"

„Ich werde mich aus dem Staub machen, Monsieur Deviolaine."

Und los ging es, während Monsieur Deviolaine seine Nase in den Bericht vergrub und wie üblich knurrte.

Ich kehrte in unser gemeinsames Büro zurück und setzte mich an meinen Schreibtisch. Mein Schreibtisch stand neben Lassagnes, sodass wir nur durch die Breite unserer Tische und durch die kleinen schwarzen Fächer voneinander getrennt waren, in die die aktuelle Arbeit normalerweise gelegt wurde. Ernest war ausgegangen, ich weiß nicht warum. Ich bat Lassagne, mir zu sagen, was ich tun sollte. Lassagne stand auf, beugte sich über meinen Schreibtisch und sagte es mir. Ich hatte immer ein großes Interesse daran, die Menschen um mich herum zu studieren, insbesondere den Mann, der im Büro mein unmittelbarer Vorgesetzter war; denn obwohl Ernest jetzt ein vollwertiger Angestellter war und ich nur dazu bestimmt war, ein einfacher Kopierangestellter zu sein, war er mehr mein Kamerad als mein Vorgesetzter.

Lassagne war, wie ich glaube, bereits gesagt zu haben, damals ein Mann von achtundzwanzig oder dreißig Jahren mit einem ansprechenden Gesicht, umrahmt von wunderschönem schwarzen Haar, belebt von schwarzen Augen voller Intelligenz und Klugheit und erhellt (wenn man diesen Ausdruck erlauben darf) von so weißen und regelmäßigen Zähnen, dass die eitelste aller Frauen sie beneidet hätte. Der einzige Makel in seinem Gesicht war seine Adlernase, die auf einer Seite ein wenig stärker geneigt war als auf der anderen; aber gerade diese Unregelmäßigkeit verlieh seinem Gesicht eine originelle Note, die es ohne sie nicht gehabt hätte. Dazu kam eine sympathische Stimme, die sanft in einem Ohr zu vibrieren schien und bei deren Klang man sich unmöglich nicht umdrehen und lächeln konnte. Kurz gesagt, eine entzückende Person, wie ich sie selten getroffen habe; gut informiert; ein brillanter Liedermacher; der enge Freund von Désaugiers, Théaulon, Armand Gouffé, Brazier, Rougemont und allen Opernautoren der Zeit; so dass er sich nach seiner verabscheuten Amtsarbeit erfrischte, indem er in die literarische Welt eintrat, die er liebte, und seine tägliche Arbeit wechselte mit planloser Arbeit ab, die teils aus Artikeln für den *Drapeau blanc* und den *Foudre* und teils aus Beiträgen zu einigen der entzückendsten Stücke der Opernhäuser bestand. Man muss zugeben, dass dies genau das war, was ich brauchte, und ich hätte die Vorsehung um nichts bitten können, was mir besser für mich erschienen wäre.

Nun, während der fünf Jahre, die wir im selben Büro verbrachten, gab es nie eine Unstimmigkeit, keinen Streit oder das Gefühl, dass zwischen Lassagne und mir gegensätzliche Ziele verfolgt wurden. Er ließ mich die Stunde mögen, zu der ich meine tägliche Arbeit begann, weil ich wusste, dass er gleich nach mir kommen würde; er ließ mich die Zeit lieben, die ich an meinem Schreibtisch verbrachte, weil er dort immer bereit war, mir mit einer Erklärung zu helfen, mir etwas Neues über das Leben beizubringen, das sich mir bis dahin kaum erschlossen hatte, über die Welt, von der ich völlig unwissend war, und schließlich über ausländische oder nationale Literatur, von der ich 1823 praktisch nichts wusste, weder von der einen noch von der anderen.

Lassagne organisierte meine tägliche Arbeit; sie war völlig mechanisch und bestand darin, möglichst viele Briefe in möglichst schöner Handschrift abzuschreiben: Diese mussten je nach Wichtigkeit von M. Oudard, M. de Broval oder sogar vom Herzog von Orléans unterzeichnet werden. Inmitten dieser Korrespondenz, die den gesamten Bereich der Verwaltung betraf und die, wenn sie an Fürsten oder ausländische Könige gerichtet war, oft von Verwaltungsangelegenheiten zu politischen überging, tauchten Berichte über die umstrittenen Angelegenheiten des Herrn Herzogs von Orléans auf; denn der Herzog von Orléans bereitete seine Prozessangelegenheiten selbst für seinen Anwalt vor und erledigte selbst die Arbeit, die Anwälte für Rechtsanwälte tun – das heißt, er bereitete die Schriftsätze vor. Sie waren fast immer vollständig in der Handschrift des Herzogs von Orléans verfasst oder jedenfalls in seiner großen, dicken Schrift korrigiert und mit Anmerkungen versehen, in der jeder Buchstabe durch einen kräftigen Strich mit dem benachbarten Buchstaben verbunden war, nach Art der Argumente eines logischen Dialektikers, die miteinander verbunden, ineinander verschlungen und aufeinander folgend sind.

Ich war gerade dabei, meinen ersten Brief zu schreiben, und auf Anraten von Lassagne, der großen Wert auf diesen Punkt gelegt hatte, schickte ich ihn in meiner allerbesten Handschrift ab, als ich hörte, wie sich die Verbindungstür zwischen Oudards Büro und unserem öffnete. Mit der Heuchelei eines alten Hasen tat ich so, als sei ich so tief in meine Arbeit vertieft, dass kein Geräusch meine Aufmerksamkeit ablenken konnte, als ich das Knarren von Schritten hörte, die auf meinen Schreibtisch zukamen, und dann blieben sie neben mir stehen.

„Dumas!" rief Lassagne mir zu.

Ich hob den Kopf und sah, dicht neben mir auf der linken Seite, eine Person stehen, die mir völlig unbekannt war.

„M. le Chevalier de Broval", fügte Lassagne hinzu und ergänzte seinen Ausruf um weitere Informationen.

Ich erhob mich von meinem Platz.

„Lassen Sie sich nicht beunruhigen", sagte er. Und er nahm den fast fertigen Brief, den ich gerade abschrieb, und las ihn.

Ich nutzte diese Ruhepause, um ihn zu untersuchen.

Monsieur le Chevalier de Broval war, wie jeder weiß, einer der treuesten Gefolgsleute des Herzogs von Orléans. Er hatte ihn während der letzten Zeit seiner Verbannung nie verlassen und ihm manchmal als Sekretär, manchmal als Diplomat gedient. In dieser Eigenschaft war er in alle langen Diskussionen über die Hochzeit des Herzogs von Orléans mit Prinzessin Marie-Amélie, der Tochter von Ferdinand und Caroline, König und Königin von Neapel, verwickelt gewesen. Im Zusammenhang mit dieser Hochzeit hatte er den Orden von Saint-Janvier erhalten, den er an hohen Festtagen neben dem Kreuz der Ehrenlegion auf einem geflochtenen Mantel trug. Er war ein kleiner alter Mann von etwa sechzig Jahren mit kurzem, stoppeligem Haar. Er war ein wenig hinkend, ging schief auf der linken Seite, hatte eine große rote Nase, die für sich selbst sprach, und kleine graue Augen, die nichts ausdrückten. er hatte das Aussehen eines typischen Höflings, höflich, unterwürfig, seinem Herrn gegenüber schmeichelnd, manchmal freundlich, aber im Allgemeinen kapriziös gegenüber seinen Untergebenen; er hielt viele Gedanken über Kleinigkeiten und legte höchsten Wert auf die Art und Weise, wie ein Brief gefaltet oder ein Siegel befestigt war; in Wirklichkeit hatte er diese Vorstellungen vom Herzog von Orléans selbst übernommen, der auf kleine Einzelheiten sogar noch penibler war als vielleicht Monsieur de Broval.

Monsieur de Broval las den Brief, nahm meine Feder, fügte hier und da ein Apostroph oder ein Komma hinzu und sagte dann, während er die Feder wieder vor mir hinlegte: „Beenden Sie ihn."

Ich habe es beendet.

Er wartete hinter mir und drückte mir buchstäblich auf die Schultern.

Jedes neue Gesicht, das ich sah, hinterließ wiederum seine Wirkung auf mich. Ich beendete es mit einer sehr zitternden Hand.

„Da ist es, Monsieur le Chevalier", sagte ich.

„Gut!", rief er.

Er nahm eine Feder, unterschrieb, streute Sand über meine und seine Handschrift, gab mir dann den Brief zurück, der für einen einfachen

Inspektor bestimmt war, da man meiner unerfahrenen Hand zunächst nicht mehr anvertrauen wollte, und sagte:

"Wissen Sie, wie man einen Brief faltet?"

Ich sah ihn erstaunt an.

„Ich frage dich, ob du weißt, wie man einen Brief faltet. Antworte mir!“

„Ja, ja … zumindest glaube ich das“, antwortete ich, erstaunt über den starren Blick, den seine kleinen grauen Augen angenommen hatten.

„Du glaubst? Ist das alles? Du bist nicht sicher?“

„Monsieur, wie Sie sehen, bin ich mir über nichts im Klaren, nicht einmal über das Falten eines Briefes.“

„Und da haben Sie Recht, denn es gibt zehn Arten, einen Brief zu falten, je nach dem Rang des Adressaten. Falten Sie diesen hier.“

Ich begann, den Brief viermal zu falten.

„Oh! Was hast du vor?“, sagte er.

Ich hielt inne. „Verzeihung, Monsieur“, sagte ich, „aber Sie haben mir *befohlen*, den Brief zusammenzufalten, und ich falte ihn jetzt.“

M. de Broval biss sich auf die Lippe. Ich hatte das Wort „befohlen“ in der gesprochenen Phrase betont, so wie ich es gerade in der geschriebenen Phrase unterstrichen habe.

„Ja“, sagte er, „aber Sie falten es quadratisch – das ist für hohe Beamte in Ordnung. Wenn Sie Inspektoren und Unterinspektoren quadratisch gefaltete Briefe geben, was werden Sie dann für Minister, Prinzen und Könige tun?“

„Ganz recht, Monsieur le Chevalier“, antwortete ich. „Wollen Sie mir sagen, was die korrekte Vorgehensweise für Inspektoren und Unterinspektoren ist?“

„Länglich, Monsieur, länglich.“

„Sie werden meine Unwissenheit verzeihen, Monsieur; ich weiß, was ein Oblong in der Theorie ist, aber ich weiß noch nicht, was es in der Praxis ist.“

"Sehen...."

Und Monsieur de Broval ließ sich bereitwillig dazu herab, mir die Unterrichtsstunde in länglichen Dingen zu erteilen, um die ich ihn gebeten hatte.

„Da!“, sagte er, als der Brief zusammengefaltet war.

„Danke, Monsieur", antwortete ich.

„Und nun, Monsieur, der Umschlag?", sagte er.

Ich hatte noch nie Briefumschläge gemacht, außer für die seltenen Petitionen, die ich für meine Mutter geschrieben hatte, und einmal auf eigene Rechnung in General Foys Büro, also war ich noch immer unwissender, was das Anfertigen von Briefumschlägen angeht, als das Falten. Ich nahm ein halbes Blatt Papier in meine linke Hand, eine Schere in meine rechte Hand und begann, das Blatt zu schneiden.

Monsieur le Chevalier de Broval stieß einen Schrei aus, der aus Überraschung und Schrecken bestand.

„Oh, guter Gott!", sagte er, „was willst du tun?"

„Aber, Monsieur le Chevalier, ich werde den Umschlag anfertigen, den Sie von mir verlangt haben."

„Mit einer Schere?"

"Ja."

„Lernen Sie zuerst dies, Monsieur: Papier sollte nicht geschnitten, sondern zerrissen werden."

Ich habe mit aller Aufmerksamkeit zugehört.

„Oh!", rief ich.

„Man müsste es zerreißen", wiederholte Monsieur de Broval. „Und in diesem Fall ist es nicht einmal nötig, das Papier zu zerreißen, was Ihnen vielleicht auch nicht klar ist?"

„Nein, Monsieur, das tue ich nicht."

„Sie werden es lernen... Es fehlt nur noch ein englischer Umschlag."

„Ah! Ein englischer Umschlag?"

„Sie wissen nicht, wie man einen englischen Umschlag macht?"

„Ich weiß nicht einmal, was es ist, M. le Chevalier."

„Ich werde es Ihnen zeigen. Als allgemeine Regel, Monsieur, sind quadratische Briefe und quadratische Umschläge für Minister, Prinzen und Könige."

„Gut, Monsieur le Chevalier. Ich werde es mir merken."

"Sie sind sicher?"

"Ja."

„Gut... Und für Abteilungsleiter, Hauptassistenten, Inspektoren und Unterinspektoren, Langbriefe und englische Umschläge."

Ich wiederholte: „Längliche Briefe und englische Umschläge."

„Ja, ja, natürlich… Das ist das, was wir einen englischen Umschlag nennen."

„Danke, Monsieur."

„Und nun das Siegel... Ernst, willst du mir eine Kerze anzünden?" Ernst beeilte sich, uns die angezündete Kerze zu bringen, und nun, zu meiner Schande gestehe ich, wuchs meine Verwirrung noch: Bisher hatte ich meine Briefe immer anders als mit Oblaten versiegelt – das heißt, wenn ich sie versiegelt hatte.

Ich nahm das Wachs auf so ungeschickte Weise, erhitzte es auf so merkwürdige Weise und blies es aus Angst, das Papier zu verbrennen, so schnell aus, dass ich diesmal eher Mitleid als Ungeduld in Monsieur de Broval erregte.

„Oh, mein Freund", sagte er, „haben Sie wirklich noch nie einen Brief versiegelt?"

„Niemals, Monsieur", antwortete ich. „An wen hätte ich schreiben können, wo ich doch in einer kleinen Provinzstadt begraben war?"

Dieses bescheidene Geständnis berührte Monsieur de Broval.

„Sehen Sie", sagte er und erhitzte das Wachs, „so versiegelt man einen Brief."

Und glauben Sie mir, er versiegelte den Brief auf Armeslänge, mit einer so ruhigen Hand, als wäre er fünfundzwanzig Jahre alt. Dann nahm er ein großes silbernes Siegel, drückte es auf den See aus brennendem Wachs und zog es erst heraus, als der Abdruck deutlich zu erkennen war und ich das Wappenschild mit den drei heraldischen Lilien von Orléans erkennen konnte, über dem sich die herzogliche Krone befand.

Ich muss gestehen, ich war entmutigt.

„Schreiben Sie die Adresse", sagte M. le Chevalier de Broval herrisch.

Mit zitternder Hand schrieb ich die Adresse.

„Gut, gut!" sagte Monsieur le Chevalier de Broval. „Lassen Sie sich nicht entmutigen, mein Junge ... Es ist alles in Ordnung. Unterschreiben Sie es jetzt."

Ich hielt inne, ohne zu wissen, was ein Losungszeichen war.

Monsieur de Broval wurde, genau wie General Foy, allmählich klar, wie unwissend ich war. Er deutete mit dem Finger auf die Ecke des Briefes.

„Da", sagte er, „schreiben Sie dort ‚ *Duc d'Orléans'*. Damit frankieren Sie den Brief. Hören Sie?"

Ich konnte gut genug hören, war aber so aufgewühlt, dass ich kaum verstand, was gesagt wurde.

"So!", sagte Monsieur de Broval, nahm den Brief und betrachtete ihn mit zufriedener Miene. "Das ist in Ordnung, aber Sie müssen all diese Dinge lernen ... Ernst" - Ernst war Monsieur de Brovals Liebling, und in seinen heiteren Momenten nannte ihn der alte Höfling bei seinem Vornamen - "Ernest, bringen Sie Monsieur Dumas bei, Briefe zu falten, Umschläge zu machen und Pakete zu versiegeln." Und bei diesen Worten ging er.

Die Tür war kaum geschlossen, als ich meinen Kameraden Ernest bat, mit dem Unterricht zu beginnen, und er machte sich sofort mit herzlicher Begeisterung an die Aufgabe. Ernest war ein erstklassiger Assistent beim Falten, Herstellen von Umschlägen und Versiegeln; aber ich legte meinen ganzen Willen hinein, und es dauerte nicht lange, bis ich die Fähigkeiten meines Lehrers erreichte und übertraf.

Als ich 1831 dem Herzog von Orléans, dem heutigen Louis-Philippe I., meinen Rücktritt einreichte, hatte ich insbesondere in der dritten Leistung eine solche Vollkommenheit erreicht, dass sein einziges Bedauern darin bestand:

„Zum Teufel! Das ist schade! Sie sind der beste Briefversiegler, den ich je gesehen habe."

Während ich bei Ernest meinen Unterricht im Falten und Versiegeln hatte, las Lassagne die Zeitung.

„Oh!", rief er plötzlich aus, „daran erinnere ich mich gut!"

„Was ist es?", fragte ich.

Anstatt mir zu antworten, las Lassagne laut vor: „Eine Szene, die an die von La Fontaine bei der ersten Aufführung von *Florentin erinnert* , spielte sich gestern Abend bei der dritten Aufführung der Wiederaufführung von Der *Vampir ab*. Unser gelehrter Bibliophiler Charles Nodier wurde aus dem Theater Porte-Saint-Martin verwiesen, weil er das Stück durch Pfeifen gestört hatte. Charles Nodier ist einer der anonymen Autoren von Der *Vampir* ."

„Also!", rief ich, „mein Orchesternachbar war Charles Nodier!"

„Haben Sie mit ihm gesprochen?", fragte Lassagne.

"In den Pausen habe ich nichts anderes gemacht."

„Sie hatten Glück", fuhr Lassagne fort: „Wäre ich an Ihrer Stelle gewesen, hätte ich die Pausen dem Theaterstück bei weitem vorgezogen."

Ich kannte Charles Nodier dem Namen nach, wusste aber überhaupt nicht, was er getan hatte.

Als ich das Büro verließ, betrat ich eine Buchhandlung und fragte nach einem Roman von Nodier. Sie gaben mir *Jean Sbogar*.

Die Lektüre dieses Buches begann mein Vertrauen in Pigault-Lebrun zu erschüttern.

KAPITEL II

Berühmte Zeitgenossen – Der Satz, der auf meinem Grundstein steht – Meine Antwort – Ich lasse mich auf dem Place des Italiens nieder – Der Tisch von Herrn von Leuven – Der witzige Ausspruch von Herrn Louis-Bonaparte – Lassagne erteilt mir meine erste Lektion in Literatur und Geschichte

Als ich nach Paris kam, waren die Männer, die in der Literatur einen hervorragenden Rang innehatten und unter denen ich einen Platz suchte, die Herren de Chateaubriand, Jouy, Lemercier, Arnault, Étienne, Baour-Lormian, de Béranger, Ch. Nodier, Viennet, Scribe, Théaulon, Soumet, Casimir Delavigne, Lucien Arnault, Ancelot, Lamartine, Victor Hugo, Désaugiers und Alfred de Vigny. Es versteht sich natürlich, dass ich sie nicht in der Reihenfolge einordne, in der ich ihre Namen aufgeschrieben habe. Dann folgen Männer, deren Interessen halb literarisch, halb politisch waren, wie die Herren Cousin, Salvandy, Villemain, Thiers, Augustin Thierry, Michelet, Mignet, Vitet, Cavé, Mérimée und Guizot. Und schließlich diejenigen, die noch nicht berühmt waren, aber nach und nach in den Vordergrund traten, wie Balzac, Soulié, de Musset, Sainte-Beuve, Auguste Barbier, Alphonse Karr und Théophile Gautier.

Die drei Frauen der damaligen Zeit waren allesamt Dichterinnen – Mesdames Desbordes-Valmore, Amable Tastu, Delphine Gay. Madame Sand war noch unbekannt und offenbarte ihr Können erst mit der Aufführung von *Indiana*, 1828 oder 1829, glaube ich.

Ich kannte diese ganze *Plejade*, die die Welt über ein halbes Jahrhundert lang mit ihrem Witz und ihrer Poesie unterhielt – einige als Freunde und Unterstützer, andere als Feinde und Gegner. Weder die Vorteile, die ich von den ersteren erhalten habe, noch der Schaden, den die letzteren mir zufügen wollten, werden das Urteil, das ich über sie fällen werde, im geringsten beeinflussen. Die ersteren haben mich durch ihre Unterstützung nicht eine Stufe höher steigen lassen; die letzteren haben mich durch ihre Versuche, mich zu behindern, nicht einen Schritt zurückgehalten. Durch all die Freundschaften, den Hass und die Eifersucht eines Lebens, das in seinen kleinen Einzelheiten geplagt, aber in seinem Verlauf immer ruhig und gelassen war, erreichte ich die Position, die Gott mir zugewiesen hatte; ich erlangte sie ohne die Hilfe von Intrigen oder Cliquen und kam nur durch meine eigenen Bemühungen voran. Ich habe den Gipfel erreicht, den jeder Mensch in der Mitte seines Lebens erklimmt, und ich verlange nichts, ich wünsche nichts, ich begehre nichts. Ich habe viele Freundschaften, ich habe keine einzige Feindschaft. Wenn Gott zu Beginn meines Lebens zu mir gesagt hätte: „Junger Mann, was wünschst du dir?", hätte ich nicht gewagt, von seiner unendlichen Größe das zu verlangen, was er mir aus seiner väterlichen Güte zu gewähren geruht hat. So will ich nun alles über die genannten Männer sagen, so wie sie mir auf meinem Lebensweg erschienen sind: Wenn ich etwas verheimliche, dann das Böse, das ich über sie weiß. Warum sollte ich ihnen gegenüber ungerecht sein? Keiner von ihnen besaß eine einzige Ehre oder ein einziges Glück, für das ich jemals meinen Ruf oder meinen Geldbeutel hätte eintauschen wollen.

Gestern las ich die folgenden Worte, geschrieben von einer unbekannten Hand auf dem Grundstein eines Hauses, das ich mir hatte bauen lassen, und das, bis ich oder jemand anders es bewohnen kann, vorerst nur Spatzen und Schwalben beherbergt:

„O Dumas! Du wirst nicht sterben und wirst es trotzdem bereuen! EL"

Ich schrieb darunter:—

„Niais! … wenn du ein Mann bist. Mental! … wenn du eine Frau bist. AD"

Aber ich habe sorgfältig darauf geachtet, den Satz auszulöschen.

Kehren wir zu meinen Zeitgenossen zurück und ergänzen wir die Liste der berühmten Namen, die mich zu diesen Überlegungen veranlasst haben.

Unter den Musikkomponisten Rossini, Meyerbeer, Auber, Donizetti, Bellini, Liszt und Thalberg. Unter den Dramatikern Talma, Lafont, Mars, Duchesnois, Georges, Leverd, Frédérick (Lemaître), Dorval, Potier, Monrose père, Déjazet, Smithson, Lablache, Macready, Karatikin, Miss Faucit, Schroeder-Devrient, la Malibran und la Hungher.

Ich hatte die Ehre, mehrere Könige und Prinzen zu kennen – sie werden ihren Platz haben –, aber meine Könige im Bereich der Kunst kommen vor allen anderen, meine Prinzen in der Phantasie haben den ersten Platz. Jedem Herrscher gebührt die ihm gebührende Ehre.

Als ich aus meinem Büro kam, oder vielmehr aus der Buchhandlung, in der ich *Jean Sbogar gekauft hatte* , eilte ich zum Place des Italiens. Mein Wagen voller Möbel wartete vor der Tür; ich brauchte nur eine Stunde, um meine Haushaltsordnung zu regeln, und am Ende dieser Zeit war alles fertig.

Von der üblichen Ausstattung eines Dichters hatte ich jetzt die Dachkammer; von den Besitztümern des glücklichen Mannes hatte ich jetzt einen Dachboden unter den Fliesen. Besser als all diese Dinge, ich war erst zwanzig! Ich überwand die Distanz zwischen dem Place des Italiens und der Rue Pigale im Nu. Ich sehnte mich danach, Adolphe zu erzählen, dass ich beim Duc d'Orléans untergebracht war; dass ich einen Schreibtisch, Papier,

Federn, Tinte, Siegelwachs im Palais-Royal besaß; vier Stühle, einen Tisch, ein Bett und ein mit gelber Tapete versehenes Zimmer am Place des Italiens.

Adolphe teilte meine Freude aufrichtig. M. de Leuven machte sich, auf seinem Zahnstocher kauend, sanft über meine Begeisterung lustig. Madame de Leuven, die vollkommenste aller Frauen, freute sich über die Freude, die meine Mutter empfand.

Ich wurde aufgefordert, einen festen Tag festzulegen, an dem ich bei Monsieur de Leuven zu Abend essen sollte. An diesem Tag sollte mein Platz immer gedeckt sein: Es sollte eine Institution für immer sein. Für immer! Was für ein großartiges Wort! – eines, das im Leben so oft ausgesprochen wird, aber in Wirklichkeit nur im Tod existiert!

„Sie sind zu lebenslanger Haft verurteilt, Monseigneur“, sagte mein lieber und guter Freund Nogent Saint-Laurent zu Prinz Louis-Bonaparte.

„Wie lange dauert die Ewigkeit in Frankreich, Monsieur Saint-Laurent?“, fragte der Prinz.

Tatsächlich dauerte seine unbefristete Amtszeit in Ham fünf Jahre – zwei Jahre weniger als die unbefristete Amtszeit von Herrn de Peyronnet und Herrn de Polignac.

Mein ewiger Aufenthalt an der Tafel von Monsieur de Leuven dauerte genau so lange wie der von Prinz Louis in Ham. Ich werde erzählen, wie es dazu kam, dass es aufhörte, und ich kann auch gleich zugeben, dass weder Monsieur de Leuven, noch Madame de Leuven, noch Adolphe daran schuld waren. Es war vereinbart worden, dass ich am nächsten Tag dort zu Abend essen sollte, um die Familie Arnault kennenzulernen: Dies sollte ein zusätzliches Abendessen werden.

Man kann sich vorstellen, wie sehr mich während der 22 Stunden, die vergehen mussten, bevor wir uns an den Tisch setzten, der Gedanke beschäftigte, mit dem Autor von „ *Marius à Minturnes* “, dem Mann, der „Régulus“ geschrieben hatte , zu Abend zu speisen .

Ich verkündete die großartige Neuigkeit Ernest und Lassagne. Ernest schien davon völlig unbeeindruckt, und Lassagne war nur gleichgültig interessiert. Ich drängte Lassagne, zu erfahren, warum er in Angelegenheiten, die solche Berühmtheiten betrafen, so kühl war.

Er antwortete schlicht: „Ich vertrete nicht die gleiche politische Ansicht wie diese Herren und halte auch nicht viel von ihrem literarischen Wert.“

Ich stand erstaunt da.

„Aber“, fragte ich, „haben Sie *Germanicus nicht gelesen* ?“

„Ja, aber es ist sehr schlimm!“

„Haben Sie *Régulus nicht gelesen* ?“

„Ja, aber es ist sehr armselig!“

Ich senkte den Kopf und war erstaunt wie nie zuvor.

Dann kämpfte ich schließlich darum, mich von der Last des Anathemas zu befreien.

„Aber warum sind diese Stücke so erfolgreich?“

„Talma wirkt in ihnen …“

„Der Ruf dieser Männer …“

„Das verbreiten sie selbst durch ihre Zeitungen! … Wenn M. de Jouy, M. Arnault oder M. Lemercier ein Stück aufführen, in dem Talma nicht mitwirkt, werden Sie sehen, dass es nur zehn Abende lang laufen wird.“

Wieder ließ ich den Kopf hängen.

„Hören Sie, mein lieber Junge“, fuhr Lassagne mit der wunderbaren Süße seiner Augen und seiner Stimme und vor allem mit dieser fast väterlichen Freundlichkeit fort, die ich noch immer an ihm bemerkte, als ich ihn fünfundzwanzig Jahre später zufällig traf und das Glück hatte, ihn zu begrüßen, „hören Sie: Sie möchten ein Literat werden?“

„Oh ja!“, rief ich.

„Nicht so laut!“, sagte er lachend. „Weißt du, ich habe dir gesagt, du sollst nicht so laut darüber reden … jedenfalls hier. Wenn du schreibst, nimm dir nicht die Literatur des Kaiserreichs zum Vorbild: das ist mein Rat.“

„Aber was soll ich nehmen?“

„Nun, auf mein Wort, es würde mich sehr verwundern, wenn ich es Ihnen sagen müsste. Unsere jungen Dramatiker, Soumet, Guiraud, Casimir Delavigne, Ancelot, besitzen zweifellos Talent; Lamartine und Hugo sind Dichter – ich lasse sie daher außer Acht; sie haben noch nicht am Theater gearbeitet und ich weiß nicht, ob sie das wahrscheinlich tun werden, obwohl ich bezweifle, dass sie Erfolg haben würden, falls sie es jemals tun sollten …“

"Warum nicht?"

„Weil der eine zu sehr Visionär und der andere zu sehr Denker ist. Weder der eine noch der andere lebt in der wirklichen Welt, und das Theater, sehen Sie, mein Junge, ist die Menschheit. Ich sage also, dass unsere jungen

Dramatiker – Soumet, Guiraud, Casimir Delavigne, Ancelot – Talent haben; aber beachten Sie besonders, was ich Ihnen sage: Sie gehören einzig und allein einer Übergangsperiode an; sie sind Glieder, die die Kette der Vergangenheit mit der Kette der Zukunft verbinden, Brücken, die von dem, was war, zu dem führen, was sein wird."

„Und was ist das, was sein wird...?"

„Ah, mein junger Freund, Sie fragen mich mehr, als ich Ihnen sagen kann. Das Publikum hat sich noch nicht entschieden; es weiß bereits, was es nicht mehr will, aber es weiß noch nicht, was es will."

„In der Poesie, im Drama oder in der Belletristik?"

„Im Drama und in der Belletristik ... ist nichts festgelegt; in der Poesie brauchen wir nicht weiter zu schauen als bis zu Lamartine und Hugo, die den Zeitgeist völlig ausreichend repräsentieren."

„Aber Casimir Delavigne...?"

„Ah! Er ist anders. Casimir Delavigne ist der Dichter des Volkes: Wir müssen ihm seinen Kreis überlassen; er tritt nicht in Konkurrenz."

„Also, wem sollte man in der Komödie, der Tragödie und dem Drama folgen?"

„Zunächst einmal sollten Sie niemanden nachahmen. Sie sollten lernen: Wer einem Führer folgt, ist gezwungen, hinter ihm zu gehen. Werden Sie damit zufrieden sein, hinter ihm zu gehen?"

"NEIN."

„Dann müssen Sie studieren. Versuchen Sie nicht, Komödien, Tragödien oder Dramen zu produzieren; nehmen Sie Leidenschaften, Ereignisse, Charaktere, schmelzen Sie sie alle im Feuer Ihrer Vorstellungskraft ein und errichten Sie Statuen aus korinthischer Bronze."

"Was ist korinthische Bronze?"

„Weißt du es nicht?"

"Ich weiß nichts."

„Was für ein glücklicher Zustand!"

"Warum?"

„Denn dann können Sie die Dinge selbst herausfinden: Sie müssen die Dinge nur am Maßstab Ihrer eigenen Intelligenz messen: Sie brauchen keinen anderen Maßstab als den Ihrer eigenen Fähigkeiten. Korinthische

Bronze? ... haben Sie gehört, dass Mummius einst Korinth niedergebrannt hat?"

„Ja, ich glaube, das habe ich irgendwo einmal übersetzt, im *De Viris.* "

„Dann werden Sie sich erinnern, dass die Hitze des Feuers das Gold, Silber und Messing schmolz, das in Strömen durch die Straßen floss. Die Vermischung dieser drei, der wertvollsten aller Metalle, ergab ein einziges Metall, und man gab diesem Metall den Namen korinthische Bronze. Nun gut, der Mann, der mit dem Genie ausgestattet sein wird, für Komödie, Tragödie und Drama das zu tun, was Mummius in seiner Unwissenheit, in seinem Vandalismus, in seiner Barbarei für Gold, Silber und Messing tat, der mit Hilfe des Feuers der Inspiration Äschylus, Shakespeare und Molière schmelzen und in einer einzigen Form schmelzen wird, der, mein lieber Freund, wird eine Bronze entdeckt haben, die so wertvoll ist wie die Bronze von Korinth."

Ich dachte einen Moment über das nach, was Lassagne mir gesagt hatte. „Was Sie sagen, klingt sehr schön, Monsieur", antwortete ich. „Und weil es schön ist, muss es auch wahr sein."

„Kennen Sie Äschylus?"

"NEIN."

"Kennen Sie Shakespeare?"

"NEIN."

„Haben Sie Molière gelesen?"

"Kaum."

„Gut, lesen Sie alles, was diese drei Männer geschrieben haben. Wenn Sie es gelesen haben, lesen Sie es noch einmal; und wenn Sie es noch einmal gelesen haben, lernen Sie es auswendig."

"Und als nächstes?"

„Oh! Der Nächste? ... Sie werden von ihnen zu denen übergehen, die ihnen vorausgingen – von Äschylus zu Sophokles, von Sophokles zu Euripides, von Euripides zu Seneca, von Seneca zu Racine, von Racine zu Voltaire und von Voltaire zu Chénier, in das Reich der Tragödie. So werden Sie die Verwandlung verstehen, die eine Adlerrasse in eine Papageienrasse verwandelte."

„Und an wen soll ich mich von Shakespeare wenden?"

„Von Shakespeare bis Schiller."

„Und von Schiller?“

"Zu niemandem."

„Aber Ducis?“

„Oh, verwechseln Sie Schiller nicht mit Ducis. Schiller ist inspiriert, Ducis imitiert; Schiller bleibt originell, Ducis wurde ein Kopist und ein schlechter Kopist.“

„Und was ist mit Molière?“

„Was Molière betrifft: Wenn Sie etwas studieren wollen, für das es sich lohnt, sich damit abzumühen, müssen Sie aufsteigen und nicht absteigen.“

"Von Molière zu wem?"

„Von Molière bis Terenz, von Terenz bis Plautus, von Plautus bis Aristophanes.“

„Aber mir scheint, Sie vergessen Corneille?“

„Ich vergesse ihn nicht: Ich habe ihn beiseite gelegt.“ „Warum?“

„Weil er weder ein antiker Grieche noch ein alter Römer ist.“

„Was ist dann Corneille?“

„Er ist ein Cordouaner, wie Lucan; Sie werden sehen, wenn Sie sie vergleichen, dass seine Verse eine auffallende Ähnlichkeit mit dem Versmaß der *Pharsalia aufweisen* .“

„Darf ich alles aufschreiben, was Sie mir erzählt haben?“

"Wozu?"

„Als Leitfaden für mein Studium zu fungieren.“

„Sie brauchen sich keine Mühe zu machen, da Sie mich zur Hand haben.“

„Aber vielleicht werde ich dich nicht immer haben.“

„Wenn du mich nicht hast, wirst du jemand anderen haben.“

„Aber er weiß vielleicht nicht, was Sie tun?“

Lassagne zuckte mit den Schultern.

„Mein lieber Junge“, sagte er, „ich weiß nur, was die ganze Welt weiß. Ich erzähle Ihnen nur, was Ihnen der erste Mensch, den Sie treffen, sagen würde.“

„Dann muss ich tatsächlich unwissend sein!", murmelte ich und ließ meinen Kopf in meine Hände sinken.

„Tatsache ist, Sie haben noch viel zu lernen; aber Sie sind jung, Sie werden es lernen."

„Sagen Sie mir, was in der Fiktion getan werden muss?"

„Alles, genau wie im Drama."

„Aber ich fand, wir hatten einige hervorragende Romane."

"Was für Romane haben Sie gelesen?"

„Die von Lesage, Madame Cottin und Pigault-Lebrun."

"Welche Wirkung hatten sie auf Sie?"

„Die Romane von Lesage haben mich amüsiert; die von Madame Cottin haben mich zum Weinen gebracht; die von Pigault-Lebrun haben mich zum Lachen gebracht."

„Dann haben Sie weder Goethe, noch Walter Scott, noch Cooper gelesen?"

„Ich habe weder Goethe noch Walter Scott oder Cooper gelesen."

„Na gut, dann lies sie."

„Und wenn ich sie gelesen habe, was soll ich tun?"

„Stellen Sie ständig korinthische Bronze her. Versuchen Sie nur, eine kleine Zutat hinzuzufügen, die allen fehlt."

"Was ist das?"

„Leidenschaft ... Goethe schenkt uns Poesie; Walter Scott Charakterstudien; Cooper die geheimnisvolle Erhabenheit der Prärien, Wälder und Ozeane; doch Leidenschaft sucht man darin vergebens."

„Also ein Mann, der ein Dichter wie Goethe, ein Beobachter wie Walter Scott, ein beschreiberisches Geschick wie Cooper und zusätzlich noch eine Prise Leidenschaft sein könnte ...?"

„Ah! So ein Mann wäre nahezu perfekt."

„Welche sind die ersten drei Werke dieser drei Meister, die ich lesen sollte?"

„Goethes *Wilhelm Meister*, Walter Scotts *Ivanhoe* und Coopers *Spy*."

„Ich habe gestern Abend *Jean Sbogar durchgelesen*."

„Oh, das ist eine ganz andere Geschichte."

"Welche Art ist es?"

„Es gehört zum *Genre* des Romans. Aber darauf wartet Frankreich nicht.“

"Worauf wartet sie?"

„Sie wartet auf den historischen Roman.“

„Aber die Geschichte Frankreichs ist so langweilig!“

Lassagne hob den Kopf und sah mich an.

„Was!“, rief er.

„Die Geschichte Frankreichs ist so langweilig!“, wiederholte ich.

"Wie kannst du das Wissen?"

Ich errötete.

„Die Leute haben mir gesagt, dass es so ist.“

„Armer Junge! Man hat es dir erzählt! ... Lies selbst, dann wirst du dir eine Meinung bilden.“

"Was muss ich lesen?"

„Da gibt es doch eine ganze Welt davon: Joinville, Froissart, Monstrelet, Châtelain, Juvénal des Ursins, Montluc, Saulx-Tavannes, l'Estoile, Cardinal de Retz, Saint-Simon, Villars, Madame de la Fayette, Richelieu ... und ich könnte so weitermachen.“

"Wie viele Bände sind das?"

„Wahrscheinlich zwischen zwei- und dreihundert.“

„Und Sie haben sie gelesen?“

"Sicherlich."

„Und ich muss sie lesen?“

„Wenn Sie Romane schreiben möchten, müssen Sie sie nicht nur lesen, sondern auch auswendig lernen.“

„Sie machen mir ja Angst! Ich könnte zwei oder drei Jahre lang kein einziges Wort schreiben!“

„Oh! Länger, sonst schreiben Sie unwissend.“

„Oh mein Gott! Wie viel Zeit habe ich verloren!“

„Sie müssen es zurückholen.“

„Sie werden mir helfen, nicht wahr?"

„Was ist mit dem Büro?"

„Oh! Ich werde abends lesen und lernen; ich werde im Büro arbeiten und wir können uns von Zeit zu Zeit unterhalten …"

„Ja, wie heute; aber wir haben zu viel geredet."

„Noch ein Wort. Sie haben mir gesagt, was ich im Schauspiel studieren soll?"

"Ja."

„In einer Liebesbeziehung?"

"Ja."

"In der Geschichte?"

"Ja."

„Also, was sollte ich nun im Bereich Poesie studieren?"

„Zuerst, was haben Sie gelesen?"

„Voltaire, Parny, Bertin, Demoustier, Legouvé, Colardeau."

„Gut! Vergiss das Ganze."

"Wirklich?"

„Lesen Sie Homer als Vertreter der Antike, Vergil unter den lateinischen Dichtern, Dante im Mittelalter. Ich gebe Ihnen das Mark von Riesen zu fressen."

„Und unter den Modernen?"

„Ronsard, Mathurin, Régnier, Milton, Goethe, Uhland, Byron, Lamartine, Victor Hugo und insbesondere ein kleines Bändchen, das gerade bei Latouche erschienen ist."

„Wie heißt es?"

„ *André Chénier* ."

"Ich habe es gelesen...."

„Sie haben Marie-Joseph gelesen … Verwechseln Sie Marie-Joseph nicht mit André."

„Aber wie soll ich ausländische Autoren lesen, wenn ich weder Griechisch noch Englisch noch Deutsch kann?"

„Zum Teufel! Das ist doch ganz einfach: Sie müssen diese Sprachen lernen."

"Wie?"

„Ich weiß es nicht, aber denken Sie daran: man kann immer lernen, was man lernen möchte. Und jetzt ist es, glaube ich, an der Zeit, dass wir uns dem Geschäftlichen zuwenden. Noch ein Ratschlag."

"Was ist es?"

„Wenn Sie meinen Anweisungen folgen wollen …"

„Das tue ich tatsächlich!"

„Sie dürfen Monsieur Arnault gegenüber kein Wort über diesen kleinen Studienplan verlieren."

"Warum?"

„Weil du nicht mehr lange sein Freund wärst."

„Meinen Sie nicht?"

„Dessen bin ich sicher."

„Danke… ich werde meinen Mund halten."

„Das werden Sie gut machen. Nun noch ein zweiter Ratschlag."

"Ich höre zu."

„Sie dürfen weder Oudard noch Monsieur de Broval ein einziges Wort unseres Gesprächs erzählen."

"Warum?"

„Weil sie uns nicht lange im selben Büro lassen würden."

„Zum Teufel! Ich möchte unbedingt darin bleiben."

„Dann hängt es von dir selbst ab."

„Oh, wenn es nach mir geht, werden wir viele Jahre zusammen sein."

"So sei es."

An diesem Punkt trat M. Oudard ein und ich machte mich mit einer Begeisterung an meine Aufgabe, die mir am Ende des Tages viele Komplimente von ihm einbrachte.

Ich machte eine großartige Entdeckung: Ich konnte kopieren, ohne darüber nachzudenken, was ich kopierte, und konnte daher beim Kopieren an andere Dinge denken.

Am zweiten Tag war ich schon so weit wie andere, die schon seit vier oder fünf Jahren im Beruf waren.

Wie man sehen wird, machte ich schnelle Fortschritte.

KAPITEL III

Adolphe liest ein Theaterstück im Gymnase – M. Dormeuil
– *Kenilworth Castle* – M. Warez und Soulié – Mademoiselle
Lévesque – Die Familie Arnault – Die *Feuille* – *Marius à
Minturnes* – Dantons Epigramm – Der umgekehrte Pass –
Drei Fabeln – *Germanicus* – Inschriften und Epigramme –
Ramponneau – Der junge Mann und der Tilbury – *Extra
ecclesiam nulla est salus* – Madame Arnault

Es war gut, dass ich nachahmen konnte, ohne zu merken, was ich tat; denn
Lassagnes Unterhaltung gab mir, wie man sich vorstellen kann, viel Stoff
zum Nachdenken. Jeder Tag führte mir meine beklagenswerte Unwissenheit
mehr und mehr vor Augen, und wie ein Reisender, der sich in einem
sumpfigen, instabilen Moor verirrt hat, wusste ich nicht, wohin ich meine
Füße setzen sollte, um den festen Boden zu finden, der mich zu dem Ziel
führen würde, das ich erreichen wollte.

Wie konnte es sein, dass Adolphe nie mit mir über all diese Dinge
gesprochen hatte? Die Aussichten, die sich mir jeden Augenblick eröffneten,
waren so weitreichend, dass ich verwirrt war. Dachte Adolphe, all dies sei im
Zusammenhang mit der Kunst und Praxis der Literatur wenig nützlich?
Oder lag es daran, dass die Art von Literatur, die er von mir verlangte, all
dieses Wissen überflüssig machte? Ich hatte oft bemerkt, wie sein Vater bei
unseren Theaterplänen die Achseln zuckte; war es nicht vielleicht so, dass
sein Vater, der so viele Dinge wusste, insgeheim über meine Unwissenheit
lachte? Und konnte M. Deviolaine, der instinktiv (denn abgesehen von
seiner Tätigkeit als Gutachter und in Fragen der Forstwirtschaft wusste er
kaum mehr als ich) meine Versuche als Schmutz und meine poetischen
Bemühungen als bloßen Unsinn bezeichnete, vielleicht recht haben?

Natürlich konnte man lesen, arbeiten und studieren, aber wie sollte ich all
die Dinge, die ich seit dem Vorabend gehört hatte, im Gedächtnis behalten,
ohne sie preiszugeben? Ich beschloss, mit Adolphe offen über alles zu
sprechen.

Um halb sechs erreichte ich Monsieur de Leuvens Haus, aber Adolphe war
noch nicht zurückgekehrt: Er las in der Gymnase ein Stück, das er
gemeinsam mit Frédéric Soulié geschrieben hatte. Er erschien um Viertel
vor sechs und sah dabei melancholischer und nachdenklicher aus als
Hippolytus auf dem Weg nach Mykene.

„Na, mein armer Freund", sagte ich, „wieder abgewiesen?"

„Nein“, antwortete er, „sondern nur vorbehaltlich einer Korrektur angenommen.“

„Dann ist nicht alle Hoffnung verloren?“

"Stimmt. Dormeuil ließ uns nach der Lesung in sein Büro gehen, und da er fand, dass das Stück einige langweilige Stellen enthielt, sagte er zu uns: ‚Meine lieben Freunde, es muss bis aufs Letzte gekürzt werden.‘ Bei diesen Worten riss Soulié ihm das Stück aus den Händen und rief: ‚Monsieur Dormeuil, es darf nicht angerührt werden.‘ Sie werden also verstehen, dass Dormeuil wütend ist.“

„Wer ist Dormeuil?“

„Einer der Leiter des Gymnasiums.“

"Und das bedeutet...."

„Und das bedeutet, dass Soulié geschworen hat, das Stück soll entweder so gespielt werden, wie es ist, oder gar nicht.“

„Der Teufel! Dann stört es Soulié nicht, ob seine Sachen gespielt werden oder nicht?“

„Sie kennen die Sturheit dieses Kerls nicht; es gibt keine Möglichkeit, ihn umzustimmen. Haben Sie gehört, was er zu Warez gesagt hat?“

"Wer ist Warez?"

„Warez ist Manager von Madame Oudinot, der Besitzerin des Ambigu.“

"Also, was hat er zu Warez gesagt?"

"Wir brachten ihm ein Melodram mit dem Titel *Kenilworth Castle zum Lesen;* Warez las es. Er war von dem Werk nicht sehr beeindruckt. Als wir gestern zu ihm gingen und seine Antwort hören wollten, sagte er zu uns: 'Meine Herren', 'erlauben Sie mir, Ihr Stück M. Picard vorzulesen?' 'Ah!', antwortet Soulié, 'damit er uns die Idee stehlen kann. 'Was! Monsieur Soulié', ruft Warez aus, 'Ihr Stück Ihnen stehlen – einem Akademiker!' 'Nun', sagt Soulié, 'drei Viertel der Akademiker stehlen sicherlich ihre Plätze, warum sollten sie dabei bleiben, die Arbeit anderer Leute zu stehlen?' Ich muss Ihnen nicht sagen, mein lieber Freund, dass das eine weitere verschlossene Tür bedeutete! Ich hatte so eine Art Idee, zu Mademoiselle Lévesque zu gehen, die im Theater allmächtig ist, um ihr die Rolle der Marie Stuart anzubieten, die großartig ist..."

"Also?"

„Wissen Sie, was mit Casimir Delavigne bei der Lesung der *Vêpres siciliennes* im Théâtre-Français passiert ist?“

„Ja, das Stück wurde abgelehnt."

„Nicht nur wurde das Stück abgelehnt, sondern da jeder Wähler verpflichtet ist, einen Grund für seine Ablehnung anzugeben, lehnte eine der Damen es mit der Begründung ab, ‚das Werk sei schlecht *geschrieben*'."

„Und Mademoiselle Lévesque hat Ihr Angebot aus demselben Grund abgelehnt?"

„Nein, aber sie sagte, dass sie im *Augenblick* so viele neue Rollen hätte, dass sie unsere unmöglich übernehmen könne ."

„Hol's der Teufel! Es scheint, als müssten Schauspielerinnen nicht so viel lernen wie Schriftstellerinnen … Ach, mein lieber Freund, warum hast du mir nicht gesagt, wie unwissend ich bin und dass ich noch alles lernen muss?"

„Machen Sie sich darüber keine Sorgen, mein Lieber. Sie werden bald alles Nötige lernen. Bleiben Sie, meine Mutter winkt uns. Lassen Sie uns hineingehen und essen."

Wir gingen hinein und ich wurde Madame Arnault vorgestellt – Lucien, Telleville und Louis kannte ich bereits.

Ich hatte M. Arnault bei der berühmten Jagdexpedition im Tillet-Wald gesehen, aber ich hatte nicht die Ehre, mit ihm zu sprechen. Er hatte darum gebeten, einen guten Platz im Wald zu bekommen, und man hatte ihn dorthin gesetzt, wo, wie M. Deviolaine gesagt hatte, das Wild unweigerlich vorbeikommen würde. M. Arnault, der nicht einmal zwei Gewehrlängen weit sehen konnte, hatte die Gläser seiner Brille geputzt, sich hingesetzt, ein Notizbuch und einen Bleistift hervorgeholt und angefangen, eine Fabel zu schreiben, die ihm seit dem Vortag im Kopf herumging. Nach einer Viertelstunde hörte er ein Geräusch im Unterholz: Er legte seine Brieftasche und seinen Bleistift weg, nahm sein Gewehr und richtete es an, bereit zum Angriff, sobald das Tier vorbeikommen würde.

„Oh, Monsieur", rief eine Frau, „nicht schießen! Sie töten meine Kuh!"

„Sind Sie ganz sicher, dass es Ihre Kuh und kein Rehbock ist?", fragte M. Arnault sie dann.

„Oh, Monsieur, Sie werden sehen …"

Und die Frau lief auf die Kuh zu, klammerte sich an den Schwanz des Tieres und zog so fest daran, dass das arme Tier zu muhen begann.

„Sie haben Recht", sagte M. Arnault. „Ich glaube, ich irre mich." Und er setzte sich wieder hin, legte sein Gewehr auf den Boden, nahm Bleistift und

Notizbuch und nahm seine Fabel wieder auf, die er gelassen zu Ende schrieb.

M. Arnaults Familie bestand aus Lucien und Telleville, seinen beiden Söhnen aus erster Ehe, sowie aus Louis und Gabrielle, seinen beiden Kindern aus zweiter Ehe. M. Arnaults zweite Frau war eine junge Dame aus Bonneuil. Lassen Sie mich ein paar Worte über diese hervorragende Familie sagen. Wir werden, wie in den Evangelien, mit den sanftmütigen und milden Mitgliedern beginnen.

Gabrielle war ein hübsches Kind von vierzehn oder fünfzehn Jahren mit strahlend weißer Haut; im Haushalt galt sie noch nicht mehr als eine Knospe in einem Blumenstrauß. Louis war ungefähr in meinem Alter, nämlich zwanzig oder einundzwanzig. Er war ein hübscher Junge, blond, frischhäutig, mit rosigen Wangen, ein bisschen munter, immer am Lachen, aufs freundschaftlichste mit seiner Schwester, voller Respekt für seine Mutter und Bewunderung für seinen Vater. Telleville war ein schöner Hauptmann, sehr mutig, sehr loyal, sehr verwegen, ein Bonapartist wie der Rest der Familie, in die Welt der Künstler geworfen, ohne je einen einzigen Gedichtvers geschrieben zu haben, aber mit einem entzückenden Witz und voller Elan und Originalität. Lucien, der Autor von *Régulus* und später von *Pierre de Portugal* und *Tibère*, hatte einen zu kalten und berechnenden Geist, um wirklich poetisch zu sein; Dennoch lag in seinen Zeilen ein gewisser kühner Stil und in seinen Ideen eine gewisse Melancholie, die sowohl die Vorstellungskraft als auch das Herz ansprach. In *Pierre de Portugal gibt es eine der wahrsten und bezauberndsten Zeilen, die ich kenne*, eine Zeile, wie sie Racine in seinen besten Tagen schrieb und die allgemein bekannt ist, weil sie zu dieser Schule gehört: -

„Der Kummer der Abreise besteht darin, dass die Leute, die bleiben, verweilen.“

Im Jahr vor meiner Ankunft in Paris hatte *Régulus* enorme Popularität erlangt. Ich werde einige Zeilen daraus zitieren, um eine Vorstellung des Autors zu geben, der die literarische Arbeit offenbar aufgegeben hat.

Regulus ist im Begriff, Rom, der Stadt, der er so ergeben war, zu verlassen, und sagt zu Licinius:

"Ich bin der Retter, das ist meine Würde!
Aber du, Licinius, schwörst bei der Freundschaft,
Schüler meines Ruhms, denn du bist so verschlossen. Diese Tage, die ich mir widersetzt habe, auf den Feldern des Gemetzels, Meine alte Erfahrung mit ihrem jungen Mut? Einen echten Soldaten in einem echten Bürger unterstützen. Nicht daran denken, dass mehr als das, mit einem guten Pfand, Ich würde mich bemühen, dass du einen mit dem anderen

verbindest?

Der Hasard wird meine Angst und meinen Mut aufgeben; Aber von den Rändern des Grabes werde ich endlich Frieden finden. Die Knoten, die dich dazu bringen, dich wieder zu vereinen. Wenn du deine Ziele verfolgst, viens, jure, to Gott des Sieges. Um heute dem Vaterland und der Loire zu dienen .

Um die Römer nur durch deine Gefolgschaft zu erleuchten. Um den Frieden in diesen heiligen Mauern zu stabilisieren. Jure! dis-je. Auf den ersten Blick habe ich mein Mädchen geliebt. Ich habe meinen Namen, meine Ehre, meine Familie genannt. Und die Götter haben mich nicht dafür bestraft, dass ich dem Halben gegenüberstehe. Wenn ich in einem echten Römer bin , habe ich einen Freund gefunden!"

Lucien war zu dieser Zeit etwa dreißig oder zweiunddreißig Jahre alt. Bis zum Sturz Napoleons hatte er eine Karriere in der Verwaltung gemacht: Mit fünfundzwanzig war er zum Auditor des Staatsrats und zum Präfekten ernannt worden. Trotz vieler körperlicher Leiden, die sein Leben traurig machten, war er tatsächlich einer der herzensgutesten und wohlwollendsten Menschen, die ich je kannte. Fünf Jahre lang sah ich Lucien zwei- oder dreimal pro Woche; ich glaube nicht, dass ich ihn während dieser langen Zeit der Vertrautheit jemals seine *Mitbrüder verspotten* , sich beschweren oder jammern hörte; er war einer jener sanften, melancholischen und ruhigen Geister, die man in Träumen sieht. Ich weiß nicht, was aus ihm wurde; nach 1829 verlor ich ihn völlig aus den Augen. Zweiundzwanzig Jahre der Abwesenheit und Trennung haben mich sicherlich aus der Erinnerung an ihn vertrieben; diese zweiundzwanzig Jahre haben ihn mir noch tiefer eingeprägt.

M. Arnault war ganz anders. Ich habe nie eine subtilere, beißendere, satirischere Natur gekannt als diese brillante Person. Im Militärjargon hätte man ihn als einen verdammt guten Schützen beschrieben. Weder Bertrand noch Lozes haben einen geraden Stoß jemals schneller und sicherer erwidert als M. Arnault, bei jeder Gelegenheit, mit einem Wort oder einem Epigramm oder einem Geistesblitz. Er war nur ein mittelmäßiger Dramatiker, aber er brillierte in Fabeln und Satire. Einmal, in einem Anfall von Verzweiflung, ließ er die wahrscheinlich einzige Träne fallen, die er vergoss, wie die von Aramis beim Tod von Porthos: Er tauchte seine Feder in die Salztropfen und schrieb die folgenden Zeilen – ein Juwel, das André Chénier oder Millevoye, Lamartine oder Victor Hugo gerne geschrieben hätten:

DAS BLATT

„Von deinem losgelösten Tier, Von deinem schwachen abgelösten Blatt, Wo bist du? – Ich sage es nicht. Der Wald ist ausgebrochen. Nur mein Halt ist da; Von seinem unbeständigen Glanz. Der Zephyr oder das Eis.

Von diesem Tag an gehe
ich spazieren. Vom Wald zur Ebene, Vom Berg ins Tal. Wohin werde ich
gehen, ohne mich zu glätten oder auszubreiten; Wohin werde ich immer
gehen, Wo ist das Rosenblatt und das Lorbeerblatt!"

Ich weiß nicht, was die berühmten Dichter meiner Zeit dafür gegeben
hätten, diese fünfzehn Zeilen geschrieben zu haben; ich weiß, ich hätte jedes
meiner Stücke hergegeben, wenn das Schicksal es gewählt hätte. M. Arnaults
größter Ehrgeiz war leider, für die Bühne zu schreiben. Er hatte mit *Marius
à Minturnes begonnen* , zu der Zeit, als er mit Monsieur zusammen war. Die
Tragödie wurde 1790 aufgeführt, und trotz der Vorhersage des Grafen von
Provence, der behauptet hatte, dass eine Tragödie ohne Frau ein Misserfolg
sein müsse, war sie ein großer Erfolg. Saint-Phal spielte den jungen Marius,
Vanhove Marius und Saint-Prix le Cimbre. Das war die glückliche Zeit, als
Männer vom Talent von Saint-Prix Rollen annahmen, in denen sie nur in
einer Szene auftraten und in dieser einzigen Szene ein paar Zeilen sprachen,
z. B.:

„Hör auf zu hören, was für ein Anblick und was für ein schrecklicher
Anblick!
Was stellt mir ein unüberwindliches Hindernis in den Weg? ... Der Tod ist
mir hilflos aus dem Weg gegangen ... Ich werde Marius nicht fertigmachen
können!"

Das Stück war Monsieur gewidmet. Ich habe M. Arnault in seiner äußerst
faszinierenden Art erzählen hören, dass der Erfolg ihn sehr eitel, sehr
gebieterisch und sehr verächtlich machte. Eines Tages im Jahr 1792 stand er
auf dem Balkon des Théâtre-Français und redete laut, wie üblich, wobei er
mit seinem Stock einen großen Lärm machte und die Leute daran hinderte,
zuzuhören; dies ging vom Aufgehen des Vorhangs bis zum Ende des ersten
Aktes so weiter, als ein Herr, der hinter M. Arnault stand und nur durch eine
Reihe von ihm getrennt war, sich nach vorne beugte, seine Schulter mit den
Spitzen seiner behandschuhten Hand berührte und sagte: „Monsieur
Arnault, bitte erlauben Sie uns, zuzuhören, auch wenn sie *Marius à Minturnes
spielen* ."

Dieser höfliche und, ich möchte sogar hinzufügen, geistreiche Herr war
Danton. Einen Monat später hatte dieserselbe höfliche und geistreiche Herr
die Septembermassaker ins Leben gerufen. M. Arnault war durch diese
Massaker so beunruhigt, dass er zu Fuß floh. Als er die Barrikade erreichte,
fand er sie von einem Sansculotte bewacht, der dem Namen nach und in
Wirklichkeit ein Sansculotte war; dieser Sansculotte war damit beschäftigt,
einer armen Frau den Durchgang zu verwehren, unter dem Vorwand, ihr
Pass für Bercy sei nicht in der Section des Enfants-Trouvés *eingesehen*
worden. Während er nun die Hartnäckigkeit dieses ehrenwerten

Wachpostens bemerkte, kam M. Arnault eine Idee – dass dieser schreckliche Cerberus nicht lesen konnte. Scherze sind eine schlimme Krankheit, von der man selten geheilt wird. M. Arnault, der sehr unter dieser Krankheit litt, ging mutig auf den Sansculotte zu und hielt dem Mann seinen Pass verkehrt herum vor und sagte:

„ *Schaut* bei den Enfants-Trouvés vorbei: da ist der Stempel.“

M. Arnault hat richtig geraten.

„Pass auf“, sagte die Sansculotte.

Und M. Arnault ist gestorben.

In der Zeit zwischen *Marius* und dem 3. September, dem Datum, an dem wir uns befinden, hatte M. Arnault seine Tragödie *Lucrèce inszeniert.* Da das Stück ein Reinfall war, machte der Autor Mademoiselle Raucourt für den Misserfolg verantwortlich ... Es ist bekannt, dass die Abneigung dieser berühmten Schauspielerin gegenüber Männern nicht ausschließlich tugendhaften Ursachen zugeschrieben wurde. Wie dem auch sei, wir werden später über Mademoiselle Raucourt im Zusammenhang mit ihrer Schülerin, Mademoiselle Georges, sprechen müssen.

Souvenirs d'un sexagénaire schildert er auf sehr amüsante Weise seine Teilnahme an dieser Expedition. Nach seiner Rückkehr schrieb er eine ossianische Tragödie namens *Oscar* , die großen Erfolg hatte und die er Bonaparte widmete; dann *Les Vénitiens* , dessen Katastrophe als so unerhört kühn angesehen wurde, dass gewissenhafte Leute es nicht unterstützen wollten, und der Autor war gezwungen, diesen guten Leuten einen Gefallen zu tun, indem er die Handlung änderte, wodurch sein Stück nun, im Stil von Ducis' *Othello* , je nach Wahl der Zuschauer mit einem Todesfall oder einer Hochzeit endete. *Les Vénitiens* war ein enormer Erfolg.

Während des Kaiserreichs war Herr Arnault als Oberschreiber an der Universität tätig, unter Herrn de Fontanes, der der Rektor war, und stellte Béranger als Schreiber für 1.200 Francs im Jahr in sein Büro. Und dort schrieb Béranger sein erstes Chanson, den *Roi d'Yvetot*. Nach der zweiten Rückkehr der Bourbonen wurde Herr Arnault geächtet und zog sich nach Brüssel zurück. Wir haben bereits erzählt, wie er im Exil Herrn de Leuven kennenlernte, als dieser einem ausländischen Offizier eine Ohrfeige verpasste. Während seines Exils verfasste Herr Arnault fast alle seine Fabeln, eine bezaubernde Sammlung, die jedoch kaum bekannt ist, da heutzutage nur noch sehr wenige Menschen Fabeln lesen. Aus diesem Grund werde ich meinen Lesern drei davon vorstellen. Seien Sie beruhigt! Diese drei Fabeln stammen tatsächlich von Herrn Arnault und nicht von Herrn Viennet. Außerdem bin ich für sie verantwortlich, und in allen drei Fällen ist mein Wort zuverlässig. Lassen Sie uns noch schnell hinzufügen, dass die Fabeln,

die wir gleich lesen werden, nur dem Titel nach Fabeln sind: In Wirklichkeit
sind sie Epigramme.

DER KOLIMAÇON

"Ohne Freunde wie ohne Familie. Hier unten lebe ich in Fremden. Sie
zieht sich in ihre Muschel zurück.
Als Zeichen geringer Gefahr. Sie sucht eine Freundschaft ohne Kinder. Sie
mietet sich nur ihr Haus. Gehen Sie je nach Jahreszeit weg. Um den
Hühnern näher zu kommen. Sie signalisiert ihnen, dass sie nicht zerstört
werden. Durch die unreinsten Spuren. Empörung ist die schönste Blume.
Durch ihre Köder oder ihre Verrückten. Endlich bei mir wie im Gefängnis.
Sieh zu, von Tag zu Tag trüber.
Dies ist die Geschichte des Egoisten
oder der Zelle des Kolimaçon."

DAS RECHT

DES JUNGFRAUEN „Eines Tages, der König der Tiere. Verteidige ihn
durch einen Befehl. Seine Themen liegen bei seinen Vasallen. Ohne
Erlaubnis zu rennen. Auf jedes Tier, das es braucht. Bitte, er ist wahr, um
das Recht zu bewahren. Er weiß, dass er es für ein ehrliches Motiv
verwenden wird. Tiger, Löwen und Rensslinge, die hier darum bitten. Seine
Majestät: Löwen, um den Berg zu rennen,
Rensslinge, um den Berg zu rennen, Tiger, um jedes Tier zu rennen.
Pardon, die Abgeordneten, die zu deinem Kopf schreien. Ein Hund wird
mit Gewalt gefoltert.
„Bitte, Sa Majestät, enttäusche ihn, ersetze das Recht, die Jagd unter
allen Umständen anzunehmen, Alle
Tiere leben von meinem Wesen. – Herren, mit Erlaubnis des Giboyers.
Das spricht ihn an den Tiger, den Wolf, den Ren. Der Wald ist der oberste
Meister. Den Jägern wird gesagt, dass Sie sie einsetzen dürfen. Sie gehen zu
ihren Nachbarn, ihren Bemühungen, ihren Tricks;
aber der Hund muss weg! Was fordert ihn jedoch auf, sich zu drehen? –
Richtig, das Recht, seine Zähne rauszulassen.“

LES DEUX BAMBOUS

„Das Vergangene – das ist das Vergangene – das Vergangene, der
Großtürkei hat den Großwesir verlassen: Wenn ich mich unter mir
aufhalte, werde ich dich wählen,
Roustan, ich werde einen ganz anderen Humor haben. Roustan hat sein

viel größeres Vergnügen. Und ich widerspreche; was ich tue, wo ich bin,
das Recht; Immer und ewig ; *ich* verteidige das,
was ich erlaube:
Was ich verteidige, das Recht.
Wenn du nicht weißt, was ich hier sage, wirst du nicht sehen. Was ich dir
sage, ist, dass du diese Dinge richtig machst! Was ich sage! betrete meinen
großen schwarzen Mann. Das ist der, der seine Angelegenheit kennt. Das
ist er hier, immer gefällig, Ohne mich
des Rechts oder der Gerechtigkeit zu berauben. Ohne das Wort meiner
Laune zu berauben. Sag mir, dass ich dir amüsant diene. Wenn du diesen
großen Mann beraubst, dann ist das eine böse Luft! Also, was immer du
willst, ich verdiene alle Mühen. Es führt das Reich so gut wie möglich .
Ich möchte Premierminister werden. – In der Politik und der Regierung
hat Sultan der Wehrdienst geleistet, der sein System hat: Du willst, dass es
das Beste ist. mein Gesicht, die Konsequenz: „Es ist grausam …
Trotzdem, ich bin nicht demütig. Willst du mir ein bisschen Pech bringen
?“
— Sprechen Sie.—Das ist heute nicht mehr der Fall. Ich bedaure, dass ich
mich auf den Weg gemacht habe, der Alte und Geisel, Sultan, auf meinem
unsicheren Weg. Ich werde nicht darum bitten, Ihnen zu helfen.
Oder ich bin zwei Rosen aus China: „Je
fester ein Stab ist, desto besser ist es, ihn zu biegen. Der Andere ist leicht,
leichter, das Recht eines Menschen.
Es ist leichter als ein Schläger. Was willst du? – Was willst du? … Roustan,
ich habe kein Glück. Der biegsame Bambus kann uns das Glück sichern. –
Dein Glück! wenn du schweigst, wird mir dein Zepter von mir reichen, für
das Buch der Fackeln
ohne Charakter und ohne Schnurrbart.‘

Könige, eure Minister sind für euch. Das ist für uns, das Wort hilft uns
nicht, es ist das Wehr und das Bambusgeflecht. Man kann sich nur auf das
stützen, was übrig bleibt.“

Wenn Sie die 150 Fabeln von M. Arnault nacheinander lesen, werden Sie
überall dieselbe Leichtigkeit, dieselbe Note und denselben nörgelnden Geist
finden. Wenn Sie sie gelesen haben, werden Sie vom Autor sicherlich nicht
sagen: „Er ist eine entzückende Person“, sondern Sie werden mit Sicherheit
sagen: „Er ist ein ehrlicher Mann.“

1815 wurde M. Arnault verbannt. Warum? Aus einem so nichtigen Grund,
dass niemand auch nur daran dachte: Sein Name stand auf der Liste, das war
alles! Aber wer hatte diese Liste unterschrieben? Ludwig XVIII., der frühere
Monsieur, das heißt derselbe Graf von Provence, unter dessen Schutz der

Dichter seine Karriere begonnen hatte und dem er seinen *Marius gewidmet hatte.*

Obwohl es keinen Grund für die Verbannung von Herrn Arnault gab, erfand der Parteigeist einen und behauptete, er sei als Königsmörder geächtet. Es gab jedoch zwei hinreichende Gründe, warum dies nicht der Fall sein konnte: Erstens, weil Herr Arnault nicht dem Konvent angehörte; zweitens, weil er sich 1792 und 1793 im Ausland aufhielt. Trotzdem wurde das Gerücht stillschweigend hingenommen, und bald zweifelte niemand mehr daran, dass Herr Arnault aus diesem Grund verbannt worden war.

M. Arnault schickte *Germanicus* aus Brüssel: Es wurde am 22. März 1817 aufgeführt und am folgenden Tag verboten. Während der Aufführung verlagerte sich die Tragödie von der Bühne ins Parterre, wo ein schrecklicher Kampf stattfand, bei dem mehrere Menschen verletzt und einer sogar getötet wurde. Der Kampf wurde zwischen den Leibgarden und den Anhängern der ehemaligen Regierung ausgetragen. Die Waffe, die bei diesem Gefecht im Allgemeinen verwendet wurde, war jene Art Bambus, auf den sich Roustan, der erste Wesir des Großtürken, dessen Klagen wir gerade gehört haben, zu stützen pflegte. Man kann verstehen, dass sie sich umso besser zur Verteidigung und zum Angriff eigneten, je dicker und weniger biegsam sie waren. Vom Datum dieses Kampfes an wurden diese Stöcke „ *Germanicus* " *genannt* . Die Wut nahm zu dieser Zeit zu. Am Tag vor der Aufführung veröffentlichte Martainville einen verleumderischen Artikel, in dem er M. Arnaults Privatehre angriff. Dieser Artikel, der das Ergebnis eines Schlages Tellevilles gegen den Kritiker war, führte zu einem Duell, bei dem der Journalist, wie oben erwähnt, eine Kugelverletzung am Oberschenkel erlitt.

Germanicus wurde später wiederaufgeführt. Wir waren bei der Wiederaufführung dabei; aber losgelöst von den Leidenschaften des Augenblicks war das Stück kein Erfolg. Seine unerwartete und ungeheuerlich ungerechte Ächtung fügte Monsieur Arnaults Wesen eine Bitterkeit hinzu — eine Bitterkeit, die bei der geringsten Entschuldigung zum Vorschein kam und die auch durch das Erbe von hunderttausend Francs, das Napoleon ihm in seinem Testament vermachte, nicht aus seinem Blut vertrieben wurde. Das Erbe war ihm nützlich, um ein schönes Haus in der Rue de la Bruyère zu bauen: Wie es normalerweise der Fall ist, gab der Bauherr jedoch doppelt so viel aus, wie er dafür ausgeben wollte, und so war Monsieur Arnault nach seinem Erbe hunderttausend Francs ärmer als vor der Erbschaft.

M. Arnault liebte die Poesie um ihrer selbst willen: Er schrieb bei jeder Gelegenheit Zeilen. Er schrieb sie auf sein Porträt, auf seine Gartentür, auf den Abbé Geoffroy, auf die Streiche seines Hundes, auf einen Dichter in Uniform, dessen Porträt im letzten Salon ausgestellt worden war.

Hier sind die oben erwähnten Zeilen, die nicht nur den Witz des Autors, sondern auch sein wahres Wesen zeigen:

ÜBER DAS PORTRÄT DES AUTORS

„Über einen Ton hinweg sage ich, ich halte meine Stimme;Freund der Felder, der Künste, der Kämpfe und der Feste,Mit der Würde dieser oder jener
werde ich mit den Göttern sprechen. , die Helden und die Bestien.“

FÜR DIE TOR MEINES GARTENS

„Gute Freunde, dieses Jahrhundert ist vorbei. Ich bin dein bescheidener Diener. Aber pass auf: mein Tor und mein Herz. Ich sehe nicht mehr in der ganzen Welt hin.“

ÜBER EINEN GUTEN MANN, DER NICHT GUTEN WEIN KENNT [1]

„Er ist zu alt für Wein;Er ist zu alt für Ruhm;Er wird nie umsonst aufhören, ihn zu bemalen oder zu schreiben.Er hat in Farbe geweint, mehr aus einem Traum. Er hat geschrieben, um sich zu erinnern, er hat geschrieben, um zu schreiben.“

FÜR DIE NISCHE MEINES HUNDES

„Ich greife nicht an, ich streichle ohne Interesse, ich sterbe, aber ich bereue: Der gute Hund hat sich bei seinem Meister gebildet. “

FÜR DAS PORTRÄT EINES DICHTERS IN UNIFORM

„Auf Parnasse oder auf dem Boden,Er triumphiert kaum möglich:Der Degen auf der Straße ist furchtbar,
Fürchterlich ist die Feder auf der Straße;
Und um zu kämpfen und zu schreiben,Niemand wird ihm ähnlich sein;Auto, wenn es nicht schlägt nicht zum Lachen,
es wurde geschrieben, als würde es zittern.“

Ganz gleich, was seine Probleme waren, M. Arnault hatte Hunde immer verehrt. In mehr als zwanzig seiner fünfzig Fabeln sind diese interessanten

Vierbeiner die Helden. Als ich die Ehre hatte, in das Privatleben seiner Familie eingeführt zu werden, wurde das Tor von einem schrecklichen Tier bewacht, das Ramponneau hieß und halb Mops und halb Pudel war. M. Arnault rührte sich nie ohne diesen Hund: Er hatte ihn in seinem Arbeitszimmer, während er arbeitete, und in seinem Garten, wenn er dort spazieren ging. Nur die Königsstraße wurde ihm von M. Arnault aus Angst vor vergiftetem Fleisch verwehrt. M. Arnault selbst überwachte die Erziehung seines Hundes und in einem Punkt war er unerbittlich. Ramponneau benahm sich in seinem Arbeitszimmer immer wieder schlecht. Sobald der Anblick und der Geruch das begangene Verbrechen verrieten, wurde Ramponneau an den Flanken und an der Haut seines Halses gepackt, an die Stelle geführt, wo die Indiskretion begangen worden war, und gründlich verprügelt. Danach wurde Ramponneau nach einem alten Brauch, dessen Ursprung im Dunkel der Zeit verloren gegangen ist, der Grund seines Verbrechens unter die Nase gerieben – eine Handlung, der er sich mit sichtbarem Widerwillen unterwarf. Diese täglichen Verfehlungen und die darauf folgenden Züchtigungen dauerten fast zwei Monate an, und M. Arnault begann zu befürchten, dass Ramponneau in diesem Punkt unerziehbar war, obwohl er eine Menge angenehmer Tricks lernte, wie sich tot zu stellen, stramm zu stehen, Pfeife zu rauchen und zu Ehren des Kaisers zu springen. Ich bitte um Verzeihung für das Wort „unerziehbar". Ich konnte das gewünschte Wort nicht finden, also habe ich mir eins ausgedacht. M. Arnault, ich wiederhole, begann zu befürchten, dass Ramponneau in diesem einen Punkt unerziehbar war, als Ramponneau, der gerade sein übliches Verbrechen begangen hatte, eines Tages sah, dass sein Herr viel zu sehr in seine Tragödie von *Guillaume de Nassau vertieft war* , um zu bemerken, was gerade geschehen war, und ging zu ihm und zupfte am Saum seines Morgenmantels. M. Arnault drehte sich um: Ramponneau sprang zwei- oder dreimal auf, um seine Aufmerksamkeit zu erregen; dann, als er ganz sicher war, dass er es aufgehalten hatte, ging er geradewegs zu der Stelle, die wir als das Objekt seines Verbrechens bezeichnet haben, und rieb seine Nase rein aus eigenem Antrieb, ohne Zwang, sicherlich mit offensichtlichem Widerwillen, aber mit rührender Ergebenheit hinein. Das arme Tier hatte sich getäuscht. Es hatte geglaubt, dass die Schläge und Strafen, die auf das Verbrechen folgten, keinen anderen Zweck gehabt hätten, als ihm beizubringen, seine Nase aus eigenem Antrieb in das fragliche Objekt zu reiben. Ramponneaus Erziehung war völlig fehlerhaft, und er behielt diesen Fehler sein ganzes Leben lang bei, wobei der Maulkorb, mit dem er ausgestattet wurde, kaum etwas an seiner Gewohnheit änderte.

Ich habe bereits auf M. Arnaults bemerkenswerte Gabe der schnellen und geistreichen Schlagfertigkeit hingewiesen. Ich werde jetzt zwei Beispiele dafür anführen und später, wenn wir auf sie stoßen, weitere an geeigneter Stelle und zu gegebener Zeit.

Eines Tages ging ich mit ihm die Rue de la Tour-des-Dames hinunter. Ein junger Kerl, der einen Tilbury lenkte und auf dem steilen Abhang die Kontrolle über sein Pferd verlor, wäre um Haaresbreite um M. Arnault herumgefahren, der kein geduldiger Mann war.

„Du Schurke!", sagte er. „Kannst du nicht aufpassen, wohin du gehst?"

„Was hast du gesagt, Schurke?" rief der junge Mann.

„Ja, Schurke!", wiederholte Monsieur Arnault.

„Monsieur, Sie werden für diese Beleidigung zur Rechenschaft gezogen! ... Hier ist meine Adresse!"

„Ihre Adresse?", antwortete M. Arnault. „Behalten Sie sie, um Ihr Pferd dorthin zu lenken."

An einem anderen Tag ging er auf den Champs-Élysées an einem Priester vorbei, ohne ihn zu grüßen. Wir haben gesagt, dass M. Arnault sehr kurzsichtig war; außerdem mochte er die Schwarzen, wie man sie damals nannte, nicht besonders. Der Priester, mit dem er fast zusammengestoßen wäre, drehte sich um.

„Da geht ein Jakobiner", sagte er, „er drängelt sich gegen mich und grüßt mich nicht." [2]

„Monsieur", antwortete M. Arnault, „seien Sie nicht anspruchsvoller als das Evangelium: *Extra ecclesiam nulla est salus.* " [3]

Ich sehe, ich habe bei all diesen Dingen vergessen, von Madame Arnault zu sprechen. Sie war etwa vierzig, als ich sie zum ersten Mal kennenlernte, und in diesem Alter war sie noch eine bezaubernde kleine Frau, dunkel, hübsch, mollig und voller Allüren. Madame Arnault war fünf Jahre lang herzlich zu mir, dann änderte sich alles. Vielleicht war es meine eigene Schuld: Der Leser soll zu gegebener Zeit urteilen.

---

[1] Der Abbé Geoffrey.

[2] Und das ist mir noch nicht passiert.

[3] Außerhalb der Kirche, ohne Grüße!

KAPITEL IV

Frédéric Soulié, sein Charakter, sein Talent – Chöre der
verschiedenen Stücke, gesungen als Prologe und Epiloge –
Verwandlung des Vaudeville – Die Gymnase und M. Scribe
– Die *Folle de Waterloo*

Adolphe brachte mich an diesem Abend zu Frédéric Soulié nach Hause.
Frédéric Soulié hatte eine Versammlung von Freunden einberufen, um seine
Ablehnung im Gymnase zu feiern; denn er betrachtete die Annahme unter
der Bedingung einer Änderung als eine Ablehnung.

Ich werde oft auf Soulié zurückkommen und viel über ihn sprechen: Er war
einer der einflussreichsten literarischen Einflüsse seiner Zeit und seine
Persönlichkeit war eine der markantesten, die ich kenne. Er starb jung. Er
starb nicht nur auf der Höhe seines Talents, sondern sogar bevor er das
perfekte und vollendete Werk geschaffen hatte, das er sicherlich eines Tages
geschaffen hätte, wenn der Tod nicht seine Schritte beschleunigt hätte.
Souliés Gehirn war ein wenig verwirrt und dunkel; seine Gedanken waren
nur auf einer Seite beleuchtet, wie es auf diesem Planeten üblich ist; die
Rückseite der von der Sonne beleuchteten Seite war erbärmlich dunkel.
Soulié wusste nicht, wie er einen Roman oder ein Drama beginnen sollte.
Die einleitende Erklärung seines Werks erfolgte auf gut Glück: manchmal
im ersten Akt, manchmal im letzten, wenn es ein Theaterstück war; wenn es
ein Roman war, manchmal im ersten, manchmal im letzten Band. Seine
Einleitung, die schüchtern begann, wurde fast immer mühsam entwirrt. Es
schien, als ob sich Soulié, wie die Nachtvögel, die die Dunkelheit brauchen,
um alle ihre Fähigkeiten zu entwickeln, nur in der Dämmerung wohlfühlte.

In diesem Punkt stritt ich immer mit ihm. Da er mit unvergleichlicher
Vorstellungskraft und Macht begabt war, flehte ich ihn, wenn er auf dem
Kriegspfad war, ständig an, zu Beginn seiner Handlungen so viel Tageslicht
wie möglich hereinzulassen. „Seien Sie bis an den Rand der Transparenz
klar", sagte ich ständig zu ihm. „Gottes Größe besteht darin, dass er Licht
schafft; ohne Licht hätten wir nicht gewusst, wie wir die erhabene Größe der
Schöpfung würdigen könnten."

Soulié war 26, als ich ihn kennenlernte. Er war ein rüstiger junger Mann von
mittlerer Größe, aber mit hervorragenden Proportionen; er hatte eine
markante Stirn, dunkles Haar, Augenbrauen und Bart, eine wohlgeformte
Nase und volle Augen, dicke Lippen und weiße Zähne. Er lachte gern,
obwohl es nie ein frisches, jugendliches Lachen war. Es klang ironisch und
schrill, was ihm den Anschein des Alters verlieh. Da er von Natur aus eine

scherzhafte Veranlagung hatte, war Ironie eine Waffe, die er bewundernswert einsetzen konnte.

Er hatte sich in den meisten Dingen versucht und behielt ein gewisses Wissen über alles, was er getan hatte. Nachdem er in der Provinz eine ausgezeichnete Ausbildung erhalten hatte, studierte er meines Wissens in Reims Jura, was ihm die bewundernswerte Beschreibung seines Studentenlebens in seinem Buch *Confession générale* verdankt . Er bestand seine juristischen Prüfungen und wurde als Anwalt zugelassen; aber der Beruf gefiel ihm nicht. Statt diesem sehr liberalen Beruf nachzugehen, zog er einen kaufmännischen Beruf vor. Diese Abneigung führte dazu, dass er 1824 oder 1825 die Idee eines großen Dampfsägewerks entwickelte.

In der Zwischenzeit lebte Soulié (der sich damals Soulié de Lavelanet nannte) von einem kleinen Taschengeld, das ihm sein Vater, soweit ich mich erinnern kann, gegeben hatte: hundert Louis. Er wohnte in der Rue de Provence, im ersten Stock, in einem bezaubernden Zimmer, das uns wie ein Palast vorkam. Vor allem gab es in diesem Zimmer einen höchst ungewöhnlichen Luxus: ein Klavier, auf dem Soulié zwei oder drei Melodien spielen konnte. Er war sowohl sehr radikal als auch sehr aristokratisch, zwei Eigenschaften, die in dieser Zeit oft zusammenkamen: siehe zum Beispiel Carrel, den wir bereits in der Béfort-Affäre gesehen haben und der bald wieder auf der Bildfläche erscheinen wird, nach der Amnestie, die Karl X. bei seiner Thronbesteigung gewährte.

Soulié war mutig, aber nicht streitsüchtig; aber er besaß sowohl die Sensibilität eines Studenten als auch eines Südstaatlers. Er war ein passabler Schwertkämpfer und ein erstklassiger Schütze.

Soulié hielt mich anfangs für einen nichtsnutzigen, unbedeutenden Jungen, und das war ganz natürlich. Meine frühen Erfolge erstaunten und überwältigten ihn beinahe. Inzwischen kannte ich Soulié so, wie er war: fast neidisch, aber dank der starken Güte seines guten und aufrichtigen Herzens konnte er alle schlechten Neigungen seines Charakters unter Kontrolle halten. In seinem Inneren tobte ein ständiger Kampf zwischen guten und schlechten Prinzipien, und doch konnte das böse Prinzip vielleicht nicht ein einziges Mal die Oberhand gewinnen. Sehr oft versuchte er, mich zu hassen, aber es gelang ihm nie. Sehr oft, wenn er sich daran machte, mich in Gesprächen schlechtzumachen, endete er damit, mich zu loben. Und tatsächlich war ich der Mann, der seine Karriere mehr als jeder andere behinderte: im Theater, bei den Zeitungen, bei Büchern, überall stand ich ihm im Weg und fügte ihm überall unfreiwilligen, aber tatsächlichen Schaden zu. und trotz alledem war ich mir Souliés so sicher und so überzeugt von seiner höchsten Gerechtigkeit und Herzensgüte, dass ich, wenn ich irgendeinen Dienst benötigt hätte, lieber zu Soulié gegangen wäre, um ihn darum zu bitten, als irgendjemand sonst – und er hätte mir diesen Dienst bereitwilliger erwiesen, als es jeder andere getan hätte.

Zunächst wandte Soulié seine Aufmerksamkeit der Poesie zu. Ich glaube, dass er auf diesem Gebiet seine Eroberungen machen wollte. Sein erstes Bühnenstück war eine Nachahmung von Shakespeares *Romeo und Julia*. Ich habe nie größere Emotionen empfunden als bei der ersten Aufführung dieses Stücks.

Wir sahen uns oft monate- oder jahrelang nicht; doch wenn uns das Schicksal von Angesicht zu Angesicht führte, gingen wir, egal wie weit wir voneinander entfernt waren, direkt zum Herzen und zu den offenen Armen des anderen. Vielleicht hatte Soulié, bevor er mich erblickte, nicht besonders daran gelegen, mich zu treffen; vielleicht hätte er einen Umweg gemacht, wenn ihm jemand gesagt hätte: „Dumas ist dort drüben", doch sobald er mich erblickte, beherrschte der elektrische Strom seinen Willen und er gehörte mir mit Leib und Seele, als ob ihm nie ein einziger eifersüchtiger Gedanke gekommen wäre. Anders war es bei Hugo oder Lamartine: Er mochte sie nicht und sprach selten unvoreingenommen über ihr Talent. Ich bin überzeugt, dass es Hugos *Odes et Ballades* und Lamartines *Méditations waren* , die Frédéric Soulié dazu brachten, Prosa zu schreiben. Ruhe in Frieden, Freund meiner Jugend, Gefährte meiner ersten ernsthaften Bemühungen, ich werde dich so darstellen, wie du warst; ich werde eine Statue von dir entwerfen, keine Büste; ich werde dich isolieren; Ich werde dich auf den Sockel deiner Werke stellen, damit all jene, die dich nie kannten, sich ein Bild von deiner eindrucksvollen Gestalt machen können; denn du gehörst zu jenen, die man von allen Seiten studieren kann, und die, ob lebend oder tot, keine Angst davor haben müssen, ins volle Licht gerückt zu werden.

Zu der Zeit, von der ich schreibe, war Soulié durch eine literarische Freundschaft mit Jules Lefèvre und Latouche verbunden – Latouche, mit dem er sich später wegen *Christine so heftig stritt*. Im Privatleben war sein bester Freund ein großer, kräftiger Kerl namens David, der damals Börsenmakler war und es vielleicht noch ist. Ich weiß nicht, ob Soulié sein einziger Freund war; aber ich glaube, dass er sich an der Börse nicht wenige Feinde machte.

Als wir Soulié besuchten, lud er gerade ein Dutzend Freunde zu Tee, Kuchen und Sandwiches ein. Solcher Luxus hat mich ganz geblendet. Soulié war sich seiner eigenen Fähigkeiten bewusst, und das machte ihn gegenüber zweitklassiger Literatur äußerst verächtlich. In seinen Bemühungen, in den Domäne anderer Schriftsteller zu wildern, bis die Zeit kam, in der er es besser machen konnte als sie, behandelte er gewisse zeitgenössische Berühmtheiten, deren Stellung ich sehr beneidete, mit hochmütiger Beiläufigkeit. Er schlug vor, sagte er, für das kommende Jahr 1824 einen

Almanach mit dem Titel *Parfait Vaudevilliste zu veröffentlichen* , der aus vorgefertigten Versen von alten Soldaten und jungen Obersten bestehen sollte. Unter diesen Versen von alten Soldaten befanden sich einige erster Güte, und der folgende kann als Vorbild genommen werden: Es ist einer, den Gontier in *Michel et Christine sang* und für den er allabendlich begeisterten Beifall erhielt:

„Ohne Murmeln,
dein Herzschmerz. Friss meine Augen , nur um nichts zu ertragen!
Ich bin fertig mit dir, das ist mein ganz normaler Mensch. Ein alter Soldat
hat geweint und sich erholt, ohne Murmeln!"

Es gab damals auch in den Stücken, die gerade aufgeführt wurden, eine gewisse Anzahl von Chören, die sich auf aktuelle Ereignisse bezogen, und diese fanden einen angemessenen Platz im *Parfait Vaudevilliste*. Leider konnte ich damals bei Soulié keinen davon kopieren. Drei oder vier Monate vor seinem Tod bat ich ihn, mir seine Sammlung zu schicken: er hatte sie verloren. Stattdessen schickte er mir fünf oder sechs der Chöre, an die er sich erinnerte; nur konnte er mir nicht genau sagen, aus welcher Zeit sie stammten; er konnte nur versichern, dass es sich nicht um uneheliche Waisen und Streuner handelte, wie man leicht glauben könnte, sondern um anerkannte und legitime Nachkommen; und zum Beweis schickte er ihnen die Namen ihrer Erzeuger bei.

Diese Refrains waren natürlich das ausschließliche Eigentum des Autors. Er platzierte sie in identischen Situationen: Einige von ihnen waren bereits zehn-, zwanzig-, dreißigmal im Einsatz und warteten nur auf die Gelegenheit, einunddreißigmal verwendet zu werden. Wir beginnen mit einem Refrain aus dem *Barbier-Schloss* von Théaulon: Jedem das Seine.

„Gute Nacht!
Gute Nacht! Ich bin so froh, auf Reisen. Gute Nacht! Gute Nacht! Lass
uns ohne Lärm gehen."

Dies wurde sprichwörtlich: Sobald die Szene begann, begannen alle, den Refrain vorauszusummen, der am Ende kam. Ein anderer Chor, von Brazier und Courcy, in Parisien *à Londres,* war ebenfalls nicht ohne Wert. Leider war die Szene, zu der er gehörte, so eigenartig, dass er nur einmal verwendet wurde. Trotzdem blieb er einer ganzen Reihe von Kennern im Gedächtnis. Es ging um einen Franzosen, der während einer kriminellen Liebesaffäre überrascht wurde und, als er vor seine Richter geführt wurde, beim Publikum eine lebhafte Neugier erregte.

Also sang das Publikum:—

„Wir werden diesen Fremden nur sehen
, er ist gut gelaunt! ... Vor dem Publikum, um meine Unschuld zu
verteidigen, und ich werde mich rächen."

Der Fremde wurde zur Heirat verurteilt, und das Publikum verließ zufrieden
den Saal und sang den gleichen Refrain, allerdings mit dieser kleinen
Variation:

„Wir *haben diesen Fremden gesehen* ,
der ist sehr leicht! ... Vor dem Publikum, um meine Unschuld zu
verteidigen, und ich werde mich rächen."

Da es in Theatern jedoch häufiger Frühstücke, Mittag- und Abendessen gibt
als Ausländer, die dazu verdammt sind, Engländerinnen zu heiraten, gab es
einen Dumanoir-Chor, der immer gesungen wurde, wenn die Leute sich zu
Tisch setzten, und der dem Publikum eine Vorstellung von der Trunkenheit
der Teilnehmer vermittelte.

Sie sangen dies:—

„Welches Essen
gibt es wirklich? Wo werde ich mich treffen? Die Liebe wird kommen!
...Welches Essen gibt es wirklich? Es ist nicht so weit gekommen. Die
Paare hier sind unten!"

Trotz der heiligen Gesetze des Anstands, die, wie man weiß, unter
Dramatikern mehr geachtet werden als in jeder anderen
Gesellschaftsschicht, erlaubte sich Adolphe eines Tages die Freiheit, dieses
Couplet zu verwenden, und hatte die Kühnheit, es in eines seiner Stücke
aufzunehmen, ohne auch nur ein Jota daran zu ändern. Es gibt dazu eine
ziemlich lange Geschichte: Adolphe, dem von Dumanoir mit einer Klage
gedroht wurde, konnte die Angelegenheit nur dadurch beilegen, dass er im
Tausch gegen den Trinkchor einen Chor für Tänzer anbot.

Dies ist der Refrain von Leuven. Man sieht, dass Dumanoir zwar nicht viel
dadurch gewonnen, aber auch nicht viel verloren hat:

„Zum Tanzen,
zum Tanzen. Auf Wiedersehen, Freunde, was ist los? Versteht ihr den Ball?
Komm schon, süßes Signal? ..."

Dumanoir hielt sich getreulich an die Vereinbarung, verwendete den Refrain
jedoch nur einmal; dann gab er ihn an Adolphe zurück, der ihn, nachdem er
ihn wieder in seinen Besitz gebracht hatte, zur großen Zufriedenheit des
Publikums weiterhin verwendete.

All diese Chöre verblassen jedoch vor dem von *Jean de Calais* . Dieser stammte von Émile Vanderburch, einem der Autoren des *Gamin de Paris* , und schloss das Stück ab. Er lautet wie folgt:

„Singt die höchsten Taten
von Jean de Calais! Überlasst es dir, in der Geschichte, was dir gebührt,
seinen Ruhm und sein Glück! …"

Tatsächlich fand zu dieser Zeit eine große Revolution in der komischen Oper statt; und diese Revolution wurde von einem Mann herbeigeführt, der seitdem andere als Revolutionäre geächtet hat. Wir meinen Scribe, der in der literarischen Revolution von 1820 bis 1828 ungefähr dieselbe Rolle spielte wie die Girondisten in der politischen Revolution von 1792 und 1793.

Vor Scribe waren komische Opern (mit Ausnahme der entzückenden Sketche von Désaugiers) kaum mehr als bloße Skelette, die die Schauspieler nach Belieben einkleiden konnten. Heutzutage ist es das Wichtigste, Rollen für M. Arnal, M. Bouffé oder Mademoiselle Rose Chéri zu kreieren, aber damals dachte niemand daran, eine Rolle für M. Potier, M. Brunet oder M. Perrin zu kreieren. M. Perrin, M. Brunet oder M. Potier fanden ihre Rollen bei der ersten Probe vor und machten sie bei der ersten Aufführung zu dem, was sie waren.

Scribe war der erste Autor, der Theaterstücke statt Skizzen schrieb. Die Handlung entwickelte sich unter seinen geschickten Händen, und so erreichte das Théâtre du Gymnase in drei oder vier Jahren seine volle Größe. Es orientierte sich nicht an einer anderen Truppe, sondern schuf etwas, das man durchaus als M. Scribes Truppe bezeichnen könnte: Sie bestand fast ausschließlich aus Obersten, jungen Witwen, alten Soldaten und treuen Dienern. Niemals hatte man solche Witwen gesehen, nie solche Obersten; nie hatte man alte Soldaten so gesprochen; nie hatte man so ergebene Diener angetroffen. Aber die Truppe des Gymnase, wie M. Scribe sie schuf, wurde zur Mode, und die direkte Schirmherrschaft von Madame la Duchesse de Berry trug nicht wenig zum Vermögen des Direktors und zum Ruf des Autors bei. Die Form der Gedichte selbst wurde geändert. Die alten Melodien unserer Väter, die sich mit der fröhlichen Wiederholung von *lon, lon, la, larira dondaine* und *gai, gai, larira dondé zufrieden gegeben hatten*, wurden zugunsten einer eher künstlich gesitteten komischen Oper, pointierten Epigrammen und langgezogenen, elegant gedrehten Versen aufgegeben. Wenn die Situation rührend wurde, drückten acht oder zehn Zeilen die Gefühle der Figur aus, wobei sie den Charme der Musik und seufzender Liebeserklärungen liehen, für die Prosa nicht mehr ausreichte. Kurz gesagt, es entstand ein bezaubernder kleiner Bastard, dessen Vater und Pate M. Scribe, um einen Dorfausdruck zu verwenden, zugleich war und der weder das alte Vaudeville noch die komische Oper noch die Komödie war.

Die Vorbilder des neuen Stils waren *Somnambule, Michel et Christine* , *Héritière* , *Mariage de raison, Philippe* und *Marraine*. Später gingen einige Vaudevilles noch einen Schritt weiter, zum Beispiel *Chevalier de Saint-Georges, Un Duel sous Richelieu und* Vie *de bohème*. Diese grenzten an die Komödie und konnten zur Not ohne Text gespielt werden. Auf andere Veränderungen wird hingewiesen, soweit sie die Künste betrafen. Lassen Sie uns hier kurz festhalten, dass wir in das Zeitalter des Übergangs eingetreten waren. 1818 begann Scribe mit dem Vaudeville; von 1818 bis 1820 traten Hugo und Lamartine in die Literaturwelt ein, ersterer mit seinen *Odes et Ballades* , letzterer mit seinen *Méditations,* den ersten Versuchen der neuen Poesie; von 1820 bis 1824 veröffentlichte Nodier Romane, die einen neuen Typus einführten, nämlich das Pittoreske; Von 1824 bis 1828 war die Malerei an der Reihe, neue Stile auszuprobieren; schließlich griff die Revolution von 1828 bis 1835 auf die Welt des Dramas über und folgte fast unmittelbar den Fußstapfen des historischen und phantasievollen Romans. So nahm das 19. Jahrhundert, befreit von elterlichen Zwängen, seine wahre Farbe und Originalität an. Da ich so eng mit allen großen Künstlern und Bildhauern der Zeit verbunden war, wird es natürlich verständlich sein, dass jeder von ihnen nacheinander in diese Memoiren aufgenommen wird; sie werden eine riesige Galerie bilden, in der jeder berühmte Name sein lebendiges Denkmal haben wird.

Kehren wir zu Soulié zurück. Wir waren an dem Tag angelangt, als sein erstes Gedicht die Ehre hatte, gedruckt zu werden: Es hieß Folk *de Waterloo* und war auf Vatouts Wunsch hin für das Werk geschrieben worden, das er in der Galerie des Palais-Royal anfertigte. Ich brauche wohl kaum zu erwähnen, dass Soulié es uns vorgelesen hat. Hier ist es: Wir geben es wieder, um den Ausgangspunkt all unserer großen Dichter aufzuzeigen. Wenn wir das Ziel zur Kenntnis nehmen, das sie erreicht haben, können wir die zurückgelegte Strecke messen. Wahrscheinlich werden uns einige Nörgler unserer Zeit sagen, es sei ziemlich gleichgültig, wo sie angefangen oder aufgehört haben: Dem würden wir antworten, dass wir nicht nur für das Jahr 1851 oder das Jahr 1852 schreiben, sondern für die heilige Zukunft, die Meißel, Pinsel und Feder ergreift, sobald sie aus den Händen der berühmten Toten fallen.

DIE WAHL VON WATERLOO

„Ein Tag, an dem ich die Melancholie erlebte, ich habe mich von meinen Nicht-Irrtümern erschreckt. In diesen Gefängnissen, wo die Folie ist, wird es mit gleichgültigen Augen geschaut. Es geschah zu der Zeit, in der es losging. Unglückliche Dinge übersahen und verdrehten ;

und mein Herz hörte auf, ihre Sprache zu hören
. Wo sie die Hände, das Gesicht und den Kopf verdrehte.

Während sie vor Bedrohungen oder Hindernissen hütete, wurde eine Frau
blass und die Vorderseite schlaff;
Hauptsache, hier ist der Schmuck, die Tage der Schlacht.
Die Brille fiel auf die Seite der Krieger auf der Schulter. Attaché,
und sein blondes Haar zieht sich einen Pelzmantel um, auf seinem Rücken
liegt er und

sieht seine Jugend und den Morgengrauen an. Wer tut das, aus dem
Gefängnis wird er ins Grab geführt. Ich schicke mir eine Freude ... Sie
denkt, sie soll losrennen ,
und dann schreit sie: „Waterloo! Waterloo!“

„Was für ein Unglück, also ist dieses Unglück Frankreichs geschehen?“ Er
sagte es ... Und er sah sie wütend an. Ohne den Grund zu sehen, überprüfe
ich meine Hoffnung. Nur um mich an seine letzte Geste zu wenden. Auf

Französisch, sprich mehr als einmal, sagt sie. Oh! Du machst mir Angst!
Vielleicht werden diese Engländer deine Stimme vernehmen. Denn es ist
Waterloo, wo Adolf zum ersten Mal starb, ohne auf meine Worte zu
antworten.

Aber in seinem Land ist der Krieg vorbei. Ich verlasse sie und lasse sie los,
bis sie mir begegnet.
So werde ich nur Lebewohl sagen, mein Herz bleibt nicht stehen .
Erinnerung ...
Der Glanz des Appells, er wird seinem Wort folgen; Und, wie seine Liebe
war, war sie nicht ganz für mich, Er dient seinem Vaterland und ich
verfluche mein Herz!

Und, wenn ich danach suchen wollte, Um zu sehen, im Lied werde ich
marschieren;
Ich höre lange Schmerzens- und Alarmschreie; Der Mond steht auf diesem
Morgenbild; Ich schaue in die Sonne der Krieger und Waffen, Und die
Engländer rufen: „Waterloo!“ Waterloo!"

Und ich, Mädchen aus Angleterre, gleichgültig gegenüber meinen Augen,
die auf der Erde schlafen,
ich rufe einen Franzosen an und flehe ohne Ermahnung ... Alles ist gut,
eine trauernde und einsame Stimme. Sie wird von diesem Totengedenken
erlöst:

„Adolphe?", sage ich. „Die Helden der Garde
sind der Tapferste und marschieren mit uns; wir kämpfen hier ... Geh, geh
und schau,
du schaust zurück, wir fahren mit uns und alle zusammen!"

Ich zittere vor dem Sehen und ich sehe es selbst ... Das ist mir egal, was
das Schlimmste ist, was man ausdrücken kann. Seine Augen unter meinen
Füßen, du darfst nicht rennen ... Oh! wie ich dich zu diesem höchsten
Moment gequält habe;
denn es scheint nicht besser zu sein!

Und dann ... ich sage es nicht besser! ... Kennst du meine Höflichkeit?
Jadis, wenn es geht, geht es jeden Tag! Und seine Mutter, in Freude,
beschuldigt unsere Lieben ... Ach! Es geht nicht besser, und leider hat sie
Freude!

Sie stürzte zur Haustür, als sie weg war, Hing an ihren Armen, eine
unbewegliche Aufmerksamkeit, Sie rief an ihre Seiten und mit einer
schwachen Stimme: „Armer Adolf, sage sie, in Freudentränen; wie ich dich
quäle! ... er muss aufpassen, aber er wird nicht wiederkommen!'

Sie sagte, im Wind schaukelte die Glocke im Gleichgewicht. Sie legte sich
auf den Schmerz, der vergangen war. Sie sagte, sie sei ein armer Junge. Sie
porträtierte einen Mann, der lange im Dunkeln blieb. In den Ohren der
Männer, die bemitleidenswert waren, wurde sie nur wiedergeboren. „
Adieu! Ich trauere nicht, was ein Franzose mich ablehnte. Sie sagte, ich
neige zur Straße. Wenn deine Stimme
unten ist, geht es

auf den Weg. Bei einer ebenso langen Verzögerung klagt sie ihre Liebe an.
Entschuldige, dass ich die Ebene betrete, entschuldige, dass ich die Ebene
betrete . entschuldigen Sie,
es tut mir leid, aber ich bin nicht hier!"'

KAPITEL V

Der Herzog von Orléans – Mein erstes Gespräch mit ihm – Maria-Stella-Chiappini – Ihre Versuche, einen höheren Rang zu erlangen – Ihre Geschichte – Die Aussage des Herzogs von Orléans – Urteil des Kirchengerichts von Faenza – Berichtigung von Maria-Stellas Geburtsurkunde

———

Ich war seit fast einem Monat im Büro, zur großen Zufriedenheit von Oudard und Monsieur de Broval (der dank meiner schönen Handschrift fand, Monsieur Deviolaine sei zu streng mit mir gewesen), als ersterer mir durch Raulot ausrichten ließ, er wolle mich in seinem Büro haben. Ich beeilte mich, der Einladung zu folgen. Oudard sah sehr ernst aus. „Mein lieber Dumas", sagte er, „Monsieur le Duc d'Orléans hat mich gerade gebeten, jemanden zu haben, der schnell und ordentlich eine Arbeit abschreibt, die er für seinen Anwalt vorbereitet hat. Obwohl es nichts Geheimes daran ist, müssen Sie verstehen, dass es nicht gut ist, die Papiere während der Abschrift im Büro herumliegen zu lassen. Ich habe an Sie gedacht, weil Sie schnell und korrekt schreiben: Das wird das Mittel sein, Sie vor den Herzog zu bringen. Ich werde Sie in sein Zimmer führen."

Ich muss gestehen, dass ich sehr aufgeregt war, als ich erfuhr, dass ich bald einem Mann gegenüberstehen würde, dessen Einfluss auf die Gestaltung meines Schicksals von großer Bedeutung sein könnte.

Oudard bemerkte, welche Wirkung diese Nachricht auf mich hatte, und versuchte mich zu beruhigen, indem er mir von der vollkommenen Freundlichkeit des Herzogs erzählte. Das bewahrte mich jedoch nicht davor, sehr nervös zu werden, als ich mich dem Zimmer Seiner Königlichen Hoheit näherte. Ich hatte einen Moment Ruhe, denn Seine Königliche Hoheit war beim Frühstück; aber bald hörte ich einen Schritt, den ich für seinen hielt, und die Angst packte mich erneut. Die Tür öffnete sich und der Herzog von Orléans erschien. Ich hatte ihn bereits ein- oder zweimal in Villers-Cotterets gesehen, als er zum Verkauf des Waldes kam. Ich glaube, ich sagte, dass er damals bei Monsieur Collard wohnte, von dem er die verschwenderischste Gastfreundschaft erhielt, die man sich vorstellen kann, obwohl der Herzog von Orléans, soweit es ihn selbst betraf, immer versuchte, die ihm angebotene Gastfreundschaft auf die Grenzen eines einfachen Familienbesuchs zu beschränken.

Monsieur le Duc d'Orléans hatte tatsächlich das gute Gefühl, seine unehelichen Verwandten fast öffentlich anzuerkennen: Seine beiden leiblichen Onkel – die beiden Abbés Saint-Phar und Saint-Albin – lebten mit ihm im Palais-Royal, und er machte keinen Unterschied zwischen ihnen und den übrigen Mitgliedern seiner Familie.

Im darauffolgenden Oktober wurde der Prinz fünfzig Jahre alt. Er war noch immer ein sehr gutaussehender Mann, obwohl seine Figur durch seine in den letzten zehn Jahren zugenommene Fettleibigkeit verunstaltet war. Sein Gesicht war offen, seine Augen hell und intelligent, ohne Tiefe oder Standhaftigkeit. Er war sehr umgänglich, aber dennoch verloren seine Worte nie ihren aristokratischen Geschmack, es sei denn, es ging ihm allein darum, einen eitlen Bürger zu versöhnen. Er hatte eine angenehme Stimme, die in seinen gut gelaunten Momenten normalerweise einen freundlichen Ton anschlug. Und wenn er in Stimmung war, konnte man ihn sogar aus weiter Entfernung die Messe mit einer Stimme singen hören, die fast so unstimmig war wie die von Ludwig XV. Ich habe ihn später die *Marseillaise* ebenso falsch singen hören, wie er die Messe sang. Um es kurz zu machen, ich wurde ihm vorgestellt. In meinem Fall wurde nicht viel Zeremoniell beachtet.

„Monseigneur, dies ist M. Dumas, von dem ich mit Ihnen gesprochen habe, der Schützling von General Foy.“

„Oh, gut!“, antwortete der Herzog. „Es war mir eine Freude, General Foy eine Freude zu machen, der Sie mir sehr wärmstens empfohlen hat, Monsieur. Sie sind der Sohn eines tapferen Mannes, den Bonaparte angeblich fast dem Hungertod überlassen hat.“

Ich verbeugte mich als Zeichen meiner Zustimmung.

„Sie haben eine sehr gute Handschrift, Sie fertigen und versiegeln ausgezeichnet Umschläge an. Arbeiten Sie, und M. Oudard wird sich um Sie kümmern.“

„In der Zwischenzeit“, unterbrach ihn Oudard, „möchte Monseigneur Ihnen eine wichtige Arbeit anvertrauen: Seine Hoheit wünscht, dass sie umgehend und korrekt erledigt wird.“

„Ich werde nicht ruhen, bis es fertig ist“, antwortete ich. „Und ich werde mein Möglichstes tun, um so genau zu sein, wie Seine Hoheit es verlangt.“

Der Herzog gab Oudard ein Zeichen, das so viel hieß wie: „Nicht schlecht für einen Jungen vom Land.“

Dann trat er vor mich und sagte:

„Kommen Sie in dieses Zimmer und setzen Sie sich an den Tisch.“

Und mit diesen Worten zeigte er mir einen Schreibtisch.

„Hier sind Sie ungestört.“

Dann öffnete er einen Stapel, in dem etwa fünfzig Seiten geordnet lagen. Sie waren auf beiden Seiten mit seiner großen Handschrift bedeckt und auf der Vorderseite jeder Seite nummeriert.

„Schauen Sie", sagte er, „schreiben Sie von hier bis dort ab. Wenn Sie fertig sind, bevor ich zurückkomme, müssen Sie auf mich warten. Ich muss an einigen Stellen noch einige Korrekturen vornehmen, und ich werde sie so vornehmen, wie ich sie Ihnen diktiere."

Ich setzte mich hin und machte mich an die Arbeit. Die Arbeit, die mir anvertraut worden war, betraf ein Ereignis, das kürzlich für großes Aufsehen gesorgt hatte und die Aufmerksamkeit von Paris zwangsläufig auf sich ziehen musste. Es handelte sich um den Anspruch von Maria-Stella - Petronilla Chiappini, Baronin von Sternberg, auf den Rang und das Vermögen des Herzogs von Orléans, die ihr ihrer Meinung nach zustünden.

Hier ist die Fabel, auf die sich ihr Anspruch stützte. Wir geben sie aus Maria-Stellas Sicht wieder, ohne, wohlverstanden, auch nur einen einzigen Augenblick an die Berechtigung ihres Anspruchs zu glauben.

Madame la Duchesse d'Orléans, die 1768 heiratete, hatte ihrem Ehemann Louis-Philippe-Joseph d'Orléans bis Anfang Januar 1772 nur eine totgeborene Tochter geschenkt. Das Fehlen männlicher Nachkommen beunruhigte den Duc d'Orléans sehr, da sein Vermögen, das hauptsächlich aus Anteilen stammte, die ihm als jüngerer Sohn zugesprochen worden waren, in Ermangelung männlicher Nachkommen an die Krone zurückfallen würde. Mit diesem Gedanken im Kopf und in der Hoffnung, dass die Reise vielleicht dazu führen könnte, dass die Duchesse d'Orléans wieder schwanger wird, brachen Louis-Philippe und seine Frau Anfang des Jahres 1772 unter dem Namen Comte und Comtesse de Joinville nach Italien auf.

Ich wiederhole ein letztes Mal, dass in dieser gesamten Erzählung nicht ich spreche, sondern die Klägerin, Maria-Stella-Petronilla.

Die erlauchten Reisenden hatten kaum die Spitze des Apennins erreicht, als sich Anzeichen einer erneuten Schwangerschaft bemerkbar machten, die die Herzogin von Orléans dazu veranlassten, in Modigliana zu bleiben.

Im Dorf Modigliana gab es ein Gefängnis und einen Gefängniswärter, der das Gefängnis bewachte. Der Gefängniswärter hieß Chiappini. M. le Duc d'Orléans, der seiner Tradition der Vertrautheit mit dem Volk treu blieb, kam mit dem Gefängniswärter noch besser zurecht, da die Vertrautheit unter dem Schutz seines Inkognitos stattfand. Es gab außerdem einen Grund für die Vertrautheit. Chiappinis Frau erwartete ihre Entbindung genau zur gleichen Zeit wie Madame la Duchesse d'Orléans. Daher wurde zwischen den berühmten Reisenden und dem bescheidenen Gefängniswärter ein Vertrag geschlossen, der besagte, dass, sollte Madame la Comtesse de Joinville zufällig ein Mädchen und Chiappinis Frau einen Jungen zur Welt bringen, die beiden Mütter ihre beiden Kinder austauschen sollten.

Das Schicksal fügte es, wie die Eltern es vorhergesehen hatten: Die Frau des Gefängniswärters brachte einen Jungen zur Welt, die Frau des Prinzen ein Mädchen. Und auch der vereinbarte Tausch wurde durchgeführt, wobei der Prinz dem Gefängniswärter zudem eine beträchtliche Summe übergab.

Das Kind, das die Rolle des Prinzen spielen sollte, wurde dann nach Paris gebracht, und obwohl es bereits am 17. April 1773 geboren wurde, wurde die Tatsache bis zum 6. Oktober geheim gehalten. An diesem Tag wurde es bekannt gegeben und das Kind vom Almosenier des Palais-Royal in Anwesenheit des Gemeindepfarrers und zweier Diener getauft. In der Zwischenzeit wurde die Tochter der Herzogin, die in Italien zurückgelassen worden war, dort unter dem Namen Maria-Stella-Petronilla aufgezogen. Der Rest der Geschichte kann erraten werden. Wir werden sie jedoch im Detail erzählen. Maria-Stella erfuhr die Geschichte ihrer Geburt erst nach dem Tod des Gefängniswärters Chiappini. Sie hatte eine traurige Kindheit. Die Frau des Gefängniswärters, die ihren Sohn bedauerte und ihrem Mann ständig die getroffene Vereinbarung vorwarf, machte dem Kind das Leben sehr schwer. Das junge Mädchen war, wie es scheint, außerordentlich schön, und im Alter von siebzehn Jahren machte sie einen so tiefen Eindruck auf Lord Newborough, einen der reichsten Adligen Englands, der durch Modigliana reiste, dass er sie fast wider Willen heiratete und mit ihr nach London ging. Sie blieb sehr jung als Witwe mit mehreren Kindern zurück — eines davon ist heute englischer Pair —, heiratete aber bald den Baron de Sternberg, der sie mit nach St. Petersburg nahm, wo sie ihm einen Sohn schenkte.

Eines Tages erhielt die Baronin von Sternberg, die sich schon fast von ihrem Mann getrennt hatte, einen Brief mit italienischem Poststempel. Sie öffnete ihn und las die folgenden Zeilen, geschrieben von der Hand des Mannes, den sie für ihren Vater hielt:

> „Mylady, ich bin endlich am Ende meines Lebens angelangt, ohne irgendjemandem ein Geheimnis verraten zu haben, das Sie und mich persönlich betrifft. Dieses Geheimnis ist folgendes:

> „An dem Tag, an dem du geboren wurdest, von einer Frau, deren Namen ich nicht preisgeben darf und die dieses Leben bereits verlassen hat, wurde mir auch ein Kind geboren, ein Junge. Ich wurde gebeten, einen Tausch zu machen, und angesichts meines damaligen armseligen

Vermögens willigte ich in die dringenden und vorteilhaften Vorschläge ein, die mir gemacht wurden. Damals adoptierte ich dich als meine Tochter, und zur gleichen Zeit adoptierte die andere Person meinen Sohn. Ich sehe, dass der Himmel mein Fehlverhalten wiedergutgemacht hat, da du eine höhere Stellung im Leben einnimmst als dein Vater – obwohl er fast denselben Rang hatte – und diese Überlegung ist es, die es mir ermöglicht, mit einem gewissen Maß an Ruhe zu sterben. Behalte dies im Gedächtnis, damit du mich nicht allein dafür verantwortlich machst. Obwohl ich dich um Verzeihung für meinen Fehler bitte, bitte ich dich inständig, die Tatsache geheim zu halten, damit die Welt nicht über eine Angelegenheit sprechen kann, die jetzt nicht mehr zu beheben ist. Dieser Brief wird dir erst nach meinem Tod zugesandt. LAURENT CHIAPPINI"

Nach Erhalt dieses Briefes bereitete Maria-Stella sofort ihre Reise nach Italien vor. Sie war nicht mit dem Gefängniswärter Chiappini einer Meinung, die Angelegenheit sei unheilbar : Sie wollte wissen, wer ihr richtiger Vater war. Sie sammelte Informationen, wo immer sie sie finden konnte, und erfuhr schließlich, dass 1772 – also ein Jahr vor ihrer Geburt – zwei französische Reisende in Modigliana ankamen und dort bis zum Monat April 1773 blieben. Diese beiden Reisenden nannten sich Comte und Comtesse de Joinville. Aufgrund dieses kleinen Hinweises machte sich die Baronin de Sternberg auf den Weg nach Frankreich und besuchte zunächst die kleine Stadt Joinville, deren Namen ihr Vater trug. Hier erfuhr sie, dass Joinville einst ein Erbe der Familie Orléans gewesen war und dass Duc Louis-Philippe-Joseph, der 1772 in Italien unterwegs war, 1793 auf dem Schafott gestorben war.

Nur sein Sohn, der Herzog von Orléans, blieb übrig (die beiden jüngeren Brüder, der Herzog von Montpensier in England und der Herzog von Beaujolais auf Malta, waren gestorben), der Erbe des gesamten Vermögens seines Vaters. Er lebte in Paris und war der einzige Prinz aus dem Blut des Hauses Orléans.

Maria-Stella reiste sofort nach Paris ab, unternahm vergebliche Anstrengungen, Zugang zum Herzog selbst zu erhalten, begab sich in die Hände von Intrigen, die ihre Sache ausnutzten, von Geschäftsleuten, die sie betrogen, und schrieb schließlich an die Zeitungen, dass die Baronin von Sternberg, die Überbringerin einer für die Erben des Grafen von Joinville äußerst wichtigen Mitteilung, in Paris eingetroffen sei und sie diese so bald wie möglich über diese Mitteilung informieren wolle.

Der Herzog von Orléans wollte diese Mitteilung nicht direkt erhalten; er wollte auch nicht die Hilfe eines Geschäftsmannes in Anspruch nehmen: er beauftragte seinen Onkel, den alten Abbé von Saint-Phar, die Baronin aufzusuchen. [1] Dann wurde alles aufgedeckt, und der Herzog entdeckte die ganze Verschwörung, die um ihn gesponnen wurde. Als er erfuhr, dass Maria-Stella, sei es aus ehrlicher Überzeugung oder aus Habgier, ihre Sache ernstlich verfolgen wollte und dass sie nach Italien zurückkehren wollte, um sich Dokumente zu besorgen, mit denen sie ihre Identität nachweisen konnte, beeilte er sich, vorsichtshalber ein Memoiren für seinen Anwalt zu verfassen, um die Fälschung zu widerlegen, mit der Maria-Stella ihm seinen Rang und sein Vermögen nehmen oder ihn jedenfalls für das Recht, sie zu behalten, bezahlen lassen wollte. In der Zwischenzeit appellierte sie an die Herzogin von Angoulême, da diese wahrscheinlich die lebhaftesten Gefühle des Grolls gegen die Familie Orléans hegte.

Es waren diese Memoiren, die ich abschreiben sollte. Ich muss gestehen, dass ich sie nicht abgeschrieben habe, ohne sie gelesen zu haben, obwohl mir aufgrund meiner völligen Unkenntnis der Geschichte viele Punkte in der Widerlegung des Prinzen unklar blieben. Dieses Dokument basierte nicht nur auf Tatsachen, sondern war auch mit jener üblichen Argumentationskraft geschrieben, für die der Duc d'Orléans bekannt war, selbst in kleineren diplomatischen Angelegenheiten. Er beauftragte nur der Form halber einen Anwalt, denn er selbst verfasste nicht nur Notizen zu dem Fall, den er beweisen wollte, sondern auch ausführliche Erklärungen, die die Bewunderung des berühmten Rechtsanwalts Me. Dupin erregten, an den sie stets geschickt wurden.

Nach ein paar Stunden Arbeit war ich am Ende des Abschnitts angelangt, den der Herzog mir aufgetragen hatte; ich legte also meine Arbeit nieder und wartete. Als der Herzog zurückkam, trat er an den Tisch, an dem ich schrieb, nahm mein Exemplar in die Hand, machte eine Geste, die seine Anerkennung meiner Handschrift ausdrückte, sagte aber fast unmittelbar danach:

„Oh! Oh! Ich sehe, Sie haben Ihre eigene Zeichensetzung." Und er nahm einen Stift, setzte sich an eine Ecke des Tisches und begann, mein Exemplar nach den Grammatikregeln zu interpunktieren.

Der Herzog schmeichelte mir sehr, indem er sagte, ich hätte eine eigene Interpunktion. Ich verstand nicht mehr von Interpunktion als von allem anderen: Ich interpunktierte nach meinem Belieben, oder besser gesagt, ich interpunktierte überhaupt nicht. Bis heute interpunktiere ich nur auf meinen Korrekturfahnen: Ich glaube, Sie könnten jedes meiner Manuskripte auf gut Glück in die Hand nehmen und einen ganzen Band durchgehen, ohne ein einziges Ausrufezeichen, einen Akut oder Gravis zu finden. Nachdem der

Herzog die Aussage gelesen und meine Interpunktion korrigiert hatte, stand er auf und diktierte mir, auf und ab gehend, den Teil, den er korrigieren wollte. Ich schrieb fast so schnell, wie er diktierte, was ihm offenbar außerordentlich gefiel. Ich gelangte zu diesem Satz: „Und wenn es nichts anderes gäbe als die *auffallende Ähnlichkeit, die zwischen dem Herzog von Orléans und seinem berühmten Großvater Ludwig XIV. besteht* , würde diese Ähnlichkeit allein nicht ausreichen, um die Falschheit der Ansprüche dieser Abenteurerin zu beweisen?"

Obwohl ich, wie bereits erwähnt, nicht sehr belesen in Geschichte war, wusste ich in dieser Angelegenheit doch genug (wie man im Duell eines Mannes sagt, der drei Monate lang in einer Fechtschule trainiert hat), um mich lächerlich zu machen – das heißt, ich wusste, dass M. le Duc d'Orléans von Monsieur abstammte, dass Monsieur der Sohn von Ludwig XIII. und der Bruder von Ludwig XIV. war und dass Ludwig XIV. folglich als Monsieurs Bruder nicht der Großvater des Duc d'Orléans sein konnte, der mir die Ehre erwies, indem er mir ein Memorandum gegen Maria-Stellas Anspruch diktierte. Als er also zu diesen Worten kam: „Und wenn es nichts anderes gäbe als die *auffallende Ähnlichkeit, die zwischen dem Duc d'Orléans und seinem berühmten Großvater Ludwig XIV. besteht"*, sah ich auf. Das war höchst unverschämt von mir! Ein Prinz täuscht sich nie, und in diesem Fall ließ sich der Prinz nicht täuschen.

Also blieb der Herzog von Orléans vor mir stehen und sagte zu mir: „Dumas, das sollten Sie wissen : Wenn jemand von Ludwig XIV. abstammt, und sei es nur durch uneheliche Kinder, ist das eine ausreichend große Ehre, um damit zu prahlen! ... Fahren Sie fort."

Und er fuhr fort: „Wäre diese Ähnlichkeit nicht schon genug, um die Falschheit der Behauptungen dieser Abenteurerin zu beweisen? ..."

Dieses Mal schrieb ich, ohne ein Auge zu heben, und während der restlichen Sitzung blickte ich nicht mehr auf.

Um vier Uhr ließ mich der Herzog von Orléans frei und fragte mich, ob ich abends zur Arbeit kommen könne.

Ich antwortete, dass ich Seiner Hoheit zur Verfügung stehe. Ich nahm meinen Hut, verbeugte mich, ging hinaus, nahm die Treppe vier Stufen auf einmal und rannte los, um Lassagne zu finden. Er saß zufällig noch an seinem Schreibtisch.

„Wie kann Ludwig XIV. der Großvater des Herzogs von Orléans sein?", fragte ich, sobald ich eintrat, ohne vorherige Erklärung.

"Du meine Güte!", sagte er, "es ist ganz klar: weil der Regent Mademoiselle de Blois heiratete, die uneheliche Tochter Ludwigs XIV. mit Madame de Montespan – eine Heirat, die ihm einen gehörigen Schlag ins Gesicht einbrachte, als er sie der Prinzessin Palatine, Monsieurs zweiter Frau, mitteilte, die ihre Gefühle bei der *Mesalliance so zum Ausdruck brachte*. ... All das finden Sie in den Memoiren der Prinzessin Palatine und in Saint-Simon."

Die schnelle und präzise Antwort, die man mir gab, hat mich überwältigt.

„Oh!", sagte ich mit gesenktem Kopf, „so gelehrt werde ich nie werden!"

Ich hatte die Kopie der Erklärung noch am selben Abend um elf Uhr fertiggestellt. Am nächsten Tag schickte ich sie an Herrn Dupin, der sie noch in meiner Handschrift vorlegen konnte.

Wir werden jetzt die Geschichte von Maria-Stella beenden.

Nachdem sie den Herzog von Orléans bedroht hatte, kehrte sie nach Italien zurück, um Beweise für die Echtheit ihrer Geburt und die Vertauschung des Sohnes des Gefängniswärters Chiappini durch die Tochter der Comtesse de Joinville zu finden.

Tatsächlich erwirkte sie am 29. Mai 1824 vom Kirchengericht in Faenza folgendes Dekret: Wir geben es für das, was es wert ist, oder vielmehr für das, was es wert war. Diesem Dekret folgt die offizielle Berichtigung der Geburtsurkunde:

URTEIL DES KIRCHENGERICHTS VON FAENZA

"Nachdem wir den heiligen Namen Gottes angerufen haben, sitzen wir in unserem Tribunal und schauen nur auf Gott und Seine Gerechtigkeit und verkünden das Urteil in der Klage, die vor uns vor dem untergeordneten oder einem anderen kompetenteren Gericht vorgebracht wurde oder vorgebracht werden soll: zwischen Ihrer Exzellenz Maria Newborough, Baronin von Sternberg, wohnhaft in Ravenna, Bittstellerin einerseits und M. le Comte Charles Bandini, als Treuhänder, gerichtlich delegiert von M. le Comte Louis und Madame la Comtesse N. de Joinville oder einer anderen nicht anwesenden Person, die ein Interesse an dem Fall hat oder geltend macht, Beklagte, die vor Gericht angeklagt wurden, sowie auch der vorzügliche Dr. Thomas Chiappini, wohnhaft in Florenz, Beklagter, der ebenfalls zitiert, aber nicht vor Gericht angeklagt wurde; - während die Bittstellerin, die vor diesem bischöflichen Pfarrer als kompetentem Gericht erscheint, aufgrund der kirchlichen Akte, die im Folgenden seiner Gerichtsbarkeit unterliegen, beantragt hat, dass eine Anordnung erlassen wird, damit sie Taufschein usw., berichtigt durch Einfügen geeigneter Anmerkungen; und in der Erwägung, dass der Treuhänder der genannten Beklagten verlangt hat, dass die Forderung des Klägers unter Kostenaufhebung zurückgewiesen wird; und in der Erwägung, dass der andere genannte Beklagte, Dr. Chiappini, nicht vor uns erschienen ist, obwohl er zweimal von einem erzbischöflichen Gerichtsdiener von Florenz, der in unserem Namen handelte, gemäß der Gewohnheit dieses Pfarrers dazu aufgefordert wurde, und in der Erwägung, dass die Auswirkung dieser Widersetzlichkeit in ihrer Auswirkung auf den Fall gebührend berücksichtigt wurde;

"Aufgrund der Akten usw.;—nach Anhörung der jeweiligen Angeklagten usw.;—in Anbetracht dessen, dass Laurent Chiappini, der sich dem Ende seines sterblichen Lebens näherte, durch einen Brief, der der Bittstellerin nach dem Ableben des besagten Chiappini übergeben wurde, der besagten Bittstellerin das Geheimnis ihrer Geburt offenbarte und ihr klar zeigte, dass sie nicht seine Tochter war, sondern die Tochter einer Person, deren Namen er zu verschweigen verpflichtet war; dass von Experten eindeutig bewiesen wurde, dass dieser Brief in der Handschrift von Laurent Chiappini verfasst ist; dass das Wort eines Sterbenden ein sicherer Beweis ist, da es nicht mehr in seinem Interesse ist zu lügen und da er vermutlich nur an seine ewige Erlösung denkt; dass ein solches Geständnis im Lichte eines feierlichen Eides und als eine zum Wohle seiner Seele und um der Gerechtigkeit willen abgegebene Aussage betrachtet werden muss; dass der Treuhänder vergeblich versuchen würde, die Gültigkeit des Beweises des besagten Briefes mit der Begründung zu beeinträchtigen, dass darin keine Erwähnung darüber gemacht wird, wer der wirkliche Vater und die wirkliche Mutter des Bittstellers, da – obwohl eine solche Erwähnung in der Tat fehlt – dennoch im Namen desselben Bittstellers auf Zeugenaussagen, Vermutungen und Mutmaßungen zurückgegriffen wurde; dass, wenn ein schriftlicher Beweis vorliegt, wie im vorliegenden Fall, Zeugenaussagen oder jedes andere Argument angeführt werden können, selbst wenn es sich um eine Frage der persönlichen Identität handelt; dass, wenn in einem Identitätsfall nach dem Prinzip des schriftlichen Beweises auch ein Zeugenbeweis zulässig ist, dies umso mehr in diesem Fall gelten sollte, in dem die Forderung auf ein Dokument beschränkt ist, das später bei der Frage der Identität verwendet werden soll; – in Anbetracht dessen, dass aus den eidesstattlichen und gerichtlichen Aussagen der Zeuginnen Marie und Dominique-Marie, den Schwestern Bandini, eindeutig hervorgeht, dass zwischen M. le Comte und Signor Chiappini eine Vereinbarung bestand, ihre jeweiligen Kinder auszutauschen, falls die Gräfin eine Tochter und Chiappinis Frau einen Sohn zur Welt bringen sollte; dass ein solcher Austausch tatsächlich stattgefunden hat und dass, als das vorhergesehene Ereignis eintrat, die Tochter in der Kirche des Priorats von Modigliana auf den Namen *Maria-Stella getauft wurde* , wobei ihre Eltern fälschlicherweise als das Ehepaar Chiappini angegeben wurden; dass sie sich hinsichtlich des Datums des Austauschs, das mit dem Geburtsdatum der Bittstellerin übereinstimmt, völlig einig sind und dass sie Gründe zur Untermauerung ihrer Kenntnis usw. anführen;— in Anbetracht dessen, dass es vergeblich ist, wenn der Treuhänder die Wahrscheinlichkeit dieser Beweise anfechten, da ihre Aussagen nicht nur nichts Unmögliches enthalten, sondern im Gegenteil durch eine sehr große Anzahl anderer Annahmen und Vermutungen gestützt und bestätigt werden; dass eine sehr starke Vermutung auf öffentlichen Gerüchten und auf Klatsch beruht, der zu der Zeit im Zusammenhang mit dem Austausch weit verbreitet war, wobei solche öffentlichen Gerüchte, wenn sie mit vergangenen Ereignissen verbunden werden, den Wert der Wahrheit und der vollständigen Kenntnis haben; dass dieses öffentliche Gerücht nicht nur durch die Aussagen der oben genannten Schwestern Bandini bewiesen ist, sondern auch durch die Bezeugungen von Monsieur Dominique de la Valle und durch diejenigen der anderen Zeugen aus Bringhella und von Zeugen aus Ravenna, die alle an ihren Herkunftsorten und vor ihren jeweiligen Gerichten rechtlich und gerichtlich vernommen wurden; dass die Wechselfälle, die M. le Comte erlebte, ein überzeugender Beweis für die Realität des Austauschs sind; dass es dokumentarische Beweise dafür gibt, dass der Comte de Joinville infolge des in Modigliana kursierenden Gerüchts zum Thema des besagten Austauschs gezwungen war, zu fliehen und im Kloster St. Bernard von Brisighella

Zuflucht zu suchen, und dass er auf einem Spaziergang verhaftet wurde, und dann, nachdem er einige Zeit im öffentlichen Saal von Brisighella festgehalten wurde, von der Schweizergarde von Ravenna vor Seine Eminenz, M. le Kardinal Legat, gebracht wurde, der ihn freiließ, usw.; dass M. le Comte Biancoli Borghi bei seiner gerichtlichen Vernehmung bezeugt, dass er beim Sortieren einiger alter Papiere der Familie Borghi auf einen Brief aus Turin an M. le Comte Pompée Borghi gestoßen sei, dessen Datum er nicht mehr weiß und der mit „Louis, Comte de Joinville" unterzeichnet war. Darin hieß es, der Wechselbalg sei gestorben und man habe seinetwegen nun jegliche Bedenken ausgeräumt – in Anbetracht dessen, dass der besagte Comte Biancoli Borghi in seinen Aussagen Kenntnis davon behauptet; dass die Tatsache des Austauschs ferner durch das später verbesserte Vermögen von Chiappini usw. bewiesen werde; dass Letztere mit einem gewissen Don Bandini de Variozo usw. über den Austausch gesprochen habe; dass die Bittstellerin eine ihrem hohen Rang angemessene Ausbildung erhalten habe und nicht die, die die Tochter eines Gefängniswärters erhalten hätte usw.; dass sich aus allen bisher vorgebrachten Anklagepunkten und mehreren weiteren in den Schriftsätzen ergibt, dass Maria-Stella bei der Geburt fälschlicherweise zur Tochter von Chiappini und seiner Frau erklärt wurde und dass sie ihre Geburt M. le Comte und Madame la Comtesse de Joinville verdankt; dass es folglich eine Frage der Gerechtigkeit ist, die Korrektur der Geburtsurkunde zuzulassen, wie sie nun von der besagten Maria-Stella verlangt wird; und dass Dr. Thomas Chiappini, anstatt ihrer Forderung entgegenzutreten, Widerspenstigkeit begangen hat;

"Nachdem wir den Heiligen Namen Gottes wiederholt haben, erklären, halten und verkünden wir definitiv das Urteil wie folgt: - dass die Einwände des Treuhänders, des oben genannten Beklagten, hiermit aufgehoben werden; und daher erklären, halten und entscheiden wir auch definitiv, dass die Geburtsurkunde vom 17. April 1773, eingetragen im Taufregister der Prioratskirche St. Stephen, Papst und Märtyrer, in Modigliana, in der Diözese Faenza, in der erklärt wird, dass Maria-Stella die Tochter von Laurent Chiappini und Vincenzia Diligenti ist, berichtigt und geändert wird und dass sie stattdessen als Tochter von

M. le Comte Louis und Madame la Comtesse N. de
Joinville, französischer Staatsbürgerschaft, erklärt wird, zu
welchem Zweck wir auch anordnen, dass die fragliche
Berichtigung unverzüglich von unserem Gerichtsschreiber
durchgeführt wird, ebenfalls mit Vollmacht, mit Autorität
des Priors der Kirche St. Stephen, Papst und Märtyrer, in
Modigliana in der Diözese Faenza, eine Kopie der so
geänderten und berichtigten Bescheinigung jedem zur
Verfügung zu stellen, der sie verlangt usw.;

„Vorworte von mir verkündet: – Hauskanon

" *(Unterzeichnet)* VALERIO BORCHI, Pro-Generalvikar

„Das vorliegende Urteil wurde von dem sehr berühmten
und sehr ehrwürdigen Monsignore, dem Pro-Generalvikar,
in öffentlicher Audienz verkündet, erlassen und durch
diese Schriften verkündet und von mir, dem
unterzeichneten Prothonotar, im Jahre unseres Herrn Jesus
Christus 1824, Anklage XII, gelesen und veröffentlicht;
heute, am 29. Mai, während der Herrschaft unseres Herrn
Leo XII., Papst POM, im ersten Jahr seines Pontifikats,
waren unter mehreren anderen anwesend: Monsieur Jean
Ricci, Notar, und Dr. Thomas Beneditti, beide Anwälte
von Faenza, als Zeugen.

(*Unterzeichnet*) ANGE MORIGNY

„Bischöflicher Prothonotar General

„Berichtigung der Geburtsurkunde:—

„Heute, am 24. Juni 1824, unter dem Schutz der Heiligkeit
unseres Papstes Leo XII., Herr souveräner Pontifex,
glücklich regierend, im 1. Jahr seines Pontifikats, Anklage
XII, in Faenza; – die Frist von zehn Tagen, die zur
Einlegung einer Berufung verwendet wurde, ist seit dem
Tag der Bekanntgabe der Entscheidung des
Kirchengerichts von Faenza am 29. Mai abgelaufen, – im
Fall Ihrer Exzellenz Maria Newborough, Baronin de
Sternberg, gegen M. le Comte Charles Bandini aus dieser
Stadt, als Treuhänder, der gesetzlich für M. le Comte Louis
und Madame la Comtesse N. de Joinville und für alle
anderen Abwesenden ernannt wurde, die nicht erschienen
sind und ein Interesse an dem Fall haben oder geltend
machen könnten, sowie für Dr. Thomas Chiappini,
wohnhaft in Florenz, in den Staaten der Toskana, ohne

dass jemand Berufung eingelegt hat; Ich, der Unterzeichnete , kraft der erteilten Vollmachten Ich habe mit dem oben angekündigten Urteil begonnen, dasselbe Urteil zu vollstrecken, nämlich die Berichtigung der in den Schriftsätzen der Gerichtsverhandlung enthaltenen Geburtsurkunde wie folgt:

"Im Namen Gottes, *Amen* , bestätige ich, der unterzeichnete Kanoniker, Pfarrer des Priorats und der Stiftskirche Saint-Étienne, Papst und Märtyrer, im Gebiet von Modigliana in den toskanischen Staaten und in der Diözese Faenza, dass ich im vierten Buch des Geburtsregisters den folgenden Eintrag gefunden habe: , *Maria-Stella-Petronilla, gestern geboren als Tochter des Ehepaars Lorenzo, Sohn von Ferdinand Chiappini, Amtsrichter dieses Bezirks, und Vincenzia Diligenti, Tochter des verstorbenen N. dieser Gemeinde, wurde am 17. April 1773 von mir, Kanoniker François Signari, einem der Kapläne, getauft; Pate und Patin sind François Bandelloni, Gerichtsdiener, und Stella Ciabatti* . – Bezeugt in Modigliana, 16. April 1824; (*unterzeichnet*) Gaëtan Violani, Kanoniker, usw.' Ich habe, sage ich, damit begonnen, den oben genannten Beschluss mittels der unten genannten Korrektur in Kraft zu setzen, die in der folgenden Form und mit den folgenden Bedingungen endgültig in Kraft treten wird: ,Maria-Stella-Petronilla, gestern geboren als Tochter des Ehepaars M. le Comte Louis und Madame la Comtesse N. de Joinville, gebürtig aus Frankreich – damals wohnhaft im Bezirk Modigliana – wurde am 17. April 1773 von mir, Kanoniker François Signari, einem der Kapläne, getauft; Pate und Patin sind: François Bandelloni, Gerichtsdiener, und Stella Ciabatti.'

" *(Unterzeichnet)* ANGE MORIGNY

„Bischofsprothonotar des Tribunals von Faenza" [2]

Mit diesen Dokumenten ausgestattet kehrte die Baronin von Sternberg gegen Ende des Jahres 1824 nach Paris zurück. Doch es scheint, dass weder diese Dokumente noch die Personen, die ihr den Weg dorthin bereitet hatten, großes Vertrauen erweckten. Denn weder von Ludwig XVIII. – der seinen Cousin nicht sehr mochte, da er ihm während seiner Regentschaft unter keinen Umständen den Titel Königliche Hoheit gestatten wollte, da er sagte, dass er dem Thron immer nahe genug sein würde – noch von Karl X. konnte sie irgendeine Unterstützung für die Wiederherstellung ihres Namens und ihrer Besitztümer erhalten.

Als Karl X. fiel und der Herzog von Orléans König wurde, wurde es für sie noch schlimmer. Es gab keine Möglichkeit, den schlafenden Philipp an den wachen Philipp zu appellieren. Einschüchterung hatte keine Wirkung; die entschiedensten Feinde des neuen Königs wollten sich mit dieser Forderung, die sie als Verschwörung betrachteten, nicht die Hände schmutzig machen, und Maria-Stella blieb in Paris, ohne auch nur die Bekanntheit der Verfolgung zu spüren, die sie erwartete. Sie wohnte am Ende der Rue de Rivoli, in der Nähe der Rue Saint-Florentin, im fünften Stock; und da es keine zweifüßigen, federlosen Höflinge gab, hielt sie einen Hof aus zweiklauigen gefiederten Kreaturen, die die ganze Rue de Rivoli um fünf Uhr morgens mit ihrem Geschnatter weckten. Diejenigen meiner Leser, die in Paris leben, erinnern sich vielleicht, Schwärme frecher Spatzen gesehen zu haben, die zu Tausenden herabstürzten und um die Balkonfenster wirbelten: Diese drei Fenster gehörten Maria-Stella-Petronilla Newborough, Baronin von Sternberg, die, um sich nicht Lügen zu strafen, bis an ihr Lebensende mit „geb. Joinville" unterzeichnete.

Sie starb 1845, einen Tag nach der Eröffnung der Kammern. Ihre letzten Worte waren:

„Gib mir das Papier, damit ich die Rede dieses Schurken lesen kann!"

Sie hatte ihre Tür fünf Jahre lang nicht verlassen, aus Angst, vom König verhaftet zu werden, sagte sie. Das arme Geschöpf war fast verrückt geworden...

Ungefähr drei Wochen, nachdem ich die Kopie des Memorandums über sie angefertigt hatte, rief mich M. Oudard in sein Büro und teilte mir mit, dass ich *in den regulären Angestelltenstand aufgenommen worden sei.* Mit anderen Worten, ich erhielt eine Anstellung mit einem Gehalt von zwölfhundert Francs als Belohnung für meine gute Handschrift und meine Geschicklichkeit beim Anfertigen und Versiegeln von Umschlägen. Ich hatte keinen Grund, mich zu beschweren: Béranger hatte bei seinem Eintritt in die Universität genau dasselbe bekommen.

Ich überbrachte meiner Mutter noch am selben Tag diese gute Nachricht und bat sie, sich darauf vorzubereiten, zu mir zu kommen, sobald ich die erste Zahlung meiner Gehaltserhöhung erhalten hätte.

---

[1] Ich weiß nicht, ob der Abbé de Saint-Phar Maria-Stella gesehen hat oder nicht. Ich schreibe lediglich die Erinnerungen dieser Dame ab.

[2] Der Übersetzer ist verpflichtet, einem Rechtsanwalt die Fassung der vorgenannten Unterlagen zu überlassen.

KAPITEL VI

Das „Jahr der Prozesse" – Der Fall Potier und der Direktor des Theaters Porte-Saint-Martin – Prozess und Verurteilung Magallons – Der anonyme Journalist – Beaumarchais wird nach Saint-Lazare geschickt – Einige Worte zur Zensur im Allgemeinen – Der Prozess gegen Benjamin Constant – Der Prozess gegen M. de Jouy – Einige Worte zum Autor von *Sylla* – Drei Briefe aus dem *Ermite de la Chaussée-d'Antin* – Ludwig XVIII. als Autor

Mein Bestreben, meine Leser ohne Unterbrechung mitzunehmen bis zu dem Augenblick, als mein Schicksal und das meiner Mutter durch meine Anstellung als Kopiergehilfe für zwölfhundert Francs entschieden wurde, hat mich veranlasst, eine Menge Ereignisse zu übergehen, die für Fremde zweifellos weitaus interessanter gewesen wären als jene, die ich hier erzählt habe, die aber - wenn man mir meinen Egoismus gestatten darf - in meinen eigenen Augen und für meine Meinung eine untergeordnete Rolle spielen sollten.

Das Jahr 1823, das wir das „Jahr der Prozesse" nennen könnten, begann am 7. Januar mit dem Prozess gegen Potier. Wer Potier nie gesehen hat, kann sich keine Vorstellung davon machen, welchen Einfluss dieser große Komiker, der von Talma sehr bewundert wurde, auf das Publikum hatte; doch die Schadensersatzzahlungen und Entschädigungen, die M. Serres, der Direktor des Porte-Sainte-Martin, von ihm verlangte, können eine Vorstellung davon vermitteln, welchen Wert man ihm beimaß. Eines Morgens kam Potier, der, wie M. Étienne gesagt hätte, seinen *ersten Lieben* treu war, auf die Idee, ins Variétés zurückzukehren, ein Vorhaben, das er anscheinend in die Tat umsetzte, wobei er vergaß, M. Serres vor seiner Abreise zu bitten, seine Verlobung aufzulösen. Potier hatte die Rolle des alten Sournois in *Petites Dandaïdes gespielt* und dabei sowohl Beifall als auch ausverkaufte Häuser mit solchem Erfolg gehabt, dass M. Serres sich nicht nur weigerte, diesen Austritt zu billigen, sondern auch die Verluste aufrechnete, die Potier ihm seiner Meinung nach durch seinen Weggang verursacht hatte und die ihm in Zukunft durch eben diesen Weggang entstehen würden. Nachdem er dem berühmten Komiker seine Rechnung durch den Sheriffsbeamten zukommen lassen hatte, beschloss er, eine Kopie davon an die erste Kammer des königlichen Gerichtshofes zu schicken. Das Merkwürdige an der Rechnung war, dass der Direktor des Theaters von Porte-Sainte-Martin absolut nichts forderte außer dem, was ihm laut Vertrag zustand. Dies sind die Einzelheiten seiner Forderung:

1. Für jeden Tag der Verspätung, gerechnet ab dem

die höchsten Einnahmen im Theater,

vom 1. März 1822 bis 1. April in

im selben Jahr, mit einer Rate

von dreitausendsechshundert

elf Franken ... 144.408 Fr.

2. Rückerstattung des Geldes.. 30.000 "

3. Im Voraus gezahlter Betrag verfällt. 20.000 "

4. Schäden und Entschädigungen.. 60.000 "

5. Einhundertzweiundzwanzig Tage lang

die seit der ersten Inanspruchnahme verfallen sind.... 440.542 "

6. Für die sieben Jahre und zehn Monate

die noch bis zum Ende des

Engagement.. 10.322.840 "

7. Schließlich als Schadensersatz und Entschädigung

für diesen Zeitraum von sieben Jahren ... 200.000 "

Gesamt. 11.217.790 "

Hätte der Verwalter von Porte-Sainte-Martin das Pech gehabt, seinen Fall zu gewinnen, so hätte er Potier für die Zustellung des Urteils eine Einschreibegebühr von drei- bis vierhunderttausend Francs zahlen müssen.

Das Gericht verurteilte Potier, seine Anstellung innerhalb einer Woche wieder aufzunehmen; Schadensersatz und Entschädigungen wurden ihm *par corps* gemäß dem geschätzten Betrag zu zahlen. Drei Tage später war bekannt, dass die Angelegenheit abzüglich eines vom Geschäftsführer gewährten Abschlags von elf Millionen zweihundertsiebentausendsiebenhundertneunzig Francs beigelegt worden war.

Am 8. Februar war Magallon, der Chefredakteur des *Albums, an der Reihe*. Magallon erschien vor der siebten Kammer des Polizeistrafgerichts und wurde angeklagt, politische Artikel unter dem Deckmantel von Literatur versteckt zu haben, um Hass und Verachtung gegenüber der Regierung zu schüren. Das Gericht verurteilte Magallon zu dreizehn Monaten Gefängnis und einer Geldstrafe von zweitausend Francs.

Es war ein ungeheuerliches Urteil, das großen Aufruhr verursachte; aber ein noch viel größerer Skandal, oder vielmehr, was einen Skandal in eine Empörung verwandelte, war, dass Magallon wegen dieses geringfügigen literarischen Vergehens und unter dem Vorwand, dass die Strafe mehr als ein Jahr betrug, zu Fuß in das Zentralgefängnis von Poissy gebracht wurde, mit gefesselten Händen an einen schmutzigen Verbrecher gebunden, der erneut zu Zwangsarbeit verurteilt worden war und der, stockbetrunken, den ganzen Weg unaufhörlich schrie: „Es leben die Galeerensklaven! Ehre allen Galeerensklaven!"

Als sie Poissy erreichten, steckte man Magallon in Gefängniskleidung. Von diesem Abend an musste er von zu Hause aus leben und lernen, Werg zu rupfen... Wir begnügen uns damit, die nackten Tatsachen zu erzählen, obwohl wir nicht umhin können, hinzuzufügen, dass sie sich unter der Herrschaft eines Prinzen zutrugen, der vorgab, ein Literat zu sein, da er bei Lemierre ein Vierzeiler und bei Merville eine Komödie bestellt hatte...

Wir haben bereits berichtet, dass Herr Arnault, dessen *Marius à Minturnes* trotz Monsieurs Vorhersage die Nachfolge angetreten hatte, diesen Mangel an Respekt gegenüber der Meinung Seiner Königlichen Hoheit nach der Rückkehr der Bourbonen aller Wahrscheinlichkeit nach mit vier Jahren Exil bezahlte.

Und dies war nicht der erste Anschlag Ludwigs XVIII. auf seine *Mitbrüder*, die Literaten. Ohne Monsieur de Chateaubriand zu erwähnen, den er wie einen Lakaien aus dem Ministerium jagte – eine Tat, die den ehrenwerten Herrn bei seiner Entlassung zu der Bemerkung veranlasste: „Das ist seltsam, denn ich habe die Uhr des Königs nicht gestohlen!" – ohne Magallon zu zählen, den er an einen skorbutkranken Sträfling gekettet nach Poissy schickte; ohne Monsieur Arnault zu zählen, den er aus dem Land verbannte; gab es außerdem eine kleine Geschichte ähnlicher Art im Zusammenhang mit Beaumarchais.

Mehr als einmal hat mir Herr Arnault die merkwürdige und wenig bekannte Geschichte von Beaumarchais' Gefangenschaft erzählt. Dies sind die Fakten.

Außer in den ersten zwei oder drei Monaten nach der Thronbesteigung von Prinzen und in den zwei oder drei Monaten nach ihrer Absetzung herrscht immer eine öffentliche Zensur. Nach Ablauf dieser drei Monate taucht die Zensur nach ihrem Sturzflug wieder auf den Gewässern auf und macht sich daran, irgendeinen Minister aufzuspüren, vorzugsweise mit liberalen oder gar republikanischen Tendenzen, und ihm eine Falle zu stellen.

Während der Aufführung *von Mariage de Figaro* war M. Suard Zensor und zugleich Journalist. Er war einer derjenigen, die sich am heftigsten gegen die

Aufführung von Beaumarchais' Werk gewehrt hatten, und er war maßgeblich für die neunundfünfzig Fahrten – *du marais à la police* – verantwortlich, die der berühmte Autor unternahm, ohne eine Erlaubnis für die Aufführung seines Stücks zu erhalten.

Dank des Eingreifens der Königin und des Grafen von Artois konnte die *Folle Journée schließlich* unversehrt aus den Klauen dieser Herren gerettet und am 27. April 1784 aufgeführt werden. Monsieur Suard war sowohl in seiner Eigenschaft als Zensor als auch als Journalist rachsüchtig, sodass er, wenn er die Zensur nicht mit der Schere ausüben konnte, auf die Feder zurückgreifen musste. Monsieur Suard stand mit dem Grafen von Provence auf sehr vertrautem Fuß und diente ihm als Deckmantel, wenn Seine Königliche Hoheit inkognito irgendeiner kleinlichen literarischen Gehässigkeit Luft machen wollte. Monsieur Suard verabscheute Beaumarchais fast ebenso sehr wie Monsieur Suard selbst; Das Ergebnis war, dass der Graf von Provence sich beeilte, durch Monsieur Suard im *Journal de Paris seine Kritik* an der unglücklichen *Mariage de Figaro* kundzutun, die trotz der von Monsieur Suard signierten Artikel oder der anonymen Artikel Seiner Königlichen Hoheit weiterhin erfolgreich war. In der Zwischenzeit übergab Beaumarchais die Summe von etwa dreißig- oder vierzigtausend Francs, die er als Autorenrechte an Mariage *de Figaro erhalten hatte* , dem *Verein zur Unterstützung armer Pflegemütter.*

Monsieur, der kein Kind bekommen hatte (ein weniger höflicher Chronist als ich würde sagen, der unfähig war, eines zu zeugen) und der folglich aufgrund seiner Versäumnisse in dieser Hinsicht nicht viel Sympathie für *Pflegemütter hatte* , erlaubte sich, stets unter dem Mantel der Anonymität, den Mann anzugreifen, nachdem er das Stück angegriffen hatte, und schrieb im *Journal de Paris einen* vor giftiger Wut strotzenden Brief gegen ihn. Beaumarchais, der glaubte, diesen Angriff als aus der Hand von M. Suard stammend zu erkennen, fuhr fort, den Pedanten ordentlich zu verprügeln. Wie es das Unglück wollte, war es Seine Königliche Hoheit, die die für die Haut des Zensors bestimmte Gerbe erhielt. Monsieur, dem die Striemen weh taten, ging mit der Geschichte seiner Beschwerden zu Ludwig XVI. und gab ihm zu verstehen, dass Beaumarchais sich ganz genau bewusst war, dass er nicht dem königlichen Zensor antwortete, sondern dem Bruder des Königs. Ludwig XVI.; beleidigt im Namen von Monsieur, befahl, den Bürger, der es wagte, sich die Freiheit zu nehmen, eine königliche Persönlichkeit zu züchtigen, ungeachtet seines Ranges, zu verhaften und in ein Zuchthaus zu bringen – nicht in die Bastille, da dieses Gefängnis für einen solch nichtsnutzigen Schurken als zu gut angesehen wurde; und da Seine Majestät gerade Klo spielte, als er diese Entscheidung traf, wurde auf die Rückseite einer Pik Sieben der Befehl zur Verhaftung von Beaumarchais und seiner Einweisung nach Saint-Lazare geschrieben.

So sehen wir, dass Ludwig XVIII. den Traditionen seines Herrn treu blieb, als er Magallon nach Poissy bringen ließ.

... Apropos Zensur: Am 6. Juni 1851 macht eine interessante Geschichte über den gegenwärtigen Zensor die Runde. Wir werden ihr nachgehen und, wenn sie wahr ist, im nächsten Kapitel erzählen.

Diese ausgezeichnete Institution bietet so viele andere Beispiele ähnlicher Art, dass ihre Fakten und Leistungen unabhängig von der chronologischen Reihenfolge, wo und wann immer möglich, registriert werden müssen, damit man nicht Gefahr läuft, sie zu vergessen, und das wäre in der Tat sehr schade! ...

Erzählt uns alles über unsere Berge! unsere armen *Moutons* sind bis aufs Fleisch geschoren, wie Sternes Lamm.

Ich habe bereits erwähnt, dass das Jahr 1823 das „Jahr der Prüfungen" war. Sehen wir uns nun an, wie es zu diesem Namen kam.

In der Woche zwischen der Magallon- Affäre und dem Urteil gegen ihn erschien Benjamin Constant vor dem königlichen Gericht, und zwar wegen zweier Briefe: einer war an M. Mangin, Generalprokurator am Gericht von Poitiers, gerichtet, der andere an M. Carrère, Unterpräfekt von Saumur. Da es eine ausgemachte Sache war, dass Benjamin Constant verurteilt werden würde, verurteilte ihn das Gericht zu einer Geldstrafe von tausend Francs und zu den Kosten.

Am 29. Januar, also eine Woche vor diesem Vorfall, verurteilte die Strafvollzugspolizei Monsieur de Jouy zu einem Monat Gefängnis, einer Geldstrafe von hundertfünfzig Francs und den Prozesskosten, weil er einen Artikel in der *Biographie des contemporains verfasst* hatte, der als sein Werk anerkannt worden war. Es handelte sich um die Biographie der Brüder Faucher. Das Urteil löste eine enorme Sensation aus. Monsieur de Jouy war damals auf dem Höhepunkt seines Ruhms: Die *Ermite de la Chaussée-d'Antin* hatte ihn populär gemacht, die hundert Darstellungen von *Sylla* hatten ihn berühmt gemacht.

Ich kannte Monsieur de Jouy gut: Er war ein bemerkenswert loyaler Mann mit einem wunderbaren Geist und einer lockeren Feder. Ich glaube, er war Seemann und diente in Indien, wo er Tippo-Sahib kannte, auf dessen Grundlage er eine Tragödie im Auftrag Napoleons oder fast im Auftrag von Napoleon inszenierte, die am 27. Januar 1813 aufgeführt wurde. Das Werk war mittelmäßig und hatte keinen großen Erfolg.

Nach der Rückkehr der Bourbonen war der Hof halbherzig bereit, Literaten zu ermutigen, insbesondere Monsieur de Jouy, der eine der höchsten

Positionen unter ihnen innehatte. Dies war umso leichter zu bewerkstelligen, als Monsieur de Jouy ein alter Royalist und, wie ich glaube, Soldat in Condis Armee war; es ging nicht darum, einen Konvertiten zu gewinnen, sondern einen alten Anhänger zu halten. Seine Artikel in der *Gazette* , unterzeichnet mit „l'Ermite de la Chaussée-d'Antin", waren ein enormer Erfolg. Ich hörte damals, Monsieur de Jouy sei vor Monsieur de Vitrolles gerufen und gebeten worden, zu sagen, was er wolle. Er wollte die gebührende Anerkennung seiner Verdienste, nämlich das Kreuz von Saint-Louis – denn in der Regel wünschen sich aufrichtige Männer nur Dinge, auf die sie Anspruch haben. Da er das Kreuz wollte und es verdient hatte, bat er darum. Aber sie wollten ihm Bedingungen auferlegen: Sie wollten, dass er sich nicht damit zufrieden gab, sich nicht über die Absurditäten der Restauration lustig zu machen; sie wollten, dass er die Ruhmestaten des Kaiserreichs hervorhob. Sie wollten, dass er eine niederträchtige Tat beging, bevor er, ein loyaler Soldat, ein Mann mit sauberen Händen, ein Dichter von beträchtlichem Ansehen unter seinen *Mitbrüdern* , das Kreuz erhalten konnte. Was geschah? Der bekannte Dichter, der loyale Soldat, der ehrliche Mann sagte, dass das Kreuz zuerst in die Unterwelt geschickt werden sollte, und wies denjenigen, der kam, um diese Bedingungen zu stellen, vor die Tür. Das war die richtige Art, den Minister zu behandeln, aber es war unglücklich für das Kreuz, das Herrn de Jouy nicht geehrt hätte, Herr de Jouy aber geehrt hätte! Und siehe, Herr de Jouy in der Opposition, siehe, Herr de Jouy schreibt Artikel in der *Biographie* was ihn einen Monat Gefängnis kostete und seine Popularität verdoppelte. Was für Narren sind Regierungen, die einem Mann das Kreuz verweigern, um das er bittet, und ihm die Verfolgung gewähren, die er nicht wünscht, eine Verfolgung, die ihm an Ehre und weltlichen Gütern weit mehr nützen wird als das Stück Band, das niemandem aufgefallen wäre! Im Übrigen hat Herr de Jouy nichts so Verwerfliches geschrieben. Nein, im Gegenteil, Herr de Jouy zeichnete sich durch die Freundlichkeit seiner Kritik, die Urbanität seiner Opposition und die Höflichkeit seines Zorns aus. Die Art dieses guten Ermite ist längst vergessen, und die Generation, die auf die unsere folgte, hat seine Werke nicht einmal gelesen. Heigho! wenn diese Generation mich liest, wird sie ihn lesen, denn ich bin im Begriff, seine Werke aufzuschlagen und auf gut Glück einige Seiten daraus zu zitieren. Sie gehen zurück auf die ersten Monate der zweiten Rückkehr der Bourbonen, auf die Zeit, als die ganze Welt auf den Plätzen lebte, auf die Zeit, als jedermann nach was auch immer zu streben schien: Nach einer Revolution muss man die Menschen hassen, aber nach einer Restauration kann man nichts anderes tun, als sie zu verachten!

MB de L—— wird mit Anfragen nach Positionen überhäuft und schreibt an den Ermite de la Chaussée-d'Antin, um ihn zu bitten, die folgenden Briefe in seine Zeitung aufzunehmen:—

„MONSIEUR, wir haben beide keine Zeit zu verlieren, deshalb werde ich Ihnen den Zweck meines Briefes in wenigen Worten erklären. Ich hatte früher die Ehre, einem der Prinzen des Hauses Bourbon zugehörig zu sein; ich hatte vielleicht sogar das Glück, einige Beweise meiner Hingabe an diese erlauchte Familie zu einer Zeit zu zeigen, als es, wenn auch nicht verdienstvoll, so doch zumindest gefährlich war, seinen Eifer durchsickern zu lassen; aber ich bemühe mich, nicht zu vergessen, dass die Mornays, die Sullys, die Crillons dies bescheiden als Erfüllung der eigenen Pflicht bezeichnen würden. Ich weiß nicht, aus welchen Gründen die Leute in meiner Provinz mir zutrauen, was ich nicht genieße, und wem ich die Unmengen von Bitten verdanke, die ich erhalte, ohne denen, die sich an mich wenden, von Nutzen sein zu können. Ich habe nur eine Methode entdeckt, dieser neuen Form der Verfolgung zu entgehen – nämlich, einen Brief eines meiner Verwandten und die Antwort, die ich für angemessen hielt, darauf zu veröffentlichen. Die erste ist in gewisser Weise eine Zusammenfassung von drei- oder vierhundert Briefen, die ich zum gleichen Thema erhalten habe. Ich bin weniger abgeneigt, sie zu veröffentlichen, da ich mir das Recht vorbehalte, den Namen des Autors nicht zu nennen, und außerdem zeugt dieser Brief ebenso sehr von der Ehre des Autors wie von der Vernunft des Verfassers.

„B. DE L. –"

Dies ist der Brief des Verwandten:—

„Wie froh bin ich, mein Freund, dass die Ereignisse unsere berühmten Prinzen auf den Thron zurückgebracht haben! Was für ein Glück! Sie haben keine Ahnung, welchen Ruf diese Ereignisse und Ihr Aufenthalt in Paris mir hier einbringen. Der Präfekt hat Angst vor mir, und seine Frau, die sich nie vor mir verneigte, hat mich zweimal zum Abendessen eingeladen. Aber es ist keine Zeit zu verlieren, und wir verlassen uns auf Sie. Würden Sie glauben, dass mein Mann noch keinerlei Schritte unternommen hat, um seine Position wiederzuerlangen, indem er vorgibt, sie existiere nicht mehr, und dass ihm die Provision in Assignaten zugesprochen worden sei? Es gibt keinen apathischeren Menschen in ganz Frankreich.

„Mein Schwager hat Anspruch auf das Kreuz von Saint-Louis erhoben: Er hatte neun Jahre lang darauf gewartet, als die Revolution ausbrach. Es wäre ungerecht von ihnen, ihn nicht für die zwanzig Jahre seiner Dienste, die Mühen und das Unglück, das er auf seinen Ländereien erlitten hat, zu entschädigen; er rechnet damit, dass Sie die umgehende Absendung seines Patents beschleunigen.

„Ich füge meinem Brief ein Memorandum meines ältesten Sohnes, des Marquis, bei; er hatte das Recht auf die Wiedergutmachung seines Onkels, und es wird für Sie ein Leichtes sein, dies für ihn zu erwirken. Ich lege Wert darauf, dass sein Bruder, der Chevalier, in die Marine aufgenommen wird, aber in einem Rang, der seines Namens und der früheren Verdienste seiner Familie würdig ist. Und da mein Enkel, Auguste de G..., alt genug ist, um Page zu werden, brauchen Sie nur ein Wort in seinem Namen zu sagen.

„Wir kommen Anfang nächsten Monats nach Paris. Ich werde meine Tochter mitbringen, da ich sie bei Hofe vorstellen möchte. Man wird Ihnen diesen Gefallen nicht abschlagen, wenn Sie mit genügend Ausdauer und Bereitwilligkeit darum bitten.

„Denken Sie an den armen F. Er hat uns zur Zeit der Revolution im Stich gelassen, das stimmt, aber er hat im letzten Monat viel wiedergutgemacht: Sie wissen, dass er mittellos ist und bereit ist, alles für unsere Herrscher zu opfern. Seine Hingabe geht sogar so weit, dass er bereit ist, einen Posten als Präfekt anzunehmen, und er ist bestens dafür geeignet. Erinnern Sie sich nicht an das schöne Lied, das er über mich gesungen hat?

„Herr von B., der Sohn des ehemaligen Provinzintendanten, kommt Sie besuchen. Versuchen Sie, ihm nützlich zu sein. Er ist ein Freund der Familie. Wenn die Intendantenstellen nicht wiederhergestellt werden, wird er sich mit einem Posten als Generalinspekteur zufrieden geben. Das ist das Mindeste, was man für einen Mann tun kann, der seinem Herrscher ergeben war und während der Terrorherrschaft sechs Monate lang im Gefängnis saß.

„Ich darf nicht vergessen, Ihnen M. zu empfehlen. Man hat ihm vorgeworfen, allen Parteien gedient zu haben, denn er war in den letzten zwanzig Jahren in jeder Regierung

Frankreichs tätig; aber er ist ein guter Kerl – darauf können Sie sich verlassen: Er war der erste, der die weiße Kokarde trug; außerdem bittet er nur darum, seinen Posten als Leiter des Postdienstes behalten zu dürfen. Schreiben Sie mir unbedingt mit seiner Frankatur.

„Ich füge die Papiere meines Schwiegervaters bei: Er hat noch eine Summe von 45.000 Francs aus den Ländereien von Languedoc zu bezahlen. Ich hoffe, dass man Sie nicht auf die Rückzahlung warten lässt und dass Sie nicht zögern werden, das Geld zu verwenden, wenn Sie vorübergehend in Verlegenheit geraten, obwohl dies in Ihrer gegenwärtigen Situation sehr unwahrscheinlich ist. Adieu, mein lieber Cousin. Mit Grüßen, die die ganze Familie vereinen, und in der Erwartung, Sie bald in Paris zu sehen.

„J. DE P. –“

[Antwort]

„PARIS, 15. *Juni* 1814

„MEIN LIEBER COUSIN, – Du kannst Dir kaum vorstellen, mit welchem Interesse ich den Brief gelesen habe, den Du mir die Ehre erwiesen hast zu schicken, oder mit welchem Eifer ich versucht habe, die gerechten und vernünftigen Forderungen aller Personen zu fördern, die Du mir empfohlen hast. Du wirst nicht erstaunet sein als ich selbst über die Hindernisse, die mir in den Weg gelegt wurden, die Du für unüberwindbar halten würdest, wenn Du die Leute, mit denen wir es zu tun haben, so gut kennen würdest wie ich.

„Als ich von Ihrem Sohn sprach, der schon lange den Dienst begehrte, und um eine Stelle als Major im alten Regiment seines Vaters bat, führten sie als nicht unberechtigten Einwand an, dass Frieden geschlossen worden sei und dass sie, bevor sie über eine Position für den Marquis de V. nachdenken, das Schicksal von 25.000 Offizieren bedenken müssten, von denen einige (können Sie es glauben?) auf die Anerkennung ihrer Feldzüge und Verwundungen drängten und sogar so weit gingen, die Zahl der Schlachten anzugeben, an denen sie beteiligt waren; während andere, die direkter mit dem Unglück der königlichen Familie in Verbindung standen, ohne ein Vermögen außer dem Wohlwollen und der Gefälligkeit des

Königs nach Frankreich zurückgekehrt waren. Dann fragte ich mit einem Anflug von Sarkasmus, was sie für Ihren Sohn und für die Vielzahl tapferer Royalisten tun wollten, die so viel unter dem Unglück des Königreichs gelitten hatten und deren heimliche Gebete für die Wiedereinsetzung der königlichen Familie auf den Thron ihrer Vorfahren unaufhörlich gewesen waren. Sie antworteten, dass sie sich freuten, das Ende all unserer Leiden und die Erfüllung unserer Gebete.

„Ihr Mann ist ein ganz außergewöhnlicher Mann. Ich kann gut verstehen, meine liebe Cousine, wie sehr Sie wegen seiner unglaublichen Apathie leiden müssen. Mit fünfundsechzig oder höchstens sechsundsechzig Jahren auf ein Vermögen von 40.000 Livres Einkommen reduziert zu sein, sich in den Tiefen eines Schlosses zu vergraben und auf jede Chance auf eine ehrgeizige Karriere zu verzichten, als ob ein Vater seinen Kindern gegenüber keine Pflichten hätte, als ob ein Gentleman nicht im Kampf sterben sollte!

„Es tut mir leid, dass Ihr Schwager Anspruch auf das Kreuz des Heiligen Ludwig erhoben hat, bevor es ihm verliehen wurde. Es kann nämlich sein, dass der König nicht bereitwillig auf das Recht verzichtet, diese Auszeichnung selbst zu verleihen, und dass er die Ehre, die sich gewisse Personen zuteil werden lassen möchten, nicht gutheißt. Sie werden verstehen, dass es weniger peinlich wäre, das Kreuz des Heiligen Ludwig nicht besessen zu haben, als sich gezwungen zu sehen, es aufzugeben.

„Ich habe nicht vergessen, die Ansprüche Ihres Sohnes, des Chevaliers, vorzubringen, und ich verzweifle nicht daran, ihn zur Offiziersprüfung der Royal Marines vorzuschicken. Wir werden dann unser Möglichstes tun, um ihn in den Stab der einhundert Offiziere aufzunehmen, die sich ihres Wertes, der Namen, die sie tragen, und der Hingabe, die sie angeblich in Quiberon gezeigt haben, nur allzu bewusst sind.

„Dein Enkel Auguste ist als Page eingetragen; wann er genau ins Schloss aufgenommen wird, kann ich Dir nicht sagen, mein lieber Vetter, denn Deinem Gesuch folgten bereits 3.775 andere Gesuche, die im Namen der Söhne auf dem Schlachtfeld gefallener Adliger oder Offiziere gestellt wurden , ohne jedoch den geringsten Anspruch auf Verdienste für den Staat oder die Fürsten nachweisen zu können.

„Sie sind gut beraten, Ihre Tochter bei Hof unterzubringen, und es wird nicht schwierig sein, wenn Sie einen Ehemann für sie gefunden haben, dessen Rang und Vermögen ihr eine Stellung dort ermöglichen. Wenn dies nicht arrangiert wird, sehe ich nicht recht, was sie dort tun würde oder welchen geeigneten Posten sie dort einnehmen könnte, wie fähig sie auch sein mag: Die Ehrendamen sind noch nicht wieder eingesetzt.

„Ich habe eine Petition zu Gunsten von F. eingereicht, der ich das schöne Lied beigefügt habe, das er für Sie komponiert hat. Aber sie sind so anspruchsvoll geworden, dass solche Ansprüche nicht mehr ausreichen, um eine Stelle als Präfekt zu erhalten. Ich gehe sogar so weit, Ihnen zu sagen, dass sie von der Bekehrung Ihres Schützlings und von den Opfern, die er zu bringen bereit ist, nicht viel halten. Seine Feinde behaupten immer wieder, dass er kein Mann sei, auf den man sich verlassen könne.

„Ich war in früheren Zeiten Zeuge seiner Arbeitskraft und bin überzeugt, dass man ihn sehr nützlich einsetzen könnte, wenn er sich heute mit der Hälfte des Eifers für die gute Sache einsetzen würde, den er früher für die schlechte Sache aufgebracht hat. Aber wird dies jemals auf die Probe gestellt werden?

„Ich habe nicht erfahren, ob die Intendanz wieder eingeführt werden soll, aber man scheint zu glauben, dass die Zahl der öffentlichen Zwangsverwaltungen verringert werden wird, und sei es nur in der Zahl derer, die in Departements außerhalb unserer Grenzen existieren. Das lässt mich befürchten, dass Herr de B. sich mit dem enormen Vermögen zufrieden geben muss, das sein Vater in der alten Steuerzeit gemacht hat und das er während der Revolutionsstürme verstecken konnte: Er muss lernen, philosophisch zu sein.

„Seien Sie nicht im Geringsten beunruhigt über das Schicksal von M. Ich kenne ihn. Er ist sehr flexibel im Charakter und in seinen Grundsätzen. Zwanzig Jahre lang hat er sich in alle Parteien hinein- und wieder hinausgemogelt, ohne eine zu beleidigen. Er ist ein unglaublich kluger Kerl, der sich selbst besser dienen wird, als irgendjemand anderem je gedient werden wird. Er ist nicht länger Leiter des Postamts, sondern hat gerade eine lukrativere Stelle in einer anderen Regierungsabteilung erhalten. Interessieren Sie sich immer so sehr für seine Angelegenheiten?

"Ich gebe Ihnen die Papiere Ihres Schwiegervaters zurück, lieber Cousin, bezüglich der Schulden auf den Gütern des Languedoc. Soweit ich das beurteilen kann, scheint die Liquidation trotz der Berechtigung Ihres Anspruchs in absehbarer Zeit nicht stattfinden zu können. Es wurde beschlossen, dass die ausstehenden Soldzahlungen an die Truppen, die Staatsschulden, Militärrenten und eine Menge anderer Gegenstände dieser Art in Betracht gezogen werden sollen - diese Maßnahme ist offensichtlich das Ergebnis einer Intrige. Sie sollten F. sagen, er solle eine Broschüre über die dringendsten Bedürfnisse des Staates verfassen und versuchen, in der ersten Zeile seiner Broschüre auf diese Schulden Bezug zu nehmen. Sie haben keine Ahnung, wie sehr die Regierung von der Vielzahl kleiner Broschüren beeinflusst wird, die jeden Tag mit solch lobenswertem Eifer aus Missgunst, Wut und Hunger produziert werden.

„Sie werden sehen, mein lieber Cousin, dass Sie, so wie die Dinge laufen, Geduld haben müssen. Ich möchte sogar hinzufügen, dass die Reise, die Sie nach Paris unternehmen wollen, Ihre Angelegenheiten nicht voranbringen wird. Nach den Berechnungen der Polizei gibt es im Augenblick hundertdreiundzwanzigtausend Menschen aus den Provinzen aller Stände, aller Geschlechter und aller Altersgruppen, die hier Ansprüche geltend machen, mit fast ebenso guten Referenzen wie Sie, und die Ihnen gegenüber im Vorteil sind, wenn es darum geht, eine Ablehnung zu erreichen, weil sie die Ersten sind, die ihre Fälle vorbringen. Da ich schließlich weiß, dass Sie sich mit Philosophie und den besten Dingen der Literatur auskennen, bitte ich Sie, noch einmal ein Kapitel im englischen *Spectator* über die berechtigten Ansprüche derjenigen zu lesen, die um Stellen bitten: Es steht im zweiunddreißigsten Abschnitt des siebten Bandes der Duodezausgabe: Die Geschichte wiederholt sich.

„Nimm, mein lieber Cousin, den Ausdruck meiner herzlichsten Grüße entgegen, verbunden mit meinem aufrichtigen Bedauern.

„B. DE L. –"

1830, nach der Julirevolution, verfasste Auguste Barbier ein Gedicht zum gleichen Thema mit dem Titel Die *Pfarrerin*. Wenn man diese schrecklichen Verse noch einmal liest und sie mit Werken von Monsieur de Jouy vergleicht, erscheinen die Schriften des Letzteren als Musterbeispiel jenes attischen Witzes, der für die alte Schule charakteristisch war, und Barbier als Beispiel des brutalen, feurigen, unüberlegten Schreibens, das so typisch für seine Muse war.

Inzwischen, etwa zu der Zeit, in der wir uns befinden, jagte Ludwig XVIII. mit jener Rücksichtslosigkeit, von der wir gerade einige Beispiele angeführt haben, Literaten und beanspruchte einen Platz in ihrer Mitte. Auf den törichten Rat seiner Speichellecker hin veröffentlichte der königliche Autor ein kleines Werk mit dem Titel *Voyage de Paris à Bruxelles*. Ich weiß nicht, ob es heute möglich wäre, ein einziges Exemplar der königlichen Broschüre zu beschaffen, in der sich nicht nur Fehler in der französischen Grammatik wie „J'étais déjà un peu gros, à cette époque, pour *monter et descendre de cabriolet*" finden, sondern, was noch schlimmer ist, Offenbarungen von Undankbarkeit und Herzlosigkeit.

Eine arme Witwe riskiert ihren Kopf, um Flüchtlinge aufzunehmen, und opfert ihren letzten Louis, um ihnen ein Abendessen zu geben. Monsieur erzählt von diesem Akt der Hingabe, als wäre es nicht mehr als das, was den Flüchtlingen gebührt, und beendet das Kapitel mit den Worten: „Das Abendessen war abscheulich!"

Es war in Küchenfranzösisch verfasst, wie Oberst Morisel gegenüber M. Arnault bemerkte.

„Das ist leicht zu erklären", antwortete der Autor des *Germanicus* , „da das Werk von einem *Gastronom stammte*".

Der *Miroir*, der mit einer Rezension von *Voyage de Paris à Bruxelles* beauftragt wurde, begnügte sich mit der Feststellung: „Wenn das Werk von der erhabenen Persönlichkeit stammt, der es zugeschrieben wird, steht es über dem Bereich der Kritik; wenn es nicht von ihm ist, ist es unterhalb der Kritik."

Kehren wir zu Oberst Morisel zurück, einer der interessantesten Persönlichkeiten der damaligen Zeit. Gegen den Autor der „ *Messéniennes*", der „*Vêpres siciliennes*", der „ *Comédiens* " und des „ *Paria*" *konnte man nicht denselben Prozess anstrengen* wie gegen Monsieur de Jouy und Magallon; man konnte ihn nicht in Sainte-Pélagie einsperren oder ihn Hand in Hand und Seite an Seite mit einem schmutzigen Sträfling nach Poissy schicken; aber man konnte ihn in Armut versetzen, und das taten sie auch.

Am 15. April lasen wir in den liberalen Zeitungen: „Wir haben gehört, dass Monsieur Ancelot, Autor von *Louis IX.* und von *Maire du Palais*, soeben den Adelstitel erhalten hat und dass Monsieur Casimir Delavigne, Autor von *Vêpres siciliennes*, von *Paria* und von den *Messéniennes*, soeben seine Stelle in der Bibliothek des Justizministers verloren hat." Es stimmte ganz genau: Monsieur Ancelot war zum Baron ernannt worden und Monsieur Casimir Delavigne auf die Straße gesetzt worden! Zu diesem Zeitpunkt ernannte der Herzog von Orléans auf Empfehlung von Vatout, der soeben die *Histoire de la Fille d'un Roi veröffentlicht hatte*, Casimir Delavigne zum Hilfsbibliothekar im Palais-Royal, wo ich sechs Jahre später sein Kollege wurde.

Vatout war ein ausgezeichneter Kerl, ein wenig eingebildet; aber selbst seine Eitelkeit war ein nützlicher Ansporn, der ihn, angespornt durch das Beispiel anderer, dazu trieb, die Arbeit zu tun, die er sonst nicht versucht hätte. Eine seiner Eitelkeiten bestand darin, vorzutäuschen, er sei der leibliche Sohn eines Prinzen aus dem Hause Orléans – eine sehr unschuldige Eitelkeit, da sie niemandem schadete und niemand sie als Verbrechen betrachtete; denn er nutzte den Einfluss, den er durch seinen Posten im Palais-Royal erlangte, um seinen Freunden und manchmal sogar seinen Feinden zu helfen.... Gerade in diesem Moment wurden mir die Informationen über den letzten Akt der Zensur gebracht, die ich gesucht habe.

Ach, mein lieber Victor Hugo, Sie sind damit beschäftigt, der Jury, vor der Sie Ihren Sohn verteidigen, die völlige Abschaffung der Todesstrafe abzuringen. Machen Sie eine Ausnahme zugunsten des Zensors und legen Sie fest, dass er bei der nächsten Revolution zweimal hingerichtet werden soll, denn einmal ist bei weitem nicht genug.

Ich möchte hier bei meiner Ehre schwören, dass das, was ich jetzt sage, der Wahrheit entspricht.

KAPITEL VII

Das Haus in der Rue Chaillot – Vier Dichter und ein Arzt
– Corneille und die Zensur – Dinge, die Monsieur Faucher
nicht weiß – Dinge, die der Präsident der Republik wissen
sollte

Im Jahr III der Zweiten Französischen Republik, am Abend des 2. Juni – Herr Louis Bonaparte war Präsident, Herr Léon Faucher Minister und Herr Guizard Direktor der Schönen Künste – ereignete sich in einem mit persischen Vorhängen geschmückten Salon im Erdgeschoss eines Hauses in der Rue de Chaillot folgender Vorfall.

Fünf oder sechs Personen diskutierten über Kunst – eine überraschende Tatsache zu einer Zeit, als Auflösung, Revision und Vertagung die einzigen Gesprächsthemen waren. Allerdings waren von diesen fünf Personen vier Dichter und einer ein Arzt, der fast ein Dichter und durch und durch ein Mann der Kultur war. Diese vier Dichter waren: erstens Madame Émile de Girardin, Herrin des Hauses in der Rue de Chaillot, wo die Versammlung stattfand; zweitens Victor Hugo; drittens Théophile Gautier; viertens Arsène Houssaye. Der Arzt hieß Cabarus.

Der unter Nummer vier angegebene Herr übte mehrere Ämter aus. Vielleicht war er ein bisschen weniger ein Dichter als die anderen drei, aber er war weit mehr ein Geschäftsmann, wodurch das Gleichgewicht ausgeglichen wurde; er war Direktor des Théâtre-Français, dessen Rücktritt er bereits dreimal eingereicht hatte und der jedes Mal abgelehnt worden war.

Sie fragen sich vielleicht, warum Herr Arsène Houssaye so schnell seinen Rücktritt einreichte.

Darauf gibt es eine ganz einfache Antwort: Die Mitglieder des Théâtre-Français machten ihm das Leben so unerträglich, dass der Dichter jederzeit bereit war, seine Halbgötter, seine Helden, seine Könige, seine Prinzen, seine Herzöge, seine Marquisen, seine Grafen und seine Barone der Rue de Richelieu nach Belieben zu benennen, um seine Barone, seine Grafen, seine Marquisen, seine Herzöge, seine Prinzen, seine Könige, seine Helden und seine Halbgötter des 17. und 18. Jahrhunderts, die er kannte und deren Fäden er ziehen konnte, als wäre er der Graf von Saint-Germain, der ihr vertrauter Freund war, wieder für sich zu gewinnen.

Warum also sollten die Mitglieder des Théâtre-Français ihrem Direktor das Leben so schwer machen? Weil er Geld verdient hat, und nichts ärgert ein Mitglied des Théâtre-Français mehr, als zu sehen, dass sein Theater *Geld verdient*. Für vernünftige Leute mag das unerklärlich erscheinen: Es ist in der

Tat ein Mysterium; aber ich habe mir nicht vorgenommen, die Tatsache zu erklären; ich stelle sie fest, das ist alles.

Nun fiel Monsieur Arsène Houssaye in seiner Funktion als Direktor des Théâtre-Français etwas ein, was sonst niemandem in den Sinn gekommen war: Da es sich um den 2. Juni 1851 handelte, würde sich in vier Tagen - also am 6. Juni - Corneilles 244. Geburtstag jähren.

Er fasste seine Gedanken in Worte, wandte sich an Théophile Gautier und sagte: „Komm schon, mein lieber Théo, du musst mir zu diesem Anlass etwa sechzig Zeilen über den Vater der Tragödie schreiben. Das wird viel besser sein als das, was man uns normalerweise zu solchen Jubiläen gibt, und das Publikum wird nicht murren.“

Théophile Gautier gab vor, nichts zu hören.

Arsène Houssaye wiederholte seine Forderung.

„Um Himmels Willen, nein“, sagte Gautier.

"Warum nicht?"

„Weil ich nichts Langweiligeres zu schreiben wüsste als eine offizielle Lobrede, und sei sie auf den größten Dichter der Welt. Außerdem ist es umso schwieriger, einen Dichter zu loben, je größer er ist.“

„Sie irren sich, Théophile“, sagte Hugo, „und wenn ich in diesem Moment in der Lage wäre, das zu tun, worum Arsène bittet, würde ich es tun.“

„Würden Sie daran denken, Corneilles zwanzig oder dreißig Stücke Revue passieren zu lassen? Hätten Sie den Mut, von *Mélite* , von *Clitandre* , von der *Galerie du Palais* , von *Pertharite* , von *Œdipe* , von *Attila* , von *Agésilas zu sprechen* ?“

„Nein, ich würde keinen davon erwähnen.“

„Dann würden Sie Corneille nicht preisen: Wenn man einen Dichter lobt, muss man seine schlechten Werke am lautesten loben; wenn man ihn nicht lobt, hat das den Beigeschmack der Kritik.“

"Nein", sagte Hugo, "so etwas meine ich nicht: ich möchte keine vulgäre Lobrede halten. Ich möchte den greisen Corneille beschreiben, wie er zu Fuß, mit einem schäbigen Mantel über den Schultern, durch die Straßen des alten Paris wandert, vernachlässigt von Ludwig XIV., der ihm gegenüber weniger großzügig war als sein Verfolger Richelieu; wie er seine undichten Schuhe bei einem armen Schuster flicken lässt, während Ludwig XIV., der in Versailles regierte, mit Madame de Montespan, Mademoiselle de la Vallière und Madame Henriette in den Galerien von Le Brun oder in den

Gärten von Le Nôtre promeniert; dann möchte ich dem Schatten des Dichters Wiedergutmachung leisten, indem ich zeige, wie die Nachwelt jedem von ihnen seinen richtigen Platz einräumt und wie, während Tag zu Tag, Monat zu Monat und Jahr zu Jahr hinzukommen, der Ruhm des Dichters zunimmt und die Macht des Königs abnimmt..."

„Was suchen Sie, Théophile?", fragte Madame de Girardin Gautier, der hastig aufgestanden war.

„Ich suche meinen Hut", sagte Gautier.

„Girardin schläft darüber", antwortete Cabarus trocken.

„Oh, wecken Sie ihn nicht auf", sagte Madame de Girardin. „Darüber wird ein Artikel geschrieben!"

„Trotzdem kann ich nicht ohne meinen Hut gehen", sagte Gautier.

„Wohin gehen Sie?", fragte Arsène Houssaye.

„Ich werde dir natürlich deine Zeilen schreiben. Du bekommst sie morgen."

Sie zogen Théophiles Hut unter Girardins Schultern hervor. Er hatte aufgrund seiner Position gelitten; aber was kümmerte Théophile der Zustand seines Hutes?

Er kehrte nach Hause zurück und machte sich an die Arbeit. Am nächsten Tag hatte Arsène Houssaye, wie versprochen, die Verse parat.

Doch Dichter und Manager hatten ihre Rechnung ohne die Zensur gemacht.

Dies sind Théophile Gautiers Zeilen über den großen Corneille – sie wurden, wie gesagt, im dritten Jahr der Zweiten Republik von der Theaterzensur verboten, als M. Louis Bonaparte Präsident, M. Léon Faucher Minister und M. Guizard Direktor der Schönen Künste war: –

„Durch eine zerklüftete Straße, im Herzen des alten Paris,
in der Umgebung der Passanten, des Tumults und der Kreuze, der Kopf
im Himmel und der Fuß im Feuer, der Kamin zeigt keine fremde Gestalt.
Es war ein großes, schwer verhülltes Gewölbe, edel und heilig, in seinem
zerrissenen Mantel! Sein Adlerauge, sein Vorderteil, silbern gegen den
Sturm, er seilt sich von den Fesseln der gestempelten Männer ab; und das
ist es, um diese alte Maske zu sehen, ein antikes Medaillen-Schmuckstück,
das in die Luft geworfen wird.
Alles, was man von seinem Spiel hält, ist streng. Er scheint einen
Gedankenstuhl weiter zu halten, und in seinem schwarzen Glanz, der von
einer düsteren Langeweile überwältigt wird, Ich glaube, das Licht ist ihm
entschwunden. Der Alte wird in einem armen, widerhallenden P.E.

festgehalten .

Der Sonnenkönig, also, erleuchtet Europa,
und die Menschen lassen ihre Grüße erblühen,
von diesem Apollon, der sich an Ludwig wendet. An den Sänger Boileau
werden seine verborgenen Lehren weitergegeben; Für den Logier,
Mansard, werden seine Wunder entfacht; Indes, in einem Korb , mit einem
Retter, wird der große Corneille, der jetzt da ist, seelenvoller sein! Auf der
goldenen Bank von Sa „Heimat ohne Schuhe auf den Wegen Ioniens",
„Werde mit der Antike jadis gehen", „Schön wie ein griechischer Marmor,
von Phidias gemeißelt; Aber Heimat, in Paris, ohne Skandal, „
Ein Regentag, ich werde meine Sandalen zurückbekommen." Also schrieb
der Autor von *Horaz* und von *Cinna* , „
Ich werde ihm die Muse des Friedens schenken", „Der feurige Zeichner,
Michelangelo vom Drama", „Der die Römer und ihre großen Söhne liebt,
nachdem er mir begegnet ist."
O erhabene Armut! O heiliger Tod!
Dieses Heldenherz wurde einfach angenommen!

Louis, dieses Detail ist, dass der gute Geschmack verloren geht. Dieser
Mann hat mir geraten, mein ganzes Leben lang zu leben. Seit einem
Jahrhundert mit Perücke und luxuriöser Verliebtheit. Ich verzeihe Corneille
nicht das Böse.
Meine geblümte Platte wird diesen Hacken nicht los; Weil sie mit großen
Falten festgebunden ist, werde ich eine Pfanne für den alten Corneille
halten, Er wird sich kleiden, arm und einsam, im Schatten und im Dunkeln.
Im Glanz ihrer ganzen Geschichte,
auf dem Gold ihrer Sonne ist es ein schwarzer Fleck, oh König! lass es
sein, alle, die es eilig haben, sind schön, Corneille ohne Seelen, Molière
ohne Grab! Aber warum ist das so? Was die Jahre überdauert, ist das
Gleichgewicht zwischen den Schicksalen .
An diesem Ort wird er vom Tode erlöst: Der König strömt ins Dunkel
und der Dichter strömt herbei! Für die Kurtisanen bewacht Versailles seine
Statuen. Die Schmeicheleien und Wasser sind die nächsten Tage. Versailles
ist das Palmyra, wo der König wohnt. Wer von beiden wird überleben,
Geist oder Majestät?
Das Laub ist für einen Berg, die Nacht steigt auf den Fremden herab;
Ludwigs Gespenst im Garten Unserer Lieben Frau, Err nur und Corneille,
ewig wie ein Gott, Alle Tage auf seiner Erde werde ich das Feuer
zurücklassen,
Was an seinen Weihnachtsfesten lebendiger leuchtet.
Die Generationen verherrlichen, Immortelle verwelkt.
„Wenn in Pulverform das goldene Diadem begraben ist, wird sein

Lorbeerblatt leben und noch mehr blühen; Im Nachhinein, aus unbekannter Perspektive, wird der große Dichter und der kleine König sterben!"

Lassen Sie uns nun ein paar Worte zu dieser Angelegenheit wechseln, Monsieur Guizard, denn Sie haben nicht damit gerechnet, dass die Sache hier zu Ende sein würde; Sie haben nicht gehofft, auf Kosten einiger Worte mit doppelter Bedeutung davonzukommen, die gestern in einer Zeitung gedruckt, heute veröffentlicht und morgen vergessen wurden.

Nein, wenn solche Verbrechen an der Kunst begangen werden, ist es angemessen, den Täter seiner natürlichen Richter zu entheben und vor ein höheres Gericht zu stellen, so wie Ihre Vorbilder Trélat und Cavaignac ins Oberhaus trugen, so wie Ihre Freunde Raspail, Hubert und Sobrier vor das Gericht von Bourges trugen. Und ich fordere Sie auf, zu erscheinen, Monsieur Guizard, Sie, der Sie den Platz meines Freundes Cavé als Oberaufseher der Abteilung für Schöne Künste eingenommen haben.

Sehen Sie, jetzt, wo überall gespart wird, wurde da nicht ein Buchstabe in der Beschreibung Ihres Büros eingespart? Und sind Sie nicht eigentlich für den *Abgang der Schönen Künste verantwortlich, anstatt für die Abteilung*? Außerdem muss ich Ihnen etwas erzählen, das vor drei Monaten zwischen uns vorgefallen ist. Erinnern Sie sich, dass ich vor drei Monaten die Ehre hatte, Sie zu besuchen? Ich kam, um Ihnen im Namen des Direktors des Cirque mitzuteilen, dass wir, während wir auf die *Barrière de Clichy warteten, die Probe des Chevalier de Maison-Rouge* durchführen würden .

„Der *Chevalier de Maison-Rouge* !" riefst du.

"Ja."

„Aber ist Der *Chevalier de Maison-Rouge nicht* ein von Ihnen selbst geschriebenes Drama?"

"Ja."

„Ist es nicht im *Chevalier de Maison-Rouge* , wo der berühmte Refrain vorkommt —

‚Trauer um das Vaterland'?"

"Ja."

„Gut, dann lassen wir nicht zu, dass der *Chevalier de Maison-Rouge* gespielt wird."

„Sie lassen nicht zu, dass der *Chevalier de Maison-Rouge* gespielt wird?"

"Nein nein Nein Nein Nein!"

"Aber warum nicht?"

Dann sahst du mir ins Gesicht und sagtest zu mir:

„Wollen Sie mir sagen, dass Sie nicht wissen, dass der *Chevalier de Maison-Rouge* zur Gründung der Republik beigetragen hat?"

Das haben Sie mir gesagt, Monsieur Guizard! Dieses außergewöhnliche Geständnis haben Sie mir gegenüber im dritten Jahr der Republik abgelegt! Monsieur Léon Faucher als Minister der Republik! Und Sie, Monsieur Guizard, als Direktor der Schönen Künste der Republik!

Ich war über die Antwort so erstaunt, dass mir nichts anderes einfiel als: „Wie zum Teufel kommt es, dass ich, der ich durch den Beginn der Republik fast 200.000 Francs verloren habe, ein Republikaner bin, während Sie, die Sie dadurch einen Posten erlangt haben, der Ihnen 12.000 einbringt, ein Reaktionär sind?"

Freilich haben Sie sich nicht dazu herabgelassen, diese Anomalie zu erklären: Ich habe Ihr Büro verlassen, ohne einen Grund dafür zu erfahren, und jetzt, während ich diese Zeilen schreibe, weiß ich noch immer keinen!

Nun habe ich in der Hoffnung, dass sich jemand findet, der klüger beim Erraten von Rätseln ist als ich, beschlossen, das, was mir vor drei Monaten passiert ist, neben das zu drucken, was Gautier heute passiert ist!

Was kann man erwarten? Jeder Mensch benutzt das Werkzeug oder Instrument, das er in der Hand hat: Einige haben eine Schere und schneiden damit; andere haben ein Graveurwerkzeug und ätzen damit.

Ich warne Sie, Herr Guizard, dass meine Texte in acht oder neun verschiedene Sprachen übersetzt wurden. Wir werden also bei unseren Forschungen auf die Hilfe von Gelehrten aus vielen Ländern und von Archäologen dreier Generationen zählen können. Denn wenn meine Werke nicht länger leben, als Ratten brauchen, um sie zu fressen, werden diese Tiere hundert Jahre brauchen, um meine tausend Bände zu fressen. Sie können mir sagen, dass der Befehl, die Verse von Herrn Théophile Gautier einzustellen, von einer höheren Quelle kam, nämlich vom Minister. Dazu habe ich nichts zu sagen: Wenn der Befehl vom Minister kam, waren Sie verpflichtet, diesem Befehl Folge zu leisten. Und in diesem Fall muss ich mich an Herrn Léon Faucher wenden. So sei es!

O Faucher! Ist es wirklich glaubhaft, dass Sie, der Sie ein so halbherziger Republikaner sind, der Sie meiner Meinung nach so schlecht beraten waren, dem Théâtre-Français eine Subvention zu zahlen, damit die Toten exhumiert und die Lebenden begraben werden – ist es wirklich glaubhaft, ich wiederhole, dass ein so gleichgültiger Republikaner wie Sie nicht wollte, dass auf der Bühne, die Corneille geschaffen hat, gesagt wird, dass das Genie höher steht als das Königtum und dass Corneille als Dichter größer war als Ludwig XIV. als Monarch?

Aber, Herr Faucher, Sie wissen genauso gut wie ich, dass Ludwig XIV. nur deshalb ein großer König war, weil er große Minister und große Dichter hatte.

Vielleicht werden Sie mir sagen, dass große Minister und Dichter von großen Königen geschaffen werden?

Nein, Herr Faucher, das werden Sie nicht sagen. Ich werde Ihnen entgegnen: „Napoleon, der ein großer Kaiser war, hatte keinen Corneille, und Ludwig XIII., der ein bemitleidenswerter König war, konnte sich eines Richelieu rühmen."

Nein, Herr Minister, Ludwig XIV., glauben Sie mir, war nur deshalb ein großer König, weil (und Michelet, einer der größten Historiker aller Zeiten, wird Ihnen genau das gleiche bestätigen) Richelieu sein Vorgänger war, während Corneilles Vorgänger ... wer war? Jodelle.

Corneille brauchte weder Condé, noch Turenne, noch Villars, noch de Catinat, noch Vauban, noch Mazarin, noch Colbert, noch Louvois, noch Boileau, noch Racine, noch Benserade, noch Le Brun, noch Le Nôtre, noch nicht einmal M. de Saint-Aignan, um ein großer Dichter zu werden.

Nein, Corneille nahm Feder, Tinte und Papier zur Hand; er brauchte nur den Kopf auf die Hand zu stützen, und schon kamen seine Gedichte.

Hätten Sie nur Théophile Gautiers Verse gelesen, Herr Minister – aber ich bin sicher, Sie haben sie nicht gelesen –, hätten Sie gesehen, dass diese Verse nicht nur die besten sind, die Théophile Gautier je geschrieben hat, sondern die besten, die jemals geschrieben wurden, seit es Gedichte gibt. Sie hätten gesehen, dass sie hervorragend verfasst waren und ihre Ideen über jeden Zweifel erhaben. Ein gewisser Kaiser, den ich kannte – den Sie anscheinend nicht kannten – hätte einem Mann, der diese Verse geschrieben hatte, das Offizierskreuz der Ehrenlegion und eine Pension geschickt.

Sie, Herr Minister, haben angeordnet, dass die Verse von Théophile Gautier nicht auf der Bühne des Théâtre-Français vorgelesen werden dürfen!

Aber kam dieser Befehl vielleicht von einer noch höheren Autorität? Vielleicht vom Präsidenten der Republik?

Wenn es vom Präsidenten der Republik käme, wäre die Sache etwas anderes ... und ich muss meine Beschwerde mit dem Präsidenten der Republik klären.

Ich werde nicht lange mit der Kontaktaufnahme mit dem Präsidenten der Republik verbringen.

„Ach, Herr Präsident der Republik", werde ich zu ihm sagen, „Sie, die Sie in der überwältigenden Hektik der Staatsangelegenheiten so viele Dinge vergessen haben, haben Sie etwa vergessen, was Ihr Onkel Monsieur über den Autor des *Cid sagte* : ,Wenn Corneille zu meiner Zeit gelebt hätte, hätte ich ihn zum Prinzen gemacht.'"

Nachdem ich nun dem Präsidenten der Republik, dem Innenminister und dem Abteilungsleiter des Departements Beaux- Arts alles gesagt habe, was ich ihm sagen wollte, kehren wir nun in das Jahr 1823 zurück, in dem es zwar auch eine Zensur gab, die jedoch weit weniger streng war als die des Jahres 1851.

Buch V

KAPITEL I

Chronologie des Dramas – Mademoiselle Georges Weymer
– Mademoiselle Raucourt – Legouvé und seine Werke –
Marie-Joseph Chénier – Sein Brief an die Truppe der
Comédie-Française – Junge Jungen *perfectionnés* – Ducis –
Seine Werke

Die royalistische Reaktion, von der wir sprachen – bevor wir uns
unterbrachen, um an die hohen öffentlichen Funktionäre zu sprechen, die
im letzten Kapitel die Ehre hatten, vor unseren Lesern aufzutreten –, traf
nicht nur Literaten, sondern sie traf öffentliche Personen auf grausame,
bittere und tödliche Weise. Sie begann mit Manuels Ausschluss aus der
Kammer und endete mit der Hinrichtung Riégos. Doch ich muss gestehen,
dass mich damals die Streitigkeiten in der Kammer nicht so sehr
beschäftigten, oder der Spanische Krieg, oder das Fest, das Madame de Cayla
(die später sehr freundlich zu mir war) in Saint-Ouen zur Feier der Rückkehr
Ludwigs XVIII. gab, oder der Tod von Papst Pius VII.; zwei Ereignisse
waren für meine Gedanken ebenso wichtig: die Erstaufführung von Lucien
Arnaults *Pierre de Portugal* und die der *École des Vieillards* von Casimir
Delavigne. Obwohl die Theaterstatistik für das Jahr 1823 eine
Gesamtproduktion von 209 neuen Stücken und die Mitwirkung von 161
Autoren ausweist, boten die besten Theater besonders in den ersten neun
Monaten des Jahres eine traurige Vorstellung und waren weit davon entfernt,
das Niveau des Vorjahres zu erreichen.

So führte das Odéon am 26. April 1822 *Attila* von M. Hippolyte Bis auf. Am
5. Juni spielte das Théâtre-Français *Régulus von Lucien Arnault.* Am 14. Juni
spielte das Odéon *Macchabées* von M. Guiraud: Frédérick Lemaître, der zum
Cirque gehörte, spielte einen der Brüder Macchabées. Am 7. November
produzierte das Théâtre-Français *Klytaimnestre von M. Soumet* , in dem Talma
das tragische und unglückliche Schicksal des Orestes realistisch darstellte.
Am 9. November stellte das Odéon *Saül desselben Autors auf seine Bühne,* in
dem Johanna erstmals ihren Ruf erlangte. Schließlich produzierte das
Théâtre-Français am 21. Dezember *Valérie* von MM. Scribe und Mélesville.
Im Gegensatz zu all diesen neuen Stücken bot uns das Jahr 1823 nur die
Komödie „L' *Éducation ou les Deux Cousines* " von M. Casimir Bonjour und „
Comte Julien " von M. Guiraud.

„L' *Éducation ou les Deux Cousines* " ist M. Casimir Bonjours beste Komödie.
Allerdings bestand für M. Casimir Bonjours beste Komödie die Möglichkeit,
eine schwache Produktion zu sein, und sie hat diese Möglichkeit genutzt.

Während *Comte Julien* wie alle Stücke des Autors eine ehrliche, sorgfältige Arbeit war, bestand seine Hauptattraktion darin, dass die darin spielende Truppe Mademoiselle Georges enthielt, die nach vier oder fünf Jahren Abwesenheit wieder in Paris auftauchte. Mademoiselle Georges war zu dieser Zeit äußerst schön und hatte noch *alle ihre Diamanten*. Wer Harel und die fantastischen Plakate kannte, die er erfand, weiß, welche Rolle die Diamanten von Mademoiselle Georges in den Rollen spielten, die Mademoiselle Georges spielte.

Ich habe meinen Lesern gesagt, dass ich alle berühmten Persönlichkeiten, die in diesen Memoiren auftauchen, so genau wie möglich im Lichte des heutigen Wissens beschreiben werde; einige von ihnen glänzten nur für sehr kurze Zeit und ihr Licht ist nun für immer erloschen. Aber was ich über sie zu sagen habe, wird deshalb umso interessanter sein, denn im Folgenden beschreibe ich meine ersten Eindrücke von ihnen, als sie auf dem Höhepunkt ihrer Popularität waren.

Wir haben angemerkt, dass das Alter einer lebenden Schauspielerin nicht bekannt ist; aber wenn man das Jahr des Debüts von Mademoiselle Georges, also den 29. November 1802, zugrunde legt, muss sie 1823 38 Jahre alt gewesen sein. Nur ein Wort, um zu erklären, wie Mademoiselle Georges Zugang zum Theater erhielt und wie sie es schaffte, auf der Bühne zu bleiben. Mademoiselle Georges, die von Bonaparte geliebt und in seiner Gunst behalten wurde, als er zu Napoleon wurde, bat darum, Napoleon nach St. Helena begleiten zu dürfen, und ist beinahe eine historische Persönlichkeit.

Gegen Ende des Jahres 1800 und Anfang 1801 ging Mademoiselle Raucourt, die Hauptdarstellerin in einer Tragödie am Théâtre-Français, auf Tournee in die Provinz. Dies geschah zu einer Zeit, als die Regierung zwar viel zu tun hatte, sich aber nicht schämte, sich in ihrer Freizeit mit den Künsten zu beschäftigen. Mademoiselle Raucourt hatte daher von der Regierung den Auftrag erhalten, während ihrer Tournee nach jeder Schülerin Ausschau zu halten, die ihrer Meinung nach unterrichtswürdig war, und sie nach Paris zurückzubringen. Diese junge Dame sollte als Schülerin der Regierung gelten und ein Stipendium von 1200 Francs erhalten.

Mademoiselle Raucourt machte in Amiens Halt. Dort entdeckte sie ein wunderschönes junges Mädchen von fünfzehn Jahren, das aussah, als wäre es achtzehn; man hätte meinen können, die Venus von Milo sei von ihrem Sockel herabgestiegen. Mademoiselle Raucourt, die in ihrem Geschmack fast so klassisch war wie die lesbische Sappho, bewunderte statuenhafte Schönheit ungemein. Als sie sah, wie dieses junge Mädchen ging – ihr Gang war der einer Göttin, um Vergils Worte zu verwenden –, erkundigte sich die Schauspielerin und fand heraus, dass sie Georges Weymer hieß und die

Tochter eines deutschen Musikers namens Georges Weymer, des Theaterdirektors, und von Mademoiselle Verteuil, der Schauspielerin, die die Rollen der Zimmermädchen spielte.

Diese junge Dame war für eine Tragödie bestimmt. Mademoiselle Raucourt ließ sie zusammen mit ihr in *Didon die Rolle der Élise* und in *Phèdre die der Aricie spielen*. Das Experiment gelang, und noch am Abend der Vorstellung von *Phèdre* bat Mademoiselle Raucourt die Eltern der jungen Tragödin um Erlaubnis, sie mitzunehmen.

Die Aussicht, eine Regierungsschülerin zu werden, und noch besser, die Schülerin von Mademoiselle Raucourt, war in den Augen ihrer Eltern, mit Ausnahme einiger kleinerer Einschränkungen in Bezug auf die Schulordnung, denen das junge Mädchen notgedrungen zustimmen musste, ein zu verlockendes Angebot, um es abzulehnen. Der Bitte wurde stattgegeben, und Mademoiselle Georges reiste ab, gefolgt von ihrer Mutter. Der Unterricht dauerte achtzehn Monate. Während dieser achtzehn Monate lebte die junge Schülerin in einem ärmlichen Hotel in der Rue Croix-des-Petits-Champs, das, wahrscheinlich ironischerweise, Hôtel *du Pérou hieß.*

Mademoiselle Raucourt lebte am Ende der Allée des Veuves in einem prächtigen Haus, das Madame Tallien gehört hatte und das, zweifellos auch ironischerweise, *das Cottage (la Chaumière) genannt wurde.* Wir haben Mademoiselle Georges' Residenz als „prachtvolles Haus" bezeichnet: wir hätten auch „kleines Haus" sagen können, denn es war ein perfektes Beispiel einer schmucken Villa im Stil von Ludwig XV.

Gegen Ende des 18. Jahrhunderts - jener seltsamen Epoche, in der die Menschen die Dinge beim richtigen Namen nannten - genoss Sapho-Raucourt einen Ruf, dessen Originalität sie nicht im Geringsten zu verbergen versuchte.

Mademoiselle Raucourts Haltung gegenüber Männern war mehr als Gleichgültigkeit, sie war Hass. Der Autor dieser Zeilen besitzt ein von dieser berühmten Schauspielerin unterzeichnetes Memorandum, das einem regelrechten Schlachtruf gegen das männliche Geschlecht gleichkommt und in dem die moderne Königin der Amazonen jede schöne Kriegerin, die unter ihrem Befehl steht, auffordert, den Bruch mit den Männern zu vollziehen.

Nichts könnte seltsamer sein als die Form und vor allem der Inhalt dieses Manifests. Und doch, seltsamerweise, trotz dieser Verachtung uns gegenüber, nahm Mademoiselle Raucourt, wenn die Kleidung ihres Geschlechts für sie nicht unverzichtbar war, die unseres Geschlechts an. So gab Mademoiselle Raucourt ihrer schönen Schülerin sehr oft morgens Unterricht in Hosen und darüber einem Morgenmantel – genau wie es M. Molé oder M. Fleury getan hätten –, mit einer hübschen Frau an ihrer Seite, die sie mit „Liebling" ansprach, und einem bezaubernden Kind, das sie „Papa" nannte.

Wir kannten Mademoiselle Raucourt nicht – sie starb 1814 und ihre Beerdigung erregte großes Aufsehen –, aber wir kannten ihre Mutter, die 1832 oder 1833 starb, und wir kennen noch immer den *Jungen*, der heute ein fünfundfünfzigjähriger Mann ist.

Wir kannten einen Schauspieler, dessen gesamte Karriere von Mademoiselle Raucourt ruiniert wurde, weil er unglücklicherweise Eifersucht bei der schrecklichen Lesbe geweckt hatte. Mademoiselle Raucourt wandte sich an das Komitee des Théâtre-Français und erinnerte an ihr Besitz- und Vorrangrecht in Bezug auf das Mädchen, das der unverschämte Komiker ihr abjagen wollte. Als ihr Vorrang und Besitzrecht anerkannt wurden, wurde der unverschämte Komiker, der noch lebt und einer der aufrichtigsten Männer ist, die man sich vorstellen kann, aus dem Theater gejagt. Die Mitglieder der Truppe glaubten, dass Mademoiselle Raucourt sich wie im Fall Achilles wegen dieser modernen Briseis schmollend zurückziehen würde.

Kehren wir zu dem jungen Mädchen zurück, dessen Mutter sie während der Besuche bei ihrer Lehrerin keinen Augenblick verließ: Dreimal in der Woche musste sie die lange Strecke zwischen der Rue Croix-des-Petits-Champs und der Allée des Veuves zurücklegen, um Unterricht zu nehmen. Ihre ersten Auftritte waren für Ende November angesetzt. Sie sollten in *Klytaimnestre*, in *Emilie*, in *Aménaïde*, in *Idamé*, in *Didon* und in *Sémiramis stattfinden*.

Ein Debüt am Théâtre-Français im Jahr 1802 war sowohl für den Künstler als auch für das Publikum eine große Sache; eine noch größere Sache war es, in die Truppe aufgenommen zu werden; denn wenn man sich der Truppe anschloss, bedeutete das im Falle eines Mannes, ein Kollege von Monvel, von Saint-Prix, von Baptiste Sen., von Talma, von Lafond, von Saint-Phal, von Molé, von Fleury, von Armand, von Michot, von Grandménil, von Dugazon, von Dazincourt, von Baptiste Junior, von La Rochelle zu werden; im Falle einer Frau wurde man die Gefährtin von Mademoiselle Raucourt, von Mlle. Contat, von Mlle. Devienne, Mlle. Talma, von Mlle. Fleury, von Mlle. Duchesnois, von Mlle. Mézeray, von Mlle. Mars.

Die Autoren dieser Zeit waren: Legouvé, Lemercier, Arnault, Alexandre Duval, Picard, Chénier und Ducis. Von diesen sieben Männern kannte ich vier: Arnault, dessen Porträt ich zu zeichnen versucht habe; Lemercier und Alexandre Duval, deren spleenische Ähnlichkeiten ich zu gegebener Zeit zu beschreiben versuchen werde; dann kam Picard, der als Freund der Jugend bezeichnet wurde, aber junge Leute verabscheute. Legouvé, Chénier und Ducis waren tot, als ich nach Paris kam.

Legouvé hatte großen Einfluss am Théâtre-Français. Er war es, der, als Mademoiselle Georges zum ersten Mal auftrat, die Debüts von Mademoiselle Duchesnois mit fast väterlicher Zuneigung leitete; er hatte 1793 den *Mort d'Abel inszeniert* , eine patriarchalische Tragödie, die ihren Erfolg erstens dem Talent des Autors und zweitens und vor allem ihrer Opposition zu den aktuellen Ereignissen verdankte. Sie wurde zwischen der Hinrichtung von Ludwig XVI. und der von Marie-Antoinette aufgeführt, zwischen den Septembermassakern und der Hinrichtung der Girondisten; sie lenkte die Menschen für einen Moment vom Anblick des Blutes ab, das durch die Gossen floss. Nachdem sie den ganzen Tag lang gesehen hatten, wie Leichen an Laternenpfählen hingen und Köpfe auf Spießen getragen wurden, waren sie nicht traurig, ihren Abend mit Hirten und Hirtinnen zu verbringen. Nero krönte sich mit Rosen und sang ionische Verse, nachdem er Rom brennen sah.

1794 hatte Legouvé *Épicharis inszeniert.* Der letzte Akt enthielt einen sehr schönen Monolog, den er sicherlich nicht selbst geschaffen hatte, sondern den er aus einer Seite von Mercier entlehnt hatte. Dieser letzte Akt machte den Erfolg des Stücks aus. Ich hörte Talma den Monolog in seinem pompösen Stil vortragen.

Schließlich hatte Legouvé 1799 *Étéocle produziert. Étéocle* war ein Misserfolg, oder fast ein solcher; und als Legouvé dies erkannte, stellte er dem Théâtre-Français statt einer neuen Tragödie eine neue Tragödin vor. Mademoiselle Duchesnois hatte gerade ihr überaus erfolgreiches Debüt hinter sich, als Mademoiselle Georges zum ersten Mal auftrat.

Da ich versprochen habe, zu gegebener Zeit über Lemercier, Alexandre Duval und Picard zu sprechen, werde ich nun meine Ausführungen über Chénier und Ducis beenden, zu denen ich wahrscheinlich keine Gelegenheit mehr haben werde, noch einmal zu sprechen.

Marie-Joseph Chénier besaß eine außergewöhnliche Eitelkeit. Ich habe ein Dutzend seiner Briefe über *Karl IX. vor mir.* Ich werde einen herausgreifen, der ein Musterbeispiel an Naivität ist: Er wird zeigen, von welchem Standpunkt aus Männer, die gewisse Kritiker die Kühnheit haben, Meister zu nennen und die in ihren Augen wahrscheinlich Meister sind, die historische Tragödie betrachten.

Der Brief war an französische Komödianten gerichtet: Er sollte sie dazu bringen, *Karl IX. wieder aufs Korn zu nehmen,* den diese Herren absolut nicht spielen wollten. Warum wollten französische Komödianten *Karl IX. nicht spielen,* wenn *Karl IX.* doch Geld einbrachte? Ach! Ich muss Ihnen den Grund ins Ohr flüstern oder ihn vielmehr laut aussprechen: Es war, weil Talmas Rolle darin ein so enormer Erfolg war. Hier ist der Brief:—

„Meine Herren, von allen Seiten von den Freunden der Freiheit, von denen einige zu den konföderierten Abgeordneten gehören, gedrängt, sofort einige Darstellungen von *Karl IX. zu geben*, bitte ich Sie, die vierunddreißigste Aufführung dieser Tragödie auf Ihren Theaterzetteln für einen Tag nächste Woche anzukündigen, unabhängig von einem anderen Werk, das ich zur Feier des Jahrestages der Föderation komponiert habe.

, in der Rolle des Kanzlers des Krankenhauses *mehrere Zeilen* hinzuzufügen , die auf dieses interessante Ereignis zutreffen, denn ich bin stets bestrebt, als Bürger meinen Tribut zu zollen; und Sie, meine Herren, könnten Ihren Patriotismus bei dieser Gelegenheit nicht besser zeigen, als indem Sie die einzige *wahrhaft nationale* Tragödie spielen, die es in Frankreich noch gibt, eine Tragödie mit philosophischem Inhalt und bühnenwürdig, selbst nach Meinung von M. de Voltaire, der, wie Sie zugeben werden, wusste, wovon er sprach. In dieser Tragödie habe ich es mir zum Ziel gesetzt, das *Lob des Bürgerkönigs auszusprechen* , der uns heute regiert. – Nehmen Sie meine aufrichtigen Grüße entgegen" usw.

Können Sie sich vorstellen, wie der Kanzler des Hospitals das Fest der Föderation lobt und Karl IX. ein Loblied auf Ludwig XVI. singt?

Ah, gut!...

Karl IX. debütiert , das er reproduzieren lassen wollte, und seine Reproduktion führte dazu, dass Danton und Camille Desmoulins vor den Polizeirichter gestellt wurden, weil man sie beschuldigte, im Orchester Verschwörungen angezettelt zu haben. Auf *Karl IX* . folgte Heinrich VIII. mit ähnlichem Erfolg. Zwei Jahre nach *Heinrich VIII. wurde Calas* aufgeführt. Schließlich inszenierte Chénier am 9. Januar 1793, auf dem Höhepunkt des Prozesses gegen Ludwig XVI. und einige Tage vor dem Tod des armen Königs, *Fénélon*, eine Rosenwasser-Tragödie vom Typ *Mort d'Abel* , die einen Erfolg hatte, den die Freunde als Triumph und die Feinde als Misserfolg bezeichnen.

Chénier rechnete damit, seinen Erfolg mit *Timoléon wiederzubeleben* . Aber Robespierre, der von dem Werk gehört hatte, las es und stoppte es. Hört zu, ihr Träger der Zensur! Robespierre ist in eure Fußstapfen getreten; er stoppte *Timoléon* , *wie eure Mitbrüder vor ihm Tartufe* vergeblich gestoppt hatten ; *Mohammed* vergeblich; *Mariage de Figaro* vergeblich; und so kommen wir schließlich zu euch, die ihr *Pinto* vergeblich gestoppt habt, *Marion Delorme* vergeblich und *Antony* vergeblich.

Robespierre, wir wiederholen es, stoppte *Timoléon* und erklärte, dass das Stück zu seinen Lebzeiten niemals gespielt werden dürfe. Ja, aber Robespierre erwies sich als unwissend über die Stimmung der Zeit, in der er und seine Zeitgenossen lebten; er rechnete ohne 9 Thermidor... Robespierre folgte Danton zum Schafott, und *Timoléon* wurde gespielt.

Unglücklicherweise starb zwei Tage vor Robespierre der Schwan mit der süßen Stimme, den die Menschen André Chénier nannten. Er war ebenso wie sein Bruder ein Dichter, wenn auch anderer Art, und kein Tragödienautor.

Wie kam es, dass Marie-Joseph Chénier so kurz nach dem Thermidor und unmittelbar nach dem Tod seines Bruders Zeit fand, sich um die Proben seiner Tragödie zu kümmern?

Ach! André war nur sein Bruder und *Timoléon* sein Kind.

Doch die vielköpfige Nemesis wachte über den vergessenen Dichter und bereitete eine schreckliche Rache vor. *Timoléon* tötete seinen Bruder, und Chénier wurde beschuldigt, seinen Bruder nicht gerettet zu haben.

Es wurden Rufe nach dem Namen des Autors laut.

„Das ist nicht nötig!", rief eine Stimme aus der Grube. „Der Autor heißt *Kain*!"

„*Tibère*" und „Philippe II" zu finden seien, die eines Tages erscheinen würden.

Ducis wurde Nachfolger von Chénier.

Nach dem Tod von Beaumarchais — der zwei bezaubernde Intrigenkomödien und drei armselige Dramen geschrieben hatte — wurde Ducis zum Patriarchen der Literatur.

In Rom gab es unter allen Päpsten bis in die Tage Gregors XVI., der sie entfernen ließ, über den Türen bestimmter Chirurgen ein Schild mit der Aufschrift:

„Hier sind die kleinen Jungs *in Perfektion*."

Der Leser wird verstehen, was das bedeutet: Eltern, die wollten, dass ihre Jungen bartlos blieben und eine schöne Stimme hatten, brachten ihre Kinder in diese Anstalten, und im Handumdrehen wurden sie ... *perfectionnés*.

Ducis hat mit Sophokles und Shakespeare ziemlich genau das gemacht, was römische Chirurgen mit kleinen Jungen gemacht haben. Wer glatte Kinnpartien und süße Stimmen mag, wird Ducis' *Ödipus, Ödipus à Colone, Hamlet, Macbeth, Romeo und Julia* und *Othello* dem *Ödipus* des Sophokles und dem *Hamlet, Macbeth, Romeo und Julia* und *Othello* Shakespeares vorziehen; wir müssen jedoch gestehen, dass wir die Natur in all ihrer Männlichkeit mögen, dass wir meinen, je stärker ein Mann ist, desto schöner ist er, und dass wir ganze Dramen kastrierten vorziehen: Da dies so ist, halten wir, ob es sich nun um kleine Jungen oder um Tragödien handelt, jede *Perfektion* für ein Sakrileg. Aber lassen wir Ducis das zu, was ihm gebührt. Er führte Sophokles auf einer schlechten Straße und Shakespeare auf einem schmalen Pfad; aber auf jeden Fall hinterließ er die Wegweiser am Wege, die Voltaire mit so viel Mühe entfernt hatte. Als Voltaire aus Desdemonas Taschentuch einen Schleier für Zaire anfertigte, achtete er sehr darauf, den Fleck auf dem gestohlenen Stoff zu verwischen. Das war mehr als Nachahmung – es war Diebstahl.

In der Zeit zwischen 1769 und 1795 produzierte Ducis *Hamlet, Œdipe chez Admète, König Lear, Macbeth, Othello* und *Abufar.* Dies war der Zustand des Théâtre-Français, dies war der Stand der französischen Literatur im Jahr der Gnade 1802, als Napoleon Bonaparte Erster Konsul und Cambacérès und Lebrun Vizekonsuln waren.

KAPITEL II

Bonapartes Versuche, Dichter zu entdecken – Luce de
Lancival – Baour-Lormian – *Lebrun-Pindare* – Lucien
Bonaparte, der Autor – Debüt von Mademoiselle Georges
– Die Kritik des Abbé Geoffroy – Prinz Zappia –
Hermine in Saint-Cloud

Lassen Sie uns hier ein oder zwei Worte über Bonapartes kleinen Hof
einfügen. Wir schreiben jetzt Memoiren und keine Romane; wir müssen
daher Fiktion durch Wahrheit, Handlung durch Abschweifungen und
Intrigen durch unzusammenhängende Seiten ersetzen.

Oh, wenn uns doch nur irgendjemand Informationen über das 16., 17. und
18. Jahrhundert hinterlassen hätte, wie ich es über das 19. Jahrhundert
versucht habe. Wie dankbar wäre ich ihm dafür gewesen, und wie viel harte
Arbeit hätte er mir erspart!

Daher, wie bereits angedeutet, ein paar Worte zu Bonaparte und seinem
kleinen Hof.

Das Debüt von Mademoiselle Georges hatte in Paris und in La Malmaison
für große Sensation gesorgt. Früher hätte man gesagt, in Paris und in
Versailles – aber Versailles gab es 1802 nicht mehr.

Der Erste Konsul und seine Familie interessierten sich damals sehr für
Literatur. Bonapartes Lieblingsdichter waren die beiden Extreme der Kunst,
Corneille und Ossian: Corneille als Vertreter der intellektuellen Kräfte,
Ossian im Reich der Vorstellungskraft. So nahmen Corneille und Ossian den
prominentesten Platz unter den Dichtern ein, die im Katalog seiner
ägyptischen Bibliothek aufgeführt waren. Diese Vorliebe für den
schottischen Dichter war so bekannt, dass Bourrienne beim Ordnen der
Bibliothek erriet, wer gemeint war, obwohl Bonaparte das Wort „ *Océan* "
geschrieben hatte.

Es war nicht Bonapartes Schuld, wenn ihm die Dichter fehlten, obwohl er
drei der größten seiner Zeit geächtet hatte: Chateaubriand, Madame de Staël
und Lemercier. Bonaparte verlangte Dichter vom Universitätskanzler, so wie
er Soldaten von seinem Kriegsminister verlangte. Leider war es für M. le
Duc de Feltre einfacher, 300.000 Wehrpflichtige zu finden, als für M. de
Fontanes, ein Dutzend Dichter zu finden. Also war Napoleon gezwungen,
an allem festzuhalten, was er finden konnte, an Lebrun, an Luce de Lancival,

an Baour-Lormian: Sie alle hatten Posten und Einkommen, als wären sie wahre Dichter – und dazu noch Komplimente.

„Sie haben eine schöne Tragödie geschrieben", sagte Napoleon einmal zu Luce de Lancival über seinen *Hector*: „Ich werde sie in einem meiner Lager spielen lassen." Und am Abend der Aufführung genehmigte er Luce de Lancival eine Pension von 6.000 Francs mit der Mitteilung, dass diese ihm ein Jahr im Voraus ausgezahlt werden solle, „da Dichter immer Geld brauchen". Lesen Sie *Hector* und Sie werden sehen, dass die erste Zahlung von 6.000 Francs nicht wert war. Napoleon unterstellte Luce de Lancivals Neffen Harel außerdem Cambacérès und ernannte ihn 1815 zum Unterpräfekten.

Baour-Lormian erhielt ebenfalls eine Pension von 6.000 Livres; doch seiner geistreichen Beschwerde über die Verfolgung des Usurpators bei den Bourbonen zufolge war die Despotie so weit gegangen, ihn „mit einer Pension von 2.000 Kronen zu bestrafen", die er, wie er hinzufügt, angesichts seiner Schwäche nicht abzulehnen gewagt habe.

Eines Tages – während im Jahre 1809 Kriegsgerüchte die Runde machten – fiel Napoleon eine Ode in die Hände, die mit der folgenden Strophe begann:

"Hier wird dein Flug ausgesetzt... Woher weißt du das, Renommee? Was hat deine hundert Stimmen im alarmierten Europa verkündet? ...
- Krieg! - Und welche, grimmige Feinde, sind vergebens? - Russen,
Deutsche, Schweden haben die Lanze geschwungen; sie bedrohen
Frankreich! - Ruft deinen Flug an, sag es, und das sind sie nicht mehr!"

Dieser Anfang beeindruckte ihn, und er fragte:

"Wessen Verse sind das?"

„M. Lebruns, Sire."

"Hat er schon eine Rente?"

"Ja mein Herr."

„Fügen Sie zu der Pension, die er bereits hat, eine zweite Pension von einhundert Louis hinzu."

Lebrun-Pindare nannte, bereits bezog, um einhundert Louisdor , weil er zehntausend Zeilen dieser Art geschrieben hatte:

„Der Hügel, der sich zum
Dominus-Antiquitätenmarkt erhebt , [1]
bewohnt die Kinder von Eol und [2]
brütet die Söhne von Ceres ; [3]

Vanvres, der in Galatée lebt , [4]
der Nektar von Io, von Amalthea,
gießt die eisernen Flossen aus;
und Sèvres, aus seinem reinen Ton, wir gießen den zerbrechlichen Albatr,
wir vergießen sein Feuer. " [5]

Doch dann geschah etwas, was niemand vorhergesehen hatte: Es lebte ein anderer Dichter namens Pierre Lebrun – nicht Lebrun-Pindare. Die Ode wurde von Pierre Lebrun geschrieben, nicht von Lebrun-Pindare. So kam es, dass Lebrun-Pindare lange Zeit die Pension genoss, die Pierre Lebrun verdiente. Wir sehen also, dass Napoleon sein Möglichstes tat, um Dichter zu entdecken, und dass es nicht seine Schuld war, wenn sie nicht gefunden wurden.

Als Casimir Delavigne 1811 sein erstes Werk veröffentlichte, eine Dithyrambe an den König von Rom, begann es mit dieser Zeile:

„Schicksal, der mir das Reich der Erde verspricht!"

Napoleon witterte einen Dichter, und obwohl die Verse den Beigeschmack eines Schuljungen hatten, verlieh er dem Autor den akademischen Preis und eine Stelle bei der Zollbehörde.

Talma war die personifizierte Poesie. Und so war Napoleon seit 1792 mit Talma verbündet. Wo verbrachte er seine Abende? In den Kulissen des Théâtre-Français. Und mehr als einmal fragte der Portier Talma, indem er auf den Mann zeigte, der zwanzig Jahre später aus Moskau sein berühmtes Dekret über Komödianten erlassen sollte:

"Wer ist dieser junge Offizier?"

"Napoleon Bonaparte."

„Sein Name steht nicht auf der Freiliste."

„Macht nichts, er ist einer meiner Freunde, er kommt mit mir." „Oh, wenn er bei dir ist, ist das eine andere Sache."

Später übernahm Talma seinerseits die Leitung der Tuilerien, und mehr als ein Botschafter, mehr als ein Prinz, mehr als ein König fragten den Kaiser:

„Sire, wer ist dieser Mann?"

Und Napoleon antwortete:

„Er ist Talma, einer meiner Freunde."

Als Napoleon einmal bemerkte, mit welcher Leichtigkeit Talma seine Toga hüllte, sagte er: „Dieser Mann wird mir eines Tages beibringen können, wie man den kaiserlichen Mantel trägt."

Es war nicht immer schön, einen Ersten Konsul zu haben, der Corneille und Ossian mochte; dieser Erste Konsul hatte Brüder, die versuchten, Dichter zu werden. Sie hatten keinen Erfolg, aber sie versuchten es immerhin. Man muss den guten Absichten Tribut zollen. Lucien schrieb Gedichte. Der grimmige Republikaner, der die Königswürde ablehnte und sich schließlich zum römischen Prinzen machen ließ: Prinz wovon? Ich frage Sie! Prinz de Petit-Chien (*Canino*) schrieb Gedichte. Ein Gedicht von ihm mit dem Titel *Karl der Große* erinnert uns noch an ihn, oder besser gesagt, es ist nicht mehr da, denn es ist tot genug. Ludwig schlug einen anderen Weg ein: Er schrieb Blankverse, da er dies einfacher fand als gereimte Verse. Auf diese Weise travestiert er Molières „ *L'Avare*" . Joséphine, die kreolische Kokette mit ihrer lässigen Anmut und ihrem anpassungsfähigen Geist hieß jeden willkommen, ließ die Welt wie Hamlet um sich herum kreisen und lobte wie Hamlet jeden.

Talma war ein bevorzugter Gast am kleinen bürgerlichen Hof. Er sprach über die Debütantin, Mademoiselle Georges; er sprach von ihrer Schönheit und ihrem vielversprechenden Talent. Lucien war ganz aufgeregt wegen ihr, und wie Johannes der Täufer in der Rolle eines Vorläufers gelang es ihm, durch ein Schlüsselloch oder vielleicht durch eine weit geöffnete Tür einen Blick auf das Gesprächsthema des Tages zu erhaschen, und er kehrte mit ziemlich verdächtiger Begeisterung nach Malmaison zurück, um zu berichten, dass die körperliche Schönheit der Debütantin sicherlich hinter den Lobpreisungen zurückblieb, die über sie gesungen wurden.

Der große Tag war da: Montag, der 8. Frimaire des Jahres XI (29. November 1802). Seit elf Uhr morgens wartete eine Menschenmenge vor dem Théâtre de la République.

Hier wollen wir mit Erlaubnis des Lesers Geoffroys Bericht vorstellen. Geoffroy war ein wertloser, oberflächlicher, gewissenloser Kritiker, der sich seinen Ruf zur Zeit des Terrors erworben hatte und der seine Feder einem Elenden seines eigenen Blutes übergab, dem mehrere Male von den Polizeigerichten Gerechtigkeit widerfahren war – eine Art, mit Dingen umzugehen, die mir im Vergleich zu den Zeiten unserer Vorfahren eine große Verbesserung zu sein scheint. Wir können unmöglich in allem degeneriert sein!

Geoffroy verwöhnte Debütanten nicht, egal ob männlich oder weiblich, insbesondere wenn sie nicht reich waren. Hören Sie, was dieser ehemalige Prinz der Kritiker über Mademoiselle Georges zu sagen hatte.

In Frankreich gab es schon immer einen Mann, der als Fürst der Kritiker bezeichnet wurde. Dabei wird nicht der Rang in Frage gestellt, sondern die Würde des jeweiligen Trägers.

THEATER DER REPUBLIK
Iphigénie en Aulide
Für das Debüt von Mademoiselle Georges Weymer,
gedreht von Mademoiselle Raucourt

„Es wurden keine ausreichenden Maßnahmen ergriffen, um den außergewöhnlichen Andrang zu kontrollieren, den ein so berühmtes Debüt anzog. Die gesamte Polizei war während des Kartenverkaufs an den Kassen beschäftigt, während die Eingangstüren fast ungeschützt waren und einer schrecklichen Belagerung ausgesetzt waren. Es kam zu Angriffsversuchen, von denen ich einen tragischen Bericht geben könnte, denn ich war sowohl Zuschauer als auch unfreiwilliger Akteur darin. Der Zufall warf mich in das Handgemenge, bevor ich mir der Gefahr bewusst war.

... Quæque ipse miserrima vidi,
Et quorum pars magna fui !'

„Die Angreifer waren von dem Verlangen beseelt, die neue Schauspielerin zu sehen, und erfüllt von der Begeisterung, die eine gefeierte Schönheit immer hervorruft. In solchen Fällen ist Neugier nichts weniger als eine wahnsinnige und wilde Leidenschaft. Solche Szenen sind Orgien der Wildheit und Barbarei. Frauen stießen erstickend durchdringende Schreie aus, während Männer in wildem Schweigen alle Manieren und Galanterie vergaßen und nur darauf bedacht waren, auf Kosten aller, die sie umgaben, einen Durchgang zu öffnen. Nichts kann unanständiger sein als solche Kämpfe, die in einer aufgeklärten und philosophischen Nation stattfinden; nichts kann unter einem freien und selbstlosen Volk schändlicher sein. Wir haben vielleicht bessere Theaterstücke und bessere Schauspieler als die Athener – das ist noch nicht ausreichend geklärt –, aber es ist sicher, dass die Athener bei ihren öffentlichen Unterhaltungen mehr Würde und Adel an den Tag legten. Ich betrachte den raschen Fortschritt der Leidenschaft für den Theaterbesuch, den

blinden Furor für frivole Unterhaltung, mit immer
größerem Schmerz, da die Geschichte mich lehrt, dass dies
ein untrügliches Zeichen intellektuellen Verfalls ist und ein
Verfall der Manieren. Es ist auch eine Katastrophe für
wahre Kenner, denn es stützt die Theorie, dass die am
meisten nachgefragten Stücke zwangsläufig die besten sein
müssen..."

Hätten meine Leser vermutet, dass der berühmte Geoffroy in einem solchen
Stil schreiben konnte? – Nein? – Nun, ich auch nicht.

Fahren wir fort. Je weiter wir fortschreiten, desto langweiliger wird es: Es
wird beinahe phantasievoll.

> „Als die Berater von König Priamos Helena vorbeigehen
> sahen, riefen sie aus: ‚Für eine so schöne Prinzessin lohnt
> es sich wirklich zu kämpfen. Doch so wunderbar ihre
> Schönheit auch sein mag, Frieden ist wünschenswerter.‘

> „Und als ich Mademoiselle Georges sah, sagte ich: ‚Ist es
> verwunderlich, dass die Leute sich ersticken lassen, um
> solch großartige weibliche Schönheit zu sehen? Aber selbst
> wenn sie noch schöner sein könnte, als sie ist, wäre es
> immer noch besser, sich nicht ersticken zu lassen, auch
> nicht in ihrem eigenen Interesse; denn die Zuschauer
> werden eine Debütantin strenger beurteilen, wenn es sie so
> viel kostet, einen Blick auf sie zu erhaschen.

> "Die Schönheit von Mademoiselle Georges Weymer wurde
> schon vor ihrem Auftritt auf der Bühne hoch gelobt und
> bleibt hinter den Erwartungen zurück. Ihre Züge vereinen
> die Regelmäßigkeit und Würde griechischer Gestalt mit
> französischer Anmut; ihre Gestalt ist die der Schwester von
> Apollo, als sie an den Ufern des Eurotas wandelt, umgeben
> von ihren Nymphen, ihr Haupt über ihnen erhoben; sie
> wäre ein perfektes Modell für Guérins Meißel..."

Ach, Geoffroy, ich weiß nicht, ob die Kritiker zur Zeit des Perikles besser
waren als die zur Zeit Bonapartes, des ersten dieses Namens; aber ich weiß,
dass zumindest einer oder zwei von uns in einem besseren Stil schreiben
können …

Meinen Sie nicht?

Nun gut, hier ist ein Porträt derselben Person, das ein Kritiker im Jahr 1835
verfasste. Beachten Sie den stilistischen Fortschritt in den 33 Jahren
zwischen Geoffroys Zeit und der von Théophile Gautier.

"Wenn ich mich nicht irre, gleicht Mademoiselle Georges einem Medaillon aus Syrakus oder einer Isis aus einem äginäischen Flachrelief. Der Bogen ihrer Augenbrauen, mit unvergleichlicher Feinheit und Reinheit gezeichnet, erstreckt sich über dunkle Augen, die voller Feuer und tragischer Blitze sind. Ihre Nase ist dünn und gerade, mit schräg geschnittenen Nasenlöchern, die sich weiten, wenn sie leidenschaftlich bewegt ist; ihr ganzes Profil ist in seiner einfachen Gleichmäßigkeit der Linien großartig. Der Mund ist stark, herrlich hochmütig und an seinen Winkeln scharf, wie die Lippen einer rächenden Nemesis, die auf die Stunde wartet, um ihren Löwen mit den eisernen Klauen loszulassen; doch über ihren Lippen flimmert ein bezauberndes Lächeln voller königlicher Anmut; und es wäre unmöglich zu glauben, dass sie, wenn sie ihre zarten Leidenschaften zum Ausdruck bringen will, nur kurz zuvor eine klassische Verwünschung oder einen modernen Fluch hervorgebracht hat. Ihr Kinn ist voller Charakter und Entschlossenheit; es ist fest gesetzt, und seine majestätischen Kurven entlasten einen Profil, das eher zu einer Göttin als zu einer Sterblichen gehört. Mademoiselle Georges hat, wie alle schönen Frauen heidnischer Zeiten, eine breite Stirn, voll an den Schläfen, aber nicht hoch, ganz ähnlich der der Venus von Milo, eine eigenwillige, wollüstige, mächtige Stirn. Ihr Hals weist eine bemerkenswerte Eigenart auf: statt sich vom Nacken nach innen abzurunden, bildet er eine volle und ununterbrochene Kurve und verbindet die Schultern ohne den geringsten Makel mit der Basis ihres Kopfes. Die Haltung ihrer Arme ist aufgrund der Stärke ihrer Muskeln und der Festigkeit ihrer Konturen etwas furchterregend; einer ihrer Schulterriemen würde einen Gürtel für die Taille einer mittelgroßen Frau abgeben; aber sie sind sehr weiß, sehr klar, und sie enden in einem Handgelenk von kindlicher Zerbrechlichkeit und winzigen Grübchenhänden – wahrhaft königlichen Händen, geschaffen dafür, in den Stücken von Äschylus und Euripides das Zepter zu halten und den Griff des Dolches zu umfassen."

Vielen Dank, mein lieber Théophile, dass ich diese wunderbare Passage zitieren durfte, und entschuldigen Sie, dass ich Sie in solch schlechte Gesellschaft gebracht habe. Pfui!

Ich kehre nun zu Geoffroy zurück. Er fährt fort:

> „Schönheit ist das Talent. Das Theater war durchgehend
> voll besetzt und in höchster Aufregung; der Erste Konsul
> und seine ganze Familie befanden sich in der Loge rechts
> vom Proszenium; er klatschte mehrmals in die Hände, was
> jedoch nicht verhinderte, dass an der Reihe einige
> Anzeichen von Widerstand aufkamen –

„Das hast du gerettet, und Calchas hat es dir gesagt." ..."

Entschuldigen Sie! Ich muss mich erneut unterbrechen, oder besser gesagt, ich muss Geoffroy unterbrechen.

Der Leser weiß, dass es üblich war, dass das Publikum gespannt darauf wartete, wie Debütantinnen diesen Satz vortrugen.

Warum ist das so?, fragt sich der Leser vielleicht.

Ach, wahrlich, man erfährt diese Dinge nicht, wenn man nicht gezwungen wird, sie zu erfahren.

Ich werde erklären.

Weil diese Zeile zu simpel ist und einer Tragödie nicht würdig ist.

Das war Ihnen vielleicht nicht bewusst, Monsieur? Vielleicht ist es der Madame, die mir die Ehre erweist, mir zuzuhören, neu? Aber Ihr Diener Geoffroy, der alles lesen muss, wusste es.

Hören Sie jetzt gut zu, denn wir sind noch nicht am Ende angelangt. Da diese Zeile aufgrund ihrer Einfachheit einer Tragödie unwürdig ist, wollte das Publikum sehen, wie die Schauspielerin, die den Dichter korrigiert, sie behandeln würde.

Mademoiselle Georges gab nicht vor, ein größeres Genie zu besitzen als Racine: Sie trug die Zeile einfach und mit der natürlichsten Betonung vor, die man sich vorstellen kann, da sie mit der Einfachheit der Leidenschaft geschrieben war. Das Publikum war anderer Meinung; sie wiederholte sie mit demselben Akzent; wieder erhoben sie Einwände.

Glücklicherweise war Raucourt trotz eines Unfalls anwesend; sie hatte sich ins Theater tragen lassen und sprach ihrer Schülerin von einer kleinen Loge aus, die sie hinter einem Harlekinmantel verbarg, Mut zu.

„Sei mutig, Georgine! Bleib dran!", rief sie.

Georgine genannt wurde – wiederholte die Zeile zum dritten Mal mit demselben einfachen und natürlichen Akzent. Das Publikum applaudierte.

Von diesem Moment an war ihr Erfolg gesichert, wie man im Theaterjargon sagt.

„Das einzige, was das Stück trübte (sagte Geoffroy), war *Talmas Mangel an Intelligenz, Proportion und Adel in der Rolle des Achilles.* "

Ich fange an zu glauben, dass wir uns hinsichtlich der Unparteilichkeit des ehrenwerten Monsieur Geoffroy getäuscht haben und dass er vor dem Stück eine sehr bedeutsame Nachricht von einem Mitglied der Familie Bonaparte erhalten hatte, das sich in der Loge des Ersten Konsuls befand.

Mademoiselle Georges spielte die Rolle der Klytaimnestra dreimal hintereinander. Es war ein riesiger Erfolg. Dann übernahm sie die Rolle der Aménaïde – *dieses Mädchens, das von hysterischen Ausbrüchen überwältigt wurde* , wie Geoffroy später sagte – und ihre Popularität nahm weiter zu. Nach der Rolle der Aménaïde übernahm sie die Rolle der Idamé in *Der Orphelin von China*.

Wenn man sich fragte, wie Debütantinnen in der Rolle der Klytaimnestra den berühmten Satz vortragen würden, der Racine so unwürdig ist –

„Das hast du gerettet, und Calchas hat es dir gesagt ..."

Mit ebenso großer Ungeduld warteten die Frauen auf den Auftritt der Debütantinnen in der Rolle der Idamé, um zu sehen, wie sie ihre Frisur tragen würden.

Mademoiselle Georges trug ihr Haar ganz schlicht *à la chinoise* , das heißt, die Locken waren oben auf dem Kopf geordnet und mit einem goldenen Band zusammengebunden. Diese Frisur stand ihr ausgezeichnet, wie ich erfuhr, und zwar nicht von Lucien, sondern von seinem Bruder König Jérôme, einem leidenschaftlichen Liebhaber der Schönheit in all ihren Formen, der wie Raucourt die Angewohnheit pflegte, Georges *Georgine zu nennen*.

Am Abend, an dem der *Orphelin de la Chine* gespielt werden sollte und Georgine, über die zu dieser Zeit ganz Paris sprach, im *Hôtel du Pérou ein Linsengericht zu sich nahm* – nicht weil sie wie Esau dieses Essen mochte, sondern weil es im Haus nichts anderes gab –, wurde Prinz Zappia angekündigt. Wer mochte Prinz Zappia sein? War auch er ein Prinz unter den Kritikern? Nein, er war ein richtiger Prinz, einer jener kunstliebenden Prinzen, deren Linie mit dem Prinzen de Ligne ausstarb, ein Prinz Hénin, einer jener Prinzen, die den Salon der Comédie-Française besuchten, so wie Prinz Pignatelli den Salon der Opéra besuchte. Der Salon der Comédie-Française war damals offenbar ein wunderbarer Ort – ich habe nur die Überreste davon gesehen.

Nach jeder großen Vorstellung - und jedes Mal, wenn Schauspieler wie Talma, Raucourt, Contat, Monvel oder Molé spielten, war das ein großes Ereignis - begaben sich alle bedeutenden Persönlichkeiten aus Künstler-,

Diplomaten- und Adelskreisen für ein paar Minuten in die Loge des Helden oder der Heldin des Abends, um sich dort zu unterhalten; dann kehrten sie in den Salon zurück und gesellten sich dort zur allgemeinen Gesellschaft.

Bonapartes aufstrebender Hof, der große Anstrengungen unternahm, sich als Hofstaat zu etablieren, war selten so brillant wie der Salon des Théâtre-Français.

Wir hatten das Privileg, das schwindende Licht jener strahlenden Tage mitzuerleben, als es auf die Schachtel von Mademoiselle Mars schien.

Alle kamen in voller Montur zu diesen Versammlungen. Es gab kaum jemanden, der nicht seine eigenen Schemel, Stühle und Liegen dabei hatte. Dies waren sehr formelle Anlässe und tatsächlich bedeutete es sehr viel, als „ *Dame de la Comédie-Française* " bezeichnet zu werden; die Leute erinnern sich noch an den Anlass des ersten Angriffs auf diese verkrustete Etikette.

Es war Mademoiselle Bourgoin, die den Bruch durchbrach, indem sie um ein paar Kuchen und ein Glas Alicante bat. Die alten Mitglieder der Gesellschaft erhoben an diesem Tag ihre Hände zum Himmel und schrien auf angesichts dieser Abscheulichkeit der Verwüstung. Und ihre Bestürzung war ganz logisch: Ein Bruch wird, wenn er nicht repariert wird, immer größer, besonders in einem Theater. Und genau dieser Verstoß ist für das Bier und die Spiegeleier von heute verantwortlich.

Während Georgine ihre Linsen aß, wurde ihr Prinz Zappia vorgestellt. Was wollte Prinz Zappia zu so einer Stunde? Er kam, um ihr den Schlüssel zu einer Suite in der Rue des Colonnes anzubieten, die er seit dem Vorabend für über fünfzigtausend Francs eingerichtet hatte. Als er der schönen Georgine diesen Schlüssel überreichte, versicherte er ihr, dass es der einzige Schlüssel sei, den es gebe.

Um die Debütantin zum Verlassen des *Hôtel du Pérou zu bewegen, war ein Eid nötig.* Diesen Eid legte Prinz Zappia ab. Worauf schwor er? Wir wissen es nicht. Wir fragten Mademoiselle Georges selbst, aber sie antwortete uns mit der großartigen Naivität einer Lucrezia Borgia:

„Warum willst du das wissen, mein Lieber? Viele Leute haben mir Eide geschworen, die sie nicht gehalten haben."

Lucien war über diesen Wohnungswechsel gar nicht erfreut. Lucien war damals noch kein Prinz; Lucien war nicht reich; Lucien liebte sie als Gelehrter; Lucien erhob Anspruch auf die Stellung des Liebhabers, was immer eine ziemlich schwierige Angelegenheit ist, wenn die eigenen Wohnungen schäbig und die Schränke leer sind: Er war eines Abends dabei, ich wiederhole, als Hermines Zimmermädchen völlig verängstigt in ihr

Zimmer kam und ihr sagte, der Kammerdiener des Ersten Konsuls sei gekommen.

Der Kammerdiener des Ersten Konsuls? Der, der ihn am Morgen des 18. Brumaire eingekleidet hatte? Nein! Ein ganz anderer Mensch als Prinz Zappia! Sie führten den Kammerdiener des Ersten Konsuls mit der gleichen Ehrerbietung herein, die sie 1750 Monsieur Lebel entgegengebracht hätten, als er Madame Dumesnil besuchte.

Der Erste Konsul erwartete Hermine in Saint-Cloud. Hermine sollte so kommen, wie sie war: Sie konnte sich dort umziehen. Die Einladung war knapp, aber ganz typisch für die Manieren des Ersten Konsuls.

Man wird sich erinnern, dass Antonius Kleopatra bat, sich ihm in Kilikien anzuschließen. Bonaparte konnte Hermine durchaus bitten, sich ihm in Saint-Cloud anzuschließen. Die griechische Prinzessin war nicht stolzer als die Königin von Ägypten; Hermine war nicht weniger schön als Kleopatra und hätte in einer vergoldeten Galeere die Seine hinuntergebracht werden sollen, so wie die Königin von Ägypten den Kydnus bestieg. Aber das hätte zu lange gedauert: Der Erste Konsul war ungeduldig, seine Ansprachen zu halten, und angesichts der Schwäche von Künstlern für Schmeicheleien hatte es die Debütantin wahrscheinlich nicht weniger eilig, sie entgegenzunehmen.

Hermine erreichte Saint-Cloud eine halbe Stunde nach Mitternacht und verließ es um sechs Uhr morgens. Sie ging als Siegerin aus wie Kleopatra: Wie Kleopatra hatte sie die Eroberin der Welt zu ihren Füßen gehabt. Aber die Eroberin der Welt, die es erstaunlich fand, dass eine Debütantin, von der sein Bruder ihm erzählt hatte, sie wohne im *Hôtel du Pérou* , trinke Wasser und lebe von Linsen, einen englischen Schleier im Wert von hundert Louis und einen Kaschmirschal im Wert von tausend Kronen besaß, zerriss in einem Anfall von Eifersucht sowohl den Kaschmirschal als auch den englischen Schleier in Stücke.

Ich habe Georges oft vorgehalten, dies sei nicht aus Eifersucht geschehen, sondern einfach nur zum Spaß. Sie beharrte immer darauf, es sei aus Eifersucht geschehen, und ich hatte nicht das Bedürfnis, ihr zu widersprechen.

Einige Tage nach Georgines kleiner nächtlicher Reise sickerte das Gerücht ihres Triumphs durch; sie spielte die Rolle von Émilie und rezitierte mit dem Ton echten römischen Stolzes die Zeile:

„Wenn ich Cinna verlassen habe, habe ich auch andere verlassen ...“ Das gesamte Publikum wandte sich der Loge des Ersten Konsuls zu und brach in Applaus aus.

Von diesem Abend an entstanden im Théâtre-Français zwei dramatische und beinahe politische Fraktionen: die Anhänger von Mademoiselle Georges und die Anhänger von Mademoiselle Duchesnois – die *Georgianer* und die *Carcassianer.* Das Wort *Carcassianer wurde zweifellos durch das ausdrucksstärkere Wort Tscherkessen* ersetzt . Aber was bedeutet dieses Wort? Auf mein Wort, ich wage es nicht zu sagen: Das überlasse ich der Untersuchung von Gelehrten und der Forschung von Etymologen. Lucien Bonaparte, Madame Bacciochi und Madame Lætitia standen an der Spitze der *Georgianer* ; Joséphine stürzte sich kopfüber in die *Carcassianer* -Partei; Cambacérès blieb neutral.

[1] Montmartre.

[2] Abluft.

[3] Das Blaue.

[4] Galatée war eine Nymphe, *Vauvres, der in Galatée lebte* , bedeutete: Vauvres war ein Mädchen aus Bergers.

[5] Ein poetischer Gedanke darüber, wie in Sèvres Porzellan hergestellt wurde.

KAPITEL III

Kaiserliche Literatur – Die *Jeunesse von Heinrich IV* . –
Mercier und Alexandre Duval – Die *Templer* und ihr Autor
– César Delrieu – Perpignan – Der Bruch von
Mademoiselle Georges mit dem Théâtre-Français – Ihre
Flucht nach Russland – Die Galaxis der Könige – Die
Tragödin fungiert als Botschafterin

Im selben Jahr, 1802, wurde Georges am Théâtre-Français unter Bonapartes Schutz und Duchesnois unter Joséphines Protektion engagiert, mit einem Gehalt von jeweils viertausend Francs. Sechs Monate später waren sie praktisch Mitglieder der Truppe. Dies war die größte Gunst, die man ihnen erweisen konnte, und dieses doppelte Ergebnis wurde dem Einfluss Bonapartes auf der einen und dem Joséphines auf der anderen Seite zu verdanken.

„Wie kam es dazu, dass Napoleon Sie im Stich ließ?", fragte ich Georges eines Tages.

„Er hat mich verlassen, um Kaiser zu werden", antwortete sie.

Tatsächlich war es das Debüt Napoleons als Kaiser, das Frankreich nach dem Debüt von Georges und Duchesnois als Tragödienprinzessinnen in Aufruhr versetzte.

Dieses letzte Debüt war gewiss nicht frei von Intrigen: Die Könige spotteten, doch der große Schauspieler, der der Welt das Schauspiel seiner Usurpation bot, brachte sie in Austerlitz zum Schweigen, und von da an bis zu seinem Rückzug aus Russland muss man zugeben, dass er sein Publikum mit sich zog.

Unterdessen behielt die Literatur des Kaiserreichs ihren eigenen Kurs bei.

1803 wurde Hoffmanns *Roman d'une heure* gespielt. 1804 wurden *Shakespeare amoureux* von Alexandre Duval, *Molière avec ses amis* von Andrieux und *Jeune Femme colère* von Étienne gespielt. Im Jahr 1805 wurden „ *Tyrannendomestique* "und „ *Menuisier de Livonie*" von Alexandre Duval gespielt; *Tartufe de mœurs* von Charon , *Madame de Sévigné* von Bouilly und die *Filles à marier* von Picard; und 1806 erschienen Picards *Marionnettes* und Alexandre Duvals *Jeunesse de Henri V*. *Omasis* oder *Joseph in Ägypten* von Baour-Lormian und die *Templer* von Raynouard.

Die beiden größten Erfolge dieser letzten Periode waren die *Templiers* und die *Jeunesse de Henri V*. Die *Jeunesse de Henri V*. war einer äußerst leichten Komödie entlehnt. Diese Komödie, die gedruckt und veröffentlicht, aber nicht aufgeführt wurde, trug den Titel *Charles II, dans un certain lieu*. Nur ein einziger Satz Merciers beunruhigte Alexandre Duval. Mercier hatte sich mit der Comédie-Française gestritten, und diese hatte in ihrer gekränkten Würde geschworen, dass nie wieder ein Stück von Mercier im Theater der Rue de Richelieu aufgeführt werden dürfe.

Am Abend der Aufführung der *Jeunesse de Henri V.* stolzierte Alexandre Duval im Salon auf und ab. Mercier kam auf ihn zu, berührte ihn an der Schulter und sagte: „Und so, Duval, hat die Comédie-Français erklärt, sie würden nie wieder etwas von mir spielen, die Idioten!"

Alexandre Duval kratzte sich am Ohr, ging nach Hause, bekam Gelbsucht und schrieb zwei Jahre lang nichts.

Aber der wahre Erfolg des Jahres, der literarische Erfolg, waren die *Templiers*. Diese Tragödie war in der Tat das bemerkenswerteste dramatische Werk der gesamten Kaiserzeit; sie hatte außerdem einen enormen Erfolg, brachte Unmengen an Geld ein und brachte ihren Autor, glaube ich, auf einen Schlag in die Akademie.

Die Rolle der Königin war die zweite Rolle, die Mademoiselle Georges seit ihrem ersten Auftritt im Français vor vier Jahren geschaffen hatte. Zu dieser Zeit waren tragische Stücke, wie man bemerkt haben wird, selten. Ihre erste Rolle war die der Calypso in der Tragödie von *Télémaque gewesen*. Wer, wird der Leser fragen, könnte aus *Télémaque eine Tragödie machen* ?

Ein gewisser M. Lebrun. Aber, auf mein Wort, ich bin wie Napoleon und laufe Gefahr, mich selbst zu täuschen. War es *Lebrun-Pindare* ? War es Lebrun, der Ex-Konsul? War es Lebrun, der zukünftige Akademiker, Pair von Frankreich, Direktor der kaiserlichen Druckerei? Ich weiß es wirklich nicht. Aber ich weiß, dass das Verbrechen begangen wurde. Friede sei mit dem Täter, und ob tot oder lebendig, möge er einen so ruhigen und tiefen Schlaf schlafen wie seine Tragödie, in der Mademoiselle Duchesnois die Rolle des Télémaque für Georges' Calypso spielte und die trotz des vereinten Talents dieser beiden großen Schauspielerinnen ebenso völlig scheiterte wie zwanzig Jahre später der *Cid d'Andalousie* , trotz der gemeinsamen Bemühungen von Talma und Mademoiselle Mars.

Da wir bei der ersten Aufführung des *Cid d'Andalousie dabei waren* , wissen wir, wer der Autor war. Sein Name war Pierre Lebrun. Napoleon war vom immensen Erfolg der *Templer entzückt*. Er forderte jedes Jahr seine dreihunderttausend Wehrpflichtigen vom Kriegsminister und seinen Dichter vom Kanzler der Universität.

Er glaubte, in Monsieur Raynouard seinen Dichter gefunden zu haben. Unglücklicherweise war Monsieur Raynouard die ganze Woche über so beschäftigt, dass er nur am Sonntag zum Dichter werden konnte. Seine

Beschäftigung hinderte ihn daher daran, mehr als drei Tragödien zu schreiben: Die *Templer*, von denen wir gesprochen haben; Die *Stände von Blois*, die nicht so gut waren wie die *Templer*; und *Caton d'Utique*, der nicht so gut war wie die *Stände von Blois*. Napoleon war verzweifelt. Er schrie weiter nach seinen dreihunderttausend Wehrpflichtigen und seinem Dichter.

Im Jahr 1808, nach vierjähriger Herrschaft, besaß er M. Raynouard und M. Baour-Lormian, den Autor der *Templer* und den Autor von *Omasis*. Dies war nur ein halber Dichter pro Jahr. Eine Herrschaft von vierzehn Jahren hätte ihm eine Plejade bescheren sollen.

Wir sprechen hier nicht von den Dichtern der Republik, von den Chéniers, den Ducis, den Arnaults, den Jouys, den Lemerciers: Sie waren keine Dichter, die Napoleon geschaffen hatte. Und Napoleon war eher wie Ludwig XIV., der nur die Herzöge zählte, die er selbst geschaffen hatte.

Ungefähr zu dieser Zeit begannen die von Monsieur de Fontanes ausgesandten Späher einen großen Aufruhr über einen neuen Dichter zu machen, den sie gerade entdeckt hatten und der gerade dabei war, einer Tragödie den letzten Schliff zu geben. Der Name dieses Dichters war Luce de Lancival. Wir haben bereits von ihm gesprochen, als wir berichteten, was er tat und was Napoleon zu ihm sagte. Dieser ehrenwerte Monsieur Luce de Lancival hatte bereits zwei Jugendsünden begangen, die *Mucius Scævola* und ... und ... auf mein Wort! Ich habe den anderen Titel vergessen; aber diese Indiskretionen waren so klein und ihre Folgen so groß gewesen, dass keine Fragen darüber aufkamen.

Leider legte Luce de Lancival großen Wert auf *Hector*. Er wurde zum Professor für Belletristik ernannt und beabsichtigte, „zu bekennen". Dies war der dritte Dichter, der in den Händen Napoleons zu nichts kam.

Artaxercès ein großes Ereignis stattgefunden . In Paris gab es einen gewissen Mann, der jedes Mal, wenn Napoleon nach einem Dichter fragte, an seinen Hut griff und sagte: „Hier bin ich!" Das war César Delrieu, der Autor der oben genannten Tragödie. Wir kannten ihn genau. Der Himmel hätte niemanden mit weniger Talent oder mit mehr naiver Eitelkeit und offensichtlichem Stolz beschenken können. Die Aussprüche von Delrieu bilden ein Repertoire, das seinesgleichen sucht, außer in den Archiven der Familie Calprenède. Wir kannten auch einen jungen Burschen namens Perpignan, der in alle möglichen Missgeschicke geriet und schließlich Zensor wurde. Seine Aufgabe bestand darin, den letzten Proben der Theaterstücke beizuwohnen, um darauf zu achten, dass die Kleidung der Schauspieler nichts enthielt, was gegen die Moral verstoßen könnte, dass ihr Schauspiel nichts enthielt, was die Regierung in Verruf bringen und zum Umsturz der etablierten Ordnung führen könnte. Einmal in seinem Leben ließ er an der Gymnase ein Stück aufführen, das krass durchfiel und in dessen

Zusammenhang Poirson ihm unaufhörlich Vorwürfe machte, wegen der Kosten, die er für einen ausgestopften Papagei aufgewendet hatte. Das Stück hieß *Oncle d'Amérique* , und indem es Perpignan in die Liste der Literaten eintrug, machte es ihn nolens volens auf eine Stufe mit Männern wie M. de Chateaubriand und M. Viennet. Lassen Sie uns schnell zu Perpignans Ehre hinzufügen, dass er dieses Privileg in der Regel nicht ausnutzte, außer um sich selbst zu verspotten. Dennoch nutzte er es aus.

Eines Nachts traf er Delrieu, als er die prächtige Treppe hinaufstieg , die zur Lounge des Odéon führte.

„Guten Abend, Mitbruder", sagte er.

„Dummkopf!", antwortete der verärgerte Delrieu.

„Genau in diesem Licht sehe ich die Sache auch", antwortete Perpignan auf die liebenswürdigste Art und Weise, die man sich vorstellen kann.

Als *Artaxercès* zu der Zeit, als wir es sahen, erneut auf die Bühne kam und Delrieu zwanzig Jahre lang lautstark seine Wiederaufnahme gefordert hatte, war das Stück, obwohl es von seinem Autor ins Lächerliche gezogen wurde, das, was man in der Theatersprache *einen völligen Misserfolg (un four complet) nennt.*

Vierzehn Tage später traf ihn einer seiner Freunde, der zu ihm sagte:

„Sie haben sich also mit den Comédiens français versöhnt?"

„Mit denen? Niemals!"

"Was haben sie dir jetzt angetan?"

„Was haben sie mir angetan? Stell dir das vor, diese Schurken! ... Kennst du meinen *Artaxercès* , ein Meisterwerk?"

"Ja."

„Na ja, sie haben es genau an den Tagen gespielt, an denen das Haus am leersten ist!"

Und er hat den Herren der Comédie-Française den bösen Streich nie verziehen.

Aber Delrieus Aussagen würden uns zu weit in die Irre führen. Gehen wir von der Wiederaufführung des *Artaxercès zurück* zu seiner Uraufführung, die uns zum 30. April 1808 führen wird.

Mademoiselle Georges hatte die Rolle der Mandane geschaffen und sie viermal gespielt. Doch am Tag der fünften Vorstellung verbreitete sich ein unheilvolles Gerücht durch das Theater und vom Theater aus in die Stadt. Mandane war verschwunden. Ein Satrap, mächtiger als Arbaces, hatte sie entführt – Seine Majestät der Kaiser aller Rus.

Die Russen haben nie eine andere aristokratische Literatur gehabt als die unsere: Die Russen sprechen im Allgemeinen kein Russisch; dafür sprechen sie viel besser Französisch als wir.

Das Théâtre-Français war zu dieser Zeit reich an gekrönten Häuptern. Allein in Sachen Tragödienköniginnen konnte es mit Mademoiselle Raucourt, Mademoiselle Duchesnois und Mademoiselle Georges prahlen.

Kaiser Alexander war natürlich der Ansicht, dass die Reichen den Armen Geld leihen sollten. Außerdem hatten die Russen gerade Austerlitz und Eylau verloren und waren der Meinung, dass sie Anspruch auf eine gewisse Entschädigung hätten. Das Geschäft wurde durch Vermittlung des hohen russischen diplomatischen Korps abgewickelt. Herr von Nariskin, der die Funktion des Großkämmerers innehatte, beauftragte Herrn von Beckendorf im Namen des Kaisers, die Flucht zu arrangieren. Sie wurde unter strengster Geheimhaltung durchgeführt. Trotzdem waren die Telegrafenleitungen entlang der Route nach Norden innerhalb von 24 Stunden nach dem Verschwinden von Mademoiselle Georges eifrig in Betrieb.

Aber wie jeder weiß, fliegen Schauspielerinnen, die aus dem Théâtre-Français fliehen, auf schnelleren Flügeln als die des Telegraphen, und keine einzige wurde je eingeholt. So kam Mademoiselle Georges gerade in Kehl an, als die Nachricht von ihrer Flucht Straßburg erreichte. Das war der erste Überläufer, den Kaiser Napoleon erlebte: dass Hermine, die undankbare Hermine, zum Feind überlief! Mademoiselle Georges hielt nicht an, bis sie Wien und den Salon der Prinzessin Bagration erreichte; aber da wir mit Österreich im Frieden waren, raffte sich der französische Botschafter auf und erhob Anspruch auf Mademoiselle Georges; dies kam in diplomatischer Hinsicht einem *Casus Belli gleich* , und Mademoiselle Georges erhielt eine Einladung, ihre Reise fortzusetzen.

Wenn der Leser nicht weiß, was ein *Casus Belli* ist, kann er es von Herrn Thiers erfahren. Während der Lebenszeit von zwei oder drei Ministerien legte Herr Thiers den Mächten zwei oder drei *Casus Belli vor* , denen die Mächte nicht die geringste Beachtung schenkten. Folglich kamen sie ganz frisch und ungenutzt zu ihm zurück.

Vier Tage später machte die Flüchtling Halt im Haus des Gouverneurs von Wilna, wo sie zum zweiten Mal Halt machte, begleitet vom Beifall aller polnischen Prinzessinnen, nicht nur in Polen, sondern in der ganzen Welt. Es ist eine bekannte Tatsache, dass es auf der Erde keine Menschen gibt, die so zahlreich verstreut sind wie polnische Prinzessinnen, es sei denn, es sind russische Prinzen. Zehn Tage später war Mademoiselle Georges in St. Petersburg.

Nachdem sie in Peterhof vor Kaiser Alexander, vor seinen Brüdern Konstantin, Nicolas und Michel, vor der regierenden Kaiserin und der Kaiserinwitwe aufgetreten war, trat Mademoiselle Georges, der der Ruf ihres großen Ruhms vorauseilte, im Theater in St. Petersburg auf. Es versteht sich von selbst, dass im Theater von St. Petersburg der orthodoxe Dramastil in Mode war. Alexander konnte Napoleons Schauspieler mitreißen, aber leider konnte er seine Dichter nicht mitreißen: Dichter waren in Frankreich zu selten, als dass Napoleon nicht ein Auge auf die haben konnte, die er besaß. Chateaubriand und Madame de Staël, die beiden großen Dichter der Zeit, reisten viel ins Ausland, aber sie waren keine dramatischen Dichter.

So wurden *Merope, Semiramis, Phèdre, Iphigénie* und *Andromaque* in St. Petersburg sogar mit mehr Hartnäckigkeit aufgeführt als in Paris. Wenn auch die Literatur zurückblieb, so stand die Politik doch immerhin im Vordergrund.

Napoleon eroberte Preußen in zwanzig Tagen: Er datierte sein Dekret über die Kontinentalsperre von Berlin aus und machte seinen Bruder Hieronymus zum König von Westfalen, seinen Bruder Joseph zum König von Spanien, seinen Bruder Ludwig zum König von Holland, seinen Schwager Murat zum König von Neapel und seinen Schwiegersohn Eugen zum Vizekönig von Italien. Im Gegenzug setzte er eine Kaiserin ab. Joséphine, die nach Malmaison verbannt worden war, hatte ihre Position Marie-Louise überlassen. Der große Eroberer, der wunderbare Stratege, der hervorragende Politiker hatte nicht gewusst, dass jedes Mal, wenn ein französischer König mit Österreich zusammenarbeitete, das Unglück seinen Schritten folgte. Wie dem auch sei, die schreckliche Zukunft war immer noch hinter den goldenen Wolken der Hoffnung verborgen. Am 20. März 1811 brachte Marie-Louise im Beisein von dreiundzwanzig Personen ein Kind zur Welt, auf dessen schönes Haupt sein Vater die Krone setzte, die Antonius neunzehn Jahrhunderte zuvor Cäsar angeboten hatte.

Europa hatte zu dieser Zeit, wie die nördlichen Ozeane, zwischen zwei gewaltigen Stürmen ein paar ruhige Tage, in denen es an Poesie denken konnte. Während eines dieser ruhigen Tage gab Kaiser Napoleon in Erfürt einen Empfang für alle gekrönten Häupter Europas. Sein alter und treuer Freund, der König von Sachsen, stellte sein Königreich für dieses prächtige Fest zur Verfügung.

Napoleon lud die Könige und Königinnen der Kunst sowie die Könige und Königinnen dieser Welt ein. Mit goldenen oder braunen Kronen gekrönte Prinzen, mit Diamanten oder Rosen gekrönte Prinzessinnen strömten zum Rendezvous.

Am 28. September 1808 wurde *Cinna* vor Kaiser Napoleon, Kaiser Alexander und dem König von Sachsen aufgeführt. Am folgenden Tag, dem 29., wurde *Britannicus* gespielt. In dieser Zeitspanne von 24 Stunden wurde die erlauchte Versammlung um Prinz Wilhelm von Preußen, Herzog Wilhelm von Bayern und Prinz Leopold von Sachsen-Coburg erweitert, der später durch den Tod seiner Frau, der Prinzessin von England, und des Kindes, das sie mütterlich mit ins Grab nahm, auf einen Schlag drei Kronen verlieren sollte: Mit ihnen verlor er den berühmten Dreizack des Neptun, den Lemierre *das Zepter der Welt nannte.*

Am 2. Oktober erschien Goethe auf der Bühne. Er hatte das Recht, sich vorzustellen: Von allen Fürstennamen, die wir soeben genannt haben (ohne die Gefühle der Herren aus der Rue de Grenelle verletzen zu wollen), ist der Name des Autors von *Faust* vielleicht der einzige, der erhalten bleibt.

Am 3. wurde *Philoctète* gespielt. Während dieser Aufführung streckte Alexander Napoleon bei der Zeile die Hand entgegen:

„Die Freundschaft eines großen Mannes ist ein Segen Gottes!"

– die Hand, die er drei Jahre später zurückziehen sollte und die Napoleon in Schnee und Blutvergießen von Moskau nach Waterloo trieb. Während des zweiten Aktes von *Philoctète* traf der König von Württemberg ein, aber niemand machte sich die Mühe, ihm Platz zu machen. Er nahm auf einem der für Könige reservierten Sitze Platz.

Am 4. Oktober wurde *Iphigénie en Aulide* aufgeführt. Während des Stücks trafen der König und die Königin von Westfalen ein.

Am nächsten Tag wurde *Phèdre* aufgeführt. Der König von Bayern und der Fürstprimas trafen während der Matinee ein.

Am 6. wurde der *Mort de César* aufgeführt. Die gekrönte Audienz war in vollem Gange. Anwesend waren zwei Kaiser, drei Könige, eine Königin, zwanzig Prinzen und sechs Großherzöge.

Nach dem Spiel sagte der Kaiser zu Talma:

„Ich habe das Versprechen gehalten, das ich dir in Paris in Erfürt gegeben habe, Talma; ich habe dich vor einem Publikum von Königen spielen lassen."

Am 14. Oktober, dem Jahrestag der Schlacht bei Jena, verließ Napoleon Erfürt, nachdem er Goethe das Kreuz der Ehrenlegion überreicht hatte.

Fast auf den Tag genau vier Jahre später betrat Napoleon in der Gestalt des Eroberers die Hauptstadt des russischen Reiches. Er diktierte ein Dekret aus dem Kreml, das im flackernden Licht der brennenden Stadt geschrieben worden war und die Interessen der Gesellschaft aus der Rue de Richelieu regelte. Von nun an herrschte Krieg auf Leben und Tod zwischen den beiden Männern, die sich in Tilsit auf demselben Floß begegnet waren; die in Erfürt Seite an Seite gesessen hatten; die die Namen Karl der Große und Konstantin trugen; die die Welt in zwei Teile teilten und sich jeweils den Osten und den Westen aneigneten, und die beide im Abstand von fünf Jahren auf tragische Weise umkamen, der eine mitten im Atlantischen Ozean, der andere an den Ufern des Asowschen Meeres.

Die Schauspieler der Comédie-Française erfuhren in St. Petersburg von der Ankunft des Kaisers in Moskau. Sie konnten nicht in der Hauptstadt eines Feindes bleiben; sie erhielten Ausreiseerlaubnis und machten sich auf den Weg nach Stockholm, das sie nach einer dreiwöchigen Schlittenfahrt erreichten.

Ein Franzose regierte in Schweden oder hielt vielmehr die Krone über dem Haupt des alten Herzogs von Sudermanien, der zu dieser Zeit König war. Bernadotte empfing die Flüchtlinge, wie sie seinen Landsmann Heinrich IV. empfangen hatten. Die Schauspieler machten drei Monate Halt in Schweden, unserem alten Verbündeten, der unter einem französischen König zu unserem Feind wurde. Dann brachen sie nach Stralsund auf, wo sie sich vierzehn Tage aufhielten. In der Nacht vor ihrer Abreise suchte Monsieur de Camps, Bernadottes Ordonnanzoffizier, Mademoiselle Georges auf. Hermine sollte als Kurierin des Botschafters eingesetzt werden. Monsieur de Camps brachte einen Brief von Bernadotte mit; er war an Jérôme-Napoleon, den König von Westfalen, gerichtet. Dieser Brief war von allerhöchster Wichtigkeit; sie wussten nicht, wie sie ihn am besten verstecken sollten. Frauen sind nie um Briefe verlegen. Hermine versteckte den Brief zwischen den Korsettschnallen. Die Korsettschnalle eines Frauenkorsetts ist die Scheide ihres Schwertes.

M. de Camps zog sich nur halb zufrieden zurück; damals konnte man Schwerter so leicht aus der Scheide ziehen. Die Botschafterin im Unterrock fuhr in einer Kutsche ab, die ihr der Kronprinz geschenkt hatte. Auf ihrem Schoß hielt sie ein Schmuckkästchen, das Diamanten im Wert von über dreihunderttausend Franc enthielt. Man verschmäht nicht drei Kronen, ohne den einen oder anderen unerwarteten Geldsegen zu erhalten. Die Diamanten in der Schatulle und der Brief zwischen den Korken kamen sicher an einem Bestimmungsort an, der nur zwei Tagesreisen von Kassel entfernt war, der Hauptstadt des neuen Königreichs Westfalen. Sie reisten Tag und Nacht. Der Brief war dringend, die Diamanten waren eine solche Quelle der Angst!

Plötzlich, mitten in der Nacht, hörte man das Klappern von Pferdehufen und das Aufblitzen eines Lanzenwaldes. Ein schreckliches Geschrei erhob sich: Sie waren mitten in einen Schwarm Kosaken geraten. Eine Menge Hände waren bereits nach der Wagentür ausgestreckt, als ein junger russischer Offizier erschien. Nicht einmal Hippolyt sah in den Augen von Phedra schöner aus. Georges stellte sich vor. Erinnern Sie sich an die Geschichte von Ariosto, das Bild, das die Banditen auf den Knien zeigt? Das Knien vor einer jungen Schauspielerin war viel natürlicher als vor einem vierzigjährigen Dichter. Die Bande der Feinde wurde zu einer freundlichen Eskorte, die die schöne Reisende nicht verließ, bis sie die französischen Außenposten erreichte. Als sie erst einmal unter deren Schutz stand, waren Georges und der Brief und die Diamanten in Sicherheit. Sie erreichten Kassel. König Jérôme war in Braunschweig. Sie machten sich auf den Weg nach Braunschweig.

König Jérôme war ein sehr galanter König, sehr schön, sehr jung; er war kaum achtundzwanzig Jahre alt; er schien es nicht eilig zu haben, den Brief vom Kronprinzen von Schweden entgegenzunehmen. Ich weiß nicht, ob er den Brief erhielt oder ob er ihn mitnahm. Ich weiß nur, dass die Kurierin einen Tag und eine Nacht in Braunschweig verbrachte. Man wird ohne weiteres zugeben, dass sie nach einer so abenteuerlichen Reise mindestens vierundzwanzig Stunden zum Ausruhen brauchte.

KAPITEL IV

Die Comédie-Française in Dresden – Georges kehrt ans
Théâtre-Français zurück – Die *Deux Gendres* – *Mohammed
II.* – *Tippo-Saëb* – 1814 – Fontainebleau – Die alliierten
Armeen marschieren in Paris ein – Lilien – Rückkehr von
der Insel Elba – Veilchen – Spargelstangen – Georges kehrt
nach Paris zurück

Mademoiselle Georges reiste am Tag nach ihrer Ankunft in Braunschweig
nach Dresden ab. Der Riese, der in Beresina untergegangen war, hatte wie
Anteus seine Kräfte wiedergewonnen, als er sich Paris näherte. Napoleon
verließ Saint-Cloud am 15. April 1813. Er machte am 16. in Mainz Halt,
verließ die Stadt am 24. und erreichte am selben Tag Erfürt.

Napoleon befehligte zu dieser Zeit noch 43 Millionen Mann und hatte als
Verbündete gegen Russland alle Könige, die bei den von uns kürzlich
erwähnten Theateraufführungen zugegen gewesen waren. Aber Napoleon
hatte sein Prestige verloren. Die erste Blüte seines Ruhms war besudelt; der
Unbesiegbare hatte sich als verwundbar erwiesen. Der Schneefeldzug von
1812 hatte alle ihm gegenüber bekundeten Freundschaften erkalten lassen.
Preußen war ein Beispiel des Abfalls.

Am 3. Mai, also 18 Tage nach seiner Abreise aus Paris, schickte Napoleon
vom Schlachtfeld bei Lützen, wo zwanzigtausend Russen und Preußen
schliefen, Kuriere nach Konstantinopel, Wien und Paris, um einen neuen
Sieg zu verkünden. Sachsen war in einer einzigen Schlacht zurückerobert
worden. Am 10. Mai ließ sich der Kaiser in Dresden im Marcolini-Palast
nieder. Am 12. kehrte der König von Sachsen, der an der Grenze Böhmens
Zuflucht gesucht hatte, in seine Hauptstadt zurück. Am 18. schlug Napoleon
einen Waffenstillstand vor.

Da dieser Hinweis ignoriert wurde, kämpfte und gewann er die Schlachten
bei Bautzen und bei Lützen am 20. und 21. Am 10. Juni kehrte der Kaiser
nach Dresden zurück, immer noch in der Hoffnung auf den gewünschten
Waffenstillstand.

Am 16. Juni wurden die Herren de Beausset und de Turenne mit der
Betreuung der Comédie-Française beauftragt. Herr de Beausset hatte die
Aufgabe, die Bühnenleitung des Theaters zu übernehmen, die
Unterbringung der Schauspieler zu organisieren und das Repertoire zu
arrangieren. Herr de Turenne kümmerte sich um die Einladungen und alle
Angelegenheiten im Zusammenhang mit der Hofetikette. Am 19. Juni traf

die Truppe der Comédie-Française ein. Sie bestand aus den folgenden Schauspielern und Schauspielerinnen: Herr Fleury, Saint-Phal,

Baptiste junior, Armand, Thénard, Vigny, Michot, Bartier; und die Damen Thénard, Émil ie Contat, Mézeray, Mars und Bourgoin. Wir haben die Etikette *à la* M. de Turenne befolgt und diese Herren und Damen in der Reihenfolge ihres Dienstalters aufgeführt.

Am 15. Juni war alles bereit, sie zu empfangen. Unterkünfte, Kutschen und Diener waren alle im Voraus gemietet worden. Eine Stunde nach ihrer Ankunft wurden die dreizehn Künstler ordnungsgemäß untergebracht. Um Mitternacht des folgenden Tages traf auch Mademoiselle Georges in Dresden ein. Um ein Uhr hatte der Duc de Vicence bei ihr seinen Wohnsitz bezogen. Am nächsten Tag, um sieben Uhr morgens, wurde sie vom Kaiser empfangen. Noch am selben Tag wurde ein Kurier ausgesandt, um Talma und Saint-Prix zu befehlen, sofort nach Dresden aufzubrechen, ganz gleich, in welchem Teil Frankreichs sie sich befanden, wenn der Befehl sie erreichte. Der Befehl erreichte Saint-Prix in Paris und Talma in der Provinz. Zwölf Tage später trafen Talma und Saint-Prix ein und die Truppe der Comédie-Française war komplett.

In der Orangerie des kaiserlichen Palais war ein Theater für Komödien eingerichtet worden.

Tragödien, die viel mehr Bühnenbild und Kulisse erfordern, sollten im Stadttheater aufgeführt werden. Die erste Komödienaufführung fand am 22. Juni statt; sie bestand aus der *Gageure imprévue* und den *Suiten d'un bal masqué*. Die erste Tragödienaufführung war *Phèdre* , die am 24. gespielt wurde. Aber diese Aufführungen waren ganz anders als die in Erfürt! Ein Schleier der Traurigkeit hatte sich über die Vergangenheit gelegt; eine Wolke der Angst hing über der Zukunft. Die Leute erinnerten sich an Beresina; sie sahen Leipzig voraus. Talma suchte im Publikum vergeblich nach den Königen, die ihm in Erfürt applaudiert hatten. Da war nur der alte und treue König von Sachsen, der letzte jener gekrönten Häupter, die Napoleon treu geblieben waren.

Die Aufführungen dauerten vom 22. Juni bis zum 10. August. Der Kaiser lud an den meisten Vormittagen entweder Talma oder Mademoiselle Mars oder Mademoiselle Georges zum Mittagessen ein. Sie sprachen über Kunst. Die Kunst hatte in Napoleons Gedanken immer einen wichtigen Platz eingenommen. In dieser Hinsicht war er nicht nur der Nachfolger, sondern auch der Erbe von Ludwig XIV. Bei diesen Gelegenheiten brachte er seine scharfsinnigen, ihm eigenen Ansichten über Menschen und ihre Werke zum Ausdruck. Es muss wirklich schön gewesen sein, Napoleons Wertschätzung von Corneille und seiner Kritik an Racine zuzuhören. Und man sollte bedenken, dass sein mächtiger Geist, um über Corneille oder Racine sprechen zu können, für den Moment alle Gedanken an die materielle Welt beiseiteschieben musste, die ihn allmählich zu belasten begann. Es stimmt, dass er ständig von der Hoffnung auf Frieden getäuscht wurde; aber am Abend des 11. August wurden alle Hoffnungen dieser Art zerstreut.

Am 12. um drei Uhr morgens erhielt Herr von Beausset den folgenden Brief von Alexandre Berthier, Fürst von Neuenburg:

> „MEIN LIEBER BEAUSSET, – Der Kaiser befiehlt mir, Ihnen mitzuteilen, dass die hier anwesenden französischen Schauspieler heute oder spätestens morgen früh nach Paris zurückkehren müssen. Haben Sie die Güte, ihnen dies mitzuteilen. – Mit freundlichen Grüßen usw.
>
> "ALEXANDER"

Die Schauspieler gingen, und dann fand die Schlacht bei Leipzig statt. Der letzte Kampf des Kaiserreichs hatte begonnen. Die Schauspieler kehrten unterdessen nach Paris zurück. Mademoiselle Georges nahm nach fünfjähriger Abwesenheit ihre Führungsrolle an der Comédie-Française wieder auf. Raucourt hatte, obwohl noch am Leben, ihre Karriere praktisch aufgegeben. Seit langer Zeit lastete das Theaterleben auf ihr; sie spielte nur, wenn es nötig war, und blieb fast das ganze Jahr über auf dem Land. Als Mademoiselle Georges wieder eingesetzt wurde, wurde vereinbart, dass sie vollwertiges Mitglied der Truppe werden sollte, und ihre Abwesenheit wurde so gezählt, als wäre sie anwesend gewesen. Sie trat wieder als Klytaimnestre auf, als sie erst 28 Jahre alt war. Ihr Erfolg war enorm. In diesen letzten fünf Jahren hatte es am Théâtre-Français nicht viele Veränderungen gegeben. Die wichtigen Stücke, die während der Abwesenheit von Mademoiselle Georges gespielt wurden, waren „ *Hector* und *Christophe Colombo* ", die wir erwähnt haben, „ *Deux Gendres* "von M. Étienne, *Mahomet II* . von M. Baour-Lormian; und *Tippo-Saëb* von M. de Jouy.

Der Erfolg von *Deux Gendres* war unbestritten und konnte auch nicht bestritten werden. Da man aber bei einem Autor von gewissem Verdienst immer den einen oder anderen Punkt bestreiten muss, wurde auch die Urheberschaft von Herrn Etiennes Komödie bestritten.

Aus irgendeinem Bücherregal wurde ein wurmstichiges Manuskript eines vergessenen Jesuiten hervorgekramt und es hieß, M. Étienne habe diesen unglücklichen Jesuiten ausgeraubt. Es muss erwähnt werden, dass die Handlung von „ *Deux Gendres* " dieselbe war, die Shakespeare zwei Jahrhunderte zuvor in „ *König Lear* " *verwendet hatte* und die M. de Balzac 25 Jahre später in „ *Vater Goriot* " *verwendete.* All diese polemischen Diskussionen ärgerten M. Étienne sehr und hinderten ihn wahrscheinlich daran, eine

Fortsetzung von „ *Deux Gendres* " *zu schreiben. Mohammed II.* hatte nur mäßigen Erfolg: Das Stück war leblos und langweilig.

Dennoch war Herr Baour-Lormian ein verdienstvoller Schriftsteller: Er hinterließ, oder vielmehr wird er einige Gedichte hinterlassen, die von melancholischem Gefühl erfüllt sind, was umso eindrucksvoller ist, als ein solches Gefühl während des Kaiserreichs völlig unbekannt war, das uns in dieser Hinsicht nichts bieten kann außer dem *Chute des Feuilles* von Millevoie und dem *Feuille de Rose* von Herrn Arnault. Außerdem wurde der *Chute des Feuilles vor und das Feuille de Rose* nach dem Kaiserreich geschrieben .

Lassen Sie mich einige der netten Zeilen von M. Baour-Lormian zitieren:

"Also eine junge Schönheit,
still und einsam. Du bist der silberne Himmel. Der Mond erstrahlt in
einem geheimnisvollen Licht.... Himmelsfröhliche Frau, ohne Licht und
ohne Geräusche. Du gleitest in der Luft, wo dein Himmel leuchtet;
und dein Weg wird dich umgeben. Du gehst mit strahlenden Nachtsonnen
umher.... Was hast du uns anvertraut, wenn die weiße Sonne verschwindet?
Auf unsere angezogenen Augen gerichtet, wirst du charmant und deine
Augen werden zart. Bist du, wie Ossian, klagend und sanftmütig ,
in der Stille des Schmerzes? Nimm deine träge Schönheit wahr?
Himmelsfröhliche Frau, erkennst du das Unglück?"

Wir müssen jetzt zu Mademoiselle Georges zurückkehren.

Wie wir bereits bemerkt haben, fand Mademoiselle Georges das Théâtre-Français anscheinend so vor, wie sie es verlassen hatte. Sie nahm ihr altes Repertoire wieder auf. Ist es nicht merkwürdig, dass Mademoiselle Georges, die seither so viele Rollen geschaffen hat, während ihrer neunjährigen Tätigkeit am Théâtre-Français nur die Rollen der Calypso und der Mandane dort geschaffen hat?...

Während dieser ganzen Zeit wurde der Horizont im Norden immer düsterer: Preußen hatte uns verraten, Schweden hatte uns im Stich gelassen, Sachsen war in die Niederlage bei Leipzig verwickelt, Österreich rekrutierte seine Truppen gegen uns. Am 6. Januar 1814 unterzeichnete Joachim Murat, König von Neapel, einen Waffenstillstand mit England, dessen Ablauf drei Monate im Voraus angekündigt werden musste. Am 11. versprach er dem Kaiser von Österreich, mit dreißigtausend Mann gegen Frankreich in den Krieg zu ziehen; im Gegenzug garantierte der österreichische Monarch ihm und seinen Erben den Thron von Neapel.

Anschließend begann Napoleon den wunderbaren Feldzug des Jahres 1814, jenen titanischen Kampf, in dem ein einzelner Mann und eine Nation zwei

Kaisern, vier Königen und sechs erstrangigen Nationen, darunter Russland, England, Preußen und Spanien, gegenüberstanden.

Wenn wir das Repertoire des Théâtre-Français für das gesamte Jahr 1814 durchblättern, finden wir als einziges neues Stück „ *Hôtel garni* " , eine Komödie in einem Akt und in Versen von Désaugiers.

In der Zwischenzeit verlor Napoleon mit jedem neuen Sieg eine Provinz. In Fontainebleau in die Enge getrieben, dankte er ab. Drei Tage später marschierten die alliierten Truppen in Paris ein und Napoleon brach zur Insel Elba auf. Es gab noch immer zwei Fraktionen in der Comédie-Française, wie schon während der Revolution. Talma, Mars und Georges blieben dem Kaiser treu ergeben. Raucourt, Mademoiselle Levert und Madame Volnais unterstützten die royalistische Sache. Raucourt war die erste, die den Adler herunterriss, der die kaiserliche Loge schmückte. Die arme Seele! Sie wusste nicht, dass diejenigen, die sie zurückgerufen hatte, ihr ein Jahr später ein christliches Begräbnis verweigern würden!

Dieselben Könige, die als Gäste und Freunde Napoleons bei den Aufführungen in Erfürt anwesend gewesen waren, kamen als Feinde und Eroberer, um dieselben Stücke in Paris zu sehen. Jeder kennt die schreckliche Reaktion, die sich zunächst gegen das Kaiserreich richtete. Die Schauspieler, die dem Kaiser treu blieben, wurden nicht verfolgt, aber man ließ sie beim Betreten der Bühne ausrufen: „Vive le roi!"

Eines Tages übertrafen Mademoiselle Levert und Madame Volnais sogar die hohen Ansprüche des Publikums: Sie betraten die Bühne des *Vieux Célibataire* mit riesigen Liliensträußen in den Händen.

So ging es weiter bis zum 6. März 1815. An diesem Tag verbreitete sich ein seltsames, unglaubliches, unerhörtes Gerücht durch Paris und von dort aus in alle vier Himmelsrichtungen. Napoleon war gelandet. Viele Herzen zitterten bei dieser Nachricht; aber nur wenige waren mehr erschüttert als die der treuen Schauspieler, die nicht vergessen hatten, dass er einst, als er Herrscher der Welt und Kaiser war, mit ihnen über Kunst und Poesie gesprochen hatte.

Trotzdem wagte keiner, seiner Freude Ausdruck zu verleihen: Die Hoffnung war schwach, die Wahrheit des Gerüchts ungewiss.

Den offiziellen Zeitungen zufolge irrte Napoleon, gejagt und geschlagen, in den Bergen umher, wo er nicht vermeiden konnte, bald gefangen genommen zu werden. Die Wahrheit, wie alles Wirkliche, zeigt sich am Ende. Ein hartnäckiges Gerücht kam aus Gap, aus Sisteron, aus Grenoble; der Flüchtling des *Journal des Débats* war ein Eroberer, um den sich das Volk in berauschender Freude scharte. Labédoyère und sein Regiment, Ney und sein Armeekorps scharten sich um ihn. Lyon hatte ihm seine Tore geöffnet, und von den Höhen von Fourvières hatte der Kaiseradler seinen Flug begonnen, der ihn von Turm zu Turm schließlich bis zu den Türmen von Nôtre Dame bringen sollte.

Am 19. März wurden die Tuilerien geräumt: Ein Kurier wurde ausgesandt, um diese Nachricht Napoleon zu überbringen, der sich in Fontainebleau aufhielt. Die Leute erwarteten ihn den ganzen Tag des 20. März; sie waren zuversichtlich, dass er einen triumphalen Einzug entlang der Boulevards halten würde. Mars und Georges hatten sich bei Frascati einen Tisch gesichert. Sie trugen Hüte aus weißem Stroh, in denen riesige Veilchensträuße steckten. Sie erregten viel Aufsehen, denn man wusste, dass sie wegen ihrer Verbundenheit mit dem Kaiser ein Jahr lang an der Comédie-Française verfolgt worden waren.

Die Veilchensträuße symbolisierten den Monat März: Im März war der Geburtstag des Königs von Rom und auch die Rückkehr Napoleons. Von diesem Tag an wurden Veilchen zu einem Symbol. Die Menschen trugen Veilchen auf alle möglichen Arten – auf Hüten, an den Seiten hängend, als Verzierung von Kleidern. Manche, fanatischer als andere, trugen ein goldenes Veilchen im Knopfloch, als Ritterorden. Es gab eine ebenso heftige Gegenreaktion gegen die Bourbonen wie ein Jahr zuvor zu ihren Gunsten.

Als Talma, Mars und Georges erschienen, wurden sie von Beifall überwältigt. Georges sah den Kaiser in den Tuilerien wieder. Dank seines starken Charakters schien Napoleon alles hinter sich gelassen zu haben. Man hätte meinen können, er hätte das Schloss von Katharina von Medici nur verlassen, um, wie üblich, die Nachricht eines neuen Sieges mitzubringen. Das einzige, was ihn betrübte, war, dass man ihm einige seiner Lieblingsmöbelstücke weggenommen hatte.

Er vermisste sehr ein kleines Boudoir, das mit Wandteppichen behangen war, die von Marie-Louise und den Hofdamen angefertigt worden waren.

„Das können Sie doch nicht glauben, meine Liebe“, sagte er zu Georges, „ich habe Spargelstangen auf den Sesseln gefunden!“ Das war der schlimmste Vorwurf, den er Ludwig XVIII. machte.

Die Rückkehr des Gottes dauerte so kurz wie die Erscheinung eines Geistes. Auf Leipzig folgte Waterloo, auf die Insel Elba Sankt Helena. Es war ein noch schrecklicheres, noch traurigeres Gegenstück! Leipzig war nur eine Wunde, Waterloo war der Tod, die Insel Elba war nur die Verbannung, Sankt Helena war das Grab!

Man könnte fast sagen, er habe alles mit sich genommen. Wir blättern noch einmal durch das Repertoire des Théâtre-Français und finden kein einziges bedeutendes Stück, das im ganzen Jahr 1815 aufgeführt wurde. Die Lilien kamen wieder und die armen Veilchen wurden verbannt; – mit den Veilchen verbannte sich Georges selbst. Sie ging in die Provinz, wo sie mehrere Jahre blieb; sie tauchte 1823 wieder auf, schöner als je zuvor. Sie war damals 38 Jahre alt.

Ich werde Gelegenheit finden, die Literaten und literarischen Werke des Kaiserreichs, auf die ich aufgrund meiner unreifen Jugend kaum eingegangen bin, aus der Zeit ihrer Blütezeit zu betrachten. Als Georges ihr Debüt gab, schrien die beiden Männer, die ihren Ruf durch *Christine, Bérengère* und *Marguerite de Bourgogne, Marie Tudor* und *Lucrèce Borgia* noch steigern sollten, noch an der Brust ihrer Mütter. Alles in allem waren diese fünf Rollen, was auch immer die Leute sagen mögen, Georges größte Erfolge. Unterdessen spielte die große Schauspielerin am 12. April 1823 den *Comte Julien* im Odéon.

KAPITEL V

Die Nachteile von Theatern, die das Monopol eines großen
Schauspielers haben – Lafond übernimmt die Rolle des
Pierre de Portugal, nachdem Talma sie abgelehnt hat –
Lafond – Seine Schule – Seine Sprüche – Mademoiselle
Duchesnois – Ihre Schwächen und ihre Fähigkeiten – *Pierre
de Portugal* hat Erfolg

Endlich war der große Tag für die Aufführung von *Pierre de Portugal gekommen.
Talma, der mit der Kreation der Rolle des Danville in der École des Vieillards beschäftigt*
war, hatte abgelehnt, die Rolle des Pierre de Portugal zu übernehmen.
Lafond hatte sie angenommen, und er und Mademoiselle Duchesnois
mussten die Hauptlast des gesamten Stücks tragen. Darin bestand der
unbestreitbare Test, auf den Lassagne hinwies: Könnte das Stück ohne
Talma Erfolg haben? Der große Nachteil dieses *rara avis* , wie Juvenal es
nennt, oder, im Theaterjargon, des Schauspielers, der die Einnahmen
einbringt, besteht darin, dass das Theater an Tagen, an denen er nicht spielt,
große Verluste macht; Stücke, in denen er nicht auftritt, werden von
vornherein als der öffentlichen Aufmerksamkeit unwürdig beurteilt, da sie
nicht die Zustimmung des Schauspielers erhalten haben.

Zu der Zeit, auf die wir uns beziehen, ging es dem Théâtre-Français besser
als heute. An einem Tag verdiente es Geld mit Talmas tragischer
Darstellung, am nächsten mit Mademoiselle Mars in der Komödie. Casimir
Delavigne leitete seinen Niedergang ein, indem er die beiden
hervorragenden Künstler am selben Tag im selben Stück auftreten ließ. Was
Lafond und Mademoiselle Duchesnois betrifft, so brachten sie weder
einzeln noch zusammen ausreichende Einnahmen ein.

Lafond war damals etwa vierzig: Er trat erstmals 1800 am Théâtre-Français
in der Rolle des Achilles auf. Später, mit Unterstützung von Geoffroy, in
Tancrède , in *Adélaïde Duguesclin* und in *Zaire* , war er ebenso erfolgreich wie
Talma. Die schäbige Schafrasse, die wir immer bei uns haben, die ihre
Nahrung auf den Weiden der Poesie findet und die zu schwach ist, um sich
eine eigene Meinung auf Grundlage ihrer eigenen geistigen Fähigkeiten zu
bilden, übernimmt ein vorgefertigtes Urteil, wo immer sie kann. Sie meckerte
über Lafond: „Lafond ist in der Rolle des französischen Kavaliers
unnachahmlich.“

In dieser Phase des Dramas gab es immer eine Rolle, die als französischer
Kavalier bezeichnet wurde. Diese Rolle wurde ausnahmslos von einer
Person gespielt, die eine mit Federn geschmückte Mütze trug, eine mit

schwarzen Borten verzierte gelbe Tunika trug, die mit Darstellungen der Sonne oder goldener Palmen verziert war, wenn der Kavalier ein Prinz war, und die Stiefel aus Büffelleder trug. Es war nicht zwingend erforderlich, dass der Held Franzose war oder goldene Sporen trug, um ein französischer Kavalier zu sein: Die Rolle war nach klar definierten Linien gestaltet und gehörte einer bestimmten Schule an. Zamore war ein französischer Kavalier, Orosmane war ein französischer Kavalier, Philoctètes war ein französischer Kavalier. Die einzigen Unterschiede zwischen ihnen waren folgende: Zamore spielte mit einer mit Pfauenfedern verzierten Kappe und einem Mantel aus Papageienfedern und einem Gürtel aus Straußenfedern. Orosmane spielte in einem langen Gewand aus weißem Taft, das mit Pailletten bedeckt und mit Minever besetzt war, mit einem Turban, der sich wie eine Donnerbüchse weit öffnete und mit einer Mondsichel aus Rheinsteinen geschmückt war, in roten Foulardhosen und gelben Pantoffeln. Philoctètes spielte in einem weiten Mantel aus rotem Pferdehaar, einem Kürass aus Samt, der mit Gold bestickt war, und war mit einem Kriegsschwert ausgestattet.

Für seine Rolle als Agamemnon besaß Vanhove einen Kürass, der ihn ein kleines Vermögen kostete, zweihundert Louisdor, glaube ich; er war mit zwei handgearbeiteten Trophäen verziert – eine Prachtarbeit, die Kanonen und Trommeln darstellte.

Ich habe einmal zu Lafond gesagt:

„M. Lafond, warum spielen Sie Zamore in so einem schäbigen Hüftgürtel? Ihre Federn sehen aus wie Fischgräten, sie sind geradezu unanständig!"

„Junger Mann", antwortete Lafond, „Zamore ist nicht reich. Zamore ist ein Sklave. Zamore könnte es sich nicht leisten, sich jeden Tag einen neuen Gürtel zu kaufen. Ich halte mich an die Geschichte."

Weniger geschichtsgetreu war vielleicht der ausgedehnte Magen, den der Gürtel umschloss.

Lafonds Triumphe in diesen Kavaliersrollen ließen Talma fast vor Neid sterben. Eines Tages brachten ihn Geoffroys Artikel so zur Weißglut, dass er, als er dem Kritiker in den Kulissen begegnete, auf ihn losging und ihn biss – auf die Gefahr hin, sich zu vergiften. Aber da das Gesetz der universellen Stabilität vorschreibt, dass jede Kugel ihr Ziel findet, wurde die Bevölkerung nach und nach Lafonds redundante Deklamationen und nachdrücklichen Gesten überdrüssig, die zu der Zeit, von der wir sprechen, nur von einigen altmodischen Mitgliedern der Schule Larives verwendet wurden und nicht mehr anklangen, selbst wenn sie die Rollen von *Chevaliers Français* spielten.

Auch sonst war Lafond ein merkwürdiger Kerl. Dank seines gascognischen Akzents und seiner Ausdrucksweise wusste man nie, ob er Unsinn redete oder etwas Witziges sagte.

Einmal kam er in die Lounge des Théâtre-Français, als Colson (ein mittelmäßiger Schauspieler, der oft ausgebuht wurde) gerade seine Karikatur von Lafonds Trick des Übertreibens herausplatzte. Colson rappelte sich auf, aber es war zu spät: Lafond hatte seine Stimme im Korridor gehört. Er ging direkt auf Colson zu.

"Eh! Colson, mein Freund", sagte er in diesem Bordelaiser Akzent, von dem sich nur diejenigen eine Vorstellung machen können, die ihn gehört und verfolgt haben, "die haben mir gesagt, Sie hätten mich verarscht?"

„Oh! M. Lafond", antwortete Colson und versuchte, sich zu fassen, „Sie ausziehen? … Nein, ich schwöre, ich …"

„Schon gut! Schon gut! Das hat man mir gesagt … Kommen Sie, Colson, tun Sie mir einen Gefallen."

„Was ist los, Monsieur Lafond?"

"Spielen Sie meine Rolle vor mir."

„Oh, Herr Lafond …"

„Ich bitte Sie, es zu tun. Ich wäre Ihnen wirklich äußerst dankbar."

„Zum Teufel!", sagte Colson. „Wenn du es wirklich willst …"

„Ja, das wünsche ich mir."

Colson gab nach und begann Orosmanes Tirade –

„Die Verträumte Zaire, vor der Hymne …"

und deklamierte es von der ersten bis zur letzten Zeile mit einer solchen Nachahmungstreue, dass man hätte meinen können, Lafond selbst würde es deklamieren.

Lafond hörte bis zum Ende mit größter Aufmerksamkeit zu, nickte mit dem Kopf und brachte seine Zustimmung durch häufige und deutliche Zeichen zum Ausdruck.

Als Colson fertig war, sagte er: „Na, warum benehmen Sie sich denn nicht so, mein lieber Freund? Das Publikum würde Sie doch nicht ausbuhen, wenn Sie das täten!"

In der Pause zwischen dem ersten und zweiten Akt von *Pierre de Portugal* steht Lucien Arnault in den Kulissen; im zweiten Akt dringt Pierre de Portugal, als Soldat seiner Armee verkleidet, unerkannt in das Haus von Inès de Castro ein, die ihn für einen einfachen Soldaten hält.

Lucien sah Lafond in einem mit Gold und Juwelen prächtigen Kostüm auf ihn zukommen.

Er lief auf ihn zu. „Ach, mein lieber Lafond", sagte er, „dein Kostüm ist völlig falsch!"

„Hast du etwas gegen mein Kostüm einzuwenden?"

„Vielmehr sollte ich das einfach denken."

„Aber es ist offensichtlich neu."

„Genau daran stoße ich mich: Sie haben die Kleidung eines Prinzen angezogen, nicht die eines einfachen Soldaten."

„Lucien", antwortete Lafond, „hör dir das an: Ich möchte lieber Neid als Mitleid erregen." Dann drehte er sich hochmütig um, zweifellos um Lucien die Rückseite seines Kostüms zu zeigen, da er ihm die Vorderseite gezeigt hatte, und sagte: „Sie können läuten: Pierre de Portugal ist bereit."

Als ich fünf Jahre später *Christine* vor dem Théâtre-Français las, hatte ich das Pech, es in seiner Abwesenheit zu lesen, ob Lafond nun Mitglied des Komitees war oder nicht, oder ob er sich nicht die Mühe machte, sich das Werk eines Anfängers anzuhören. Obwohl das Stück, wie wir gleich sehen werden, abgelehnt wurde, erregte die Lesung einiges Interesse und man dachte, dass früher oder später ein Drama daraus gemacht werden könnte.

Eines Tages sah ich, wie sich die Tür meines bescheidenen Büros öffnete und M. Lafond angekündigt wurde. Ich hob überrascht den Kopf und konnte mir nicht vorstellen, warum ich mit einem Besuch des Vizekönigs der tragischen Bühne beehrt werden sollte: er war es tatsächlich! Ich bot ihm einen Stuhl an, aber er lehnte ihn mit einem Kopfnicken ab, blieb dicht vor der Tür stehen, den rechten Fuß vorn und die linke Hand in die Hüften gestützt, und sagte: „Monsieur Dumas, haben Sie in Ihrem Stück zufällig einen gut aufgestellten Galan, der zu dieser seltsamen Königin Christine sagen würde: ‚Madame, Eure Majestät hat kein Recht, diesen armen Teufel von Monaldeschi aus diesem, jenem oder irgendeinem anderen Grund zu töten'?"

„Nein, Monsieur, nein! Ich habe in meinem Stück keinen derartigen Galanten."

„Sind Sie ganz sicher, dass Sie das nicht getan haben?"

"Ja."

„In diesem Fall habe ich Ihnen nichts zu sagen ... Guten Tag, Monsieur Dumas." Und er drehte sich auf dem Absatz um und ging hinaus, wie er gekommen war. Er war gekommen, um mich um die Rolle dieses gut ausgestatteten Galanen zu bitten, wie er es nannte. Leider, wie ich zugeben musste, hatte ich in meinem Stück keine solche Rolle.

Auf dem Höhepunkt seiner Popularität sprach M. Lafond nie von Talma oder von M. Talma: Er sagte „ *die andere Person* ".

Der Comte de Lauraguais, der Liebhaber von Sophie Arnould gewesen war und wie der Marquis de Zimènes zu den häufigsten Besuchern der Künstlergarderobe gehörte, sagte eines Tages zu Monsieur Lafond: „Monsieur Lafond, ich glaube, Sie sind zu oft *das eine* und nicht oft genug *das andere?* "

Mademoiselle Duchesnois war ganz anders als Lafond: Sie war wirklich gutherzig, und ihre großen Erfolge machten sie nie eitel. Sie wurde 1777, ein Jahr vor Mademoiselle Mars, in Saint-Saulve in der Nähe von Valenciennes geboren, und nach ihrem Debüt in *Phèdre* im Jahr 1802 änderte sie ihren Namen von Joséphine Ruffin in Duchesnois. Wir haben gesagt, dass sie Miles Georges' Rivalin in allem war: ihre Rivalin auf der Bühne, ihre Rivalin in der Liebe. Harel war der schöne Paris, um den sich diese Rivalität drehte. Harel, der abwechselnd Direktor des Théâtre de l'Odéon und des Théâtre de la Porte -Saint-Martin war, wird in diesen Memoiren eine große Rolle spielen – eine Rolle, die ein kluger Mann, das sei bekannt, überall spielen darf.

Mademoiselle Duchesnois hatte ihr ganzes Leben lang gegen ihr schlichtes Aussehen ankämpfen müssen: Sie sah aus wie einer dieser Porzellanlöwen, die man auf Balustraden sieht; sie hatte eine besonders große Nase, die sie lautstark putzte, wie es ihrer Größe entsprach. Lassagne wagte es nicht, an den Tagen, an denen sie spielte, ins Orchester zu gehen; er hatte Angst, weggeweht zu werden. Andererseits hatte sie eine wunderbare Figur, und ihr Körper hätte mit dem der Venus von Milo konkurrieren können. Sie war vernarrt in die Rolle von Alzire, was ihr und Lafond erlaubte, fast nackt zu erscheinen. Sie besaß eine gewisse Einfachheit des Geistes, die ihre Kritiker Dummheit nannten. Eines Tages – im Jahr 1824 – sprachen die Leute eifrig über die Überschwemmung von St. Petersburg und über die verschiedenen mehr oder weniger malerischen Unfälle, die sich während dieser Überschwemmung ereignet hatten.

Ich stand in den Kulissen, hinter Talma und Mademoiselle Duchesnois, denen eine Schauspielerin, die gerade aus der ersten, oder vielmehr zweiten Hauptstadt des Russischen Reiches eingetroffen war, erzählte, wie eine ihrer Freundinnen von der Flut überrascht wurde und gerade noch Zeit hatte, auf einen Kran zu klettern.

„Was? Auf einem Kran?", sagte Mademoiselle Duchesnois höchst erstaunt. „Ist das möglich, Talma?"

„Oh, meine Liebe", antwortete der Schauspieler auf die seltsame Frage, „niemand sonst als Sie selbst sollte wissen, dass das jeden Tag passiert."

Aber trotz ihrer Hässlichkeit, trotz ihrer Einfalt, trotz ihres Schluckaufs, trotz ihres Naseputzens hatte Mademoiselle Duchesnois die tiefste Zärtlichkeit in ihrer Stimme und konnte so rührende Trauer ausdrücken, dass die meisten, die sie in *Marie Stuart sahen* , sie heute Mademoiselle Rachel vorziehen. Besonders glänzten ihre Qualitäten, als sie mit Talma spielte. Talma war eine zu große Künstlerin, eine zu hervorragende Schauspielerin, um zu befürchten, überboten zu werden. Talma gab ihr ausgezeichnete Ratschläge, die ihre feine künstlerische Natur, wenn auch nicht mit bemerkenswerter Intelligenz, so doch zumindest mit leichter Aufnahme anwandte.

Das arme Geschöpf zog sich 1830 von der Bühne zurück, nachdem es so lange wie möglich gegen die erbarmungslose Gleichgültigkeit des Publikums und die grausamen Anspielungen anderer Schauspieler gekämpft hatte, die die späteren Jahre dramatischer Künstler im Allgemeinen verbittern. Sie trat vor ihrem Tod 1835 noch einmal auf, ich glaube, in *Athalie* an der Oper.

Es war sehr traurig, sie zu sehen. Es musste mir unweigerlich an die Worte von *Pierre de Portugal denken* :

„Inès, du lebst oder nicht, du wirst trauern!"

Ach, ach! Die arme Duchesnois wurde gekrönt, als sie schon mehr als halb tot war. Sie hatte einen Sohn, einen guten, ehrlichen Jungen. Nach der Julirevolution verschafften Bixio und ich ihm einen Leutnantposten; aber er wurde, glaube ich, in Algerien getötet.

Die Tragödie von *Pierre de Portugal* war ein Erfolg, ja sogar ein großer Erfolg. Allerdings lief sie nur fünfzehn oder achtzehn Abende lang und brachte kein Geld ein.

Lassagne hatte recht.

KAPITEL VI

General Riégo – Sein Aufstandsversuch – Seine Flucht und
Flucht – Er wird von den Brüdern Lara verraten – Sein
Prozess – Seine Hinrichtung

Wir haben erwähnt, dass die *École des Vieillards eigentlich nach Pierre de Portugal*
hätte entstehen sollen , aber zwischen Komödie und Tragödie spielten sich
in Madrid und Paris zwei schreckliche Dramen ab. In Madrid wurde ein
Märtyrer geopfert, in Paris ein Verbrecher hingerichtet. Der Name des
Märtyrers war Riégo: Castaing des schuldigen Verbrechers.

Riégo wurde 1783 in Asturien geboren, also etwa vierzig Jahre alt. Er
stammte aus einer vornehmen, aber armen Familie und hatte sich seit der
Invasion von 1808 als Freiwilliger gemeldet. Er wurde Offizier in demselben
Regiment, in das er sich gemeldet hatte; er wurde gefangen genommen und
nach Frankreich verschleppt. Als der Frieden erklärt wurde, wurde er nach
Spanien zurückgeschickt, wo er den Rang eines Oberstleutnants in
demselben Regiment erreichte und dieses Regiment, das er verführte, in den
Aufstand führte und in Las Cabesas-de-San-Juan die Verfassung von 1812
verkündete. Wie man später sehen wird, wollte man seinen Kopf freilegen,
damit seine stummen Lippen und die durch den Tod geschlossenen Augen
davon zeugen, dass Könige länger als einen Tag grausam und einfache Leute
undankbar sein können. Am 27. September wurde er in Cadiz verhaftet.
Lassen Sie uns ein paar Worte über seine Verhaftung und seinen Tod sagen,
vor allem über den Tod, denn leider gehört er fast zur französischen
Geschichte. Nach seiner letzten Niederlage wanderte General Riégo mit
zwanzig seiner Kameraden, die alle wie er selbst der liberalen Partei
angehörten, durch die Berge. Fünfzehn dieser Flüchtlinge waren Offiziere.
Sie waren alle von Müdigkeit und Hunger erschöpft und wussten nicht, wo
sie Schutz suchen oder von wem sie um Nahrung betteln sollten, als sie zwei
Männer erblickten. Sie gingen direkt auf sie zu. Diese beiden Männer waren
der Einsiedler des Bezirks Pédrogil und ein Einheimischer aus Valez namens
Lopez Lara. Der General nahm sie beiseite.

„Meine Freunde", sagte er zu ihnen, „Sie haben die Chance, ein Vermögen
für sich und Ihre Familien zu gewinnen."

„Was müssen wir tun, um es zu erlangen?", fragten die beiden Männer.

„Führe mich wohlbehalten nach Carolina, nach Carboneras und nach Novas
de Tolosa."

"Und da...?"

„Dort werde ich Freunde finden, die mich weiter nach Estremadura bringen, wo ich Geschäfte zu erledigen habe."

Ob ihnen die Reise zu lang erschien oder ob sie glaubten, es mit Gesetzlosen zu tun zu haben, der Einsiedler und sein Begleiter lehnten ab. Also verhaftete Riégo die Männer, setzte sie auf ein paar Maultiere und sagte ihnen, dass sie, ob freiwillig oder gezwungen, seiner Gruppe als Führer dienen müssten. Die Gruppe wartete bis zum Einbruch der Nacht und machte sich dann auf den Weg.

Während des Marsches in der Dunkelheit sprach Riégo mit seinen Kameraden über verschiedene Ereignisse, die sich kürzlich zugetragen hatten, woraus der Einsiedler und Lopez Lara bald schlossen, dass sie sich in der Gesellschaft des berüchtigten Riégo befanden. Von diesem Moment an waren Lopez Laras ganze Gedanken von der Idee erfüllt, Riégo den royalistischen Behörden auszuliefern. Als es Tag wurde, mussten sie anhalten. Sie befanden sich in der Nähe der Farm von Baquevisones: Riégo verkündete, dass er dort um Unterschlupf bitten wolle, und befahl Lara, an die Tür zu klopfen. Lara gehorchte. Durch Zufall öffnete sein eigener Bruder Matéo. Lara erkannte, dass der Zufall ihm die Hilfe gebracht hatte, die er brauchte. Riégo, der erkannte, dass eine zu große Eskorte ihn verraten könnte, erlaubte nur drei seiner Kameraden, mit ihm hineinzugehen. Einer dieser Gefährten war ein Engländer, der noch mutiger war als Riégo. Er schloss sofort die Tür der Farm hinter sich ab und steckte den Schlüssel in seine Tasche. Nachdem sie den Pferden Futter gegeben hatten, ruhten sie sich im Stall aus, jeder mit seinem blanken Schwert an seiner Seite. Drei schliefen, während der vierte Wache stand. Als Riégo aufwachte, stellte er fest, dass sein Pferd unbeschlagen war. Er befahl Lopez Lara, das Pferd sofort zu beschlagen.

„In Ordnung", antwortete er, „aber ich muss ihn zu Arguillos bringen, um ihn beschlagen zu lassen."

„Nein", erwiderte Riégo, „du bleibst hier, und Matéo lässt ihn beschlagen. Aber der Hufschmied soll hierher kommen, das Pferd soll nicht zu ihm gehen."

Lopez schien diesem Befehl gleichgültig zu folgen; doch als er ihn seinem Bruder überbrachte, brachte er die Worte hervor:

"Der Mann, dem das Pferd gehört, ist General Riégo."

„Also los!", sagte Matéo. „Sorgen Sie dafür, dass er beim Frühstück ist, wenn ich zurückkomme. Verlassen Sie nicht den Ort, an dem sie sind, und lassen Sie sie nicht aus den Augen."

Matéo kam zurück und gab seinem Bruder ein Zeichen, dass der Auftrag ausgeführt sei. Dann sagte er zu Riégo:

„Señor, da der Hufschmied in fünf Minuten hier sein wird, sollten Sie besser frühstücken, wenn Sie Ihre Reise sofort fortsetzen möchten, wenn Ihr Pferd beschlagen ist."

Riégo ging ohne Einwände zum Frühstück. Anders verhielt es sich mit dem Engländer.

Der Engländer suchte die Hauptstraße mit seinem Fernglas aus einem Fenster ab, soweit er sehen konnte. Plötzlich kamen zwanzig bewaffnete Männer in Sicht, angeführt von einem *Alcade* (Magistrat).

„General", rief er aus, „wir wurden verraten! Es kommen Soldaten."

„Zu den Waffen!", rief Riégo und stand auf. Er hatte Zeit, diesen Schrei auszustoßen, aber nicht, ihn zu erfüllen. Lopez und Matéo ergriffen ihre Gewehre und deckten die Geächteten damit.

„Der erste, der sich bewegt, ist tot!", rief Lopez.

„In Ordnung", sagte Riégo, „ich ergebe mich; aber warnen Sie die Soldaten, die kommen, uns nichts anzutun, da wir Ihre Gefangenen sind."

Die Soldaten traten ein, angeführt vom Alcade.

„Gib mir die Hand, Bruder, und tu uns nichts", sagte Riégo zum Alcade.

Nach einigen Einwänden begrüßte der Alcade Riégo. Aber trotzdem sagte er ihm, er müsse ihm die Hände fesseln. Daraufhin holte Riégo alles Geld, das er bei sich hatte, aus seiner Tasche und verteilte es unter den Soldaten mit der Bitte, ihn gnädig zu behandeln. Der Alcade verbot den Soldaten jedoch, irgendetwas anzunehmen. Eine Viertelstunde später kam der Zivilkommandant mit einer Wache aus Arguillos und sie brachten die Gefangenen nach Andujar.

Als die Gefangenen in die Stadt kamen, wollten die Leute sie in Stücke reißen. Riégo wurde von einem französischen Offizier begleitet. Als er vor demselben Balkon ankam, von dem aus er vor einem Jahr die Leute angeprangert hatte, zeigte er auf die Menge, die ihn umringte und mit Fäusten und Messern drohte, und sagte in einem Ton tiefer Trauer zu dem Offizier: „Diese Leute, die Sie so unerbittlich mir gegenüber sehen, diese Leute, die mich, wenn ich nicht unter dem Schutz Ihrer Eskorte gestanden hätte, schon vor langer Zeit abgeschlachtet hätten, diese Leute haben mich erst letztes Jahr im Triumph hierhergetragen; die Stadt war die ganze Nacht hindurch erleuchtet, und genau dieselben Leute, die ich hier um mich herum erkenne und die mich damals mit Rufen von ‚Vive Riégo!' betäubten, rufen jetzt ‚Tod für Riégo!'"

Er wurde ins Adelsseminar gebracht; sein Prozess dauerte über einen Monat. Ein Dekret vom 1. Oktober, dem Tag, an dem er aus dem Gefängnis entlassen wurde und den Hafen von Sainte-Marie erreichte, entzog dem General alle Ehren; er wurde daher vor ein Zivilgericht gestellt. Der König von Spanien verschaffte sich dadurch einen doppelten Vorteil, indem er dem General ein Militärgericht vorenthielt.

Erstens wusste er, dass das Zivilgericht Riégo zum Tode verurteilen würde. Zweitens wäre der Tod schmachvoll, wenn das Urteil von einem Zivilgericht ausgesprochen würde. Rache ist ein so süßer Bissen, dass man nicht zulassen darf, dass sie etwas von ihrem Geschmack verliert.

Am 4. November führten sie Riégo vom Adelsseminar ins Gefängnis von La Tour. Das Gericht hatte nicht alles erreicht, was es verlangte. Der Generalstaatsanwalt forderte, dass Riégo zum Galgen verurteilt werden sollte; dass sein Besitz konfisziert und der Kommune übergeben werden sollte; dass sein Kopf in Las Cabesas de San-Juan ausgestellt werden sollte; dass sein Körper geviertelt und ein Viertel nach Sevilla geschickt werden sollte, ein anderes auf die Insel Leon, das dritte nach Malaga und das vierte in Madrid, an den üblichen Orten für solche Ausstellungen. „Diese Städte", fügte der Generalstaatsanwalt hinzu, „waren die Hauptorte, an denen der Verräter Riégo die Funken der Revolte streute."

Die Alkaden beschlossen, dass die Hinrichtung durch Erhängen erfolgen und die Güter konfisziert werden sollten; den Antrag bezüglich der vier Viertel lehnten sie jedoch ab.

Einmal, gegen Ende des 15. Jahrhunderts, fanden die Einwohner von Imola, einer kleinen Stadt in der Romagna, beim Aufwachen die vier Körperteile eines Mannes, die an den vier Ecken des Platzes an je einem Haken hingen. Sie erkannten den in vier Teile zerteilten Mann als Florentiner und schrieben der ehrwürdigen Republik, um sie über den unvorhergesehenen Unfall zu informieren, der einem ihrer Bürger widerfahren war. Die Republik erfuhr davon durch Machiavelli, ihren Gesandten bei den Legationen. Machiavellis einzige Antwort lautete wie folgt: „Edle Herren, ich habe Ihnen nur eines zu sagen in Bezug auf die Leiche von Ramiro d'Orco, die in vier Teile zerteilt auf dem Platz von Imola gefunden wurde, und zwar dies: Der berühmte Cäsar Borgia ist der Prinz, der am besten weiß, wie man mit Menschen entsprechend ihrer Verdienste umgeht."

Es ärgerte den König von Spanien, dass er mit Riégo nicht so verfahren konnte wie Borgia mit Ramiro d'Orco. Er musste sich damit abfinden, dass der Gefangene auf Hürden zum Galgen getragen wurde und sein Besitz konfisziert wurde. Selbst das wäre ein recht hübsches Schauspiel gewesen.

Am 5. November wurde Riégos Urteil mittags vorgelesen. Er hörte es sehr ruhig an. Diese Ruhe beunruhigte die Richter, denn es wäre ein schlechtes Beispiel, wenn Riégo tapfer sterben würde. Sie brachten ihn in die Kapelle und gaben ihm von da an nichts mehr zu essen, unter dem Vorwand, dass Fasten schneller zur Buße führe als alles andere. Zwei Mönche begleiteten ihn in seine Zelle und verließen ihn nie wieder. An der Gefängnistür auf der Straße konnte er einen Tisch mit einem Kruzifix darauf sehen, und Passanten legten ihre Almosen auf den Tisch. Diese Almosen waren dazu bestimmt, die Kosten für seine Messe und Beerdigung zu bezahlen.

Am 7. wurde das Gefängnis um 9 Uhr morgens von über dreißigtausend Neugierigen belagert; eine weitaus größere Zahl säumte die gesamte Strecke und bildete eine doppelte Linie vom Gefängnisplatz bis zu dem Platz, wo die Hinrichtung stattfinden sollte.

Riégo hatte darum gebeten, dass in seinen letzten Augenblicken nur spanische Truppen anwesend sein sollten. Dieser Gefallen wurde ihm gewährt, da Frankreich nicht eine Ecke seiner weißen Flagge in das Blut des unglücklichen Riégo tauchen wollte.

Um halb eins, nach fünfzig Stunden Fasten, wurde der General vor die Tür des Gefängnisses geführt. Er war blass und schwach. Man hatte ihm seine Uniform ausgezogen und ihn in einen Schlafrock mit einem Gürtel um die Taille gekleidet; seine Hände und Füße waren ebenfalls gefesselt. Er wurde auf eine Hürde gelegt, mit einem Kissen unter dem Kopf. Mönche gingen auf beiden Seiten dieser Hürde, um ihm geistigen Trost zu spenden. Ein Esel zog die Hürde, geführt vom Henker. Dem Opfer ging ein Kavalleriekorps voraus und folgte ihm.

Es war schwierig, den General gut zu sehen, so groß war die Neugier der Menge: Sein Kopf fiel nach vorn auf seine Brust, und er hatte nur genug Kraft, ihn zwei- oder dreimal zu heben, um auf die Ermahnungen der Priester zu antworten.

Der Trauerzug brauchte fast eine Stunde, um vom Gefängnis zur Hinrichtungsstätte zu gelangen. Als er am Fuße des Galgens angekommen war, wurde der General von der Hürde gehoben, mit Staub bedeckt und auf die erste Sprosse des Schafotts gestellt. Dort legte er seine letzte Beichte ab. Dann schleppten sie ihn die Leiter hinauf, denn da seine Füße gefesselt waren, konnte er sie nicht selbst erklimmen. Die ganze Zeit über flehte ein Priester Gott an, ihm seine Sünden zu vergeben, so wie er denen vergab, die sich an ihm vergangen hatten. Als sie ihn eine gewisse Höhe hochgezogen hatten, hielten diejenigen, die den Verurteilten hochzogen, inne. Der Akt des Glaubens begann, und beim letzten Wort wurde der General von der Spitze der Leiter geschleudert. In dem Augenblick, als der Priester das Wort *Jesus Christus aussprach* , das das Signal war, sprang der Henker auf die Schultern des Märtyrers, während zwei Männer an seinen Beinen hingen und die abscheuliche Gruppe vervollständigten. Zweimal ertönte der Ruf „Vive le roi!" kamen, zuerst aus den Zuschauerreihen in der Nähe, das zweite Mal von ein paar Einzelpersonen. Dann sprang ein Mann aus der Menge, ging auf das Schafott zu und versetzte Riégos Körper einen Schlag mit seinem Stock. In dieser Nacht trugen sie die Leiche in die nächste Kirche, und sie wurde von den Barmherzigen Brüdern auf dem Campo Santo bestattet.

Über Riégos letzte Augenblicke ist nichts bekannt, da niemand in seine Nähe durfte. Die Mönche, seine erbittertsten Feinde, wollten seinen letzten Augenblick mit allem möglichen Hass in Verbindung bringen.

„Der letzte der Gracchen", so Mirabeau, „warf im Sterben Staub, der mit seinem eigenen Blut getränkt war, in die Luft. Daraus wurde Marius geboren."

Riégo hinterließ ein Lied; aus diesem Lied entstand eine Revolution und aus dieser Revolution die Republik.

KAPITEL VII

Das Gasthaus zur *Tête-Noire* – Auguste Ballet – Castaing –
Sein Prozess – Seine Haltung gegenüber dem Publikum
und seine Worte an die Jury – Seine Hinrichtung

Das zweite Drama, das sich in Paris ereignete und dessen Auflösung auf dem Place de Grève am selben Tag stattfand, an dem die *École des Vieillards* spielte, war die Vergiftung von Auguste Ballet.

Wir haben über den Tod der armen kleinen Fleuriet gesprochen, die so hübsch, frisch und blumengleich war wie ihr Name und die innerhalb von 24 Stunden ohne erkennbaren Grund weggebracht wurde. Man möge mir die in dieser Aussage enthaltene Beschuldigung verzeihen, denn es könnte sich um eine Verleumdung handeln; aber wenn man die unten angeführten Fakten berücksichtigt, lässt sich die Todesursache erraten.

Am 29. Mai kamen zwei junge Leute in einem damals so genannten „kleinen Wagen" an und hielten vor dem Gasthof *Tête-Noire* in Saint-Cloud. Sie waren losgefahren, ohne zu hinterlassen, wohin sie wollten. Gegen neun Uhr abends wurden sie in einem Zweibettzimmer untergebracht. Einer der beiden zahlte eine Kaution von fünf Francs. Die beiden Freunde gingen den ganzen nächsten Tag, Freitag, den 30., zusammen spazieren; sie erschienen erst zum Abendessen im Hotel und gingen gleich nach dem Essen wieder hinaus, um einen weiteren Spaziergang zu machen. Es war neun Uhr abends, als sie zum zweiten Mal zurückkehrten. Als sie nach oben gingen, bat einer von ihnen um eine halbe Flasche Glühwein und fügte hinzu, dass er nicht gezuckert werden müsse, da sie Zucker mitgebracht hätten. Der Wein wurde wenige Minuten nach neun gebracht, mit dem mitgebrachten Zucker gezuckert und mit in Saint-Cloud gekauften Zitronen schmackhaft gemacht. Derselbe junge Mann, der die fünf Francs Kaution für das Zimmer hinterlegt, das Abendessen bestellt und verboten hatte, den Zucker nach oben zu bringen, mischte den Zucker in der Schüssel mit dem erwärmten Wein mit dem Zitronensaft.

Einer der beiden schien Arzt zu sein; denn als er hörte, dass einer der Diener des Hauses krank war, ging er nach oben, um ihn zu besuchen, bevor er den vorbereiteten Wein kostete und seinen Puls fühlte. Er verschrieb ihm jedoch nichts und kehrte nach einer Viertelstunde Abwesenheit in das Zimmer seines Freundes zurück. Der besagte Freund fand den Wein sehr eklig und hatte nur etwa einen Esslöffel davon getrunken. Er hatte wegen des bitteren Geschmacks des Getränks aufgehört. Mitten in all dem trat das Zimmermädchen ein. „Ich muss zu viel Zitrone in diesen Wein getan haben", sagte der junge Mann und hielt ihr die Schale hin: „Er ist so bitter, dass ich ihn nicht trinken kann." Die Dienerin kostete ihn; aber sie spuckte ihn aus, sobald sie einen Schluck davon getrunken hatte, und rief: „Oh ja! ... vielmehr, Sie haben ihn bitter gemacht!" Daraufhin verließ sie das Zimmer. Die beiden Freunde gingen zu Bett.

Die ganze Nacht hindurch litt der junge Mann, der den Wein probiert hatte, unter heftigen nervösen Zitterkrämpfen, die ihm keine Minute Ruhe ließen; er beklagte sich mehrmals bei seinem Begleiter, dass er nicht stillhalten könne. Gegen zwei Uhr bekam er Koliken, und bei Tagesanbruch, etwa um halb vier Uhr morgens, sagte er, er glaube nicht, dass er aufstehen könne, seine Füße würden brennen und er könne unmöglich seine Stiefel anziehen. Der andere junge Mann sagte, er würde einen Spaziergang im Park machen, und empfahl seinem Freund, in der Zwischenzeit zu versuchen, zu schlafen. Doch statt im Park spazieren zu gehen, nahm der junge Mann, der wegen seines Besuchs bei dem kranken Diener für einen Arzt gehalten wurde, eine Kutsche, kehrte nach Paris zurück und kaufte bei Herrn Robin in der Rue de la Feuillade zwölf Gran Morphiumacetat und bei Herrn Chevalier, einem anderen Apotheker, eine Drachme, die er sich in seiner Eigenschaft als Arzt beschaffte. Er kehrte um acht Uhr nach vierstündiger Abwesenheit in das Gasthaus *Tête-Noire zurück* und bat um kalte Milch für seinen Freund. Dem Kranken ging es nicht besser; er trank die Tasse Milch, die der junge Arzt zubereitet hatte, und fast sofort bekam er Brechanfälle, die rasch aufeinander folgten. Bald bekam er eine Kolik. Seltsamerweise ließ der Arzt den Patienten trotz der immer schlimmer werdenden Attacke wieder allein, ohne ihm irgendwelche Anweisungen zu hinterlassen und ohne sich über einen Zustand, der Fremde beunruhigte, unwohl zu zeigen. Während seiner Abwesenheit gingen die Wirtin des Hotels und das Zimmermädchen zu dem Kranken und taten, was sie konnten. Er litt große Schmerzen. Der junge Arzt kam nach etwa einer halben Stunde zurück. Er fand den Patienten in einem besorgniserregenden Zustand vor; er verlangte einen Arzt und bestand darauf, dass man einen aus Saint-Cloud holen sollte, und widersetzte sich dem Vorschlag seines Freundes, einen aus Paris zu holen. Er fühle sich so krank, sagte er, dass er nicht warten könne.

Sie eilten zum nächsten Arzt, aber der Arzt, den sie suchten, kam erst um elf Uhr morgens. Sein Name war M. Pigache.

Dem Kranken ging es inzwischen etwas besser. M. Pigache wollte die Entleerungen sehen, aber man sagte ihm, sie seien weggeworfen worden. Er bestellte erweichende Mittel, aber die erweichenden Mittel wurden nicht angewendet. Er kam eine Stunde später wieder und verschrieb einen Beruhigungsmitteltrank. Der junge Arzt verabreichte ihn dem Kranken selbst; aber die Wirkung war sofort und schrecklich: Fünf Minuten später wurde der Patient von schrecklichen Krämpfen gepackt. Mitten in diesen

Krämpfen verlor er das Bewusstsein und erlangte es von diesem Moment an nie wieder zurück.

Gegen elf Uhr nachts teilte der junge Arzt unter bitterlichen Tränen einem Diener mit, dass sein Freund die Nacht nicht überleben würde. Der Diener lief zu Monsieur Pigache, der sich trotz der kurzen Zeit, die er ihm schon beigestanden hatte, entschloss, dem Sterbenden noch einen letzten Besuch abzustatten. Er fand den unglücklichen jungen Mann auf dem Rücken liegend, mit steifem Nacken und unbedecktem Kopf, kaum fähig zu atmen; er konnte weder hören noch fühlen; sein Puls war langsam, seine Haut brannte; seine Glieder waren steif und starr, sein Mund war zusammengepresst; sein ganzer Körper war von kaltem Schweiß überströmt und mit bläulichen Flecken übersät. Monsieur Pigache beschloss, den Patienten sofort zur Ader zu lassen, und er ließ ihn zweimal zur Ader – mit Blutegeln und mit der Lanzette. Es ging dem Kranken etwas besser. Monsieur Pigache machte seinen jungen Mitbruder darauf aufmerksam und sagte, der Zustand des Sterbenden sei verzweifelt, und da die gute Wirkung der beiden Aderlässe so deutlich war, zögerte er nicht, eine dritte vorzuschlagen. Der junge Arzt widersprach jedoch mit der Begründung, die Verantwortung sei zu groß und wenn die dritte Aderlassaktion schlecht enden sollte, liege die ganze Verantwortung für das Ende bei M. Pigache. Dieser forderte daraufhin kategorisch, dass ein Arzt aus Paris gerufen werden solle.

Das wäre ganz einfach gewesen, denn noch am selben Tag traf Jean, ein schwarzer Diener, mit dem grauen Pferd und der Gig ein, nachdem der junge Arzt einen Brief mit folgendem Inhalt abgeschickt hatte: „Da Monsieur Ballet in Saint-Cloud krank ist, muss Jean sofort mit dem Schimmel im Gig zu ihm kommen; weder er noch Mutter Buvet dürfen auch nur einer Menschenseele ein Wort darüber sagen; wenn jemand nachfragt, muss er sagen, dass er auf Befehl von Monsieur Ballet aufs Land fährt." Trotz dieser einfachen Kommunikation war der junge Arzt der Meinung, dass es zu spät war, einen Arzt aus Paris zu holen. Sie warteten also bis drei Uhr, und um drei Uhr machte sich Jean mit zwei Briefen von Monsieur Pigache an zwei seiner Ärztefreunde auf den Weg.

M. Pigache verließ das Haus und sagte, während der junge Arzt ihn begleitete: „Monsieur, ich denke, es sollte keine Zeit verloren gehen und der Priester von Saint-Cloud gerufen werden. Ihr Freund ist Katholik und ich denke so schlecht über seinen Zustand, dass Sie ihm unverzüglich die Sterbesakramente spenden lassen sollten."

Der junge Mann erkannte die Dringlichkeit des Ratschlags, ging selbst zum Haus des Pfarrers und brachte ihn mit dem Küster zurück.

Der Priester fand den Sterbenden in demselben bewusstlosen Zustand vor. „Was ist mit Ihrem unglücklichen Freund los, Monsieur?", fragte der Priester.

„Gehirnfieber", antwortete der junge Mann.

Dann, als der Pfarrer sich anschickte, die letzte Ölung zu erteilen, kniete der junge Arzt nieder und blieb in dieser Stellung mit gefalteten Händen, während er so inbrünstig zu Gott betete, dass der Küster sich nicht enthalten konnte, zu bemerken, als sie beide gegangen waren: „Was war das für ein frommer junger Mann!" Der junge Arzt folgte dem Priester und blieb fast zwei Stunden weg.

Gegen drei Uhr traf einer der beiden Ärzte, die herbeigerufen worden waren, aus Paris ein. Es war Doktor Pelletan junior. M. Pigache, der von seiner Ankunft benachrichtigt worden war, kam und gesellte sich zu seinem Mitbruder ans Bett des Kranken. Doch nach einer raschen Untersuchung kamen beide zu dem Schluss, dass dem Patienten nicht mehr geholfen werden konnte.

Trotzdem versuchten sie verschiedene Heilmittel, aber ohne Erfolg. Die ganze Zeit über schien der junge Arzt von tiefster Trauer überwältigt zu sein – einer Trauer, die sich in Tränen und Schluchzen äußerte. Diese Äußerungen der Verzweiflung beeindruckten M. Pigache umso mehr, als der junge Arzt im Laufe des Gesprächs zu ihm gesagt hatte: „Ich bin umso unglücklicher, da ich der Vermächtnisnehmer meines unglücklichen Freundes bin."

Daraufhin wandte sich M. Pelletan an den weinenden jungen Mann und fragte ihn: „Haben Sie, Monsieur, über die Gefahr Ihrer Lage nachgedacht?"

„Was meinen Sie, Monsieur?"

„Nun, hören Sie! Sie kommen mit Ihrem Freund für ein paar Tage nach Saint-Cloud. Sie sind Arzt, jedenfalls sind Sie sein Vermächtnisnehmer ..."

„Ja, Monsieur, ich bin sein Vermächtnisnehmer."

„Also gut: Der Mann, der Ihnen sein gesamtes Vermögen vermacht hat, liegt im Sterben. Die Symptome seiner Krankheit sind äußerst merkwürdig, und wenn er, was wahrscheinlich ist, stirbt, werden Sie sich in einer sehr misslichen Lage befinden ..."

„Was!", rief der junge Mann. „Sie glauben, ich werde verdächtigt?"

"Ich denke, dass auf jeden Fall", antwortete M. Pelletan, "alle nur denkbaren Vorsichtsmaßnahmen getroffen werden, um die Todesursache festzustellen. Was M. Pigache und mich betrifft, haben wir beschlossen, dass eine Obduktion durchgeführt werden sollte."

„Oh, Monsieur", rief der junge Mann, „Sie könnten mir keinen größeren Dienst erweisen. Bestehen Sie darauf, verlangen Sie eine Obduktion, und Sie werden mir gegenüber die Rolle eines Vaters spielen, wenn Sie das tun."

„Sehr gut, Monsieur", antwortete Doktor Pelletan, als er sah, wie aufgeregt er war. „Seien Sie unbesorgt. Die Sache wird nicht nur erledigt, sondern so vorsichtig wie möglich, und wir werden ihr unsere größte Aufmerksamkeit widmen."

Zwischen Mittag und ein Uhr, das heißt innerhalb von dreißig oder vierzig Minuten nach diesem Gespräch, verstarb der Sterbende.

Der Leser erkennt die beiden Hauptakteure dieses Dramas bereits an der Benennung des Ortes, an dem sich das Geschehen ereignete, und an den Einzelheiten des Leidens des Opfers.

Der Tote war Claude-Auguste Ballet, Anwalt, 25 Jahre alt, Sohn eines reichen Pariser Anwalts. Sein Freund war Edme-Samuel Castaing, der in wenigen Tagen 27 Jahre alt werden würde, Doktor der Medizin, geboren in Alençon, wohnhaft in Paris, Rue d'Enfer Nr. 31. Sein Vater, ein ehrenhafter und allgemein geachteter Mann, war Generalinspektor der Forstbehörde und Ritter der *Ehrenlegion*.

Eine Stunde nach dem Tod von Auguste Ballet eilte sein Schwager Monsieur Martignon, der in einem Brief aus Castaing erfahren hatte, dass Auguste Ballet den Tag nicht überleben würde, nach Saint-Cloud, wo er den Kranken bereits tot vorfand.

Während sie im Gasthof jeden Gegenstand durchsuchten, der möglicherweise Licht auf die Todesursache werfen könnte, war Castaing, der immer noch auf freiem Fuß war, fast zwei Stunden lang abwesend. Niemand wusste, was er während seiner zweiten Abwesenheit tat. Er gab vor, an die frische Luft zu wollen, und erklärte, er würde im Bois de Boulogne spazieren gehen.

M. Pelletan kam am nächsten Morgen um zehn Uhr zurück, um die Obduktion durchzuführen.

Er hatte Castaing in voller Freiheit zurückgelassen, doch als er zurückkam, fand er ihn unter der Überwachung von zwei Polizisten. Castaing schien sehr beunruhigt über die Ergebnisse, die eine Obduktion bringen könnte; doch er schien überzeugt, dass er sofort freigelassen würde, wenn die Leiche keine Spuren von Gift aufwiese.

Die Untersuchung fand statt und ein äußerst ausführlicher Bericht wurde erstellt; doch nirgends, weder auf der Zunge noch im Magen oder in den

Eingeweiden, konnte man das Vorhandensein einer giftigen Substanz feststellen. Tatsächlich hinterlässt Morphiumacetat, wie Brucin und Strychnin, keine größeren Spuren als eine Hirnblutung oder ein schwerer Schlaganfall. Aus diesem Grund, eine Tatsache, die Castaing gut kannte, hatte er auf die Frage des Priesters, woran sein Freund leide, geantwortet: „Er hat Hirnfieber."

Als die Obduktion abgeschlossen war und keine stichhaltigen Beweise gegen den Verdächtigen zutage gefördert worden waren, fragte Herr Pelletan den *Staatsanwalt*, ob er Einwände dagegen habe, Castaing über das Ergebnis zu informieren.

„Nein", antwortete *der Staatsanwalt*. „Teilen Sie ihm das Ergebnis einfach in allgemeiner Form mit, ohne ihm den Eindruck zu vermitteln, dass es zu seinen Gunsten oder zu seinem Nachteil ausfallen würde."

M. Pelletan fand Castaing auf der Treppe, der auf ihn wartete.

„Nun", fragte er den Arzt eifrig, „sind Sie zum Schluss gekommen und kommen, um mich freizulassen?"

„Ich weiß nicht", antwortete M. Pelletan, „ob sie Sie freilassen oder festhalten wollen, aber die Wahrheit ist, dass wir im Körper von Auguste Ballet keine Spur eines gewaltsamen Todes finden können."

Trotz des vorübergehenden Fehlens materieller Beweise wurde Castaing in Gewahrsam gehalten. Die Voruntersuchung begann und dauerte von Juni bis Ende September.

Am 10. November erschien Castaing vor dem Gefängnisgericht. Die Angelegenheit hatte schon vor ihrer Veröffentlichung große Aufregung verursacht; und das Schwurgericht bot das übliche Erscheinungsbild bei einem wichtigen Fall dar – das heißt, es erschienen so viele schöne Frauen und modisch gekleidete Männer, dass man hätte meinen können, es sei die Premiere eines neuen Theaterstücks, das mit großem Pomp angekündigt worden war. Der Angeklagte wurde hereingeführt. Eine undefinierbare Bewegung des Interesses erregte die Zuschauer: Sie beugten sich nach vorne und schwankten vor Neugier, so als ob sie aussähen wie ein vom Wind hin und her geworfenes Kornfeld. Er war ein gutaussehender junger Mann, gut gebaut, mit einem angenehmen Gesicht, obwohl sein Ausdruck etwas ziemlich Seltsames hatte, wenn er einen ansah. Er war zwar nicht elegant gekleidet, aber mit Sorgfalt gekleidet.

Leider hatte die vorläufige Untersuchung schreckliche Tatsachen ans Licht gebracht. Auguste Ballets Tod hatte die Aufmerksamkeit der Justiz auf diese unglückliche Familie gelenkt, und man hatte herausgefunden, dass, seit Castaing die Familie gekannt hatte, der Vater, die Mutter und der Onkel alle innerhalb von fünf Monaten verschwunden waren, tödlich gestorben waren und den beiden Brüdern Hippolyte und Auguste ein sehr beträchtliches Vermögen hinterlassen hatten; und schließlich starb Hippolyte seinerseits in Castaings Armen, ohne dass sein Bruder Auguste oder seine Schwester Madame Martignon ihn erreichen konnten. All diese Todesfälle hatten nacheinander fast das gesamte Familienvermögen auf das Oberhaupt von Auguste Ballet konzentriert.

Am 1. Dezember 1822 machte Auguste Ballet, damals 24 Jahre alt und bei bester geistiger und körperlicher Gesundheit, ein Testament, in dem er Castaing ohne jeden Grund zu seinem letzten Vermächtnis ernannte und ihm keine Vorbehalte machte, außer ein paar kleinen Vermächtnissen an zwei Freunde und drei Bedienstete. Auguste Ballet starb seinerseits am 1. Juni, sieben Monate nach seinem Bruder. Dies waren die Ergebnisse des Verfahrens zu den beiden Punkten, die in ähnlichen Fällen von den Verantwortlichen besonders untersucht werden – nämlich Castaings intellektuelles und sein physisches Leben. In Bezug auf sein intellektuelles Leben war Castaing ein harter Arbeiter, getrieben von Ehrgeiz und brannte vor dem Wunsch, reich zu werden; seine Mutter enthüllte schreckliche Dinge über ihn , wenn man einem Brief Glauben schenken darf, der in ihrem Haus beschlagnahmt wurde; sein Vater warf ihm sein ausschweifendes Leben und den Kummer vor, mit dem er seine Eltern überwältigte. Inmitten all dessen arbeitete er beharrlich weiter: Er bestand seine Prüfungen und wurde Arzt.

Anatomie, Botanik und Chemie waren die Fächer, denen er die meiste Zeit widmete. Besonders Chemie. Seine Notizbücher waren voll mit Beobachtungen, Auszügen und Streichungen. Sie zeugten von der Entschlossenheit, die er bei seinen Forschungen an den Tag legte, und von den gründlichen Studien, die er über Gifte angestellt hatte, über ihre verschiedenen Arten, ihre Wirkungen, über die fühlbaren Spuren, die manche auf verschiedenen Körperorganen hinterlassen, während andere, ebenso tödliche und heimtückischere, töten, ohne für das Auge des gelehrtesten und erfahrensten Anatomen erkennbare Spuren zu hinterlassen.

Diese Gifte sind alle pflanzlichen Ursprungs: Brucin, das aus der Angosturabutter gewonnen wird; Strychnin aus der Ignatiusnuss; Morphium aus reinem Opium, das aus dem indischen Mohn gewonnen wird. Nun war es ein seltsamer und schrecklicher Zufall, dass Castaing am 18. September 1822, siebzehn Tage vor dem Tod von Hippolyte Ballet, zehn Körner Morphiumacetat kaufte. Zwölf Tage später erlitt Hippolyte, der an einer schweren Lungenkrankheit litt, aber noch nicht in Lebensgefahr schwebte, einen tödlichen Anfall und starb, wie gesagt, weit weg von seiner Schwester und seinem Bruder, nach fünftägiger Krankheit! Er starb in Castaings Armen.

Dann änderte sich Castaings Schicksal: Er, der bis dahin sehr klamm war, lieh seiner Mutter dreißigtausend Francs und investierte unter falschem Namen oder in Inhaberaktien die Summe von siebzigtausend Francs. Die Sache wurde noch komplizierter durch Angelegenheiten im Zusammenhang mit dem Testament von Hippolyte Ballet, Fragen, die selbst vor Gericht nie richtig geklärt werden werden und die darauf hinausliefen, dass Auguste Ballet Castaings Komplize wurde. Daher Augustes Schwäche für Castaing; daher das Testament zu seinen Gunsten; daher die Vertrautheit zwischen diesen beiden Männern, die sich nie voneinander trennten; all diese Dinge erklärten sich von dem Moment an, als das Band zwischen ihnen statt des gewöhnlichen Bandes reiner und einfacher Freundschaft die unzerstörbare Kette gegenseitiger Komplizenschaft sein sollte.

Denn – und jetzt müssen wir zu seinem äußeren Leben zurückkehren, das wir beiseite gelassen haben, um über sein intellektuelles Leben zu sprechen – Castaing war nicht reich: Er lebte von einem bescheidenen Einkommen, das ihm seine Mutter gewährte; seine eigenen Anstrengungen brachten ihm kaum fünf- oder sechshundert Francs pro Jahr ein; er hatte eine Geliebte, die ebenfalls sehr arm war, eine Witwe mit drei Kindern; mit ihr hatte er noch zwei weitere Kinder, so dass der junge Arzt eine sechsköpfige Familie ernähren musste, obwohl er noch keine Praxis hatte. Es scheint, dass er seine Familie anbetete, besonders seine Kinder. Es wurden Briefe gefunden, die warme väterliche Zuneigung in einem Herzen bezeugen, das mehr für andere als für sich selbst von jenem Ehrgeiz und jener Gier nach Reichtum verzehrt wurde, die ihn aufs Schafott brachten.

Wir haben gesehen, dass Castaings finanzielle Lage plötzlich besser wurde, dass er seiner Mutter dreißigtausend Francs lieh und dass er siebzigtausend Francs auf falsche Namen oder in Inhaberschuldverschreibungen investierte.

Dann erfuhren wir, dass er am 29. Mai mit Auguste Ballet in Saint-Cloud ankam und dass Auguste Ballet am 1. Juni starb und ihm ein Vermächtnis hinterließ. Castaing war am Abend seiner Abwesenheit unter dem Vorwand eines Spaziergangs in Paris: Er kaufte bei einem Apotheker zwölf Gran und bei einem zweiten eine Drachme Morphiumacetat, also jenes Pflanzengifts, das keine Spuren hinterlässt und von dem er bereits siebzehn Tage vor Hippolyte Ballets Tod zehn Gran gekauft hatte.

Das Obige ist eine Zusammenfassung der gesammelten Beweise gegen Castaing, der sich der Jury mit der Last von 15 Anklagepunkten im Zusammenhang mit der Vergiftung von Hippolyte Ballet, 34 Anklagepunkten im Zusammenhang mit der Testamentseröffnung und 76 Anklagepunkten im Zusammenhang mit der Vergiftung von Auguste Ballet stellen musste. Die Leute werden sich an die verschiedenen Phasen erinnern, die dieser lange und schreckliche Prozess durchlief; die beharrlichen Leugnungen des Angeklagten und seine Haltung bei Erhalt des Todesurteils; ein Urteil, das mit nur einer Stimme entschieden wurde – das heißt mit sieben gegen fünf.

Der Verbrecher stand mit entblößtem Kopf da und hörte mit eisiger Ergebenheit dem Urteil zu. Er hatte die Hände gefaltet und schwieg, die Augen und Hände waren zum Himmel erhoben.

„Haben Sie Gründe, weshalb das Urteil nicht vollstreckt werden sollte?", fragte der Richter.

Castaing schüttelte traurig den Kopf, der schon bald den kalten Griff des Todes spüren würde.

„Nein, mein Herr", sagte er mit tiefer, aber sanfter Stimme, „nein, ich habe nichts gegen die Vollstreckung des gegen mich verhängten Urteils einzuwenden. Ich werde wissen, wie man stirbt, obwohl es ein großes Unglück ist, durch ein so schreckliches Schicksal, wie es mich ereilt hat, ins Grab gedrängt zu sterben. Ich bin angeklagt, meine beiden Freunde niederträchtig ermordet zu haben, und ich bin unschuldig ... Oh! Ja, ich wiederhole es, ich bin unschuldig! Aber es gibt eine Vorsehung: das Unsterbliche in mir wird sich aufmachen, um Sie zu finden, Auguste, Hippolyte. O ja, meine Freunde" (und hier streckte der Verurteilte seine beiden Arme höchst eindrucksvoll zum Himmel aus), „o ja, meine Freunde, ja, ich werde Sie wiedersehen, und für mich wird es ein glückliches Schicksal sein, wieder mit Ihnen vereint zu sein. Nach der gegen mich erhobenen Anklage kann mich nichts Menschliches mehr berühren. Jetzt erwarte ich kein menschliches Mitleid mehr, ich erwarte nur noch die Gnade des Himmels; ich werde mutig das Schafott besteigen, erheitert durch den Gedanken, Sie wiederzusehen! Oh, meine Freunde, dieser Gedanke wird meine Seele erfreuen, selbst wenn ich mich fühle... Weh!", fuhr der Angeklagte fort und fuhr sich mit der Hand über den Hals. "Weh! Es ist leichter zu verstehen, was ich fühle, als auszudrücken, was ich nicht auszusprechen wage..." Dann, mit leiserer Stimme: "Sie haben meinen Tod beschlossen, meine Herren; sehen Sie, ich bin bereit zu sterben." Dann wandte er sich an seinen Anwalt, Maître Roussel, und sagte: "Sehen Sie, sehen Sie, Roussel, drehen Sie sich um, kommen Sie her und sehen Sie mich an... Sie haben an meine Unschuld geglaubt und Sie haben mich im Glauben an diese Unschuld verteidigt; nun, es ist trotzdem so, ich bin unschuldig; überbringen Sie meinem Vater, meinen Brüdern, meiner Mutter, meiner Tochter meine Abschiedsgrüße!" Dann fuhr er ohne Pause fort und wandte sich an die erstaunten Zuschauer: „Und Sie, junge Leute, die Sie bei meinem Prozess dabei waren; Sie, meine Zeitgenossen, werden auch bei meiner

Hinrichtung dabei sein; Sie werden mich dort mit demselben Mut beseelt sehen wie jetzt, und wenn das Vergießen meines Blutes für die Gesellschaft als notwendig erachtet wird, nun, dann werde ich es nicht bereuen, dass es fließen muss!"

Warum habe ich die Einzelheiten dieses schrecklichen Prozesses so ausführlich geschildert? Etwa, um in den Herzen der vielleicht noch lebenden Mitglieder dieser beiden unglücklichen Familien düstere Erinnerungen an die Vergangenheit zu wecken? Nein! Es geschah, weil ich aufgrund der Gerüchte, die den armen Fleuriet mit Castaing in Verbindung brachten, bei der letzten Tragödie dabei war. Ich bat Monsieur Oudard um einen Tag Urlaub, um das Ende mitzuerleben. Ich war unter den jungen Leuten, die der Verurteilte in einem Moment der Euphorie, vielleicht des Deliriums, zu seiner Hinrichtung einlud. und als ich diesen Mann sah, so überschwänglich jung, so voller Leben, so wissbegierig, zum Tode verurteilt, wie er mit dieser ergreifenden Stimme und diesem erbärmlichen Akzent seinem Vater, seiner Mutter, seinen Brüdern, seinen Kindern, der Gesellschaft, der Schöpfung und dem Licht Lebewohl sagte, sagte ich mir in unbeschreiblicher Herzensangst: „O mein Gott! Mein Gott! Nehmen wir an, dieser Mann wäre ein zweiter Lesurques, ein zweiter Labarre, ein zweiter Calas! ... O mein Gott! Mein Gott! Nehmen wir an, dieser Mann wäre unschuldig!"

Und damals und dort, vor dem Tribunal, das gerade einen Mann zum Tode verurteilt hatte, schwor ich, dass ich es, ganz gleich, welche Position ich erreichen würde, niemals als gerechtfertigt ansehen würde, einen fühlenden, leidenden Menschen wie mich durch den Entzug des Lebens zu bestrafen.

Nein, ich war bei der Hinrichtung nicht dabei. Denn ich muss gestehen, dass ich einen solchen Anblick nicht ertragen hätte. Und zwischen Castaings Hinrichtung und der von Lafourcade sind nun achtundzwanzig Jahre vergangen, und sie sind voll von solchen Fällen, trotz der Todesstrafe, die abschreckend wirken soll und nicht abschreckt. Ach, wie viele elende Verbrecher sind in diesen achtundzwanzig Jahren den Weg gegangen, der von der Conciergerie zum Place de Grève führte und jetzt von La Roquette zur Barrière de Saint-Jacques führt!

Am 6. Dezember wurde Castaing um halb acht Uhr morgens von Bicêtre zur Conciergerie geführt. Einen Moment später betrat der Gefängniswärter seine Zelle und teilte ihm mit, dass sein Antrag abgelehnt worden sei. Hinter dem Gefängniswärter kam der Abbé Montes.

Castaing widmete sich dann seinen Gebeten und betete lange und inbrünstig. Während der ganzen Zeit, die er im Vorraum der Conciergerie verbrachte, während man ihn auf seine Hinrichtung vorbereitete, sprach er kein einziges Wort.

Als er sich beim Besteigen des Karrens in die große Menschenmenge umsah, die auf sein Erscheinen wartete, wurden seine Wangen plötzlich purpurn und dann allmählich totenbleich. Erst am Fuße des Schafotts hob er den Kopf, der während der ganzen Fahrt auf seiner Brust geblieben war; dann blickte er noch einmal auf die Menge, wie er es getan hatte, als er aus der Conciergerie kam, kniete am Fuße der Leiter nieder, und nachdem er das Kruzifix geküsst und den würdigen Geistlichen umarmt hatte, der es ihm anbot, stieg er, von den beiden Gehilfen des Henkers gestützt, das Schafott hinauf. Zweimal hob er ganz deutlich die Augen zum Himmel, während sie ihn auf den Todesblock fesselten; dann, um fünfzehn Minuten nach zwei, als die Viertelstunde schlug, sank sein Kopf herab.

Castaing hatte das Gefühl des Todes verspürt und wagte es nicht, es dem Publikum deutlicher zu beschreiben, als er seine Hand über seinen Hals legte. Castaing war vor seinen Schöpfer getreten, um im Falle der Schuld Vergebung zu erlangen, im Falle der Unschuld den wahren Verbrecher anzuprangern.

Er hatte darum gebeten, seinen Vater zu sehen, um *in letzter Minute seinen Segen zu erhalten* ; diese Bitte wurde ihm jedoch verweigert. Er bat dann darum, dass ihm dieser Segen schriftlich zugesandt werde. Er wurde ihm so zugesandt, aber erst durch Essig getaucht, bevor er ihm übergeben wurde. Man fürchtete, dass sich hinter dem väterlichen Segen Gift verbergen könnte, mit dessen Hilfe Castaing Mittel finden könnte, das Schafott um seinen gebührenden Betrag zu betrügen.

Um halb drei war alles vorbei, und wer nach der Tragödie noch eine Komödie sehen wollte, hatte noch Zeit, vom Place de Grève aus in die Schlange vor dem Théâtre-Français zu gehen. An diesem Tag, dem 6. Dezember 1823, wurde in der *École des Vieillards* gespielt.

KAPITEL VIII

Casimir Delavigne – Eine Würdigung des Menschen und des Dichters – Der Ursprung des Hasses der alten Literaturschule auf die neue – Einige Überlegungen zu *Marino Faliero* und den *Enfants d'Édouard* – Warum Casimir Delavigne eher ein Komödienautor als ein Tragödiendichter war – Wo er die Ideen für seine Hauptstücke fand

Die erste Aufführung der *École des Vieillards* mit Talma und Mademoiselle Mars war ein großes Ereignis. Es war tatsächlich das erste Mal, dass diese beiden großartigen Schauspieler gemeinsam im selben Stück auftraten.

Casimir Delavigne hatte seine eigenen Bedingungen gestellt. Er war aus dem Théâtre-Français ausgeschlossen worden unter dem Vorwand, *sein Werk sei schlecht zusammengestellt* , und hatte von der Ächtung profitiert. Seine *Messéniennes*, seine *Vêpres siciliennes* , seine *Comédiens* und die *Paria* und vielleicht noch mehr als all dies das Bedürfnis der Oppositionspartei nach einem liberalen Dichter, um ihn gegen Lamartine und Hugo, die royalistischen Dichter der Zeit, antreten zu lassen, hatten den Autor der *École des Vieillards* so populär gemacht, dass mit dieser Popularität alle Schwierigkeiten aus dem Weg geräumt wurden, vielleicht sogar zu leicht; denn wie Richelieu in seiner Sänfte kehrte Casimir Delavigne nicht durch die Tür, sondern durch eine Lücke ins Théâtre-Français zurück.

Ich kannte Casimir Delavigne als Menschen sehr gut, ich habe ihn als Dichter sehr studiert: Ich konnte nie viel Bewunderung für Casimir Delavigne als Dichter aufbringen, aber ich hatte immer den größten Respekt vor ihm als Menschen. Als Mensch war Casimir Delavigne, abgesehen von seiner unbestrittenen und unbestreitbaren literarischen Redlichkeit, ein Mann mit angenehmem, höflichem, ja sogar umgänglichem Benehmen. Der erste Anblick von ihm erweckte den unangenehmen Eindruck, dass sein Kopf viel zu groß für seinen kleinen Körper war; aber seine schöne Stirn, seine intelligenten Augen, sein gutmütiger Mund ließen einen diesen ersten Eindruck sehr bald vergessen. Obwohl er ein Mann mit großem Talent war, gehörte er zu denen, die dieses nur zeigen, wenn sie die Feder in der Hand haben. Seine Konversation war angenehm und liebevoll, aber farblos und fade; so wie es ihm an Würde des Ausdrucks und Kraft der Betonung mangelte, so fehlte es ihm auch an Kraft und Würde der eigentlichen Worte. In einem Salon erregte er keine Aufmerksamkeit: Die Leute mussten erst auf Casimir Delavigne aufmerksam werden, bevor sie ihm Aufmerksamkeit schenkten. Es gibt Männer, die den Stempel ihrer königlichen Würde mit sich tragen: Wo immer diese Leute hingehen, erregen sie sofort Aufmerksamkeit; nach einer Stunde Unterhaltung herrschen sie. Casimir Delavigne war keiner von ihnen: Er hätte die Macht, Aufmerksamkeit zu erregen, abgelehnt, wäre sie ihm angeboten worden; wäre ihm die Souveränität auferlegt worden, hätte er abgedankt. Jede Last, selbst die Last einer Krone, war ihm peinlich. Er hatte eine ausgezeichnete Ausbildung genossen: Als er das College verließ, wusste er alles, was man lehren konnte ; aber seit er das College verlassen hatte, hatte er sehr wenig selbst gelernt, nur wenig gedacht, nur wenig reflektiert.

Einer der Hauptzüge von Casimir Delavignes Charakter - und unserer Meinung nach einer seiner unglücklichsten Züge - war seine Unterwerfung unter die Ideen anderer, eine Unterwerfung, die nur aus Mangel an Vertrauen in die eigenen Ideen entstehen konnte. Seltsamerweise hatte er unter seinen Freunden und in seiner Familie eine Art Zensur geschaffen, eine Art Unterdrückungskomitee, das seine Vorstellungskraft überwachen und ihr Abschweifen vorbeugen sollte; dies war umso vergeblicher, als Casimir Delavignes Vorstellungskraft, die in ausgesprochen engen Grenzen gehalten war, eher Anregung als Einschränkung brauchte. Das Ergebnis war, dass diese Areopagitica, so unterlegen sie auch an Gefühl und vor allem an Stil Casimir Delavignes selbst war, das bisschen malerischen Stils und Vorstellungskraft in der Handlung, das dieser besaß, traurig ruinierte. Dieses abwertende Zönakel erinnerte ihn oft daran, dass Ikarus abstürzte, weil er der Sonne zu nahe flog; und ich bin sicher, dass es ihm nicht im Traum einfiel, zu antworten, dass, wenn die Sonne Ikarus' Flügel zum Schmelzen brachte, dies daran liegen müsse, dass Ikarus falsche Flügel hatte, die mit Wachs befestigt waren, und dass der Adler, der in der Flut feuriger Strahlen, die der Gott des Tages aussendet, verschwindet, nie als Opfer eines ähnlichen Unfalls auf die Erde zurückkehrt.

Das Ergebnis dieses Verzichts auf seinen eigenen Willen war, dass er gerade, als Casimir Delavignes Talent auf dem Höhepunkt war und sein Ruf auf dem Höhepunkt, es nicht wagte, etwas allein oder aus eigener Initiative zu tun. Die Ideen, die in seinem Gehirn aufkamen, wurden diesem Komitee vorgelegt, bevor sie in die richtige Form gebracht wurden; wenn die Handlung beschlossen war, übergab er sich erneut dieser Kommission, die sie kommentierte, diskutierte, korrigierte und sie dem Dichter unterschrieben, *geprüft und für richtig befunden zurückgab*. Wenn die Handlung dann zu einem Theaterstück wurde und (natürlich) vor derselben Versammlung gelesen wurde, nahm einer einen Bleistift, ein anderer eine Schere, ein dritter einen Zirkel, ein vierter ein Lineal und machte sich daran, alle Vitalität aus dem Stück zu entfernen; mit einem solchen Ziel, dass während der Sitzung die Komödie, das Drama oder die Tragödie nicht nach den Vorstellungen des Autors, sondern nach MM gestutzt, gestutzt und zugeschnitten wurde. So und so, so und so, so und so hielten es für richtig, allesamt auf ihre Art gewissenhafte Herren, allesamt talentierte Männer auf ihrem Gebiet, weise Professoren, würdige Gelehrte, fähige Philologen, aber gleichgültige Dichter, die, statt die Bemühungen ihres Freundes durch einen mächtigen Hauch der Inspiration zu beflügeln, nur daran dachten, ihn am Boden zu halten, aus Angst, er könnte über sie hinaus in Sphären aufsteigen, wo ihr kurzsichtiger Blick ihm nicht folgen könnte.

Diese Gewohnheit von Casimir Delavigne, seinen Willen dem anderer zu unterwerfen, verlieh ihm, ohne dass er sich dessen bewusst war, eine falsche Bescheidenheit, eine vorgetäuschte Demut, die seine Feinde in Verlegenheit brachte und diejenigen entwaffnete, die auf ihn neidisch waren. Wie könnte man einem Mann seinen Erfolg missgönnen, der scheinbar jeden um Erlaubnis bat, erfolgreich zu sein, und der überrascht schien, als er Erfolg hatte? Oder wie könnte man auf einen armen Dichter neidisch sein, der, wenn man es nur glauben wollte, nur deshalb Erfolg hatte, weil er zu seiner schwachen Intelligenz noch Fähigkeiten hinzufügte, die seinen eigenen überlegen waren? Oder wie könnte man sich über einen so zitternden Sieger ärgern, der die Leute im Moment seines Triumphs anflehte, ihn nicht zu verlassen, so flehend, wie ein Besiegter sie bitten würde, ihm in einer Niederlage treu zu bleiben? Und die Menschen hielten Casimir Delavigne bis an die Grenze zum Fanatismus die Treue: Sie streckten ihm in schmeichelnder Hingabe die Hände entgegen, um seinem Ruhm zu huldigen. Die auseinander gehenden Strahlen dieser Hände teilten sich wie die Flamme des Heiligen Geistes in so viele Feuerzungen, wie der kasimirische Kult Apostel aufbringen konnte.

Wir haben die Nachteile seiner Popularität erwähnt, jetzt wollen wir die Vorteile aufzeigen. Seine Stücke wurden im Ausland gelobt, bevor sie fertig waren, und hochgelobt, bevor sie in den drei Gesellschaftsklassen, denen Casimir Delavigne von Geburt an angehörte, und ich gehe sogar so weit zu sagen, vor allem aufgrund seines Talents, rezipiert wurden. So umfasste seine Klientel: durch Fortune Delavigne, der Anwalt war, alle Jurastudenten in Paris; durch Gustave de Wailly, Professor, alle Studenten des Quartier Latin; durch Jules de Wailly, Prokurist im Innenministerium, alle Regierungsbeamten.

Diese Art von familiärer Klientel war im Kampf gegen die Theatermanager und Verleger äußerst nützlich.

Sie kannte Casimir und erlaubte ihm nicht, irgendwelche geschäftlichen Vereinbarungen zu treffen: Er war so bescheiden, dass er seine Stücke bedingungslos den Komödianten und seine Manuskripte den Verlegern ohne jegliche Vereinbarungen überlassen hätte. Casimir war sich seines Versagens in dieser Hinsicht bewusst: Er verwies Verleger und Manager an seinen Bruder Germain, dieser wiederum verwies sie an seinen Bruder Fortune, und dieser wiederum verwaltete die Angelegenheit auf geschäftlicher Basis.

Und ich möchte darauf hinweisen, dass all dies einfach, arglos und auf eine freundliche Art und Weise geschah, aus der Bewunderung und Hingabe heraus, die jeder für Kasimir empfand; ohne Intrigen, denn diese Hilfe hat niemanden benachteiligt, der sie geleistet hat; und ich möchte sogar sagen, ohne dass es irgendeine Clique gab, denn meiner Meinung nach gibt es keine Cliquen, wo Überzeugung herrscht.

Nun war jeder Freund von Casimir Delavigne absolut und vollkommen davon überzeugt, dass Casimir Delavigne der erste Lyriker seiner Zeit, der erste Dramatiker seines Jahrhunderts war. Menschen, die nie mit ihm in Berührung kamen, und diejenigen, die von dem wachsamen Kordon, der ihn umgab, aufgehalten wurden, für ihn handelten und ihn lobten, konnten durchaus glauben, dass diese Meinungen von ihm selbst ausgingen, als ob sie vom Zentrum zum Rand reichten; aber wenn sie ihm nahe kamen, waren sie bald von der Einfachheit, Aufrichtigkeit und Güte dieses talentierten Mannes überzeugt.

Ich glaube, Casimir Delavigne hat nie mehr als einen seiner Mitbrüder gehasst. Aber ihn hasste er zutiefst. Dieser Mann war Victor Hugo. Als der Autor von *Odes et Ballades* , von *Marion Delorme* und von *Nôtre-Dame de Paris* die seltsame Vorstellung verspürte, der Kollege von M. Droz, M. Briffaut und M. Viennet zu werden, nahm ich es auf mich, in seinem Namen persönlich hinzugehen und um Casimir Delavignes Stimme zu bitten. Ich dachte, dass eine so intelligente Person wie der Autor der *Messéniennes* es als die Pflicht eines Menschen in seiner Position ansehen würde, im Rahmen seiner Möglichkeiten zu helfen, seinem berühmten Rivalen einen Sitz zu verschaffen, einem Kandidaten, der der Akademie die Ehre erwiesen hatte, sich um einen Sitz zu bewerben.

Ich habe mich völlig geirrt: Casimir Delavigne weigerte sich hartnäckig, Victor Hugo seine Stimme zu geben, und zwar mit einer Heftigkeit und Beharrlichkeit, die ich ihm nie zugetraut hätte, besonders mir gegenüber, den er sehr mochte. Weder Bitten noch Flehen noch Argumente konnten ihn, ich will nicht sagen, überzeugen, sondern sogar überreden, zuzustimmen. Und doch war sich Casimir Delavigne durchaus bewusst, dass er einen der bedeutendsten Männer seiner Zeit ablehnte. Den Grund für diese Abneigung habe ich nie herausgefunden. Es lag sicher nicht an ihren unterschiedlichen Schulen: Ich gehörte ganz entschieden nicht der Schule von Casimir Delavigne an, und er bot mir die Stimme an, die er Victor Hugo verweigerte.

Die armen Akademiker waren in meinem Fall in einer ziemlichen Klemme. Denn wenn ich mich selbst zur Wahl gestellt hätte, hätten sie mich bestimmt gewählt. Sie haben Dupaty nominiert.

Hugo tröstete sich mit einem der witzigsten Sprüche, die er je gemacht hatte. „Ich glaubte", sagte er, „dass man die Akademie *über die Pont des Arts betreten könne* ; ich habe mich geirrt, denn es scheint, dass der Zugang über die Pont Neuf erfolgt."

Und nachdem ich nun den Mann kritisiert habe, könnte man meinen, dass es für mich, seinen Mitbruder, seinen Rivalen und manchmal seinen Gegner, noch viel schwieriger sein wird, seine Gedichte zu kritisieren. Nein! Meine Leser unterliegen einem Missverständnis: Nichts ist schwierig für den, der die Wahrheit sagt, die ganze Wahrheit und nichts als die Wahrheit. Außerdem habe ich nie etwas über einen Menschen geschrieben, dem ich nicht bereit war, es ihm ins Gesicht zu sagen.

Um Casimir Delavigne gerecht beurteilen zu können, müssen wir einen Blick auf die Zeit werfen, in der er geboren wurde und lebte. Wir müssen von der Kaiserzeit sprechen. Was war der Grund für den Hassausbruch, der nach dem Erscheinen von *Heinrich III .*, *Marion Delorme* und dem *Marschall von Ancre* zwischen der neuen und der alten Schule der Poesie und ihren Vertretern zu spüren war?

Die Leute haben die Tatsache festgestellt, ohne nach den Ursachen zu fragen: Ich kann sie Ihnen nennen.

Denn während all der Jahre, in denen Napoleon seine 300.000 Wehrpflichtigen einzog, bemerkte er nicht, dass die Dichter, die er suchte, und zwar so vergeblich, gezwungen waren, ihren Beruf zu wechseln, und dass sie im Lager mit Schwert, Muskete oder Säbel in der Hand waren, statt mit der Feder in der Hand zu studieren. Und dieser Zustand dauerte von 1796 bis 1815 – eine Zeitspanne von neunzehn Jahren.

Neunzehn Jahre lang raffte das Kanonenfeuer des Feindes die Generation der Männer von fünfzehn bis sechsunddreißig Jahren dahin. So kam es, dass die Dichter des ausgehenden 18. Jahrhunderts und die des beginnenden 19. Jahrhunderts, als sie einander gegenüberstanden, sich auf beiden Seiten von einer riesigen Schlucht umschlossen sahen, die von den Kartätschenfeuern von fünf Koalitionen ausgehöhlt worden war: Am Grund dieser Schlucht lagen eine Million Menschen, und unter dieser Million von Menschen, die weggeschnappt wurden, bevor sie zur Bevölkerung beitragen konnten, befanden sich jene zwölf Dichter, die Napoleon so hartnäckig von Monsieur de Fontanes verlangt hatte, ohne sie von ihm bekommen zu können.

Diejenigen, die entkamen, waren schwindsüchtige Dichter, die als zu schwach galten, um den Soldatendienst zu übernehmen, und die jung starben, wie Casimir Delavigne und Soumet. Es handelte sich um Brücken, die über die Schlucht geschlagen wurden, von der wir gerade gesprochen haben, aber der ihnen zugewiesenen Aufgabe nicht gewachsen waren.

Napoleon, der 18 Jahre lang Krieg führte und 10 Jahre regierte, der die Religion wiederaufbaute, die Gesellschaft neu gestaltete und die Gesetzgebung auf eine solide Grundlage stellte, scheiterte in Sachen Poesie. Ohne die beiden Männer, die wir genannt haben – Soumet und Casimir Delavigne – wäre der Faden der Kontinuität gerissen.

So kam es, dass Casimir Delavigne, das Bindeglied zwischen der alten und der neuen Schule, in seiner Poesie immer ein wenig von jener anämischen Qualität zeigte, die auch in seiner Person offensichtlich war; in jedem Werk von Casimir (das nie die vom alten Theaterregime vorgeschriebene Begrenzung auf einen, drei oder fünf Akte überschritt) lag immer etwas Kränkliches und Luftloses; seinen Stücken fehlte der Atem, ebenso wie dem Mann selbst; sein Werk war ebenso schwindsüchtig wie der Dichter.

Niemand hat je aus einer Tat drei gemacht, niemand hat je aus drei Taten fünf gemacht, niemand hat je aus fünf Taten zehn gemacht. Aber es war eine einfache Aufgabe, aus fünf seiner Taten drei zu machen, aus drei seiner Taten eine.

Als ihm die Vorstellungskraft fehlte und er sich auf Byron oder Shakespeare berief, konnte er deren erhabene Höhen nie erreichen. Er musste auf einem Drittel des Weges, spätestens auf halber Strecke, stehen bleiben, wie ein Kind, das auf einen Baum klettert, um Äpfel zu pflücken, und feststellt, dass es die reifsten Äpfel, die immer auf den höchsten Zweigen wachsen und am schönsten sind, weil sie der Sonne am nächsten sind, nicht erreichen kann, ohne Gefahr zu laufen, sich das Genick zu brechen – ein Risiko, das es klugerweise nicht einzugehen wagt.

Wir werden unsere Bedeutung anhand einiger Beispiele deutlicher machen: *Marino Faliero* und die *Enfants d'Édouard*.

In Byrons *Marino Faliero* schmiedet der Doge Rachepläne an dem jungen Satiriker, der ihn beleidigt hat, indem er auf seinen Stuhl schrieb: „Marin Falier, der Ehemann der schönen Frau; andere küssen sie, aber er hält sie." Das war eine Verleumdung: Die schöne Angiolina ist so rein, wie ihr Name es vermuten lässt, obwohl sie erst achtzehn und ihr Ehemann achtzig ist. Byrons Marino Faliero konspiriert also, um eine makellose Frau zu verteidigen und nicht, um die verletzte Ehre des Ehemanns zu rächen, und wir brauchen kaum zu erwähnen, dass das Stück an Besonderheit gewinnt, weil darin eine süße und erhabene Figur vorkommt, die eher von Hingabe entflammt als von Reue erfüllt ist.

In der Nachahmung von Casimir Delavigne hingegen ist die Frau schuldig. Helena (denn der Dichter hat es nicht gewagt, ihren himmlischen Namen zu behalten, als er sie erniedrigte) betrügt ihren Mann, einen alten Mann! Sie betrügt ihn, oder vielmehr, sie hat ihn betrogen, bevor der Vorhang aufging. Die ersten Zeilen der Tragödie handeln von einem Tuch, das sie für ihren Geliebten stickt – ein schwerwiegender Fehler unserer Meinung nach; denn es gab nur ein Mittel, Helena interessant zu machen, wenn sie schuldig gemacht werden sollte, und das wäre, den Kampf in ihr zwischen Leidenschaft und Tugend, zwischen Liebe und Pflicht zu zeigen; kurz gesagt, das zu tun, was wir in *Antonius getan haben, nur erfolgreicher.*

Aber wir wiederholen, dass es viel besser war, die Frau unschuldig zu machen, wie Byron es tut; viel besser, dem alten Mann eine treue Frau zur Seite zu stellen als eine ehebrecherische; viel besser war es im fünften Akt, wo die Frau ihren Mann aufsucht, ihn Hingabe und nicht Reue finden zu lassen, als die Türen seines Gefängnisses geöffnet werden. Als Christus unter seiner blutigen Qual niedergebeugt wurde, wählte Gott den reinsten seiner Engel, nicht einen gefallenen, um ihm den Kelch der Bitterkeit zu tragen!

Wir übergehen die Verschwörung, die sich um Mitternacht mitten auf dem Markusplatz in Venedig abspielt, wo fünfzig Verschwörer in eifrigem Wettstreit rufen: „Nieder mit der Republik!" In Venedig und um Mitternacht! In Venedig, der Stadt des Konzils der Zehn! In Venedig, der Stadt, die niemals wirklich schläft, wo mindestens die Hälfte der Bevölkerung wach ist, während die andere Hälfte schläft!

Casimir Delavigne wagte es nicht, aus Shakespeares *Richard III. etwas anderes zu übernehmen* als den Tod der beiden Prinzen: An die Stelle dieses großartigen historischen Stücks des elisabethanischen Dichters setzte er ein unbedeutendes kleines Drama voller kindlichem Geplapper und mütterlichen Tränen; von der großen Figur Richards III., von der wunderbaren Szene zwischen dem Mörder und der Frau des Ermordeten, von der Ermordung Buckinghams, vom Duell mit Richmond und von Richards Reue ist nichts übrig geblieben.

Aus der gigantischen Statue des Kolosses von Rhodos, zwischen dessen Beinen die größten Galeeren hindurchpassen, ist ein bronzenes Ornament geworden, das sich gut auf die Spitze einer Uhr schmiegt.

Hat Casimir Delavigne das Thema der *Kinder Eduards überhaupt so sehr aufgegriffen*, wie er es hätte tun können? Hat er sich nicht von seinem Vorbild Shakespeare abgewendet, was die würdevolle Behandlung der Charaktere des Thronfolgers und seines sanftmütigen Bruders, des Herzogs von York, betrifft? Wir wollen dies anhand eines Beispiels beweisen.

In Casimir Delavigne, als der junge Richard in Westminster Abbey Zuflucht
sucht, da die Kirche das Recht hat, Asyl zu gewähren, lässt der Autor der
Messéniennes, um den jungen Prinzen zum Verlassen der Kirche zu zwingen,
einen Brief schreiben, der offenbar von seinem Bruder stammt und ihn
einlädt, zu ihm in den Palast zurückzukehren. Der arme Flüchtling ist zwar
überrascht, den Brief zu erhalten, verlässt sich aber auf diesen Brief und
verlässt seinen sicheren Ort. Als er den Palast erreicht, wird er sofort von
Richard III. verhaftet.

Auch bei Shakespeare sucht der junge Prinz diese Zuflucht. Was tut Richard
III.? Er lässt den Erzbischof rufen und fragt ihn: „Hat der Kronprinz in
Ihrer Kirche Zuflucht gesucht?"

„Jawohl, Monseigneur."

„Du musst ihn mir überlassen."

„Unmöglich, Monseigneur."

„Warum?"

„Weil die Kirche ein Ort der Zuflucht ist."

„Für Schuldige, Idiot!", antwortet Richard, „aber nicht für Unschuldige ...“

Wie klein ist meiner Meinung nach Mézence, dieser Menschen- und
Götterspötter, neben Richard III., der seine unschuldigen Feinde tötet, wie
ein anderer seine schuldigen Feinde töten würde. Es ist verständlich, dass
Casimir Delavigne, da es ihm sowohl an Malerischem als auch an Würde
mangelte, in der Komödie viel erfolgreicher war als in der Tragödie, und wir
glauben, dass seine beiden besten Werke die beiden Komödien *Les Comédiens*
und *École des Vieillards waren*. Es sollte klar sein, dass alles, was wir zu sagen
haben, vom Standpunkt eines strengen kritischen Maßstabs aus gesagt wird,
und daraus folgt nicht, dass Casimir Delavigne nicht mit sehr echten
Eigenschaften gesegnet war. Diese guten Eigenschaften waren: eine
mühelose Begabung für Verse, die zwar nur gelegentlich zu poetischem
Ausdruck ansteigt, andererseits aber nie ganz in Schlaffheit und Laschheit
versinkt; und tatsächlich ist sein Werk vom Anfang bis zum Ende, von der
ersten bis zur letzten Zeile, was auch immer sein Werk sonst sein mag,
sorgfältig, vorzeigbar und besonders ehrlich; und bitte beachten Sie, dass wir
das Wort „ehrlich" als das passendste Wort verwendet haben, das wir wählen
konnten; denn Casimir Delavigne war nie der Typ Mensch, der versuchte,
sein Publikum zu betrügen, indem er die Arbeit, die er in Arbeit hatte,
einschränkte, um in seinem nächsten Stück ähnliches Material zu verwenden.
Nein; im Fall von Casimir Delavigne *kam man auf seine Kosten*, wie das
Sprichwort sagt: Er gab alles, was er besaß, bis auf den letzten Pfennig. Die
Zuschauer bei der Uraufführung jedes seiner neuen Stücke hatten alles, was

er ihnen zu diesem Zeitpunkt zu geben hatte. Als Mitternacht kam und unter dem Jubel des Publikums seine Unterschrift eingelöst wurde – das heißt, was er versprochen hatte, aufzuführen – war er ein ruinierter Mann. Aber was machte es schon, an den Bettelstab gedrängt zu werden! Er war eine Tragödie, ein Drama, eine Komödie schuldig und hatte sie bis auf den letzten Pfennig bezahlt. Freilich würde das für ihn vielleicht bedeuten, dass er ein Jahr, zwei Jahre, drei Jahre lang täglich mit seinem Verstand, seiner Seele und seiner Vorstellungskraft sparen musste, bevor er ein neues Werk vollenden konnte. Aber er würde es schaffen, koste es, was es wolle, auf Kosten schlafloser Nächte, seiner Gesundheit, seines Lebens, bis der Tag kam, an dem er erschöpft im Alter von 52 Jahren starb, bevor er seine letzte Tragödie vollendet hatte.

Messenien , der Autor der *École des Vieillards* , von *Ludwig XI.* und von *Don Juan* brauchte sich nicht zu bemitleiden. Wer alles tut, was er kann, tut alles, was von ihm erwartet werden kann. Dennoch werden wir immer behaupten, dass Casimir Delavigne ohne seine zurückhaltende Leibwache noch besser dran gewesen wäre; und wir brauchen nicht in seinen langatmigen Werken nach Beweisen für unsere Behauptungen zu suchen; wir nehmen stattdessen eines der kürzeren Gedichte, das der Dichter in trauriger Stimmung schrieb – ein ähnliches Werk wie M. Arnaults bewundernswertes *Feuille* – M. Arnault, der nicht nur weit weniger Dichter, sondern noch weniger Versdichter war als Casimir Delavigne.

Nun gut, wir wollen eine kleine Ballade aufspüren, die Delavigne als eines anderen Platzes unwürdig in die Notizen verbannte, wir hingegen halten sie für ein kleines Meisterwerk.

"Die Brigantine
wird sich drehen, rollen und sich neigen. Um mich zu führen … O Heilige Maria! Für mich, Gott preise. Adieu, Vater! Provence, adieu!

Mein armer Vater. Lass es winden. Lass meine Mutter
im Wind wehen … O Heilige Maria! Für mich, Gott preise
. Adieu, Vater! Mein Vater, adieu! Die alte Helena. Vertraue

auf ihr Neues und schlafe … O Heilige Maria! Für mich, Gott preise.
Adieu, Vater! Helena, adieu!

Meine Schwester wird leben und sagte: ‚Ich habe eine Träumerei hinter
mir,
ich komme zurück!‘
O Vierge Marie! Für mich, mein Gott. Lebe wohl, Vater!
Meine Schwester, adieu

! Von meinem Isaure. Der weiße Hai wird noch einmal auf mich losgehen. In meinem Appell … O Vierge Marie! Für mich, mein Gott. Lebe wohl, Vater! Isaure, adieu!

Brise ennemie, warum schwöre ich, wenn mein Freund mit mir redet? O Vierge Marie! Für mich, mein Gott. Lebe
wohl, Vater! Guten Tag, adieu!"

Scudo, der Autor der wunderbaren Melodie *Fil de la Vierge* , bat Casimir Delavigne einst um einige Zeilen, die er vertonen könnte. Casimir griff zur Feder und schrieb *Néra*. Vielleicht kennen Sie *Néra nicht* ? Ganz genau: Es ist kein Gedicht, sondern nur ein einfaches Lied: Die *Brigantine* wurde auf die Noten reduziert; *Néra* wurde aus seinen Werken ausgeschlossen.

Es wird der Tag kommen – und wir glauben sogar, dass dieser Tag bereits gekommen ist –, an dem die *Messéniennes* und *die Néra* auf derselben Waage gewogen werden, und wir werden sehen, wer den Ausschlag geben wird.

Das ist *Néra* :—

"Ah! ah! … vom Berg.
Reviens, Néra, reviens! Réponds-moi, ma grande, My vache, mon seul bien.La voix d'un si bon maître, Néra, Peux-tu la méconnaître?Ah! ah! Néra!

Reviens, reviens; c'est l'hureOù le houp des bois.
My cienne, qui te quier, Répond only à ma voix.Hors l'ami qui appelle, Néra, Qui t'aimera asses?Ah! ah! Néra!

Dis-moi s in the crêche,Où tu léchais ma main,Tu manquas d'graîche fraîche, Quand je manquais de pain?Nous n'en vions was hast du getan, Néra, und deine Krippe war voll! Ah! ah! Néra!

Ach! das ist gut ohne Grund. Was hast du mir gegeben. Also habe ich etwas gewählt, ohne ein Wort, das vergangen ist? Ja, wenn meine Frau trauert,
Néra,
ich habe den Tod im Arm, Ah! ah! Néra!

Von deinem Herzen gewusst,
mein armes Kind kriecht; damit er den Tisch verlässt, Wer tröstet dich? Du, meine Mutter, nährt dich, Néra, versuch es damit, dass du verlierst? Ah! ah! Néra! Wenn du mit der

Verzweiflung kämpfst, leuchte mir auf, Von den Dämmerlichtern,

Qu bist du dran?
Ist das dein guter Glaube,
Néra, Deviendras, dein Vater? Ah! ah, Nera!

Wenn meine Augen in der Familie sind, reißen die Könige sie zwischen
sich, sagt mir: ‚Mein Mädchen, mein Teil ist zu zweit!' Am nächsten Tag,
Néra, wirst du nicht reiner sein. Ach! ah, Nera!

Undankbar! wenn das Feuer
meine Finger verdreht, schüttelte meinen Ziegenbart, auf dass du das nicht
erkennst ... Es ist, als ob die Kälte währt, Nera, für das, was du in
Erinnerung hast. Ah! Ah!
Nera!

Adieu! unter meinem alten Herrn. Ich habe ohne Sie revidiert. Nur für den
Meister gesucht. Einer der Reichsten, die wir kennen ...
Nur! mein Herz strahlt, Nera! ... Aber Gott bewahre dich, oh! ah, Nera!

Ich habe keinen Mut. Du willst Böses. Auf unseren Bergen färben sich die
Äpfel. Die Schatten der Berge färben sich im Tal. Es ist lange her, dass wir
grünes Gras hatten, Néra! Wir trauern um dich.
Ah! Ah!
Nera!

Eine Nacht durch mein Fenster, „Néra, um mich auszusperren", „Damit
du leben kannst, wirst du zurückkehren; Wenn die Familie gestorben ist,
„Néra, wer wird die Tür öffnen?" Ah! ah! Nera!"

KAPITEL IX

Talma in der *École des Vieillards* – Einer seiner Briefe – Herkunft seines Namens und seiner Familie – *Tamerlan* in der Pension Verdier – Talmas Debüt – Dugazons Rat – Weitere Ratschläge von Shakespeare – Meinungen der damaligen Kritiker über den Debütanten – Talmas Leidenschaft für seine Kunst

Die *École des Vieillards* war sehr erfolgreich. Ein fataler Reinfall, der sich vor kurzem unter ganz ähnlichen Bedingungen ereignet hatte wie jene zwischen Danville und dem Herzog, verlieh dem Stück genau jene passende Note, die das Pariser Publikum fesselte. Wir müssen auch hinzufügen, dass Talma vielleicht nie besser ausgesehen hat; das Spiel der Gefühle in der Rolle des alten und betrogenen Liebhabers hätte nicht mit bewegenderen Akzenten wiedergegeben werden können. Es war eine Rolle, die das Publikum aus einem ganz anderen Blickwinkel interessierte als die Rolle von Marino Faliero, der mit Danville das Schicksal eines betrogenen Liebhabers teilt.

Oh! Was für ein unschätzbares Geschenk ist eine gute Stimme für den Schauspieler, der sie zu gebrauchen weiß! Wie zart waren Talmas Töne im ersten Akt, wie ungeduldig im zweiten, wie unruhig im dritten, wie drohend im vierten, wie niedergeschlagen im fünften! Die Rolle ist durchweg anmutig, edel, angenehm und harmonisch. Wie sehr schlägt das Herz des alten Mannes teils aus väterlichen Gefühlen, teils als Liebhaber für Hortense! Und während er sich über die Frau beschwert, die sich wie eine törichte Lerche vom Spiegel der Jugend und dem Geplapper der Koketterie fangen lässt, wie sehr verachtet er den Mann, der es auf unerklärliche Weise geschafft hat, ihre Vorliebe zu gewinnen! Ach! Es gibt im Herzen jedes Mädchens eine verwundbare Stelle, die skrupellosen Angriffen ausgesetzt ist.

Die Rolle der Ehefrau ist weit unter der des Mannes. Liebt Hortense den Herzog oder nicht? Flirtet sie mit ihm oder nicht? Dass die Situation nicht klarer definiert ist, ist ein schwerwiegender Fehler, und die folgende Passage zeigt es: Im vierten Akt, während Hortense sich um ein Uhr morgens in einem Salon mit dem Herzog unterhält, hört sie die Schritte ihres Mannes und versteckt den Herzog.

Nun wende ich mich an alle Ehefrauen: Würde irgendeine Ehefrau einen Mann verstecken, den sie nicht liebt, wenn sie von ihrem Ehemann überrascht wird, ganz gleich zu welcher Tages- oder Nachtzeit?

Hortense muss den Herzog lieben, da sie ihn versteckt hat. Wenn Hortense den Herzog liebt, kann sie sich dem Vorwurf der Undankbarkeit nicht entziehen; denn es ist unmöglich zu verstehen, wie eine ehrenwerte Ehefrau, die einen guten und rücksichtsvollen Ehemann hatte, der trotz seiner weißen Haare jungherzig war, sich auch nur einen Augenblick in ein so farbloses Geschöpf wie den Herzog Delmas verlieben konnte.

Mit welch bewegendem Akzent spricht Talma die Worte

„Je ne l'aurais pas cru! C'est bien mal! C'est affreux!"

als er aufsteht und verzweifelt über die Bühne geht. Nirgendwo wurde menschliche Qual je deutlicher offenbart als in diesem Schluchzen.

Vulgäre Amateure und zweitklassige Kritiker lobten die Figur eines von Danvilles College-Freunden in dieser Komödie von Casimir Delavigne, die von einem Schauspieler namens Vigny mit viel Humor gespielt wird, außerordentlich. Es ist die Rolle eines alten Junggesellen, der nach sechzig Jahren des glücklichen Alleinseins aufgrund der Beschreibung des ehelichen Glücks, die Danville zeichnet, beschließt zu heiraten, und seinem Freund genau in dem Moment von seiner Entscheidung erzählt, in dem ihn Eifersucht quält.

Nein, tatsächlich, hundertmal nein, hierin liegt nicht die wahre Schönheit der *École des Vieillards* . Nein, es ist nicht die Szene, in der Danville unaufhörlich wiederholt: „ *Mais moi, c'est autre chose!* ", die Beifall verdient. Nein, was Beifall verdient, ist die Darstellung der tiefen und qualvollen Qual eines gebrochenen Herzens; was Beifall verdient, ist die Situation, die Talma die Möglichkeit gibt, gleichzeitig Würde und Einfachheit zu zeigen, und die zeigt, wie viel Leid dieses von einer Frau geborene, in Trauer gewiegte und zum Kummer erzogene Geschöpf, das wir *Mann nennen* , ertragen kann.

Talmas Freunde warfen ihm vor, die Rolle im Gehrock zu spielen; er erzählte ihnen, er sei Mademoiselle Mars zum Opfer gefallen. Sie fragten ihn, warum er sich so leicht zum Schemel einer Schauspielerin machen ließ, die über ihm stand, zum Podest für eine, deren Ruhm seinem eigenen ebenbürtig war: Talma ließ sie reden.

Er wusste genau, dass trotz Mademoiselle Mars' Talent, all ihrer Anmut, all ihrer Leichtigkeit auf der Bühne, all der schönen Dinge, die sie mit ihrer bezaubernden Stimme sagte, alles von einer einzigen Äußerung, einem Schluchzen, einem Seufzen von ihm in den Schatten gestellt, ausgelöscht und vernichtet wurde. Es muss ein stolzer Moment für den Dichter gewesen sein, als er sah, dass Talma sein Werk so wunderbar interpretierte; für Talma hingegen muss es eine ganz andere Sache gewesen sein, denn er fühlte, dass die Grenzen der Kunst noch weiter ausgedehnt werden könnten, oder vielmehr, dass die Kunst keine Grenzen hat. Denn Talma war in der weitläufigen Schule Shakespeares erzogen worden, die Lachen mit Tränen vermischt, das Triviale mit dem Erhabenen, wie sie in dem erbärmlichen

Kampf, den wir Leben nennen, vermischt sind. Er wusste, worauf das Drama abzielen sollte: Er hatte sein ganzes Leben lang Tragödien gespielt und sich nie an Komödien gewagt. Wir werden kurz erzählen, wie er zu dem Mann wurde, den wir kannten.

Talma wurde am 15. Januar 1766 in Paris in der Rue des Ménétriers geboren. Als ich ihn kennenlernte, war er etwa 57 Jahre alt. Von seinem Patenonkel und seiner Patin erhielt er den Namen François-Joseph und von seinem Vater den Namen Talma. In einem Brief von Talma, den ich bei mir habe, heißt es, dass der Name Talma, der durch die Taten des großen Künstlers berühmt wurde, mehrmals Gegenstand etymologischer Untersuchungen war.

Dieser eigenhändige Brief von Talma ist die Kopie eines Briefes, in dem er 1822 einem Gelehrten aus Grüningen namens Arétius Sibrandus Talma antwortet, der, nachdem er Einzelheiten seiner Abstammung genannt hatte, den modernen Roscius fragte, ob er nicht Anspruch auf die Ehre erheben könne, mit ihm verwandt zu sein. Dies ist Talmas Antwort:

> „Ich weiß es nicht, Monsieur, und es wäre schwierig für mich, herauszufinden, ob Sie und ich aus derselben Familie stammen. Als ich vor mehr als fünfzehn Jahren in Holland war, erfuhr ich, dass es im Land von Ruyter und Jan de Witt viele Menschen mit demselben Namen wie mich gab. Meine Familie bewohnte hauptsächlich einen kleinen Landstreifen sechs Meilen von Cambrai entfernt in Französisch-Flandern. Dies ist nicht das erste Mal, Monsieur, dass mein Name bei Ausländern zu Diskussionen über meine Herkunft geführt hat. Vor etwa vierzig oder fünfzig Jahren kam ein Sohn des Kaisers von Marokko, der sich in Paris aufhielt und den Namen meines Vaters hörte, zu ihm und fragte ihn, ob er nicht arabischer Herkunft sei – eine Frage, die mein Vater nicht beantworten konnte. Später stellte mir ein arabischer Kaufmann, den ich in meiner Jugend in Paris traf, dieselbe Frage: Ich konnte ihm nicht deutlicher antworten als mein Vater, der Sohn Seiner Majestät von Marokko.

> „M. Langlais, ein angesehener Gelehrter, der sich eingehend mit den orientalischen Sprachen beschäftigt hatte, erzählte mir damals, dass das Wort Talma in der arabischen Sprache *unerschrocken bedeutet* und dass es unter den Nachkommen Ismaels ein sehr gebräuchlicher Name war, um die verschiedenen Zweige derselben Familie zu

unterscheiden. Sie können sicher sein, Monsieur, dass eine solche Interpretation mich sehr stolz machen sollte, und ich habe immer mein Bestes getan, um nicht hinter ihr zurückzubleiben. Ich habe daher meiner Fantasie und Vermutung freien Lauf gelassen, dass eine maurische Familie in Spanien blieb, das Christentum annahm und von diesem Königreich in die Niederlande wanderte, die früher den Spaniern unterstellt waren, und dass Mitglieder dieser Familie nach und nach ins französische Flandern wanderten, wo sie sich niederließen. Andererseits wurde mir jedoch mitgeteilt, dass unser Name eine niederländische Endung hat und dass er einst in einer der Provinzen Hollands sehr gebräuchlich war. Diese neue Version hat mein Schloss in Spanien völlig durcheinandergebracht und mich aus den afrikanischen Wüsten in die Sümpfe der Vereinigten Niederlande gebracht. Nun, Monsieur, Sie sollten besser als jeder andere – und sicherlich besser als ich, da Sie Niederländisch sprechen – entscheiden können, ob wir wirklich aus dem Norden oder aus dem Süden kamen, ob unsere Vorfahren Turbane oder Hüte trugen, ob sie ihre Gebete zu Mohammed oder zum Gott der Christen richteten.

„Ich habe es versäumt, Ihnen eine weitere Information zu geben, die nicht ohne Bedeutung ist – nämlich, dass der Graf von Mouradgea d'Olisson, der einige Jahre im Osten lebte und ein Werk über die religiösen Systeme der orientalischen Völker herausgebracht hat, eine Passage eines ihrer Autoren zitiert, die uns sagt, dass der König oder vielmehr der Pharao, der die Israeliten aus Ägypten vertrieb, Talma hieß. Ich muss zugeben, dass dieser König ein großer Schurke war, wenn der Bericht von Moses (sicherlich eine zuverlässige Quelle) richtig ist; aber wir dürfen die Sache nicht zu genau untersuchen, wenn wir eine so berühmte Herkunft für uns beanspruchen wollen.

„Sehen Sie, Monsieur, es gibt keinen einzigen deutschen Baron, der sich seiner sechzehn Geviertheiten rühmen kann, nicht einmal einen König in allen vier Himmelsrichtungen, und wäre er auch nur aus dem Hause Österreich, dieser ältesten aller königlichen Familien, der sich einer so erhabenen Abstammung wie der meinen rühmen kann. Wie dem auch sei, Monsieur, glauben Sie mir, ich halte es für eine viel größere Ehre, mit einem so angesehenen Gelehrten wie Ihnen verwandt zu sein, als der Nachkomme eines gekrönten Hauptes zu sein. Männer wie Sie arbeiten nur zum Wohle der Menschen, während andere – und mit anderen meine ich Könige, Pharaonen und Kaiser – nur daran denken, sie in den Wahnsinn zu treiben. Ich vertraue darauf, Monsieur, dass Sie, da Sie sich in dieser Angelegenheit offenbar entschieden haben, so freundlich wären, mir mitzuteilen, ob der Name, den wir tragen, holländisch oder arabisch ist. Auf jeden Fall gratuliere ich mir, Monsieur, dazu, den Namen zu tragen, den Sie berühmt gemacht haben. – Glauben Sie mir usw. usw.

"TALMA"

Dieser Brief soll uns sowohl positive Informationen über Talmas Familie als auch einen guten Eindruck von seiner Sicht der Dinge vermitteln.

Talma erzählte mir oft, dass seine frühesten Erinnerungen ihn in die Zeit zurückführten, als er in einem Haus in der Rue Mauconseil lebte, dessen Fenster auf das alte Comédie-Italienne-Theater hinausgingen. Er hatte drei Schwestern und einen Bruder; außerdem einen Cousin, den sein Vater, der von Beruf Zahnarzt war, adoptiert hatte.

Eines Tages kam Lord Harcourt zu Talmas Vater, um sich einen problematischen Zahn ziehen zu lassen. Er war mit der Art und Weise der Operation so zufrieden, dass er Talmas Vater drängte, nach London zu ziehen, wo er ihm eine aristokratische Kundschaft verschaffen wollte. Talmas Vater gab Lord Harcourts Druck nach, überquerte den Kanal und ließ sich am Cavendish Square nieder. Lord Harcourt hielt seine Versprechen: Er verschaffte dem französischen Zahnarzt so gute Kunden, dass dieser bald zum Mode-Zahnarzt wurde und den Prinzen von Wales – später den eleganten Georg IV. – zu seinen Kunden zählte.

Die ganze Familie folgte seinem Beispiel; aber Talmas Vater, der eine französische Ausbildung für besser hielt als jede andere, schickte seinen Sohn im Laufe des Jahres 1775 nach Paris zurück. Er war damals neun Jahre alt, und da er in einem Alter, in dem man Sprachen schnell lernt, drei Jahre in England verbracht hatte, konnte er bei seiner Ankunft in Paris genauso gut Englisch wie Französisch sprechen. Sein Vater wählte M. Verdiers Schule für ihn aus. Ein Jahr nach seinem Eintritt in die Schule sickerten großartige Neuigkeiten durch. M. Verdier, der Direktor der Schule, hatte eine Tragödie mit dem Titel *Tamerlan komponiert*. Diese Tragödie sollte am Preisverleihungstag aufgeführt werden. Talma war damals kaum zehn, also war es wahrscheinlich, dass man ihm keine Hauptrolle zuteil werden lassen würde, selbst wenn man ihm überhaupt erlaubte, darin mitzuspielen. Diese

Annahme ist falsch. M. Verdier gab ihm die Rolle eines vertrauten Freundes. Sie war wie alle derartigen Rollen – zwanzig Zeilen, die über das ganze Stück verstreut waren, und ein Monolog am Ende.

In diesem Schlusswort spricht der Busenfreund ausführlich über den Tod seines Freundes, der wie Titus von einem unerbittlichen Vater zum Tode verurteilt wurde. Der Anfang dieser Rezitation verlief wie am Schnürchen; auch der Großteil davon wurde erfolgreich vorgetragen; doch gegen Ende wurde das Kind so aufgeregt, dass es in Tränen ausbrach und ohnmächtig wurde. Dieser Ohnmachtsanfall markierte sein Schicksal, denn das Kind war ein Künstler! Zehn Jahre später, am 21. November 1787, trat Talma zum ersten Mal im Théâtre-Français in der Rolle des Séide auf.

Am Vortag besuchte er Dugazon, und Dugazon gab ihm ein Papier mit dem folgenden Ratschlag. Ich kopiere es vom Original, das sich jetzt in meinem Besitz befindet.

„Streben Sie von Ihrem ersten Auftritt an nach Größe oder jedenfalls nach etwas, das über dem Gewöhnlichen liegt. Sie müssen versuchen, Ihre Spuren zu hinterlassen und an die Neugier zu appellieren. Vielleicht ist es besser, direkt zuzuschlagen, als hart zuzuschlagen; aber Amateure gibt es in Hülle und Fülle und Kenner sind rar. Wenn Sie jedoch Wahrheit und Stärke vereinen können, werden Sie die Zustimmung aller haben. Lassen Sie sich nicht vom Applaus mitreißen und lassen Sie sich auch nicht durch Zischen entmutigen. Nur Narren lassen sich durch Pfiffe aus der Fassung bringen; nur Idioten werden durch Applaus schwindelig. Wenn Applaus ohne Unterscheidungsvermögen verteilt wird, schadet er dem Talent schon zu Beginn seiner Karriere. Einige Künstler sind gescheitert, anstatt ihre Karriere mit Auszeichnung zu absolvieren, aufgrund von Fehlern, die durch echte Kritik aufgezeigt oder durch Zischen bestraft worden wären.

„Lekain, Peville, Fleury wurden alle ausgebuht und sie sind unsterblich. A. und B. und C. sind unter dem Hagel von zu viel Applaus zusammengebrochen. Was ist aus ihnen geworden?

„Weniger Mittel und mehr Studium, weniger Nachsicht und mehr Disziplin sind alles Garanten für Erfolg; wenn auch nicht sofort und eindrucksvoll, so doch zumindest dauerhaft und substanziell. Wollen Sie Frauen und junge Leute fesseln? Beginnen Sie mit dem *Genre Sensitive*. ‚Tout le monde aime‘, wie Voltaire sagt, ‚et personne ne conspire‘.

Gleichzeitig ist das, was zu seiner Zeit ein guter Rat war, in unserer Zeit vielleicht nicht viel wert. Wenn Sie vor allem die Menge erfreuen wollen, die viel fühlt und wenig überlegt, wählen Sie entweder einen großartigen oder einen ehrfurchtgebietenden Stil: Sie werden sofort Wirkung zeigen. Wie ist es möglich, die würdevolle Rolle Mohammeds, die Herablassung des Augustus, die Reue des Orestes aufrechtzuerhalten? Der Eindruck, den Rollen wie Ladislas, Orosmane und Bajazet hinterlassen sollen, sollte sorgfältig vorbereitet werden, und dann wird er unauslöschlich sein.

„Wahres Talent, gut gefördert und ein glücklicher Debüt sind eine Garantie für sofortige Popularität; aber der Künstler sollte danach streben, sie aufrechtzuerhalten; er muss das Publikum dazu bringen, es weiterhin zu schätzen. Nachdem die Leute aus Überzeugung applaudiert haben, sollten sie dazu gebracht werden, ihren Applaus aus Gewohnheit fortzusetzen. Diese Gesamtheit von Menschen, die wir das Publikum nennen, hat ihre Launen wie jeder gewöhnliche Mensch; sie muss überredet werden; und (darf ich so weit gehen, das zu sagen) wenn sie durch gute Eigenschaften gewonnen wird, ist es nicht unmöglich, ihre Gunst durch Fehler zu behalten; Sie können also Mängel zu diesem Zweck nutzen! Dennoch müssen Sie darauf achten, dass es diejenigen sind, mit denen Ihre Richter sympathisieren. Sollte der Fall anders liegen, können Sie immer noch Mängel haben; aber sie werden arme Verwandte sein, die Ihrem Talent auf Schritt und Tritt folgen und nur aufgrund seiner größeren Autorität willkommen sind. Molé stammelte und lallte, Fleury taumelte und mir wurde übertriebenes Schauspiel vorgeworfen; aber Molé hatte unbeschreibliche Charme, Fleury eine verführerische Darbietung, und ich bringe die Leute so herzlich zum Lachen, dass der Kritiker, der auf meine Kosten hochtrabend sein will, nie Gehör findet.

"Es gibt Debütanten, die wie Raketen in die Höhe schießen, ein paar Monate lang glänzen und dann wieder ins völlige Dunkel zurückfallen. Für solche Katastrophen gibt es mehrere Gründe: Ihre Talente waren entweder gezwungen, ohne Reichweite oder unreif; wie die Engländer sagen, ein paar Aufführungen haben sie aufgebraucht; ein oder zwei Versuche haben sie erschöpft.

Vielleicht sind sie auch vom Pfad der Meister abgewichen und in die krummen Labyrinthe der Neuerung geraten, in denen nur Genie die Kühnheit auf den richtigen Weg führen kann. Vielleicht sind sie auch, und das ist noch hoffnungsloser, schlechte Kopien hervorragender Originale gewesen. Und das Publikum, das sah, dass sie eher Mängel nachgeahmt als Vortrefflichkeit kopiert haben, hat sie für Parodisten gehalten und ihre Bemühungen Karikaturen genannt. Wenn ein Komiker diesen Punkt erreicht hat, ist es für ihn das Beste, durch die Souffleur-Seitentür zu entkommen und nach Pan zu fliegen, um die Basken zu amüsieren, oder nach Riom, um die Auvergnaten zu unterhalten. Aber Paris erhebt Anspruch auf dich, meine liebe Talma, Paris wird sich an dich klammern, Paris wird Sie besitzen; und das Land Voltaires und Molières, dessen würdiger Dolmetscher Sie sein werden, wird nicht lange auf sich warten lassen, bis es Ihnen die Einbürgerungsurkunde ausstellt.

"DUGAZON

"20. *November* 1787"

Es ist interessant, den Rat zu lesen, den Shakespeare zwei Jahrhunderte zuvor durch den Mund Hamlets den Schauspielern seiner Zeit gab. Er lautete wie folgt:

"Ich bitte Sie, sprechen Sie die Rede so, wie ich sie Ihnen vortrage, und zwar leicht auf der Zunge; aber wenn Sie sie aussprechen, wie es viele Ihrer Spieler tun, hätte ich es genauso gern, wenn der Stadtschreier meine Zeilen vorgetragen hätte. Sägen Sie auch nicht zu viel mit der Hand in der Luft, sondern gehen Sie mit allem sanft um: denn mitten im Strom, im Sturm und, wie ich sagen darf, im Wirbelsturm Ihrer Leidenschaft müssen Sie eine Mäßigung erlangen und erzeugen, die ihr Geschmeidigkeit verleiht. O, es beleidigt mich zutiefst, wenn ich höre, wie ein robuster Kerl mit einer Perücke eine Leidenschaft in Fetzen, in Lumpen reißt, bis sie den Leuten am Boden die Ohren spaltet, die zum größten Teil zu nichts anderem fähig sind als zu unerklärlichen Pantomimen und Lärm: Ich würde einen solchen Kerl auspeitschen lassen, weil er Termagant übertreibt; es übertrifft Herodes: ich bitte Sie, meiden Sie es.

„Seien Sie auch nicht zu zahm, sondern lassen Sie sich von Ihrem eigenen Ermessen leiten: Passen Sie die Handlung dem Wort an, das Wort der Handlung; mit dieser besonderen Beachtung, dass Sie die Bescheidenheit der Natur nicht überschreiten: denn alles, was so übertrieben ist, ist nicht im Sinne des Spiels, dessen Ziel es sowohl am Anfang als auch heute war und ist, der Natur sozusagen den Spiegel vorzuhalten; der Tugend ihr eigenes Gesicht zu zeigen, ihr eigenes Bild zu verachten und dem Zeitalter und dem Körper der Zeit seine Form und seinen Druck. Nun, dieses Übertreiben oder Verspäten bringt zwar den Ungeschickten zum Lachen, kann den Vernünftigen aber nur trauern lassen; die Kritik an dem einen muss in Ihrer Erlaubnis ein ganzes Theater anderer überwiegen. O, es gibt Spieler, die ich spielen sah und andere loben hörte, und zwar so hoch, um es nicht profan auszudrücken, dass sie weder den Akzent von Christen noch den Gang von Christen, Heiden oder Menschen hatten und so stolzierten und brüllten, dass ich dachte, einige der Natur Gesellen hatten Menschen geschaffen, und zwar nicht gut, sie ahmten die Menschheit auf abscheuliche Weise nach.

"Und lasst diejenigen, die eure Clowns spielen, nicht mehr sprechen, als ihnen vorgeschrieben ist; denn es gibt unter ihnen, die selbst lachen, um eine gewisse Anzahl unfruchtbarer Zuschauer ebenfalls zum Lachen zu bringen; obwohl in der Zwischenzeit einige notwendige Fragen des Stücks zu berücksichtigen sind: Das ist niederträchtig und zeugt von einem höchst erbärmlichen Ehrgeiz des Narren, der es spielt."

Die Nachfolger von Lekain und Garrick, von Molé und Kemble, von Talma und Kean sollten diesen letzten Rat mit dem ersten vergleichen und von beiden profitieren!

Talma hatte Erfolg, aber sein Erfolg war nichts Außergewöhnliches. Der Debütant wurde eher von Amateuren als vom breiten Publikum gelobt. Man war sich einig, dass sein Schauspiel einfach und natürlich war. Aus den Geschäftsbüchern der Comédie-Française geht hervor, dass die Einnahmen bei Talmas erstem Auftritt dreitausendvierhundertdrei Francs und acht Sous betrugen.

Sollen wir nun die Meinung der Kritiker zu Talmas Debüt hören? Das *Journal de Paris* schrieb Folgendes: „Der junge Mann, der gerade sein Debüt in der Rolle des Séide gegeben hat, lässt die erfreulichsten Talente erwarten;

außerdem besitzt er alle natürlichen Vorzüge, die man sich für die Rolle eines *Jeune Premier nur* wünschen kann – Figur, Anmut, Stimme – und das Publikum applaudierte ihm zu Recht."

Als nächstes werden wir sehen, was Bachaumont über ihn zu sagen hatte. „Der Debütant besitzt neben seinen natürlichen Gaben ein angenehmes Gesicht und eine klangvolle und ausdrucksstarke Stimme sowie eine reine und deutliche Aussprache; er fühlt den Rhythmus seiner Zeilen und kann ihn ausdrücken. Sein Benehmen ist einfach, seine Bewegungen sind natürlich; außerdem hat er immer einen guten Geschmack und ist nicht affektiert; er imitiert keinen anderen Schauspieler, sondern spielt nach seinen eigenen Ideen und Fähigkeiten."

Zwei Monate später hieß es *in Le Mercure* zur Wiederaufnahme von Ducis' *Hamlet* : „Wir wollen demnächst von einem jungen Schauspieler sprechen, M. Talma, der die Aufmerksamkeit der Theaterbesucher erregt hat; aber wir werden warten, bis er wichtigere Rollen gespielt hat. Sein Geschmack geht in die Richtung der Tragödie."

Es ist leicht zu verstehen, dass das Erscheinen von Mademoiselle Rachel auf eine ganz andere Aufnahme stieß als diese milden Beifallsbekundungen. Und die Erklärung dafür ist nicht weit zu suchen. Mademoiselle Rachel war eine Art Fixstern, der hoch oben im Himmel entdeckt worden war, wo sie unbewegt und hell leuchtend weilte. Talma dagegen war ein Stern, der dazu bestimmt war, während einer bestimmten Zeit zu leuchten, den riesigen Bogen zu beschreiben, der einen Horizont vom anderen trennt, seinen Aufgang, seinen Zenit, seinen Untergang zu haben – einen Untergang, der dem der Sonne Mitte August entsprach, feuriger, prächtiger, strahlender bei ihrem Untergang als während der Mittagszeit ihres Glanzes. Und was für ein triumphaler Fortschritt war das für ihn! Von Séide zu Karl IX., von Karl IX. nach Falkland, von Falkland nach Pinto, von Pinto nach Leicester, von Leicester nach Danville, von Danville zu Karl VI.!

Doch trotz Talmas glänzender Karriere bedauerte er immer, dass er die Morgendämmerung des modernen Dramas nicht miterlebt hatte. Ich sprach mehrmals mit ihm über meine eigenen Hoffnungen. „Beeil dich", sagte er zu mir, „und versuche, zu meiner Zeit erfolgreich zu sein."

Ich habe Talma in einer Aufführung gesehen, die nur sehr wenigen Menschen außerhalb seines engsten Freundeskreises vergönnt war: Den *Menschenfeind* , den er nie auf die Bühne des Théâtre-Français zu bringen wagte, obwohl er es unbedingt wollte. Außerdem habe ich eine Rolle in *Hamlet* auf Englisch gesehen, insbesondere den Monolog. Außerdem habe ich einige possenhafte Szenen im Saint-Antoine für M. Arnaults Fest aufgeführt.

Die Kunst war Talmas einzige Sorge, sein einziger Gedanke, sein ganzes Leben lang. Er war zwar kein brillanter Geist, aber er besaß ein feines Gefühl, viel Wissen und tiefes Urteilsvermögen. Wenn er eine neue Rolle schaffen wollte, scheute er keine Mühen, um zu untersuchen, was ihm die Geschichte oder die Archäologie an Hilfe bieten könnte; jede Gabe, ob gut oder schlecht, die er besaß, Stärken wie Schwächen, nutzte er. Zwei Wochen vor seinem Tod, als er sich ein wenig erholte und die Erholung die Hoffnung weckte, er könnte wieder im Théâtre-Français auftreten, gingen Adolphe und ich zu ihm.

Talma nahm ein Bad und studierte Lucien Arnaults *Tibère*, in dem er wieder auftauchen wollte. Er litt an einer Darmkrankheit und war dazu verurteilt, buchstäblich zu verhungern. Er war schrecklich dünn, aber er schien selbst in seinem ausgezehrten Zustand Trost zu finden und daraus Hoffnung auf Erfolg zu schöpfen.

„Also, meine Jungs", sagte er zu uns und presste seine hängenden Wangen zwischen die Hände, „sind die nicht genau richtig für die Rolle des alten Tiberius?"

Oh, was für eine großartige und herrliche Sache ist die Kunst! Sie zeigt mehr Hingabe als ein Freund, ist treuer als eine Geliebte, tröstender als ein Beichtvater!

ENDE VON BAND II